醴陵年鑑

LI LING YEAR BOOK

2019

（总第33卷）

醴 陵 市 人 民 政 府 主办
醴 陵 市 档 案 史 志 局 主编

方志出版社
Publishing House of Local Records

图书在版编目（CIP）数据

醴陵年鉴. 2019 / 醴陵市档案史志局编. --北京：方志出版社，2020.3
ISBN 978-7-5144-4124-6

Ⅰ. ①醴… Ⅱ. ①醴… Ⅲ. ①醴陵－2019－年鉴Ⅳ. ①Z526.44

中国版本图书馆CIP数据核字（2020）第044461号

醴陵年鉴（2019）

编　　者：醴陵市档案史志局
责任编辑：齐　笑

出 版 者：方志出版社
地址　北京市朝阳区潘家园东里9号（国家方志馆4层）
邮编　100021
网址　http://www.fzph.org

发　　行：方志出版社图书经销中心
电话（010）67110500

经　　销：各地新华书店
印　　刷：湖南省越来越好印务有限公司　☎ 0731-84453344

开　　本：889×1194　1/16
印　　张：26
字　　数：728千字
版　　次：2020年3月第1版　2020年3月第1次印刷
印　　数：0001～1000册

ISBN 978-7-5144-4124-6　定价：298.00元

醴陵年鉴编辑委员会

醴陵年鉴编辑部

总　　编	吴远香
副 总 编	陈　灏
执行编辑	韩芳子
责任编辑	
特　载	韩芳子
醴陵概览	韩芳子
大事记	罗秀媛
中国共产党醴陵市委员会	李玲玲
醴陵市人民代表大会常务委员会	李玲玲
醴陵市人民政府	李玲玲
中国人民政治协商会议醴陵市委员会	李玲玲
民主党派	胡　林
社会团体	胡　林
军　事	胡　林
法　治	李玲玲
综合经济与管理	朱艳芳
农　业	朱艳芳
工　业	李玲玲
贸易・旅游	朱艳芳
城建・环保	朱艳芳
交通・邮政・通信	李玲玲
财政・税务	胡　林
银行・保险	李玲玲
民政・社保	朱艳芳
教　育	朱艳芳
文化・体育・传媒	朱艳芳
卫生・计划生育	李玲玲
区・街道・乡镇	胡　林
人　物	李玲玲
荣誉谱	韩芳子
文件选登	韩芳子
市党、政及各部门、单位负责人名录	韩芳子
彩图编辑	朱艳芳
主　审	陈　灏　　韩芳子
终　审	吴远香
校　对	罗秀媛　　朱艳芳
题　字	杨水生

醴陵市行政区划图

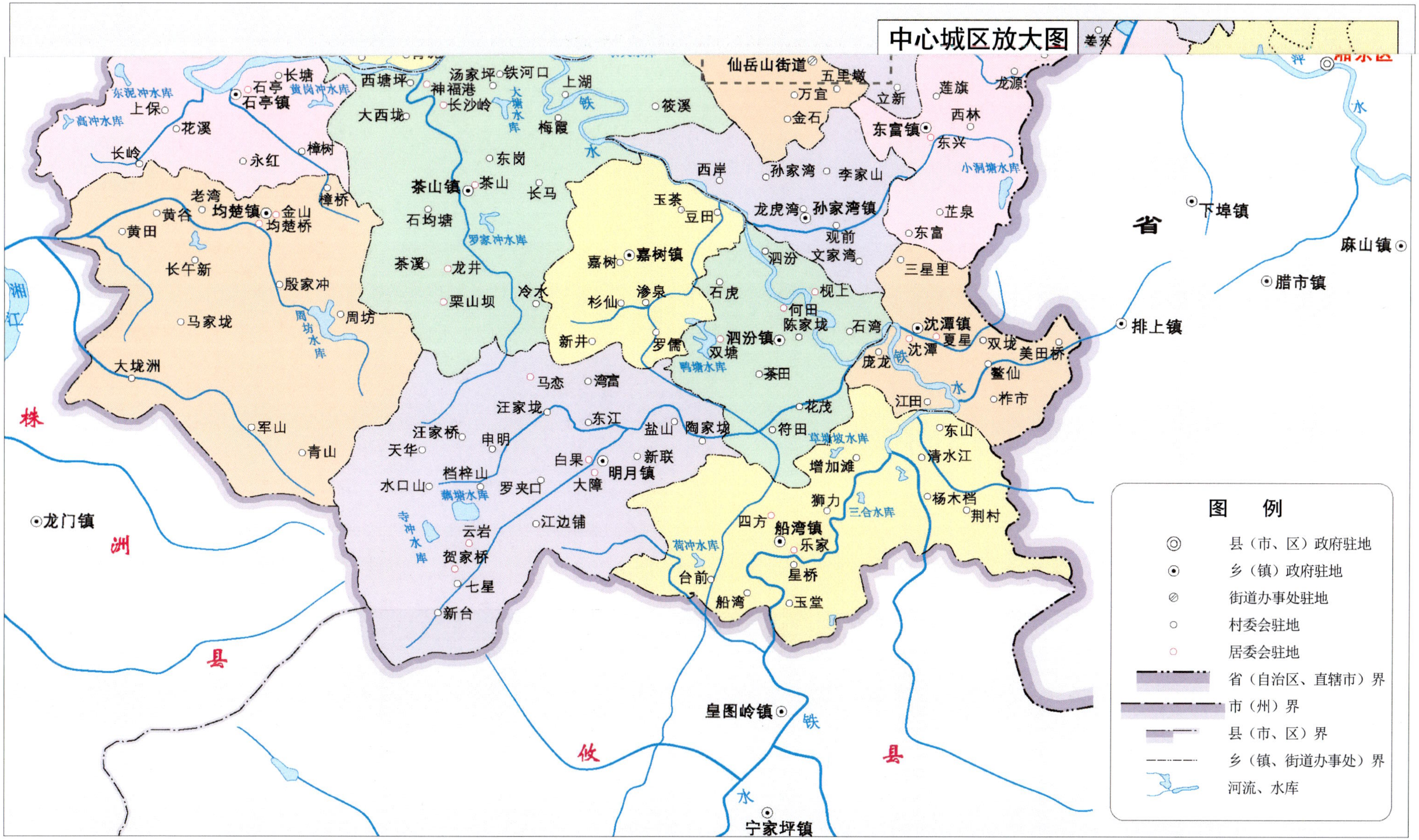

醴陵市行政区划图　审图号：湘S（2017）207号　编制：湖南省第一测绘院　监制：湖南省国土资源厅　出版：湖南地图出版社

编　辑　说　明

一、《醴陵年鉴》以马克思列宁主义、毛泽东思想、邓小平理论、“三个代表”重要思想、科学发展观、习近平新时代中国特色社会主义思想为指导，坚持辩证唯物主义和历史唯物主义的立场、观点和方法。系统翔实地记载了2018年度全市的政治、经济、文化和社会生活等方面的情况和重要事件，汇集了较全面的信息资料，为各级领导决策和各界人士了解醴陵提供参考依据，为今后续修地方志收集和储存可靠史料。

二、《醴陵年鉴2019》采用分类编辑法，以条目为主要记事形式，基本结构为类目、分目、条目3个层次，个别分目下设子目。根据全市政治、经济、社会发展等实际情况，《醴陵年鉴2019》在篇目结构上有部分调整，共设特载、醴陵概览、大事记、中国共产党醴陵市委员会、醴陵市人民代表大会常务委员会、醴陵市人民政府、中国人民政治协商会议醴陵市委员会、民主党派、群众团体、军事、法治、综合经济与管理、农业、工业、贸易·旅游、城建·环保、交通·邮政·通信、财政·税务、银行·保险、民政·社会保障、教育、文化·体育·传媒、卫生·计划生育、区·街道·镇、人物、荣誉谱、文件选编和市党、政及各部门、单位负责人名录28个类目，有145个分目、927个条目、728千字。全书有彩版43幅、照片200张，有表格21个。

三、本卷文字由全市各单位提供，经单位负责人审核，由年鉴编辑部编辑、审校。在采编过程中，力求内容真实，注重资料性、实用性和可读性。卷中主要数据以《醴陵市2018年国民经济和社会发展统计公报》为准（其中人口数以市公安局年报为准），公报中不涉及的数据以各单位上报数据为准，个别数据因统计口径不一致可能存在差异，读者在阅读、引用时需注意鉴别。部分数据总数和分数因四舍五入，末位可能存在细微差异，属正常情况。卷中数据增减比率在未注明的情况下均为与上年同期比较值。文中未特别注明的“省”“市”分别为“湖南省”“醴陵市”。

四、本卷“市党、政及各部门、单位负责人名录”类目中所列名录均由市委组织部提供，均以2018年1月1日至12月31日任职为准。

五、书中彩版照片为2018年内容，部分照片中的领导为时任领导。彩版第一、二页所刊市委、市人大、市政府、市政协主要领导成员照片均为本书出版印刷前的在任领导。本卷照片主要由市融媒体中心、市城市创建工作领导小组办公室、市摄影家协会提供，部分照片由其他单位提供，所有照片均标注了供图单位或作者名称。本卷照片未经供图单位或作者授权，任何单位或个人均不可转载、修改、编辑和复制。

醴陵全景图

城市名片

中国陶瓷历史文化名城

世界釉下五彩瓷原产地

世界电瓷之都

花炮祖师李畋故里

中国花炮之乡

中华诗词之乡

出口电瓷质量安全示范区

出口日用陶瓷质量安全示范区

国家农村综合性改革试点试验县（市）

2018 年度全国综合实力百强县

2018 全国投资潜力百强县

2018 年度全国科技创新百强县

2018 年度全国新型城镇化质量百强县

古桥芳洲 黄双周 / 摄

醴陵数字 2018

土地面积：2157 平方千米

户籍人口：1053080 人

地区生产总值：增长 7.4%

第一产业：增长 3.5%

第二产业：增长 7.5%

第三产业：增长 8.3%

三次产业结构：8.3:54.8:36.9

一般公共预算收入：41.8 亿元

地方预算收入：26.8 亿元

公共财政预算支出：68 亿元

自然村通水泥（沥青）路建设：112 公里

城镇居民人均可支配收入：39413 元

农作物播种面积：107.9 千公顷

粮食作物播种面积：71 千公顷

粮食总产量：50.2 万吨

工业增加值：增长 7.7%

规模以上工业企业：619 家

规模以上工业企业完成产值：增长 13%

建筑业增加值：30.2 亿元

房地产开发企业：46 家

房地产开发投资：增长 21%
商品房销售面积：85.6 万平方米
商品房销售额：47.9 亿元
固定资产投资：增长 7.8%
工业投资：增长 41.6%
民生投资：增长 57.2%
社会消费品零售总额：224.8 亿元
交通运输、仓储和邮政增加值：增长 1.8%
邮电业务总量：6.18 亿元

接待国内外游客：627.33 万人次
旅游总收入：67.16 亿元
外贸进出口总额：4.8 亿美元
金融机构各项存款余额：363.7 亿元
金融机构各项贷款余额：224.3 亿元
医疗卫生机构：686 个
每千人口拥有医生 1.87 人、护士 2.37 人
基础教育学校：491 所
学校、幼儿园教职工：10958 人

——数据统计摘自《2018 年醴陵市国民经济和社会发展统计公报》

中 共 醴 陵 市 委 常 委

ZHONG GONG LI LING SHI WEI CHANG WEI

上排左起：市委书记胡湘之，市委副书记、市人民政府市长董巍，市委副书记曾毅鹏，
市委常委、组织部部长钟勇军，市委常委、市纪委书记易文星

下排左起：市委常委、人武部部长李云星，市委常委、宣传部部长刘海龙，
市委常委、政法委书记廖胜云，市委常委、市人民政府常务副市长刘政凯，
市委常委、统战部部长石勇辉，市委常委、市委办公室主任于大平

醴 陵 市 人 大 常 委 会 主 任 、 副 主 任

LI LING SHI REN DA CHANG WEI HUI ZHU REN FU ZHU REN

左起：党组书记、主任贺小玲，党组成员、副主任廖宏力，党组成员、副主任李亿平，
党组成员、副主任李荣佳，副主任（兼）唐青柏，党组成员、副主任翁菊清

醴陵市人民政府市长、副市长

LI LING SHI REN MIN ZHENG FU SHI ZHANG FU SHI ZHANG

上排左起：市委副书记、市长董巍，市委常委、常务副市长刘政凯，
副市长、市公安局局长何忠明
下排左起：副市长谭艳，副市长钟国建，副市长陈佳，副市长王吉祥，副市长曾敏

政协醴陵市委员会主席、副主席

ZHENG XIE LI LING SHI WEI YUAN HUI ZHU XI FU ZHU XI

左起：党组书记、主席江曙明，副主席李忆湘，副主席（兼）钟富强，党组成员、副主席程曙光，
党组成员、副主席肖建辉，副主席（兼）易召群

JIAN SHE "SI GE LI LING"

建设“四个醴陵”

醴陵市委十二届六次全体（扩大）会议暨市委经济工作会议 宋丹/摄

市委书记胡湘之出席醴陵市委十二届六次全体（扩大）会议暨市委经济工作会议 市融媒体中心/供图

市委副书记、市人民政府市长董巍出席醴陵市委十二届六次全体（扩大）会议暨市委经济工作会议 市融媒体中心/供图

醴陵市委十二届六次全体（扩大）会议暨市委经济工作会议主席台 宋丹/摄

醴陵市第十六届人民代表大会第四次会议 宋丹 / 摄

市委书记胡湘之出席人大十六届四次会议 市融媒体中心 / 供图

市委副书记、市人民政府市长董巍出席人大十六届四次会议 市融媒体中心 / 供图

市人大常委会党组书记、主任贺小玲出席人大十六届四次会议 市融媒体中心 / 供图

醴陵市第十六届人民代表大会第四次会议开幕式

市融媒体中心 / 供图

新当选的醴陵市人民政府市长董巍宣誓就职

市融媒体中心 / 供图

中国人民政治协商会议醴陵市第十四届委员会第四次会议 宋丹 / 摄

政协醴陵市委员会党组书记、主席江曙明出席政协十四届四次会议 市融媒体中心 / 供图

政协醴陵市第十四届第四次会议表决相关决议 王志翔 / 摄

政协醴陵市第十四届第四次会议参会委员 市融媒体中心 / 供图

TUO PIN GONG JIAN
脱贫攻坚

市委书记胡湘之调研花炮产业 市融媒体中心 / 供图

市委副书记、市长董巍调研扶贫工作 市扶贫办 / 供图

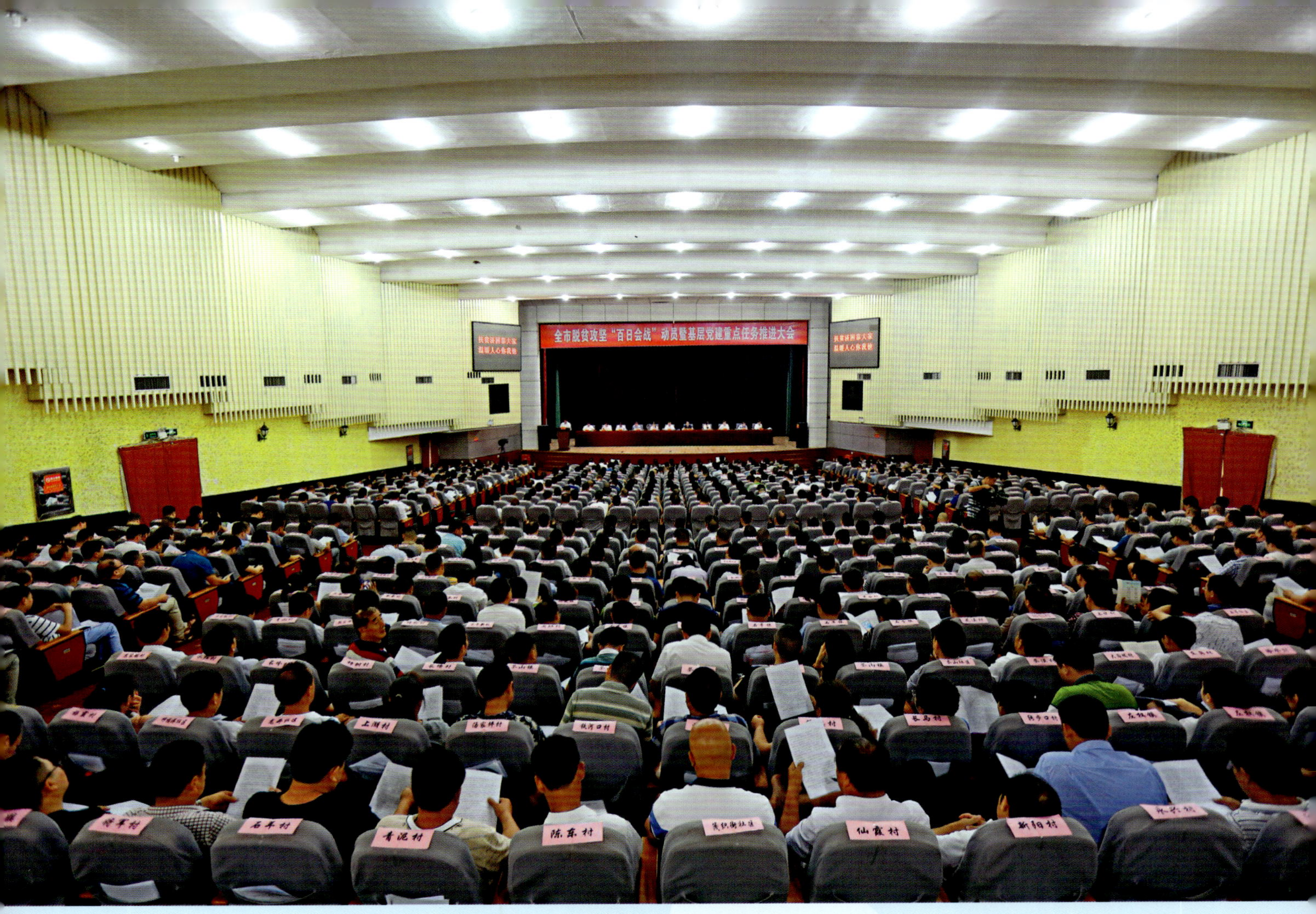

全市脱贫攻坚“百日会战”动员暨基层党建重点任务推进大会 市融媒体中心 / 供图

均楚瓜蒌籽基地助力抓党建促脱贫攻坚

均楚镇 / 供图

四好农村公路 枫林镇 / 供图

贫困村新建道路 市交通运输局 / 供图

“大爱瓷城·金秋助学”活动 市民政局 / 供图

市民政局在明月镇洪罗完全小学开展“庆‘六一’关爱留守儿童”主题安全知识教育活动 市融媒体中心 / 供图

“全国脱贫攻坚奖”候选人陈自绪走访贫困学子 市融媒体中心 / 供图

“健康扶贫”送进乡 市民政局 / 供图

贫困户家庭医生签约现场 市扶贫办 / 供图

科技特派员为贫困户讲授耕作技术 市档案馆 / 供图

农田机械化作业 王界明 / 摄

农田机械化作业 市档案馆 / 供图

贫困户在茶山镇栗山坝居委会洪慈种养农民专业合作社菊花种植基地务工 市扶贫办 / 供图

均楚镇发展旅游产业 市扶贫办 / 供图

官庄镇瓦子坪村贫困户发展养蜂产业 市扶贫办 / 供图

白兔潭镇易地扶贫搬迁集中安置区内的扶贫车间 市扶贫办 / 供图

莲藕种植 朱嘉 / 摄

贺家桥辣椒丰产 市档案馆 / 供图

黄牛养殖 陈建元 / 摄

黑山羊养殖 阙敏 / 摄

编竹 朱嘉 / 摄

万亩油茶基地 彭雪飞 / 摄

CHAN YE XIANG MU

产业项目

旗滨高性能电子玻璃生产线项目签约仪式

中盐红四方项目开工仪式 湖南醴陵经济开发区 / 供图

醴陵玻璃产业园一期项目集中开工仪式 湖南醴陵经济开发区 / 供图

湖南醴陵经济开发区 李忆湘 / 摄

创新创业园 周烜 / 摄

北部旅游公路 市交通运输局 / 供图

横店产业园
王界明 / 摄

株洲醴陵旗滨玻璃有限公司 钟跃能 / 摄

电力电瓷电器产业园
李忆湘 / 摄

中国陶瓷谷 李忆湘 / 摄

醴陵釉下五彩基地 李忆湘 / 摄

陶瓷生产车间 彭雪飞 / 摄

陶瓷成形车间 邓勇航 / 摄

电瓷生产车间 邓勇航 / 摄

烟花鞭炮自动化生产线 市融媒体中心 / 供图

标志服生产车间 肖陵 / 摄

玻璃生产车间 彭雪飞 / 摄

立体车库项目落地

散热器钎焊车间 王界明 / 摄

SHE HUI SHI YE

社会事业

初心咏唱 阙敏 / 摄

瓷谷之歌 阙敏 / 摄

广场舞比赛 市均楚镇 / 供图

龙腾瓷器口 陈彦婉 / 摄

老有所乐 阙敏 / 摄

乡村舞台 王界明 / 摄

醴陵市第一中学教学楼 市创建办 / 供图

醴陵市渌江中学 市创建办 / 供图

醴陵市第四中学 市创建办 / 供图

渌江书院开设讲坛 市融媒体中心 / 供图

醴陵市陶瓷烟花职业技术学校教学楼 市创建办 / 供图

株洲市首家“壹乐园·儿童服务站” 市融媒体中心 / 供图

全民读书日——义卖 钟朝阳 / 摄

街道组织开展预防青少年犯罪和禁毒宣传活动

市融媒体中心 / 供图

“文明醴陵 爱心助考”公益活动启幕

市融媒体中心 / 供图

青少年活动中心 曾德广 / 摄

“共筑航天新时代 共建五彩新醴陵”中国航天科普展

市融媒体中心 / 供图

第 29 届中小学生田径运动会开幕式 市教育局 / 供图

市福田医养中心 肖邦魁 / 摄

醴陵市中（一）医院获湖南省人民医院定点指导医院授牌 市中（一）医院/供图

醴陵市中（一）医院国医馆开业 市中（一）医院/供图

农村适龄妇女“两癌”免费检查 市卫生健康局/供图

“湘雅乡情”专家义诊 市卫生健康局/供图

医疗服务结对共建“健康送下乡”活动现场

市卫生健康局/供图

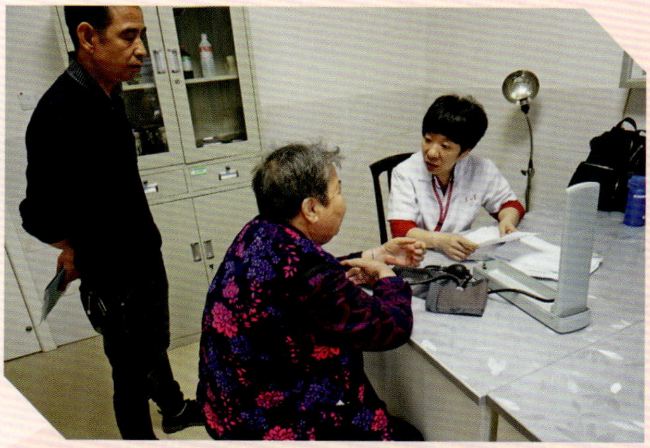

深化“湘雅乡情·专家醴陵行”活动，中南大学湘雅医院专家首次进社区卫生服务中心坐诊 市卫生健康局/供图

湖南师范大学附属湘东医院
新门急诊大楼 市融媒体中心 / 供图

市图书馆 殷辉 / 摄

市公安局交通警察大队智能指挥中心 谢铁山 / 摄

电网建设 王界明 / 摄

经济适用房 谭力平/摄

村民之家 汪锋/摄

官庄水库饮用水水源地网箱和畜禽退养工作 官庄镇/供图

街道便民服务中心 殷辉/摄

CHENG SHI CHUANG JIAN

城市创建

醴陵市创建工作领导小组成立于2016年10月，下设创文、创卫、创园三个工作组和一个办公室，即市创建办。三个工作组的主要职责：负责落实市委、市人民政府、市创建工作领导小组交办督办的创建工作任务，牵头组织各项专项整治行动，积极做好创建工作的申报、迎检、协调等方面的工作。市创建办的主要职责：负责按照市委、市人民政府的工作要求做好创建工作的顶层设计，负责创建工作的业务指导和综合协调，根据创建工作要求和市委、市人民政府交办的临时性工作进行跟踪督办，对照工作方案、责任分解和交办工作任务完成情况进行检查和考核。

城市创建工作推进会 市创建办／供图

对标创建工作项目调度会 市创建办／供图

专家组现场考查 市创建办/供图

市创建办调研指导农村环境综合整治工作 市创建办/供图

浏阳市卫健局到醴陵考察交流创国卫工作座谈会 市创建办/供图

创建省级文明城市业务培训会 市创建办/供图

创建国家园林城市第一期培训会 市创建办/供图

创建省级文明城市

创建省级文明城市动员大会 市创建办 / 供图

创建文明城市宣传资料 市创建办 / 供图

学雷锋志愿服务活动启动仪式 市创建办 / 供图

举办“文明家庭”表彰暨创建工作推进大会 市创建办 / 供图

文明餐桌行动启动仪式 市创建办 / 供图

创建国家卫生城市

自来水厂 王界明 / 摄

生活垃圾无害化处理场 创建办 / 供图

全民义务大清扫 市创建办 / 供图

污水处理厂 黄竹青 / 摄

农贸市场提质 市融媒体中心 / 供图

公共厕所提质 杨传春 / 摄

创建国家园林城市

游园建设 市创建办 / 供图

道路绿地建设——渌江大道 市创建办 / 供图

园林式单位——电力局庭院 市创建办 / 供图

广场绿化提质——火车站广场 市创建办 / 供图

综合性公园建设——仙山公园 市创建办 / 供图

低碳生活·绿色出行
城市无车日活动 市创建办 / 供图

城市照明——渌江河沿岸夜景 王界明 / 摄

QUAN YU LV YOU

全域旅游

全国重点文物保护单位——李立三同志故居提质改造 市创建办 / 供图

耿传公祠 市创建办 / 供图

毛泽东考察农民运动旧址——东富寺提质改造 肖晓菲 / 摄

黄乡民居
市创建办 / 供图

提质改造后的渌江桥 苏文/摄

省级非物质文化遗产星子灯 李忆湘/摄

君子山漂流 李秀武/摄

明月镇云岩古寺 市创建办/供图

官庄水库 汤云辉 / 摄

醴北旅游环线 申龙 / 摄

醴陵烈士陵园 市创建办 / 供图

船湾镇清水湾畔度假村 市创建办 / 供图

天华台 黄永强 / 摄

乡村风光 彭雪飞/摄

乡村风光 朱嘉/摄

乡村风光 肖邦魁/摄

乡村风光 彭雪飞/摄

乡村风光 市档案馆/供图

2018 年中国湖南国际旅游节暨中国（醴陵）国际陶瓷产业博览会上，醴陵特色美食亮相“五彩瓷宴”美食节。

仙都酱鸭 市委宣传部 / 供图

醴陵蒸草鱼 市委宣传部 / 供图

原汁羊肉 市委宣传部 / 供图

醴陵小炒肉 市委宣传部 / 供图

醴陵炒粉 市委宣传部 / 供图

醴陵黄菜 市委宣传部 / 供图

苦瓜炒仔鸭 市委宣传部 / 供图

第三届中国烟花爆竹博览会
暨2018醴陵烟花爆竹交易会

第三届中国烟花爆竹博览会暨2018醴陵烟花爆竹交易会

集中签约仪式 市融媒体中心 / 供图

展厅一隅 市融媒体中心 / 供图

璨烟花展 / 参展产品 市融媒体中心 / 供图

开幕式 市融媒体中心 / 供图

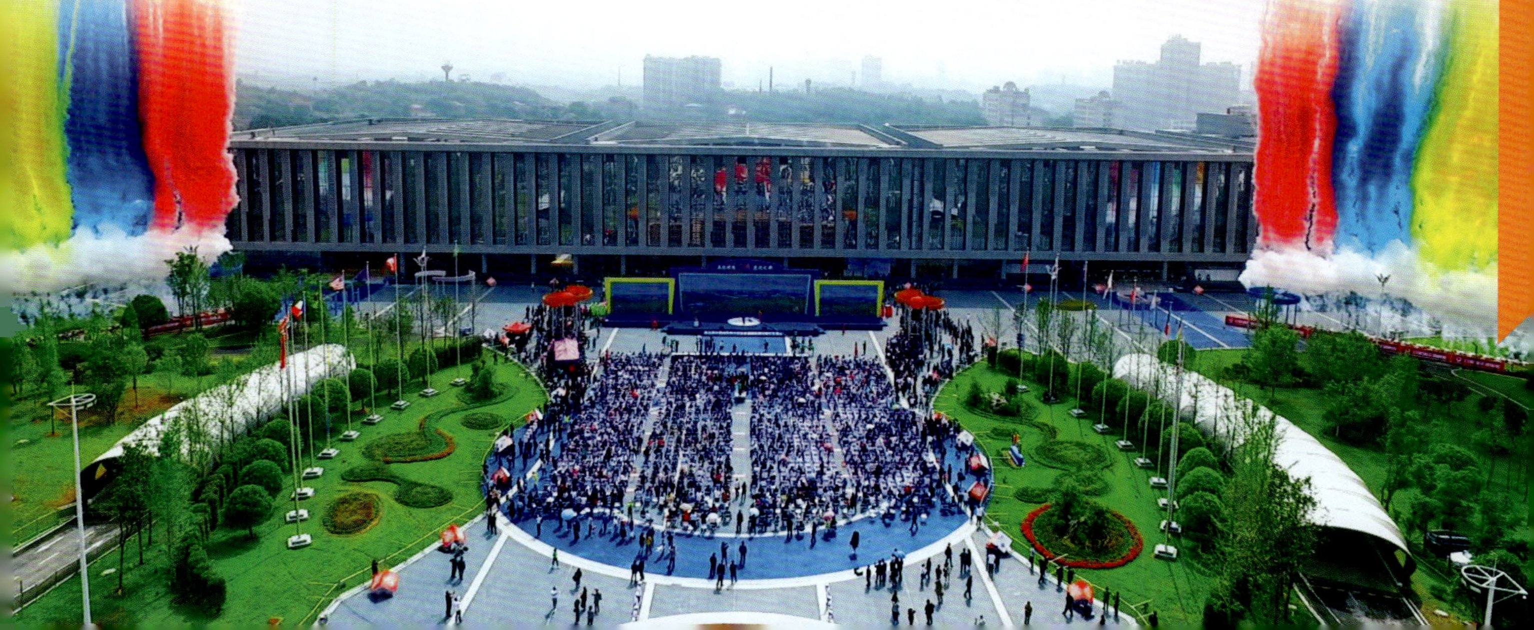

2018 年中国湖南国际旅游节暨

开幕式 市融媒体中心 / 供图

游客观看醴陵宣传片 市融媒体中心 / 供图

展厅一隅 市融媒体中心 / 供图

中国（醴陵）国际陶瓷产业博览会

国际展馆 市融媒体中心 / 供图

炻瓷协会展厅 市融媒体中心 / 供图

陶瓷工匠现场拉坯 市融媒体中心 / 供图

“一节一会”开幕式“湖南瓷旅之夜”现场

市融媒体中心 / 供图

火树银花陶瓷园 市融媒体中心 / 供图

2018 湖南醴陵房地产博览会

2018 湖南醴陵房地产博览会开幕式 市融媒体中心 / 供图

2018 湖南醴陵房地产博览会现场 市融媒体中心 / 供图

新华联房产开发 曾德广 / 摄

旗滨 · 公园里房产开发 创建办 / 供图

目 录

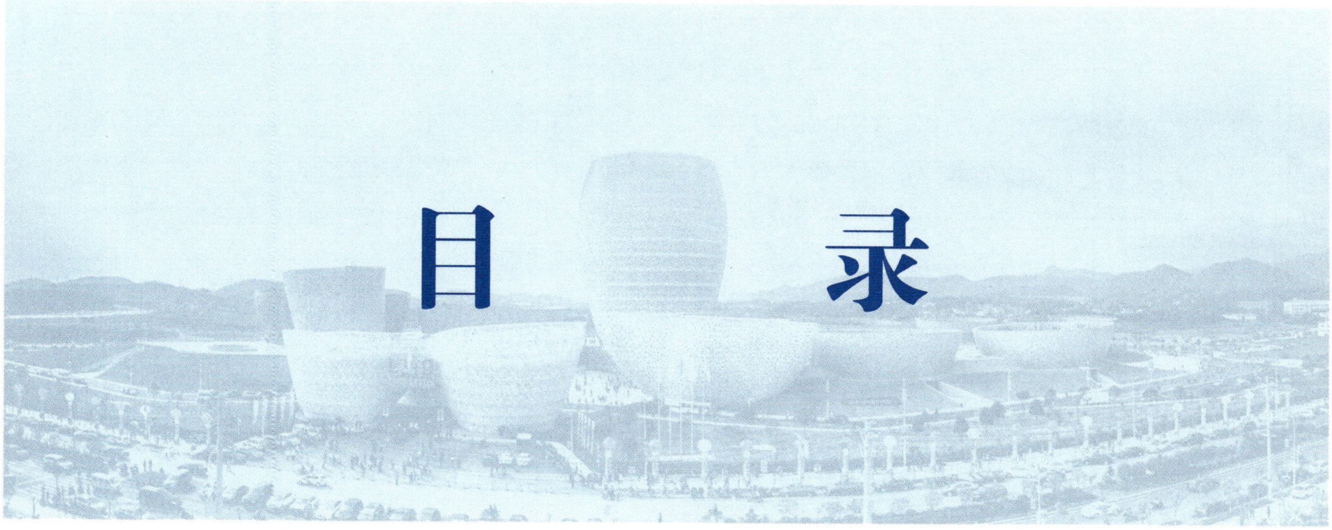

特 载

醴陵概览

大 事 记

中国共产党醴陵市委员会

醴陵市人民代表大会常务委员会

醴陵市人民政府

中国人民政治协商会议醴陵市委员会

民主党派

群众团体

军 事

法 治

综合经济与管理

农　业

工　业

贸易·旅游

城建·环保

交通·邮政·通信

财政·税务

银行·保险

民政·社会保障

教　育

文化·体育·传媒

卫生·计划生育

区·街道·镇

人　物

荣誉谱

文件选编

市党、政及各部门、单位负责人名录

索　引

特载

稳中求进　进中争先
奋力开创“四个醴陵”建设新局面

——在市委十二届六次全体（扩大）会议
暨市委经济工作会议上的讲话

中共醴陵市委书记　胡湘之

（2019 年 1 月 4 日）

一、2018 年工作卓有成效

2018 年是非同寻常的一年，也是卓有成效的一年，我们遇到的困难比预计的要大，经历的挑战比预想的要多，取得的成效比预期的要好。全市上下坚持以习近平新时代中国特色社会主义思想为指导，认真贯彻落实中央和省市决策部署，深入打好三大攻坚战，扎实推进“四个醴陵”（富强、美丽、幸福、文明新醴陵）建设，全市经济社会发展和党的建设呈现出蓬勃向前的生动局面。经济综合发展和基本竞争力实现“双进位”，分别名列全国百强县（市）第 55 位、第 73 位。跻身中部百强县（市）第 14 位，位居中国幸福百县榜第 22 位。安全生产、人口和计划生育、社会综合治理三项工作连续两年同获全省先进，是全省蝉联三项先进的唯一县（市）。先后获评全国社会治理创新示范城市、全国城市基层党建示范县（市）、国家公共文化服务体系示范区、省“书画之乡”、省“五化”（人本化、法治化、标准化、信息化、社会化）民政建设先进县（市）、省基层中医药工作先进单位、省“四好农村路”（建好、管好、护好、运营好农村公路）示范县（市）等 30 余项省部级以上荣誉。国家重要领导、省市主要领导来醴视察指导 50 余次，《人民日报》、新华社、中央电视台、《湖南日报》、湖南卫视等主流媒体聚焦报道醴陵 100 余次。我们比全国提前 3 年实现整体脱贫、同步全面小康，正式告别几千年的绝对贫困。可以说，2018 年在醴陵发展史上留下了值得记忆、浓墨重彩的一笔。

一年来，我们深学笃用、知行合一，推动了习近平新时代中国特色社会主义思想和中共十九大精神落地生根见效。我们的各项工作，说到底都是学习贯彻新思想和中共十九大精神的生动实践。市委理论学习中心组集中学习 11 次。围绕学习贯彻习近平经济思想，我们坚决落实高质量发展根本要求，结合醴陵阶段性发展特征，在构建现代产业体系、加快产业项目建设、扩大有效投资等方面靶向施策。围绕学习贯彻习近平生态文明思想，我们坚持共抓大保护、不搞大开发，以渌江治理为切入点，带动“五江十四水”（渌江、澄潭江、城市内江、铁河、磨子石河，官庄水库、望仙桥水库、雪峰山水库、荷田水库、周坊水库、藕塘水库、明兰水库、鸭塘水库、小洞塘水库、寺冲水库、龙龟山水库、大坝冲水库、焦坑水库、左权湖水库）治理，还人民群众“山青水秀、地绿天蓝”的生态环境。围绕学习贯彻习近平宣传思想重要论述，我们全面强化意识形态主体责任，以更高的政治站位谋划部署意识形态、文明创建等工作，推动宣传思想工作不断强起来。围绕学习贯彻习近平社会建设重要论述，我们以人民为中心，在脱贫攻坚、教育、网格化服务、医疗卫生等方面持续发力，提升了人民群众的获得感。围绕学习贯彻习近平党的建设和组织工作重要思想，我们从严管党治党，党的建设全面加强。通过深入学习贯彻，更加强化了理论武装，更加坚定了前进方向。

一年来，我们坚持稳中求进、加快转型升级，巩固提升了县域经济综合实力。全年地区生产总值增长7.4%。完成财政总收入60.2亿元，其中一般公共预算收入41.8亿元；税收收入31亿元，一般公共预算收入的税占比提高21个百分点达74.2%。规模工业增加值增长7.7%。固定资产投资增长7.8%。社会消费品零售总额增长9.9%。城、乡居民人均可支配收入增长7.8%、8.3%。园区技工贸总收入445亿元，同口径增长14.5%，园区规模工业增加值增长5.6%，占全市规模工业增加值比重提高至62.7%，获评全省发展开放型经济优秀园区。积极应对百年一遇的持续干旱，粮食作物播种面积71千公顷，粮食产量50.2万吨，农业生产实现“十五连丰”。提质改造李立三故居、东富寺、袁昌英纪念园等景点，“清水湾畔”成功创建国家AAA级旅游景区。全年接待游客627.33万人次，旅游综合收入67.16亿元，分别增长13.05%、14.86%。三次产业结构比调整为8.3 ： 54.8 ： 36.9。

一年来，我们众志成城、精准发力，三大攻坚战取得了阶段性丰硕成果。决战决胜脱贫攻坚，年内3165户10953名贫困人口实现脱贫，综合贫困发生率降至0.45%，连续3年获评全省扶贫工作先进县（市）。着力防范化解金融风险，主动“停缓调撤”项目119个，压减投资283亿元，稳妥化解政府存量债务，金融运行基本平稳，风险可控可防，经验做法在全省推介。铁腕推进污染防治。全面推行“河长制”，渌江水质由V类、IV类上升为III类、II类，重点水库实现畜禽全面退养、网箱养鱼全面取缔。调整种植结构7千公顷，修复治理重金属污染土地万余亩。查处63件环境污染案件，关停15家环保不达标企业。全年空气优良天数达331天，较上年增加16天。中央、省委环保督察组反馈的84件问题全面整改到位。

一年来，我们聚焦产业、主攻项目，深入推进了“产业项目建设年”活动。全年实施重点项目209个，征地703.73公顷，征拆房屋2054栋（套），列株洲首位。报批土地366.67公顷，动态储备土地266.67公顷。新签约旗滨高性能电子玻璃、城市生活垃圾资源化处理等92个重点项目，合同引资280亿元。中盐红四方、国家级电瓷电器检测中心等112个项目开工建设。莲株高速、瓷器口等88个重点项目建成运营。国家能源重点工程醴陵压气站竣工，年新增供气15.6亿立方米，有效解决了全省“气荒”问题。陶瓷智能制造车间点火生产，7条烟花自动化生产线、全国首条爆竹自动化生产线建成投产。先进陶瓷材料入选全省20个工业新兴优势产业链。“复兴号”高铁、港珠澳大桥等大国重器闪耀着醴陵元素。累计兑现“四个十条”（《关于促进经济开发区招商引资的十条政策》《关于促进陶瓷产业发展的十条政策》《关于促进花炮产业发展的十条政策》《关于促进大众创业万众创新的十条政策》）奖补资金7000余万元，惠及企业600余家次。全市新增高新技术企业30家、规模工业企业58家、市场主体6706家。5家企业入选全省上市后备企业库，华联瓷业有望今年登陆A股。

一年来，我们开疆拓土、精耕细作，着力加快了城乡统筹发展。做活新区。统筹推进新区水、电、路、气、污水管网等基础设施建设，东城大道、333省道、玉瓷路等道路建设全面铺开，渌江产业服务中心、碧桂园、新三中、新妇幼等项目梯度开发、递次推进，醴陵陶瓷学院春季开学将迎来首批师生。做美老城。狮子坡水厂提质扩容，供水管网进一步完善。刘家巷、中医院等片区改造顺利推进，太一、阳三、姜湾等市场环境明显好转。“一江两岸”南岸二号段对外开放。启动仙岳山山体生态修复，新建车顿桥等11处广场游园。做强集镇。推进乡村振兴，落实农村人居环境整治三年行动计划，建成10个“美丽乡村”，新建整修水利工程960余处，新改建卫生厕所9731座，生活垃圾分类减量处理形成常态。白兔潭、东富、枫林、船湾等特色小镇建设有序推进，明月、沈潭、沩山、孙家湾、板杉、浦口、嘉树、石亭等镇区环境发生明显变化。经过两年的努力，“三创四化”（创建国家卫生城市、全国文明城市、国家园林城市，绿化、亮化、美化和数字化）收获阶段性成果，以全省第二名的高分通过省级文明城市创建验收，创建国家卫生城市进入省级程序，顺利申报国家园林城市。

一年来，我们关注基层、保障民生，积极回应了人民群众对美好生活的向往。全面落实各项就业政策，城乡居民医疗保险工作获国务院督察组肯定。全域医联体模式不断巩固，“湘雅乡情”常态化开展，141支家庭医生服务团队走进千家万户。深入推进“教育强市”，消除大班额199个，高考二本及以上上线率连续5年保持株洲领先，湖南师大附中即将落户醴陵。渌江书院开坛讲学，朱汉民、杨雨等知名教授登台授课。坚持“房子是用来住的，不是用来炒的”，新建商品房156.6万平方米，销售88万平方米，7个棚户区改造有序推进。加强非洲猪瘟疫病防控，确保了疫情不过境、不入境。健全信访维稳长效机制，抓好中央、省委巡视组交办的18批次85件信访件办理，进京非访数量同比下降78%。集中开展“扫黑除恶”专项斗争，依法打击11类黑恶势力性质违法犯罪，彰显了公平正义。压紧压实安全生产责任，烟花爆竹行业连续30个月“零伤亡”，安全生产形势总体平稳可控。

一年来，我们深化改革、扩大开放，有效激发了经济社会发展新活力。税收征管体制、供销社改革等32项重点改革任务深入推进，全国农村综合性改革试点年度项目通过财政部验收。加快行政审批制度改革，600余项事项基本实现“最多跑一次”。网格化管理入选全国加强和创新社会治理典型案例。成功举办首届烟花爆竹博览会、中国湖南国际旅游节暨中国（醴陵）国际陶瓷产业博览会，参观达100余万人次，现场签约130余亿元。中国（醴陵）国际陶瓷产业博览会获“改革开放四十年中国品牌展会奖”。深圳盐田港首个县级内陆港在醴投入运营，铁海联运“五定班列”正式开通。主动对接“一带一路”，引导企业积极参加德国柏林展、迪拜151经贸展等国际性展会，拓展海外市场，外贸进出口总额增长31.8%，首次突破4亿美元关口，达4.8亿美元。

一年来，我们坚持严管厚爱并重、激励约束并行，营造了干事创业的良好氛围。严格落实“三个区分开来”（把干部在推进改革中因缺乏经验、先行先试出现的失误和错误，同明知故犯的违纪违法行为区分开来；把上级尚无明确限制的探索性试验中的失误和错误，同上级明令禁止后依然我行我素的违纪违法行为区分开来；把为推动发展的无意过失，同为谋取私利的违纪违法行为区分开来），及时为58名党员干部澄清是非，工作做法被新华社报道。市级领导带头联系基层党建帮扶点，整顿转化47个软弱涣散基层党组织。全面落实“六基”（基本组织、基本职能、基本队伍、基本制度、基本机制、基本保障）规则，规范村级组织运行，建成261个党支部“五化”（支部建设标准化、组织生活正常化、管理服务精细化、工作制度体系化、阵地建设规范化）建设示范点。健全反腐败协调工作机制，压实“两个责任”（党委主体责任、纪委监督责任），抓好扶贫、环保等领域腐败问题和违反中央八项规定精神突出问题整治，立案96件，处理221人。对41个单位党组织开展巡察，整改问题246个。压实意识形态工作责任制，弘扬社会主义核心价值观，涌现出陈自绪、赵石毛、叶志钢、刘天健、潘尧生等一批全国、全省先进典型。站在“巡视巡察整改不落实就是对党不忠诚”的高度，坚决服从中央和省委巡视组、株洲市委巡察组的安排部署，全面完成整改任务，将整改的成效转化为推动发展的实效。市委党校获评“全省综合示范性县级党校”。市人民武装部获评“全省全面建设先进单位”“全省安全管理工作先进单位”。统一战线有新作为，服务非公经济发展成效明显。市人大专项工作评议活动扎实开展并得到各级肯定。市政协积极参与、使用“湖南政协云”，活跃度排名全省县级前列。市人民法院结案率排名株洲前列。市人民检察院获评“全国检察文化建设示范院”。市总工会、团市委、市妇联圆满换届，档案史志、老龄、残联、工商联、科协、文联、人防等工作都取得了新成效。一年来，市委坚持总揽全局、协调各方，市人大依法履职、加强监督，市政府依法行政、狠抓落实，市政协参政议政、建言献策，全市上下形成了讲政治、讲大局、讲团结、讲实干的良好氛围。

二、醴陵正处在新的历史发展方位

站在新中国成立70周年的时间节点，我们告别绝对贫困、全面建成小康，提前实现了第一个百年奋斗目标。大产业体系正在转型，大交通格局已然形成，大开放态势日趋明朗，大醴陵形象深入人心，我们已开启基本现代化新征程，比任何时候更接近“四个醴陵”的目标。

新的历史发展方位意味着我们已取得许多来之不易的成绩。市第十二次党代会以来，全市上下相互见证、彼此成就，让不可能变成了可能，让梦想照进了现实。产业实现大升级。从产品走向产业，从制造走向创造，从粗放走向集约，从单一走向多元，从区域走向全球，现代产业体系逐步成形。城市展现大形象。城市变得更大、更高、更美、更配套，既厚重如山，又上善若水，已成为醴陵的一张靓丽名片。民生得到大改善。将70%以上财力用于民生，做实百姓小事情，扛起民生大责任，醴陵发展更有温度，人民幸福更有厚度。社会彰显大和谐。推行网格化管理，筑牢“最底一张网”，严守安全、稳定、环保、民生“四条底线”，缔造了可预期可信赖的社会环境。团结形成大品牌。四套班子带头维护团结，带动各级班子增进团结，引导党员干部自觉团结，团结成为全市上下共同的追求和感受。

新的历史发展方位意味着我们正面临许多不容忽视的问题。纵向比进步很大，横向比差距不小。发展不充分不平衡的问题仍然比较突出。经济实力还不够强。对比长沙县、浏阳市、宁乡市，醴陵市地区生产总值仅她们的40%左右，规模工业增加值仅她们的60%左右，固定资产投资仅她们的30%左右。全市年产值过10亿元的企业仅2家，长沙县、浏阳市、宁乡市都在20家以上。全市上市企业仅1家，而长沙县有8家、浏阳市有8家、宁乡市有2家。产业结构还不够优。以陶瓷、花炮为支柱的基本格局没有改变，服装、防水、物流等产业进展不快。玻璃、电子、新材料等号称“产业”，实际只有几家企业独木支撑。高新技术产业占比仅18%。产业链不健全，企业小而全、多而散，抗风险能力较弱。项目推进还不够有力。投资上5000万元的项目占比不到3成，缺乏引领一方、振奋人心的大项目、好项目。项目落地慢、见效慢，株洲市级重点项目开工率仅60%左右，竣工率不到50%。工作作风还不够扎实。有的解放思想停留在口头上，习惯按部就班，遇事不敢作为，不敢担当。有的工作推诿，怕惹事，不愿接触矛盾，为了不出事、宁可不干事。有的效率低下、办事拖拉，喜欢以程序搪塞人，一些决策不了了之，一些工作半途而废，一些问题群众找几十次仍得不到解决。有的讲得多、做得少，大事不报告，小事天天报，做了点事、稍有点成绩，生怕领导不知道。有的热衷当“评论员”，只说不干，刻薄挑剔，对干事创业的人指指点点、说长道短。有的高高在上，坐等汇报多，上门服务少，对群众诉求、企业问题麻木不仁。有的拈轻怕重、挑肥拣瘦，讲利益多、讲奉献少，分配任务时不是差钱就是缺人，不是权力不够就是时间太紧。有的自我感觉特别好，自命不凡，总觉得组织欠自己的，稍有起色或任职稍长，就急着跟组织表功提要求。有的一天到晚怨天尤人、牢骚满腹。有的既想当官又想发财，办公事胆子小，干私事胆子大。有的年纪轻轻老气横秋、暮气沉沉，工作缺乏闯劲、缺乏活力。对于这些问题，我们要高度重视并着力解决。

新的历史发展方位意味着我们将迎来许多不可错失的机遇。当前经济稳中有变、变中有忧，中美贸易摩擦给外部环境带来很多不可预见的变数。越是充满变化，越是值得期待，我们要注重从形势变化中准确把握千载难逢的机遇。机遇来自导向鲜明的宏观政策。宏观政策更注重靶向性，积极的财政政策会加力提效，稳健的货币政策更加松紧适度，结构性政策强化体制机制建设，社会政策更加注重兜底保障。这些都是有力支撑。机遇来自日益彰显的区位优势。“三高三铁”（沪昆高速、岳汝高速、娄醴高速，沪昆高铁、浙赣复线、醴茶铁路）交织成网，东城大道即将拉通，长株潭一体化进程不断加快，醴陵区位条件正发生深刻变化，要素加速流动、资源高效配置、区域深度融合的红利将不断释放。机遇来自加速发力的项目积累。一批重大产业项目、平台项目、基础设施项目逐步发力见效，“一谷一城一园”（中国陶瓷谷、渌江新城、东富工业园）挺起了醴陵产业发展的脊梁，成为推动高质量发展的主阵地。机遇来自底蕴厚重的人文环境。独一无二的工匠精神和万众景仰的热血人文薪火传承，全市上下人心思齐、人心思进，各级班子生机勃发，我们已具备了向前突破、向上升级的基础和力量。

2019年全市工作的总体要求是：以习近平新时代中国特色社会主义思想为指导，认真贯彻落实“创新引领开放崛起”“一谷三区”（加快建成株洲·中国动力谷，“一带一路”开放发展先行区、老工业城市转型发展示范区、城乡统筹发展幸福区）等省市决策部署，紧扣高质量发展主题，坚持“稳中求进、进中争先”工作总基调，着力稳就业、稳金融、稳外贸、稳外资、稳投资、稳预期，深入打好“三大攻坚战”（防范化解重大风险攻坚战、精准脱贫攻坚战、污染防治攻坚战），深入开展“产业项目建设年”活动，深入扩大改革开放，深入推进“四大战役”（产业突围、城镇提质、项目攻坚、安全保卫），加快建设富强美丽幸福文明新醴陵，以优异成绩庆祝新中国成立70周年。

主要路径是“七个一”：一个总基调，稳中求进、进中争先。一个主题，高质量发展。一条主线，供给侧结构性改革。一个着力点，“三大攻坚战”。一个主抓手，开展“产业项目建设年”活动，着力振兴民营经济。一个统筹，统筹城乡发展，加快乡村振兴。一个深化，全面深化改革开放。

主要预期目标是：地区生产总值增长7.8%左右，规模工业增加值增长7.5%，固定资产投资增长10%，一般公共预算收入同口径增长7%，社会消费品零售总额增长10%，城乡居民收入增长高于经济增长，金融财政风险有效防控，生态环境进一步改善，完成节能减排等约束性指标。

实现上述目标任务，必须坚持“稳中求进、进中争先”。“稳”，就是要认真贯彻中央“六稳”（稳就业、稳金融、稳外贸、稳投资、稳预期）要求，稳得牢靠、稳得踏实，就是要稳主要指标、稳主要产业、稳主要企业、稳主要产品、稳主要项目、稳主要投资、稳基本底线。“进”，就是要进得有力、进得有序，城市要进步、农村要进步、产业要进步、园区要进步、企业要进步、环境要进步、生活要进步、机制要进步。“争先”，就是要率先、领先、抢先，各项工作都要敢于善于在全市、全省、全国创一流水平，赢得一席之地。

2019年是5G商用元年，人类即将进入5G时代。这是一个全新的信息时代，网速比现在快数百倍，无人驾驶、无人工厂、无人商场、无人医院等在不久的将来都将成为现实，人类的生产生活方式将发生颠覆性革命。推动高质量发展是重大的历史命题和时代使命。要按照“巩固、增强、提升、畅通”八字方针，更多采取改革的办法，更多运用市场化、法治化手段，做好“破旧”“立新”“融入”三篇文章。“破旧”，就是要破除旧动能，加快烟花爆竹、非煤小矿山、造纸等领域过剩产能、落后产能市场化退出。根子上就是要破除旧的观念、旧的手段、旧的体制，以思想的解放加速创造力的释放。“立新”，就是要培育新动能，提升产业链水平，搞活微观主体，激发市场活力，让更多优质企业脱颖而出、茁壮成长。关键就是要形成新的增长点、增长极、增长带，以动能的转换带动发展的转型。“融入”，就是要在思维模式上融入新时代，切实践行新发展理念；区域发展上融入长株潭城市群，打造半小时经济圈；工作方式上融入5G时代，拥抱大数据，运用现代科技手段改进工作、加快发展。

三、我们要沿着高质量发展道路奔跑向前

重点抓好“六个必须”：

（一）**必须主攻产业项目建设。**以“产业项目建设年”活动为抓手，全面推行“三个集中”，企业向园区集中、要素向产业集中、干部向服务集中，真正让“产业、实业、企业、创业”成为经济社会发展的本色和主流。重点实施“三大行动”：一是招商引资“三乡”行动。深入开展“迎老乡回故乡建家乡”活动，力争招商引资在量和质方面都有大突破。重大项目要突破，主动对接省“5个100”（100个重大产业项目、100个重大科技创新项目、100个重大产品创新，引进100个五百强企业、100个科技创新人才）工程，争取更多项目进入省市笼子。重大链条要突破，立足“自动化、智能化、国际化、品牌化”，陶瓷、花炮、服饰等传统产业逐步告别手工时代，玻璃、电子信息、新材料等新兴产业逐步实现集群集聚发展，六大产业链各引进10个以上项目。重大企业要突破，今年下决心引进2～3家世界500强、中国500强企业。重大区域要突破，在园区、新区落地一批大项目、好项目，力争玻璃产业园、电力电瓷电器产业园、电子信息产业园、横店产业园、总部经济园等特色园区分别引进企业10家以上。二是温暖企业“三百”行动。全面推行百家单位帮扶、百家企业成长、企业问题百日销号“三百”行动，让企业家感受到政策很暖心、政府很用心。各级党员干部要主动与企业家交朋友，形成“亲上加清”的政商关系。抓好减税降费政策落地，完善“四个十条”“玻璃十五条”[《玻璃产业招商引资优惠政策（试行）》]，加快出台民营经济发展扶持政策。重点帮助企业解决融资、用地、用工等方面的突出问题，降低企业成本，减轻企业负担。力争用2～3年时间培育5家上市企业，5家过10亿元企业，5个国家级平台。三是园区攻坚三年行动。统筹推进“一谷一城一园”发展，加快建成千亿产业园区、国家级经开区。重点抓好陶瓷自动化智能化生产线、烟花爆竹自动化生产线推广，推进国家级电瓷电器检测中心、陶润会、港鹏研发中心等58个产业项目，确保中盐红四方、旗滨高性能电子玻璃年内竣工投产。力争园区规模以上企业达330家以上，实现技工贸总收入500亿元、税收15亿元、固定资产投资100亿元以上。积极吸引各类主体参与园区开发，加快建设东富工业园服务区、金东·陶子湖等项目，完成经开区污水处理厂、横店产业园路网、标准厂房三期、渌江产业服务中心等工程，完善园区配套。实施园区独立财税体制和“园政合一”管理体制。成立经开区服务中心，推行审批全程代办。年内园区完成征地333.33公顷、征拆房屋1000栋（套）以上。

（二）**必须打赢“三大攻坚战”。**一是防范化解重大风险。树立过紧日子的思想，坚持有保有压，提高财政资金配置使用效率。按照保工资、保运转、保民生，推进平台公司转型的“三保一转”思路，稳妥有序化解存量债务，严控新增政府债务。深入开展非法金融活动风险专项整治，坚决守住不发生系统性区域性金融风险的底线。二是污染防治。巩固提升“五江十四水”保护和治理成果。渌江沿岸全域实行畜禽养殖、网箱养鱼退养，年内完成全流域黑臭水体治理，力争渌江水质全部达到Ⅱ类标准。完成6.07千公顷种植结构调整任务。推动“三创四化”向企业延伸，做到厂区绿化、厂房美化、道路亮化、监管数字化。年内全市的废旧矿山和退出花炮工区全部复绿。认真抓好中央、省环保督察反馈问题的整改落实，着力解决群众反映强烈的突出环保问题，推动生态质量持续好转。三是脱贫攻坚。坚持“三结合三落实”，即扶贫与推动乡村振兴、与巩固污染防治成果、与农村人居环境整治相结合，落实扶贫政策、扶贫责任、扶贫工作，确保1748户4144人今明两年全部脱贫。要把扶贫工作重心转移到建立长效机制、巩固脱贫成果上，重点聚焦“两不愁三保障”（不愁吃、不愁穿，义务教育、基本医疗、住房安全有保障），对产业扶贫实施项目化管理，做好深度贫困人口的兜底保障，减少和防止脱贫人口返贫。新建200千米扶贫公路，惠及更多贫困群众。

实施“村级集体经济消薄三年行动计划”，确保250个村级集体经济收入都达4万元以上。

（三）**必须做大做强做美城市**。坚持共治共建共享，按照“一二三四五”的思路，不断提升城市、镇区的品质品位。坚定一个梦想：建设“十全十美”的大美醴陵。培育两种气息：城市的产业气息和文化气息。完善“三大体系”：一是城市交通体系。年内启动楚东桥建设，完成玉瓷路二期、向阳河路二期、明月峰路、玉屏山路等道路建设，加快城市交通内循环、外成网。二是城市垃圾处理体系。加快城乡生活垃圾资源化处理项目建设，推行餐厨垃圾分类，实现垃圾资源化、无害化处理。三是城市管网体系。重点完善供水管网及污水管网，年内启动第二自来水厂建设，所有集镇都要有污水处理设施。主攻“四个一块”：提升一块。提升老城，重点抓好公共厕所提质、农贸市场提质、小街小巷外墙路面提质，棚户区改造“三提一改”工作，启动湘东农副产品批发市场建设。开发一块。开发渌江新城，重点抓好醴陵陶瓷学院、新三中、新妇幼、碧桂园等项目，5月底前完成双创中心搬迁，年内高铁片区开发要见效果。推进一块。推进“一江两岸”项目，确保今年基本成形。引爆一块。引爆中国陶瓷谷，坚持AAAAA级工业旅游区标准，完成陶子湖片区主体景观、国际会展中心二期、“1915”国际陶瓷文化特色街区二期、金东剧院等项目建设，推出大型舞台剧，汇聚更多人流物流。推行“五大行动”：一是大片区征拆。确保全年收储土地400公顷、征地800公顷、征拆房屋3000栋（套）以上，50个以上项目征拆清零。二是大配套升级。要引进大品牌，开发大楼盘，完善大配套，每一个楼盘都要规划并建好地下停车场、便民服务中心、文化体育中心以及教育、医疗等配套设施。三是大城管整治。重点抓好莲株高速、醴陵大道、玉瓷路两厢整治，铁腕治理城市乱搭乱建、乱停乱放、乱贴乱画等问题，塑造好城市建筑主打色，规划好城市天际线。四是大规模绿化。全面开展“五边”（城边、路边、水边、村边、房边）造林、退耕还林，建好寨子岭公园、五彩广场，改造阳三、东岸、云盘山等一批城市小游园，确保城区新增绿地25公顷以上，全市森林覆盖率稳定在56%以上。五是大范围创建。创建一批卫生村、镇和文明村、镇。巩固省级文明城市创建成果，通过国家卫生城市、国家园林城市验收。

（四）**必须坚持强基固本**。加快推进乡村振兴战略。一是做大做强现代农业。粮食播种面积66.67千公顷以上、粮食总产5亿千克以上、水稻单产500千克以上，巩固粮食生产先进地位。因地制宜确定农产品区域定位，打造一批特色品牌，培育一批产业龙头。抓好20千公顷茶油产业核心基地建设，建成省级特色农业产业集聚区。二是改善农村人居环境。今年重点是“三拆三清”，即拆除旧房危房、拆除露天旱厕、拆除违规建筑及非法广告牌，清理垃圾杂物、清理巷道路障、清理山塘水库。推进危房危桥改造、“四好农村路”建设、厕所革命、安全饮水“四大工程”，年内改造危房200户、危桥20座，完成106国道、柽马线和醴官线大中修工程，做好100个村的改厕工作，有效解决农村安全饮水问题。三是发展乡村旅游。抓好李立三故居、渌江书院创AAAA景区，耿传公祠创AAA景区工作。围绕“四点一谷一片”（渌江书院、渌江桥、李立三故居、醴陵窑四个国家重点文物保护单位，中国陶瓷谷，北部旅游环线片区），精心打造工业旅游、生态旅游、红色旅游三条精品路线，吸引游客在醴陵畅游两天一晚，形成“三条线两日游”品牌。四是推动农民增收。提高经营性收入、稳定政策性收入、增加工资性收入、扩大财产性收入，确保农民收入增速高于城镇居民。五是建设美丽乡村。重点打造106国道美丽乡村长廊、北部旅游环线美丽乡村示范片。创建10个美丽乡村示范村。特色小镇年内要出形象。推进依法治村，完善村规民约，深化殡葬改革，培育文明乡风、良好家风、淳朴民风。加强网格化社会治理。全面实行“一村一辅警、一格一助警”，推动镇（街）“七站八所”（指县、市、区及上级部门在乡镇的派出机构）人员、支村（居）两委干部等力量下沉，做实村级网格。运用大数据手段，推动网格中心、综治中心、政务中心、应急管理指挥中心、市长热线中心“多心合一”，让群众办事只上一张网、只进一扇门、只跑一次路、只找一个人。加大城乡统筹力度。实施“城乡统筹·幸福醴陵”行动，增强城市对农村的辐射带动作用，加快推进城乡公共服务一体化。农村重点织好交通、能源、水利、信息、基础设施“五张网”，城市重点织好自来水、电、燃气、路、数据“五张网”，社会治安重点织好城区监管、镇村监管、重点行业监管、企业单位监管、信息监管“五张网”。

（五）**必须深化改革开放**。唯有改革才是对改革最好的纪念，唯有开放才是对开放最好的承接，唯有创新才是对创新最好的弘扬。进一步向改革要活力。推进一批“牵一发而动全身”“落一子而满盘活”的改革事项。一是“放管服”（简政放权、放管结合、优化服务）改革。依托网格平台建好市民中心，确保“最多跑一次”事项落到实处。深化项目审批制度改革，企业投资项目、政府投资项目开工前审批分别控制在50个、70个工作日以内，做到开办企业“三天即办结”、工业项目“拿地即开工”、新购房子“交房即交证”。二是机构改革。3月底前全面完成。三是财税体制改革。做好税务体制改革后续工作，稳妥推进个人所得税改革。探索财政事权和支出责任相适应的管理制度。四是农村综合改革。重点抓好承包地、农村集体建设用地、农民宅基地“三块地”改革。五是平台公司市场化改革。坚持政企分离、政资分开和公平竞争，加快平台公司转型升级发展。进一步向开放要潜力。用好国际会展中心这个平台，成定制举办瓷博会、烟花节等，打造“四季不歇”“永不落幕”的会展之城。实施醴归人才计划和领军人才培养工程，引进培育一批引领产业发展的顶尖人才和优秀团队。依托湘欧快线、铁路口岸，鼓励企业参加国际性展会，推动一批优势企业、优质产品“走出去”。力争陶瓷、花炮的出口额均提升20%以上，全市进出口总额突破5亿美元。进一步向创新要动力。踩着别人脚步走路的人，永远不会留下自己的脚印。要抢抓长株潭国家自主创新示范区建设契机，建设一批省级以上研发中心。争取湖南省陶瓷研究所回归、中南大学高铁研究中心落户，着力将醴陵陶瓷学院、“1915”国际陶瓷文化特色街区打造成创新高地。推动一批技术升级，在先进陶瓷材料、玻璃轻量化等领域突破现有瓶颈，让醴陵产品上天入地、顶天立地。

（六）**必须保障和改善民生。**建设富强美丽幸福文明新醴陵，出发点和落脚点都在民生。一是打造“健康醴陵”。实行医疗、医保、医药“三医联动”，落实分级诊疗制度，提升本地诊疗能力。加快创建全国中医药示范市，重点抓好基层卫生服务提升行动，年内建成50个标准化村卫生室。整合医疗急救平台，建立全市统一的120急救指挥中心。全面巩固人口与计划生育“省模”“国优”地位。持续开展“全民健身”，让健康生活、生活健康成为一种时尚。二是打造“书香醴陵”。加快创建全国首批义务教育优质均衡发展县（市），重点解决城区学位扩容问题，年内增加学位5500个，新建59所标准化学校。启动湖南师大附中建设，确保2021年开学招生。推进公共文化服务标准化均等化，提质改造270个村级文化活动中心。倡导全民阅读，党员干部每月读一本书，渌江讲坛每周举办一次讲座。三是打造“畅通醴陵”。全面打通城市“断头路”。规划建设一批公益性停车场、收费性停车场。在主干道路内推行停车收费制。用好不停车称重、电子抓拍等系统，杜绝超限超载现象。大力发展公共交通，鼓励绿色出行，让出行不再“添堵”。四是打造“平安醴陵”。严格落实“一单四制”（建立分级分行业领域的重大事故隐患清单，实行交办制、台账制、销号制、通报制管理），常态化开展安全生产巡察，确保减少一般事故，重点防止较大事故，坚决杜绝重特大事故。推进无毒醴陵、法治醴陵建设，深入开展“扫黑除恶”专项斗争，创建省级平安县（市）。按照“属地管理、分级负责”的原则，有效化解一批信访积案，确保社会大局平稳可控。强化食品安全监管，创建省级食品安全示范县（市）。同时，大力实施“民生100”工程，集中力量办好就业、保障性住房、低保提标、社会保险扩面提质等一批好事实事。

四、全面加强党的建设，凝聚起干事创业的强大力量

做好今年的各项工作，必须发挥党委总揽全局、协调各方的核心作用，把党的领导贯穿到经济社会发展各领域、全过程。

（一）**始终把党的政治建设摆在首位。**严格落实“两个维护”（坚决维护习近平总书记党中央的核心、全党的核心地位，坚决维护以习近平同志为核心的党中央权威和集中统一领导），时时处处从政治和大局上向习近平总书记看齐，以实际行动坚决拥护党中央定于一尊、一锤定音的权威。健全党内政治生活专项检查制度，让党内政治生活进一步严起来、实起来。继续抓好习近平新时代中国特色社会主义思想的学习贯彻。从市委常委会做起，第一时间学习习近平总书记最新重要讲话精神，切实提高政治定力、领导能力。从市委理论学习中心组做起，全面学、扎实学，打造学习新思想的“示范班”。从各个党支部做起，把新思想贯穿到“三会一课”（定期召开支部党员大会、支部委员会、党小组会，按时上好党课）等日常组织生活中，融入到党员日常教育管理。从每名党员做起，自觉用新思想武装头脑、指导实践。学习是讲政治，不但要学进去，还要讲出来。团结更是讲政治，不但要通过团结来开展工作，也要通过工作来增进团结，使团结真正成为一种品德、一种能力、一种习惯、一种共同追求。

（二）**牢牢掌握意识形态工作领导权。**坚持党管宣传、党管意识形态、党管媒体，把意识形态工作责任制落到实处。建好网信机构，搭建网信体系，加快推进融媒体中心建设，增强网络舆情的管控能力。各级领导干部都要学习网络、尊重网络、适应网络、应用网络，走好网上群众路线。要管好用好工作微信群，做到严肃活泼、团结紧张，真正有利于工作。严格落实宗教政策，认真排查和处理突出问题，确保宗教领域和谐稳定。精心组织好醴陵援边六十周年主题宣传、李立三同志诞辰120周年纪念活动和耿飚同志诞辰110周年宣传活动，抓好《醴陵历代名人录》《醴陵风景故事》和《醴陵特产故事》编撰。加强与主流媒体的交流合作，讲好醴陵故事，发出醴陵声音。

（三）**织密建强党的组织体系。**大力实施“组织力提升工程”，推动基层党组织全面进步、全面过硬。支部堡垒要强起来。以党支部“五化”建设

为抓手，统筹加强农村、城市、机关、企业等各领域基层党组织建设，既抓示范创建、又抓软弱涣散整顿，抓两头带中间，确保2020年所有党支部达到“五化”标准。加快推动城市基层党建与社区治理深度融合，巩固全国示范地位。着力提升“两新”组织（非公有制经济组织和社会组织）“两个覆盖”（党组织覆盖和党的工作覆盖）水平，消除党建“空白点”。坚持从退出领导岗位干部中选派一批、从村级储备年轻干部中选拔一批、从返乡大学生中培养锻炼一批，打造一支结构优、素质高、能力强的村党组织书记队伍。党建工作要实起来。抓好村（社区）服务场所建设，年内打造20个党群服务中心示范点。严格落实村（社区）运转经费和干部待遇报酬保障制度，建立逐年增长机制，逐步提高保障标准。稳妥推进并村并组，将村民小组数量压减至3000个左右。大力推进“智慧党建”平台建设，不断增强服务群众能力。党员身份要亮起来。深入开展党员亮身份、亮承诺“双亮”活动，推进在职党员进社区、走基层，评出一批先锋、推介一批典型，把每一名党员的先锋模范作用都激发出来。坚持抓党建促脱贫攻坚、促乡村振兴和引领基层治理，推动党员在“产业项目建设年”“民生100”工程、美丽乡村建设、扫黑除恶专项斗争等工作中发挥作用。加强党代表联络服务，鼓励党代表深入基层把握下情、了解实情，为服务中心大局献计出力。

（四）激励干部担当作为。事业需要担当，担当才能作为。要严格落实《关于进一步激励干部担当作为干事创业的实施意见》，大力提振干部干事创业精气神。旗帜鲜明选任敢作为、善作为的干部。坚持“德才兼备、以德为先”的用人导向。“德”就是讲政治、讲大局、讲担当、讲服从。把绩效评估结果作为干部选拔任用、评先评优的重要依据，做到“哪里出成绩，哪里就应该出干部”。要重视年轻干部的培养，对在项目建设、精准扶贫、城市创建等一线表现突出的年轻干部大胆提拔、大胆使用。畅通“下”的渠道，对不作为、懒作为的干部要果断调整。理直气壮为干事者撑腰。严格落实“三个区分开来”，建立完善鼓励创新、宽容失败、容错免责机制，对干得好的干部要不吝掌声、大声喝彩，对遭受诋毁、诬告的干部要及时澄清正名，让干部享有应有的尊严。对造谣诬告的人，要严肃查处。管理干部，该严则严，当宽则宽，坚决反对拿敢于担当替违纪违法找理由、以容错免责为借口纵容袒护违纪违法行为。满腔热情关心关爱干部。关爱干部决不能停留在口头上、文件上，务必落到实处。要切实保障干部合法权益，该休的要休到位、该发的要发到位、该奖的要奖到位，让干部有荣誉感、归属感、获得感。落实走访慰问制度，建立干部家访制度，及时了解、关心和研究干部合理诉求，创造条件解决干部后顾之忧。科学把握工作节奏，让干部回家吃饭、按时睡觉成为常态。精准科学考核干部。抓住干部考核的本质和重点，实行分级分类考核。把功夫下在平时，经常性近距离接触干部，全方位、多角度考察干部。坚持考准、考实、考精，规范清理一批督查考核项目，把干部从一些无谓的事务中解脱出来。

（五）深入推进全面从严治党。从严管好关键人、管到关键处、管住关键事、管在关键时，真正做到既管得住又管得好。持之以恒纠治“四风”（形式主义、官僚主义、享乐主义和奢靡之风）。把整治形式主义、官僚主义摆在更加突出位置，着力整治不作为、慢作为、乱作为的现象，严惩“只要不出事、宁可不干事”等廉而不勤、不敢担当的行为。大力倡导“十简”工作作风，程序要简化、会议要简短、材料要简练、汇报要简捷、措施要简便、语言要简明、接待要简省、生活要简朴、做人要简单、检查要简从。健全完善监督体系。继续推进监察体制改革，做实做细监督职责，完善“互联网+监督”体系，让权力在阳光下运行。严格落实巡察制度，着力做好巡察“后半篇文章”，对发现的普遍性、倾向性和苗头性问题，及时研究，分类处置，确保问题真正整改到位，成果得到充分运用。巩固反腐败斗争压倒性胜利。层层压实“两个责任”，细化责任清单，消除责任盲区。紧盯项目建设、生态环保、精准扶贫等重点领域、关键环节的权力运行过程，对以权谋私、假公济私等行为绝不姑息。把反腐败斗争同扫黑除恶结合起来，坚决打破“关系网”、打掉“保护伞”。发展廉政文化，加强廉政教育，让党员干部知敬畏、守底线。

社会主义民主政治是中国特色社会主义政治文明的集中体现。要加强社会主义民主政治建设，尊重、支持和保障人大、政协围绕中心，依法履职，积极为人大代表、政协委员搭建履职平台、营造良好环境。支持政府加强自身建设，提高效能。支持监察委依法履行监督职责，支持法院、检察院独立行使审判权和检察权。加强党管武装工作，促进国防后备力量建设。全面落实党的知识分子、民族、外侨、对台等政策，充分发挥民主党派、工商联、无党派人士和新的社会阶层人士作用，认真做好群团、双拥、老干部、关心下一代等工作，让一切有利于发展的积极因素充分涌流、竞相迸发。

同志们，“四个醴陵”不是等出来、喊出来的，而是拼出来、干出来的。让我们紧密团结在以习近平同志为核心的党中央周围，高举习近平新时代中国特色社会主义思想伟大旗帜，在省委、株洲市委的坚强领导下，鼓足干劲、奋发向上，为加快建成富强美丽幸福文明新醴陵努力奋斗！

醴陵市人民代表大会常务委员会工作报告

——在醴陵市第十六届人民代表大会第四次会议上

市人大常委会主任　贺小玲

（2019 年 1 月 17 日）

2018 年工作回顾

2018 年是改革开放 40 周年，是落实中共十九大精神的开局之年。市人大常委会在中共醴陵市委的坚强领导下，认真贯彻习近平新时代中国特色社会主义思想及中共十九大精神，坚决落实中共醴陵市委各项工作部署，紧紧围绕全市工作大局，切实履行宪法和法律赋予的各项职责，圆满完成了市十六届人大三次会议确定的各项任务，共召开常委会会议 11 次，主任会议 16 次，听取和审议“一府两院”工作报告 21 项，作出决议、决定和审议意见 13 项，在推动全市改革发展稳定，推进民主法治建设进程，决胜全面建成小康社会等方面发挥了重要作用，做出了积极贡献。

一、紧跟新时代，毫不动摇地坚定政治站位

（一）**牢牢把握正确政治方向。**市人大常委会始终把学习贯彻习近平新时代中国特色社会主义思想，特别是习近平总书记关于坚持和完善人民代表大会制度的重要思想作为首要政治任务，在思想上、政治上、行动上同以习近平同志为核心的党中央保持高度一致。始终坚持党的领导，坚决贯彻落实市委决策部署，针对关系醴陵经济社会发展全局和群众普遍关注的重点工作、重大项目、重要民生保障等事项，适时作出决议决定，通过法定程序，及时把市委的意图和人民的意愿上升为全市人民的共同意志。市人大常委会严格落实市委书记提出的“五个尊重”（尊重每一次会议、尊重每一道程序、尊重每一项决议、尊重每一次任免、尊重每一名代表），积极履职到位、精准发力，充分发挥人大职能作用。始终坚持在上级人大指导下开展工作，配合其展开各项调研，保证宪法、法律、行政法规和上级人民代表大会的决议、决定在本行政区域内的遵守和执行。

（二）**积极参加市委中心工作。**坚持把围绕中心、服务大局作为市人大常委会履职的主攻方向，在推动“四大战役”“四个醴陵”建设和参与“五个一”（市级领导联系一个基层党建帮扶点、联系一批城市创建帮扶点、联系帮扶一个贫困村、联系帮扶一批企业、联系帮扶一个或一批重点项目）活动中发挥人大功效，贡献人大力量。重点落实脱贫攻坚工作。市人大常委会高度重视脱贫攻坚，专题听取了市人民政府脱贫攻坚工作情况汇报，提出了要着力固本强基、强化扶贫保障、提升脱贫质量的要求。正副主任严格按照全市统一安排和部署，深入到所联系的 12 个村重点帮扶，机关干部联系建档立卡贫困户 44 户 149 人，全市 920 名各级人大代表投身脱贫攻坚一线，结对帮扶贫困户 2488 户，为改善贫困村基础设施、发展扶贫产业、帮助贫困人口早日脱贫献计出力，受到群众好评。全力推进全域旅游工作。市人大常委会领导担任醴陵市创建国家全域旅游示范区工作领导小组负责人，旅游设施日趋完善，产业融合成效显著，省、市、县三级旅游节会精彩纷呈，旅游节和瓷博会同期举办碰撞出瓷旅融合新模式。全媒体、广覆盖的营销体系初见效果，来醴游客数量及旅游综合收入激增，全域旅游呈现出全域建设、全业融合、全民共享的发展格局。全面助力城镇提质工作。市人大常委会 1 名副主任具体负责，多名同志协助、参与、监督、指导全市“三创四化”，扎实推进城市创建和农村环境综合整治，深入助推“治水、治脏、治乱、治堵”行动，城乡环境明显改善，城市形象明显提升。着力关注重点项目建设。年初组织全体代表对城市亮化工程和“瓷城古韵·一江两岸”项目进行了视察。年中专门听取了市人民政府按上级政策要求“停、减、缓、撤”部分重点项目的情况汇报，要求相关部门积极向上对接，把政策调整

对我市的影响降到最低。市人大常委会领导联系中模绿建、城市外环线、船湾服饰小镇、东富特色小镇等一批重点工程，共重点帮扶企业 19 家，及时解决了项目建设和企业发展中存在的困难和问题，企业稳步发展，项目均按要求有序推进。

（三）**依法依规进行人事任免。**坚持党管干部和人大常委会依法任免干部的有机统一，继续完善任前法律考试、任前发言、审议表决和向宪法宣誓等程序，共依法任免国家机关工作人员 49 人次，市委意图和人民意愿通过法定程序得到了圆满实现。市十六届人大三次会议上，醴陵市首届监察委员会主任在大会选举中以全票当选；市十六届人大常委会第十八次会议上，全票通过董巍为醴陵市人民政府副市长的任命，全票决定董巍副市长为醴陵市人民政府代理市长，充分体现了人大及其常委会讲党性、促和谐、谋发展的政治态度和责任担当。及时接受株洲市人大代表辞职 1 人次，补选株洲市人大代表 2 人次，依法审查代表辞职、补选、资格终止 25 人次。

二、围绕新要求，毫不懈怠地坚持依法履职

（一）**推动法律实施，促进依法治市。**全面依法治国是中国特色社会主义的本质要求和重要保障，是“四个全面”（全面建成小康社会、全面深化改革、全面依法治国、全面从严治党）战略布局的重要组成部分。市人大常委会高度重视宪法和法律在我市的贯彻执行，听取和审议了市人民法院关于执行《中华人民共和国行政诉讼法》工作情况汇报，并印发审议意见，要求健全工作保障机制、着力营造舆论氛围、构建遵法守法的社会化工作格局；五级人大代表赴执法现场见证执行工作，助力法院破解执行难题。听取和审议市人民检察院开展公益诉讼工作的情况汇报，提出要紧盯重点领域、拓展工作视野、营造良好环境、代言公共利益的建议。利用大型户外广告位和电子显示屏广泛宣传《株洲市农村村庄规划建设管理条例》，下发宣传资料、文本 2000 余份，主任会议专题听取专项督查的汇报，要求进一步完善规划体系、强化监管机制、夯实基础设施，同时在市委党校组织全市城市管理执法人员进行培训考试，对《株洲市城市综合管理条例》的执行情况进行督导检查。开展宪法宣传，在宪法宣传日活动中，发放宪法单行本 1000 余本、宣传资料 5000 余份，制作 20 余块宣传展板，引导号召全市人民尊崇宪法、学习宪法、遵守宪法、维护宪法、运用宪法。全力配合上级人大开展立法调研，组织师生、家长、基层民警、未检机构检察官等相关部门人员参加全国人大社会建设委员会修订《中华人民共和国未成年人保护法》的立法调研，提供了详实的基层意见，受到了全国、省、株洲市人大的高度评价；积极配合株洲市人大进行《株洲市工业遗产保护条例》的立法调研，为上级人大立法提供依据。认真开展规范性文件备案审查，对政府及有关部门报送备案的 12 件规范性文件进行了登记、备案和审查。积极做好涉法涉诉信访工作，接待群众来访 43 批 216 人次。

（二）**突出审查监督，推进科学理财。**市人大常委会积极推进全口径预决算审查监督，将预算审查监督关口前移，对预算编制、预算执行、预算调整、财政决算实行全过程审查监督，充分发挥审计监督的职能作用，推进民主理财、科学理财。密切关注政府性债务的监督与管理，听取政府债务管理和使用工作情况汇报，分析政府债务管理中存在的困难和问题，提出突出防风险、保运转、求发展的具体监督意见，督促政府积极防控债务风险，坚决守住不发生系统性区域性金融风险的底线。

（三）**聚焦社会热点，回应百姓关切。**人民群众对美好生活的向往是市人大常委会矢志不渝的奋斗目标，市人大常委会紧紧围绕人民群众普遍关注的重点问题，扎实开展监督。针对城区饮用水问题，市人大常委会积极回应百姓关切，展开专题调研，向市人民政府发出《关于尽快办理〈关于迅速落实官庄水厂项目建设的决议〉的意见》，要求市人民政府及有关部门加强组织领导，采取切实举措，迅速启动醴陵市第二座自来水厂的建设。针对百姓关注的生态环境问题，市人大常委会坚持年年听、年年议环保工作，大会审小会督环境状况，还专题听取畜禽养殖粪污资源化利用工作情况汇报，建议市人民政府及有关部门高度重视环保督查，有序推进畜禽粪污资源化利用项目的整体实施，严守生态保护红线、环境质量底线、资源利用上线，坚决打赢污染防治攻坚战。针对群众关心的教育科技问题，市人大常委会专题听取《中华人民共和国促进科技成果转化法》贯彻执行情况汇报，要求市人民政府及相关部门要搭建平台、营造环境、重视人才，形成大众创业万众创新的良好氛围。深入全市职业学校展开调研，了解到保障职业教育资金投入、合理配置教育资源、做大做强我市职业教育的重要性、紧迫性。针对产业发展问题，主任会议听取招商引资工作情况汇报，提出健全招商工作机制、注重招商引资层次和优化招商营商环境的意见。同时组织人大代表对花炮产业进行专题调研，及时了解掌握我市传统支柱产业发展情况，为产业发展排忧解难。

（四）**开展专项评议，凝聚社会共识。**2018 年，市人大常委会决定对部分市人民政府的工作开展专项评议，以此推动“一府两院”工作，提高人民群众对民主监督人民政府和重要民生实事的参与度。市人大常委会多次召开专题会议进行研究，确立“六以”工作思路，即以代表为主体彰显民意、以民生

为基调精准选题、以问题为导向扎实调研、以法规为准绳严格程序、以整改为目的务求实效、以评议为契机推进履职。聚焦热点选题。市十六届人大三次会议期间，通过发放问卷的形式征集318名市人大代表的建议和意见，经过认真梳理、分类汇总、筛选提炼，决定对代表们最为关心的医疗、交通、城市管理、发改和物价、水利等五项工作进行评议。广泛深入调研。市人大常委会副主任各带领一个评议小组深入开展调研，到各镇、街道、长庆示范区和经济开发区召开各层次座谈会，组织250名市、乡人大代表上户走访选民，听取选民对五项工作的意见，共走访选民2500名，发放调查问卷12500余份，收集、归纳选民意见和问题62条，同时，听取5个被评议责任单位的分管副市长及上级主管部门的意见和建议，并及时反馈到被评议责任单位。现场议当场评。专项工作评议大会上，代表们带着选民的意见和问题，踊跃提问，所提问题不留情面、一针见血，五位局长接受代表询问，当场作答，评议现场辣味十足；市审计局、市法制办对被评议责任单位作出了财政财务收支审计报告和依法行政工作报告；市人大常委会全体组成人员、部分人大代表在认真审议的基础上对5项专项工作开展情况进行了满意度测评，5个被评议责任单位均为“满意单位”。立行立改落实。被评议责任单位高度重视评议中反馈的意见和问题，按照坚决改、马上改、彻底改的原则，立即开展整改，将整改落实情况向市人大常委会作了专题汇报，真正把评议作为提高和改进工作的重要契机，解决一批人民群众迫切需要解决的问题，比如，加大商品和服务的价格调控监管力度；新建、扩建一批农村安全饮水项目；基层医院的报销比例由80%调高至90%；巡游出租汽车不打表现象基本得到解决；车顿桥下广场面貌焕然一新。评议做到了议“事”不议“人”，突出了关键岗位、把住了关键问题、抓住了关键典型、守牢了关键节点，得到社会各界的高度认可。

三、树立新思维，毫不含糊地尊重代表主体地位

（一）强化培训学习，让代表履职能力“强起来”。坚持为代表订阅《中国人大》《人民之友》，引导代表关注“人民代表报”“湖南人大”“株洲市人大”微信公众号，方便代表及时掌握人大知识、有关法律法规和信息。成功举办了第二期、第三期市人大代表履职培训班，培训代表110名，并将代表学习心得结集成册，编印《代表履职培训学习心得》一书，大幅提升了代表履职能力和水平。

（二）强化平台建设，让代表履职形式“活起来”。一是开展小组活动。按照有安排、有总结、有内容、有形式、有效果的要求组织开展代表小组活动。驻醴国、省、株洲市代表围绕两型发展、乡村振兴、水源地保护等主题提出了一批有价值、有针对性的意见和建议，为党委政府决策提供了参考。二是推进平台建设。建成27个村（社区）人大代表联系群众工作室，平台建设纵深推进，加深了代表联系群众工作室与代表之间、代表与代表之间、代表与群众之间的联系。三是丰富活动形式。坚持邀请代表列席人大常委会会议，定期邀请代表参与视察调研活动，拓宽其履职渠道。2018年，共邀请代表列席常委会会议和参与专项工作评议300余人次；组织代表开展视察、调研120余人次。

（三）强化建议督办，让代表履职成效“实起来”。积极做好代表建议督办工作，建立主任会议集中督办、分管领导分工督办、各委办合力督办的工作机制。选择涉及面广、与群众利益息息相关的6件建议作为重点督办建议，由市人大常委会主任会议成员牵头督办。通过强有力的督办，不少办理难度大的建议得到了有效落实，代表“为民代言”的作用得到有效发挥。在办理《关于拆除城南中学周边违章建筑，净化校园周边环境的建议》过程中，人大强力督办，通过多方努力，最终成功拆除，解决了20多年的历史遗留问题。做好驻醴上级代表出席国、省、株洲市人大会议的服务工作，2018年省代表共提出建议15件，其中《关于支持加快推进湖南工业大学醴陵陶瓷学院建设的建议》，得到省教育厅高度重视，醴陵陶瓷学院春季开学将迎来首批师生。全国人大代表黄小玲提出的《关于在湖南省醴陵市设立国家级电瓷电器检测中心的建议》，得到了中国国家认证认可监督管理委员会有关领导的高度重视，来醴面对面听取基层意见，并针对醴陵提出的建议和问题，提出切实可行的解决方案。

（四）强化履职管理，让代表履职热情“高起来”。制定并推行《市人大各专门委员会、市人大常委会各委办与人大代表、各单位、镇（街道）工作联系制度》，切实推动常委会组成人员联系代表经常化、制度化、规范化。拟订本届驻醴株洲市人大代表报告履职情况安排，目前已有8名代表向市人大常委会会议报告履职情况，同时要求各镇、街道组织市、镇（街道）代表向选民报告履职情况。指导各镇、街道建立人大代表履职档案，及时记录代表履职信息。按财政预算足额安排代表履职经费和代表联系群众工作室建设费用。坚持开展评先评优活动，并进行隆重表彰，激励代表更好地发挥主体作用。

四、展现新作为，毫不放松地强化队伍建设

（一）强化理论学习。市人大常委会组织全体干部认真学习中共十九大报告及《中国共产党章程》《中华人民共和国宪法》《中华人民共和国监察法》等内

容，引导干部把思想和行动统一到中共十九大精神上来。按照打造“政治机关、工作机关、代表机关”的新要求，坚持党的领导，坚持发展完善人民代表大会制度，坚持以人民为中心，认真行使好监督权、决定权、任免权，不断焕发地方人大工作新的生机与活力。

（二）**传播人大声音。**充分利用各类媒体宣传推介我市各级代表典型事迹，在醴陵新闻和《今日醴陵》开辟专栏，代表们围绕渌江河保护和治理、脱贫攻坚、产业突围等主题，积极建言献策。组织代表撰写“我的履职故事”，株洲电视台、《株洲日报》对部分驻醴株洲市人大代表的优秀履职事迹进行了专题报道。《人民之友》“湖南快讯”“湖南人大”“株洲市人大”等杂志、网站多次刊登报道醴陵人大相关工作及先进经验，共有50多篇稿件被采用，《醴陵市专项工作评议把握关键环节、确保落地有声》《学思践悟、砥砺奋进》等文章分别在《人大资讯》《中国人大》和《人民之友》发表。2018年承接省、市人大专项工作会议和全国各地来醴考察共30余次，注重抓住每一个机会推介醴陵发展成果，讲好醴陵故事。

（三）**加强机关建设。**一是突出党建引领。市人大常委会党组高度重视机关党建工作，坚持全面从严治党，以党建强作风、促工作、提效能。全面开展机关支部“五化”建设，高标准、高质量开展“三会一课”及支部主题党日活动，老年支部建设及相关活动开展受到退休人员一致赞赏。二是夯实组织基础。开展专题民主生活会，常委会党组成员带头撰写个人党性分析材料，制定整改措施，做到整改时间落实、责任落实、措施落实。选举产生新一届机关工会组织，并组织工会会员开展丰富多彩的工会活动。三是完善各项制度。根据工作需要，进一步对决定重大事项、监督、人事任免、专项工作评议等方面的议事制度进行修订、补充和完善，强化制度的贯彻执行，不断推动常委会工作科学化、民主化、规范化。四是改进工作作风。市人大常委会始终把纪律和规矩挺在前面，认真贯彻新形势下党内政治生活的若干准则和党内监督条例，按照《关于开展违反中央八项规定精神突出问题专项治理的工作方案》，成立专项治理工作领导小组，每个委办每个人都认真自查自纠，进行全面清理和整改。

（四）**指导基层工作。**进一步充实各镇人大工作力量，我市19个镇均配有人大专干，已有12个镇配备人大副主席。加强对镇、街道人大工作的指导，制定镇、街道人大工作目标管理考评细则，各镇、街道人大在市人大常委会的指导下依法履职，服务大局，关注民生，基层人大工作呈现新气象。阳三石街道组织代表对辖区学校开展考察，写出详尽的调研报告并发动社会各界进行募捐，成立奖教基金；浦口镇组织代表对环保工作和水库安全进行督查，丰富代表监督形式；白兔潭镇、孙家湾镇、石亭镇组织代表赴长沙、株洲、浏阳等地调研考察乡村振兴、医疗卫生等，开阔代表视野，推动当地发展。

各位代表，市人大及其常委会过去一年工作成绩的取得，是市委坚强领导的结果，是“一府一委两院”紧密配合的结果，是全体代表、常委会组成人员和市镇两级人大工作者共同努力的结果，是全市广大人民群众大力支持的结果。在此，我谨代表市人大常委会，向所有关心和支持人大工作的各位领导、各界人士，表示崇高的敬意和衷心的感谢！

同时，我们也清醒地认识到，市人大常委会工作同上级的新要求和人民群众的新期盼还有一定差距，决定重大事项的水平还有待进一步提高，监督工作的实效还有待进一步提升，服务保障代表履职的载体和方式还有待进一步拓展，对基层人大工作的联系和指导还有待进一步加强。对此，我们将以守正创新精神，积极采取有效措施加以解决。

2019年主要工作任务

2019年是新中国成立70周年，也是人民代表大会制度建立65周年。65年的实践充分证明，人民代表大会制度是符合中国国情和实际、体现社会主义国家性质、保证人民当家做主、保障实现中华民族伟大复兴的好制度，必须长期坚持、完善发展。2019年市人大常委会工作总体要求是：以习近平新时代中国特色社会主义思想为指导，坚持党的领导、人民当家作主和依法治国有机统一，贯彻落实中央、省委、株洲市委、醴陵市委重大决策部署，按照市委十二届六次全会总体安排，紧扣高质量发展主题，认真履行宪法法律赋予的各项职责，充分发挥地方国家权力机关的职能作用，全力助推“产业项目建设年”活动和“四大战役”，加快建设富强美丽幸福文明新醴陵。据此，我们要着重做好以下几个方面的工作。

一、锤炼政治定力，谱写工作新篇章

市人大常委会将在习近平新时代中国特色社会主义思想的指引下，牢固树立“四个意识”（政治意识、大局意识、核心意识、看齐意识）、坚定“四个自信”（道路自信、理论自信、制度自信、文化自信）、践行“两个维护”，旗帜鲜明讲政治，自觉将党的领导贯穿于人大依法履职的全过程，落实到人大工作的各方面。坚持党的领导、人民当家作主和依法治国的有机统一，在思想观念上真正贯通、机制制度上真正连通，工作落实上真正畅通；坚持把人大工作紧扣在贯彻落实中央、省委、株洲市委、醴陵市委重大决策部署上，紧扣在回应人民群众重大关切上，

紧扣在厉行法治、推进全面依法治市上；在指导思想上围绕中心，在工作部署上突出中心，在工作方法上贴近中心，在全市工作一盘棋中担当作为履职尽责，按照市委十二届六次全会“七个一”“六个必须”和市委人大工作会议要求，全力助推“三大攻坚战”，深入企业进行帮扶，扎实推进产业项目，严格落实《中共醴陵市委关于进一步加强和改进人大工作的实施意见》（醴发〔2018〕16号），依法拓展监督内容，增强监督成效。

二、强化监督实效，开创履职新局面

切实履行好主责主业，推进正确监督、有效监督。全面推进依法治市。深入开展法制宣传教育，加大普法力度，增强全民法治观念。积极推进相关法律法规在全市的贯彻实施，听取和审议《中华人民共和国土地管理法》《湖南省物业管理条例》贯彻执行情况汇报，听取和审议《中华人民共和国促进科技成果转化法》审议意见落实情况和关于“基本解决执行难”工作情况汇报。积极配合上级人大开展沩山窑遗址公园保护等方面的立法调研。继续加强对司法机关诉讼活动的监督，组织人大代表开展听审评议法院庭审活动，规范司法诉讼行为，推进司法公正公开。切实做好规范性文件审查工作，严格做到“有备必审、有错必纠”，切实维护国家法制统一。创新财政监督方式。进一步强化对财政预算的全口径全过程监督，以启动预算联网监督系统为契机，提升财政监督硬件能力，做到实时监督、有效监督，确保财政资金使用规范、科学、有效。继续强化政府性债务监督管理，督促政府立足“三保”（保工资、保运转、保基本民生），坚决守住金融安全底线。聚合力量有效监督。按照市委机构改革要求，完善专门委员会设置，推进社会领域法律制度建设。根据大会期间征集人大代表的意见建议，加大力度对政府工作开展专项评议。紧扣高质量发展要求，聚焦大事、聚焦重点，听取和审议公安机关扫黑除恶、社会养老事业建设、城乡医保、环境保护等工作情况汇报，听取和审议“一府两院”半年度工作、醴陵市“十三五”规划纲要执行中期评估、《农村人居环境整治三年行动方案》贯彻实施情况汇报。进一步督促健全脱贫攻坚长效机制，巩固扶贫成果，提高脱贫质量。适应信访工作制度改革新要求，推动信访纳入法制化轨道，耐心引导信访人员通过法律途径解决诉求，切实维护法律权威和当事人的合法权益。继续深入开展“环保世纪行”“三湘农民健康行”“农产品质量安全行”“民族团结进步行”“司法公正醴陵行”活动，注重结合实际、突出特色、彰显实效。

三、汇集民情民意，激发代表新活力

市人大常委会支持和保证人民通过人民代表大会行使国家权力，按照《中共醴陵市委关于进一步加强和改进新形势下人大代表工作的意见》（醴发〔2018〕17号）文件要求，拓宽公民有序政治参与渠道，充分发挥代表主体作用。不断丰富代表联系人民群众工作室内涵，将工作室建设与代表小组活动结合起来，与脱贫攻坚等中心工作结合起来，与宣传醴陵凝聚人心结合起来，扩大工作室的影响力。推动代表履职管理常态化，积极开展驻醴株洲市人大代表和本级人大代表述职活动，激励其更好地履行职务。继续组织市人大代表开展履职培训，全面提升代表政治素质、法治素质和履职能力。组建代表专业小组，充分发挥各行各业代表的专业优势，开展专业监督。建立“互联网＋代表工作”新模式，实行代表建议网上办理，更加注重代表建议质量，加大代表建议督办力度，提高建议实际解决率。

四、提升自身素质，展现队伍新形象

坚持把政治建设摆在首位，学深悟透习近平新时代中国特色社会主义思想及中共十九大精神，全面推进常委会政治、思想、组织、作风、纪律和制度建设。始终把人民放在心中最高的位置，在具体履职工作中注重体现民意、集中民智、化解民忧，坚持问题导向，勇于监督、善于监督，拓宽人大工作新思路，探索人大工作新举措。重视镇、街道人大队伍建设，按规定配齐人大副主席，定期召开各镇、街道人大工作会议，对人大工作者进行集中培训，切实提升基层人大工作水平，不断夯实基层民主政治基础。

各位代表，时代赋予我们崇高使命，人民寄予我们深切期望。让我们紧密团结在以习近平同志为核心的党中央周围，在市委的坚强领导下，高举习近平新时代中国特色社会主义思想伟大旗帜，紧紧依靠全市百万人民，以坚定无比的信心，一往无前的决心，干事创业的恒心，不忘初心，砥砺前行，依法履职，开拓进取，推动人大工作高质量发展，为“四个醴陵”建设贡献人大力量，以优异的成绩向国庆70周年献礼！

政府工作报告

——在醴陵市第十六届人民代表大会第四次会议上

市人民政府代理市长　董　巍

（2019 年 1 月 16 日）

一、2018 年工作回顾

一年来，我们在市委的坚强领导下，在市人大、市政协的监督支持下，紧扣高质量发展要求，深入推进“四大战役”，加快建设“四个醴陵”，实现经济社会平稳健康发展。

（一）**综合实力显著增强。**全年实现地区生产总值增长 7.4%。完成财政总收入 60.2 亿元，其中一般公共预算收入 41.8 亿元；完成税收收入 31 亿元，一般公共预算收入的税占比提高 21 个百分点达 74.2%。规模工业增加值增长 7.7%。固定资产投资增长 7.8%。社会消费品零售总额增长 9.9%。城、乡居民人均可支配收入分别增长 7.8%、8.3%。经济综合发展和基本竞争力实现“双进位”，分别名列全国百强县（市）第 55 位、第 73 位。跻身中部百强县（市）第 14 位，位居中国幸福百县榜第 22 位。全年荣获国家级、省部级荣誉 30 余项，安全生产、人口和计划生育、社会综合治理三项工作连续两年获全省先进，是全省蝉联三项先进的唯一县（市）。烟花爆竹机械化生产、脱贫攻坚、妇幼健康等 40 余项国家级、省市级重点工作现场会在醴陵召开。比全国提前三年实现整体脱贫、同步全面小康，获评全省全面小康推进工作先进单位。

（二）**产业结构不断优化。**坚持高质量发展理念，推动三次产业融合发展，三次产业结构比为 8.3 ∶ 54.8 ∶ 36.9，第三产业占比提高 4.2 个百分点。开展“产业项目建设年”活动，全面落实产业突围“四个十条”政策，支持实体经济发展，累计兑现奖补资金 1.3 亿元，惠及企业 890 余家次。成功举办中国工业品牌之旅醴陵行活动。5 家企业入选全省上市后备企业资源库。智能制造步伐加快，参与研发全国首条陶瓷等静压自动化生产线，并在全市陶瓷企业推广应用；7 条烟花和 1 条爆竹自动化生产线建成投产。加快园区发展，出台《关于进一步加快园区转型升级和创新发展的若干意见》，实现园区技工贸收入 445 亿元，同口径增长 14.5%，高新技术产品产值增长 15.6%，获评“全省发展开放型经济优秀园区”。推动大众创业万众创新，瓷城众创空间、电商产业园成功申报省级众创空间。全面实施乡村振兴战略，完成 11 个农村综合性改革年度试点项目，种植结构调整面积达 7 千公顷，率先通过农村土地确权登记颁证省级验收，获评农村集体产权制度改革、水库移民工作全省先进。严格落实非洲猪瘟防控措施，成功隔绝疫情入境。有效应对百年一遇的持续干旱，粮食产量实现“十五连丰”，获评全省粮食生产标兵县。发展会展经济，成功举办中国湖南国际旅游节暨中国（醴陵）国际陶瓷产业博览会、中国烟花爆竹博览会、第二届房博会。促进全域旅游，全年接待游客 627.33 万人次，实现旅游综合收入 67.16 亿元，分别增长 13.05%、14.86%。提质改造李立三故居、东富寺、袁昌英纪念园等景点，“清水湾畔”成功创建国家 AAA 级旅游景区。经济开放度不断提高，深圳盐田国际醴陵内陆港揭牌，铁海联运“五定班列”（定点、定线、定车次、定时、定价的快速货物列车）正式开通。春秋两季广交会实现交易额 1.66 亿美元，增长 20%。进出口总额首次突破 4 亿美元大关，达 4.8 亿美元，增长 31.8%。

（三）**三大攻坚战成效明显。**着力防范化解金融风险，主动“停缓调撤”项目 119 个，压减投资 283 亿元；稳妥化解政府存量债务，金融运行基本平稳，经验做法在全省推介。金融机构各项存贷款余额分别为 363.7 亿元、224.3 亿元，增长 5.9%、26.6%。渌江集团成功发行 2018 年湖南省首只 AA 县级平台公司私募债。扎实开展防范和处置非法集资行动，有效巩固了“省级金融安全区”创建成果。决战决胜脱贫攻坚，实现 3165 户 10953 人脱贫，综合贫困发生率下降至 0.45%。完成 610 户 1819 人易地扶贫搬迁任务，改造建档立卡贫困户危房 360 户。发放产业精准扶贫贷款9.92亿元，新增小额扶贫贷款2231户6846.3万元，连续3年获评全省扶贫工作先进县（市）。抓好环保督察问题整改，中央、省环保督察组反馈的84件问题全面整改到位。开展“利剑治污”专项整治行动，推行环境保护“网格化”管理机制，充分发挥环保志愿者作用，齐抓共管的大环保格局基本形成。

（四）项目建设稳步推进。引进城乡生活垃圾资源化处理、旗滨高性能电子玻璃等92个项目，合同引资280亿元。完成到位外资2.4亿美元，内联引资58.3亿元，分别增长16.4%、18.2%。完成征地703.73公顷、征拆房屋2054栋（套）、项目“清零”52个。全年报批土地366.67公顷，动态储备土地266.67公顷。中盐红四方湖南生产基地、国家级电瓷电器检验检测中心等112个项目开工建设，东富电力电瓷电器产业园、东城大道、瓷城古韵·一江两岸等项目加快推进，瓷器口街区、醴陵·世界陶瓷艺术城（二期）等88个项目竣工使用。醴陵压气站项目提前建成并供气，有效缓解全省“用气荒”。

（五）城乡环境有效改善。深入开展“三创四化”，创建省级文明城市高分通过验收，创建国家卫生城市进入省级程序，创建国家园林城市顺利完成申报。玉瓷路、岭前路等加快建设，莲株高速、东富大道竣工通车。完成狮子坡水厂提质扩容，城区老旧供水管网“升级换代”。大力推进“厕所革命”，新改建卫生厕所9731座，经验被央视专题推介。新增、改造城市建成区绿地面积68.9公顷，拆除违法建筑5.38万平方米。创建美丽乡村10个，农村环境综合整治整县市推进项目完成90%以上。成功创建省级“四好农村路”示范县（市），完成村组联通公路建设320千米、自然村通水泥（沥青）路建设112千米。持续抓好“七个一”（着力打造一条样板路、一个示范点，新造一百亩林，抓好一个新的产业项目、一个新的民生项目、一个新的城建项目，盘活一块土地），全面完成“村村响”“户户通”工程。特色小镇建设有序推进，白兔潭镇获评省新型城镇化示范镇。

（六）各类事业全面发展。城乡低保、农村分散特困供养月人均标准分别达320元、170元和364元，获评省“五化”民政建设先进县（市）。全面落实先诊疗、后付费政策，“一站式”结算窗口和贫困户患者救治“绿色通道”实现全覆盖。新增城镇就业8946人，农村劳动力转移就业4655人。完成59所标准化学校建设、30所农村薄弱学校提质改造。实现义务教育超大班额“清零”，消除大班额199个。高考二本及以上上线率达63.9%，摘得株洲地区“五连冠”。完成湖南工业大学醴陵陶瓷学院一期主体工程建设，2019年春季将投入使用。深化医药卫生体制改革，医疗服务能力不断提升，市域内就诊率位居全省前列。持续开展“湘雅乡情·专家醴陵行”活动，惠及群众3万余人。荣获全省计划生育服务管理创新奖，成功创建省级基层中医药工作先进单位。渌江书院开坛讲学，成功创建国家公共文化服务体系示范区，获评省“书画之乡”。嘉树镇、白兔潭镇获评“湖南民间文化艺术之乡”。搭建“网格化”服务管理平台，“网格化”管理工作入选全国加强和创新社会治理典范案例，获评全国社会治理创新示范城市。构建农村交通安全防控体系，超限超载治理工作取得阶段性成果。积极化解社会矛盾，办结中央、省委巡视组交办的信访件85件，化解信访积案23件。“12345”市长热线受理群众来电2.6万余个，问题解决满意率达99.6%。积极创建“无毒醴陵”，人民群众禁毒满意度不断提升。全力推进军民融合发展，市人民武装部获评“全省全面建设先进单位”“全省安全管理工作先进单位”。

（七）政府自身建设持续加强。牢固树立“四个意识”，旗帜鲜明讲政治，“两学一做”（学党章党规、学系列讲话，做合格党员）学习教育实现常态化制度化。严格贯彻落实中央八项规定精神，支持监督执纪问责，政府系统党风廉政建设向纵深发展。修订完善《市政府工作规则》，坚持市政府常务会议学法制度，严格按照法定程序行使权力、履行职责，依法行政水平不断提高。扎实推进“智慧醴陵”和“互联网+政务服务”建设，梳理“最多跑一次”事项628项、“跑零次”事项17项、可下放事项79项。全年办理人大代表建议92件、政协委员提案84件、政协微建议224件，办结率和满意率均达100%。

（八）群众获得感明显提升。坚持以人民为中心，致力让群众喝上更干净的水、呼吸到更新鲜的空气、感受到更可靠的安全保障。全面推行“河长制”，实施“还我一湖清水”三年行动计划，重点水库实现畜禽全面退养、网箱养鱼全面取缔。建成农村安全饮水工程17处，渌江河断面水质达到Ⅲ类及以上标准，望仙桥水库、官庄水库水源地水质达标率保持100%。城区空气质量优良天数达331天，优良率90.7%。新建11处广场游园，寨子岭公园加快建设，“一江两岸”南岸二号段对外开放。完成李立三故居、刘家巷等片区提质改造，太一、阳三、姜湾等农贸市场环境明显改善。烟花爆竹、煤矿、非煤矿山、危化品等直管高危行业领域安全生产连续30个月实现“零伤亡”。开展扫黑除恶专项斗争，推行“一村一辅警、一格一助警”农村综合治理新模式，刑事发案率连续3年持续下降，群众的安全感大幅提高。

与此同时，妇女儿童、老龄、残联、外事侨务、对台、宗教、住房公积金、广播电视、文化执法、档案史志、两型建设、机构编制、口岸、海关、检验检疫、供销、物价、人防、消防、烟草、通信、水文、气象、志愿者服务等工作均取得新成效。

各位代表，过去一年所取得的成绩来之不易。这些成绩的取得，得益于上级党委、政府和市委的正确领导，得益于四套班子的同心同德、和衷共济，得益于全市上下的团结协作、真抓实干，得益于社会各界人士的关心支持、积极参与。在此，我代表市人民政府，向全体人大代表、政协委员，向驻醴部队、民兵预备役官兵和全市人民，向所有关心支持醴陵经济社会发展的社会各界人士，致以衷心的感谢和崇高的敬意！

回顾过去一年的工作，我们深深感到：必须把政治建设作为第一要求，旗帜鲜明讲政治，坚持党的领导，维护市委权威；必须把加快发展作为第一要务，主动适应新常态，创造新业绩；必须把为民服务作为第一追求，以实实在在的工作成绩取信于民；必须把廉洁务实作为第一原则，严守党纪国法，脚踏实地干事。

在肯定成绩的同时，我们也清醒地看到，全市经济社会发展仍然存在一些问题和差距。主要是：产业结构还不够优，陶瓷、花炮体量还不够大，新的产业体系还没有完全形成；各类风险矛盾叠加，生态环保、安全生产、信访维稳的压力仍然较大；主动服务意识还不够强，行政效率还不够高，营商环境还有较大的改善空间。对此，我们将高度重视、认真解决。

二、2019 年目标任务

今年政府工作的总体要求是：以习近平新时代中国特色社会主义思想为指导，认真贯彻落实“创新引领开放崛起”“一谷三区”等省市决策部署，紧扣高质量发展主题，坚持“稳中求进、进中争先”工作总基调，着力稳就业、稳金融、稳外贸、稳外资、稳投资、稳预期，深入打好“三大攻坚战”，深入开展“产业项目建设年”活动，深入扩大改革开放，深入推进“四大战役”，加快建设富强美丽幸福文明新醴陵，以优异成绩庆祝新中国成立 70 周年。

今年围绕高质量发展的主要预期目标是：地区生产总值增长 8% 左右，规模工业增加值增长 7.5%，固定资产投资增长 10%，一般公共预算收入同口径增长 7%，社会消费品零售总额增长 10%，城乡居民收入增长高于经济增长，金融财政风险有效防控，生态环境进一步改善，完成节能减排等约束性指标。

为实现上述目标任务，要重点把握以下几个方面：

——坚持“五位一体”，全面统筹推进。树立正确的政绩观、发展观，把经济建设、政治建设、文化建设、社会建设、生态文明建设贯穿于“四个醴陵”建设的各项工作中，推动人的全面发展、社会全面进步。坚持系统性谋划工作，更加自觉地坚持和运用辩证唯物主义世界观和方法论，不断增强辩证思维、战略思维能力，一张蓝图绘到底，一棒接着一棒跑，推动经济社会更加平稳的高质量发展。

——坚持群众路线，凝聚民心民力。践行共建共治共享理念，充分发挥人民群众智慧，群众的事多同群众商量，群众的事多依靠群众，引导更多市民参与到停车难、看病难、创业难等问题的调研、论证和解决中来，激发群众“社会主人翁”意识，真正做到从群众中来，到群众中去！

——坚持简政放权，优化营商环境。深化“放管服”，拿出刀刃向内的勇气，推进“最多跑一次”改革，让群众办事像“网购”一样方便。积极构建“亲”“清”政商关系，切实保护民营企业家的人身和财产安全，建立优质高效的政策体系、竞争有序的市场体系和诚实守信的社会体系。

——坚持强化管理，注重工作落实。加强管理培训，灵活运用“五问工作法”（本阶段做了什么工作、采取了什么工作措施、有什么工作成效、有什么不足之处、下一阶段有什么工作计划）等工具方法，发扬“钉钉子”精神，对“三大攻坚战”、产业项目建设、乡村振兴等重点工作合理分解任务，实行挂图作战，下大力气提升各级各部门管理水平和行政效率，严格绩效奖惩，确保干一件成一件。

三、2019 年工作安排

做好 2019 年工作，我们必须解放思想、实事求是、勇于担当。只要有利于加快“四个醴陵”建设、有利于推动经济高质量发展、有利于维护社会平安稳定、有利于增进人民群众福祉，就要准确分析、大胆决策、强力攻坚、推动落实。

（一）全力抓好“四个十大”项目

十大产业项目：①打造中国陶瓷谷及创建国家级经开区；②中盐红四方年产 100 万吨缓控释复合肥（湖南）生产基地；③以旗滨玻璃为重点的玻璃产业园建设；④船湾服饰产业园；⑤东富电力电瓷电器产业园；⑥横店电子信息及电商产业园；⑦年产 2 万吨新能源汽车动力电池正极材料项目；⑧“四点一谷一片”等全域旅游创建项目；⑨ 20 千公顷油茶产业发展建设项目；⑩无害化生猪养殖。

十大基础设施项目：①醴娄高速（60 国道复线）；②平汝高速隆兴坳互通；③东富工业园综合配套服务区；④陶子湖综合开发项目；⑤（东富、老龙井、黄沙）变电站项目；⑥醴官线、桎马线、106 国道等公路改造及扶贫专线公路建设；⑦ 333 省道城市外环线；⑧株醴融城及东城大道两厢开发；⑨渌江新城片区综合开发二期项目；⑩茶东路及两厢开发项目。

十大民生项目：①瓷城古韵·一江两岸文化休闲项目（含楚东桥）；②农贸批发大市场；③城乡生活垃圾资源化处理PPP项目；④渌江水系综合治理PPP项目；⑤湖南师范大学附属学校；⑥新三中、新妇幼建设；⑦城市“三创四化”及农村环境综合整治项目；⑧启动自来水二厂建设；⑨渌江流域全线黑臭水体整治（西岸河、东岸河、集镇）；⑩棚户区改造及安置区项目。

十大创新项目：①湖南工业大学醴陵陶瓷学院一期建成并招生开学；②中南大学高速列车研究中心及试验研究平台；③陶瓷自动化智能化生产线及烟花自动化生产线建设项目；④新世纪陶瓷工业设计、检测、研发中心；⑤湖南恒嘉业通信光纤光缆产业化项目；⑥农业废弃物资源化无害化处理成套技术装备研发与应用示范；⑦国家级电瓷电器检验检测中心及湖南湖电电瓷电器研究中心；⑧釉下五彩城、1915特色街区及陶润会创新智造项目；⑨办好高质量的陶瓷产业博览会及烟花鞭炮交易会；⑩推动华联瓷业等一批企业积极上市。

（二）深入推进“产业项目建设年”活动

突出“三大重点”。一是改造提升传统产业。推动企业上云，支持企业打造智能生产线、智能车间和智能工厂。加快陶瓷智能制造步伐，加大智能制造生产线研发推广力度。推进花炮产品科技研发和自动化生产，促进花炮产业安全、环保、健康发展。加快服饰、造纸、防水建材等产业集中区建设，提升产业集聚水平。二是大力发展现代服务业。积极申办国际烟花论坛，继续办好陶瓷产业博览会、烟花鞭炮交易会，做大做强会展经济。促进全域旅游发展，加强与省内外旅行社合作，引进更多的参与式旅游项目，扩大客源辐射范围。挖掘提升文化内涵，深入推进“四点一谷一片”旅游布局建设，着力打造工业旅游、红色旅游、生态旅游精品线路，确保成功创建国家全域旅游示范区。对接5G时代，积极培育新兴业态，发展平台经济、分享经济、体验经济、创意经济。补齐物流短板，落实县乡村三级物流配送体系建设三年行动计划，培育和引进更有活力的创新型服务企业，形成具有一定规模的物流专业园区。三是打造“醴陵品牌”。实施质量强市和品牌强企战略，打造以质量为核心的区域品牌。创新质量监管方式，完善质量工作管理体系，提升质量管理水平。挖掘培育一批制造业、农产品、服务业以及“老字号”企业品牌，提高产品附加值和竞争力。

开展“三大行动”。一是开展“招商引资三乡行动”。完善招商引资系列政策体系，发挥商会专业服务机构的作用，强化产业知识积累，将招商的触角从北上广深等地延伸到国际舞台。加大协调对接力度，力争有更多项目进入省“5个100”计划和株洲市重点项目笼子。着力强链延链补链，开展地毯式梳理对接，挖掘产业链上的龙头企业，进一步完善陶瓷、花炮、服饰等产业链条。玻璃是透明的陶瓷，两者同根同源，一脉相承。要抓住机遇，依托龙头企业旗滨玻璃，迅速引进一批玻璃产业上下游企业，加快打造“100亿玻璃产业园”。大力发展总部经济，推动资金、人才、要素在醴陵集聚。二是开展“温暖企业三百行动”（百家单位帮扶、百家企业成长、企业问题百日销号）。认真落实习近平总书记在民营企业座谈会上的重要讲话精神，坚持“两个毫不动摇”（毫不动摇地巩固和发展公有制经济，毫不动摇地鼓励、支持、引导非公有制经济的发展），出台支持民营经济发展的政策措施，降低企业成本，减轻企业负担，推动民营经济高质量发展。深入推进企业帮扶，重点解决企业在研发、销售、资金等方面的困难和问题，孵化一批新兴企业模式并在全国推广。力争用2～3年时间发展和培育5家上市公司，新增5家过10亿元企业，打造5个国家级平台。不断完善市场准入负面清单制度，破除歧视性限制和各种隐性障碍，整顿规范市场秩序，不断提高政府服务水平，建立良好的营商环境。加强社会信用体系建设，健全守信激励和失信约束机制，让失信者寸步难行，让守信者一路畅通。三是开展“园区攻坚三年行动”。围绕“打造千亿产业园区、创建国家级经开区”的目标，大力推进“一谷一城一园”发展。按照“一主两特”（非金属矿物制品业，电子设备制造业、通用设备制造业）产业定位，加快国家级电瓷电器检验检测中心等项目建设，建好玻璃产业园、电商产业园、创新创业园等特色“园中园”，力争园区规模以上企业达330家以上，实现技工贸总收入500亿元、税收15亿元、固定资产投资100亿元以上。进一步完善园区配套路网，统筹抓好水电气和安置区配套建设。完善园区财税体制，改革园区审批制度，成立经开区服务中心，推行审批全程代办模式，提高园区行政效能。

强化“三大保障”。一是土地保障。积极争取用地指标，全力推进增减挂钩工作，确保重点项目用地需求。加快陶子湖片区、东富工业园等项目征拆“清零”，确保全年新增用地指标400公顷、征地800公顷、征拆房屋3000栋（套）以上，力争实现50个以上项目征拆“清零”。园区年内完成征地333.33公顷、征拆房屋1000栋（套）以上。二是资金保障。积极对接上级政策，全力争取中央、省、市奖补资金和国家政策性专项贷款。引进金融机构，完善金融服务体系，促进社会资本参与项目建设。争取省中小担保公司在我市设立机构，为中小微企业搭建市场化桥梁。发展续力贷、供应链融资等金融产品，提高中小微企业有效金融服务供给，缓解融资难、融资贵问题。三是组织保障。继续推行市级领导带头联系重点项目制度，倡导“一线工作法”，对重点项目实行量化考核，形成一级做给一级看、一级带着一级干、组织有序、执行有力的项目建设大格局。

（三）持续打好“三大攻坚战”

防范化解重大风险。着力稳金融，坚持“控增量、去存量、守底线”原则，积极稳妥处理政府性债务问题，确保政府债务风险可控。着力降低融资成本，完善市县债务风险联动防控机制和“政银企”协调合作机制，对接各级金融机构支持国有企业更好服务实体经济发展。引导平台公司储备、参与投资一批赢利能力强的项目，提升从工业和服务业项目中获取中长期收益的能力，提高市场竞争力，推进平台公司转型。着力稳投资、稳预期，树立过紧日子的思想，坚持有保有压，优化财政支出结构，提高财政资金使用效率和绩效。保持防范和处置非法集资高压态势，依法严厉打击非法集资案件，坚决守住不发生系统性、区域性金融风险的底线。

深入推进精准脱贫。大力开展巩固脱贫三年行动，认真落实“四摘四不摘”（摘帽不摘责任、摘帽不摘政策、摘帽不摘帮扶、摘帽不摘监管）和“五个全面”（全面参与产业扶贫、全面提升保障水平、全面动员社会扶贫、全面激发内生动力、全面改进工作作风）的要求，确保1748户4144人两年内全部脱贫。进一步抓好产业扶贫，实现2020年贫困户参与产业扶贫覆盖面达到90%以上。全面落实贫困对象危房改造、教育扶贫、健康扶贫、兜底保障等政策，确保未脱贫对象达到脱贫标准，已脱贫对象实现收入稳定。充分利用中国社会扶贫网，组建社会联盟，做大产业扶贫基金，凝聚各方合力。深入开展扶贫领域作风问题专项治理行动，落实专项整改措施，用作风建设的成果促进各项举措的落实。坚持“志智双扶”，既重物质脱贫也重精神脱贫，引导帮扶对象感恩社会、回馈社会，营造良好社会风气，确保长效稳定脱贫。

全面加强污染防治。大力推进污染防治攻坚战三年行动计划，打好蓝天、碧水、净土“三大保卫战”。启动湘江保护和治理“第三个三年行动计划”，压实“河长制”责任，推动“五江十四水”等流域治理，确保渌江河和重点水库水质良好。坚持堵疏结合，铁腕打击非法采砂洗沙行为，切实加强生态保护。深入开展黑臭水体整治，确保2020年全面完成整治任务。严把环保“准入关”，从源头控制高污染、高能耗企业的新建或投产。完善环保“网格化”长效监管机制，开展环保执法专项行动，落实年度减排工作任务。着力解决群众反映强烈的突出环境问题，加大环保信访、环境污染投诉案件处理力度。巩固封山育林成果，确保森林覆盖率稳定在56%以上。

（四）统筹做好“五项工作”

着力提升城镇品质。一是城市提质。深入开展“三创四化”，围绕城市生活污水集中处理、建成区绿地率等创建指标进行重点攻坚，巩固省级文明城市创建成果，通过国家卫生城市、国家园林城市验收。主攻“四个一块”，推行“五大行动”（大片区征拆、大配套升级、大城管整治、大规模绿化、大范围创建），进一步盘活老城区闲置土地。建好寨子岭公园、五彩广场，再改造一批城市小游园，为市民提供更多休闲场所。启动自来水二厂建设，逐步缓解供水矛盾。加快新建道路护坡绿化、受损山体生态修复、城中村菜地及裸露土地植绿补绿，提质改造城区农贸市场，加快新建、改造公厕步伐，确保主次干道、公园广场、车站等场所公厕达到Ⅱ类标准。二是集镇提档。加快新型城镇化步伐，推进瓷谷小镇、白兔潭、东富、船湾、枫林等特色小镇建设。抓好集镇污水处理设施建设，实现李畋、浦口、枫林、王仙等污水处理厂投产试运行。三是管理提升。贯彻落实“城市双修”（生态修复、城市修补），以新一轮城市总体规划修编为契机，完成城市设计与控制性详规工作。完善城市垃圾处理体系，加速推进城乡生活垃圾一体化处理、餐厨垃圾无害化处理等项目建设。完善“四面四边”（墙面、店面、街面、路面，学校、市场、景点、车站周边）管理标准，狠抓“门前三包”（包绿化、包卫生、包秩序），确保城市卫生管理无死角。强力推进控违治违，对违法建设始终保持“零容忍”。四是交通提速。完善城市交通体系，加快推进玉屏山路、寨子岭南路等道路建设。启动汽车北站建设，完成长庆公交站、汽车西站建设并投入使用。规划建设立体停车场，完善“互联网＋停车”功能信息系统，着力缓解“停车难”问题。促进城乡客运一体化发展，更好满足居民出行需求。

大力实施乡村振兴。落实乡村振兴战略规划，推进乡村产业、人才、文化、生态、组织“五大振兴”，加速农业农村现代化进程。深入实施“三个百千万”工程（“百企千社万户”现代农业发展工程、“百片千园万名”科技兴农工程、“百城千镇万村”新农村建设工程）和“六大强农”（品牌强农、特色强农、质量强农、产业融合强农、科技强农、开放强农）行动，推动农业供给侧结构性改革往深里走、往细处做。引进互动式研学项目，扶持3家农业龙头企业，新增100家农民专业合作社、50个家庭农场、10个以上“三品一标”（无公害农产品、绿色食品、有机农产品和农产品地理标志）生产基地和产品。打响醴陵油茶、贺家桥玻璃椒、冬富瓜蒌、旺侬红薯、将军山白茶、古城葡萄、“吕夫子”甜腌菜等特色农业品牌，推进农产品加工业转型升级，打造现代农业特色产业集聚区。落实强农惠农富农政策，确保农民收入持续较快增长，让农民的“钱袋子”一天天鼓起来。严格落实《株洲市农村村庄规划建设管理条例》，完善规范农村建设长效管理机制。大力实施农村人居环境整治三年行动，突出抓好“五大工程”（农村环境污染整治工程、村容村貌改善工程、农村基础设施提升工程、特色村镇培育工程、乡风文明创建工程）和“三拆三清”（拆除旧房危房、拆除露天旱厕、拆除违规建筑及非法广告牌，清理垃圾杂物、清理巷道路障、清理山塘水库），打造313省道和106国道沿线美丽乡村长廊、北部旅游环线美丽乡村示范片。创建“四好农村路”全国示范县（市），加强农村道路养护，完成自然村通水泥（沥青）路建设288千米，农村安保工程165千米，危桥改造20座。启动鸡马线等路面修复工程和105省道项目建设。切实推进农村饮水安全巩固提升工程，持续确保农村饮用水安全。加强小型农田水利设施建设，除险加固病险水库22座，完成100个村的改厕工作。加强农村基层基础工作，健全自治、法治、德治相结合的乡村治理体系，确保乡村社会充满活力、和谐有序。

全面深化改革开放。一是强化改革攻坚。按照中央、省、株洲市全面深化机构改革的有关要求，着眼于服务方便人民群众、符合基层事务特点，构建简约高效的基层管理体制。深化综合行政执法改革，完善市场监管和执法体制，彻底解决“九龙治水”等老问题。遵循“巩固、增强、提升、畅通”的方针，完成“三去一降一补”（去产能、去库存、去杠杆，降成本，补短板）任务。深入推进供给侧结构性改革，做好“破除旧动能、培育新动能、融入新时代”三篇文章。深化“放管服”改革，推广“互联网+政务服务”模式，全面推行“马上办、网上办、就近办、一次办”，确保年内85%以上事项实现“最多跑一次”。落实“证照分离”改革要求，企业投资项目、政府投资项目开工前审批分别控制在50个、70个工作日以内，做到开办企业“三天即办结”、工业项目“拿地即开工”、新购房子“交房即交证”。统筹推进教育、医疗、信访、社会保障、应急安全等各领域改革。二是坚持开放发展。抓住莲株高速通车、东城大道即将开通、醴茶铁路恢复运行的契机，加快株醴融城步伐，做到规划融城、交通融城、产业融城。积极稳外资、稳外贸，提高进出口服务质量，力争陶瓷、花炮出口额均提升20%以上，进出口总额突破5亿美元。醴陵自古文化气息浓厚，产业发展源远流长，要进一步加快“走出去”步伐，让更多的醴陵人、醴陵文化、醴陵品牌走出国门、走向世界。三是提升创新能力。深入推进大众创业万众创新，进一步健全公共创新平台，培育高新技术产业，积极申报首批省级创新型县（市）。围绕重点企业、重点行业、重点领域的人才需求，吸引国内外高层次、科技型的人才和团队来醴创新创业。支持众创空间专业化、特色化发展，发挥科技创新与成果转化平台作用，激发全社会创新潜能和创业活力。

持续保障和改善民生。积极稳就业，实施就业优先战略和更加积极的就业政策，支持鼓励高校毕业生、返乡农民工等群体自主创业，确保新增城镇就业6000人、农村劳动力转移就业4500人。稳妥推进企业养老保险、社会保险扩面，健全社会救助、社会福利、慈善事业等制度，完善覆盖全民、城乡统筹的社会保障和救助体系。逐步提高“五保户”“低保户”“兜底户”“残疾人两项补贴”标准。强化农民工欠薪治理，构建和谐劳动关系。落实立德树人根本任务，紧扣创建全国首批义务教育优质均衡发展县（市）目标，修订完善《醴陵市优化中小学布局发展规划》，统筹抓好学前教育、义务教育、高中教育、职业教育和民办教育。启动湖南师范大学附属学校、玉屏山小学、仙岳山小学新建项目和南门中学、珊田小学整体搬迁项目建设，扩容改造渌江中学、狮子坡小学等6所中小学校。建设标准化学校59所，力争义务教育大班额“清零”。加强教师队伍建设，逐步提高教师特别是农村边远地区教师待遇，新增加教师不少于500人。全面开展阅读推广，打造“书香校园”，建设“书香醴陵”。提高全民健康自助意识，加强健康教育，构建全民健康管理体系，降低人均医疗费用。坚持“三医联动”（医疗、医保、医药改革联动），纵深推进医改工作，落实分级诊疗，建设“健康醴陵”。发展“互联网+健康”，建设更广泛的紧密型医联体，推进基层医疗机构服务能力建设，建成50个标准化村卫生室。争创全国中医药示范市，做好重大疾病防控、妇幼健康等公共卫生工作。以“湘雅乡情·专家醴陵行”活动为契机，推进重点（特色）科室建设，惠及更多群众。加快计生转型，巩固“省模”“国优”地位。落实食品安全“四个最严”（最严谨的标准、最严格的监管、最严厉的处罚、最严肃的问责）要求，争创“省级食品安全示范市”。抓好文化事业、文化产业“两大重点”，巩固国家公共文化服务体系示范区创建成果。加快李立三故居、醴陵窑考古遗址提质改造，办好李立三同志诞辰120周年纪念活动和耿飚同志诞辰110周年宣传活动。推进国防动员及民兵预备役工作，继续加强后备力量建设，深入开展军民共建。

加强社会综合治理。严格落实《湖南省党政领导干部安全生产责任制实施细则》，建立责任清单，毫不松懈地抓好安全生产各项工作。深化“一单四制”，建立高危企业风险档案、重大危险源数据库，有效防控和化解安全风险。引进应急安全体验式项目，加大安全宣传教育力度，增强全民安全生产意识。推进科技兴安，建设综合应急指挥系统和企业隐患排查信息平台。开展烟花爆竹、黑火药、引火线、危化品、道路交通、校园校车、建筑施工、特种设备、人员密集场所等重点行业、重点领域和重点人群安全专项整治，始终保持打非治违高压态势，依法从严从重惩处各类非法违法行为，严防事故发生。启动“城乡统筹·幸福醴陵”创新社会治理系列行动，深化“网格化”治理模式，不断开创社会治理新局面。加强信访维稳工作，借鉴“枫桥经验”，依靠基层组织和广大群众就地化解各种矛盾纠纷，最大限度地把问题解决在萌芽状态。持续开展“平安醴陵”创建，深入推进扫黑除恶专项斗争，严厉打击各类违法犯罪。打好禁毒人民战争，力争禁毒满意度调查全省排名一年提升到80名以内，两年提升到50名以内。充分发挥各类社会组织作用，形成共建共治共享社会治理新格局，加快创建省级平安县（市）。

四、切实加强政府自身建设

以习近平新时代中国特色社会主义思想为指导，深入贯彻落实中共十九大精神，持之以恒加强政府自身建设，全力以赴把各项工作落到实处、抓出实效，不断增强政府公信力和执行力，努力打造人民满意政府。

（一）**强化法治意识，建设依法行政的政府。**大力开展“七五普法”，坚持市政府常务会议学法制度，全面提高领导干部法治思维和依法行政能力，做到依法决策、民主决策、科学决策。坚持重大事项向市委请示、向人大报告、向政协通报情况，自觉接受法律监督、民主监督、舆论监督和社会监督，让权力在阳光下运行，确保各项工作经得起历史和群众的检验。

（二）**强化服务意识，建设执政为民的政府。**“乐民之乐者，民亦乐其乐；忧民之忧者，民亦忧其忧”。要坚持以人民为中心的发展思想，把为民服务贯穿于政府工作的各个方面，始终与人民心心相印、与人民同甘共苦、与人民团结奋斗！

（三）**强化责任意识，建设高效担当的政府。**切实履职尽责，加强监督检查，不断提高行政效率和政府效能。引进智库、借助“外脑”，提高调研效率和决策水平，确保少走弯路，实现更好更快发展。加强对镇（街）工作的培训指导，关心关爱基层干部，激发镇（街）活力。坚持“三个区分开来”，旗帜鲜明地为敢于担当的干部撑腰鼓劲，充分调动和保护干部工作积极性，让高效、担当、实干蔚然成风。

（四）**强化廉洁意识，建设风清气正的政府。**严守政治纪律和政治规矩，牢固树立“四个意识”，切实做到“两个维护”。严格落实全面从严治党要求，建立市政府常务会议例行警示教育机制，深入推进党风廉政建设和反腐败斗争。加强源头治理，用制度管权管事管人，完善不敢腐、不能腐、不想腐的体制机制，巩固发展反腐败斗争压倒性胜利。充分发挥审计监督作用，加强政府系统干部队伍教育管理，严肃查处违法违纪行为，努力营造风清气正的政治生态。

各位代表，事业都是干出来的，幸福都是奋斗出来的！让我们高举习近平新时代中国特色社会主义思想伟大旗帜，在市委的坚强领导下，紧密团结和依靠全市人民，不忘初心，牢记使命，奋力拼搏，为加快建设富强美丽幸福文明新醴陵努力奋斗！

中国人民政治协商会议
醴陵市委员会常务委员会工作报告

——在政协醴陵市第十四届委员会第四次会议上

市政协主席　江曙明

（2019 年 1 月 15 日）

一、2018 年工作回顾

过去的一年，市政协常委会在中共醴陵市委的坚强领导下，以习近平新时代中国特色社会主义思想为指导，团结带领广大委员，牢牢把握团结、民主两大主题，积极履行政治协商、民主监督、参政议政三大职能，紧紧围绕全市改革发展大局，为“四个醴陵”建设作出了积极贡献，政协工作呈现出更加规范有序、生动活跃的良好局面。

（一）提高站位，始终保持正确政治方向

坚持中国共产党的领导，注重理论武装，增强政治定力，不断夯实团结奋进的共同思想政治基础，把好履职“方向盘”。

深化思想认识。全面深化习近平新时代中国特色社会主义思想的领会落实。深入学习习近平总书记关于加强和改进人民政协工作的重要思想。全年召开 18 次党组会、主席会，坚持从经济、政治、文化、社会、生态文明等方面学习，积极推动新思想从认知、认可到践行。向各民主党派、政协委员发放《习近平总书记关于加强和改进人民政协工作的重要思想专题摘编》《〈政协章程〉学习资料》310 套。各专委会、各界别活动组组织集中学习座谈活动 35 次，开展学习研讨和理论征文活动，共形成理论文章 17 篇，得到株洲市政协充分肯定。进一步增强了对新思想的政治认同、思想认同、情感认同，树牢了“四个意识”，坚定了“四个自信”，做到了“两个维护”。

加强党的建设。贯彻落实中共中央办公厅《关于加强新时代人民政协党的建设工作的若干意见》精神，始终把党的领导贯穿于政协一切工作之中。坚持重大工作向市委汇报，坚持重大事情提交政协党组会议研究。在全体会议、集体调研视察、集中学习培训等重大活动期间设立临时党组织，时刻加强领导。加强机关党支部建设，推进“两学一做”学习教育常态化，坚持“三会一课”制度，高质量开展支部主题党日活动 12 次。加强党风廉政建设，进一步严格落实中央八项规定。探索建立政协党组成员联系相关界别党员委员、党员委员联系党外委员制度，努力实现党的组织对党员委员全覆盖、党的工作对委员全覆盖。

助力中心工作。市政协领导班子和机关干部认真落实市委工作安排，围绕“四大战役”“五个一”等活动，扎实开展脱贫攻坚、联系重点项目、企业帮扶等工作。积极促进陶瓷产业转型升级，陶瓷生产机械化自动化智能化、陶瓷品牌战略发展有效推进。全力参与“中国湖南国际旅游节暨中国醴陵国际陶瓷产业博览会”的举办，助力莲株高速、城区农贸市场提质改造等 15 个重点项目建设，14 个帮扶企业反映的 23 个问题得到妥善解决，5 个党建帮扶点的凝聚力和战斗力不断提升，城市创建 10 个帮扶点工作全部完成。联系帮扶官庄村等 12 个贫困村，机关干部结对帮扶建档立卡贫困户 38 户 127 人，脱贫攻坚工作全部通过考核验收。关注民营经济发展，制定《2018 年市政协主席会议成员联系帮扶委员企业工作方案》，全年走访视察委员企业 55 次，帮助解决问题 11 个，赢得委员的一致认同，坚定了民营企业发展信心。

（二）聚焦发展，切实提升议政建言质量

紧紧围绕改革发展大局和群众热切期盼主动作为，努力建言建到点子上，参政参到关键处，书写履职“好答卷”。

认真组织协商。组织委员对“一府两院”工作报告、计划报告、财政报告及我市经济社会发展的重大问题协商讨论，近 200 名委员发言。探索三级联动协商模式，邀请驻醴省政协委员、株洲市政协委员参加市政协常委会和有关委员活动，听取全市经济社会发展情况通报，提出工作建议。结合市委“四大战役”部署，组织开展产业突围、脱贫攻坚等专题协商。围绕城市精细管理、交通提质等内容履职建言。教育界别委员针对校园周边交通拥挤、摊贩食品安全等问题，积极主动与相关单位协商，提出解决建议。一年来，以常委会、专委会、小组协商等方式，开展协商议政20多次，提出建议60多条，为市委、市政府决策和施策提供了重要参考。

深入开展调研。选择陶瓷产业发展、居民健康状况、基层组织运行保障等5个方面认真进行调研，分别由市政协各位副主席牵头负责。从3月开始，共发放调研问卷2000多份，开展座谈30多次，走访企业、乡村100多个；赴省内外多地学习参观，探讨交流，形成5份调研报告。有关建议及时报送市委、市政府。3份调研报告在株洲市政协获奖，其中《关于醴陵市实施乡村振兴战略的调研报告》获一等奖。密切关注、协调推动调研成果转化。关于城乡生活垃圾处理的建议得到采纳应用，在全市各镇开展分类试点，垃圾分类迈出坚实步伐。

及时反映民意。通过社情民意平台、政协云微建议，鼓励委员关注群众身边事，反映群众关切的热点难点。认真做好社情民意的整理、报送、督办工作。向株洲市政协报送29条，其中11条被选送株洲市委、市政府。向市委、市政府报送《民情信息》8期63条，有15条得到主要领导亲自批示。“盘活闲置厂房、留住绿水青山”“加强城区红白喜事操办管理”“将城市公共设施编号归档”等建议引起高度重视，推动了相关问题解决。委员提交微建议523条，经市政协审查综合后，由市政府转交部门办理224条，办复率100%。80%的微建议实现了3天内审核，7天内答复。“合理划定停车位”“延长5路公交车运营时间”等一批民生问题得到较快解决，有效连通服务群众的“最后一公里”。微建议灵活方便的特点得到充分展现，越来越受委员欢迎和群众喜爱。

（三）发挥优势，努力增强民主监督实效

充分发挥人民政协专门协商机构的作用，坚持问题导向，改进方式方法，切实提高民主监督实效，延伸履职“监督链”。

开展委派监督。继续向市卫生和计划生育局、市教育局、市人力资源和社会保障局等10家单位派驻民主监督小组，巩固监督成效。各受派单位高度重视，为派驻小组开展工作创造条件。各小组牢牢把握监督不越位、帮忙不添乱的定位，寓监督于理解支持之中，形成了生动活泼的工作局面。全年累计开展各类活动60多次，针对受监督单位的重大方针政策贯彻执行、提案办理、承办的“民生100”项目等情况，提出建议50多条，实事求是、畅所欲言，达到了互动交流、促进工作的目的。推荐20名政协委员担任我市行风政风测评员，参与督查、座谈、评议等活动，发挥了积极的监督作用。

组织委员视察。组织70名委员开展全市项目建设视察。委员们走进工厂车间，走进施工现场，认真了解工程进度、工作困难，既为令人振奋的建设现场点赞，也对存在的问题提出意见、建议。针对城区供水不足并且群众十分关心的情况，开展“城区供水情况”专项视察，撰写了《关于醴陵市城区供水情况的视察报告》，围绕保障供水提出近期和远期建议，帮助释放群众的焦虑，助推狮子坡水厂二期提质改造。围绕天然气安全运营、公交事业发展、流动人口关怀关爱、居家养老医疗服务等，组织开展多种形式的视察活动，努力促进民生改善。

改进提案办理。加强提案督办，积极争取市委、市政府重视支持，“三办”联合督办成为常态。督促承办单位对近两年部分提案的办理情况进行“回头看”，对原办理条件不足现已成熟的提案进行二次办理。将《进一步加强政务环境建设，促进我市经济发展》等5件提案列为重点提案，由市政协各位副主席领衔督办，有力提高提案办理实效。全年共收到提案93件，审查立案84件。在32个承办单位的共同努力下，提案办理见面率、办复率、满意率均达到100%。有效助推农村经济、教育事业发展，城市交通系统完善等工作。

（四）弘扬主题，广泛汇聚团结奋进合力

坚持大团结大联合，为营造和谐稳定的社会发展环境，凝聚人心、增进共识，减少阻力，增添合力，画好履职“同心圆”。

巩固党派团体合作。定期走访各民主党派、工商联，增进团结交流。鼓励支持建言发声，创造条件提供参政议政舞台。市政协十四届三次全会上，6个大会发言中，三分之二为党派委员发言；联组协商发言中，党派委员发言占三分之一。注重安排民主党派委员参与市政协的重点调研、集体视察、民主监督等活动。外出学习培训、政协机关活动，特别邀请民主党派负责人参加。在政协云和“醴陵政协”微信公众号中设立“党派动态”栏目，全年报道民主党派活动和履职信息40多篇。和衷共济、共促发展已成为行动自觉。

加强政协交往联谊。主动接受上级政协的工作指导。积极配合省政协、株洲市政协在醴陵市开展调研视察活动，做好“提案工作创新”“《宗教事务条例》贯彻落实”“特色城镇建设”等调研视察课题和株洲市县（市）政协调研座谈会的协助工作。加强与外地政协的联系与交流。共接待黑龙江、河南、天津、甘肃等省级政协，广东阳江、四川资阳、湘潭等市级政协和一大批县级政协来醴调研。介绍醴陵在产业发展、传统文化保护、旅游资源开发等方面的工作做法，扩大了醴陵的对外影响。组织部分政协委员赴外地学习取经，加强交流，拓宽视野，为醴陵发展积蓄力量。

促进社会和谐稳定。牢固树立“来自群众、深入群众、服务群众”意识，认真倾听民声，切实排解民忧。大批委员活跃在脱贫攻坚、征地拆迁、项目建设、乡村治理的第一线，做了大量理顺情绪、协调关系、缓解矛盾、促进和谐的工作。按照市委工作安排，市政协领导认真执行市级领导信访值班制度。主席领办省委巡视组交办信访件，分管副主席带队到北京开展维稳相关工作。医卫界别委员定期在部分山村小学开展“关爱留守儿童”系列活动，促进留守儿童身心健康发展。表达了社会关爱，拉近了与群众距离，既有政协高度，又有政协温度。

（五）注重创新，不断激发政协履职活力

按照“懂政协、会协商、善议政”“守纪律、讲规矩、重品行”的要求，切实抓好政协委员和机关干部队伍建设，激活履职“动力源”。

改进履职方式。综合运用好政协云、微建议、网上提案、网上社情民意等多个信息化平台。通过政协云开展全会、常委会签到，组织观看省政协远程协商、网络议政，提升委员网络化履职意识和水平。加大信息化探索力度，依托政协云逐步实现多个履职系统的“一站式”整合，让委员履职更加高效便捷。一年来，广大委员积极使用政协云，共登录30.1万次，浏览30.5万次，点赞14.1万次，评论5.3万次，分享7.9万次。活跃度位居全省124个县（市、区）第一名。政协云已成为委员获取时政信息的重要渠道、提升履职水平的重要平台、展现醴陵风采的重要窗口。委员们注重把实践创新与理论研究相结合，理论文章数量显著提升。全年共形成理论文章27篇，向株洲市政协选送5篇，有3篇获奖，其中《信息化时代创新政协履职的思考》获一等奖。获奖的调研报告、理论文章数量均位居株洲县（市、区）政协第一。

提升委员素能。着力围绕委员知情明政、增强履职能力，完善管理机制，夯实保障基础。组织70名委员赴浙江大学开展为期6天的专题培训，纪律严明、团结活泼，委员收获良多，撰写的学习心得体会，编辑成册——《走进浙江大学》。健全《委员履职管理考核办法》，完善委员年度履职考核评价机制。严格遵循标准，扎实运用委员自评、小组推荐、主席会议综合评议等方式，评选出优秀委员活动小组、优秀组长、优秀委员等工作先进并在大会上表彰；对履职不积极的委员进行了提醒和约谈，对违反《政协章程》的委员给予撤销委员资格的处理，提升委员履职的荣誉感和责任感。

扩大对外宣传。及时向人民政协网《湘声报》《株洲政协》等媒体报送信息，宣传我市经济社会发展成就和政协履职成果。人民政协网专题报道我市精准扶贫、“一节一会”等工作；省政协《湘声报》《文史博览》先后8次报道我市政协的创新亮点和履职成效。在醴陵新闻和《今日醴陵》开辟专栏，委员们围绕城镇提质、文化传承等主题畅所欲言。通过政协云，发布信息稿件219条，其中省政协头版4条，株洲市政协头版15条，浏览24000多次，评论点赞2800多次，位居全省县级政协前列，有力促进了醴陵知名度和影响力提升。

一年来，广大委员在政协工作中尽责履职，在本职岗位中建功立业，在界别群众中示范引领。社科界别多名委员的作品在“金凤凰”等国内著名创新设计大赛中荣获金奖。工商联、工青妇新、民宗台侨等活动小组委员“大手拉小手”资助学生92人，从小学到大学一路帮扶，2018年又有7名学生考上了大学。20多名委员开展“炎炎夏日送清凉”活动，在城区放置4个爱心冰箱为户外工作者免费提供冰水饮料，活动持续3个月，带动了众多爱心人士踊跃参与。陶瓷、花炮行业委员全年参加全国各类论坛、展会200多人次。大批委员参加醴陵市花炮博览会、“一节一会”等大型活动的组织协调，帮助联系客商、参展布展观展，成为服务会展经济一支重要力量。委员们全年开展扶贫、助学、环保、禁毒、无偿献血、健康宣讲、心理辅导等公益活动300余次，安排贫困户就业500余人，捐赠财物折合人民币280余万元。奏响社会主旋律，弘扬社会正能量，赢得社会各界的广泛赞誉。

一年来，市政协工作得到上级的高度关注，省、株洲市政协领导多次到醴调研，就市政协事业发展作出指示，对履职效果及做法给予充分肯定。市委高度重视政协工作，市委常委会专题听取政协党组工作汇报，研究讨论政协年度协商计划、全体会议召开、常委会工作报告等重大事项；市委书记多次出席政协重要会议，对做好政协工作提要求、交任务，大力支持政协云工作，对政协提案、大会发言、社情民意等及时作出批示。市人民政府全力支持政协工作，定期向政协通报经济社会发展情况，不断加强委员提案、微建议办理等工作力度。巩固了党委重视、政府支持、政协主动、各方配合、社会关注的良好工作格局。

各位委员，过去一年的成绩，是中共醴陵市委高度重视、坚强领导的结果，是市人大、市政府和社会各界热情帮助、鼎力支持的结果，是人民政协各参加单位和广大委员团结协作、共同奋斗的结果。在此，我谨代表市政协常委会，向所有关心、支持、参与政协工作的各级领导、各党派团体和社会各界人士，向市政协老领导老同志、全体委员和机关全体同志，表示衷心的感谢和崇高的敬意！

面对新形势、新任务、新要求，市政协的工作还存在一些不足。调研协商活动还需进一步深入，民主监督的方式方法还需进一步探索，团结联谊的范围和渠道还需进一步拓展，发挥委员作用还需进一步强化等。这些都需要切实加以改进。

二、2019 年主要工作任务

今年全市政协工作的总体要求是：在中共醴陵市委的坚强领导下，以习近平新时代中国特色社会主义思想为指导，牢牢把握团结民主主题，紧扣市委中心，坚持新发展理念，切实增强党的领导意识、积极履职意识、务实创新意识，努力为全市高质量发展凝聚人心、凝聚智慧、凝聚力量，以优异成绩庆祝新中国和人民政协成立 70 周年。

（一）坚持政治引领，在思想建设上促深化

人心是最大的政治，共识是奋进的动力。引导广大委员和社会各界从中华民族站起来、富起来到强起来的历史进程中深化认识，坚决维护以习近平同志为核心的中共中央集中统一领导，全力投身“四个醴陵”建设新征程。

把牢政治方向。习近平总书记关于加强和改进人民政协工作的重要思想，进一步回答人民政协事业发展的一系列方向性、全局性、战略性重大问题，是做好新时代政协工作的根本遵循。要持续深入开展习近平总书记重要思想学习，真正以新思想领航定向、指引路径。要将学习成果体现到工作的谋划中，体现到每一项履职活动中，体现到推动政协工作提质增效中。

把牢性质定位。人民政协作为统一战线的组织、多党合作和政治协商的重要机构、人民民主的重要实现形式，是国家治理体系的重要组成部分，是具有中国特色的制度安排。政协作用发挥不是靠强制约束力，而是靠政治影响力；不是靠说了算，而是靠说得对。要拒绝冷漠和懈怠、拒绝浮躁和偏激；俯下身子，潜心学习，深入调研，切实提高求真务实的能力水平。

把牢动力源泉。在继承中发展、在发展中创新，这是人民政协事业发展的不竭动力。要开展庆祝人民政协成立 70 周年系列活动，回顾人民政协与新中国一同走过 70 周年的光辉历程，进一步增强政协组织和广大委员的大局意识、责任意识、奉献意识。在新的一年，我们要在增进共识上多思考、在提升实效上下功夫，在服务发展上显作为，不断增强政协事业生机活力。

（二）坚持围绕中心，在服务大局上显担当

只有在大局下思考、在大局下行动，才能明确主攻方向、把握着力重点、彰显意义价值。要全面深入贯彻落实市委十二届六次全会精神，自觉主动把政协工作放到全市大局中去谋划和推进。

突出助力产业兴旺。产业是基础，要找准工作切入点，助推产业升级。紧扣“产业项目建设年”活动，就陶瓷生产机械化自动化智能化、产业发展公共平台建设、人才培养和引进的服务支撑等协商建言。围绕“最多跑一次”等事关营商环境的事项开展视察和监督活动，促进行政效能提升。推动建立民营企业发展专题论坛，开展省、市、县三级政协委员联动调研，总结我市民营经济发展经验，促进和唱响醴陵民营经济的高质量发展。支持陶瓷、花炮等产业的展示活动和名企名人宣传，大力推介醴陵的产业品牌和城市品牌。

突出服务文化繁荣。文化是灵魂，要大力挖掘文化资源，发展文化事业，提升文化软实力。倡导和推动全市人民学习了解醴陵历史文化、产业文化和改革开放成就。编辑文史资料，开展多方式多层面的文化宣传。讲好醴陵故事，加深市民对醴陵的认知和认同，增强文化自信与自觉。着眼更好满足人民群众文化生活需求，围绕公共文化服务标准化均等化、群众文化活动中心建设等资政建言，助力打造“书香醴陵”。

突出维护环境优美。生态是底线，践行“绿水青山就是金山银山”的理念，抓住关键领域和突出环境问题。围绕“五江十四水”保护和治理的巩固提升、城区居民饮用水质保障及第二水厂建设、废旧矿山和退出花炮工区复绿等调研献策、监督推进。适时分析资源环境态势，助力建设“山青水秀、地绿天蓝”的生态环境。

（三）坚持履职为民，在改善民生上多作为

坚持人民政协为人民，把更好满足人民日益增长的美好生活需要作为政协全部工作的出发点和落脚点，更加深入更为经常地关注民计民生，努力让人民群众感到政协离自己很近、政协委员就在身边。

着力深入群众知民情。充分发挥“两代表一委员”（中共党代表、人大代表、政协委员）工作室作用，为委员收集民意、服务群众提供平台。下移工作重心，组织广大委员进社区、入农户，与群众“零距离”接触，全面真实地了解、反映社情民意。

着力脱贫攻坚解民忧。紧扣精准扶贫，围绕民生政策落实、脱贫项目实施、村级集体经济壮大等开展调研视察，助推脱贫攻坚成效。深入开展“三进三助”（湖南省政协打造“务实”政协的一项品牌活动，实施五年的帮扶计划，主要内容是组织政协委员进企业、进园区、进乡村，助推企业发展、园区升级、乡村振兴）聚力行动。构建主席示范引领、委员躬身推进、界别力量释放的工作格局。

着力心系群众惠民生。把民生热点作为履职重点，围绕城区学位扩容、居民小区管理、社区养老服务等问题开展视察建言。努力助推社会公益慈善，真诚为群众做一些看得见、摸得着的实事、好事。用拳拳真情和切实行动，不断增强人民群众的获得感、安全感和幸福感。

（四）坚持团结联谊，在凝心聚力上下功夫

海纳百川，故成其大。进一步加强同各方面人士的联系与团结，调动一切积极因素，为醴陵发展汇聚智慧和力量。

发挥统一战线功能。完善与各民主党派、工商联、无党派人士经常性联系制度，开展定期交流，促进合作共事。通过联合开展调研、组织专题议政、重点办理党派集体提案等方式，鼓励支持参政议政。搭建交流平台，不断加强同各阶层、各领域、各方面代表人士的沟通联系，做好新社会阶层代表、民族宗教界人士的联谊工作。做好有特色的政协文史工作，以深厚的文化情感凝聚人，以共同的历史记忆团结人。

发挥联络联谊功能。充分发挥政协联系面广、包容性强的优势，加强与在外醴籍人士交往交流，加强与外来创业者联络联系，助力“迎老乡回故乡建家乡”活动，为兴醴富醴汇集更多同行者、同力者。围绕市委、市政府深化改革开放的整体安排，通过政协平台积极对接长三角、珠三角等地区，加强产业和文化的交流工作，助力扩大醴陵对外开放度。探索和上级政协联动的方式方法，注重与各地政协之间的联谊合作。不忘老朋友，结交新朋友，扩大醴陵“朋友圈”。

发挥增进和谐功能。主动加强与社会各界的联系，熟知市情，了解民情，重视社情，把握舆情。积极正面宣传，加强与上级媒体的联系对接，用好用活政协云，发出醴陵最美声音，提升醴陵影响力。正确把握舆论导向，协助做好化解矛盾、增进共识、促进团结的工作。讲好醴陵精彩故事，维护醴陵大美形象。

（五）坚持严实标准，在能力素质上抓提升

深刻领会、准确把握人民政协工作的时代特征，以新理念新方法新举措，忠诚履职、与时俱进，致力建设“责任政协、务实政协、活力政协”。

增强履职责任。不断加强常委会的思想建设、组织建设、作风建设，努力建成团结民主、奋发作为、求真务实的领导集体。结合专委会机构改革契机，加强专委会队伍建设；健全专委会调研视察、督办提案、联系委员等制度，增强专委会组织各界别委员开展履职活动的责任和能力。加强学习培训，搭建知情明政平台。完善和落实委员履职考核办法，探索实行履职述职、履职情况反馈公示、约谈劝退等举措。强化委员履职责任，提高政治把握、调查研究、联系群众、合作共事的能力。

增强工作活力。以创新激发活力，推广使用株洲地区政协委员履职平台，促进与政协云深度对接融合，努力实现委员便捷、高效履职。促进三级政协联动、多界别联动，借助各级资源优势。以活动激发活力，组织形式多样的界别活动和委员活动，扩大影响，活跃履职。以履职成果激发活力，加大提案督办、“微建议微监督”、民主评议等工作力度，推动履职成果转化，使委员建议提得上、落得地。

增强机关效能。切实加强党的建设，充分发挥政协党组领导作用。深入推进党风廉政建设，严格执行中央和各级党委相关规定，坚决整治“四风”不放松，保持政协机关风清气正、团结干事的良好氛围。认真落实机关综合协调、信息沟通、绩效评估、督查督办等工作机制，切实提升机关服务效能。2019年市政协的各层级管理考核要在坚持定性和定量相结合的基础上，加强量化比重。要注重提高履职激情和质量，努力使政协工作充满生机活力，成就满满正能量和沉甸甸实绩。

各位委员，初心如磐，使命在肩。站在新时代发展的新起点上，根植于协商民主的制度安排，凝聚起社会各界的智慧力量，我们的履职具有无比广阔的时代舞台，政协事业必将不断向前发展。让我们紧密团结在以习近平同志为核心的党中央周围，高举习近平新时代中国特色社会主义思想伟大旗帜，在中共醴陵市委的坚强领导下，鼓足干劲、奋发向上，为加快建成富强美丽幸福文明新醴陵努力奋斗！

醴陵概览

人口·区划

【概况】2018年年末，全市户籍人口为1053080人，其中农业人口634752人，非农业人口418328人。总人口中，男性539169人、女性513911人，男女性别比为1.0377∶1。年末常住人口为96.79万人，其中城镇人口61.53万人，按常住人口比例计算，城镇化率为63.57%。

2018年街道、乡镇、村（居）委会人口区划一览表

表1

街道、乡镇	总面积（平方千米）	户籍人口（人）	政府驻地	所辖建制村、居委会、社区
来龙门街道（7个村、8个社区）	40.8	76946	四塘社区	珊田、东岸、马脑、清潭、长庆寺、黄沙、双江、文庙、北门、胜利、四塘、马放塘、狮子坡、丁家坊、上洲
国瓷街道（7个村、5个社区）	48.5	57050	国光社区	玉瓷、姜东、华塘、石塅、横店、土株岭、古城、八里庵、姜湾、国光、车顿桥、五里牌
仙岳山街道（6个村、4个社区）	36.5	41435	碧山村	碧山、河西、江源、五里墩、万宜、金石、南门、碧山、书院、财源塔
阳三石街道（8个村、3个社区）	33.3	51871	泉湖村	泉湖、立三、企石、玉屏山、荆潭湾、石里浦、伏龙、立新、阳三石、阳东、渌江
李畋镇（14个村、2个居委会）	122	68317	南桥居委会	车上、塘坊、麻石、华埠、利群、花麦、洪源、石溪、裕民、凤形、潼塘、新树、清水、大草坪、富里、南桥
白兔潭镇（10个村、2个居委会）	71.3	51805	白市居委会	田心、佘溪、黄甲、洙塘、峤岭、山水、泉沅、长庆、柏大、荷田、白市、金牛
浦口镇（12个村、4个居委会）	78.5	58473	天符村	保丰、三铺、李洲、荣坪、河泉、花椒、浦口、茅坪、仙石、合水、荷花、泮川、天符、贯古、联盟、王坊

续表 1

王仙镇 （10个村、2个居委会）	85.9	47841	王仙村	李　山、观　口、书　堂、司　徒、香　水、三　狮、申　熙、灌　冲、温　泉、大屏山、王　仙、仙　瓷
沩山镇 （7个村）	86	20457	新东堡村	新东堡、青　泉、大　林、沩　山、老鸦山、泉　水、漏水坪
东富镇 （10个村、1个居委会）	80.4	39727	东兴居委会	东　富、西　林、莲　旗、楚同桥、龙　源、枧头洲、森　冲、横　新、芷　泉、莲　石、东　兴
孙家湾镇 （6个村）	52.8	22704	龙虎湾村	观　前、李家山、孙家湾、西　岸、龙虎湾、文家湾
泗汾镇 （7个村、4个居委会）	70.6	40094	陈家垅村	符　田、石　虎、石　湾、泗　汾、陈家垅、花　茂、茶　田、何　田、枧　上、双　塘、农　场
船湾镇 （10个村、2个居委会）	120.6	52471	乐家居委会	台　前、船　湾、玉　堂、星　桥、狮　力、清水江、杨木档、荆　村、东　山、增加滩、乐　家、四　方
沈潭镇 （7个村、2个居委会）	53.5	29023	夏星居委会	江　田、柞　市、美田桥、庞　龙、三星里、双　垅、鳌　仙、沈　潭、夏　星
嘉树镇 （7个村）	63.1	24794	嘉树村	杉　仙、嘉　树、豆　田、玉　茶、新　井、罗　儒、渗　泉
明月镇 （15个村、5个居委会）	169.1	75365	大障居委会	东　江、罗夹口、江边铺、新　联、盐　山、湾　富、申　明、汪家垅、天　华、汪家桥、陶家垅、水口山、七　星、新　台、档梓山、白　果、马　恋、大　障、贺家桥、云　岩
茶山镇 （13个村、5个居委会）	166.8	66146	茶山居委会	铁河口、汤家坪、西塘坪、大西垅、筱　溪、转步口、冷　水、长　马、梅　霞、东　岗、上　湖、茶　溪、石均塘、长沙岭、神福港、龙　井、栗山坝、茶　山
均楚镇 （11个村、2个居委会）	172.4	41846	金山居委会	樟　桥、青　山、周　坊、老　湾、殷家冲、军　山、大垅洲、长午新、马家垅、黄　田、黄　谷、金　山、均楚桥
石亭镇 （9个村、1个居委会）	106.2	39220	石亭居委会	永　红、石塘岭、苏家垅、长　塘、樟　树、上　保、长　岭、姑　仙、花　溪、石　亭
板杉镇 （10个村）	89.9	40261	长坡口村	板　杉、夏坪桥、竹花山、七里山、流碧桥、八步桥、寨　下、擂鼓桥、东冲铺、长坡口
左权镇 （11个村、1个居委会）	123	46972	篾织街 居委会	仙　霞、清安铺、油　田、玉皇阁、陈　东、青　泥、将　军、石　羊、永　兴、花　桥、新　阳、篾织街
枫林镇 （11个村、2个居委会）	100.5	42033	黄獭嘴 居委会	大　湾、双　井、蕉　源、金　狮、彰　仙、隆兴坳、蒋家桥、金　阳、时　轮、五　石、枫林市、金　桥、黄獭嘴
官庄镇 （7个村）	184.9	18229	大坝村	官　庄、大　坝、横　江、潭　塘、瓦子坪、桃　花、阳　坑

（周慧敏）

气候特征与气象灾害

【气候特征】2018年，全市平均气温、最低气温、最高气温均偏高，整体降水量偏少，降水时空分布明显不均匀，光照正常略偏多。由于气温偏高，降水偏少是全市全年气候的主基调，导致冬、春、夏各季均有旱，气候为偏差年景。

气温　全年平均气温18.9℃，较常年偏高1.1℃，较上年偏高0.2℃，属偏高年份；年平均最高温度23.9℃，较常年偏高1.4℃，较上年偏高0.4℃，年平均最低温度15.6℃，较常年偏高1.0℃，较上年持平；3－9月的平均气温偏高，其中3月、4月、9月属显著偏高月份，5月距平达3.1℃，属于异常偏高月份；冬季平均气温7.6℃，较常年偏高0.6℃，较上年偏低1.8℃，为正常偏高年份；春季平均气温20.0℃，较常年偏高2.8℃，较上年偏高2.0℃，为偏高年份；夏季平均气温28.9℃，较常年偏高1.0℃，较上年偏高0.9℃，为偏高年份；秋季平均气温19.6℃，较常年偏高0.7℃，较上年偏低0.2℃，为正常年份。全年的极端最高气温为38.6℃（7月21日），极端最低气温为零下2.5℃（2月6日）。

降雨　2018年，全市年降水量为1096毫米，较常年平均值1525.5毫米减少28.2%，为偏少年份，较上年偏少509.5毫米；为历史第二少值。其中1月、4月偏少，2月、5－6月、8－9月显著偏少；7月偏多，11月显著偏多，12月异常偏多。冬、春、夏降水偏少带来长时间的干旱天气，而年末长时间的连续阴雨带来异常多的降水。冬季平均降水量为119.8毫米，较常年偏少117.5毫米，为偏少年份；春季平均降水量为325.8毫米，较常年偏少238.9毫米，为偏少年份；夏季平均降水量为323.7毫米，较常年偏少162.7毫米，为偏少年份；秋季平均降水量为240.1毫米，较常年偏多8.6毫米，为正常年份。

日照　2018年，全市年日照时数为1658.6小时，较常年偏多122小时，较上年偏多322.7小时，属正常年份。12月日照时数仅26.7小时，较气候平均值偏少82.7%，属于异常偏少；2－7月，连续6个月日照时数偏多，剩余月份为正常。冬季日照时数253.4小时，较常年偏多27.1小时；春季日照时数438.7小时，较常年偏多134.6小时；夏季日照时数649小时，较常年偏多58.5小时；秋季日照时数415.7小时，较常年偏少0.5小时。

【主要气候事件及影响】低温雨雪冰冻　2018年1月25－29日，醴陵市出现一次低温雨雪冰冻天气过程。1月25日日最大降水量达9.6毫米，48小时降温幅度均为8.0℃，最低温度达零下1.8℃，且连续4天出现雨凇，达中等冰冻标准。此次过程造成电力损失金额250万元，受灾最严重时影响居民用电5.6万户，另造成农业损失320万元。

暴雨洪涝　2018年，全市共出现2次暴雨过程。4月22－24日出现的暴雨天气过程，4月23日24小时降水量达53.1毫米，48小时降温幅度7.4℃，未出现明显灾情。7月11－12日出现的暴雨天气过程，受台风“玛莉亚”影响，全市普降暴雨，南部区域达到大暴雨，降雨时间集中且时间较长，超过100毫米的站点达6个，最大降水量出现在泗汾镇计179.0毫米。311.73公顷农作物和部分乡镇的村民土坯房受损。

高温热害　全市日最高温度大于或等于35℃的高温日数为75天，较常年偏多38.9天，属异常偏多年份；年最高气温极值38.6℃，较上年偏低1.1℃，高温日数呈上升趋势。全年共出现6段高温期，其中有5次轻度高温热害，1次重度高温热害；7月13日至8月5日持续24天的高温天气给工农业和人民生产生活等带来较大不利影响。

干旱　6月20日至9月27日全市平均降水量为620.9毫米，为1956年有气象记录以来同期降水量最低值。此次长达4个月的高温干旱天气令旱情迅速发展，全市农作物受灾面积共计12.33千公顷，成灾面积6.47千公顷，绝收面积1.53千公顷，产量损失3.8万吨，直接经济损失9836万元，其中粮食受灾面积9.67千公顷，成灾面积5.13千公顷，绝收面积8.67千公顷，产量损失2.4万吨，直接经济损失5732.3万元；畜牧水产方面受灾情况为死鱼446.5吨，直接经济损失685.5万元，死亡生猪1699头，直接经济损失160.3万元；全市经济损失合计1.07亿元，受灾人口达4.8万人。（陈刘庆）

国民经济和社会发展

【概况】2018年，醴陵市坚持“稳中求进、进中求快、快中求优”的总基调，以产业项目建设年为抓手，深入推进产业突围、城镇提质、项目攻坚、安全保卫“四大战役”，统筹做好稳增长、促改革、调结构、惠民生、防风险各项工作，加快建设“富强、美丽、幸福、文明”新醴陵。全市经济保持平稳健康发展，各项社会事业取得新进步，经济综合发展和基本竞争力实现“双进位”，分别名列全国百强县（市）第55位和第73位。初步

2018年醴陵市国民经济整体情况一览表

表2

指标名称	增长（%）
地区生产总值	7.4
第一产业	3.5
第二产业	7.5
工业	7.7
建筑业	5.2
第三产业	8.3
交通运输、仓储和邮政业	1.8
批发和零售业	2.8
住宿和餐饮业	6.4
金融业	6.4
房地产业	6.2
营利性服务业	25.2
非营利性服务业	–0.5

核算，2018年地区生产总值按可比价计算，增长7.4%。分产业看：第一产业增长3.5%；第二产业增长7.5%，其中工业增加值增长7.7%；第三产业增长8.3%。三次产业结构由上年的9.2∶58.1∶32.7调整为8.3∶54.8∶36.9。三次产业对经济增长的贡献率依次为4%、63.6%和32.3%，分别拉动经济增长0.3个、4.7个和2.4个百分点。

【农业】2018年，农林牧渔业总产值增长3.6%。农林牧渔业增加值增长3.7%，其中种植业增加值增长3.3%；林业增加值增长3.7%；畜牧业增加值增长4.1%；渔业增加值增长3.6%；农林牧渔服务业增加值增长9.3%。2018年，全市农作物播种面积为107.9千公顷，增长1.8%，其中粮食作物种植71千公顷，增长0.7%。粮食总产量达50.2万吨，其中稻谷45.7万吨。蔬菜产量74.2万吨，下降1.2%，水果产量10.1万吨，增长2.7%。全市种粮大户（2公顷以上）、家庭农场、农民种植专业合作组织等规模经营主体共发展到7954户（个），流转耕地23.26千公顷。2018年，全市肉类总产量9.7万吨，增长3.9%；水产品产量2.6万吨，增长2.5%。出栏肉猪103.6万头，下降1.6%；出栏羊43.5万只，增长4.1%；出笼家禽578.5万羽，下降0.2%。2018年，全市农机总数量达到17.58万台（套）、总动力118.4万千瓦，比上年增加20.45万千瓦，农机综合作业水平达到83.04%。机耕、机收基本实现全覆盖。全市农村饮水安全工程共有建设项目18处，解决9.97万农村人口饮水不安全问题。

【工业】2018年，全市工业总产值增长12.2%，工业增加值增长7.7%；其中规模以上工业企业619家，实现产值增长13%。按可比价计算，工业经济拉动地区生产总值增长4.5个百分点，对经济增长贡献率达60.9%。工业增加值占地区生产总值比重为49.9%，下降3.7个百分点；园区规模工业增加值占全部规模工业增加值比重为62.7%；万元规模工业增加值能耗降低7.3%；高新技术产品增加值占工业增加值比重为33.8%；工业固定资产投资增长41.6%。2018年，陶瓷、花炮两大传统支柱产业产值分别增长12.5%和7.1%，日用陶瓷产量增长11.2%，工业陶瓷产量增长10.4%，花炮产量增长6.8%。服装行业产值增长13.6%，玻璃行业产量下降4%，汽配行业产量增长14.8%。

【建筑业、房地产业和固定资产投资】2018年，全市建筑业实现增加值30.2亿元，增长5.2%。具有资质等级的总承包和专业承包建筑企业26家，完成产值81.4亿元，增长11.9%；建筑房屋施工面积333.9万平方米，增长4.6%，房屋竣工面积246.9万平方米，增长5.5%。2018年年末全市拥有房地产开发企业46家，商品房施工面积287.9万平方米，增长26.7%；竣工面积13.6万平方米，下降7.9%；销售面积85.6万平方米，增长16%；实现销售额47.9亿元，增长30.2%，其中住宅销售额38.3亿元，增长25.9%。2018年，全市固定资产投资增长7.8%。分产业来看，第一、二产业分别增长54.5%、26.5%，第三产业下降2.5%。从投资方向来看，工业投资增长41.6%，其中技术改造投资增长1.9%；高新技术产业投资增长131.8%，基础设施投资下降19.7%，民生投资增长57.2%，房地产开发投资增长21%。

【交通运输、邮电通信业】2018年，交通运输、仓储和邮政业增加值增长1.8%。全年完成自然村通水泥（沥青）路建设112千米、窄路加宽27千米、村组联通公路建设320千米、安保工程建设194千米、危桥改造10座、渡口改造3处、农村招呼站建设10个，行政村通客班车率达到100%，成功创建湖南省“四好农村路”示范县。完成邮电业务总量6.18亿元。截至年末，全市有移动电话用户75.05万户，互联网用户23.78万户。

【内外贸易、旅游和招商引资】2018年，完成社会消费品零售总额224.8亿元，增长9.9%。分地域看，城镇实现消费品零售额199.1亿元，增长9.7%；农村实现消费品零售额25.7亿元，增长11.4%。分行业看，批发和零售业实现零售额197亿元，增长7.7%；住宿和餐饮业实现零售额27.8亿元，增长28.6%。2018年，新批进出口企业39家，年末拥有自营进出口权的企业336家。全市实现进出口业绩“破零”企业26家，“倍增”企业26家。全市完成外贸进出口总额4.8亿美元，增长31.8%。春秋两届广交会，实现订单、市场双丰收，订单成交1.66亿美元，增长20%。2018年，全市接待国内外游客627.33万人次，增长13.05%；实现旅游综合收入67.16亿元，增长14.86%。2018年，实际利用外资2.4亿美元，增长16.4%；内联引资58.3亿元，增长18.2%。

【财政、金融】2018年，全市完成财政总收入60.2亿元，其中一般公共预算收入41.8亿元；完成税收收入31亿元，占一般公共预算收入比重为74.2%。公共财政预算支出68亿元，下降9.7%，其中教育、社会保障和就业、医疗卫生、农林水事务、住房保障等事务、文化体育与传媒支出为9.5亿元、10.1亿元、6.9亿元、8.1亿元、2亿元、0.7亿元，分别增长2.4%、9.6%、2.9%、4.8%、31.7%和下降73.3%。2018年年末，全市金融机构各项存款余额363.7亿元，比年初增加20.4亿元，增长5.9%，其中住户存款余额265.5亿元，比年初增加20.2亿元，增长8.2%；各项贷款余额224.3亿元，比年初增加47.1亿元，增长26.6%。

【节能降耗、环境保护和安全生产】2018年，万元规模工业增加值能耗下降7.3%。工业“三废”（工业生产过程中排出的废水、废气、废渣）处理率100%；全年空气质量优良天数331天，优良率达90.7%。2018年，共发生各类生产安全事故4起，死亡1人，受伤4人，事故起数、死亡人数、受伤人数分别同比下降54.5%、80%、76.2%；其中道路交通事故4起，死亡1人，受伤4人；烟花爆竹企业未发生伤亡事故。

【教育、科学技术】2018年，全市有各级各类基础教育学校491所（不含69个教学点）。其中有十二年一贯制学校1所（第八中学），完全高中1所（第七中学），高级中学5所，初级中学30所，九年一贯制学校12所，小学144所，幼儿园297所，特殊教育学校1所。有在校学生、在园幼儿154028人，其中中学生（含中职学生）46503人、小学生67759人、在园幼儿39595人、特殊教育学校学生171人；学校、幼儿园有教职工10958人。2018年高考，全市报名参考人数为3537人，实际参考人数为3517人（其中普高2999人，职高518人）；上线人数为3506人，上线率为99.71%，其中本科上线人数2070人；上线人数及上线率再创历史新高。全市一本上线人数达900人，比上年净增273人，一本上线率达30.1%；二本以上（含二本）上线人数为1913人（不含职高对口升学162人），比上年净增90人，二本以上（含二本）上线率为63.9%；二本以上（含二本）上线人数及上线率均为历史最高且连续五年蝉联株洲地区首位。2018年，全市小学入学率为100%，辍学率为零，升学率为100%，初中辍学率为0.08%、升学率为98%，幼儿学前三年入园率为95.45%，学前一年入园率为100%。2018年，全市共申请专利1137件，其中发明专利申请313件，专利申请数量居株洲地区县(市)前列。专利授权648件，其中发明专利授权30件。组织申报株洲市级以上科技计划项目48项，其中立项32项，获得上级科技项目资金700余万元。另有18家企业获得省级研发奖补资金，共计543.6万元。醴陵市级科学技术经费支出2.07亿元，同比增长43.3%。全市新增31家高新技术企业，年末拥有高新技术企业83家，实现高新技术产业增加值103亿元，增长19.8%，高新技术产业增加值占GDP比重为16.9%。

【文化、体育和卫生】2018年年末，全市电视用户总数11.76万户，全市广播综合覆盖率为100%，电视综合覆盖率为100%。2018年，市广播电视台《醴陵新闻》推出项目攻坚、产业突围、脱贫攻坚、“三创四化”等20余个专栏，“庆祝改革开放四十周年”等系列报道60余组，全年播发稿件2000余篇；民生栏目《瓷城零距离》播出节目200余期，稿件648篇；《生活1+1》《特别关注》两档专题栏目共推出节目88期；《今日醴陵》报全年刊出90余期，稿件3000余条，其中深度报道和专版68个，专版数是上年的2倍；新媒体全年推出稿件4000余条，系列报道23组，完成直播22场,粉丝增长1万余人。拍摄制作《此湘有醴 点亮星空》《2018醴陵答卷》等宣传片、专题片21个，策划摄制“三创四化”、禁毒、食品安全等各类公益广告18个。举办大型文化体育活动62场次,送戏下乡129场，送电影下乡4092场；市文化馆、图书馆、纪念馆和乡镇综合文化站全部实现免费开放。2018年年末，全市拥有各级各类医疗卫生机构686个，其中驻醴医疗卫生单位2个、市直医疗卫生单位3个、民营医疗卫生机构7个、乡镇卫生院19个、卫生院分院14个、街道社区卫生服务中心5个、村卫生室518个、诊所118个（含医务室5个）。有执业（助理）医师1972人，执业护士2491人，每千人口拥有医生1.87人、护士2.37人；有全科医生82人，村卫生室人员508人；有床位5705张，每千人口拥有5.44张。有基层公卫专（兼）职专干287人，其中妇幼专干56人、防疫专干36人。城乡居民医疗保险参保人数达82.18万人，参保率为97%，累计补助27.24万人次，补助金额4.24亿元，统筹地区政策范围内补偿率为59.63%。

【人民生活和社会保障】2018年，全市城乡居民人均可支配收入为33424元，其中城镇居民人均可支配收入39413元，同比增加2855元，增长7.8%；农民居民人均可支配收入26364元，同比增加2029元，增长8.3%。2018年，民生领域支出541390万元，占公共财政支出的79.6%。全市新增城镇就业8946人，新增农村劳动力转移就业4655人，城镇人口登记失业率为2.06%。养老保险、医疗保险、生育保险、失业保险、工伤保险等9项社会保险参保总人数达88.74万人，社保基金总收入23.68亿元（其中征缴基金13.14亿元、各级财政补贴8.66亿元、上级补助1.7亿元、利息等其他收入0.18亿元）。支付各类待遇20.05亿元，社保卡持卡人数达75万人，社保基金规范运作率和安全完整率均达100%。新改扩建农村敬老院3所，农村五保分散供养标准达4368元/年，农村五保集中供养标准达5760元/年。完成农村危房改造598户，发放住房困难租赁补贴921户。实施精准扶贫，对贫困户实现结对帮扶全覆盖，通过建档立卡贫困户动态信息调整后，截至年末，全市共有贫困户11292户，贫困人口37754人，共派出183个工作队到17个贫困村和166个贫困人口在100人以上的面上村开展驻村帮扶工作。全年实现3165户10953人“摘帽脱贫”，贫困发生率降至0.45%。

说明：

1. 人口·区划、国民经济和社会发展分目中部分数据为初步统计数，正式统计数据以《醴陵市统计年鉴（2019）》为准；

2. 地区生产总值（GDP）、各产业增加值绝对数按现价计算，增长速度按可比价计算；

3. 增长均为同比增长数；

4. 部分数据因四舍五入的原因，存在着与分项合计不等的情况。（周慧敏）

大事记

2018 年

1 月

4 日　醴陵市排舞团队参加在美国旧金山举行的 2018 年 UCWDC 排舞世界锦标赛，表演曲目《五彩情韵》《美丽的神话》分获团体第一。

10—11 日　政协醴陵市第十四届委员会第三次会议在中国陶瓷谷国际会展中心召开。

11—12 日　醴陵市第十六届人民代表大会第三次会议在中国陶瓷谷国际会展中心召开。

12 日　株洲市委副书记、市长阳卫国到醴陵督查安全生产工作情况。

13 日　醴陵市监察委员会正式挂牌成立。市委书记胡湘之、市人大常委会主任贺小玲揭牌。

16 日　湖南工业大学校长谭益民等一行到醴陵市，督导醴陵陶瓷学院建设，调研醴陵教育教学情况。

17—18 日　由国家安全生产监督管理总局监管三司副司长张兴林带队，国务院安全生产委员会办公室督导组到醴陵市，督导全市烟花爆竹安全生产工作。湖南省安全生产监督管理局副巡视员龚伟兵、烟花处处长李金明，醴陵市委常委、常务副市长曾毅鹏等陪同。

29 日　在湖南省第十三届人民代表大会一次会议第四次全体会议上，醴陵市黄小玲当选为第十三届全国人大代表。

2 月

1 日　醴陵市举行 2018 年重大招商引资项目签约仪式，现场签约中南大学轨道交通醴陵研究院等 25 个项目，签约资金达 86.12 亿元。

4 日　由新湖南、凤凰湖南、红网、株洲发布等 20 余家网络媒体组成的报道团走进醴陵市沩山镇和官庄镇，实地采访报道醴陵市脱贫攻坚工作的成效和经验。

6 日　醴陵市召开 2017 年老干部政情通报会。市委书记胡湘之，市委副书记、市长康月林，市人大常委会主任贺小玲，市政协主席江曙明与 26 名离退休老干部代表共话醴陵新成就，共谋醴陵新发展。

8 日　醴陵市人民武装部举行宣布政委任职命令大会。株洲市委常委、军分区政委胡鹏飞，醴陵市委书记、人民武装部党委第一书记胡湘之出席会议。会上，胡鹏飞宣读中央军委国防动员部命令和株洲军分区党委通知，孙福涛任醴陵市人民武装部政委。

12 日　中国共产党醴陵市第十二届纪律检查委员会第三次全体（扩大）会议召开。

是日　2018 年醴陵收藏名瓷春节展在中国陶瓷谷美术馆开幕，展期 2 个月，展出了清末民初釉下五彩瓷精品 20 余件、20 世纪中后期“红官窑”精品瓷器 40 余件、醴陵籍中国陶瓷艺术大师作品 40 余件。

是日　中国陶瓷谷国际会展中心“醴陵陶瓷馆”开馆，馆内设有陶瓷产品展示区、大师作品展示区、陶瓷工序体验区、多媒体体验区和休闲交流区，展品涵盖了釉下五彩艺术瓷、日用瓷。

13 日　醴陵市委常委班子召开 2017 年度民主生活会，株洲市委副书记、市长阳卫国到会指导。

18 日　2018 年深圳市醴陵商会新春招商引资座谈会在深圳市举行，醴陵市委书记胡湘之、市人大常委会主任贺小玲、市政协主席江曙明等出席并推介醴陵。

27 日　醴陵市灵感文化艺术学校受邀到北京参加“2018 全国青少年春节联欢晚会”，演出节目

《瓷·趣》获舞蹈组金奖。

28日　醴陵市社会各界代表齐聚李畋殿殿前广场，祭奠爆竹祖师李畋。

3月

9日　湖南省人民政府副省长吴桂英到醴陵陶瓷博物馆调研陶瓷工业文化工作。

13日　湖南省人民政府副省长隋忠诚到醴陵市茶山镇东岗村瓜蒌种植基地调研种植结构调整及休耕治理工作。

14日　湖南省交通运输厅党组书记、厅长周海兵，株洲市委书记、市人大常委会主任毛腾飞等一行，到醴陵市调研“四好农村路”建设工作情况。

19日　2018年全省妇幼健康工作会议在醴陵市召开，会议为期2天，会上有来自全省14个市州的200余名卫生计生工作者开展现场交流和业务培训，湖南省卫生和计划生育委员会副主任易露茜出席会议。

22日　醴陵市被商务部认定为国家级外贸转型升级基地（陶瓷）。

28日　醴陵市第十六届人民代表大会常务委员会第十一次会议上，全国人大代表黄小玲出席并传达第十三届全国人大一次会议精神。

是日　全国人大代表、中国陶瓷艺术大师黄小玲及其团队创作的超大超薄瓷板画《金玉满堂》《竹林雅集》《青山绿水是我家》在醴陵市烧制成功，每幅高1.5米、宽3米、厚8毫米，重约150千克。

是日　国家森林公安局副局长、森林防火预警监测信息中心主任张萍一行，到醴陵市督查森林防火工作。

29日　2018年中国陶瓷工业智能化与装备技术研讨会在醴陵市举行。中国工程院、中国硅酸盐学会的专家教授桂卫华、王益民、谭抚、马明亮出席会议。

4月

12—13日　国家应急管理部监管三司副司长张兴林率督查组到醴陵市，督导烟花爆竹安全生产和机械化工作。

13日　株洲旗滨集团股份有限公司与醴陵市人民政府签约，旗滨高性能电子玻璃生产线项目落户湖南醴陵经济开发区东富工业园。

16日　株洲市政协主席蔡溪等一行，到醴陵市均楚镇大垅洲村开展“深入贫困地区解决群众问题”专题调研，指导精准扶贫工作。

是日　湖南省人民检察院党组书记、检察长游劝荣等一行，到醴陵市人民检察院与基层干警一起学习全国“两会”精神，并就“两法”（行政执法与刑事司法）衔接工作和法律监督工作案件化问题开展调研。

18日　拟建东富新能源产业园项目座谈会在湖南醴陵经济开发区召开，会议就加快落实建设东富新能源产业园项目进行交流座谈。

25日　醴陵市委副书记、市长康月林带领市人民政府办公室、市商务旅游和粮食局、市经济科技信息化局、株洲海关驻醴陵办事处等单位负责人，到广州市调研第123届中国进出口商品交易会（广交会）上醴陵籍企业的参展情况，看望参展企业代表，市政协主席江曙明参加调研。

是日　醴陵市召开纪念中共中央发布“五一口号”70周年座谈会，传承和弘扬多党合作的优良传统，引导和号召各民主党派、无党派人士继续凝心聚力，深化政治共识，助力“四个醴陵”建设。醴陵市委书记胡湘之，市委副书记邹志超参加。

27日　第三届中国烟花爆竹博览会暨2018醴陵烟花爆竹交易会在中国陶瓷谷国际会展中心开幕，来自全国花炮主产区的310家花炮企业及国内外2000余名嘉宾齐聚醴陵。

是日　由全国烟花爆竹标准化技术委员会主办，醴陵市烟花鞭炮总商会承办的全国烟花爆竹标准化技术委员会GB10631标准修订研讨会在醴陵市召开，有全国烟花爆竹标准化技术委员会委员、秘书处工作人员和行业专家共计70余人参加。

28日　醴陵市举办纪念中共中央发布“五一口号”70周年专题讲座。湖南省政协经济科技委员会主任、九三学社湖南省委员会副主任委员吴金明受邀担任主讲嘉宾。醴陵市委统战部负责人和各民主党派代表、非公企业代表、各镇（街道、长庆示范区）统战委员参加讲座。

5月

1日　新版湖南旅游宣传片自5月1日起，每天约7点15分和8点10分在中央电视台综合频道、新闻频道《朝闻天下》并机直播，5月7日起，以中央电视台新闻频道《新闻30分》后分阶段播出。醴陵瓷谷亮相宣传片。

8日　株洲市委副书记、市长阳卫国到醴陵市调研种植结构调整示范片建设情况。

是日　湖南省农业技术推广总站站长邓辉平等一行，到醴陵市指导农业新技术推广工作和基层农技推广体系建设工作。

10—11日　国家林业和草原局森防总站站长宋玉双等一行，到醴陵市核查松材线虫病防治工作。

13日　由中国陶瓷工业协会、中国陶瓷工业协会女陶艺家分会主办，湖南省女陶艺家协会、金东集团醴陵瓷谷、醴陵市醴泉窑艺陶瓷有限公司、中国陶瓷艺术设计中心承办的第二届全国女陶艺家作品双年展在醴陵市开幕。中国轻工业联合会会长张崇和，中国轻工业联合会秘书长、中国陶瓷工业协会理事长杜同和，中国陶瓷工业协会女陶艺家分会会长傅维杰等出席开幕式。展会于5月20日结束。

15日　湖南省委常委、省委政法委书记黄关春，湖南省政法委副书记杨光荣等一行，到醴陵市调研指导政法综治工作和检查督导防汛工作。

19日　“薄施淡染”——陈扬龙醴陵釉下五彩瓷技艺传承展在北京华方艺术中心开幕，展出了中国工艺美术大师、醴陵釉下五彩瓷烧制技艺国家级代表性传承人陈扬龙及其后人的79件作品。

22日　醴陵市李畋镇现役军人林祥在新疆军区服役期间立个人一等功。株洲军分区司令员李波、醴陵市委书记胡湘之到李畋镇送喜报。

25日　由国家文化和旅游部、浙江省人民政府主办的第十届中国国际旅游商品博览会在义乌国际博览中心举行，醴陵陶瓷文创工艺产品首次亮相。

26日　湖南省民营文化产业商会在醴陵市举行感受陶瓷艺术暨湖南文化产业创新发展座谈会，就推动文化产业创新发展工作展开考察交流。湖南省民营文化产业商会会长滕召华、湖南省文化厅副巡视员王鹏、湖南省工商业联合会副巡视员甘露参加会议。

31日　国务院妇女儿童工作委员会办公室副主任张立等一行，到醴陵市调研“两癌”检查数据管理系统和社区卫生服务中心工作。

6月

1日　湖南省经济信息化委员会发布《关于公布2018年工业品牌培育试点企业名单的通知》，醴陵市醴泉窑艺陶瓷有限公司位列其中。

4日　全国城市会展办公室、《第一会展》杂志、中国会展联盟、各省市会展行业协会，联合在上海举办的“2018中国会展产业发展大会·改革开放40周年颁奖盛典”，中国陶瓷谷国际会展中心获得“改革开放40周年，40个优秀会展场馆”荣誉和中国会展产业大奖。

5日　湖南省“青少年近视防控示范基地”揭牌暨“汤飞凡生物实验室”援建签约仪式在醴陵市茶山镇汤飞凡中学举行。中国红十字基金会秘书长助理傅阳，醴陵市委副书记、市长康月林出席仪式。

8日　深圳盐田国际内陆港——醴陵港启动，标志着醴陵市至深圳市的进出口物流通道得到优化，货物实现一票大通关。湖南省商务厅党组成员、总经济师、副厅长周越等出席启动仪式。

是日　历时近2个月，2018年“中国创翼·创客醴陵”醴陵市第三届创新创业大赛闭幕。醴陵润蕾康卫生用品有限公司的纸尿裤项目获一等奖，醴陵市委书记胡湘之为获奖单位颁奖。

18日　醴陵市推出本土花鼓戏《热血》，讲述醴陵籍革命烈士陈觉与妻子赵云霄的英雄事迹。

28日　湖南省农村改厕专项调查工作会在醴陵市召开，湖南省卫生和计划生育委员会爱卫办主任倪友新及来自全省14个市州的代表参加会议。

29日　中国“关爱生命万里行”活动小组(湖南工作站醴陵处)到市石子岭小学，开展志愿关爱活动。

7月

3日　醴陵市湖南陶瓷技师学院学生施贻富，被人力资源和社会保障部办公厅评选为2018年度劳动出版“技能雏鹰”奖学金获奖者，成为株洲地区唯一获此荣誉的学生。

4日　湖南省人民政府党组成员、副省长陈飞到西气东输二线樟树—湘潭支干线醴陵压气站项目建设现场，实地调研重点项目建设情况，并主持召开专题会议协调解决有关事项。

是日　由湖南省文化厅、湖南省委网络安全和信息化委员会办公室主办的“湖南十大文化地标”推选活动，召开专家评审会，醴陵瓷谷入围当代文化类候选文化地标。

4—5日　全国烟花爆竹生产机械化工作推进现场会在醴陵市图兰朵酒店召开。国家应急管理部党组成员王浩水，湖南省人民政府副省长陈飞，湖南省安全监督管理局局长李大剑，株洲市委副书记、市长阳卫国等一行出席会议，并调研了醴陵市特色产业发展情况。

5日　湖南省农业委员会副主任邹永霞等一行，到醴陵市调研种植结构调整工作。

6—9日　由湖南省经济和信息化委员会指导、省中小企业服务中心主办的湖南领军企业家标杆企业访学活动在醴陵市举行，来自全省14个市州的120余名企业家参加活动。

7日　中央电视台中文国际频道(CCTV－4)《非常传奇》栏目第二季第五集《星子灯》播出，推介湖南省非物质遗产项目——醴陵星子灯，讲述星子灯的故事与传说。

19日　2018“香港创意营商日”活动在醴陵市举行，20余家香港公司的负责人与醴陵市的陶瓷、花炮企业代表，就品牌策略、产品包装、市场推广等内容进行洽谈。

20日　中国航天科普展在中国陶瓷谷国际会展中心开幕，中国高科技产业化研究会党委书记兼常务理事长梁小虹、耿飚同志女儿耿焱等一行出席开幕式。此次展览由中国高科技产业化研究会、醴陵市人民政府主办，醴陵市高新技术产业发展集团有限公司承办，醴陵高新会展有限公司、醴陵市教育局、醴陵市科协、醴陵市文体广新局协办，于8月20日结束。

是日　新组建的国家税务总局醴陵市税务局挂牌成立。

23日　醴陵市召开2018年产业突围"四个十条"政策上半年兑现大会，共有99家企业（单位）及4位个人获得各类奖励或补贴资金共计569万余元。

23—24日　湖南省住房和城乡建设厅考察组到醴陵市，督查指导醴陵市创建国家园林城市工作。

24日　2018年湖南—长三角经贸合作洽谈周系列活动之一——株洲·中国动力谷产业对接暨市情推介会在上海举行，醴陵市签约项目2个。

是日　圣湘HPV多中心临床验证研究项目启动仪式在醴陵市妇幼保健院举行，醴陵市妇幼保健院成为全省首家启动该项目的试点医院。

25日　醴陵市召开"河长制"工作推进会暨农村集体产权制度改革动员会。醴陵市委副书记、市长康月林，醴陵市委副书记邹志超参加会议。

26日　在2018年全国中学生田径锦标赛上，醴陵市第四中学学生王洪亮在男子400米田径赛中获银牌。

8月

1日　文化部中部地区创建专家检查组到醴陵市，就醴陵市创建国家公共文化服务体系示范区工作进行终期检查。

6日　株洲市委副书记、市长阳卫国到醴陵市，督查湖南省环保督察组交办问题整改情况。

6—7日　C20会议（二十国集团民间社会会议机制）在阿根廷首都布宜诺斯艾利斯召开，阿根廷总统毛里西奥·马克里出席会议并致辞。中国生命关怀协会、关爱生命亚洲协会6名代表及志愿者参加会议。会议期间，阿根廷总统毛里西奥·马克里接见中国生命关怀协会和关爱生命亚洲协会代表，醴陵籍人士肖敬向阿根廷总统赠送了中国红瓷钢笔。

7日　2018年中国湖南国际旅游节新闻发布会在长沙市召开，2018年中国湖南国家旅游节将于9月25日至10月2日在株洲市醴陵市举行，活动主题为"锦绣潇湘·神农福地·五彩醴陵"。

是日　湖南省气象局党组书记、局长刘家清一行，到醴陵市气象局开展基层气象工作调研。

22日　株洲市委书记、市人大常委会主任毛腾飞到醴陵市调研夏粮收购及抗旱工作。

25日　耿飚同志孙女、中国华夏文化遗产基金会理事长耿静，到醴陵市考察陶瓷产业和教育事业发展情况。

9月

1日　湖南省农业委员会副巡视员、治理办主任严德荣率调研组到醴陵市调研种植结构调整工作。

2日　湖南省旅游发展委员会副主任高扬先一行，到醴陵市督查2018年中国湖南国际旅游节暨中国（醴陵）国际陶瓷产业博览会筹备工作。

是日　"弘扬经典·铸造辉煌——2018·中国当代工艺美术双年展"在中国国家博物馆举行，醴陵籍中国工美行业艺术大师聂磊创作的釉下五彩瓷雕作品《民国风少女》《花季少女》入选并展出。

4日　湖南省人民政府网发布《关于2017年度全面建成小康社会推进工作考评情况的通报》。醴陵市在"县市区全面小康推进工作和县域经济考评结果"中，排名全面小康提升幅度一类县第二位，排名经济强县前20强第五位，并获评"全面小康推进工作先进单位"。

9日　醴陵市举行2018年欢送新兵出征仪式。

10日　中国国民党革命委员会醴陵市委员会的机关工作人员和醴陵市三胞联谊理事会会长刘结根，共同看望了回乡探亲的醴陵籍台胞、台湾作家、文史工作者陈尔靖夫妇。

11日　中央电视台军事农业频道（CCTV－7）《科技苑》栏目聚焦醴陵乡村环境治理，以《乡村治污绿智慧，农家厨余垃圾怎么办？》为题进行专题报道，节目播出时长约25分钟。

是日　醴陵市召开2018年中国湖南国际旅游节暨中国（醴陵）国际陶瓷产业博览会动员大会。

13日　醴陵市委书记胡湘之深入莲株高速公路醴陵段全线调研项目建设情况。

24日　"中国具象 & 抽象展"暨"陶艺邀请展"在"1915"醴陵国际陶瓷文化特色街区开展。会展由国际著名策展人、国家文化部中国当代美术研究院油画院副院长马一鹰策划，西安十八度灰美术馆合作主办，于10月7日结束。

25日　2018年中国湖南国际旅游节暨中国（醴陵）国际陶瓷产业博览会开幕式暨"湖南瓷旅之夜"在中国陶瓷谷国际会展中心举行。湖南省委副书记乌兰宣布活动开幕，湖南省人民政府副省长陈飞，株洲市委书记、市人大常委会主任毛腾飞致辞，英国布里斯托市旅游局局长约翰·赫斯特作为外籍嘉宾代表讲话。国家相关部委领导，境内外旅行商，国内陶瓷产区党政代表团及香港政府代表团，湖南省各个地市州、株洲友好城市党政领导，醴陵市及兄弟县市区领导，特邀嘉宾，国内外参展商、客商代表，国内陶瓷行业专家、工艺美术大师、陶瓷艺术大师，国内外主流媒体，共2000余人参加开幕式。

是日　株洲市委书记、市人大常委会主任毛腾飞，株洲市委副书记、市长阳卫国一行，到醴陵市陶瓷烟花职业技术学校陶瓷馆参观体验陶瓷。

是日　“五彩瓷宴”美食节活动在醴陵瓷器口文化街启动。湖南省旅游发展委员会副主任高扬先等一行出席。

是日　中国陶瓷艺术大师作品展暨陶瓷产业发展研讨会在中国陶瓷谷国际会展中心醴泉窑艺展厅开幕。湖南省旅游发展委员会副主任高扬先等一行出席。

26日　2018年中国湖南国际旅游节暨中国（醴陵）国际陶瓷产业博览会重大项目合作签约仪式举行，新城吾悦广场、千年瓷谷大型演艺、云启生态农业产业园和恒茂电子信息产业园等39个项目签约，投资总额达110亿元。

是日　中国（醴陵）国际陶瓷产业采购对接会在中国陶瓷谷国际会展中心举行。中国国际贸易促进委员会湖南省分会副会长伍登国、株洲市副市长黄芳、醴陵市政协主席江曙明出席会议，有国内、境外参展商以及国内、国际采购商共370家企业代表参加。

27日　湖南省政协副主席张大方到醴陵市，现场视察2018年中国湖南国际旅游节暨中国（醴陵）国际陶瓷产业博览会进展情况。

27－28日　湖南省经济和信息化委员会与国家工业和信息化部电子第五研究所联合举办“中国工业品牌之旅醴陵行”活动。来自工信部质量品牌建设技术支撑机构、行业协会、全国11个省（市、区）经信部门、工业质量标杆企业和工业品牌培育示范企业的200余名代表聚集醴陵。主要了解醴陵市陶瓷工业品牌建设情况。

10月

8日　中国中小城市科学发展指数研究课题组、中小城市发展战略研究院、中城国研智库发布了《2018中国中小城市科学发展指数研究成果（一）》，醴陵市在全国综合实力百强县市中排名第76位，在全国投资潜力百强县市中排名第66位，在全国科技创新百强县市中排名第50位，在全国新型城镇化质量百强县市中排名第56位。

是日　在湖南省文化厅公布的2018－2019年度全省文化系统重点文化产业项目、特色文化产业项目、特色文化企业名录和数字文化企业名录中，醴陵市有中国陶瓷艺术设计中心等3个重点文化产业项目、瓷器口风情文化街等10个特色文化产业项目以及醴陵振美艺术陶瓷有限公司等3家特色文化企业入选。

10日　醴陵市第十三次妇女代表大会召开。

是日　在厦门国际会展中心举办的第十九届中国工艺美术大师作品暨手工艺术精品博览会上，醴陵市易龙华的釉下五彩艺术陶瓷作品《潇湘早春》、宋春和的釉下五彩艺术陶瓷作品《清荷》、熊晖的釉下五彩艺术系列瓷板画《四季风》获2018“‘百花杯’中国工艺美术精品奖”金奖。

12日　由湖南省委宣传部、湖南省文化厅及株洲市委、市人民政府联合主办的第六届湖南艺术节在株洲市开幕。醴陵市有湖南传奇陶瓷有限公司等7家企业参加此次艺术节的文化创意成果展。

17日　醴陵市召开第四次全国经济普查单位清查攻坚工作会议。

是日　株洲市第二次总河长会议在醴陵市召开。株洲市委副书记、市长、市总河长阳卫国出席会议。

18日　醴陵市召开国家扶贫日主题活动暨改善农村人居环境工作会议。会议期间观看了《文明有“醴”，幸福瓷城》创文宣传片。

是日　“三湘巨变 大美乡村——四十年四十村颁奖盛典”及活动线下展在长沙音乐厅举行。《四十年四十村》活动中，评选出“大美乡村”10个，醴陵市王仙镇三狮村位列其中，是株洲地区唯一获此荣誉的乡村。

20—21日　醴陵市个体工商户赵石毛被国家市场监督管理总局确定为全国“党建引领小个专创新发展”典型。

22—23日　湖南省爱国卫生运动委员会办公室副主任徐小生等一行，到醴陵市开展省级卫生城市周期复审工作考核，醴陵市顺利通过复审。

23日　在第124届中国进出口商品交易会（广交会）第二期交易展示期间，醴陵市委书记胡湘之等一行到琶洲会展中心看望醴陵参展企业代表，并调研现场交易情况。此次广交会醴陵共有54家日用陶瓷企业参展，设有展位187个。

24日　湖南省非贫困县非贫困村脱贫攻坚工作推进会在醴陵市召开。湖南省委副书记乌兰、湖南省人民政府副省长隋忠诚、湖南省委副秘书长秦国文、湖南省扶贫开发办公室主任王志群出席会议。与会人员现场考察了醴陵市陶瓷烟花职业技术学校、市华联玉祥瓷业有限公司、官庄镇横江村等单位。

是日　湖南省委书记、省人大常委会主任杜家毫、湖南省委常委、省委秘书长谢建辉，株洲市委书记、市人大常委会主任毛腾飞等一行，到醴陵旗滨玻璃有限公司调研。

26日　全国中小学教师校本培训研究中心教育顾问、爱心人士郭武到醴陵市，为醴陵市中小学教师阅读工程捐赠3.39万册图书（价值100万元）。

是日　长沙银行、湖南大学

联合发布了《湖南县域金融竞争力评价报告》，醴陵市排名“湖南省县域金融竞争力”第七位。

29 日　醴陵市工会第十七次代表大会第一次全体会议召开。

30 日　醴陵市委、市政府组织召开醴陵市配合中央环保督察“回头看”协调联络工作部署会。会议由市委副书记邹志超主持，市委书记胡湘之，市委副书记、市长康月林，市人大常委会主任贺小玲，市政协主席江曙明及全体市级领导出席会议，市直各部门单位主要负责人和各镇（街道、长庆示范区）党政主要负责人参加会议。

31 日　湖南省委常委、湖南省人民政府国有资产监督管理委员会党委书记张剑飞，湖南省人民政府国有资产监督管理委员会副主任杨晓喻，株洲市委书记、市人大常委会主任毛腾飞等一行，到醴陵旗滨玻璃有限公司调研轻量化玻璃在轨道交通、汽车等领域中的应用情况，并组织召开座谈会。

是日　湖南省防治重大动物疫病指挥部非洲猪瘟防控督查组组长肖彬一行，到醴陵市督查非洲猪瘟防控工作。

是日　醴陵市“农民大学生培养计划”2015 级毕业典礼暨 2018 级开学典礼在醴陵市陶瓷烟花职业学校举行，首批 89 名“农民大学生”顺利毕业。

11 月

1 日　由《小康》杂志社、国家信息中心联合发布了“2018 中国幸福小康县市百强榜”，醴陵市位列第 22 位。

是日　第十一届中国陶瓷艺术大展在浙江省龙泉市举办，醴陵市共选送 43 件作品，获得 4 枚金牌、5 枚银牌、9 枚铜牌。

是日　中国共产主义青年团醴陵市第十八次代表大会召开。

4 日　第十六届中国国际农产品交易会暨第二十届中国中部（湖南）农业博览会期间，醴陵市委书记胡湘之、醴陵市委副书记邹志超等一行前往展会举办地长沙市，看望醴陵参展企业代表，调研现场交易情况。

5 日　湖南省委宣传部总务会成员、省国有文化资产监督管理委员会专职副主任刘尤碧，湖南省委宣传部文化改革发展办公室主任阳芳菲率湖南省委宣传部调研组，到醴陵市调研文化产业发展情况。

6 日　湖南红网新媒体集团党委书记、董事长舒斌一行，到醴陵市调研网宣和新媒体工作，并就推进醴陵宣传战线与红网建立战略合作伙伴关系召开座谈会，醴陵市委副书记、市长康月林参加会议。

8 日　湖南省森林公安局副局长唐佳余、督察处处长刘忠辉、副调研员朱中一一行，到醴陵市督导检查“绿剑 2018”专项打击行动开展情况。

是日　省内首套路警数据互联互通系统在醴陵市投入使用，治理超限超载实现不停车检测。

14 日　醴陵市城乡生活垃圾资源化处理 PPP 项目签约仪式在长沙市举行，醴陵市委副书记、市长康月林出席仪式并讲话。该项目为湖南省内首个采用生活垃圾 MBT 预处理技术的项目，总投资达 7.71 亿元，涵盖城乡生活垃圾的收运系统建设、预处理及焚烧发电、无害化处理场 3 个子项目，年可处理垃圾 21.9 万吨，输出电量 6900 万千瓦时。

15 日　醴陵陶瓷学院工作协调会在醴陵市召开。株洲市委副书记王洪斌，湖南工业大学党委副书记、校长谭益民，株洲市副市长杨胜跃，醴陵市委书记胡湘之，醴陵市委副书记、市长康月林，醴陵市委副书记邹志超参加。

16 日　中盐红四方湖南 100 万吨复合肥生产基地项目开工仪式在湖南醴陵经济开发区东富工业园举行。中国盐业总公司党委副书记董永胜等一行出席仪式。

20 日　株洲市关心下一代工作委员会办公室主任科员史宏熙率队到醴陵市渌江中学、南门中学、椟木岭中学、板杉中学和五里牌小学，开展“传承红色基因，争做时代新人”红色故事巡回宣讲活动。

21 日　湖南省安全委员会第六考核组组长、湖南省应急管理厅副巡视员胡金文率湖南省安全委员会考核组到醴陵市，督查考核 2018 年度安全生产工作情况。

22 日　中央电视台综合频道（CCTV－1）《晚间新闻》以《湖南醴陵：农厕改造，“方便”小事大民生》为题，宣传报道醴陵市改善农村人居环境的典型经验和做法。

24 日　由中国信息协会主办、中国信息协会信用专业委员会和竞争力智库承办的“中国城市全面建成小康社会论坛”在北京市召开，《中国城市全面建成小康社会监测报告 2018》同期发布，在 2017 年县级市全面小康指数前 100 名中，醴陵市排名第 56 位。

12 月

1 日　株洲市政协在醴陵召开县市政协调研座谈会，交流政协履职经验，听取基层政协意见建议。株洲市政协主席蔡溪出席会议。

1—2 日　由湖南省旅游发展委员会与湖南广播电视台共同打造的乡村振兴文旅纪实节目《乡村合伙人》，走进醴陵市沩山镇沩山村醴陵窑录制节目。湖南省文化和旅游厅党组成员、副厅长高扬先等一行参加。

5 日　湖南省非物质文化遗产工作座谈会在株洲市召开。会上，醴陵市“星子灯”第五代传承人张辉被授予第四批省级非物质文化遗产代表性传承人证书。

10日　住房和城乡建设部网站公示第五批拟列入中国传统村落名录的村落名单，醴陵市沩山镇沩山村上榜。

是日　醴陵市首家心理咨询中心在醴陵市精神医院成立。

11—13日　全国人大社会建设委员会副主任委员陈斯喜，全国人大社会建设委员会委员、共青团中央书记处常务书记汪鸿雁、全国人大社会建设委员会委员郭军等一行，到醴陵市就留守儿童保护及《中华人民共和国未成年人保护法(修订)》立法工作开展专题调研。

13日　湖南省委统战部巡视员冯波等一行,到醴陵市调研“同心美丽乡村”创建等工作。

是日　省委政法委委员、省纪委省监委驻省委政法委纪检监察组组长姚赤平到醴陵市，调研网格化及政法工作。醴陵市委书记胡湘之参加。

14日　中国信息通信研究院发布了《中国工业百强县（市）、百强区发展报告》，醴陵市在2018年工业百强县（市）中排名第86位。

16日　湖南省政协副主席张大方，株洲市委副书记、市长阳卫国一行，到醴陵市参观全国第19届旅游门券收藏展暨2018湖南醴陵古旧书展，并考察渌江书院。

是日　全国县域经济与县域发展专业研究机构、社会智库中郡研究所在北京发布《2018县域经济与县域发展监测评价报告》，揭晓全国县域经济百强榜单。醴陵市县域经济与县域综合发展位列全国第55位，县域经济基本竞争力位列全国第73位。

17日　住房和城乡建设部网站公示第七批中国历史文化名镇名村名单，醴陵市沩山镇沩山村入选。

18日　“渌江讲坛”开坛讲学仪式在醴陵渌江书院五贤堂举行。中国书院学会会长、湖南大学岳麓书院国学院院长朱汉民教授应邀首讲。

19日　湖南省发展改革委员会副主任、湖南省能源局局长刘年来等一行，到醴陵市调研指导压气站项目建设情况。

21日　醴陵市创建“全国基层中医药工作先进单位”省级评审工作汇报会暨反馈会在国际会展中心举行。

25日　醴陵市第十六届人民代表大会常务委员会第十八次会议召开，会议听取和审议了有关人事任免议案，到会的市人大常委会组成人员以无记名投票表决的方式，决定接受康月林辞去醴陵市人民政府市长职务，决定任命董巍为醴陵市人民政府副市长，决定董巍副市长为醴陵市人民政府代理市长。

27日　湖南师范大学党委书记李民、湖南师范大学副校长王善平一行，到醴陵陶子湖学校片区等有关单位调研。　（罗秀媛）

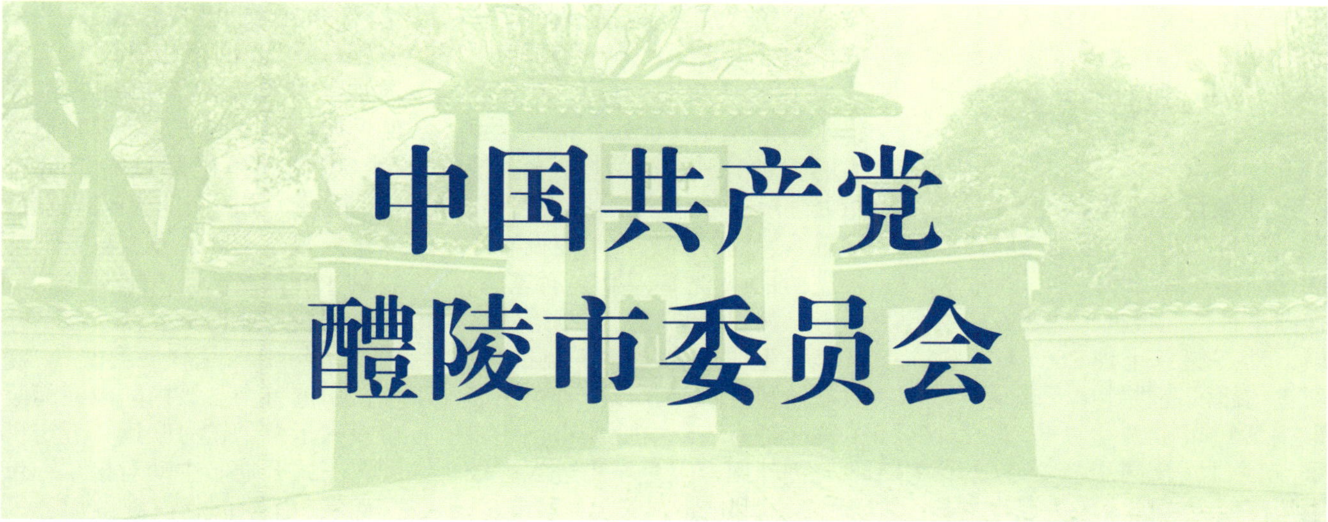

中国共产党醴陵市委员会

综　述

【概况】2018年，醴陵市经济综合发展和基本竞争力分别名列全国百强县（市）第55位、第73位，跻身中部百强县（市）第14位，位居中国幸福百县榜第22位。安全生产、人口和计划生育、社会综合治理三项工作连续2年同获全省先进，是全省蝉联三项先进的唯一县（市）。先后获评全国社会治理创新示范城市、全国城市基层党建示范县（市）、国家公共文化服务体系示范区、省“书画之乡”、省“五化”民政建设先进县（市）、省基层中医药工作先进单位、省“四好农村路”示范县（市）等30余项省部级以上荣誉。国家重要领导、省市主要领导到醴陵市视察指导50余次，《人民日报》、新华社、中央电视台、《湖南日报》、湖南卫视等主流媒体聚焦报道醴陵市100余次。醴陵市比全国提前3年实现整体脱贫、同步全面小康。学习贯彻习近平新时代中国特色社会主义思想和中共十九大精神。市委理论学习中心组集中学习11次，围绕学习贯彻习近平经济思想，落实高质量发展根本要求，结合醴陵市阶段性发展特征，在构建现代产业体系、加快产业项目建设、扩大有效投资等方面靶向施策。围绕学习贯彻习近平生态文明思想，坚持共抓大保护、不搞大开发，以渌江治理为切入点，带动“五江十四水”治理，还人民群众“山青水秀、地绿天蓝”的生态环境；全面强化意识形态主体责任，以更高的政治站位谋划部署意识形态、文明创建等工作，推动宣传思想工作不断强起来；以人民为中心，在脱贫攻坚、教育、网格化服务、医疗卫生等方面持续发力，提升人民群众的获得感；从严管党治党，党的建设全面加强；强化理论武装，坚定前进方向。

【提升经济综合实力】全年地区生产总值增长7.4%。完成财政总收入60.2亿元，其中一般公共预算收入41.8亿元；完成税收收入31亿元，一般公共预算收入的税占比达74.2%。规模工业增加值增长7.7%。固定资产投资增长7.8%。社会消费品零售总额增长9.9%。城、乡居民人均可支配收入增长7.8%、8.2%。园区技工贸总收入445亿元，同口径增长14.5%，园区规模工业增加值增长5.6%，占全部规模工业增加值比重提高至62.7%，获评全省发展开放型经济优秀园区。应对百年一遇的持续干旱，粮食作物播种面积71千公顷，粮食产量50.2万吨，农业生产实现“十五连丰”。提质改造李立三故居、东富寺、袁昌英纪念园等景点，“清水湾畔”成功创建国家AAA级旅游景区。全年接待游客627.33万人次，旅游综合收入67.16亿元，分别增长13.05%、14.86%。三次产业结构比调整为8.3∶54.8∶36.9。

【三大攻坚战】决战决胜脱贫攻坚，年内3165户10953名贫困人口实现脱贫，综合贫困发生率降至0.45%，连续3年获评全省扶贫工作先进县（市）。着力防范化解金融风险，主动“停缓调撤”项目119个，压减投资283亿元，稳妥化解政府存量债务，金融运行基本平稳，风险可控可防，经验做法在全省推介。铁腕推进污染防治。全面推行“河长制”，渌江水质由五类、四类上升为三类、二类，重点水库实现畜禽全面退养、网箱养鱼全面取缔。调整种植结构7千公顷，修复治理重金属污染土地超过0.67千公顷。查处63件环境污染案件，关停15家环保不达标企业。全年空气优良天数达314天，优良率达86.3%。中央、省委环保督察组反馈的84件问题全面整改到位。

【“产业项目建设年”】 全年实施重点项目209个，征地703.73公顷，征拆房屋2054栋（套），列株洲市首位。报批土地366.67公顷，动态储备土地266.67公顷。新签约旗滨高性能电子玻璃、城市生活垃圾资源化处理等92个重点项目，合同引资280亿元。中盐红四方、国家级电瓷电器检测中心等112个项目开工建设。莲株高速、瓷器口等88个重点项目建成运营。国家能源重点工程醴陵压气站竣工，年新增供气15.6亿立方米，有效解决全省“气荒”问题。陶瓷智能制造车间点火生产，7条烟花自动化生产线、全国首条爆竹自动化生产线建成投产。先进陶瓷材料入选全省20个工业新兴优势产业链。“复兴号”高铁、港珠澳大桥等大国重器闪耀着醴陵元素。累计兑现“四个十条”奖补资金7000余万元，惠及企业600余家次。全市新增高新技术企业31家、规模工业企业58家、市场主体6706家。5家企业入选全省上市后备企业库，华联瓷业筹备登陆A股。

【城乡统筹发展】 做活新区。统筹推进新区水、电、路、气、污水管网等基础设施建设，东城大道、333省道、玉瓷路等道路建设全面铺开，渌江产业服务中心、碧桂园、新三中、新妇幼等项目梯度开发、递次推进，醴陵陶瓷学院春季开学迎来首批师生。做美老城。狮子坡水厂提质扩容，供水管网进一步完善。刘家巷、中医院等片区改造顺利推进，太一、阳三、姜湾等市场环境明显好转。“一江两岸”南岸二号段对外开放。启动仙岳山山体生态修复，新建车顿桥等11处广场游园。做强集镇。推进乡村振兴，落实农村人居环境整治三年行动计划，建成10个“美丽乡村”，新建整修水利工程960余处，新改建卫生厕所9731座，生活垃圾分类减量处理形成常态。白兔潭、东富、枫林、船湾等特色小镇建设有序推进，明月、沈潭、沩山、孙家湾、板杉、浦口、嘉树、石亭等镇区环境发生明显变化。“三创四化”收获阶段性成果，以全省第二名的高分通过省级文明城市创建验收，创建国家卫生城市进入省级程序，顺利申报国家园林城市。

【关注基层、保障民生】 全面落实各项就业政策，城乡居民医疗保险工作获国务院督察组肯定。全域医联体模式不断巩固，“湘雅乡情”常态化开展，141支家庭医生服务团队走进千家万户。深入推进“教育强市”，消除大班额199个，高考本科二批及以上上线率连续5年保持株洲地区领先，湖南师大附中筹备落户醴陵。渌江书院开坛讲学，朱汉民、杨雨等知名教授登台授课。坚持“房子是用来住的，不是用来炒的”，新建商品房156.6万平方米，销售88万平方米，7个棚户区改造有序推进。加强非洲猪瘟疫病防控，确保疫情不过境、不入境。健全信访维稳长效机制，抓好中央、省委巡视组交办的18批次85件信访件办理，进京非访数量同比下降78%。集中开展“扫黑除恶”专项斗争，依法打击11类黑恶势力性质违法犯罪，彰显公平正义。压紧压实安全生产责任，烟花爆竹行业连续30个月“零伤亡”，安全生产形势总体平稳可控。

【深化改革、扩大开放】 税收征管体制、供销社改革等32项重点改革任务深入推进，全国农村综合性改革试点年度项目通过财政部验收。加快行政审批制度改革，600余项事项基本实现“最多跑一次”。网格化管理入选全国加强和创新社会治理典型案例。成功举办首届烟花爆竹博览会、中国湖南国际旅游节暨中国（醴陵）国际陶瓷产业博览会，参观人数达100余万人次，现场签约130余亿元。中国（醴陵）国际陶瓷产业博览会获“改革开放四十年中国品牌展会奖”。深圳盐田港首个县级内陆港在醴陵市投入运营，铁海联运“五定班列”正式开通。主动对接“一带一路”，引导企业积极参加德国柏林展、迪拜151经贸展等国际性展会，拓展海外市场，外贸进出口总额增长31.8%，首次突破4亿元关口达4.8亿美元。

【营造干事创业氛围】 严格落实“三个区分开来”，及时为58名党员干部澄清是非，工作做法被新华社报道。市级领导带头联系基层党建帮扶点，整顿转化47个软弱涣散基层党组织。全面落实“六基”规则，规范村级组织运行，建成261个党支部“五化”建设示范点。健全反腐败协调工作机制，压实“两个责任”，抓好扶贫、环保等领域腐败问题和违反中央八项规定精神突出问题整治，立案96件，处理221人。对41个单位党组织开展巡察，整改问题246个。压实意识形态工作责任制，弘扬社会主义核心价值观，涌现出陈自绪、赵石毛、叶志钢、刘天健、潘尧生等全国、全省先进典型。站在“巡视巡察整改不落实就是对党不忠诚”的高度，坚决服从中央和省委巡视组、株洲市委巡察组的安排部署，全面完成整改任务，将整改的成效转化为推动发展的实效。市委党校获评“全省综合示范性县级党校”。市人武部获评“全省全面建设先进单位”“全省安全管理工作先进单位”。统一战线有新作为，服务非公经济发展成效明显。市人大专项工作评议活动扎实开展并得到各级肯定。市政协积极参与、使用“湖南政协云”，活跃度排名全省县级前列。市人民法院结案率排名株洲地区前列。市人民检察院获评“全国检察文化建设示范院”。市总工会、团市委、市妇联完成换届，档案史志、老龄、残联、工商联、科协、文联、人防等工作都取得了新成效。（殷　凯）

纪检监察

【概况】2018 年，全市纪检监察机关坚持以习近平新时代中国特色社会主义思想为指导，深入贯彻落实中共十九大精神，不断推动全面从严治党向纵深发展、向基层延伸，全市党风廉政建设和反腐败工作取得明显成效。

【监督检察】一是对执行政治纪律和政治规矩开展监督检查。加强对贯彻执行《关于新形势下党内政治生活若干准则》等党内法规和民主生活会等党内制度情况的监督检查，年内查处违反政治纪律问题 4 起。严把选人用人关，共回复党风廉政意见 6000 余人次。二是对全市中心工作开展监督检查。围绕全市基层党建、安全生产、环境保护、展会举办等重点工作落实情况开展监督检查，坚决纠正有令不行、有禁不止行为，发现并纠正问题 50 余起，处理 37 人。向社会公开澄清 3 起举报不实的典型案例，为 58 名党员干部澄清是非。三是对“三大攻坚战”开展监督检查。督促主责部门建立防范化解重大风险有效机制。深入开展扶贫领域腐败和作风问题专项治理，持续开展“脱贫攻坚纪检行”活动，选聘 762 名村级脱贫攻坚监督员，发现扶贫领域腐败和作风问题 32 个，处理 121 人。加强环保督察反馈问题整改监督，严肃查处责任落实不到位等问题，全年共问责 20 人。强化扫黑除恶专项斗争中监督执纪问责，深挖黑恶势力“保护伞”，共立案 7 件。

【推进从严治党】一是强化管党治党责任。市委常委会先后 9 次研究部署党风廉政建设和反腐败工作，带头落实党员领导干部落实主体责任谈话制度。全年市级领导共开展廉政谈话 1411 次。协助市委与全市 124 个单位党组织签订党风廉政建设责任状。12 名党员领导干部因落实“两个责任”（落实党风廉政建设责任制，党委负主体责任，纪委负监督责任）不力被问责处理。二是深化作风建设。开展违反中央八项规定精神突出问题专项治理，开展“四风”（形式主义、官僚主义、享乐主义和奢靡之风）监督检查 300余次，查处“四风”问题325起，党纪政务处分 240 人，组织处理 307 人，编发通报 29 期，点名道姓通报 79 人。开展违规收送红包礼金问题专项整治。2018 年 2 月，在株洲地区率先撤销廉政账户，为上级纪委深入红包礼金专项整治提供了有效探索。三是巩固专项整治成效。开展“雁过拔毛”式腐败问题专项整治，发现问题 44 个，处理 57 人。开展清理国家公职人员违规参与涉矿等经营性活动专项整治，处理 25 人。严查违规征订教辅材料问题和中小学学生食堂问题，深化金融活动中以权谋私问题等专项整治，全面推进“互联网 + 监督”工作。

【反腐败工作】全年全市纪检监察机关共受理信访举报 241 件，处置问题线索 841 件，立案 414 件，结案 392 件，处分 389 人（其中乡科级干部 33 人），涉嫌犯罪移送检察机关 3 人，收缴或暂扣违纪资金 1300 余万元。坚持文明安全执纪，启用预防腐败警示教育中心办案基地。完善反腐败协调工作机制，各成员单位向市纪委移送问题线索 2812 条。把握运用“四种形态”（党内关系要正常化，批评和自我批评要经常开展，让咬耳扯袖、红脸出汗成为常态；党纪轻处分和组织处理要成为大多数；对严重违纪的重处分、作出重大职务调整应当是少数；而严重违纪涉嫌违法立案审查的只能是极少数），坚持抓早抓小，综合运用约谈、通报批评、函询、组织处理、纪律轻处分等多种执纪方式管住“大多数”，对各类问题做出恰当处理。全市纪检监察机关开展诫勉谈话 114 人，批评教育 211 人。运用监督执纪“四种形态”处理 811 人次，其中第一种形态占 51.7%，第二种形态占 40.3%。加强廉洁文化宣传教育，构建“一网一号一中心”（醴陵党风廉政网、清风醴陵微信公众号、预防腐败警示教育中心）党纪党规宣传教育平台，开展“清风株洲”廉洁文化创作、廉政文化“六进”（进机关、进社区、进家庭、进学校、进企业、进农村）等活动。编印并发放相关知识读本和宣教资料 1 万余份（册），让党员干部知敬畏、存戒惧、守底线。

【完善监督体系】一是监察体制改革进展顺利。率先在株洲地区完成人员转隶工作，实现纪委、监察委合署办公，及时更名设置派驻纪检监察组。1 月 14 日挂牌成立醴陵市监察委员会，实现对所有行使公权力的公职人员监察全覆盖。1 月 19 日，查处市公安局禁毒大队大队长巫某某严重违纪违法案，打响株洲地区监察委留置“第一枪”。全年承办上级监察委指定办理案件 5 件。二是发挥巡察机制作用。全年分三轮派出 18 个巡察组对 41 个单位党组织开展常规巡察、专项巡察和巡察整改“回头看”，移交线索81条，立案14件，纪律处分24人，组织处理75人，整改落实问题246个。推动巡视反馈问题整改，年内收到中央、省委巡视组移交问题线索25件，全部在规定时限办结。三是推进纪律检查体制改革。推进乡镇纪委“三转”（转职能、转方式、转作风），督促落实镇（街道、示范区）纪（工）委“三个专职专岗”（纪委书记、纪委副书记、纪检专干必须专职专岗，不能从事纪检业务以外的工作），健全村务监督委员会运行机制，选任268名村级纪检员，加强县乡纪检监察工作一体化管理。

【干部队伍建设】 一是以政治建设为统领。市纪委常委会、监察委委务会带头学习习近平新时代中国特色社会主义思想和中共十九大精神，举办以“忠诚”为主题演讲比赛和主题党日活动。举办“清风醴陵”业务知识讲座15期，在省纪委培训中心举办全市纪检监察干部综合业务培训班。二是制定出台机关内部管理制度，执行监督执纪工作规则和湖南省纪检监察干部监督执纪“十不准”规定，组织全市纪检监察系统干部签订保密工作承诺书。持续推进“五问工作法”（本阶段做了什么？采取了什么措施？取得了什么成效？存在哪些不足？下阶段有什么计划？），该工作法词条被列入百度百科词条。年内对5名纪检监察干部进行了处理。三是主动接受外部监督。及时向上级纪委和醴陵市委请示汇报工作。积极开展家访活动，市纪委书记带队到纪检监察干部和巡察干部家庭走访实现全覆盖。组织开展“清风醴陵·走进纪委”主题活动，主动接受人大代表、政协委员和党风政风监督员的监督，及时向人大报告工作、向政协和各民主党派、工商联、无党派人士通报情况，增强纪检监察工作透明度。（李泽锋）

市委巡察工作

【概况】 中共醴陵市委巡察领导小组办公室于2017年4月成立，作为巡察工作领导小组日常办事机构，与中共醴陵市委巡视工作联络办公室一个机构、两块牌子，列入市委工作机构序列；共设立3个专职巡察组，每组4人。2018年，醴陵市委出台了《中共醴陵市委巡察工作办法》《2017－2021年市委巡察工作规划》《中共醴陵市委巡察组组长库、副组长库和工作人员库管理办法》《被巡察党组织配合市委巡察工作规定》4个巡察工作规范性文件，从人员机构、范围内容、方式权限、工作程序等方面作出了明确规定。为实现巡察组人员组合的均衡化、效能的最大化，先后确定2批市委巡察人才库入选名单共计170人，为全市巡察工作的开展提供人才保障。全年共开展了3轮巡察，对24个党组织开展了常规巡察，对12个党组织开展了巡察整改督查和“四风”问题专项巡察，对5所中小学开展了违规征订教辅材料的专项巡察，移交问题线索81条。（朱莹莹）

市委办公室工作

【概况】 2018年，市委办公室按照“12345”（打造一支“服务有心、参谋有方、协调有序、督查有效、保障有力”的队伍，用好督查督办、绩效考核“两大抓手”，提升服务领导与上级机关、服务市直部门与镇街、服务群众“三服务”水平，增强政治意识、大局意识、核心意识、看齐意识“四种意识”，争当抓落实、守规矩、讲团结、树正气、勤学习的“五个表率”）的工作思路，以“三服务”（服务发展、服务决策、服务落实）质量提升年活动为抓手，争创一流业绩、建设一流团队、树立一流作风，展示了“机关之首”的良好形象。

【政研工作】 全年共起草领导讲话材料200余篇，高质量完成中央、省、株洲市领导到醴陵市调研汇报材料72篇。在株洲市级以上发表署名文章20余篇，其中《“瓷”心不渝》等文稿在《湖南日报》上刊发，《千年古邑，斯文一脉》等文稿在《株洲日报》上刊发。抓好理论政策宣传，在报纸、电视媒体撰写发表评论文章10篇。（董　君）

【综调工作】 围绕产业项目建设、“四个醴陵”建设、网格化管理、“三大攻坚战”、“三创四化”、乡村振兴等领域开展了20余次专题调研，形成《陶瓷产业发展调查研究报告》等调研报告20余篇，为领导决策提供依据，其中《发挥新优势，夺取新胜势》获得株洲市“抓重点补短板强弱项”大调研活动优秀调研成果一等奖。12篇调研文章被省、株洲市内部刊物采用，其中《依托产业优势做好稳定脱贫文章》等文章被省委《工作情况交流》刊登;《推动高质量发展建设富强美丽幸福文明新城》等3篇文章在《株洲工作》上发表。（董　君）

【改革工作】 基本完成年初确定的8大类32项改革任务、6项改革试点。全国农村综合性改革试点年度项目通过财政部验收。网格化管理入选全国加强和创新社会治理典型案例。全国烟花爆竹生产机械化推进现场会在醴陵市召开。全省非贫困县非贫困村脱贫攻坚工作现场推进会在醴陵市召开，会上作脱贫攻坚典型发言。醴陵市改造“方便”小厕所大民生，在中央电视台《晚间新闻》中报道播出。“最多跑一次”改革、生态文明体制改革、教育综合改革、医药卫生体制改革、安全生产领域改革等均取得重要进展。（蔡　啸）

【小康工作】2018年，全面建成小康社会持续推进，监测总实现程度达到92.7%，提升幅度位居全省一类县市第一名，获全省“全面小康推进工作先进县”，位列2018年中国幸福百强榜第22位，中国县级全面小康指数排名第56位。五大类指标中，经济发展、人民生活、社会发展、民主法治、生态文明实现程度分别为84.6%、94.2%、99%、99.5%、94.9%。（蔡　啸）

【办文工作】按照“精致、精细、精干”要求，确保公文运转安全、规范、高效。全年运转上级来文445件，其中特急特提文件73件。增强发文计划性，全面清理各类简报，切实精简发文。全年下发本级文件98件，同比下降4%。加强党内规范性文件备案审查和清理工作，向株洲市委办公室备案46件，完成了2013年至2017年党内规范性文件清理。（李玉伟）

【办会工作】全年共组织全市性会议100余次，其中组织市委十二届五次全会、十二届六次全会和全市党办系统业务培训会、全市经济形势分析会、全市安全生产工作暨安全保卫战动员大会等重要会议20余次，无一纰漏。按照“产业项目建设年”决策部署，组织筹划了项目开工、项目调度会共计30余次。配合组织“一节一会”以及烟花爆竹博览会筹备工作，确保了重要活动圆满开展。全年累计接待来宾50余次，其中省部级以上领导10余次，包括省委书记杜家豪到醴陵市调研陶瓷产业、常务副省长陈向群到醴陵市调研西气东输醴陵压气站项目等。（张立山）

【信息工作】全年编辑报送《要情汇报》52期、《市级领导活动周报表》51期，200余篇信息被株洲市委内刊、省委办公厅信息处内刊采用，9篇信息被中办综合采用，党委信息工作在株洲市排名第一、全省前十。“醴陵党办”公众号，作为市委信息发布的权威平台，受到各界关注和好评，全年推送新闻信息410余条，成刊的信息条目达到5000余条，点击量达32万以上。（李　芳）

【督查工作】将重大决策部署、重点工作及项目作为督查工作重点，围绕“三大攻坚战”、民生实事、热点问题，督促各级各部门抓工作落实，推进科学发展。认真执行“一线工作法”，深入现场搞督查，查实情、办实事，确保事事有回音、件件有着落。积极落实上级精简督查检查考核要求，共核减各类督查44件，完成全市督查检查考核清理任务。组织开展督查活动22余次，完成了省、株洲市等上级交办件66件、省委巡视组批示件33件，出具各类情况报告56篇，共承办领导批示87件，落实交办事项200余项。（张　昊）

【机要工作】2018年，机要工作为党政领导提供安全的、优质的、高效的密码通信服务，全年24小时实行“岗不离人、人不离岗”文电处理工作，共办理文件496份。完成株洲市级领导随行服务2次，承接中办、省、株洲市局领导到醴陵市指导工作，调试加密视频会议、党委视频会议和智真会议20余次，保障全省加密视频会议醴陵分会场会议，跨省协助干部政审2次，组织参加全国、全省机要干部培训5次。围绕密码机构、密码安全管理、密码设备装备等工作开展调研，编写1980－2018年机要大事记，撰写机要密码工作调研报告2份，并有1篇署名文章在中央办公厅刊物《机要工作》和省级刊物《湖南机要》上发表。开展全省电子政务内网终端汇集点的建设调试工作5次，并通过分级保护的测评工作。通过省级、株洲市级机要密码工作检查4次，连续3年获评株洲市“2018年度全市党政密码工作先进单位”称号，2名机要干部被评为省、株洲市机要密码工作先进个人称号。（成　澍）

【保密工作】贯彻落实《株洲市加强和改进保密工作实施办法》，开展“三服务”提升年活动。一是开展保密宣传教育。宣传《中华人民共和国保密法》《中华人民共和国保密法实施条例》，将保密教育纳入公务员教育培训计划，全年培训新任公务员等1800余人次。二是筑牢保密防线。全面落实定密责任人和定密授权制度，加强互联网门户网站保密管理，严格要求党政机关工作人员遵守手机使用有关保密规定。重点做好涉密人员备案工作，加强离岗离职和脱密期管理。三是加强保密检查。对全市33家重点涉密单位进行了保密检查，对全市的网吧、音像店、废品收购站、文印社进行不定期的专项保密检查，加大对国土、规划测绘成果的保密专项检查。四是做好了各单位涉密专机的装机工作。（叶　红）

【机关工委工作】全年举办了2期预备党员发展对象培训班，培训190余人，审批预备党员55人，审批预备党员转正42人；举办了1期市直机关党建骨干培训班，培训机关党组织书记或专职副书记、组织专干110余人；指导了36家市直机关基层党组织完成补选和换届工作。春节、“七一”期间走访慰问机关困难党员30人。2018年9月，在省直机关工委刊物上发表署名文章2篇。确定了40个党支部“五化”建设示范点，年内完成验收。与文体广播新闻出版局联合举办了“2018年醴陵市全民健身系列活动——第二届机关运动会”。（李仁萍）

组织工作

【概况】2018年，中共醴陵市委组织部坚持以习近平新时代中国特色社会主义思想和中共十九大精神为指导，坚决维护习近平总书记核心地位、坚决维护党中央权威和集中统一领导；严格按照株洲市委组织部、醴陵市委安排部署，聚焦主责主业，干部、党建、人才等各项工作取得较好成效。

【干部工作】一是坚持“好干部”用人标准。落实株洲市委“六重六用”（一是重忠诚、有信念，二是重本领、有能力，三是重责任、有担当，四是重奉献、有激情，五是重实干、有业绩，六是重清廉、有品行）和醴陵市委“四个一样”（基层干部和机关干部一样成长，一线岗位和二线岗位一样珍惜，汇报和不汇报的干部一样重视，八小时之内和八小时之外一样严格要求）的要求，突出实践磨炼，树立基层导向，全年共提拔重用在脱贫攻坚、项目建设等一线工作中表现突出的干部27人。二是从严监督管理。运用干部监督综合信息成果，加强对干部的日常监管。严格审批，规范干部出入境、兼职任职管理等，办理因私出国（境）审批152人，审批证件办理122人，对全市102个单位2554名领导干部在企业兼（任）职情况进行排查清理，并对涉及违规兼（任）职的领导干部进行整改。开展领导班子建设和优秀年轻干部专题调研，全面掌握领导班子运行情况和干部队伍的真实现状。三是强化教育培训。努力提升干部专业素养，培养复合型领导干部，全年共选送1人参加中央培训，18人参加省级培训，36人参加株洲市级培训。年内以市委党校为干训主阵地，开办主体班12个14期，培训干部1150人次，开办非主体班41期，培训干部4045人次。承接了湖南省环境保护厅、株洲市委组织部、株洲市国有资产监督管理委员会到醴陵异地教学办班3期，培训学员282人次。

【党建工作】实施“组织力提升工程”，突出抓好党支部“五化”建设，做实基层党建各项工作。一是加大了资金投入。市财政投入党建工作经费1.1亿元，将村平均级运转经费由22万元增至30万元，城市社区由32万元增至44万元。出台《醴陵市村干部薪酬管理办法（试行）》，村党组织书记基本报酬和绩效报酬分别达3245元/月和1万元/年，年均报酬达4.9万元；社区党组织书记年均报酬6.2万元以上。为全体村干部购买养老保险、工伤保险、意外伤害和重大疾病综合保险。有序推进离任村干部生活补贴工作，在原有补贴基础上增加1个档次，进一步扩大补贴范围。按5000元/个标准拨付新建“两新”组织党组织启动经费，按200元、150元每月发放“两新”组织党组织书记和党务工作者津贴。全额返还“两新”组织和离退休支部党费，用于支部开展活动。二是优化了基层队伍。严格落实村级组织“六基”规则，全面规范村级组织运行。开展村（居）“两委”班子运行情况调研排查和软弱涣散基层党组织排查整顿，整顿转化47个软弱涣散基层党组织。实施村级党组织带头人整体优化提升行动，持续推进扫黑除恶专项斗争，优化调整村党组织书记11人。选派软弱涣散村（社区）第一书记27人、贫困村和一类重点村第一书记56人、合并村第一书记117人。切实加强发展对象和程序审查把关，对新发展的470名党员实施全程纪实管理。建立和完善村级后备干部库，为每个村（社区）配备1名35周岁以下的党建专干，选拔培养3～5名村级后备干部。分批举办全市扶贫干部、村（社区）党组织书记、党建专干，“两新”组织党组织书记、党建工作指导员、党建业务骨干、出资人（负责人）等基层党建业务专题培训班36场次，进一步提升了党务工作者履职能力。三是搭好了服务平台。融资1.2亿元，高标准新改建219个镇村两级综合服务中心。投入1.1亿元建成20个“五彩社区”，提质改造街道便民服务中心，打造6个各具特色、功能多样的邻里中心。扎实抓好“一网一云”（红星网、红星云）工作，将组织生活、学习教育、互动交流、党员服务等诸多功能融于一体。开展“最多跑一次”改革，推进“智慧党建”系统数据共享、信息互通，与网格化、政务服务平台深度融合，将129项公共服务事项纳入“掌上办事大厅”，实现了“让群众少跑路”。四是打造了特色品牌。做精城市基层党建，深入开展在职党员进社区活动，推进街道“大工委制”和社区“兼职委员制”，5000余名在职党员进社区认领“九大岗”（治安巡防、扶贫帮困、助老结对、纠纷调解、法律咨询、环卫保洁、教育辅导、文明劝导、计生协管、志愿服务岗位)，130余家机关事业单位、369家“两新”组织党组织与街道社区党组织联合实施共建项目7000余个，工作经验被《中国共产党新闻网》《湘组研究》推介，入选“全国城市基层党建创新案例”，被中共中央组织部确定为“全国城市基层党建示范县”。大力推行“两新”党建“两亮”(党员亮身份、亮承诺)“两双”(双培、双向进入，把党员培养成骨干、把骨干培养成党员，党员管理层和党组织班子成员双向进入、交叉任职)“五化”“五带六同步”(带思想、带组织、带队伍、带作风、带制度，党群组织同步设、党群任务同步下、党群阵地同步建、党群教育同步抓、党群经费同步筹、党群检查同步促)的“22556”工作法，打造了10个“双强六好”(非公有制企业和社会组织发展强、党建强，生产经营好、企业文化好、劳动关系好、党组织班子好、党员队伍好、社会反映好)示范点。培育全国“党建引领小个专创新发展”典型赵石毛，11家中央媒体集中到醴陵采访，工作经验向全国推介。五是服务了中心工作。统筹推进机关、国企、学校、医院等各领域基层党建。党员教师带头会同帮扶干部、村干部对建档立卡户家庭学生开展“三对一”帮扶活动，共举办心理辅导课120节，帮助贫困学生实现微心愿2600余个。党员医护人员带头组建15支志愿队，为2294户贫困户提供入户诊疗，有效助力脱贫攻坚。坚持和落实党对一切工作的领导，实现党建工作与全面发展深度融合，以“产业项目建设年”活动为抓手，补短板、强弱项，全市经济社会稳中有进、进中向好。

【人才工作】出台《加快产业突围的实施意见》，对园区、陶瓷、花炮和人才创新创业分别制定相应的人才政策，鼓励人才科技创新，服务产业发展。新修订《关于促进大众创业万众创新的十条政策》，共引进高层次人才73人，科技创新人才24人。聚焦产业发展，多措并举育人才。围绕陶瓷、花炮两大支柱产业，创新育才模式，依托基地培育产业人才。鼓励建立校企合作教学实践培训基地，吸引学生到醴陵实习。创新培育模式，实施“订单式”培养，为企业培养技术型人才。围绕实施乡村振兴战略和脱贫攻坚工作，选派各级科技特派员47人，在发展特色产业、推进科技创新、助力脱贫攻坚等方面取得实效，获评“湖南省科技特派员工作先进单位”。升级“湘雅乡情·专家醴陵行”活动，全年到醴陵市专家74人，坐诊894次，实施手术261台，医疗救治7791余人，惠及3万余群众。举办“中国创翼·创客醴陵”第三届创新创业大赛，发放奖金30余万元，择优选送9家企业免费参加湘东地区首届县域创新创业人才集训营。落实党委联系服务专家制度，建立市级领导联系专家机制，21名市级领导联系24位专家，把“政治感召”落实到实际行动中；组织开展青年人才联谊、高层次人才健康检查、文化艺术人才书画笔会等活动，增强人才的认同感、归属感。 (谭　斌)

宣传工作

【理论武装】一是理论学习常态化。建立健全理论学习制度，规范理论学习中心组学习内容、学习形式、学习要求，每月至少组织1次学习，做到了规定动作不走样，自选动作有创新。发挥市委理论学习中心组学习示范引领作用，为中心组成员购买湖南省党政干部主流阅读学习文库《湘江红潮》，今年共组织市委理论学习中心组学习11次，共计20天，中心组成员参学率达98%以上。注重发挥专家辅导的作用，先后邀请株洲市委讲师团主任许志汉，长沙环境保护职业技术学院原党委书记、院长李倦生，湖南工业大学法学院院长、教授陈雄，湖南省纪委研究室副主任肖汉学，省委讲师团学习辅导处处长、博士后、教授、博导欧阳文风等专家教授进行专题辅导，增强学习实效性。二是理论宣讲多样化。打造学习宣讲示范，围绕“掌心上的学习、指尖上的教育、荧屏上的宣讲”搭建学习宣讲平台，组织4万余名民兵开展学习宣传习近平新时代中国特色社会主义思想活动，下发宣传册1万余份，设立大型广告宣传牌30余块，配发理论书籍1万余册。培养选拔理论骨干，充实理论宣讲队伍，推动理论宣讲多样化、经常化，年内共组织开展习近平新时代中国特色社会主义思想和中共十九大精神宣讲活动100余场次，惠及干部群众10万余人次。采取微课堂、微宣讲、读书月、报告会、演讲会、巡讲活动等形式，讲好“普通话”“地方话”“百姓话”“网络话”，丰富百姓微宣讲活动内容，年内共组织开展百姓微宣讲活动1000余场。5月30日，举办全市“好声音讲坛——新思想进基层”百姓微宣讲比赛，共有8名选手参与宣讲。三是理论研究专题化。把理论学习与专题调研相结合，着眼于提高中心组成员的理论研究水平，组织中心组成员深入基层、深入群众，开展调查研究，中心组成员撰写调研理论文章60余篇。开展“抓重点、补短板、强弱项”大调研活动，组织党员领导干部围绕学习贯彻习近平新时代中国特色社会主义思想，列出重点课题、开展理论研究，活动期间共收集调研报告100余篇。以推动习近平新时代中国特色社会主义思想在基层“天天见、天天新、天天深”活动为契机，组织全市党员干部撰写学习习近平新时代中国特色社会主义思想和中共十九大精神心得体会，并在《今日醴陵》报设立《学习进行时》专栏，刊登学习心得体会文章20余篇。深入开展“担当使命任务、加快文化强市建设思与行”专题活动，坚持学用结合、学以致用，用学习推动工作质量整体提升，共收集调研报告20余篇。做好重要著作和重点理论通俗读物的学习发行工作，向全市党员干部发行《习近平谈治国理政》第一卷再版和第二卷1.4万余册、《习近平新时代中国特色社会主义思想三十讲》2.25万余本、《读有所得》1690套和其他政治理论读物5500余本。

【意识形态管理】一是用好制度利器。建立健全意识形态工作责任落实制度，强化各级党委（党组）意识形态工作的主体责任，3月20日召开了全市党务工作会议，各镇（街道）、市直各单位党委（党组）向市委递交了意识形态工作责任状，逐级落实责任。建立健全意识形态工作督查制度、检查制度和考核制度，11月中下旬，采取听取汇报、查阅资料、专项测试和实地检查的形式，对全市各镇（街道）、市直各单位党委（党组）开展了意识形态工作专项督查。主动协调、配合职能部门科学设置意识形态工作绩效考核体系和巡察项目，将意识形态工作考核分值增至4分，将意识形态工作责任制落实情况纳入巡察内容，推动意识形态工作责任制的贯彻落实。二是守好关键阵地。按照谁主管谁负责、谁主办谁负责和属地管理原则，加强对理论、新闻、文艺、出版、讲座、论坛、报告会的管理，涉及意识形态领域的重大活动、重大事件提前介入，及时了解掌握情况，尤其是辖区内的新闻活动、文艺活动、出版活动，认真审查把关，把有可能影响意识形态领域安全的问题解决在萌芽状态。加强新闻宣传和信息报送工作，落实新闻稿件审查制度，对信息报送及采用情况每季度通报一次。加强宣传标语管理，明确各类宣传标语悬挂要求，对不按要求审核、制作、悬挂、更新及撤换的单位进行通报。三是把好前置关口。组织相关责任单位开展意识形态风险排查活动，认真填写排查表，及时全面掌握意识形态领域存在的风险点。密切跟踪苗头性倾向性问题，在《渌江河水水质个别指标异常》《水质监测有“妙招”：探头插在矿泉水瓶内》等事件上，采取切实可行的措施，有效解决有关问题。开展意识形态工作分析研判，在筹备重大活动、出台重大政策、实施重大改革前，均进行舆情分析，把控好正确导向。加强对经济领域形势的分析，积极应对经济领域的各类舆情，做好经济领域意识形态工作。加强部门沟通协调，充分发挥宣传部门的资源优势，抓好特定利益群体的思想督导，确保意识形态领域安全。

【新闻宣传】一是拓展宣传渠道。搭建全媒体结构，在广播电视台设置“六中心一室”，即新闻中心、广播专题影视中心、新媒体中心、广告文艺中心、技术播控中心、行政后勤中心和总编室。构建“一次采集、多元传播、全网覆盖”的全媒体新闻传播格局，一组记者采写，电视、报纸、电台、网站、新媒体等多平台发布，实现文稿、图片、视频资源共享。加大对广播电视台设备投入，添置高清摄像机、无人机、非编、媒资库等采编播设备，高清数字化升级改造采、编、播设备，提质广播播出机房和机关环境。发挥电视、报纸、电台、新媒体的优势，拓宽宣传渠道，以专题专栏、系列报道、新闻评论等形式，推出产业项目建设年、脱贫攻坚、扫黑除恶、改革开放40周年、全域旅游、三创四化、企业帮扶、环保督查、网格化管理、河长制、禁毒等内容的稿件4000余条，播发自办专题节目100余期。二是打造宣传亮点。第三届中国烟花爆竹博览会暨2018醴陵烟花爆竹交易会有来自新华社、中新社、中央人民广播电台、中国应急管理报、人民网等20余家媒体进行宣传报道。2018年中国湖南国际旅游节暨中国（醴陵）国际陶瓷产业博览会，有来自新华社、中新社、经济日报等60余家新闻媒体报道前期预热及活动现场情况，共刊发宣传报道242篇（次）。已故醴籍学子张培祥的文章《卖米》在网络上引发关注，吸引了新华社、湖南卫视等媒体到醴陵市采访报道。中央电视台《朝闻天下》栏目报道了陈觉、赵云霄革命夫妻的感人事迹，中央电视台晚间新闻《百姓无小事》栏目报道醴陵市“小厕所，大民生”新闻。湖南卫视新闻联播聚焦醴陵扶贫工作，在系列报道“精准扶贫在三湘·我们脱贫了”首期节目中以《醴陵市官庄镇4个省级贫困村脱贫摘帽》为题，推介醴陵市扶贫工作经验。湖南卫视《乡村合伙人》节目组到醴陵市拍摄，探索发展乡村旅游、助力乡村振兴的路径。三是提升宣传效果。“一节一会”、花炮博览会等大型活动的对外宣传，进一步提升了全市的影响力和美誉度，让醴陵市再一次成为世界瞩目的焦点。“德国媒体湖湘文化行”采访活动，让德国民众领略了醴陵釉下五彩瓷的魅力。年内，组织协调中央、省、株洲及境外主流媒体刊（播）发重点新闻稿件837条，其中中央级主流媒体发稿41条，国际媒体、港澳台地区重要媒体发稿12条，湖南省级主流媒体发稿129条，株洲市级主流媒体发稿655条。健全完善新闻发布制度，优化新闻发布审批流程，全年举行新闻发布会10场，累计200余家新闻媒体参与采访报道，发布推送稿件1200余条。

【网宣网管工作】 一是加强网络正面宣传。持续推进“党网”改版升级，充分利用醴陵新闻网、“醴陵发布”、醴陵手机台等平台，传播党和政府的权威声音，制作各类专题报道7181条，转发上传各类稿件3681篇。搜狐、新浪、网易新闻网、湖南红网总站等媒体刊发《醴陵：高层次人才招聘跑出人才强市“加速度”》。2月，“新时代　新梦想”网络媒体新春走基层活动到醴陵市开展脱贫攻坚工作采访。红网、华声在线等网络媒体共发稿25条，多角度报道醴陵市脱贫攻坚工作。“醴陵发布”微信公众号每天的头条稿件点击量均在5000人次以上。第三届中国烟花爆竹博览会暨2018醴陵烟花爆竹交易会期间，24.2万名网友通过醴陵手机台在线直播观看开幕式，音乐焰火展演图文推送点击量超20万人次，10万余名网友在微博、微信、QQ群转发、留言、点赞。二是提高网络舆情应对能力。对红网问政湖南、百姓呼声等栏目的民生诉求及时交办回复。切实加强网评员队伍建设，不定期开展网络宣传业务培训和指导，发挥网络红军的积极作用。全年共办结株洲舆情交办函41件，办理醴陵市级舆情358件，编发涉及醴陵市舆情7期，下发交办函117件，向上级报送各类舆情信息2778条。三是依法管网治网。强化互联网违法和不良信息举报工作，持续净化网络环境，协调删除不实信息7批，开展网络评论98批次，转交举报线索662条。加强对网络自媒体的管理，组织自媒体负责人学习相关法律法规知识，强化正面引导，对违反互联网相关管理规定的3家微信公众号、2家网站的负责人进行约谈，进一步规范网上传播秩序。开展“净网2018”专项行动，打击在网络中传播有害信息、造谣生事和利用互联网进行违法犯罪等行为。

【文明创建】 一是注重实践养成。在各高速公路出口、城区醒目位置设立大型公益广告牌，在镇村集中地段、交通要道设置宣传栏和宣传标语，在电视台播放公益广告，利用电子显示屏滚动播放宣传标语，打造社会主义核心价值观文化墙。深化拓展“我们的节日”主题活动，3月29日至4月4日，组织全市中小学师生举办以“缅怀革命先烈，弘扬民族精神”为主题的清明祭英烈活动。举办2018年湖南省“我们的节日·中秋节”主题活动。以弘扬雷锋精神为主题，制定印发《醴陵市2018年学雷锋志愿服务工作实施方案》，组织开展“争当时代雷锋、共创文明醴陵”学雷锋志愿服务活动，成立志愿者组织30余个，在城区设立10余个志愿服务联络点、124个学雷锋志愿服务服务岗和80余个窗口行业便民服务点，注册志愿者达10.6万人。推动社会主义核心价值观入法入规，邀请诚实守信道德模范开展巡讲活动，倡导建立诚信“红黑榜”发布制度，推动形成良好的社会舆论。二是注重示范引领。开展道德模范、身边好人等评选活动，组织协调中央、省、株洲市主流媒体到醴陵市宣传推介先进典型。《人民日报》、新华社等10余家主流媒体，宣传推介孙家湾镇孙家湾村党总支书记叶志钢扎根基层、带领村民致富的先进事迹。《光明日报》《经济日报》等20余家媒体到醴陵市开展“党建引领小个专创新发展”宣传活动，宣传推介醴陵市个体工商户赵石毛先进典型事迹。市税务局和国网湖南省电力公司醴陵市供电公司获得湖南省文明标兵单位参评资格，市卫生和计划生育局和醴陵市渌江投资控股集团有限公司被推荐参评湖南省文明单位，沩山镇、孙家湾村被推荐参评湖南省文明村镇，市安全生产监督管理局、市环境保护局、市农业局等10个单位获得参评株洲市文明单位资格，阳三石小学获得参评湖南省文明校园资格，湖南省轻工高级技工学校、实验小学等12所学校获得参评株洲市文明校园资格。黄明华、邓琳、麻志翔、钟森林登入“湖南好人榜”。陈自绪、付爱园获评株洲市第五届道德模范。开展醴陵市第四届道德模范评选表彰活动，评选表彰陈贤忙、江艳等8名道德模范。组织道德模范和身边好人开展先进事迹宣讲活动300余场，在各公交站宣传橱窗展示道德模范和身边好人事迹，扩大道德模范和身边好人的示范效应。三是注重创建实效。对标湖南省文明城市测评体系，对文明城市创建中存在的问题全面梳理、地毯式清查、一对一整改，10月中旬接受了省测评组的现场验收。深化文明村镇创建工作，推动移风易俗、树立文明乡风，与21家相关责任单位签订移风易俗工作责任状，开展“婚事新办、丧事简办、其他事不办”万人签名活动，巩固拓展移风易俗、文明节俭操办婚丧喜庆事宜工作成果。组织开展家风家训系列征集评选、“家风家教家训”演讲比赛、优秀童谣征集、美德少年评选等活动，市姜湾小学张佳敏、白兔潭镇荷田中学林娜被评为2018届“株洲新时代美德少年”。

【文化建设】一是服务水平提升。推进国家公共文化服务体系示范区创建，对照创建指标，建立“负面清单”。不断完善公共文化设施，继续实施农村电影数字化放映、农村广播“村村响”、送戏下村等文化惠民工程，全年共组织开展“送戏下乡”活动129场次，“十三五”电影放映4092场次；年内，李立三故居消防项目完成验收，省级爱教基地李立三故居增设工运陈列馆启动陈展，图书馆新馆建成。白兔潭、嘉树获评“湖南民间文化艺术之乡”。编纂出版《醴陵历代名人录》，其中收录了李立三、左权、蔡升熙、耿飚等革命先烈的感人事迹。挖掘地方历史民俗文化，组织编写《醴陵风景故事》《醴陵特产故事》，提升文化品位。二是文化产业加快发展。推进陶瓷文化产业发展，编制千亿陶瓷产业集群发展规划，推动陶瓷文化与陶瓷产业深度融合，将文化品牌转化为产业品牌。推进“1915”国际陶瓷文化特色街区、瓷器口等项目建设。筹办醴陵陶瓷学院，提升陶瓷从业人员素质。挑选45件醴陵釉下五彩瓷作为“湘瓷”代表参加“文化中国·湖南文化走进德国”活动。打造烟花鞭炮文化产业，出台“花炮十条”政策，对自动化生产推广应用给予政策和资金扶持。扶持机械化生产龙头企业，打造自动化生产的典型和样板，全市烟花爆竹产业机械化应用率超过70%，爆竹生产100%实现机械化。打造民歌经典《思情鬼歌》的电视音乐短片视频节目，邀请醴陵籍歌手李思宇拍摄《我在醴陵等你》歌曲宣传篇。筹备拍摄《瓷来囍到》《李畋传奇》《瓷城风云》3部电影，推广醴陵陶瓷和花炮两张产业名片，展现醴陵产业特色、历史人文、风土人情。三是文体活动内容丰富。策划、举办第三届中国烟花爆竹博览会暨2018醴陵烟花爆竹交易会、2018年中国湖南国际旅游节暨中国（醴陵）国际陶瓷产业博览会，提升了醴陵市对外知名度和美誉度。举办2018年“欢乐潇湘·五彩醴陵”群众美术、书法、摄影活动，收集作品582件，遴选155件在青少年宫展览，32件作品获株洲市级奖励。承办第二届全国女陶艺家作品双年展，展出作品400余件。承办《株洲春节旅游七天乐》，展示醴陵独有的古窑祭祀、新年第一窑出窑仪式、思情鬼歌、瓷乐和焰火等特色旅游场景。举办2018年醴陵市“台北城杯”“五一”劳动节职工歌手大赛，100余名选手唱响“新时代·新征程·新醴陵”主旋律。组织参加第十一届中国民间艺术节暨第十四届中国民间文艺山花奖、优秀民间艺术表演（民歌）初评活动。举办2018株洲市春季乡村旅游节、醴陵市第二届机关运动会、第19届全国旅游门券收藏展暨2018湖南·醴陵古旧书展等活动，丰富人民群众的精神文化生活。（王贺丰）

统战工作

【概况】2018年，醴陵市统战工作把握大团结大联合主题，突出重点、主动作为，积极创新、不断发力，凝心聚力、共谋发展，围绕中心、服务大局，扎实推进各领域统战工作创新发展，为促进全市经济社会建设作出新的贡献。

【强化政治引领】通过开展系列主题活动，强化政治引领，增进政治共识。邀请第十三届全国人大代表黄小玲传达和分享“两会”精神。发动参与“检验十九大学习成果”微信答题活动。组织参与中共株洲市委统战部开展的“学报告、争先进”为主题的微演说、微视频活动，选送作品分获一、二、三等奖，中共醴陵市委统战部获评优秀组织奖。召开纪念中共中央发布“五一口号”70周年座谈会，市委书记胡湘之出席并讲话，市委副书记邹志超主持。邀请湖南省政协经济科技委员会主任、九三学社湖南省委员会副主任委员吴金明为全市统战工作者，开展纪念中共中央发布“五一口号”70周年专题讲座。

【统一战线工作】一是团结新的社会阶层人士。成立醴陵市新的社会阶层人士联谊会，组织到官庄镇潭塘小学、茶山镇茶溪小学开展关爱边远山区留守儿童活动。二是开展党内党外联谊。落实市委常委与党外代表人士联谊交友制度，落实市政府领导和市直有关部门同各民主党派、市工商联对口联系制度，通过情况通报、参加活动、共同调研、资金支持等方式，为各民主党派、工商联履行职能提供支持和保障。三是加强与海外台侨的联系。春节期间，组织慰问台侨台属10人，召开茶话会共叙情谊。接待陈明仁将军和程潜将军的后代亲属回乡。组织醴陵市台胞台商10人参加株洲市台胞台商中秋座谈会。为参展2018年中国（醴展）国际陶瓷博览会的15家台商提供了服务；组织了全市的侨情摸底，掌握侨属人员近100人。四是整顿宗教工作。开展宗教场所安全隐患排查工作。组织学习《宗教事务条例》，开展宗教业务知识培训。稳步推进基督教乱象治理工作。推动老祖殿重建项目尽快竣工交付醴陵市道协管理和使用。推动四方菩萨造像申报工作，上报四方菩萨造像“一像一案”治理方案，进一步完善申报资料。

【助力中心工作】以同心创建助力乡村振兴。举办了“深化同心创建、助力乡村振兴”同心乡村（社区）业务培训会，整合统战资源力量，指导各镇、村（社区）开展同心创建。由非公经济人士组建的同心教育基金，共募集善款200.05万元，资助贫困学子614人，同心教育基金项目获评省级同心项目。以倾力帮扶助力脱贫攻坚。引导非公企业参与“万企帮万村”精准扶贫行动。截至年末，全市进入“万企帮万村”台账管理系统的民营企业有122家，共帮扶94个村4268户13103位建档立卡贫困人口。以社会服务助力社会治理。组织和引导各民主党派和无党派人士通过开展禁毒宣传、义诊义卖、走访慰问、支教助学等社会服务活动，服务民生、奉献社会。以非公发展助力产业突围。进一步开展企业帮扶专项行动，帮助企业解决实际问题；继续实施产业突围“四个十条”，前三季度兑现奖补资金989.2692万元，共192家次企业受益，全年兑现金额达2500万元。

【党外人士履职】通过加强培训、组织调研等形式，凝聚党外智慧，助推党外人士更好履职，更好地发挥党外“智囊团”的作用。一是加强培训。举办统一战线培训班，不断提升统战队伍能力和素质；推荐党外干部代表赴省、株洲市学习，壮大统战队伍后备力量。二是加强调研。组织开展党外干部座谈会了解党外干部的思想、生活、工作、履职情况，广泛听取对党外干部队伍建设的意见和建议，形成了《关于基层党外干部培养使用有关问题的调研与思考》。组织民主党派到江西省调研全域旅游、到浙江省调研美丽乡村、到江西省景德镇市调研陶瓷产业，完成了《提高干群素养，推动乡村经济持续振兴》《如何引导党外知识分子在社会主义建设中发挥重要作用》《关于加强我市青少年禁毒预防教育工作的调研》等调研报告。三是加强监督。组织党外代表人士通过微建议参政议政。截至年末，近50名党外代表人士，提交社会民生微建议100余条。组织民主党派围绕脱贫攻坚、“四大战役”、全面建设小康社会等市委、市政府中心工作，建言献策、开展调研，撰写信息200余条、调研文章30余篇，建议提案50余件，社情民意200余条以精准脱贫、湘江保护、防范和化解金融风险等主题开展专项民主监督，提出意见建议。（李　超）

机构编制

【概况】2018年年末，全市有市直党政群机关、政法系统、镇、街道办事处机构84个。全市行政编制总计2594名，其中市直党政群机关888名、政法系统818名、镇和街道888名（含财政所）；实有行政人员总计2267人，其中市直党政群机关848人、政法系统767人、镇和街道652人（含财政所）。全市工勤编制总计128名，实有工勤人员65人。全市有事业单位606个，其中全额拨款机构540个、差额补贴机构35个、经费自筹机构31个；有事业编制14095名，其中全额拨款编制11171名、差额拨款编制2482名、经费自理编制442名；事业单位实有10683人，其中全额拨款8793人、差额拨款1569人、经费自理321人。

【机构改革】一是推进监察体制体制改革。撤销市监察局，核销领导职数。撤销市人民检察院反贪污贿赂局、反渎职侵权局，核销领导职数。撤销市人民检察院职务犯罪预防科，市纪委派驻纪检组统一更名为市纪委监委派驻纪检监察组。二是推进城管体制改革。醴陵市城市管理和行政执法局更名为醴陵市城市管理和综合执法局，仍为市人民政府工作部门，主管全市城市管理和综合执法工作。对城市管理和综合执法体制改革工作涉及的有关职能和机构进行了划转，将市住房和城乡规划建设局下属的市灯饰管理所、市园林绿化管理局（城市绿化委员会办公室）、市市政工程管理处整体划转至市城市管理和综合执法局，为市城市管理和综合执法局下属事业机构。

【其他机构的设立、挂牌、更名和调整】中共醴陵市委政法委员会加挂中共醴陵市委防范和处理邪教问题领导小组办公室、醴陵市人民政府防范和处理邪教问题办公室牌子。撤销醴陵市行业办公室，设立醴陵市供销合作社联合社，为市人民政府直属正科级全额拨款事业单位。撤销醴陵市文物局加挂的“醴陵市博物馆”牌子。醴陵市李铎艺术馆更名为醴陵市博物馆。（邓广云）

党校工作

【概况】2018年，中共醴陵市委党校共完成各类培训班42期，培训干部3777人次；其中完成主体班11个14期，培训轮训干部1145人次，学员到训率、结业率100%。主体班学员到课率、就餐率、住宿率、结业考核成绩优良率分别达95%、92%、90%、91%，学员对培训质量满意度达97%。累计投入专项资金近700万元，用于办公、教学、会议等区域提质改造和办公设备、教室桌椅、多媒体电教设备更新，校园面貌更新，功能布局合理。年内，中共醴陵市委党校成功创建“全省综合示范性县级党校行政学校”。吸引了莲花县委党校、耒阳县委党校、浏阳市委党校、衡东县委党校等单位前往学习交流。省环境保护厅、省有色地质勘查局、株洲市委组织部等部门和单位前往开展培训。

【干部教育培训】中共醴陵市委党校坚持将党的理论教育和党性教育作为重点，做好干部教育培训主业工作。课时占比方面，在主体班教学中，理论教育与党性教育课时均达到总课时的50%以上。课程设置方面，举行集体备课10次，在各类主体班中开设习近平新时代中国特色社会主义思想、中共十九大精神和意识形态领域专题6个。在1个月以上的主体班设置了理论教育与党性教育专题单元，筑牢理论教育与党性修养基础地位。异地教学方面，中青班到江西省安源、莲花、昌故居、永新、井冈山等地开展“不忘初心、牢记使命”异地教学；科干班赴井冈山革命根据地开展革命传统教育专题异地教学等。班级活动方面，中青班学员到10个贫困村开展“三进三同”（进基层、进村子、进农户，深入农村一线、深入到农民群众中；同吃、同住、同劳动，吃住在农民家中）实践教学活动，并进行了半个月的军训体验式教学；在科干班、中青班、中层干部班分别开设窗口单位参观考察、农村体验等内容的党日活动，通过开展班级论坛、党日活动、实践教学、演讲比赛等班级活动，遵循“认知—感悟—认同—践行”的规律，实现了党性教育“有用”和“有效”的结合。有湖南红网、《株洲日报》等11家省、株洲市媒体对中共醴陵市委党校特色实践教学活动进行了宣传报道30余次。

【教学科研】一是优化科研奖励制度。修订完善并出台了《教学科研工作管理办法》和《调研管理制度》，财力、物力、时间向科研领域倾斜。年内，在株洲市党校、行政学院（校）系统理论研讨会论文评选中，邹明麟撰写的论文《挖掘本土红色资源强化思想政治教育——以醴陵市为例》获一等奖并在省级刊物上公开发表，《经济新常态下县域经济之陶瓷产业科技创新对策研究》等2篇论文获二等奖，《浅谈醴陵市农村综合性改革试点试验——以醴陵枫林镇隆兴坳村为例》等3篇论文获三等奖。遴选了8篇高质量调研报告，呈市委、市政府以供决策参考，《推进全域旅游创建　建设如画美丽醴陵》获得市人大认可。结合醴陵市重点、热点工作，申报的省级课题《红色资源在政治建设中的功能分析——以醴陵为例》、株洲市级课题《全面推行“河长制”背景下渌江水系治理研究》成功立项。二是选派教师充电进修。年内，选派1人到中央党校、2人到省委党校、3人到浙江大学参加学习培训。三是开辟新的科研载体，继续办好校刊《醴陵党校》。继《醴陵文化十讲》《中国共产党醴陵历史》之后，推出地方特色干训教材《渌江书院史话》，与醴陵市史志档案局合作编著了《醴陵党史简明读本》，出版《醴陵党校》4期。（荣　敏）

老干部工作

【概况】2018年，全市有离退休干部7900余人，其中离休干部101人、享受副县级以上待遇的退休干部65人、“506”老干部40人；设有离退休干部党支部64个。全年市委老干部局从夯实离退休干部党建基础、加强离退休干部服务管理、发挥离退休干部正能量方面开展工作，推动老干部工作再上新台阶。

【强化离退休干部思想教育】一是把握学习重点。以学习中共十九大精神和习近平新时代中国特色社会主义思想为重点，以“不忘初心　牢记使命”为主题，深化开展“两学一做”学习教育。以离退休支部为单位，按照时间节点，组织离退休干部学习中共十九大精神、党章、“两会”精神、《中国共产党纪律处分条例》、《中国共产党支部工作条例》等内容，确保老干部思想常新、日常学习常态。编印中共十九大资料合集400余份，发放给全市离退休干部，并为行动不便的老干部送学上门。二是建好学习平台。6月27日，醴陵市老干部党校在市老年大学挂牌成立，为离退休干部教育提供了新阵地，市级拨付专项经费8万元。每月至少开展一次大型集中报告会，聘请省、株洲市名师进行专题学习辅导，参加培训学习的老干部达1000人次。利用“红星云”、“醴陵老干部”微信公众号平台，引导干部自主学习。三是激发学习热情。开展微党课制作活动，选送优秀作品参加全省微党课征集活动。由市委离退休干部工作委员会办公室制作的《以党建工作为抓手　全面推进离退休干部工作转型发展》微党课PPT，获得省委组织部组织的党员教育电视片观摩交流活动三等奖。四是培训党建骨干。年内，将离退休党建骨干培训纳入全市每年的干部教育培训计划。4月23—25日，组织全市70余名离退休支部书记或老年（老干）工作专干参加第二期醴陵市离退休干部党建骨干培训班。

【离退休干部党建工作】一是加强统筹部署。研究制定《中共醴陵市离退休干部工作委员会2018年工作要点》《中共醴陵市离退休干部工作委员会印发关于开展争创示范离退休干部党支部活动的通知》和《中共醴陵市离退休干部工作委员会印发关于离退休支部“五化”建设标准化的通知》等文件。要求各离退休支部认真执行“三会一课”、党员积分管理、支部书记双述双评、支部主题党日等制度。选优配强离退休干部党组织班子，及时做好换届选举工作。10月，要求各单位建立离退休干部党建台账，进行汇总整理，汇编成册，形成完备的全市离退休干部党建基础数据。二是加强示范创建。年内，市教育局离退休干部党支部、市国税局离退休干部党支部、浦口镇离退休干部党支部、来龙门街道离退休干部党支部获评株洲市示范离退休干部党支部，其中3个支部同时通过中共株洲市离退休干部工作委员会组织的“五化”示范离退休支部考评验收。三是加强调研督导。建立了市委离退休干部工作委员会每季度开展一次调研和各支部每季度上报一份整改清单制度。3月开始，市委老干部局带队到各单位开展离退休干部党建工作调研，了解问题和困难，督查督办具体工作落实。四是加强工作保障。市委、市政府印发了《关于贯彻落实湘办〔2017〕32号文件有关事项的通知》等文件，规定离退休干部党组织工作经费每人每年1000元列入各单位年度预算，离退休干部党组织负责人每月700元的工作补贴从2018年起列入财政预算，年内已拨付发放到位。市委组织部对2017年足额缴纳党费的离退休支部，实行党费全额返还用于开展活动。年内全市新增离退休干部活动场地13个。市房产管理局投入13万元对离退休支部活动场地进行了改造。

【落实离退休干部生活待遇】一是开展慰问关怀。探望胡续明等30余名生病住院的老干部，发放慰问物资10余万元。“七一”期间走访慰问姚岳嵩等20余名老党员。春节、重阳节走访慰问全覆盖，发放慰问金和慰问物资近20余万元。二是开展离退休干部帮扶。5月，开展离退休干部困难帮扶资金申报工作。6月，走访帮扶贺秀珍等23名特殊困难离退休干部及遗孀，发放帮扶资金3万元。12月，对全市56名老干部开展困难帮扶，发放帮扶资金7万元。三是落实湘老干〔2018〕26号、株老干〔2018〕6号文件精神，2018年7月1日开始，厅级离休干部交通费标准提高至每人每月200元，处级离休干部每人每月110元，科级及以下离休干部每人每月80元。于11月底保证了全市离休干部交通费提标金额发放到位。

【主题活动】在全市离退休干部中开展了庆祝建党97周年、改革开放40周年、传承红色基因、学习姜开斌同志先进事迹等主题活动。10月开始，在全市老干部中开展“学先进 当表率 向姜开斌等同志学习活动”。组织副县级以上离退休老领导重阳节“我看改革发展新变化”考察活动。在“我看改革发展新变化”全市老年人书画作品展活动中，展出老年人作品150余幅。在“传承红色基因 争做时代新人”活动中，老干部参与关心下一代工作，其中市第四中学离休教师彭骏助学的先进事迹受到省委老干部局“三湘老干部”报道。全市优秀离退休干部党员代表、供销社离休干部康扬名受邀参加市渌江集团的主题党日活动讲授红色党课。市老年人体育协会争取资金18万元改造门球场地，组织各类体育培训和活动。市老年大学组建了党支部，在支委班子的带领下，学员们开展了送文艺到村和社区、敬老院等志愿活动。

【服务中心工作】组织老干部、老党员发挥自身优势，在精准扶贫、城市“三创四化”中贡献力量。市农业局、市老科学技术工作者协会组织老农技人员深入田间地头，传授技能，帮助农民掌握技术。市卫计系统、市老年保健协会组织老专家、老医生，组建志愿者医疗小分队，到乡镇、村（社区）开展送健康和义诊活动，受益群众1万余人。市教育局离退休支部募集捐款20余万元，帮助贫困学生101人。在“三创四化”工作中，市环境保护协会、市环境保护局、市城市管理和行政执法局等离退休支部，组织老党员开展垃圾清理、文明劝导、守护母亲河等系列志愿服务。各镇（街道）离退休支部成员通过发挥自身优势在维护稳定、化解基层矛盾中发挥积极作用，其中白兔潭镇退休党员黄申炎成为“株洲市十大新时代乡贤”候选人。（李春玲）

醴陵市人民代表大会常务委员会

【市第十六届人大第三次会议】市第十六届人民代表大会第三次会议于1月10—12日在中国陶瓷谷国际会展中心举行。会议听取和审议市人民政府市长康月林所作的《政府工作报告》、市人大常委会主任贺小玲所作的《醴陵市人民代表大会常务委员会工作报告》、市发展和改革局局长吴均成所作的《醴陵市2017年国民经济和社会发展计划执行情况与2018年国民经济和社会发展计划草案的报告》、市财政局局长夏春良所作的《醴陵市2017年财政预算执行情况与2018年财政预算草案的报告》、市环境保护局局长许君明所作的《醴陵市2017年环境状况和环境保护目标完成情况的报告及2018年环境保护目标的报告》、市人民法院院长刘望鸣所作的《醴陵市人民法院工作报告》、市人民检察院检察长黄晓军所作的《醴陵市人民检察院工作报告》。会议通过有关决议决定，选举易文星为醴陵市监察委员会主任，选举熊习军、杨璟为醴陵市第十六届人民代表大会常务委员会委员。

【市第十六届人大常委会第九次至第十八次会议】市第十六届人民代表大会常务委员会第九次会议于1月14日在市人大常委会会议室举行。会议审议表决《醴陵市人民代表大会常务委员会关于醴陵市监察委员会副主任、委员任免和宪法宣誓程序的决定》，会议任命曾毅鹏为醴陵市人民政府副市长，彭新、彭秋生、罗谷为市监察委员会副主任，付颖、姚宁、王振、彭巍为市监察委员会委员，周高尚为市人民法院副院长。

市第十六届人民代表大会常务委员会第十次会议于2月6日在市人大常委会会议室举行。会议听取和审议醴陵市人民政府关于提请审议4个购买服务有关事项的议案。会议通过《关于批准〈醴陵市人民政府关于提请审议四个政府购买服务有关事项的议案〉的决定（草案）》。会议听取和审议《关于提请审议调整2017年财政支出预算的议案》，并通过《关于批准市人民政府〈关于提请审议调整2017年财政支出预算的议案〉的决定（草案）》。会议审议并通过《醴陵市人民代表大会常务委员会关于专项工作评议的暂行办法（修订草案）》。

市第十六届人民代表大会常务委员会第十一次会议于3月28日在市人大常委会会议室举行。第十三届全国人大代表黄小玲向与会人员传达第十三届全国人大一次会议的会议精神。会议进行人事任免，听取和审议《关于提名杨占文任职的议案》《关于提请决定任免王小兰等职务的议案》《关于提请任免钟富强等职务的议案》《关于提请任免邓枫等职务的议案》，并进行表决和任免，举行新任命人员向宪法宣誓仪式。会议听取市人民法院关于贯彻实施《中华人民共和国行政诉讼法》情况的报告，以及市人大法制委员会关于醴陵市人民法院贯彻实施《中华人民共和国行政诉讼法》工作情况的调查报告。

市第十六届人民代表大会常务委员会第十二次会议于5月29日在市人大常委会会议室举行。会议听取市经济科技信息化局关于醴陵市贯彻执行《中华人民共和国促进科技成果转化法》情况的汇报以及市人大常委会教科文卫工作委员会关于醴陵市实施《中华人民共和国促进科技成果转化法》情况的调查报告。会议听取和审议醴陵市餐厨废弃物无害化处理与能源化利用项目有关事项的议案，并通过相关议案的决定草案。会议还听取了部分驻醴株洲市第十五届人大代表履职情况汇报。

市第十六届人民代表大会常务委员会第十三次会议于7月27日在市人大常委会会议室举行。会议听取市发展和改革局关于2018年上半年国民经济和社会发展计划执行情况的汇报、市财政局关于2017年市本级财政总决算及2018年上半年财政预算执行情况的汇报、市审计局关于2017年度财政预算执行和其他财政收支的审计工作报告、市人大财政经济工作委员会关于2017年财政决算和2018年上半年国民经济和社会发展计划及财政预算执行情况的调查报告，审查和通过醴陵市2017年财政总决算的决定。会议听取和审议醴陵市2018年上半年环保工作报告。会议还书面听取和审议2018年上半年市人民法院、市人民检察院工作报告，书面听取部分驻醴株洲市第十五届人大代表履职情况报告。

市第十六届人民代表大会常务委员会第十四次会议于9月28日在市人大常委会会议室举行。会议听取市人民政府关于市第十六届人大第三次会议代表建议、批评和意见办理情况的报告。会议听取和审议2017年度财政预算执行和其他财政收支审计查出问题整改情况的报告。会议书面听取和审议政府工作报告各项任务完成情况，传达全省市县两级人大常委会负责人学习培训精神。

市第十六届人民代表大会常务委员会第十五次会议于10月23日在市人大常委会会议室和中国陶瓷谷国际会展中心一楼宴会中心举行。会议听取审议市人大常委会主任提出的《关于提请决定任免钟显亮等职务的议案》、市人民政府市长提出的《关于提请决定任免曾敏等同志职务的议案》和市人民法院院长提出的《关于提请任命杨坚等同志的议案》。会议决定任命曾敏为醴陵市人民政府副市长，杨翔为醴陵市安全生产监督管理局局长，钟显亮为市来龙门街道人大工作委员会主任，施祖泰为市阳三石街道人大工作委员会主任；任命杨坚为市人民法院审判委员会委员，宋蓓、曾勇、匡小珊为市人民法院审判员。会议召开专项工作评议大会，听取市卫生和计划生育局、市交通运输局、市城市管理和行政执法局、市发展和改革局、市水利局所作的5个专项工作情况汇报和市人大常委会对5个专项工作的调查报告，市审计局和市政府法制办公室对5个单位所作的审计报告、依法行政报告，部分常委会委员、人大代表作了评议发言。常委会全体组成人员、部分人大代表在认真审议的基础上对5个专项工作开展情况进行满意度测评，5个被评议责任单位的测评结果均为“满意单位”。

市第十六届人民代表大会常务委员会第十六次会议于11月28日在市人大常委会会议室举行。会议听取审议市扶贫开发领导小组办公室关于脱贫攻坚工作情况的汇报、市人大常委会农业和农村经济工作委员会关于脱贫攻坚工作情况的调查报告。会议书面听取市财政局关于农村综合性改革试点项目实施情况的汇报。会议还听取审议专项工作评议整改落实情况汇报。会议接受丁辉、宋友红辞去醴陵市第十六届人民代表大会常务委员会委员的申请，以及邹政大等10人辞去醴陵市第十六届人大代表的申请。

市第十六届人民代表大会常务委员会第十七次会议于12月6日在市人大常委会会议室举行。会议补选汤文、杜志坚为株洲市第十五届人大代表。

市第十六届人民代表大会常务委员会第十八次会议于12月25日在市人大常委会会议室举行。会议任命董巍为醴陵市人民政府副市长，并决定董巍为醴陵市人民政府代理市长。

【脱贫攻坚】 年内，市人大常委会专题听取市人民政府脱贫攻坚工作情况汇报，提出着力固本强基、强化扶贫保障、提升脱贫质量的要求。市人大常委会正副主任按照全市统一安排和部署，深入12个联系点行政村重点帮扶，机关干部联系建档立卡贫困户44户149人，全市920名各级人大代表投身脱贫攻坚一线，结对帮扶贫困户2488户，为改善贫困村基础设施、发展扶贫产业、帮助贫困人口早日脱贫献计出力。

【重点项目建设】 组织全体代表对城市亮化工程和“瓷城古韵·一江两岸”项目进行视察。市人大常委会领导联系中模绿建、城市外环线、船湾服饰小镇、东富特色小镇等一批重点工程，共重点帮扶企业19家，及时解决项目建设和企业发展中存在的困难和问题，企业稳步发展，项目均按要求有序推进。

【司法监督】 开展宪法宣传，配合上级人大开展立法调研，参加全国人大社会建设委员会修订《中华人民共和国未成年人保护法》的立法调研，配合株洲市人大进行工业遗产保护法的立法调研，为上级人大立法提供依据。认真开展规范性文件备案审查，对政府及有关部门报送备案的12件规范性文件进行登记、备案和审查。广泛宣传《株洲市农村村庄规划建设管理条例》，对《株洲市城市综合管理条例》的执行情况进行督导检查。做好涉法涉诉信访工作，年内接待群众来访43批216人次。

【关注民生】 年内，市人大常委会开展城区饮用水专题调研，向市人民政府发出《关于尽快办理〈关于迅速落实官庄水厂项目建设的决议〉的意见》，要求市人民政府及有关部门加强组织领导，采取切实举措，迅速启动醴陵市第二座自来水厂的建设。针对百姓关注的生态环境问题，专题听取畜禽养殖粪污资源化利用工作情况汇报，建议市人民政府及有关部门高度重视环保督查，有序推进畜禽粪污资源化利用项目的整体实施，严守生态保护红线、环境质量底线、资源利用上线，坚决打赢污染防治攻坚战。市人大常委会专题听取《中华人民共和国促进科技成果转化法》贯彻执行情况汇报，要求市人民政府及相关部门要搭建平台、营造环境、重视人才，形成大众创业万众创新的良好氛围。深入全市职业学校展开调研，了解到保障职业教育资金投入、合理配置教育资源、做大做强全市职业教育的重要性、紧迫性。针对产业发展问题，主任会议听取招商引资工作情况汇报，提出健全招商工作机制、注重招商引资层次和优化招商营商环境的意见。

【代表工作】一是强化培训学习。举办第二期、第三期市人大代表履职培训班，培训代表110人，将代表学习心得结集成册，编印《代表履职培训学习心得》，提升代表履职能力和水平。二是强化平台建设。开展代表小组活动，围绕“两型”发展、乡村振兴、水源地保护等主题提出一批有价值、有针对性的意见和建议。加快代表学习阵地建设，建成27个行政村（社区）人大代表联系群众工作室。拓宽代表履职渠道，邀请市人大代表列席人大常委会会议，定期邀请市人大代表参与调研活动。三是强化建议督办。做好代表建议督办工作，选择涉及面广、与群众利益息息相关的6件建议作为重点督办建议，由市人大常委会主任会议成员牵头督办。在办理《关于拆除城南中学周边违章建筑，净化校园周边环境的建议》过程中，强力督办，解决20多年的历史遗留问题。四是强化履职管理。制定并推行《市人大各专门委员会、市人大常委会各委办与人大代表、各单位、镇（街道）工作联系制度》，切实推动市人大常委会组成人员联系代表经常化、制度化、规范化。指导各镇、街道建立人大代表履职档案，及时记录代表履职信息。

【重大事项决定】2018年，市人大常委会围绕打赢“四大战役”、建设“四个醴陵”的工作大局，作出《关于批准〈醴陵市人民政府关于提请审议醴陵市餐厨废弃物无害化处理与能源化利用项目有关事项的议案〉的决定》等决议、决定和审议意见共13项，修订完善《醴陵市人民代表大会常务委员会关于专项工作评议的暂行办法》。围绕基层医疗卫生服务体系建设、花炮产业发展等方面开展调研，通过《关于批准〈醴陵市人民政府关于提请审议四个政府购买服务有关事项的议案〉的决定》《关于批准醴陵市2017年财政总决算的决定》等，在推动全市改革发展稳定，推进民主法治建设进程，决胜全面建成小康社会等方面发挥重要作用。

【人事任免】坚持党管干部和人大常委会依法任免干部的有机统一，继续完善任前法律考试、任前发言、审议表决和向宪法宣誓等程序，年内共依法任免国家机关工作人员49人次，市委意图和人民意愿通过法定程序得到圆满实现。在市第十六届人大第三次会议上，醴陵市首届监察委员会主任在大会选举中以全票当选。及时接受株洲市人大代表辞职1人次，补选株洲市人大代表2人次，依法审查代表辞职、补选、资格终止25人次。（龙　隆）

醴陵市人民政府

【概况】2018年，醴陵市紧扣高质量发展要求，深入推进“四大战役”，加快建设“四个醴陵”，实现经济社会平稳健康发展。全年实现地区生产总值增长7.4%。完成财政总收入60.2亿元，其中一般公共预算收入41.8亿元。完成税收收入31亿元，占一般公共预算收入比重提高21个百分点达74.2%。规模工业增加值增长7.7%。固定资产投资增长7.8%。社会消费品零售总额增长9.9%。城、乡居民人均可支配收入分别增长7.8%、8.3%。经济综合发展和基本竞争力实现“双进位”，分别名列全国百强县（市）第55位、第73位。跻身中部百强县（市）第14位，位居中国幸福百县榜第22位。全年获得国家级、省部级荣誉30余项，安全生产、人口和计划生育、社会综合治理三项工作连续两年获全省先进，是全省蝉联三项先进的唯一县（市）。烟花爆竹机械化生产、脱贫攻坚、妇幼健康等40余项国家级、省市级重点工作现场会在醴陵市召开。比全国提前3年实现整体脱贫、同步全面小康，获评全省全面小康推进工作先进单位。

【产业发展】推动三次产业融合发展，三次产业结构比为8.3∶54.8∶36.9。开展“产业项目建设年”活动，全面落实产业突围“四个十条”政策，支持实体经济发展，累计兑现奖补资金1.3亿元，惠及企业890余家次。举办中国工业品牌之旅醴陵行活动。5家企业入选全省上市后备企业资源库。智能制造步伐加快，参与研发全国首条陶瓷等静压自动化生产线，并在全市陶瓷企业推广应用；7条烟花和1条爆竹自动化生产线建成投产。加快园区发展，出台《关于进一步加快园区转型升级和创新发展的若干意见》，实现园区技工贸收入445亿元，同口径增长14.5%，高新技术产品产值增长15.6%，获评“全省发展开放型经济优秀园区”。推动大众创业万众创新，瓷城众创空间、电商产业园成功申报省级众创空间。全面实施乡村振兴战略，完成11个农村综合性改革年度试点项目，种植结构调整面积达7千公顷，率先通过农村土地确权登记颁证省级验收，获评农村集体产权制度改革、水库移民工作全省先进。严格落实非洲猪瘟防控措施，成功隔绝疫情入境。有效应对百年一遇的持续干旱，粮食产量实现“十五连丰”，获评全省粮食生产标兵县。发展会展经济，举办中国湖南国际旅游节暨中国（醴陵）国际陶瓷产业博览会、中国烟花爆竹博览会、2018湖南醴陵房地产博览会。促进全域旅游，全年接待游客627.33万人次，实现旅游综合收入67.16亿元，分别增长13.05%、14.86%。提质改造李立三故居、东富寺、袁昌英纪念园等景点，“清水湾畔”创建国家AAA级旅游景区。经济开放度不断提高，深圳盐田国际醴陵内陆港揭牌，铁海联运“五定班列”正式开通。春秋两季广交会实现交易额1.66亿美元，增长20%。进出口总额首次突破4亿美元，达4.8亿美元，增长31.8%。

【项目建设】引进城乡生活垃圾资源化处理、旗滨高性能电子玻璃等92个项目，合同引资280亿元。完成到位外资2.4亿美元，内联引资58.3亿元，分别增长16.4%、18.2%。完成征地703.73公顷、征拆房屋2054栋（套）、项目“清零”52个。全年报批土地366.66公顷，动态储备土地266.66公顷。中盐红四方湖南生产基地、国家级电瓷电器检验检测中心等112个项目开工建设，东富电力电瓷电器产业园、东城大道、瓷城古韵·一江两岸等项目加快推进，瓷器口街区、醴陵·世界陶瓷艺术城（二期）等88个项目竣工使用。醴陵压气站项目建成并供气，有效缓解全省“用气荒”。

【城乡环境】深入开展“三创四化”，创建省级文明城市通过验收，创建国家卫生城市进入省级程序，创建国家园林城市顺利完成申报。全面推行“河长制”，实施“还我一湖清水”三年行动计划，重点水库实现畜禽全面退养、网箱养鱼全面取缔。新建11处广场游园，寨子岭公园加快建设，“一江两岸”南岸二号段对外开放。完成了李立三故居、刘家巷等片区提质改造，改善了太一、阳三、姜湾等农贸市场环境。推进了玉瓷路、岭前路等道路建设，莲株高速、东富大道竣工通车。完成狮子坡水厂提质扩容，城区老旧供水管网“升级换代”。大力推进“厕所革命”，新改建卫生厕所9731座，经验被中央电视台专题推介。新增、改造城市建成区绿地面积68.9公顷，拆除违法建筑5.38万平方米。全年空气质量优良天数达331天，优良率90.7%。创建美丽乡村10个，农村环境综合整治整县市推进项目完成90%以上。创建省级“四好农村路”示范县（市），完成村组联通公路建设320千米、自然村通水泥（沥青）路建设112千米。建成农村安全饮水工程17处，渌江河断面水质达到Ⅲ类及以上标准，望仙桥水库、官庄水库水源地水质达标率保持100%。持续抓好“七个一”，全面完成“村村响”“户户通”工程。特色小镇建设有序推进，白兔潭镇获评省新型城镇化示范镇。

【三大攻坚战】着力防范化解金融风险，主动“停缓调撤”项目119个，压减投资283亿元；稳妥化解政府存量债务，金融运行基本平稳，经验做法在全省推介。金融机构各项存贷款余额分别为363.7亿元、224.3亿元，增长5.9%、26.6%。渌江集团发行2018年湖南省首支AA县级平台公司私募债。扎实开展防范和处置非法集资行动，有效巩固“省级金融安全区”创建成果。决战决胜脱贫攻坚，实现3165户10953人脱贫，综合贫困发生率下降至0.45%。完成610户1819人易地扶贫搬迁任务，改造建档立卡贫困户危房360户。发放产业精准扶贫贷款9.92亿元，新增小额扶贫贷款2231户6846.3万元，连续3年获评全省扶贫工作先进县（市）。抓好环保督察问题整改，中央、省环保督察组反馈的84件问题全面整改到位。开展“利剑治污”专项整治行动，推行环境保护“网格化”管理机制，充分发挥环保志愿者作用，齐抓共管的大环保格局基本形成。

【民生事业】城乡低保、农村分散特困供养人均月标准分别达320元、170元和364元，获评省“五化”民政建设先进县（市）。全面落实先诊疗、后付费政策，“一站式”结算窗口和贫困户患者救治“绿色通道”实现全覆盖。新增城镇就业8946人，农村劳动力转移就业4655人。完成59所标准化学校建设、30所农村薄弱学校提质改造。实现义务教育超大班额“清零”，消除大班额199个。高考本科二批及以上上线率达63.9%，获得株洲地区“五连冠”。完成湖南工业大学醴陵陶瓷学院一期主体工程建设，进入使用筹备阶段。深化医药卫生体制改革，医疗服务能力不断提升，市域内就诊率位居全省前列。继续开展“湘雅乡情·专家醴陵行”活动，惠及群众3万余人。获全省计划生育服务管理创新奖，创建省级基层中医药工作先进单位。渌江书院开坛讲学，创建国家公共文化服务体系示范区，获评省“书画之乡”。嘉树镇、白兔潭镇获评“湖南民间文化艺术之乡”。

【社会管理】烟花爆竹、煤矿、非煤矿山、危化品等直管高危行业领域安全生产连续30个月实现“零伤亡”。搭建“网格化”服务管理平台，“网格化”管理工作入选全国加强和创新社会治理典范案例，获评全国社会治理创新示范城市。构建农村交通安全防控体系，超限超载治理工作取得阶段性成果。积极化解社会矛盾，办结中央、省委巡视组交办的信访件85件，化解信访积案23件。“12345”市长热线受理群众来电2.6万余个，问题解决满意率达99.6%。积极创建“无毒醴陵”，人民群众禁毒满意度不断提升。开展扫黑除恶专项斗争，推行“一村一辅警、一格一助警”农村综合治理新模式，刑事发案率连续3年持续下降，群众的安全感大幅提高。全力推进军民融合发展，市人民武装部获评“全省全面建设先进单位”“全省安全管理工作先进单位”。（刘　涛）

【市人民政府党组会议】2018年，市人民政府共召开党组会议9次。

1月16日，研究醴陵市城乡生活垃圾资源化处理PPP项目、2018年政府购买棚改服务、追加2017中国醴陵国际陶瓷产业博览会工作经费、醴陵市农村危房改造及农村土坯房百日攻坚资金、株洲醴陵旗滨玻璃有限公司燃料技改项目、湖南新世纪陶瓷2014年特色县域经济重点县项目资金、全市三级干部会奖项设置、《政府工作报告》重点工作任务分解、产业突围“四个十条”四季度兑现、城市管理和综合执法体制改革等有关问题，学习《中华人民共和国土地管理法》。

3月23日，研究旗滨集团高性能电子玻璃生产项目、创新创业服务中心项目智能化工程深化设计及概算、创建省级食品安全示范城市、重新划分管道燃气特许经营范围、禁赌工作、加强消防工作保障、醴陵陶瓷学院办学经费等有关问题，学习《株洲市农村村庄规划建设管理条例》。

5月15日，研究国土资源管理、4月份市政府月度交办重点工作任务、制定《醴陵市第二次污染源普查实施方案》、制定《醴陵市校车安全管理实施细则》、全市金融工作、调整市渌江集团投资经营决策权限等有关问题，传达学习《中共醴陵市委关于进一步贯彻落实中央八项规定精神的实施办法》、习近平总书记长江考察重要讲话精神、“5·7”省纪委办理中央巡视组移交问题线索情况汇报会精神和《中华人民共和国水污染防治法》。

6月14日,研究全市教育工作、醴陵市城乡生活垃圾资源化处理PPP项目合同及生活垃圾无害化处理场改扩建、湖南醴陵经济开发区调区扩区、醴陵高新会展有限公司重组、五环国际都会房产项目和马背岭项目、农村综合服务平台建设和村干部薪酬管理以及调整村级运转经费拨付、1996—1998年分配到乡镇的大中专毕业生信访处置、恒达烟花缴纳被征地农民社会保障金等有关问题，学习应急管理工作相关知识。

7月13日，研究开展自然村通水泥（沥青）路建设工作、产业突围“四个十条”兑现、醴陵市2018年“民生100”工程工作、岳汝高速连接线（玉瓷路一期）项目调整投资规模及变更增量、醴陵市城区自来水价格调整方案、2018年国际旅游节暨中国（醴陵）国际陶瓷产业博览会、全市民族宗教工作、对醴陵釉下五彩开发建设有限公司项目进行产业扶持等有关问题，听取5月、6月市政府月度交办重点工作任务完成情况，学习安全生产相关知识。

7月30日，研究醴陵市“十三五”规划实施情况中期评估报告、经济普查工作、醴陵市全面推进农村集体产权制度改革、提高城乡低保救助标准、高龄老人生活补贴提标扩面和镇（街道、长庆示范区）社会工作服务站建设工作，醴陵市畜禽粪污资源化利用重点县建设项目等有关问题。

9月13日，研究制定《醴陵市采矿采砂挖沙洗沙行业“利剑治污”专项整治行动方案》、进一步做好征地工作、醴陵市本级群众和企业到政府办事“最多跑一次”事项梳理、制定《醴陵市政府性债务风险应急处置预案》、市产业发展基金有限公司追加风险补偿金等有关问题，听取7、8月份市政府月度交办重点工作任务完成情况，学习《中华人民共和国合同法》。

10月16日，研究2018年度“四个十条”政策三季度兑现、全市烟花爆竹生产工区退出工作、《湖南醴陵经济开发区产业扶持资金管理办法（试行）》、市政公司归口管理工作、给予2017年度机关事业单位公务员嘉奖和记三等功、全市非洲猪瘟防控工作、支持湖南醴陵红玉红瓷陶瓷有限责任公司发展升级等有关问题，传达学习全省深化机构改革动员大会会议精神、全省三年禁毒大行动总结表彰暨部署新一轮禁毒人民战争会议精神和民族宗教有关知识。

12月14日，研究全市水稻生产功能区和重要农产品生产保护区划定工作，湖南锦绣华联房地产有限公司和湖南银山房地产开发有限公司请求用奖励资金冲抵报建规费、市中（一）医院建设、醴陵市污水处理服务费、城镇学校布局调整、学位扩容和成立醴陵市教育基金会、制定《醴陵市政府隐性债务化解方案》、2018年财政收支预计完成情况及2019年财政预算编制等有关问题，学习《防范和惩治统计造假、弄虚作假督察工作规定》。

【市人民政府常务会议】2018年，市人民政府共召开常务会议4次。

3月16日，学习《中共湖南省委湖南省人民政府关于严控政府性债务增长切实防范债务风险的若干意见》文件精神和统计法相关知识；听取全市安全生产、脱贫攻坚、环境保护、2018年种植结构调整、醴陵市河长制、湘江保护、防控化解债务风险及推进融资平台转型等情况汇报。

4月17日，研究《醴陵市餐厨废弃物无害化处理与能源化利用项目实施方案》、加强禁毒工作、醴陵市成品油零售体系“十三五”规划建设方案等有关问题,听取2018年环境保护工作、一季度市政府交办重点工作任务完成等情况汇报，学习《中华人民共和国行政诉讼法》。

9月30日，研究全市扫黑除恶专项斗争有关问题，传达学习湖南省第二环保督察组对株洲市环境保护督察的反馈意见。

12月28日，研究《2018年政府工作报告（送审稿）》《醴陵市2018年国民经济和社会发展计划执行情况和2019年计划草案的报告（送审稿）》《醴陵市2018年财政预算执行情况和2019年财政预算草案的报告（送审稿）》等有关问题，部署当前重点工作。

【市长办公会议】2018年，市人民政府共召开市长办公会议5次。

2月11日，研究设立企业扶持专项基金及支持湖南恒凯通信息科技有限公司发展、“一带一路”国际陶瓷（醴陵）圆桌峰会方案等有关问题，对春节期间的值班值守、脱贫攻坚、安全生产、信访维稳、春运、森林防火、民生保障、食品安全及困难党员和贫困户走访慰问等工作进行安排部署。

2月23日，研究醴陵市2017年度人口和计划生育工作考核评估、醴陵市2017年安全生产工作考核评估、全市三级干部会议等有关问题，安排部署下阶段工作。

5月28日，研究给予“3·15”专案民警加班补贴和特情经费、全市当前抗旱工作、2017年度旅游产业奖励兑现等有关问题，观看《牢牢绷紧防范安全风险这根弦——湖南省安全生产重大事故警示教育片》，传达学习株洲市委副书记、市人民政府市长阳卫国在当前重点工作安排部署会上的讲话精神，安排部署下阶段工作。

7月30日，研究进一步完善《醴陵市加快发展旅游产业奖励扶持办法（试行）》、高铁连接线项目融资和建设合同纠纷支付律师费等有关问题，对下阶段政府工作进行安排部署。

11月15日，研究2018湖南醴陵房地产博览会筹备工作、醴陵市明月煤业有限责任公司北冲煤矿关闭退出、支持新世纪陶瓷产业园项目建设、征集2018年中国湖南国际旅游节暨中国（醴陵）国际陶瓷产业博览会展品和陶瓷博物馆久借未征展品等有关问题，通报中央生态环境保护督察“回头看”交办投诉件，对下阶段政府工作进行安排部署。

【市政府专题会议】2018年，市人民政府共召开专题会议16次。主要研究事项有：醴陵市美丽乡村建设动员部署会，台胞彭培良先生捐建船湾镇铁肩中学资金结汇，株洲旗滨集团股份有限公司玻璃用石英砂采选项目，推进新城学校、新城医院建设，醴陵市第三中学（渌江新城学校）项目违法用地，11路公交线路开通工作，龙园山庄房产项目及东风大酒店安置房，城区农贸市场建设改造工作，市公交（客运）西站、长庆公交站项目建设和公交站场运营，金杏美域项目B地块、C地块，331省道东城大道、333省道城市外环线项目质量安全，320国道与醴陵大道交叉口项目，解除渌江河铊污染应急响应，解决新太阳产权式酒店项目有关历史遗留问题，清水江河段治理工程建设，全市违法用地专项整治工作等有关问题。（龙丽娟）

市人民政府办公室工作

【综合调研】2018年，市人民政府办公室共撰写年度政府工作报告和大会报告、领导讲话、典型发言、专项汇报等文稿材料300余篇。围绕陶瓷产业发展、农村综合性改革、乡村振兴、花炮产业突围升级等领域，深入乡镇、龙头企业，走访相关部门，广泛开展调研，撰写《关于深化农村综合改革 加快乡村振兴步伐的调研报告》《赴浙江省温州杭州考察学习调研报告》《关于加快推动横江村经济发展的调研报告》《关于提升传统优势产业的研究》等调研报告。全年在《新湘评论》《株洲日报》等媒体上刊发署名文章3篇，发表新闻稿件20余篇。（刘　涛）

【办文办会】全年处理上级政府来文615件，其他部门文件712件，以市人民政府或市人民政府办公室名义发文243件。着力控制会议次数和规模，精简各种会议。认真做好会前通知、会中服务、会后情况收集上报，加强议题、议程安排的协调把关和各个环节的服务，提前审核需要审议的议题，从源头上确保会议的权威性和高效性。全年共组织市政府党组会9次，市政府常务会4次，市长办公会5次。（龙丽娟）

【政务监督】做好《政府工作报告》目标任务、市政府重要会议议定事项和重大工作部署的分解落实，围绕市政府重要文件、重要会议、重大决策和领导批示，加强跟踪检查与督促，确保督查事项件件有落实、事事有反馈。先后组织和参与重要工作督查35次，办理市领导批示件54件。承办株洲市政府督查室交办或转办的查办件。及时联系、衔接、安排建议提案办理工作，全年办理人大代表建议92件、政协委员提案84件、政协微建议336件，办结率和满意率均达100%。（袁　圣）

【信息工作】全年主动上报株洲政务信息1851篇，采用360篇；向株洲市政府门户网站上报信息1755条，被网站《县市区动态》栏目采用431条，在各县市区中排名前列。编印《政务参考》91期、《每日实事》241期。及时做好并指导全市政务信息工作，醴陵市级政府门户网共录入各类政务信息6814条，采用3746条。公开重要通知公示50余篇，政府工作部门“三清单一目录”（权力清单、责任清单、市场准入负面清单，政府标准投资目录）100余条。

【应急管理】2018年，醴陵市按照“以人为本、健全机制、预防为主、平战结合、统一领导、分级负责、强化管理、快速应对”的方针，围绕省市应急管理工作要点，不断加强应急管理体系建设，全年共开展各类应急预案演练、活动、知识讲座100余场次，分发应急知识宣传单10万余份。

应急管理基础设施不断完善，应急管理队伍建设得到加强，应急管理联动机制初步形成，基层组织自救互救能力明显提高，有效防范和处置各类突发公共事件，最大限度地减轻和消除突发公共事件造成的社会危害和影响，确保全市经济社会持续健康发展。

【市长热线】2018年1月2日，株洲市“12345”市长热线在醴陵市试点“号账下放”试运行工作，由实现株洲市统一接听到醴陵市当地拨打、当地接听的功能转变。自3月开始，醴陵市开展市长、副市长以及相关单位负责人接听市长热线活动18次，接听市民来电154个，当场答复10件，交办144件，现场督办20件，办结144件，满意率100%。全年市长热线共接听市民有效来电24670个，受理市民反映有效事件10783件，其中当场答复5038件，交办处理答复5745件，办结率100%。（肖　岚）

政务服务

【概况】2018年，市政务服务中心以实现“最多跑一次”为总体目标，推进“互联网+政务服务”改革。一是提升服务质量。政务服务大厅的工作人员统一着装，挂牌上岗，规范使用文明礼貌用语，每个窗口配置服务评价器，咨询台摆放意见簿，畅通群众意见反馈渠道。设置学雷锋志愿服务岗，免费提供饮用水、药品、报刊、雨伞等便民服务。二是拓宽事项办理渠道。开发“醴陵智慧政务”手机APP，公布224项民生事项办事指南，卫计、民政、残联、人社等部门的29项民生事项可在APP上申请网上预审，群众通过手机即可享受事项查询、网上申办和民生缴费等服务。筹备建设政务服务网厅，待完成与株洲相应系统和网页的对接。三是延伸事项受理平台。通过统一设计标准、网络支撑，软件开发、业务流程，完成45个基层政务服务点的标准化建设。13个职能部门的175个事项纳入“互联网+政务服务”自然人系统，实现“一窗办理”，群众可就近选择服务点办理事项，全年总办件量23655件，群众满意率100%。四是提高事项办理效率。督促指导“最多跑一次”政务服务事项实施清单填报3188项，填报率、发布率、网上可办率均达100%。完成“一门式”政务服务平台与网格员APP的系统接驳，完善帮办服务体系，将29项民生事项纳入帮办范围，初步实现服务“零距离”、群众“零跑腿”。（吴贝立）

信访工作

【概况】2018年，醴陵市委、市政府出台《醴陵市关于建立健全信访维稳工作长效机制的实施意见》《醴陵市信访维稳工作考核办法》《醴陵市信访工作责任追究办法实施细则》，建立健全领导接访、包案化解、领导下访、应急处置、督办通报、挂职锻炼、联席会议、考核奖惩共8项工作制度，理清各级领导和部门单位的信访维稳工作责任。在实行市级领导值班接访与副市长分类接访制度的基础上，要求各镇、街道和市直单位建立相应的领导接访制度，并亲自协调解决问题。通过采取指标分解、责任交办、定期通报、强化督查、重点约谈、依法打击等系列举措，压实各部门各单位工作责任，进京非访同比下降75%。全年信访部门共组织召开各类协调会256次，化解信访突出问题62件次，办理省、株洲市领导批示件21件、株洲市信访工作联席会议办公室交办件27件，通过醴陵市信访工作联席会议交办积案62件，有效稳控各类信访活跃群体38类，稳控信访老户56人。全国“两会”、“八一”建军节、“中非论坛”、“10·18”等特护期间，全市没有发生任何涉稳和极端事件。年内，醴陵市信访工作联席会议办公室共编辑9期《醴陵信访要情》报送相关市级领导、联席会议成员单位和镇、街道，对工作不到位的通报批评，对工作亮点多、思路新、成效好的表扬推广，调动各级领导和各单位的工作积极性。

【信访交办件和积案处理】年内，中央巡视组共交办信访件9批52件，省委巡视组共交办信访件9批33件，全部由市级领导领办，并按照“三到位一处理”（群众诉求合理的解决到位，诉求无理的思想教育到位，生活困难的帮扶救助到位；行为违法的依法处理）的总要求全部按期办结完毕，办结率均为100%。对赴省进京重点上访人员，全部实行市级领导包案化解，共化解47个信访积案。对缠访闹访、进京非访人员进行打击处理，共刑事拘留13人，批捕7人，治安拘留8人次，训诫12人次。

【诉访分离】年内，醴陵市信访局为进一步规范依法分类处理信访诉求工作，保障合法合理诉求依法依规处置，积极引导群众通过诉讼、仲裁、行政复议等法定程序维护其合法权益，经与市司法局协商，于6月开始实行律师坐班接访制度。每周一由市法律援助中心和5个律师事务所抽调的律师在市信访局一楼律师值班室轮流坐班接访，周二至周五，由市信访局聘请的专职法律顾问负责机动接访，就群众的法律问题现场答疑解惑，引导信访群众依法上访，为市级领导接访处置提供法律意见和建议。截至年末，共接待处理41批次涉法涉诉信访案件。（刘玉旭）

档案史志

【概况】2018年，醴陵市档案史志局内设办公室、档案馆（加挂文件服务中心牌子）、业务法规股、党史资料征集编研办公室、市党史陈列馆和市志年鉴编纂办公室，定编21人，实有在职干部13人。市综合档案馆有馆藏档案八大类、17万多卷（册）、资料4万册。全市设立档案全宗单位259个，已进馆档案全宗单位192个。

【档案工作】一是加快推进档案馆搬迁。因政策原因，醴陵市国家综合档案馆新馆项目停建，改为重新入驻创新创业服务中心。年内完成档案馆布局设计工作，进入装饰装修阶段。争取市级资金600余万元用于新馆设施设备配备，以达到智能档案馆的硬件配置标准。二是完成档案数字化加工工作。市财政首次列入预算45万元用于馆藏档案数字化加工工作，年内共完成醴陵市委、市政府、人大、政协、县革委（部分）等单位共6200余卷档案、10万余条目录著录、共80万页的档案数字化扫描工作。三是做好市档案馆日常工作。全年共接待查阅利用档案人员500余批次，调阅档案6000余卷（盒）。共收集和整理党报、党刊20余种300余本（册），剪集反映醴陵情况的《湖南日报》60余篇，《株洲日报》700余篇。共接收船湾镇、原市招标投标局等单位档案共计3000余卷（盒）。四是组织“6·9”国际档案日专题宣传活动。6月9日，在渌江风光带市委老干局路段的广场开展集中宣传，现场设立宣传展板10余块，发放宣传资料2000余份，接待群众咨询300多人次。围绕“档案见证改革开放”宣传主题，开展征文活动。五是开展档案业务指导。结合档案年检对全市一级机构的档案开展执法检查，下发执法监督检查通知书15份，年内全部整改到位。六是做好档案管理示范乡镇创建工作。年内，国瓷街道创建株洲市档案管理示范乡镇（街道）；官庄镇、石亭镇、嘉树镇、泗汾镇、李畋镇列入醴陵市档案管理示范乡镇（街道）范围，首次由醴陵市级财政拨付每个乡镇10万元以奖代拨资金用于基层档案室建设，硬件建设、档案整理均全面完成并验收达标。七是启动《奋进的时代——醴陵改革开放40周年纪实》画册编纂工作。年内完成资料、照片收集和文字编纂工作。

【党史工作】一是完成《株洲党史人物大典》有关醴陵部分编辑工作。5月，将303名入典人物文字资料及部分照片资料上报株洲市委党史办，稿件质量获得肯定。二是阶段性完成《湖湘红色基因文库》有关醴陵部分编纂工作。完成《湖湘红色手迹》《湖湘红色诗选》等有关醴陵部分资料收集工作，并通过以文件、电文、信件、报刊新闻、图片以及当事人回忆录等方式方法，完成《醴陵市革命斗争史》50余万字的编辑工作，并获得省委党史研究室认可。三是完成《中国共产党醴陵历史简明读本》编纂工作。3月，与市委党校联合启动《中国共产党醴陵历史简明读本》编纂工作，在全市范围内查档案、搜资料、找图片，仅用3个月的时间完成全部编纂工作，并通过株洲市委党史办审核。四是配合市委组织部，完成“不忘初心，牢记使命”主题教育书籍《最是磨难砺初心——株洲革命先辈故事集》醴陵部分66篇稿件的编纂工作。被采用19篇。

【志鉴工作】一是开展名镇志编纂工作。完成《浦口镇志》编纂的资料搜集、照片采集、文字编纂等工作内容，并通过株洲市地方志编纂委员会办公室、湖南省地方志编纂委员会办公室审阅。二是配合中央电视台纪录片《中国影像方志》醴陵篇文案拍摄工作。围绕醴陵地名来历、大事记、著名人物传记、名胜古迹等板块，收集醴陵的历史考古、民俗风情、旅游资源、特色物产资料，与栏目组共同草拟拍摄文案。三是完成《醴陵年鉴》2018卷编纂工作。文字稿于9月交方志出版社审阅，11月中旬通过方志出版社出版审批意见，年底公开出版发行。四是开展与南康区、宁国市等20余个市县区的志鉴交换。五是审核校验由新阳村组织编纂的《新阳村志》。（周　礼）

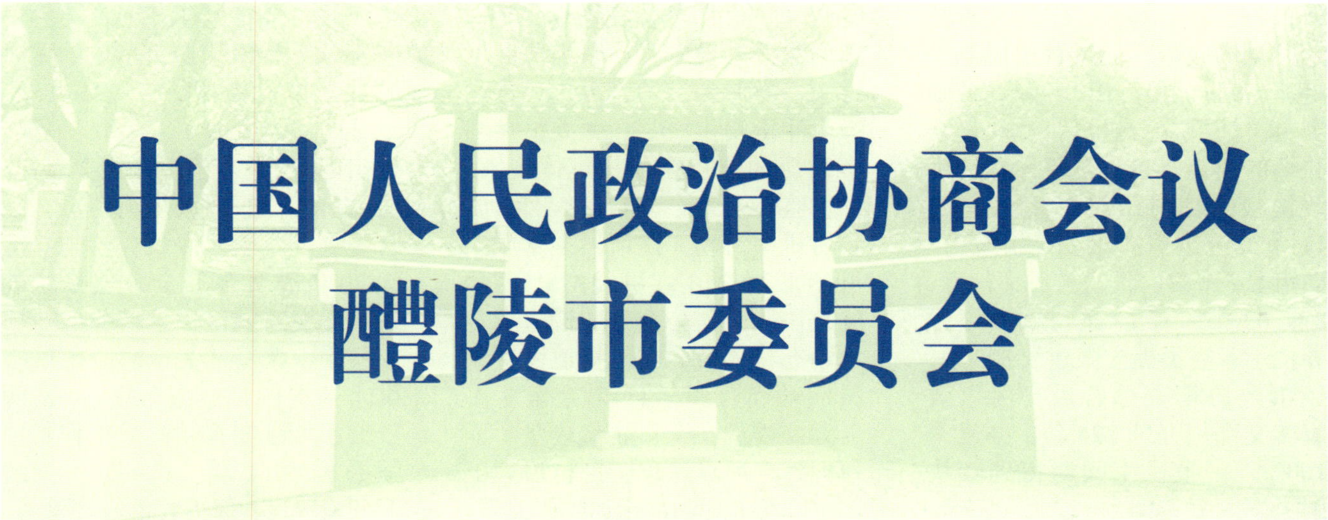

中国人民政治协商会议醴陵市委员会

【政协醴陵市第十四届委员会第三次会议】2018年1月9—11日，政协醴陵市第十四届委员会第三次会议在中国陶瓷谷国际会展中心召开。市政协主席江曙明代表政协醴陵市第十四届委员会常务委员会，向大会报告工作。市政协副主席易召群向大会作关于第十四届委员会第二次会议以来提案工作情况的报告，廖勇等6名政协委员作大会发言。会议协商通过《政协醴陵市第十四届委员会第三次会议关于政协醴陵市第十四届委员会常务委员会工作报告的决议》《政协醴陵市第十四届委员会第三次会议政治决议》，听取《政协醴陵市第十四届委员会第三次会议提案审查情况》。选举黄志敏为政协醴陵市第十四届委员会秘书长，选举欧阳未来、刘道平为政协醴陵市第十四届委员会常务委员。全体政协委员列席市十六届人民代表大会第三次会议，听取市政府工作报告、市人民法院工作报告、市人民检察院工作报告。

【政协醴陵市第十四届委员会第五次常委（扩大）会议】2018年7月10日，政协醴陵市第十四届委员会第五次常委（扩大）会议在东风大酒店六楼多功能厅召开。会议听取《2018年上半年全市经济社会发展情况通报》，付海燕等5名政协常委述职。市委副书记、市长康月林出席并讲话，市政协主席江曙明总结上半年工作并对下半年工作进行部署。驻醴省政协委员、驻醴株洲市政协委员、市各民主党派负责人参加会议。

【助力中心工作】2018年，市政协认真落实市委工作安排，开展脱贫攻坚、联系重点项目、企业帮扶等工作。促进陶瓷产业转型升级，陶瓷生产机械化、自动化、智能化，陶瓷品牌战略发展有效推进。参与“中国湖南国际旅游节暨中国醴陵国际陶瓷产业博览会”举办，助力莲株高速、城区农贸市场提质改造等15个重点项目建设，14个帮扶企业反映的23个问题得到妥善解决，5个党建帮扶点的凝聚力和战斗力不断提升，10个城市创建帮扶点工作全部完成。联系帮扶官庄村等12个贫困村，机关干部结对帮扶建档立卡贫困户38户127人，脱贫攻坚工作通过考核验收。关注民营经济发展，制定《2018年市政协主席会议成员联系帮扶委员企业工作方案》，全年走访视察委员企业55次，帮助解决问题11个。

【建言资政】一是开展多种形式的协商议政工作。组织委员对《醴陵市人民政府工作报告》《醴陵市人民法院工作报告》《醴陵市人民检察院工作报告》《醴陵市2017年国民经济和社会发展计划执行情况与2018年国民经济和社会发展计划草案的报告》《醴陵市2017年财政预算执行情况与2018年财政预算草案的报告》和全市经济社会发展的重大问题协商讨论，近200名委员发言献策。探索三级联动协商模式，邀请驻醴省政协委员、株洲市政协委员参加市政协常委会和有关委员活动，听取全市经济社会发展情况通报，提出工作建议。结合市委“四大战役”部署，组织开展产业突围、脱贫攻坚等专题协商，围绕城市精细管理、交通提质等内容履职建言。全年以常委会、专委会、小组协商等方式，开展协商议政20多次，提出建议60多条，为市委、市政府决策和施策提供重要参考。二是选择陶瓷产业发展、居民健康状况、基层组织运行保障等5个方面开展调研，形成5份调研报告。有关建议及时报送市委、市政府，3份调研报告获株洲市政协系统优秀调研报告，其中《关于醴陵市实施乡村振兴战略的调研报告》获一等奖。三是注重社情民意的收集。通过社情民意平台、湖南政协云 APP 建议，鼓励委员关注群众身边事，反映群众关切的热点难点。全年向株洲市政协报送社情民意 29 条，其中 11 条被选送株洲市委、市政府；向市委、市政府报送《民情信息》8 期 63 条，有 15 条得到市级领导批示；委员提交微建议 523 条，经市政协审查综合后，由市政府转交部门办理 224 条，办复率 100%，一批民生问题得到较快解决。

【凝聚共识】 年内，定期走访各民主党派、市工商业联合会，增进团结交流，鼓励支持建言发声，创造条件提供参政议政平台。政协醴陵市第十四届委员会第三次会议上，6 篇大会发言中，有 4 篇为党派委员发言；联组协商发言中，党派委员发言占比三分之一。注重安排民主党派委员参与市政协的重点调研、集体视察、民主监督等活动。外出学习培训、政协机关活动，邀请民主党派人员参加。在湖南政协云 APP 和“醴陵政协”微信公众号中设立“党派动态”栏目，全年报道民主党派活动和履职信息 40 余篇。多名党派委员在全市脱贫攻坚、征地拆迁、项目建设、乡村治理工作中，发挥理顺情绪、协调关系、缓解矛盾、促进和谐的作用。

【民主监督】 年内，继续向市卫生和计划生育局、市教育局、市人力资源和社会保障局等 10 家单位派驻民主监督小组，巩固监督成效。全年累计开展各类活动 60 余次，针对受监督单位的重大方针政策贯彻执行、提案办理、承办的“民生 100”项目等情况，提出建议 50 余条。推荐 20 名政协委员担任行风政风测评员，参与督查、座谈、评议等活动。组织 70 名委员开展全市项目建设视察，在对城区供水情况的专项视察中，撰写《关于醴陵市城区供水情况的视察报告》，助推狮子坡水厂二期提质改造工作。加强提案督办，将《进一步加强政务环境建设，促进我市经济发展》等 5 件提案列为重点提案，由市政协副主席领衔督办。全年共收到提案 93 件，审查立案 84 件，在 32 个承办单位的共同努力下，提案办理见面率、办复率、满意率均达 100%。（吴　军）

民主党派

中国国民党革命委员会醴陵市委员会

【概况】2018年，中国国民党革命委员会醴陵市委员会下设8个支部，有党员185人。全年提交提案18件、社情民意40余条，撰写《关于我市道路交通提质的现状与建议》等调研报告，有39篇信息被中国国民党革命委员会中央委员会、中国国民党革命委员会湖南省委员会网站，株洲市政协网站、株洲民革公众号和株洲市委统战部采纳。

【服务社会】开展“情系贫困学子，助力乡村教育”读书分享会暨图书捐赠和“爱满五月、感恩有您”无偿献血活动。走访慰问10名抗战老兵。在阳三石街道企石村卫生室开展“关爱辖区老人·慢性病患者”义诊活动。联合三胞联谊理事会接待回乡探亲的醴陵籍台胞、作家、文史工作者陈尔靖夫妇。　（丁　冰）

中国民主同盟醴陵市工作委员会

【概况】2018年，中国民主同盟醴陵市工作委员会（以下简称“民盟醴陵工委”）在组织发展中，重视改善盟员的界别结构，在做好陶瓷艺术、教育等重点界别发展前提下，注重在医疗卫生、经济、公务系统发展一批素质高和参政议政能力强的人员入盟。年内有湖南省级工艺美术大师陈利、何香凝，市水库移民开发局青年干部易擎龙，湖南陶瓷技师学院青年教师徐学森和市妇幼保健院儿科医生刘细平5名新盟员加入组织，截至年末，共有盟员52人，另储备入盟积极分子2人。为密切组织联系，定时间、定主题常规性开展组织生活，确保盟员大会、班子会议、主题工作会议的出席人数和会议质量。加强自身建设，建好“盟员之家”，为盟员提供学习交流和议政平台，将“盟员之家”作为工作会议、学习研讨和组织生活的主要阵地，提高场地利用率。积极服务社会，继续深入推进“民盟醴陵工委残疾人就业创新基地”的建设，多次看望培训结业的残疾人学员，送去慰问金4000元。

【参政议政】年内，民盟醴陵工委多次开展专题调研活动，完成《倾情守护一江碧水》《打造高铁株洲西站到醴陵东站间经济走廊》2个专题调研课题，盟员中的人大代表和政协委员共提交人大议案、政协提案16篇。向中国民主同盟会中央委员会报送信息1篇，向中国民主同盟会湖南省委员会报送信息3篇，向政协株洲市委员会报送信息3篇，向株洲市委统战部报送信息4篇。　（瞿孝林）

中国民主促进会醴陵市总支委员会

【概况】2018年，中国民主促进会醴陵市总支委员会（以下简称“民进醴陵总支”）下设4个支部，年内贯彻落实中国民主促进会湖南省委员会“优才入会工程”，发展中国陶瓷艺术大师黄小玲等4名优秀人才入会，共有会员65人；会员中有全国人大代表1人、株洲市政协委员1人、醴陵市人大代表2人、醴陵市政协委员10人（其中政协常委2人），担任正科级行政职务1人、副科级行政职务2人。民进醴陵总支坚持以习近平新时代中国特色社会主义思想为指导，以开展“不忘合作初心，继续携手前进”主题教育活动为主线，组织会员参加“两会”精神报告会，“检验十九大学习成果”答题、微视频创作活动和“纪念‘五一口号’（中国共产党中央委员会于1948年4月30日发布的纪念“五一”劳动节口号）70周年”座谈会、专题讲座等系列活动，凝聚人心，增强政治共识。为会员搭建成长平台，推送刘育艳、高明月等10余名会员到省、地、市级社会主义学院学习。发挥党派特色，真情服务社会，88岁会员彭骏为市第四中学捐助10万元作为奖学金，会员周查捐资6万元用于资助贫困学子、奖励优秀教师和关爱农村老人；开展“我为无毒醴陵代言”活动，成立禁毒志愿者队伍，进行宣传、走访、帮扶活动。注重拓宽宣传阵地，发挥微信公众号、微信群等新媒体的宣传作用，及时报送活动信息和宣传工作成果。10月，被中国民主促进会中央委员会评为“全国宣传思想工作先进单位”。

【会员履职】年内，参加醴陵市委、市政府及相关部门召开的各种协商会、通报会、座谈会；受中国民主促进会湖南省委员会安排，对渌江河保护开展调研，进行民主监督，提出建设性意见；派出民进醴陵总支内市人大代表、市政协委员到市财政局、市公安局、市国土资源管理局3家对口联系单位，对作风建设等方面进行民主监督。会员周查在政协醴陵市第十四届委员会四次会议上关于“优化营商环境，激发民营经济活力”的发言受到市委书记胡湘之当场批示；会员黄小玲带着陶瓷产业发展等多方面的建议，参加第十三届全国人民代表大会第一次会议，为醴陵的发展献计献策。（陈　蒙）

九三学社株洲市委员会醴陵市工作委员会

【概况】2018年，九三学社株洲市委员会醴陵市工作委员会（以下简称“醴陵工委”）发展新社员4人，共有社员55人。7月31日，醴陵工委第二届第一次全体社员大会召开，审议并通过醴陵工委主委黄向阳代表醴陵工委第一届委员会所作的工作报告，完成醴陵工委和支社班子成员换届。年末，醴陵工委被九三学社湖南省委员会评为“坚持和发展中国特色社会主义学习实践活动”先进集体，黄向阳被九三学社湖南省委员会评为“坚持和发展中国特色社会主义学习实践活动”优秀个人。

【思想建设】年内，通过“醴陵九三”微信公众号，对社员开展大政方针、社史社章教育，发布九三学社醴陵工委动态信息，展示社员风采。开展“五一口号”发布70周年纪念活动，邀请九三学社湖南省委副主委、湖南省政协经济科技委员会主任吴金明到醴陵市为民主党派作专题辅导。5月，组织社员参加九三学社株洲市委“我们九三人”——纪念“五一口号”发布70周年演讲比赛，社员陈细平获二等奖，社员凌小娟获三等奖，社员汪立奋获优秀奖。7月，组织醴陵工委班子成员和社员内醴陵市政协委员集中学习《习近平总书记关于加强和改进人民政协工作》重要思想。

【社会服务】年内，醴陵工委在枫林镇金阳村长乐小学、明月镇天华村弹子坑小学、茶山镇茶溪村茶溪小学和官庄镇潭塘村潭塘小学，开展农村偏远小学支教助学活动，为学生送去校服、图书和体育器材，传授3D打印等科技、心理健康和禁毒知识，活动被九三学社湖南省委员会官网、株洲统战网报道。组织社员为均楚镇白血病患少年钟超文捐助5000余元现金和书籍课本。社员黄龙义卖多幅书画作品，筹资6万余元捐助乡村公路建设。以社员汪立奋、陈建林等为核心组建的醴陵市绿心志愿者协会，以社员凌小娟为会长的醴陵市心理协会下基层，开展调研、讲课和公益活动。

【参政议政】一是组织实地调研。4月，组织社员赴江西省景德镇市调研陶瓷产业升级动态，参观陶瓷企业和大师工作室，与九三学社景德镇市委员会交流。7月，到醴陵市枫林镇金桥社区调研乡村振兴情况。8月，组织部分社内人大代表、政协委员到浙江省安吉县报福镇景溪村、统里村，灵峰街道大竹园村和桐庐县富春江镇芦茨村、石舍村等地开展“中国美丽乡村创建”实地调研，深入民宿、家庭农场、文化礼堂等地，与村支两委座谈，了解学习发展村级集体经济、开展股份合作的创新实践。二是形成调研成果。社员赖艳霞执笔撰写的《关于高标准建设陶瓷谷的几点思考》获株洲市优秀调研报告二等奖，社员陈细平执笔撰写的《乡村振兴中的农村义务教育教师队伍建设现状与对策》获株洲市优秀调研报告三等奖；社员提交的《关于强化休闲广场管理的建议》《将醴陵历代渌江书院历代山长的著作整理，研究，出版》《关于在醴陵市瓷城大道建设地下商业街的建议》《关于扩展宣传及更好推广釉下五彩这张名片》等建议，得到职能部门认可和回应。三是抓好信息工作。《21张照片带你走进醴陵九三人2017年绽放的芳华》《九三学社醴陵工委赴偏远乡村支教助学》等20余篇反映九三学社党派活动的信息在株洲市政协网站、株洲统战网、《株洲日报》、九三学社中央和九三学社湖南省委网站上发表。四是开展民主监督。组织社员到官庄镇官庄村、潭塘村，枫林镇金阳村、金桥社区等地开展“谨防脱贫即返贫”的民主监督行动。

【社员风采】4月，社员李能受湖南师范大学公共管理学院政教系邀请，开展《新时代高中思想政治教师的“四个自信”和“四个意识”》专题讲座。8月，社员黄龙在河北省美术馆举办“意笔图真——黄龙写生作品展”，其项目《寄意潇湘——八百里洞庭水墨写生60品》获中国文联2018年青年文艺创作扶持计划。社员王旭明的陶瓷作品《鸣秋》获第53届“全国工艺品交易会”之“金凤凰”创新产品设计大赛金奖，陶瓷作品《暗香》获第十一届中国陶瓷艺术大展金奖；社员叶继鹏的陶瓷作品《栖》和社员伍世龙的陶瓷作品《弄晴》获第十一届中国陶瓷艺术大展银奖。社员凌小娟当选为醴陵市妇女联合会兼职副主席，以其为会长的醴陵市心理协会被株洲市政府授予“2017年度十佳社会组织”称号。社员汪立奋当选为醴陵市新社会阶层人士联谊会执行会长，获评醴陵市2018年度“优秀政协委员”“微建议工作先进个人”。（黄向阳）

群众团体

市总工会

【概况】 2018年，醴陵市总工会（以下简称“总工会”）内设经济法律保障部、基层工作部、财务部、办公室和市困难职工维权帮扶中心；下辖市职工学校、市工人文化宫2个事业单位。有在编人员13人，其中行政编制8人、事业编制5人。全年新建工会30家，发展会员1500人。截至年末，全市有基层工会939家，会员13.42万人。其中，行政事业单位工会227家、会员1.69万人，企业工会712家、会员11.73万人。

【基层工会】 2018年，完成了行政板块25个工会联合会的基层工会法人资格登记、统一社会信用代码及开设银行专户工作，全市有登记在册的社团法人213家。年内，镇（街道）、湖南醴陵经济开发区、长庆示范区、卫生和计划生育局、教育局工会联合会工作，采取基本工作经费和按实绩计发工作经费相结合的办法实施，进一步激发了基层工会活力。对全市镇（街道）、湖南醴陵经济开发区、长庆示范区工会联合会工作实行季度报表制度，卫生和计划生育局、教育局及10家株洲市市属改制企业工会联合会工作实行半年度报表制度。严格执行《中华全国总工会办公厅关于加强基层工会经费收支管理的通知》精神和规定，加强对基层工会财务管理工作的检查指导，将基层财务管理工作纳入年终工会工作考核、评比的重要内容，全年完成工会经费收入855.98万元，安排扶贫、服务职工资金近300万元。

【劳动竞赛】 2018年，组织、推荐40余名职工，参加了“2018年新时代优秀班组长”评选活动。组织、推选了钟宏、易龙华、黄龙3名职工，参加了“2018年湖南省‘五一劳动奖章’”评选活动。组织推荐醴陵市渌江投资控股集团有限公司参加省“五一劳动奖状”评选活动。组织开展了“工人先锋号”评选活动。

【技能培训与竞赛】 2018年，技能培训和劳动竞赛以“园区企业”为重点，广泛开展技术革新、合理化建议、岗位练兵、节能减排、职业技能竞赛等技术比武活动。依托全市5个教育培训基地，开展了职工技能、下岗失业职工转岗等培训，共培训职工5000余人。进一步推进“一户一产业工人”培养工程，实行培训、就业、创业“一条龙”服务，做到“全覆盖培养、全社会培养、全方位培养、全天候培养”，完成了年内培训2000名产业工人的目标。年内，推荐、培养了陈友平劳模工作室培训基地，争取了省总工会培训专项资金发展基地培养。

【劳动模范管理】 2018年，全市有全国、省部级、株洲市三级劳动模范118人。春节前夕，慰问男性80岁以上、女性75岁以上的劳动模范18人，共发放慰问金1.6万元。全年为122名劳模发放三级劳模低收入生活困难补助金47.93万元。全年先后组织98名劳模进行了体检，组织27名劳模、基层一线工会会员及进工会工作者进行疗养或休养。

【职工文体生活】 2018年，总工会与市委宣传部联合主办、市广播电视台承办的“2018年醴陵市‘台北城’杯‘五一’劳动节职工歌手”大赛，有200名职工报名参与。组织开展了市“第四届‘劳动最美丽’”暨“当好主人翁、建功新时代”特惠观影季活动，共赠送一线职工电影票2000

余张，覆盖全市130余个基层工会。联合市书法协会、市书画院，举办了“市第四届职工书法大赛”及作品展活动，全市200余名书法美术爱好者投稿参赛，经筛选有100余幅书画作品优选入展，其中有30名书画爱好者作品分获一、二、三等奖。联合市直机关工委、市文体广新局举办了市“第二届机关运动会”，共有36个单位、600余人参加。组织了“株洲市第六届职工健步行”“职工微电影大赛”等活动。与市经开区、妇联、团市委共同举办了“情满醴陵、爱在深秋”大型单身职工相亲交友活动，全市共有376名单身男女青年职工报名参加，活动牵手成功10余对。在泗汾镇、板杉镇分别开展了“党旗引领·工会与职工心连心”送文艺下基层职工文艺晚会活动，共有近万名职工和当地群众参与。全年全市各级工会举办了不同形式的文体活动达200场次，惠及职工万余人次。

【工会服务】2018年，深入开展工资集体协商，对全市25个行政板块工会实行“一订三年”的工资集体协商模式，全年区域性工资集体协商建制率达90%，签订《区域性工资集体协商协议》25份、《行业性工资集体协商协议》2份，50人以上企业共签订《单独工资集体协商协议》53家；组织开展了“情系职工送清凉”、安全生产大检查活动。全年全市各级基层工会共投入30余万元，为高温作业岗位的2000余名职工发放了降温防暑物资。进一步加强信访、劳动仲裁工作力度，全年总工会共参与仲裁立案53起、结案47起，结案案件中调解31起、裁决16起，涉案金额达220万元。开展了禁毒宣传教育活动，组织近1000名职工参观了市禁毒教育基地；深入市重点企业宣传禁毒工作，发放了禁毒资料。

【困难帮扶】2018年，开展“两节”送温暖活动，为全市420名困难职工发放慰问金23.86万元。开展“春送岗位”活动，联合市人社局、市扶贫办、市妇联，开展了“春风行动”现场招聘会2场次，累计联系用工企业60余家，提供用工岗位1000余个。开展“职工医疗互助”活动，全市有161个行政事业单位申报并参与株洲市第五期职工医疗互助活动、参与职工人数1.51万人，收缴会费97.84万元，其中女职工特殊疾病保障活动参与女职工人数达7029人。全年共计发放职工医疗互助补助金78.2万元，其中1名女职工在特殊疾病保障活动中获补助1万元。开展“大病救助”活动，共为623名患病职工发放救助金51.3万元。开展“金秋助学”活动，有205名学生获资助，共发放助学金83万元，其中困难农民工子女16人、发放助学金5.3万元。深入明月镇云岩居委会和筱溪村联系点的25户贫困户帮扶，全年投入扶贫资金51.5万元，有17户贫困户实现脱贫。（龙　琪）

共青团醴陵市委

【概况】2018年，共青团醴陵市委（以下简称“团市委”）机关有行政编制4个、工勤编制1个，实有工作人员5人（其中，行政编4人、临聘人员1人）。下辖一级团组织137个，非公企业和新社会组织团组织219家，联系青年社会组织8家。全年全市有35岁以下青年28.16万人，其中共青团4.88万人。

【青少年思想道德教育】2018年，青少年思想道德教育工作紧扣中共十九大、共青团第十八次全国代表大会、共青团醴陵市委第十八次代表大会等时间节点，认真组织青少年学习习近平总书记新时代中国特色社会主义思想，牢固树立“四个自信”。深化思想引领，开展“传承革命精神、争做新时代传人”活动，覆盖青少年5000余人次，引领青少年听党话、跟党走。进一步激发共青团品牌力量，全年评选推介2家省、株洲市级“青年文明号”。推介优秀青年集体和个人典型，向社会传递青春正能量，总结表彰9家共青团和少先队组织、20名优秀共青团员和团干部，使广大青少年、团干部学有榜样、赶有目标。组织和举办了“‘你好，新时代’青年论坛”活动，挖掘各界青年在工作岗位上砥砺奋斗、青春励志的典型事迹，以青年典型鼓舞、影响、带动青年群体，促进广大青年共同进步。

【新媒体工作】2018年，团市委构建了以“醴陵青年”微信公众号、“青春醴陵”微博等为主体的新媒体矩阵，做好党团重点工作宣传报道，“互联网＋共青团”的宣传格局初步形成。广泛开展青年网络文明志愿者行动，组建了一支由专职团干、基层团组织负责人和网络志愿者组成的200人网络宣传员队伍，引导团员青年在网络空间上传播正能量、弘扬主旋律，在“互粉”中进一步密切与青年的关系。

【青年创新创业】2018年，团市委与与市委人才办等单位联合主办了市“第三届创新创业大赛”，为全市创业青年搭建了交流、展示平台；持续开展“无奋斗不青春”青年创业故事分享会，发挥青年创业典型的示范引领作用，激发广大青年创新创业热情。牵头建设“市创新创业项目发布平台”，为项目和资金牵线搭桥，帮助优秀项目脱颖而出。

【青春扶贫】2018年，团市委以“青春扶贫、携手小康”为主题，努力打造“青春助力精准扶贫”项目。组织广大团员青年开展“爱心义诊”“结对帮扶”“关爱空巢老人”等活动97场次，累积服务人数达2万人次；开展公益助学帮扶行动，举办了“母亲节义卖”等活动，筹集各方扶贫助学资金24万元，筹资款全部用于资助贫困学生。开展“金秋助学”活动，推选贫困优秀高三毕业生参加“国酒茅台·国之栋梁”“芙蓉学子”等爱心助学项目，为10名寒门学子顺利入读大学提供支持资金5万元。年内，先后在沩山镇泉水村、东富镇莲旗村等3个村深入精准帮扶工作，筹集下拨扶贫资金8万元，为困难群众解决所需。

【“青年之家”建设】2018年，团市委加大资金投入，完善基础设施，以高标准建好青年身边的“共青团门店”。全市各类“青年之家”综合服务平台，直接面向全市青少年开展了读书交流、SYB创业培训、“青春不孤单”青年人才交流等活动共计42场，为青年提供“开放共享、互动互利”的综合服务平台。

【青年志愿服务】2018年，团市委秉承“志愿服务中心工作、服务社会需求”的原则，定期组织、开展青年志愿活动，努力打造志愿服务品牌。持续开展青年志愿服务活动，举办“我们一起过小年”“青春志愿行、温暖回家路”“特别的爱给特别的你”等活动35场。打造展会志愿服务品牌，全年组织青年志愿者700余人，完成了“花炮博览会”“科普航天展”“一节一会”等大型展会志愿服务工作，全年组织服务海内外游客80余万人次。

【青少年维权】2018年，青少年维权工作按照“法制化、组织化、社会化”的权益工作方向，以“维护青少年合法权益、预防青少年违法犯罪”为主线，组建了由300余名青年志愿者组成的志愿小分队，长期开展法律援助、心理辅导、自护教育等活动，助推“平安醴陵”建设。开展“青春自护暑期安全”“青春期健康教育”“我为无毒青春代言”等活动；举办平安自护课、法制知识讲座32场次，覆盖青少年1.6万人。开展“青少年维权岗”创建活动，全年成功创建“青少年维权岗”29家。

【共青团改革】2018年，围绕强“三性”（政治性、先进性、群众性）、去“四化”（机关化、行政化、贵族化、娱乐化）目标，紧密结合市工作实际，出台《共青团醴陵市委改革实施方案》。打造“专、挂、兼相结合”的干部队伍，建设符合共青团特点、充满生机活力的机关干部队伍。召开了“共青团醴陵市第十八次代表大会”，不断增强团的领导机构广泛性、代表性，在各级团的代表大会、全委会、常委会中，基层和一线的比例分别不低于70%、50%和20%。实施“中学中职强基固本”工程，学校共青团改革工作稳步推进。加强行业、园区团建，新建“两新”（新经济组织、新社会组织）团组织37家。进一步推动党建带团建工作纳入党建工作考核进程，高标准打造基层团建工作示范点，新建了市来龙门街道团工委、嘉树镇团委、金龙百货团总支等5个基层团建示范点，不断提升全市基层团建工作水平。

（胡小庆）

市妇女联合会

【概况】2018年，醴陵市妇女联合会（以下简称“市妇联”）围绕市委、市政府中心工作，立足让妇女得实惠、普受惠、长受惠，认真履行组织、引导、服务妇女和维护妇女合法权益的职责，团结带领全市妇女为助推醴陵经济社会持续健康发展，维护社会和谐稳定作出积极的贡献。年内，黄建明获评株洲市“三八红旗手”，市教育局获评株洲市“三八红旗集体”，市人民法院立案信访局获评株洲市“巾帼文明岗”。市公安局、政务中心、高新集团彭醴纹分别推报为株洲市“巾帼文明岗”“巾帼建功先进集体”“巾帼建功标兵”。

【“巾帼脱贫”】一是以“乡村振兴、巾帼行动”为抓手，免费为农村妇女举办“月嫂家政”培训班，共培训人员100余人，其中35人取得“育婴师资格证书”，推荐就业67人；王仙居委会妇联主席牵头成立了“王仙家政服务公司”，司徒村妇联主席筹建了“王仙红娘”，有效解决了一批农村贫困妇女的就业问题。二是加强“点面扶贫村”的走访、帮扶工作。坚持每月走访2次点面扶贫对象，积极为脱贫对象解决生产、生活等问题，努力提高自身发展能力，助力早日脱贫致富；对已脱贫对象坚持脱贫不脱政策的原则，及时关注、动态管理，防止脱贫对象返贫。全年投入脱贫帮扶资金6万余元。

【“巾帼成才”】一是加大培训力度，推动大众创业。举办了优秀女干部能力素养提升班，共培训市优秀女干部51人。组织、选派9名优秀创业女性参加了株洲市第三届家政服务职业技能大赛；其中，育婴员项目获得第一名，黎爱群获“株洲技术能手”称号，丁洁获“株洲市青年岗位能手”称号。二是开展“春风送岗位”活动，促进妇女转移就业。

以“春风送岗位行动”为契机，举办了“巾帼女性”专场招聘会，共发放宣传资料3000余份，对接就业岗位200余人。

【“巾帼创建”】 一是积极履职、参与市“三创四化”工作。根据“三创四化”工作安排和要求，加强了妇女工作资源融合力度，归纳、梳理了近年来市妇联在“文明创建”进程中的工作资料，形成了创建资料9本，为市“文明创建”工作添砖加瓦。二是将创建工作与妇女工作相结合。每月选取不同的主题，开展“文明创建主题”活动，引导全体妇女、家庭积极参与创建活动，维护城市形象。全年组织巾帼志愿者开展巾帼志愿服务活动10余次，通过“创文”工作宣传、环境卫生整治、文明劝导等方式，引导市民爱护环境、文明出行，激发了市民的“主人翁”精神，共同建设富强、美丽、幸福、文明新醴陵。

【妇女关爱】 一是加强妇女“两癌”免检宣传发动工作力度。采取多渠道、多形式宣传方式积极开展妇女“两癌”免费检查宣传发动工作；通过微信工作室、妇女夜校、“两癌”知识讲座等形式，号召农村妇女参加免费“两癌”筛查，全市筛查“两癌”妇女2.63万人。二是加大对“两癌”贫困妇女的救助力度。慰问了在2017年度筛查出“两癌”患病贫困妇女44人；全年为35名“两癌”患病妇女建档立卡，分别发放救助金1万元；分别为17名“两癌”母亲发放了救助金1.2万元；全年合计发放慰问金60余万元，受惠妇女100余人。三是加大失业、就业困难人员和大学生创业资金扶持力度。全年发放创业人员小额担保贷款2210万元、“贷免扶补”创业贷款1000万元，共扶持321名失业人员、就业困难人员和大学生创业，超额完成株洲市妇联下达的年度目标任务。

【节日走访慰问】 2018年，开展了节庆日走访慰问活动，关心关爱困难群众，在春节、全国“助残日”、“六一”儿童节、建军节、重阳节等节假日期间，分别走访、慰问了贫困母亲、残疾人、特殊困境儿童、退伍老红军、社区贫困老人，为他（她）们送去了慰问金、慰问品。年内，携手社会心理工作者，在东富中学定期开展了“关爱留守儿童心理团辅”活动，添置新书籍近1000本。

【关爱儿童】 2018年，继续推进“有爱不孤单、陪伴心成长”的关爱儿童计划，进一步促进孤儿健康成长。启动市第二期“有爱不孤单、陪伴心成长”关爱活动计划，市妇联充分发动志愿者团队（个人）、社会爱心组织（个人）等力量，成功招募20名成长爸妈与孤儿配对，为孤儿赠送了爱心文具等物品；组织、督促“有爱不孤单”成长俱乐部定期开展活动，帮助孤儿解决在生活、监护、成长过程中遇到的困难和问题，切实保障孤儿的安全、健康、受教育等合法权益，不断提高孤儿的生活水平，促进孤儿健康成长。

【国际劳动妇女节】 2018年，组织开展了纪念“三八”国际劳动妇女节108周年系列活动，不断增强妇女组织的凝聚力和吸引力。3月，组织市镇街妇联主席、妇女代表在瓷谷书吧开展了庆“三八”活动，邀请周波老师以亲子沟通、阅读等内容为主，进行了家庭教育的讲课，并引导与会人员在全市新建“稻花香读书会”读书小组25个，开展亲子共读，营造良好家庭氛围。活动期间，市委副书记邹志超在市妇联主席的陪同下，走访慰问了市2名患“两癌”贫困母亲，分别资助救助金1万元。

【弘扬家风】 一是以典型示范弘扬社会正能量。2018年，市沩山镇黄琳家庭、国瓷街道汤其伟家庭获评株洲市“最美家庭”，基层妇联主席邱婷、谢伶俐获评株洲市“最美娘家人”；在“担当者”行动中，推荐的李云希家庭已申报湖南省“文明家庭”。二是以家庭宣讲唱响时代主旋律。年内，株洲市“最美家庭·幸福株洲”主题巡讲团走进了全国“文明家庭”刘天健的家乡板杉镇，巡讲团带来了最美家庭的故事，展示了最美家风。市板杉镇、孙家湾镇分别开展了寻找“十佳好婆媳”评选活动。在全市中小学开学期间，开展了“少年心向党、筑梦新时代”的少年讲坛选拔赛；经选拔，全市有25名小选手参加了复赛，参赛选手紧扣主题、见解独特、内容真实具体、生动感人。三是以创建品牌做好“家”字文章。持续推进了寻找“最美家庭”、创建“平安家庭”“两型家庭”等品牌活动。年内，品牌创建工作力度继续加大，创建“平安家庭”工作，已纳入全市综治考核目标，并以“平安家庭”建设为载体，充分发挥妇联的组织优势，广泛动员妇女积极参与“平安家庭”建设。牵手两型办在全市广泛推广、创建“两型家庭”建设，全年全市评选出“最美家庭”22户。

【妇儿维权工作】 一是认真做好来信来访工作，努力维护妇女儿童合法权益。4月，与市益爱志愿者协会、渌江法律服务所合作，建立了长效联动机制，为前来求助的妇女姐妹提供免费、专业的法律咨询与帮助；全年法律志愿者成功调处家庭纠纷2起。全年共接待来信来访47件、处理47件，处理率达100%。二是加大普法宣传力度，进一步提高妇女儿童的维权能力。市妇联以“三八”维权周、国际“禁毒日”等为契机，开展《中华人民共和国反家庭暴力法》《中华人民共和国婚姻法》《中华人民共和国妇女权益保障法》《中华人民共和国未成年人保护法》、禁毒防艾、“平安家庭”等知识宣传，共发放宣传资料万余份，通过妇女儿童有关法律法规的开展和宣传，进一步增强妇女儿童的法律意识，提高妇女儿童维权能力，引导并形成了全社会关爱妇女儿童的良好氛围。三是充分发挥妇儿工委办公室的职能作用。市妇儿工委办公室牵头协调各成员单位，推动并实施了《醴陵市妇女儿童发展规划（2016—2020年）》。召开了“两规”（妇女发展规划、儿童发展规划）监测统计培训会和工作布置会；通过“两规”的监测、统计，准确、及时、全面的反映了全市妇女儿童规划发展情况，全面推进了市“两规”目标的实现。5月，国务院妇儿工委一行到醴调研市“两规”实施情况，给予了高度评价。

【妇联改革】一是深化妇联改革，织密基层组织网络。严格按照国家、省、株洲市上级妇联的改革安排和部署，认真做好妇联改革工作。年内，妇联在完成村级“会改联”、扩大镇（街道）妇联组织成员的基础上，完成了市妇联换届选举工作，增选了兼职副主席、挂职副主席各1名；妇联通过换届，配齐配强了市妇联的领导班子，从市到村织密了妇联的组织网络。二是以“她代表”微信工作室为“火种”，释放“她力量”。引导全市广大妇女群众自觉听党话、跟党走，涌现出了市板杉镇党委书记刘淼的五星“她代表工作室”、王仙镇各村妇联主席利用“她代表工作室”唱出王仙好声音、传播王仙正能量、树立王仙新形象等先进典型。三是坚持以“党建带妇建，巩固基层组织、扩大工作覆盖面”为重点，在市“两新”（非公有制经济组织、社会组织）组织中分别建立妇联组织220家。

【阵地建设】一是夯实“妇女之家”工作。在全市深入推进“妇女之家”建设工作，实现了有场地、有人员、有制度、有活动的“四有”目标，切实提升基层妇联组织的服务能力。二是继续深化“儿童之家”建设。全年创建省级“儿童之家”1个；为市东富中学“留守儿童之家”引进“知心屋”“小候鸟”等项目。三是推进乡镇妇联组织区域化建设试点。市孙家湾镇新设立“妇女之家”，学习借鉴了株洲妇联发挥执委作用的七种模式认真开展执委认领牵头活动；孙家湾村调解家庭矛盾纠纷的“聊聊吧”，引起了省妇联维权部的关注。市板杉镇开展了妇联执委网格认领制；市王仙镇将妇联工作纳入村绩效考核内容，镇妇联牵头成立了“红心义工队”，有成员30余人。（贺陈淼）

市残疾人联合会

【概况】2018年，醴陵市残疾人联合会（以下简称“市残联”）设党政综合、财务、教育就业、康复、组织宣传文体办公室，残疾人综合服务中心、残疾人辅具服务中心、残疾人劳动就业服务中心、残疾人权益维护中心。有在职人员16人。年内，全市共聘请残疾人专职委员293人。

【党风廉政建设】2018年7—9月，市委第四巡察组对市残联党组开展了巡察，针对市巡查组在巡察中反映的问题，市残联党组在第一时间逐项梳理、逐一明确整改内容、时限，实行整改“销号制”。建立健全了党建规章制度，更新了党务公开栏，做到党员身份公开、承诺公开、履职公开、党费缴纳公开、党员奖惩公开、党员活动公开制度，开展了党员组织关系、党员档案、党费收缴工作的专项整理，换届选举了市残联党支部。党组班子认真落实《党风廉政建设体责任制》，严格执行“两个责任”“三重一大”事项集体决策等廉政制度，开展“雁过拔毛”式腐败问题和“纠四风、治陋习”“公款购买高档白酒”“涉矿清理”等系列专项整治活动，及时整改落实。

【民生“100项目”】2018年，投资50万元，改造了无障碍设施贫困残疾户50户；投资5.8万元，为贫困残疾人免费提供辅助器具240件；投资65万元，对244名农村贫困残疾人实施了“阳光增收”；投资30万元，创新创业扶持城乡残疾人30人。

【残疾人社会保障】2018年，市残疾人社保、民政等社会保障政策落实力度进一步加大。全年市财政累计发放残疾人“两项补贴”（困难残疾人生活补贴、重度残疾人护理补贴）资金811万元，其中重度残疾人护理补贴对象8106人、贫困残疾人生活补贴对象5196人。年内，市出台了《醴陵市城乡居民基本医疗保险实施办法》，全年为1.03万名一、二级重度残疾人代缴2019年城乡居民基本医疗保险金226万元，为4651名一、二级重度残疾人代缴城乡居民基本养老保险金46万元。投资230万元改造了97户贫困残疾人危房。

【残疾人康复服务】2018年，为实现2020年市残疾人“人人享有康复服务”的目标，使有康复需求的残疾人普遍能得到基本康复服务，全年全市19个镇、4个街道办事处、长庆示范区均建立了社区康复站，269个村（社区）均聘请了专（兼）职残疾人社区康复协调员。加快残疾人家庭医生签约服务工作进程，来龙门街道和东富、浦口、富里、泗汾、明月、石亭、板杉镇卫生院被确定为残疾人家庭医生签约定点服务机构，全市全年共完成残疾人基本康复服务5034名，康复服务率达74.1%，其中辅助器具服务对象2152人。全年为109名残疾儿童申请了脑瘫、智障、自闭症、听力康复救助等项目。筹备市残疾人康复中心建设项目，年内开展了国土报批、征地拆迁、建设规划设计等工作。

【残疾人帮扶】2018年，市残疾人教育、就业帮扶力度进一步加大，全年免费培训残疾人360人，其中建档立卡残疾人240人。开展了残疾人“就业援助月”活动，投入扶持资金2.8万元，为14家盲人按摩店进行了无偿按摩技术、管理指导；投资67.9万元，为240名智力、精神、重度肢体和视力残疾人提供了托养服务，其中建档立卡贫困残疾人66人。全年完成残保金年审单位76家，按比例安排残疾人就业197人；举办残疾人现场招聘会2场次，共招聘残疾人10人。年内，投资16.76万元，资助残疾儿童20人、残疾人大学生及贫困残疾人家庭大学生子女21人、残疾人高中阶段残疾学生和高中阶段贫困残疾人家庭子女27人；全年推荐3名残疾学生到省特教中专就读。投资65.5万元，扶持残疾人创业85人。开展“连千村帮万户”残疾人扶贫工作，投入帮扶资金4万元，对口、结对帮扶泗汾镇双塘居委会20户贫困残疾人。

【残疾人脱贫】2018年，全市共有建档立卡贫困户残疾人5133人，全年脱贫残疾人4146人，未脱贫残疾人976人，返贫11人。全年市残联投入帮扶资金23万元，其中明月镇党建帮扶资金13万元、板杉镇板杉村驻村帮扶资金10万元。进一步加大了残疾人政策宣传力度，通过在本级残联网站、《今日醴陵》报中分别开设宣传栏等形式，全面解读与残疾人密切相关的教育、就业、社保、医疗等惠民政策；全年发放政策宣传单3000份。实施贫困残疾人“阳光增收计划”，助推产业扶贫，全年投资65万元，在市大塘生态养殖基地、剑桥种养农民专业合作社、湖南清泥湾生态农业投资发展有限公司、市农家香蔬果种植农民专业合作社等4家残疾人企业中，分别实施了“贫困残疾人阳光增收计划”，共帮助244名建档立卡农村贫困残疾人实现了“阳光增收”。开展了“连千村帮万户”扶贫活动，确定了泗汾镇双塘居委会为“连千村帮万户”帮扶村，共投入帮扶资金5万元。其中，村级帮扶3万元、改善了村级办公条件；投入残疾人发展生产帮扶资金2万元，对口帮扶该村残疾户20户。

【“残疾人证”办理】2018年，办理“残疾人证”1487本。开展“上户办证送服务”活动2次，为31名生活不能自理、行动不便的建档立卡贫困残疾人免费办理了“残疾人证”。

【残疾人信访维权】2018年，开展了残疾人法律援助、咨询活动，为残疾人提供康复、教育、就业等有效服务。全年共接待来信来访115件（次），其中困难救济问题占90%；为4名残疾人提供了法律咨询和援助；全年未出现残疾人集体上访、越级上访事件发生。全年为313名肢体残疾人发放代步车燃油补贴8.1万元。

【扶残助残】2018年，充分利用春节、“助残日”等节日，开展了扶残助残活动。在春节期间，发动了全市各单位走访、慰问残疾人185人，发放慰问金及临时救助款11.98万元。组织开展了“全国第28次助残日”活动，发动全市103家市直单位走访、慰问特困残疾人412人，发放慰问金20.6万元；市委办、市政府办等单位集中慰问了特校、添福残疾人托养所及均楚镇春晖残疾人托养所。

【残疾人文体活动】2018年，开展了残疾人运动员的选拔工作，有6名残疾人参加了株洲市残联组织的集训，其中3名残疾运动员参加了省运会，并取得4银1铜的成绩。分别组织开展了残疾人文化进家庭“五个一”活动、“残疾人文化周”活动，通过联合市残疾人居家托养服务中心，组织28户残疾人开展了读一本书、看一次电影、游一次园、参观一次展览、参加一次文化活动，丰富了残疾人文化生活。

【残疾人专项调查】2018年，更新了全市残疾人基本服务状况和需求信息数据动态，共完成2万余名残疾人入户调查工作，其中入户登记1.74万人、电话登记837人；入户率为95.4%。调查对象中，查无此人97人、已搬迁282人、空挂户62人、外出802人、死亡注销579人。全年移动终端APP信息采集1.94万余人，采集率为99.84%。（王　怀）

市科学技术协会

【概况】2018年，醴陵市科学技术协会（以下简称“市科协”）围绕市委、市政府的工作大局，按照科协“四服务一加强”职能定位，解放思想，开拓创新，为全市经济社会和谐发展做出了积极贡献。全年投资50万元，完善了全市科普基础设施，为18家单位添置了电脑、机器人、投影仪等科普设施。年内，开展了推荐评选“株洲市先进农村专业技术协会”“科普示范社区”“农村科普示范基地”“农村科技示范户”活动。市巾帼绿色农产品协会、市均楚镇新立红薯种植协会、市明月镇梓山种植协会被评为株洲市“先进农村专家技术协会”。市来龙门街道办事处胜利社区被评为株洲市“科普示范社区”，醴陵圆善油茶种植科普示范基地、市高林养殖科普示范基地被评为株洲市“农村科普示范基地”，市王仙镇申熙村刘天文、市均楚镇黄谷村欧建中被评为株洲市“农村科技示范户”。

【科普“三下乡”】6月，醴陵市2018年度科技、文化、卫生“三下乡”活动在王仙镇申熙村启动。市科协、市教育局参加活动。“三下乡”活动以“放飞梦想、快乐科普”为主题，开展群众性文化活动，为农村孩子送去科普知识、科技信息、图书、电影等，并倡导孩子们爱科学、讲科学、用科学。活动的开展为乡下的孩子零距离接触科学、体验科技、开阔眼界、增长知识搭建了平台。

【科普宣传活动】5月，市政府办、市科协等34家单位分别在市城区步步高广场、仙山公园南大门广场、嘉茂银座广场举办了以“减轻社区灾害风险、提升基层减灾能力”为主题的防灾减灾日科普宣传活动。参与此次活动的34家单位结合本部门职能，发挥各自优势，精心制作了大型宣传展板85块；并根据各自工作职能制作宣传资料，免费向广大市民发放防灾减灾知识宣传资料1000余份。在“全国第二个科技工作者日”活动中，走访、慰问了市经开区2名为科技做出了重大贡献的科技工作者代表，分别是陶瓷材料研究及应用领域专家王红和参与制定国家多项机车冷却器行业标准的陈传国。

【科普进社区】2018年，全市科普进社区活动力度进一步加强。4月，市科协联合狮子坡社区、省消防协会，在市湘东医院多媒体教室举办了安全知识讲座。在讲座中，省消防协会教员通过大量安全典型事例，以简单易懂的方式向居民讲述了火灾发生后的后果，详细讲解了家庭消防安全、防火常识、火灾发生后灭火工具的使用方法和如何逃生自救等基本消防常识，并针对居民住宅的火、电、气3个常见发生火灾的特点，向居民详细介绍了如何预防和灾后灭火。教员在讲座现场演示了防毒面具、灭火器的使用方法，并在室外进行了灭火器的实际操作，让社区居民掌握了必要的消防应对措施，为共建“和谐、安全、平安”社区奠定了基础。

【科普进校园】5月，以“体验科学、快乐成长”为主题的中草药与人体健康科学调查时间活动启动仪式暨专家讲座在市青云学校举行。此次活动由青云学校主办，由市科协、市教育局协办。活动抽取了市初中一年级140名学生参与，主要以提升学生学习、沟通、动手能力，以正确认识社会工种的分类，培养良好的兴趣，树立正确的三观为目的。会后，挑选了部分学生参与了研究中药采集和炮制。6月，科普大篷车进校园活动分赴杨林、冷水、长连小学和官庄中心中学，省科技馆、市科协、市教育局及当地乡镇相关负责人出席活动。活动现场设立了科普讲座、航模飞天演戏、球幕电影、航模操作互动、VR梦幻表演、机器人表演等活动板块，为同学们提供认识科学、了解科学、学习科学的机会，拉近学生与科学的距离。此次活动受益师生共约1000余人，共发放宣传资料1000册。

【基层科普】4月，《科普惠农兴村计划》中，市科协推荐了醴陵大华种植农民专业合作社法人代表张晓君为农村科普带头人。张晓君从海南省引进了木薯在当地进行了规模试种，也是海南木薯首次在湖南地区大规模种植并获成功。张晓君组织木薯种植培训讲座20余场，直接培训村民1000余人次，发放木薯种植等各类技术及宣传资料万余册，接待周边等地参观人员25批次，电话解答咨询300余人次，为当地建档立卡贫困户免费提供木薯种苗3万余株，无偿资助种植机肥50余吨。

【学会工作】2018年3月，中国硅酸盐学会联合株洲市科协、醴陵市人民政府共同主办的“2018中国陶瓷工业智能化与装备技术研讨会”在图兰朵酒店隆重召开。会议为期3天。参加人员200余人。会议中举办了专家主题报告5场，有中国工程院院士、中南大学信息科学与工程学院院长桂卫华的《智能优化制造》主题报告，中国建筑卫生陶瓷协会副秘书长、华南理工大学教授尹虹的《国内外陶瓷工业发展状况与愿景》主题报告，中国建筑卫生陶瓷协会机械环保节能分会执行理事长、中国硅酸盐学会陶瓷分会副理事长、景德镇陶瓷大学教授张柏清的《我国陶瓷工业（日用、电瓷）绿色生产智能制造的思考》主题报告，北京凯盛建材工程有限公司电气自动化部主任、自动化与智能化高级工程师文凯的《何为智能化？数字化与智能化的区别》主题报告和洪翔中建材凯盛机器人（上海）有限公司机器人专家洪翔的《机器人的应用》主题报告。

【精准扶贫】2018年，根据全市精准扶贫工作有关安排和要求，市科协结合自身工作职能，开展科技扶贫工作。全市有科技扶贫专家24人，发动农技协3个、农民专业合作社2个开展科技帮扶，全年下拨扶贫资金9万元，帮扶的贫困户均实现脱贫。（叶典雅）

市工商业联合会

【概况】醴陵市工商业联合会（总商会）（以下简称“市工商联”）成立于1953年9月，为全国最早成立的县级工商联之一，醴陵总商会成立于2006年，实行两块牌子、一套人马合署办公。2018年，市工商联有在职干部5人、非领导职务1人，临聘人员2人，常执委班子69人。截至12月，市工商联有基层会员队伍947个，其中团体会员43个、省级商（协）会2个、异地商会3个；有会员771人。全年发展团体会员1家，企业会员72家，个人会员10人。许君奇、彭澎、石军生3名醴籍非公企业家分别担任省工商联（总商会）副会长、常委、执委；全市有非公经济人士担任醴陵市人大代表49人、政协委员54人。年内，与浏阳市工商联结为友好县级工商。年末，市工商联连续三年被评为全国县级“五好工商联”。年内，组织非公经济领域党代表、人大代表、政协委员及工商联党组书记撰写了《关于在湖南省建设新能源汽车及关键零部件检测中心的建议》《关于重点支持精约化畜牧发展的建议》《关于在中小学校开设公共知识和道德培训课程的提案》《加大财政资金投入，提高农产品质量安全水平的提案》等各类提（议）案、意见、建议提案12件。

【非公党建】2018年，强化教育和引导，非公党不断加强，组织非公党支部书记代表赴炎陵县红军标语博物馆进行“不忘初心、牢记使命”主题教育。在纪念中国共产党“五一口号”发布70周年之际，邀请省政协经济科技委员会主任、教授吴金明到醴陵为非公经济代表人士作了讲座，以加强理想信念教育。先后组织非公经济人士代表赴杨开慧故居，开展“不忘创业初心、接力改革伟业”理想信念教育实践活动，以加强对民营企业家的社会主义核心价值观教育。组织商协会会长、秘书长30余人，集中学习了全国党建“小个专”（小微企业、个体工商户、专业市场）赵石毛的典型事迹；组织非公企业代表、党支部负责人，赴北汽开展“党建领航、聚力发展”观摩学习活动；组织商协会会长、秘书长、前往株洲时代金属制造有限公司，开展“弘扬企业家精神、助推产业发展”为主题的交流学习和赴市陶润实业有限公司开展“学习习总书记讲话精神、助推高质量发展”学习交流活动，认真学习、贯彻习近平新时代中国特色主义思想特别是在民营企业座谈会上的重要讲话和精神。

【企业扶贫】2018年，全市有“万企帮万村”的民营企业122家。全年总投资3677.39万元，帮扶行政村94个、4268户，1.31万余名建档立卡贫困人口。其中，产业扶贫投入1068.09万元、受助人口2870人次，公益捐赠302.54万元，受助人口3354人次，就业帮扶投入1804.45万元；安置就业人员3204人次，技能培训人员3897人次。市华鑫电瓷科技股份有限公司、湖南银和瓷业有限公司、金桥生态林农实业有限公司被株洲市工商联评为“‘万企帮万村，精准扶贫’先进单位”。

【同心教育基金管理】2018年，着力打造“双赢同心教育基金”。全年全市参与到同心教育基金的非公企业由原30家增至50家。年内，启动了同心教育基金市场化运作模式，出台了《醴陵市同心教育基金管理办法》；管理办法规定，如经3家以上同心教育基金理事会成员担保后，可将基金借给需要资金的理事会成员或工商联常执委企业，并将收取一定利息用于捐资助学。全年借出基金50万元，用于非公企业经营发展；另一笔借款30万元基金正处办理中。这种同心教育基金市场化运作模式分别得到省委统战部、株洲市市委领导的高度肯定。11月，经株洲市委统战部、省委统战部审核，市工商联“同心教育基金”获省级“同心项目”。

【弘扬企业家精神】2018年，努力打造宣传平台，加大弘扬企业家精神，利用工商联微信公众号平台，定期推报工商联主要工作、工作亮点及会员企业开展的活动、好人好事；重点宣传、推介了石军生、顾东来、赵石毛等非公经济代表人士，以弘扬优秀企业家精神。8月，与市电视台合作，推出纪念改革开放40周年优秀企业家栏目，系列报道了《人物·醴陵故事》；推出了株洲时代金属制造有限公司董事长、工商联副主席顾东来。10月，加大对市工商联副主席、邵阳商会会长、支部书记赵石毛的先进事迹整理、推介工作，使其成为全国“小个专”党建工作先进典型；新华网、《光明日报》、中国文明网、湖南红网、《株洲日报》等新闻媒体竞相报道。年内，市工商联及非公企业人士撰写的《工商联参加株洲市非公有制经济发展成果展》《交流学习 凝心聚力共话发展——醴陵市工商联赴陶润实业有限公司参观座谈》《醴陵450名贫困学生获同心教育基金专项资助》《醴陵山村孩子入学来了“及时雨”》等题材,被《光明日报》等媒体争相报道；全年发送信息80余条。

【队伍素质建设】7月、10月，市工商联主席黄向阳先后指导广东省醴陵商会、深圳醴陵商会开展工作，与上海市株洲商会和天津市株洲商会加强联系，组织开展“迎老乡、回故乡、建家乡”活动，对接在外发展的非公经济人士，用亲情、乡情、真情招商。组织非公经济人士在参加的株洲市工商联（总商会）系统“第二届气排球联谊赛”中获“风尚奖”；在参与“筑梦株洲”——株洲市工商联庆祝改革开放四十周年歌咏赛中获二等奖。组织市华联瓷业、陶润实业、旗滨玻璃、华鑫电瓷、时代金属、中油燃气、第三建筑公司、恒茂电子、升华科技等12家企业，参展“筑梦株洲”——株洲市工商联庆祝改革开放四十周年成果展，得到市委、市政府领导的高度肯定。（王玖丁）

军事

人民武装

【主题教育】2018年，认真传达学习军委办公厅印发的《传承红色基因、担当强军重任主题教育意见》，贯彻落实省军区年度主题教育的部署和要求，第一时间召开部党委会，按省军区明确的四个方面，严实要求四个步骤，精心精细筹划，确保主题教育取得实效。召开全市专武干部、民兵骨干、适龄青年及家属新春座谈会，联合市委市政府举办立功受奖军人军属表彰大会，颁发奖牌奖励，弘扬先进事迹，当兵光荣、军人尊崇的氛围不断浓厚。大力宣传推广李立三红军学校、左权红军小学开展国防教育做法，积极推动国防教育进机关、进企业、进学校、进社区、进媒体，先后在市委党校、学校开展国防教育讲座6次。

【军事训练】2018年，人武工作强化军事素质和技能，坚持现役干部常态化训练，利用交班时间学习军事理论和业务知识，围绕民兵调整改革开展个人研究作业。认真落实《民兵军事训练大纲》训练内容和要求，扎实开展民兵训练。3月，担负并完成军分区民兵应急连紧急出动演练试点任务，组织应急连进行成建制训练，总结梳理紧急出动流程规范，归纳制作应急连工作手册和物资器材携行标准图册，试点成果在株洲市推广。4—5月，为有效应对防火防汛救灾等应急任务，组织成建制民兵应急排开展防恐维稳、森林防火、冲锋舟操作等综合业务集训。7月，组织一期民兵防化救援分队训练。10月，组织一期民兵工程抢修分队集训。

【兵役登记工作】根据《中华人民共和国兵役法》《征兵工作条件》规定，兵役登记是法律规定的一项兵役工作制度，并不意味着就一定到部队服现役，而是国家依法对适龄公民进行登记注册管理的工作。登记范围为2018年12月31日前年满18~22周岁的男性公民，均应依法履行兵役登记手续。为圆满完成兵役登记工作，市人武部坚持早准备、早发动，结合春节适龄青年返乡和民兵重组的时间节点，发动全市各镇（街道）、村（社区）干部上门入户，分别进行“一对一”兵役登记宣传发动和登记，准确掌握全市适龄青年人数。3月，全市兵役登记任务100%完成。

【兵员征集】2018年，市兵员征集重点突出应届大学生、高中生。年内，先后在市第一中学等6所高中、职校中，分别开展了国防教育、征兵宣传进校园活动，组织开展国防教育、征兵政策宣讲和现场报名，设置宣传展板、横幅，累计发放征兵宣传手册3000余份。协调联通、移动、电信3家通信运营公司，每月为市民发送一条征兵宣传短信；在市电视台、报纸、微信等主流媒体上播发推送征兵公益广告、政策解答、报名流程；开通公示征兵咨询热线；市征兵办建立网上报名动态日监控和周通报制度，督导网上登记报名，掌握征兵工作情况。为把好兵员体检关，市卫生和计划生育局分别从湖南师范大学附属湘东医院、市中（一）医院、兆和医院、泰安医院，抽调38名政治思想好、业务精的医务人员为应征青年体检，确保输送部队兵员的身体素质。

【安全保障】2018年，认真学习贯彻株洲军分区、醴陵市委、市政府等下发的各类安全工作指示和安全事故通报精神，扎实开展安全大检查大整治、枪弹专项清查整治等活动，进行重特大安全风险评估暨安全形势分析。开展安全隐患排查整治活动，组织干部职工签订安全责任状，对涉密要害部位人员进行政治考核、对临聘人员进行政治审查；核查登记营院常驻外来人员。开展营院防暴恐演练，确保了营院安全。

【党管武装】2018年，党管武装工作力度进一步加强，召开人武部党委（扩大）会议，组织各镇、街道党（工）委书记，进行党管武装工作述职，通报表彰了武装工作先进单位、先进个人。市人武部拟制的《全市武装工作要点》，经提交市委常委会研究通过，并纳入市各级党委学习议程。严格落实武装工作的各项制度，召开市委议军会，坚持每季度向市委书记、市长、常务副市长汇报武装工作；每月和每周末及时向市委办提交下月、周武装工作重大活动、会议，以纳入市委、市政府月、周工作计划和安排。将武装工作与全市经济社会发展同步规划、同步部署、同步落实，将基层党管武装工作纳入了全市年度绩效考评范畴，将武装工作、营院维护、生活保障等各项武装经费纳入市财政统一保障。

【参建参治】积极发挥武装工作对经济发展的增值、减损、解困、助力作用，号召和组织民兵预备役官兵积极投身建设富强美丽幸福文明新醴陵中，全力打好产业突围战、城镇提质战、项目攻坚战、安全保卫战“四大战役”，推进市明月峰路、国防综合训练基地等重点工程项目建设；积极帮扶市银和瓷业有限公司开发高新环保陶瓷。组织召开基层党建帮扶工作会，指导孙家湾镇理清工作思路，现场为10家联系企业答疑解惑，帮助解决实际问题。开展“三创四化”工作，认真指导国瓷街道横店村、石塅村开展文明城市、国家卫生城市、国家园林城市创建活动。参加市委组织的走访慰问老党员、义务献血、义务植树等社会公益活动；开展“争当时代雷锋、共创文明醴陵——民兵在行动”活动。

【精准扶贫】2018年，根据株洲军分区、醴陵市委、市政府扶贫攻坚有关工作安排和要求，进一步加大了扶贫攻坚工作力度，协助株洲军分区常委在醴陵市的3个省级贫困村扶贫办点，帮助挂钩对接，保障帮扶力量进村入户。推进市孙家湾镇、均楚镇大垅洲村脱贫攻坚进程。全年，先后4次牵头组织召开脱贫工作推进会，制定年度扶贫方案计划，组织扶贫帮困后盾单位一把手进行现地研究，有效推进了贫困村的异地搬迁、路面硬化、水渠疏通、合作养殖等扶贫项目。结合春节等重大节日，组织后盾单位走访慰问贫困户，为贫困户解决生产生活等物资，发放慰问金。（田　袁）

预备役部队

【概况】2018年，湖南陆军预备役步兵师炮兵团榴炮一营在团党委的坚强领导下，在醴陵市委、市政府和人武部的大力支持下，全营官兵锐意进取、主动作为，紧贴使命谋打赢，聚焦中心强能力，团结同心求发展，狠抓政治教育、军事训练、安全稳定和作风建设等各项工作的落实，圆满完成上级赋予的各项任务。坚持看齐追随，夯实巩固思想政治根基，始终坚持用党的先进理论和上级系列决策指示精神统一官兵思想，全面深入贯彻学习中共十九大、两会精神，集中组织收听收看，外聘专家教授到营宣讲解读，运用广播电视、信息视窗、灯箱展板等新闻载体进行广泛宣传。认真组织习近平主席系列讲话专题理论学习，巩固和增强官兵政治意识、大局意识和看齐意识。进一步强化教育引领纯洁思想，扎实开展“传承红色基因、担当强军重任”主题教育，认真组织问卷调查，切实摸清教育底数；深入开展“习近平强军思想知识”大普及学习活动，发挥醴陵驻地丰富红色资源优势组织预备役官兵参观见学，在实践中感悟革命先辈精神力量。

【战备训练】2018年，坚持聚焦中心，有效提升实战实训能力，始终坚持把战备训练摆在中心位置，保持大抓练兵备战的强劲态势。一是紧贴使命任务，树立实战导向。牢固树立“编组是第一战斗力”思想，年初结合整组，进一步优化编组布局，确保人员在平时能参加训练、急时能迅速收拢，基本达到连队从集结地域出发，20分钟可上高速的实战需要。深入调查研究，实时掌握编组地域辖内非战争军事行动需求底数，与地方有关职能部门精准对接，实现资源共享、信息互通。按照应急人员内部调整抗洪、灭火、维稳装备器材，能确保在2小时内，做到人员、装备器材到位。二是严格按纲施训，夯实训练基础。坚持按纲抓训、严格治训，年度各项演训活动组织严密，完成了年度训练任务；年内，先后分批次参加入队训练、现役营（连）长集训、舟桥训练、预任军官集训、防暴防恐演练和年终军事训练考核等各类集训8期，确保训练人员、时间、内容、质量四落实，训练成效明显。

【安全维稳】2018 年，安全维稳工作始终坚持“防治结合”原则，切实筑牢安全稳定底线，积极探索新形势下预备役部队管理教育的特点和规律，坚持用条令条例规范“四个秩序”，狠抓营队正规化建设，有效促进营队安全发展。一是切实强化安全意识。针对预备役部队将改未改阶段部队安全管理实际，认真分析营队安全工作形势，组织开展“六项整治”和安全责任大讨论等活动，在营部和泗汾基地中开展安全隐患排查 3 次，把全面从严的要求落到实处。二是突出防范安全重点。始终把人、车、密、网作为安全重点抓紧抓实，严格落实人员请销假、查铺查哨等制度；加强对重要场所的警戒，定期检查维护营区水电和煤气等设施，突击检查营院物业看管人员的履职情况。积极开展“健康营院”“爱国卫生月”等活动，聘请专家对现役官兵进行健康教育；组织官兵开展溺水急救、自救、互救训练，确保人员、车辆、营院安全。

【作风建设】认真贯彻落实上级作风纪律建设有关精神和要求。一是加强教育引导。扎实开展经常性党风党纪教育，组织传达上级违规违纪典型案例和通报，切实增强官兵知敬畏、守底线观念。结合重大节日，采取廉政教育、明察暗访等形式，督促党员干部节俭过节、廉洁过节、和谐过节。二是强化整风整改。严格对照上级有关作风纪律的法规和制度，以严肃认真的态度抓好清理清查，对发现的违纪违规问题做到及时受理、及时调查、及时整改。开展基层风气“10 个常见问题”专项整治和“和平积弊大起底、大扫除”活动，进一步深化“双十条”整治活动，结合实际情况，制定专项整治活动方案和分工负责表。结合“基层风气整治 10 个常见问题”的开展，营连风气得到明显改善。　　（蔡　伟）

武警部队

【概况】2018 年，武警株洲支队执勤二大队醴陵中队（以下简称“中队”）认真贯彻落实湖南总队、株洲支队党委扩大会议精神，落实“建设一支听党指挥、能打胜仗、作风优良的人民军队，把人民军队建设成为世界一流军队”党在新时代改革强军目标，按照年初中队党支部整体工作部署，以“贯彻党的‘十九大’、做习主席的好战士”为主线，求真务实，科学抓建，中队全面建设稳定健康发展，完成了以执勤处突为中心的各项任务。年内，严格落实支部委员集体学习制度，突出抓好中共十九大精神学习贯彻和党的创新理论学习；在中队全体党员中开展“学党章、用党章”专题教育；在全体战士中开展以红色文化育人的具有中队特色主题教育。

【执勤训练】2018 年，中队坚持以习近平强军思想为指导，贯彻新时代军事战略方针和武警部队、湖南总队、株洲支队军事训练指示精神，牢固确立战斗力这个唯一标准，坚持从实战出发，大抓练兵备战，严格按纲施训、科学施训，整体训练水平稳步提升。年内，中队应急班在参加株洲支队应急比武中获第一，并立集体三等功一次。中队有 3 人参加株洲支队“勤训轮换”军事训练考核，分别获第一、第二、第四名，1 人在株洲支队组织的搏击比赛中获第二名。全年完成武装押解勤务 30 余次，各类安保勤务 10 余次。

【思想政治建设】2018 年，中队坚持学习贯彻中共十九大精神，以中共十九大精神为指导，分别开展“维护核心、听从指挥”“不忘初心、牢记使命”“传承红色基因、担当强军重任”的主题教育，并借助驻地红色革命基地资源，组织官兵参观烈士陵园、李立三故居等革命传统教育基地，进一步巩固和落实主题教育成果，力求用红色文化建队育人。用党的创新理论武装头脑，进一步坚定官兵的理想信念。年内，中队认真贯彻醴陵市委、市人民政府及上级武警部队的有关精神和要求，组织资助地方的贫困“五保户”、定期慰问烈士家属，带头参加义务献血、植树造林等公益活动，进一步融洽了军政军民关系。中队年度新闻报道工作排名株洲支队第二，全年撰写论文 10 余篇，其中部分论文、文章在《人民武警报》《株洲日报》上刊发。全年在株洲“湖南武警”微信公众号上刊搞 30 余篇。政治指导员周航被支队评为“优秀共产党员”。

【后勤保障】2018 年，中队因地制宜地抓好种植业和养殖业，饲养生猪、山羊和禽畜等；种植蔬菜 0.2 公顷，有品种 30 余种，蔬菜供应基本实现自给。进一步加强营院基础设施建设，调换老旧饮水机，更换活氧杀菌科技的新式直饮水机，为中队全体官兵的饮水健康提供了有力保障；更新食堂破损漏电的蒸饭柜，及时杜绝安全隐患，为炊事员营造了安全的工作环境，满足官兵的就餐需求。　　（周　航）

人民防空

【概况】2018 年，醴陵市人民防

空办公室（以下简称“人防办”）坚持以习近平新时代中国特色社会主义思想为指导,认真贯彻“长期准备、重点建设、平战结合”的人防方针，按照以收促建、以建为主的原则，不断加大工程建设力度，进一步完善指挥通信网络，拓展宣传教育手段，全市人防战备能力不断提升。年内，人防办内设综合股、工程股（行政审批股）；下辖人防指挥信息保障中心。有在职干部职工9人、退休人员6人。年末，市人防办被株洲市城市绿化委员会办公室命名为“株洲市园林式单位”，被株洲市人防办评为“株洲市人防工作先进单位”。

【工程建设】一是健全行政审批制度。分别建立健全“最多跑一次”“会审会”等审批制度，为报建单位提供便民服务。切实加强结建防空地下室的建设管理，大力提升工作水平。二是依法行政审批。主动加强与市发改、住建等部门的联系，进一步规范了人防行政审批程序，人防前置审批效果显著。全年民用建筑人防报建项目50宗，人防工程结建面积和易地建设费征收额度均创历史新高。三是切实维护人防工程。年内，日常维修维护市公共人防工程，对单位人防工程进行了安全督促检查，分别签订了人防工程维护管理协议，加强了人防工程监督和管理工作力度，全年无一例安全事故。四是落实降费减负政策。为认真贯彻执行省人民政府、省发改委有关降费减负规定，市人防办承担了由原报建单位负责的人防工程施工图审查费费用。全年支付该项费用21万余元。

【指挥通信】一是日常维护指挥通信体系。市指挥通信体系的日常维护工作采取定人、定点、定责任的方式，坚持每月定期检查维护警报、电台等专业设备设施，及时做好检查检修记录，确保人防指挥通信系统一直保持良好使用状态。二是有序组织实施警报试鸣活动。在警报试鸣前期，派出专业技术人员全面维护防空警报设备，并以电视播报、报纸专刊、短信提示、通告张贴等形式，分别提前5天告知民众防空警报试鸣事项。11月1日上午9时30分，按照“预先警报”“空袭警报”“解除警报”3种鸣放信号依次组织信号发放，警报器鸣响率、完好率、覆盖率均达100%。三是组织开展演练拉练活动。11月1日，结合全市警报试鸣活动，组织市城区初级中学学生、部分社区居民开展防空应急疏散演练。年内,人防办先后参加了“湘江－2018”“株防－2018”演习活动，在演练中不断提升人防指通能力。

【宣传教育】一是人防知识“进机关”。全年向市委、市政府和市部门单位，分别定期赠阅《中国人民防空》杂志，实现了人防知识“进机关”。二是人防知识“进学校”。全年向市城区初级中学全面换发《现代防空防灾》新教材，课堂教育注重理论与实操相结合，实现了人防知识“进学校”。三是人防知识“进企业”。全年向市有关企业赠阅人防法规书籍，上门宣讲人防政策，实现了人防知识“进企业”。四是人防知识“进社区”。全年分别在社区中设立人防宣教室15个，制作户外固定宣传栏4块，实现了人防知识“进社区”。五是人防知识“进媒介”。全年在电视、报纸等媒体宣传人防知识的同时，注重发挥微博、微信、朋友圈等新兴媒介的作用，适时发布人防动态，实现了人防知识“进媒介”。（江华林）

法　治

政法及综治

【概况】2018年，全市政法工作坚持以习近平新时代中国特色社会主义思想为指导，按照中央、省委、株洲市委政法工作会议部署要求，全面落实“四大任务”（维护国家政治安全、确保社会大局稳定、促进社会公平正义、保障人民安居乐业），努力创建全省平安县市，为新时代醴陵发展创造安全的政治环境、稳定的社会环境、公正的法治环境和优质的服务环境。年内，醴陵市获评“2018年度全省综治工作先进县市区”“2018全国社会治理创新示范市”称号，《以基层为中心，以线条为抓手，加强城乡社会治理》的网格化服务工作经验材料，入编《加强和创新社会治理典范案例汇编（2018）》。

【综合治理】一是全面推行网格管理。搭建市、镇（街道、示范区）、村（社区）、基层四级网格，投入6000余万元，建成“大数据”系统和网格化服务管理信息平台。整合医疗保险、社会保险、民政、国土资源、卫生和计划生育等管理部门的109项职能进镇（街道）办理，下放97项职能进行政村办理，将生育服务证登记等29项公共服务事项纳入网格化服务管理。规范日常巡查和处置流程，及时回应、解决群众诉求。10月，省委政法委员会主办的《湖南政法综治动态》第3期以《醴陵市推进网格化服务管理规范化》为题，专版刊发醴陵市网格化服务管理工作成果和经验。二是建立健全综治中心。整合综合治理、公安、民政、卫生和计划生育、司法、信访等部门入驻综治服务大厅集中办公，建立大联勤大联动机制。24个镇级综治中心为辖区内群众的社会治安、矛盾纠纷、民生事务等诉求，提供“一门式”服务。三是大力实施“雪亮工程”。在全市重点部位、单位和路段安装视频监控探头6000余个，将全市9个部门自建的近万个“电子眼”纳入同一指挥平台，建成集指挥调度、视频会议、视频监控、信息发布等功能于一体，贯穿市、镇（街道、示范区）、村三级的综治视联网，对治安状况实时研判、提前预警、有效处置。

【扫黑除恶】一是强化宣传力度。通过悬挂宣传横幅、出动宣传车、发放宣传伞、印发宣传资料等途径，利用电视、沿街面LED屏、公交车显示屏等载体，运用电视、报刊、微信、广播“村村响”等方式宣传，广泛发动群众积极举报，在全市营造人人关心、人人参与的氛围。二是强化网格力量。发挥网格作用，强化网格责任，组织网格员走访、宣讲，开展集中和滚动排查，深挖细查，摸清、摸透、摸实所有黑恶线索。畅通举报渠道，加强日常巡查，建立线索摸排台账。12月，在省扫黑除恶专项斗争领导小组办公室主办的第34期《扫黑除恶专报》上以《株洲醴陵市“五进网格”推动扫黑除恶专项斗争纵深发展》为题专版刊发，工作经验在全省推广。三是强化协调整合。坚决落实“三级调度”（一般案件由市扫黑除恶专项斗争领导小组办公室主任调度市公安局、市人民法院、市人民检察院分管领导处理，较大案件由市委政法委书记调度市公安局局长、市人民法院院长、市人民检察院检察长处理，重大案件由市委书记或市人民政府市长调度全市各政法单位处理）机制，整合政法、纪检、组织工作力量，与优化环境、项目建设和党风廉政建设相结合，既抓涉黑组织，更抓后面的“保护伞”。四是强化精准打击。加大对黑恶犯罪侦破打击力度，重点清查影响基层组织建设和群众反映强烈的“行霸”、“村霸”、宗族恶势力，专案攻坚涉砂和民间高利贷违法犯罪、涉众型经济犯罪。专项行动以来，共接到群众电话举报33起，摸排涉黑涉恶线索104条，破获涉恶案件5起，抓获涉恶犯罪嫌疑人75人。

【社会维稳】政治安全方面。加强人民防线的广度、防范处理邪教的力度、监管网络舆情的频度，不断强化意识形态管理，不断巩固政治安全的“防火墙”。社会安全方面。加大对重点群体、重点场所的管理力度，强化特殊人群服务管理，有效防止极端案事件发生，保障人民群众生命财产安全。社会稳定方面。建立信访维稳领导带班接访、信访包案化解等8项制度，开展信访维稳系列专项活动，化解积案128件；全年预警各类情报信息82条，共化解各类涉稳问题165起；向各镇（街道、示范区）和市直单位交办重点人员153人，交办突出事项33件；上级交办的85件信访件均按期全部办结完毕，完成信访维稳安保工作任务。金融风险方面。加大对民间借贷、地下钱庄、涉众型经济犯罪的清查力度，通过加强摸排、精准打击和追赃挽损等工作措施，有效防范化解金融风险。

【依法治市】一是推进司法改革。市人民法院不断深化以审判为中心的刑事诉讼制度改革，结案率达93%；市人民检察院率先在株洲市建立“两法衔接”信息共享平台，经验做法在全省推广；市公安局实施“一村一辅警，一格一助警”管理制度；市司法局推进公证体制改革。二是严格公正司法。年内，市委政法委执法监督室共接待涉法涉诉信访案件21件31人；市人民法院深入开展“执行攻坚年”活动，共受理各类案件9073件，结案7824件；市人民检察院推动公益诉讼试点工作，受理854人的起诉案件，提起公诉595人；市公安局保持对严重刑事犯罪活动的高压态势，共侦破各类刑事案件1105起，其中侦破现行案件1014起，抓获各类犯罪嫌疑人938人。三是强化法治宣传。政法系统各单位结合“宣传中共十九大”、“6·26”禁毒日、“宪法宣传周”、“法治进校园”等活动，大力宣传法律知识，宣传扫黑除恶、平安创建、禁赌禁毒等中心工作，开展各类法治宣传活动160余场次，发放各类宣传资料6万余份，营造良好法治氛围。

【队伍建设】严格按照“五个过硬”要求，建设过硬队伍，打造政法铁军。一是加强思想政治建设。开展“不忘初心、牢记使命”主题教育，分批分专题组织学习习近平新时代中国特色社会主义思想和中共十九大精神。组织市公安局、市人民检察院、市人民法院负责人每月1次联席会议和谈心谈话。在全市政法系统开展“十佳政法干警”评选活动，发挥典型示范引领作用。二是加强业务能力建设。组织全市政法系统各单位班子成员及部分中层干部到西南政法大学培训学习。以派出所、交警中队、人民法庭等基层一线领导和骨干为重点对象，组织开展业务能力、任职资格等专业培训。开展岗位练兵和技能训练，通过庭审观摩、案件评查、文书评比、介绍经验、办案竞赛、“一对一”结对帮扶等措施，不断提高政法干警的法律素养和执法能力。三是加强司法作风建设。严格落实党风廉政建设责任制和从严治警措施，扎实开展政法系统重点领域防腐治腐工作，加强政法廉政文化建设，增强全市政法干警知敬畏、存戒惧、守底线的意识，筑牢拒腐防变防线。

【见义勇为】李雄，男，汉族，1978年9月15日出生，醴陵市仙岳山街道南门社区青山巷28号居民。2018年1月3日凌晨1时，家住中山南路219号的居民邹三定家中突发火灾。家住附近的居民李雄，听见火灾现场的呼救声，立即赶往事发地点。李雄到达后，见邹三定家大门紧锁，无法进入。李雄用尽全力，踹开木门，拿起邻居身上脱下的布棉袄，在水龙头下淋湿，披在身上，冲入屋内，发现被困在一楼的邹三定妻子刘丽君。李雄准备将刘丽君救出屋外，过程中，房梁和天花板已经着火，屋顶掉落的瓦片砸在李雄的身上，李雄忍住疼痛，将刘丽君从大火中安全救出。邹三定被困在家中二楼，见楼下着火，爬到窗台向外呼救。附近居民肖子辉、刘钟林夫妇等人搬来桌子和楼梯，搭成高架，帮助邹三定从窗台爬下。随后消防车赶到，火势得到控制，无人员伤亡。李雄被市人民政府授予“醴陵市见义勇为先进个人”称号。（陈少东）

法治政府建设

【概况】2018年，继续推行政府常务会议学法制度，把学法计划列为领导干部年度学习的重要内容，并认真组织实施。推行重大行政决策合法性审查制度和民主决策制度，会议议题在提交政府常务会议集体讨论决定前，先由市人民政府法制办公室进行合法性审查。推行行政执法公示制度、行政执法全过程记录制度和重大行政执法决定法制审核制度，促进全市行政执法规范化建设，解决在行政执法过程中存在不严格、不规范、不文明、不透明的问题。制定《醴陵市政府合同审查管理办法》，规范政府合同管理，防范合同风险，减少合同纠纷，保障国有资产、财政资金的安全和自然资源、公共资源的有效利用。制定《醴陵市人民政府法律顾问工作规则》，详细规定市人民政府及工作部门法律顾问的聘任、管理、履职等事项，建立以市人民政府法制办公室公职人员为主体、吸收专家和律师参加的法律顾问队伍。

【权力清单】全市有涉及权力清单的单位37个，有目录清单2958项；已填报实施清单2958项，填报率为100%；已发布实施清单2958项，发布率为100%；网上可办率为100%，并在政府门户网站公布，接受社会监督。

【政府规范性文件审查】2018年，市人民政府法制办公室严格执行合法性审查和“三统一”（统一登记、统一编号、统一公布）制度，共审核政府规范性文件22件，严把法律关、政策关、程序关，对审查中发现的问题，按照法定程序提出处理意见，坚决予以纠正。

【依法行政】2018年，市人民政府办公室共办理行政复议案件10件，办理一审行政应诉案件30件，办理二审行政应诉案件11件，安排行政机关负责人出庭应诉15件。（陈　华）

公　安

【概况】2018年，醴陵市公安局围绕“树品牌、铸名牌，创省优、争国优”奋斗目标，以“队伍建设年、能力提升年”为主线，举全警之力推进安保维稳、侦破打击、警务改革、服务发展、安全管理“五大攻坚战”。实现全市安保任务“零差错”，群体性事件社会影响“零扩散”“零激化”，涉疆涉恐案事件“零发生”；刑事发案、治安发案、交通事故、安全事故同比“四下降”，年度综治民调、禁毒满意度调查、现行案件破案率“三提升”的新成效。

【安保维稳】全年累计搜集研判各类情报信息1858条，下达预警指令256条，处置突发事件49起，化解重大事件苗头35起，化解20人以上群体性事件14起。以增强“城市快警”处突人员力量为依托，强化反恐防恐宣传工作力度，加大对水泥墩、防护栏、减速带等基础设施建设，落实“1、3、5”（驻点部队1分钟，中心城区3分钟，其他城区5分钟）快速反应机制，集中开展大巡防、大管控、大整治，为建设“四个醴陵”营造安全稳定的社会环境。在安保维稳“百日会战”和“百日攻坚”期间，市公安局累计出动警力1万余人次，设卡盘查百余次；完成第三届中国烟花爆竹博览会暨2018年醴陵烟花爆竹交易会和2018年中国湖南国际旅游节暨中国（醴陵）国际陶瓷产业博览会等重大节会的安保维稳任务。

【侦破打击】推出扫黑除恶、“冬春攻势”、集打斗争、“小案”侦破等系列专项行动，始终保持对犯罪活动的高压进攻态势。全年市公安局破获各类刑事案件1321起，其中破获现行案件1223起，现行案件破案率达46.8%；抓获各类犯罪嫌疑人922人，移送起诉838人；查处行政案件933起，行政拘留968人；侦破各类现行侵财案件695起，现行侵财案件破案率达到56.8%。快速破获童某故意伤害致死案，连续13年实现“命案必破”的工作目标；侦破“4·7”涉毒部督案，黄某坚等人涉恶案等系列重大案件。

【警务改革】着力创建“三型窗口”（规范型窗口、便民型窗口、效能型窗口），在全市率先成立为民服务中心，将分散在各警种的121小项行政审批服务职能全部整合到为民服务中心，出台办事流程图，下放审批权限，再造审批流程，办事期限均比法定期限缩短1/2以上，让群众真正实现“最多跑一次”。全面推进“一村一辅警、一格一助警”建设，每个建制村设专职驻村辅警1人，每个网格配备N名警务助理，打造社区警务和网格管理深度融合“升级版”，创造社会治理和民生服务的“醴陵品牌”。

【服务发展】连续3年开展企业帮扶专项行动，连续5年开展项目建设环境专项整治行动，着力优化经济发展环境，切实保证重点工程项目顺利进行、重点企业安全发展。全年走访全市重点工程项目859家次，侦破案件26起，查处打击违法犯罪人员39人，调处纠纷147起，出动警力2000余人次，连续3年交办问题办结率、24小时见面率、企业满意度均达100%。

【安全管理】推动源头治理、集中排查和专项整治同步开展，对发现有重大安全隐患的涉危涉爆企业，严格实施“一单四制”。全年共查处涉危涉爆行政案件77起，行政拘留91人；破获刑事案件31起，移送起诉29人；对全市民用爆炸物品使用单位拉网式安全检查412次，清除安全隐患398起，连续31个月未发生重大安全责任事故。（黄　鑫）

【典型案例】2010年9月25日，在原板杉乡醴潭高速服务区内，李某醌、王某全、董某孝3人用拣钱分钱的方式诈骗焦某荣，焦某荣当场识破骗局，并与李某醌3人发生争吵，王某全用匕首将焦某荣刺死，事发后李某醌等3人畏罪潜逃。2010年10月1日，市公安局在贵州省将犯罪嫌疑人王某全、董某孝抓获。2018年10月28日，市公安局在广东省东莞市将犯罪嫌疑人李某醌抓获。2018年6月2日，市公安局摧毁黄某坚、周某龙等人涉恶团伙，抓获犯罪嫌疑人14人。经查明，2017年7月以来，犯罪嫌疑人黄某坚等14人组成“黑车”客运团伙，采取盗窃、损坏车牌、殴打司机等手段，垄断醴陵市至广东汕头市、普宁市往返道路客运经营，非法获利68万余元。2018年9月3日，黄某坚、周某龙等14名犯罪嫌疑人因涉嫌寻衅滋事、非法经营罪被市公安局移送起诉。（黄　鑫）

交通警察

【概况】2018年，醴陵市公安局交通警察大队（以下简称“交警大队”），下设车辆管理所、办公室、政工监督室、科技所、安宣中队、事故中队、法制中队、重管中队、道路交通事故救助基金管理中心、特勤中队和一、二、三、四、五、六、七中队17个二级机构和单位，其中车辆管理所为副科级机构；有在岗民警81人，交通协管员171人。截至年末，全市有道路通行里程3181.8千米，机动车160784辆，驾驶人207829人。

【交通安全】2018年，交警大队树立“事故可防，防必有效”的责任意识，以“安全保卫战”“落实企业安全生产主体责任年”为契机，革新道路交通事故预防体系建设，全面防范重特大道路交通事故。年内，排查督促治理道路交通安全隐患19处；排查企事业单位168家、排查整治安全隐患65处，其中重大安全隐患7处、一般安全隐患58处。组织开展交通安全集中宣传活动7次，开展“五进”（进农村、进社区、进单位、进学校、进家庭）宣传活动192场，制作宣传板报80余块，发放宣传资料7万余份。2018年全市接报道路交通事故警情10947起，同比增长5.5%。上报道路交通事故发案43起，死亡4人，受伤62人，直接经济损失4.36万元。系统上报亡人交通事故发案同比下降2.9%，亡人数与上年持平，没有发生一次死亡3人以上较大道路交通事故。

【交通执法】2018年，交警大队组织开展“强执法防事故”“冬春攻势”“百日会战”“农村集中攻坚”等交通违法专项整治行动79次，查获道路交通违法行为147786起，同比增长61.5%，其中现场执法18032起。全年查获饮酒驾车147起，醉驾105起，毒驾4起，校车违法66起，公路客运车辆违法531起，旅游客运车辆违法3起，公交客运车辆违法15起，重中型货车违法5464起，摩托车违法13661起，工程运输车违法1935起，渣土车违法1756起，面包车违法6773起，危化品运输车违法38起；立刑案130起，刑拘30人，抓获嫌疑人128人，移诉108人。

【交通秩序】年内，交警大队按照市委、市政府确定的“交通畅通城市”目标，根据“三创四化”工作需要，组织开展创文迎检交通环境整治专项行动，常态化开展机动车乱停乱放、摩托车非法加装遮阳伞、不戴安全头盔、货车闯禁区等可见交通违法行为；查处机动车乱停乱放62764起，不礼让斑马线违法行为2484起，闯红灯16082起，闯禁区24425起，扣留机动车1499台，交通违法记满分1630人，治安拘留17人。完成春节、清明等传统节日、全省脱贫攻坚现场会、各级领导考察调研等重大活动和乡村旅游节等节会的交通安保任务153起。完善农村交通基础设施，在板杉镇、浦口镇等地设置信号灯、交通护栏，新建和启用城区长庆大道、农村夏坪桥等23处电子警察和道路监控系统。建成首个4.5千米区间“民生100”测速系统，建成2个稽查布控系统交通管理服务站。率先在株洲地区启用车辆超限超载不停车称重和非现场执法电子抓拍系统，“科技治超”工作经验在长江中游城市群公路合作联席会议上得到与会人员的关注。全年新划、复划交通标线6040平方米，更新、新设交通标牌168套；民警辅警执法记录仪配备率达100%。

【维护稳定】侦破交通肇事逃逸案件10起，破案率达91%，逃逸案件刑事打击9人。交通事故“三调联动”（行政调解、人民调解、司法调解）运转顺畅，全年调解交通事故损害赔偿案件800余件。交通事故救助基金发挥积极作用，垫付抢救费、丧葬费39起（其中垫付医疗费32起，丧葬费7起），垫付金额64.22万元，道路交通事故救助2人，救助金额2.5万元，垫付追缴3起，追缴垫付款3.14万元。

【警务改革】深入推进“放管服”改革工作，立足专业、快捷、便民，接管并常态化运行科目二考场，建立车辆管理所顺达分所、车辆管理所换证补证审验中心，减少群众排队等候、往返奔波。全年共办理机动车注册登记16824辆，其中小型汽车以上9352辆；机动车驾驶证科目一考试15789人，摩托车驾驶证申领1527人，交通违法记满分考试1529人，驾驶证注销可恢复考试574人，审验驾驶证7930本，发放机动车检验合格标志15981张。派出所警务改革深入推进，茶山、白兔潭派出所试点交通违法处罚和交通事故处理运转良好。

【社会事业】2018年，交警大队深入开展扶贫攻坚、企业帮扶工作，选派专人担任党建帮扶驻村工作队队长，选派26名中层干部为结对帮扶责任人，结对帮扶明月镇73户、均楚镇青山村6户建档立卡贫困户，帮助省级贫困村均楚镇青山村巩固脱贫成效，解决帮扶资金22万元，慰问金9万余元，实现“微心愿”637个。2017年以前的19户已脱贫户未返贫，年内有20户贫困户已成功脱贫。帮助南亚源标志服饰有限公司等5家企业解决生产、融资、用工等困难，帮助碧山社区、河西村解决创建工作资金等难题，为湖南高阳电瓷电器有限公司技术改造等项目提供交通管理服务。

【队伍建设】2018年，交警大队制定《大队领导班子成员带头遵规守纪十项规定》，班子成员从十个方面带头执行纪律规范。出台《工作绩效与队伍建设评估办法》，建立健全以“绩效评估、跟进督导、常态督查、综合评定”为重点的警务效能科学评价体系。组织政治建警知识竞赛，队列会操训练及比赛。党建工作走上制度化、规范化轨道，班子成员带头参加双重组织生活会，党支部、党小组活动符合上级要求。强化民警辅警维权，严肃查处妨害执行职务案件4起，刑拘3人，行政拘留1人。成立工会组织，执行工作计划，有序推进工会工作顺利开展。完善食堂管理，改善就餐质量和环境。农村中队（交警大队下设的二、三、四、五、六中队均为农村中队）业务用房建设稳步推进，三中队建设通过省公安厅交通警察总队验收，四中队入驻新建的业务用房办公，大队院落及办公场所提质升级完成。开展趣味运动会等警营文化活动，丰富民警业余生活。　（张　勇）

公安消防

【概况】2018年，醴陵市消防救援大队（以下简称“大队”）共有人员62人，其中干部11人、战士23人、政府专职消防队员及文员28人。下辖2个中队。共有执勤战斗车辆10台，共载水46吨、泡沫5.2吨。其中，压缩空气泡沫车1台、水罐消防车2台、水罐泡沫消防车2台、抢险救援车3台、云梯消防车1台、重型水罐消防车1台。大队主要担负各类火灾扑救、灾害事故抢险救援工作。

【执勤训练】2018年，大队坚持以“练为战”为指导思想，全力打造现代化消防队伍，不断夯实战训基础工作，有计划地在辖区内的消防安全重点单位开展熟悉演练，修订重点单位灭火作战预案，深入消防安全重点单位等场所熟悉演练，完善辖区消防栓坐标卡。年内，大队党委认真研究制定2018年度消防救援训练计划和业务考核办法，从实战出发，按照科学施训、以练为战、以战促练的目标，分阶段、分岗位、分项目进行实战组训和演练；狠抓消防队员的体能素质提高和执勤业务能力训练，有效增强消防队伍的综合素质和战斗力，保证队伍随时能“拉得出、冲得上、打得赢”。全年接警出动消防人员342人次（含增援）、车辆524台次，出动警力3445人次，营救被困群众34人，疏散被困人员156人。

【防火监督】2018年，防火监督工作力度进一步加大，大队加强重点单位管理，对关键安全隐患采取“零容忍”，进一步推动行业系统标准化管理规范化，强化管理自律意识。年内，根据上级有关“民生工程”的精神和要求，认真落实完成“民生100工程”任务指标，开展清理消防通道整治行动60次。结合“冬春”“春夏”火灾防控工作，狠抓消防监督执法工作，坚决打压消防安全违法行为。全年检查各类场所、单位3691家（次），发现火灾安全隐患或违法行为5874处，督促整改5826处，下发《责令改正通知书》3200份、《行政处罚决定书》83份、《临时查封决定书》48份；责令三停单位25家、罚款70.58万元。通过加大执法力度打压消防安全违法行为，消除了一批火灾隐患，有力净化了消防安全环境。

【消防宣传】2018年，大队切实把消防意识贯穿到生产生活的各个环节，将工作重点从事后处理转移到事前防范上来，全年依托消防宣传外包机构平台共开展消防知识培训302场次、培训人员1.8万人次；联合市电视台制作消防安全教育片3期，醴陵交通生活频道（广播）每日分8次滚动播放消防安全常识；消防微信公众平台紧抓消防热点，每日不少于1次推送、传递消防安全知识。举办全市第一届重点单位微型消防站比武竞赛活动，进一步提高微型消防站处置初起火灾的能力。以“119”消防宣传月为契机，主办“全民参与、防治火灾”为主题的启动仪式，在全市范围内广泛开展消防安全宣传培训活动，从视觉、听觉、触觉等全方位、多角度普及消防安全知识。通过一系列的宣传，掀起了全民学习消防、参与消防的热潮，营造了全社会关注消防、学

习消防、参与消防的良好氛围，切实提高了全市人民的消防安全意识。（唐 莎）

检 察

【概况】2018年1月，国家检察体制改革后，市人民检察院反贪污贿赂局、反渎职侵权局和预防职务犯罪科转隶市监察委员会，内设机构调整为14个，有检察专项编制63个、在职干警56人；市人民检察院在多项改革攻坚期、检察工作转型期、创新发展机遇期，深入贯彻中共十九大精神和习近平新时代中国特色社会主义思想，认真落实最高人民检察院“讲政治、顾大局、谋发展、重自强”的工作总要求，忠实履行宪法和法律赋予的法律监督职责，各项检察工作取得新进展；获评全国检察文化建设示范院、全省检察机关公益诉讼先进基层检察院、全省读书风气最盛检察院。

【刑事检察】全年共批准逮捕各类犯罪嫌疑人325人，提起公诉657人；依法决定不批捕38人，不起诉25人。共监督侦查机关立案14件，监督撤案23件，纠正漏捕19人，纠正漏诉33人。监督纠正违法取证、违法适用强制措施等侦查活动违法情形40件次。提前介入重大刑事案件侦查11件。对认为确有错误的刑事判决提出（请）抗诉，获法院改判案件2件4人，有效防范冤假错案发生。

【未成年人刑事检察】全年共批准逮捕各类未成年犯罪嫌疑人8件9人，起诉11件13人。依法严厉惩治针对未成年人实施暴力犯罪的被告人，共起诉19人。依托政府购买服务，引入社工参与未成年人刑事检察工作，联合市关心下一代工作委员会等单位对受侵害的未成年人开展心理帮扶、社会帮教、司法救助共计12人次。建成集执法办案、矫正帮扶、预防宣传为一体的全市青少年法治教育中心，“醴检微直播”在线法治教育覆盖全市240个中小学校。深入开展“法治进校园”“关爱明天、普法先行”“倾心未检”广播和微信专栏等普法活动，受普法教育师生达1.8万余人次。

【控告申诉检察】全年共受理审查控告申诉案件148件，稳妥处理来信来访220人次。息诉147件，息诉率为99%。安排检察长接待日62次，检察长接访83人次。控申部门在全省率先将律师参与化解和代理涉法涉诉信访机制落实运用到民事行政申诉工作，共受理民事行政检察监督线索133条，受理数居株洲市检察系统首位。

【监所检察】全年共办理财产刑执行违法违规监督案件11件，涉及罚金178万元。深入开展羁押必要性审查，提出释放或变更强制措施建议35份，被采纳27份。发出收监执行检察建议12件，已收监7人。实时动态监督纠正社区矫正人员脱管、漏管7人。开展监管场所巡视检查60次，监督整改安全隐患、执法问题105个。

【民事行政检察】贯彻落实最高人民检察院检察长张军有关“全面平衡充分履行法律监督职能”的指示要求，推进民事行政检察工作。全年共依法办理各类民事支持起诉案件120件，督促行政机关履职案件38件，审判人员违法行为监督案件3件、生效裁判及调解监督案件7件，其中2件生效裁判及调解监督案件提请株洲市人民检察院依法抗诉。民事行政诉讼监督案件数同比增加682.6%。加强民事行政执行监督，办理民事诉讼执行监督案件5件，行政非诉执行监督案件8件；纠正违法执行行为9起，数量同比增加62.5%。

【公益诉讼】围绕生态环境和资源保护、食品药品安全、国有土地使用权出让、国有财产保护四大领域，向相关行政单位共发出公益诉讼诉前检察建议82份，2018年公益诉讼立案数增加76件，起诉了醴陵市首例生态环境保护领域刑事附带民事公益诉讼案件。主动向中共醴陵市委员会、醴陵市人大常委会、醴陵市人民政府和政协醴陵市委员会汇报公益诉讼工作情况，市委办公室、市人民政府办公室联合发文《关于支持检察机关依法开展公益诉讼工作的通知》，市人大常委会主任会议专题审议公益诉讼工作。联合长沙市浏阳市人民检察院和江西省萍乡市湘东区人民检察院、上栗县人民检察院签署《关于加强生态检察区域协作的意见》。

【职务犯罪检察】成立职务犯罪审查办案组，探索建立“捕诉一体”机制，由公诉部门专门办案组负责审查逮捕、审查起诉职务犯罪案件。对接市监察委员会，明确提前介入调查原则、方式和职责等，理清审查逮捕办案流程，完善建立移送审查起诉职务犯罪案件接收机制。全年共办理市监察委员会移送审查起诉职务犯罪案件5件，提前介入并配合监察机关调查留置案件5起。依法办理湖南金伯利矿业有限公司涉嫌单位行贿案，长沙市原反贪局局长谭某某涉嫌受贿、巨额财产来源不明案，市公安局原禁毒大队巫某某涉嫌受贿、行贿案等。

【扫黑除恶】认真贯彻市委和上级检察机关扫黑除恶专项斗争指示精神，坚持有黑扫黑、无黑除恶、无恶治乱。市人民检察院派员提前介入侦查机关查办的涉黑涉恶案件4起，引导侦查取证，探讨疑难问题，共提供指导性意见40条。批准逮捕涉黑涉恶犯罪嫌疑人39人，追捕相关犯罪嫌疑人16人，纠正侦查活动违法1件，提起公诉26人。检察长作为员额检察官，办理全市首例扫黑除恶案件，依法对涉嫌寻衅滋事犯罪、非法经营的黄某某等14人提起公诉。

【生态环境司法保护】全年共审查起诉破坏生态环境资源犯罪案件31件46人，依法监督犯罪嫌疑人补植复绿面积达7.2公顷。建立驻河长办检察联络室，切实开展饮用水源专项监督整治行动，对醴陵市渌江河三刀石段、望仙桥水库、官庄水库3个饮用水源保护区进行实地调查，发出诉前检察建议18份，监督相关行政单位对调查发现的饮用水源污染问题进行整改，并督促市水利局出台饮用水源保护制度。在市委市政府支持下，立案监督渌江河因上游企业非法排放被污染刑事案件，同时层报最高人民检察院，通过履行公益诉讼职能追究涉案企业赔偿责任，得到最高人民检察院检察长张军的关注与批示。

【食品安全司法保护】全年共办理食品安全领域监督案件3件3人。贯彻落实最高人民检察院关于开展“保障千家万户舌尖上的安全”检察公益诉讼专项监督活动的精神，在春节、高考等重要节点，对重点农贸市场、考点食堂及周边餐饮开展专项检查，共发现食品安全领域公益诉讼案件线索85件，立案62件，发出诉前检察建议62份，已督促行政机关整改45件，进一步保障人民群众饮食安全。

【重大监督事项案件化办理机制】在株洲地区检察系统先行探索重大监督事项案件化办理机制，在刑事、民事、行政诉讼、公益诉讼和执行监督等法律监督和司法办案过程中，通过线索受理、立案、调查核实、实施监督、跟踪反馈等流程，对重大监督事项以案件化方式规范办理，推动监督事项从“办事模式”向“办案模式”转变。全年共运用该机制办理案件29件45人，监督回复率达100%，监督纠正怠于侦查、违法取证等不规范司法行为，5名执法办案人员被予以组织处分。有3起案件入选株洲市人民检察院重大监督事项案件化办理十大示范案例。在立案监督陈某某等9人涉嫌污染环境刑事犯罪案件后，又监督纠正公安机关采取强制措施不当行为，督促公安机关执行逮捕陈某某等6名犯罪嫌疑人，该案经湖南省人民检察院呈报最高人民检察院检察长张军审阅。

【12309检察服务中心】12309检察服务中心是全国检察机关统一对外的智能化检察为民综合服务网络平台，市人民检察院在株洲地区率先完成12309检察服务中心建设，通过12309网站、12309检察服务热线、12309移动客户端和12309微信公众号4种渠道，提供检察服务，公开案件信息，接受监督；并借力醴陵市城乡社区网格化管理服务平台，提供远程服务，进行线索收集反馈，进一步拓展检察服务中心功能。

【全市青少年法治教育中心】2018年11月29日，经过4个月的建设期，醴陵市青少年法治教育中心挂牌启用。建成后的青少年法治教育基地面积近300平方米，分为执法办案、法治宣传、教育改造三部分，内设讯问室、询问室、模拟法庭、图书阅览窗、法治长廊、法治直播间、影片播放室、心理辅导室和宣告训诫室，具备办案、会见、宣告、帮教、心理疏导、普法宣传和社会力量救助等多种功能。

【智慧检务】以参评全国检察机关科技强检示范院为契机，运用大数据、互联网等现代信息技术，从司法办案、检察办公、队伍管理、检务保障、检察服务等领域入手探索“智慧检务”建设，完善视频监控指挥系统，在市人民检察院办案工作区和看守所建立远程审讯系统，开通面向全市学生的法治教育网络直播，提升检察工作现代化规范化水平，有效地提高执法办案的质效。按照最高人民检察院信息化发展规划要求，为实现与其他政法单位网络互通和数据交换，完成检察工作网建设。

【队伍建设】出台《关于以政治建设为统领建设新时代更高水平全国文明单位的指导意见》。健全完善党支部建设，严格执行党的组织生活制度。开展“案件质量提升年”活动，出台《关于加强对检察官司法办案过程监督的规定》，对办案全过程进行流程监控，查摆员额检察官执法质量存在的共性问题36个，发现和纠正司法瑕疵21个。自3月以来，每周不定期对在岗情况和工作作风进行突击检查60余次。（唐 芳）

法 院

【概况】2018年，醴陵市人民法院内设刑事审判庭、民事审判一庭、民事审判二庭、行政审判庭、立案信访局、执行局、非诉执行局、政工科、办公室、监察室、司法警察大队、立案信访局12个部门和板杉法庭、茶山法庭、泗汾法庭、白兔潭法庭4个人民法庭。全年共受理各类案件9423件，审执结8755件，结案率92.91%，分别同比增长1.16%、4.64%和7.53%。收案数和结案数均位居株洲市法院系统第二位。

【助推经济发展】2018年，市人民法院围绕全市工作大局，服务保障全市经济发展。配合市委市政府开展土地拆违、房屋土地征收等工作，服务“三创四化”建设，为矿产交易市场、“一江两岸”、玉瓷路棚户区改造等重点产业项目建设提供法律服务，依法审理征地拆迁、司法强拆、非诉执行案件6件，对矿产交易市场3户“钉子户”实施强拆，协助各项目部完成征拆工作24户。强化履职担当，严厉打击破坏市场经济秩序和破坏企业生产经营的犯罪，依法审理李某、罗某某等4人在仙霞工业园恶意阻工、强揽工程、故意毁坏财物案，分别判处4名被告人有期徒刑和拘役刑罚。认真开展精准扶贫工作，全年为均楚镇大垅洲村、泗汾镇何田村等投入帮扶建设资金30余万元。

【商事案件】2018年，市人民法院受理商事案件4778件，审结4417件，分别同比上升2.25%和11.12%。注重维护民营企业合法权益，服务实体经济发展，审理涉企业商事案件291件。依法慎用财产保全和先予执行等司法强制措施，让生产经营正常的企业继续生产经营。切实维护金融安全，努力化解金融风险，审结涉企业金融借款、融资担保、民间借贷等各类案件849件。服务实体经济发展，定期深入联系企业走访调研，为帮扶企业解决疑难问题2个。

【行政案件】2018年，市人民法院共审结行政诉讼案件64件，执结非诉行政案件115件。依法监督行政机关依法行政，判决行政机关行为违法、不规范以及不作为等案件17件。落实行政机关负责人出庭应诉机制，行政机关负责人出庭应诉率达95%。加强司法与行政良性互动，发出司法建议4份。

【刑事案件】2018年，市人民法院共受理刑事案件595件，审结519件，结案率87.23%，判处有期徒刑以上刑罚341人。依法严惩危害人民群众生命财产安全犯罪，审结“两抢一盗”、“涉毒”犯罪、故意伤害、寻衅滋事等案件359件，审结生产、销售假冒伪劣商品、危害食品安全犯罪案件9件，判处1年以上有期徒刑177人。深入推进扫黑除恶专项斗争，依法审理涉黑涉恶刑事案件5件31人。参与反腐败斗争，严格执行《中华人民共和国监察法》，促进诉讼程序与监察程序的有序衔接，依法判处贪污、受贿、行贿、渎职等职务犯罪案件6件6人。依法审理白兔潭镇荷田村原党支部书记游某某贪污案、市公安局禁毒大队原大队长巫某某受贿、行贿案等职务犯罪案件。

【司法服务】年内，市人民法院依法审结婚姻家庭、医疗、住房、就业等关系群众切身利益案件1867件。注重发挥“三调联动”的作用，力争和谐处理家事案件，家事案件调解撤诉率达68.23%。优先考虑群众利益，妥善处理现代房产开发有限公司破产清算案，协助50多户居民办理不动产权证书。开展“为农民工讨薪”专项行动，并建立常态化工作机制，依法执结旺春花炮厂、鑫华花炮厂等退出市场企业拖欠农民工工资案件，为300多名农民工兑付工资350余万元。依法保障乡村振兴战略实施，支持美丽乡村建设，妥善审理农村承包地、宅基地纠纷等涉“三农”案件43件。加强诉讼服务中心建设，探索实行网上立案服务，方便群众参与诉讼。开展巡回办案，为土地承包、赡养、继承等纠纷或行动不便的当事人上门立案、现场开庭、就地调解，共巡回办案56件。加大司法救助力度，彰显司法人文关怀，发放司法救助金89.62万元，为生活困难的当事人缓、减、免交诉讼费181.73万元。

【信访服务】2018年，市人民法院认真办理中央、省委巡视组交办的信访案件3件，交办案件均在期限内办结。不断畅通信访渠道，继续落实每周四院领导接访工作机制，全年共接待来信来访群众110人次。落实信访工作责任制，安排专职人员在立案大厅全天候值班接访，保证来访群众及时得到答复、处理，累计接待信访群众264人次，及时化解苗头性信访问题38个。建立网上信访办理机制，通过网上受理流转、网下复查办理、网上答复化解等方式，及时化解信访案件13件。年内，市人民法院涉诉信访案件数量同比下降21%。

【破解执行难题】2018年，市人民法院加大执行规范化建设力度，推行司法网络拍卖，破解财产变现难题，网拍物品60件，成交额3920.84万元，溢价率达11.55%；规范执行款物管理，全面启用“一案一账号”系统；开展“执行攻坚年”活动，召开执行兑现大会7次，当场兑现执行款300余万元。加大执行工作力度，利用电视、报刊、微信、微博、户外电子显示屏等媒体开展内容丰富、形式多样的宣传报道活动；制作的《醴陵市人民法院决胜“执行难”》主题宣传片在醴陵电视台和株洲法制民生频道播出，取得良好社会反响。围绕“基本解决执行难”工作目标，努力破解执行难题。5月，经市委政法委员会同意，市社会管理综合治理委员会下发《关于将协助人民法院送达、调解、执行等事务纳入网格化工作的通知》，全市800多名网格员成为执行工作的协助者。市纪委、市监察委约谈拒不履行生效法律文书确定义务的公职人员6名，督促履行还款义务。6月，市人大常务委员会主任贺小玲率全国、湖南省、株洲市、醴陵市以及乡镇五级人大代表共25人到市人民法院调研指导执行工作，对法院执行工作予以肯定。7月，市委办公室、市政府办公室联合下发《关于支持人民法院基本解决执行难问题的通知》，要求各级各部门积极配合、协助市人民法院打赢“基本解决执行难”战役。9月，市政协副主席易召群率10名政协委员到市人民法院调研执行攻坚工作。10月，市人民法院接受“基本解决执行难”第三方评估组的现场评估。截至年末，市人民法院共执结各类执行案件2704件，结案率为92.51%，执行标的到位率32.65%，执行到位标的2.05亿元。全年执行案件实际执结率为78.01%，网络查控被执行人财产6138件次，查封房产42幢，冻结存款8000余万元，扣押车辆52辆，发布失信被执行人名单981人，发布限制高消费人员名单3430人，司法拘留109人，以拒不执行判决、裁定罪追究刑事责任1人。

【司法改革】 一是按照上级司法改革要求，做好“规定动作”。完成省以下法院人财物统管改革工作和3名第二批员额法官的遴选工作及16名法官的等级晋升工作。进一步落实司法责任制，改革案件签发制度，员额法官审理的案件自行签发率达99.45%，基本实现“让审理者裁判、由裁判者负责”。开展法院内设机构改革试点，制定完善院长、庭长、员额法官“权力清单”和“责任清单”，加大违法审判责任追究力度，确保“放权不放任，监督不缺位”。落实罪刑法定、疑罪从无、非法证据排除规则，坚守防范冤假错案的发生。推进繁简分流和多元化纠纷解决机制改革，适用简易程序审结案件3438件，简易程序适用率为39.31%。二是开展“规范执法年”活动，不断提高审判质量。一审裁判发改率为1.46%。启动“双百案件评查”专项活动，配合上级法院开展刑事案件案卷评查工作，全年评查案件236件。开展长期未结案件“清零”活动，共清理长期未结案件45件；截至年末，市人民法院无1年以上未结诉讼案件。院长、庭长共收案4259件，同比增长8.65%，占市人民法院总收案数的53.28%；结案4434件，同比增长12.91%，占市人民法院总结案数的50.7%。三是深入推进司法公开。继续加强司法公开“四大平台”（审判流程、庭审活动、裁判文书、执行信息）建设，推进诉讼档案电子化工作，对外推送审判执行流程信息9423条，开展庭审网络直播168次，公开裁判文书8745篇，文书上网率达100%。开展“法院开放日”“国家宪法日”“世界环境日”等活动，向社会公开信息，增强司法透明度。加强人民陪审工作，促进司法民主，全年陪审员参审案件1781件，一审普通程序参审率达100%。（刘思妙）

司法行政

【概况】 2018年，全市司法行政系统深入贯彻落实省、株洲市司法行政会议精神，围绕全市中心工作，以维护社会稳定为首任，以提高服务质量为中心，以夯实基层基础为重点，以强化队伍建设为保证，真抓实干，开拓进取，工作目标任务全面完成，有力推动全市民主法治进程。年内，醴陵市司法局获评株洲市司法行政工作先进单位，株洲市公共法律服务体系建设推进年活动先进集体，株洲市基层司法所规范化建设年活动先进集体和株洲市青少年普法教育先进集体。

【法治宣传】 一是推进领导干部和国家工作人员学法用法普法工作。法治建设工作被纳入全市年度综治考核、绩效考核和精神文明创建考核，并作为领导班子和领导干部任期目标考核和年度述职报告的重要内容。推行《党政主要负责人履行推进法治建设第一责任人职责规定》，贯彻落实“谁执法谁普法”的普法责任制，坚持中心组学法制度；将干部学法用法情况作为年度考核依据，全年全市学法考法系统共导入学法人员9789人，参学率达100%，合格率达98.33%。二是打造法治文化亮点。落实法治文化攻坚战活动要求，加强对全市法治建设的统筹协调，积极打造法治文化阵地，深入开展法治市、法治镇（街道）创建活动，加强村（居）法治基础设施和队伍“七个一”〔一个法治宣传栏（广场、小游园）、一个公共法律服务体系点、一所法治学校、一个法治图书角、一名法治宣传员、一名法律顾问、一批法律明白人〕建设，全面提高区域法治化水平。稳步推进法治长廊建设，2018年8月，在城区人流量大、群众休闲聚集地、宣传效益好的车顿桥广场设置具有醴陵特色的法治文化广场。配合全省普法创新大赛，开展法治文化作品征集活动，送选的书法作品获评省政法系统第27届书画诗词摄影作品比赛书画作品二等奖。全面打造“公益＋法律服务”模式，落实以案释法制度，强化新媒体、新技术在普法工作中的运用，落实媒体公益普法制度，有效激发群众参与法治建设的热情。三是向基层延伸法治宣传工作。制定下发《深入开展2017—2019年三年全民学法活动的通知》，开展“农村法律明白人”培训和“宪法七进”及党内法规宣传年活动。强化青少年法治宣传教育，贯彻《青少年法治教育大纲》，充分发挥学校课堂教育的主渠道作用，在中小学设立法治知识课堂，做到法治教育师资、计划、教材、课时“四落实”。四是结合社会热点开展法治宣传。结合“法律六进”、“宣传贯彻党的十九大精神、促进尊法学法守法用法”主题宣传、农村法治宣传月、“12·4”宪法宣传日及“宪法宣传周”活动，大力宣传扫黑除恶、禁毒、安全生产、“三创四化”等热点内容，为全市各项工作营造良好法治氛围。全年开展各类法治宣传活动160余场次，发放各类宣传资料6万余份，受理群众现场法律咨询1000多人次。

【人民调解】一是强化排查预警。深入推进“‘四查四防’（深入排查重点人员、重点领域、重点时段、重点案件方面存在的矛盾纠纷，防止矛盾扩大、防止纠纷升级、防止排查疏漏、防止隐患发生）化纠纷，千乡万村创‘四无’（所辖镇、街道和村、社区无因矛盾纠纷排查调解不及时或调处不当而引发的刑事案件、非正常死亡、群体械斗和群体性上访事件）”专项调解活动，发挥人民调解在化解矛盾纠纷和维护社会稳定的“第一道防线”作用，对矛盾纠纷隐患进行地毯式排摸梳理并及时化解，重点突出“元旦”“春节”“全国两会”等时期社会矛盾纠纷排查。全年全市共排查各类矛盾纠纷1637件，调解成功1632起，成功率为99.69%，防止民转刑15起，防止群体上访23起，防止群体性械斗1起，未出现因调解不及时而引发民转刑、群体性上访、群体性械斗事件。二是加强业务培训。指导基层司法所组织人民调解员召开月例会，采取以会代训方式，介绍调解经验，不断提高人民调解员工作总体水平。开展案卷评查工作，规范办案程序，推进执法规范化建设，落实人民调解案件“以奖代补”经费，充分调动人民调解员的工作积极性。三是狠抓阵地建设。以“司法所规范建设攻坚战”为契机，夯实基层基础，截止年末，有14个司法所达到规范化司法所建设水平。加强人民调解组织规范化建设，按照“八有”（有领导、有机构、有人员、有场地、有经费、有制度、有考核、有奖惩）“六统一”（统一标牌、印章、徽章、程序、制度、文书格式）要求，进一步夯实人民调解基层基础，实现人民调解工作提档升级。四是充实人员力量。严格落实上级关于政法专项编制实行单列管理、专编专用的要求，年内通过省公务员考试，公开招录8名司法所助理员。五是健全组织网络。稳步推进人民调解组织专业化、行业化发展，完善矛盾纠纷多元化解机制，有序开展湘赣边界矛盾纠纷联防联调工作。推动人民调解信息化建设，以醴陵市城乡社区实施网格化管理服务工作为契机，将矛盾纠纷排查化解纳入网格化信息系统基础应用模块建设，建立矛盾纠纷动态采集登记、分析研判、分流交办、督办反馈和统计分析系统，优化矛盾纠纷排查化解工作机制与网络，有效提高工作效率。

【社矫安帮】一是强化社区矫正工作管理。推行分类管理、分类教育，注重心理矫正、个案矫正，提升监管能力和执法水平，加大日常监管教育工作力度，有效开展社区服刑人员行为规范教育活动。4月16日，组织8个镇（街道）近200名社区服刑人员在市陶瓷烟花职业技术学校进行集中教育培训；4月17—27日，对全市23个镇（街道）和长庆示范区进行分片、分镇教育培训。二是规范社区矫正中心运行。落实社区矫正监管安全分析月例会制度，做好重大节日和重点时期社区服刑人员的监管工作。为确保“两会”特护期间全市社区矫正安全稳定工作，3月5—9日，市司法局联合市人民检察院对全市23个镇、街道和长庆示范区综治办的社区矫正工作进行督查，对无故缺席的22名社区服刑人员进行警告处分。三是加强安置帮教人员社会适应性帮扶工作。按照“五个一”（走访一次重点帮教对象、看望一次服刑人员未成年子女、完善一个安置帮教信息库、开好一次安置帮教工作联席会、创建一批无重新违法犯罪乡镇、街道）要求，强化刑满释放人员安置帮教措施，做好技能培训、就业指导等。四是创新社矫安帮工作机制。年内市司法局继续与市陶瓷烟花职业技术学校签订《政府购买社区矫正服务协议》，广泛吸收社会力量参与社区矫正工作，有效解决社区矫正中心人员不足问题。五是加快信息化建设。以启用湖南省社区矫正管理系统为契机，有效提升科技手段，充分利用GPS手机定位、手腕定位管理、指纹、人脸识别、高拍仪、执法记录仪等高智能化信息手段，对社区服刑人员进行全面系统管理，有效减轻监管压力，增强监管的实效性和规范性。截至年末，全市累计接收社区矫正人员3455人，累计解除矫正2899人，有在册社区矫正人员556人；有在册刑满释放人员1186人，无一脱管、漏管。

【法律服务】一是服务重点项目建设。引导律师、公证员及法律工作者参与重大项目建设、拆违控违等中心工作，为项目建设提供优质法律服务。二是完善律师参与化解和代理涉法涉诉信访案件制度。组织引导律师参与代理和化解涉法涉诉信访案件，围绕解决人民群众就业、就医、就学、劳动权益保障、社会保障等问题，提供方便快捷的法律服务。落实律师坐班制度，每周一安排律师到信访局值班，为全市信访维稳工作出谋划策。年内，律师参与化解涉法涉诉信访积案 8 起，有效维护社会稳定。三是推动法律顾问工作。推行政府、企业法律顾问制度，实施“中小微企业免费法律体检”，不断提高综合服务保障能力，帮助企业破解难题，推进“一村一法律顾问”工作，落实“律师乡村（社区）行”，在全市建立 270 个村（社区）法律顾问“微信群”，94 名律师、法律服务工作者为 270 个村（社区）提供免费的法律顾问，提升公共法律服务，特别是村（社区）法律顾问工作的精准性、实效性。四是加快推进公证机构规范化、标准化、信息化建设。开展公证质量检查，有效提升服务质量和水平，加强与市人力资源和社会保障局、市财政局沟通，推动公证体制后阶段综合配套改革措施有效落实。2018 年，全市律师共办理案件 899 件；公证处共办理各类公证 1825 件，其中涉外及涉台港澳 402 件，无一错、假、瑕疵证发生。

【法律援助】一是做好法律援助服务民生工程。进一步降低援助门槛、简化受理程序，扩大援助范围。截至年末，共办理援助案 682 件，其中民事案件 570 件、刑事案件 60 件、行政 2 件、仲裁 50 件，完成“民生 100”工程所列全年任务的 227.33%；受援人涉及农民工、一般贫困者、未成年人、残疾人、老年人、妇女等弱势群体，援案中有涉及残疾人案件 11 件，未成年人犯罪案件 57 件，农民工案件 296 件，为农民工挽回经济损失 236.6 万元。二是加强实体法律服务平台“全覆盖”。以群众需求为导向，构建市公共法律服务中心、街道（镇）公共法律服务站、社区（村）公共法律服务点的三级立体化公共法律服务体系，建成 23 个公共法律服务工作站和 270 个公共法律服务工作点，实现全市公共法律服务工作站、点全覆盖。2018 年 5 月起，市司法局加强与市委组织部沟通衔接，利用醴陵市农村综合服务中心规范化建设的契机，将公共法律服务点、法律咨询室、人民调解庭、法律培训室、法律图书室等纳入“美醴新村”建设规划，进一步提质改造公共法律服务点。三是全力打造网络服务平台“新模式”。充分利用“如法网”构建“线上线下”无缝对接体系，打造醴陵“互联网 + 公共法律服务”新模式。完善网上办事大厅、网站查询功能，方便公众获取相关信息，确保便捷式法律服务畅通无阻，让群众足不出户便可享受优质高效的法律服务。四是建立案件办理监督“新机制”。落实法援值班律师制度，推动律师“点援制”，加强监督管理，实现援务公开，常态化和长效化日常管理、听庭、回访等工作制度，自觉接受群众监督，提高办案质量。年内，回访 682 件法律援助案件，群众满意率达 100%。

【依法行政】积极开展法律服务“双随机一公开”工作，规范执法检查行为，有效提升法律服务质量。建立健全各项执法制度与责任追究制度，确保全市司法行政工作的全面开展。推行权利清单制度，推进政务公开、执业信息公开，完善执法执业公开、公示制度，促进依法履职。落实合法性审查，切实防范和化解法律风险。推进人民陪审员选任工作，联合市人民法院、市公安局制定下发《醴陵市关于人民陪审员选任工作实施方案》，组织召开全市人民陪审员选任工作动员会议，形成人民陪审员选任工作合力，充分保障人民群众参与司法的广泛性、公平性。

【扫黑除恶】开展法治宣传教育，为“扫黑除恶”专项行动助声造势。利用市、镇、村三级人民调解网络，在全市范围内开展“矛盾纠纷扫黑除恶大排查”，为专项斗争提供有价值的线索。以镇（街道）为单位，每月对社区矫正服刑人员进行走访排查，集中组织社区服刑人员参与法治学习教育，要求社区服刑人员定期到司法所进行思想汇报，并通过社区矫正管理平台对在矫人员进行实时定位，强化监管，确保在矫人员不脱管、不漏管，不重新犯罪。落实律师事务所办理涉黑恶性质案件的接案审查和请示报告制度，加强对律师涉黑涉恶案件辩护和代理工作的指导监督，确保法律正确实施。年内，市司法局共摸排涉黑涉恶线索 3 条。（焦　玉）

综合经济与管理

发展和改革

【概况】2018年，醴陵市发展和改革局面对国际国内经济形势，主动落实市委、市政府的决策部署，加强经济运行分析，把握宏观经济走势，为醴陵高质量发展提供建议参考。全市全年地区生产总值增长7.4%。完成财政总收入60.2亿元，其中一般公共预算收入41.8亿元；完成税收收入31亿元，占财政总收入比重为74.2%。规模工业增加值增长7.7%。全市固定资产投资增长7.8%。社会消费品零售总额增长9.9%。城、乡居民人均可支配收入分别增长7.8%、8.3%。年内，醴陵市经济综合发展和基本竞争力实现“双进位”，分别名列全国百强县（市）第55位、73位；跻身中部百强县（市）第14位，位居中国幸福百县榜第22位。

【项目建设】2018年，产业项目建设力度进一步加大，成效显著，在“产业项目建设年”活动中，各项指标位居株洲市前列，被评为株洲市“产业项目建设年”活动“先进单位”。年内，中盐红四方湖南生产基地、电瓷电器检测中心（国家级）等112个产业项目均开工建设。其中，市电力电瓷电器产业园、东城大道、瓷城古韵·一江两岸等项目工程加快推进，瓷器口街区、醴陵·世界陶瓷艺术城（二期工程）等88个项目工程竣工使用；醴陵压气站项目工程建成并供气，有效缓解了全省“用气荒”。

【“放管服”改革】2018年，“放管服”（简政放权、放管结合、优化服务）改革工作进一步推进，做到事前告知、当场办结，该放的放下去、该管的管到位、该服务的优质服务；审批时限在原有基础上缩短50%以上。全年通过湖南省投资项目在线审批监管平台受理企业备案610项（含土地报批），总投资435亿元；项目审批、核准322项，总投资421亿元，业务办理量居全省市（州、县）第二位。全市招标核准项目52项。年内，认真落实中央减负政策，取消婚姻登记费、房产交易费、白蚁防治费等收费项目41项。从7月1日起，暂停省级设立的所有行政事业性收费。进一步推进医药卫生体制改革、深化教育督导体制改革。

【价格管理】2018年，价格管理依法动态调整、规范公用事业和公共服务价格，认真抓好价格咨询、投诉举报工作。全年办理价格咨询、投诉举报件78件，办结率、准确率、群众满意率均为100%。

【易地扶贫搬迁】2018年，完成上级下达醴陵市的610户、1819人的易地扶贫搬迁任务。深入开展了易地扶贫搬迁“拉网式全覆盖”大巡查，杜绝了超面积、私自加层加建等现象，较好的完成了问题整改，顺利通过省级第五批“回头看”巡查。制定了易地扶贫搬迁对象后续帮扶措施，力促每户“有事做、能致富”。

【社会事业】2018年，市发改局突出“民本民生”理念，高点定位，推动了全市社会事业全面发展。积极争取中央预算内资金，促进市环境资源、教育文化、社会保障、卫生健康等事业的发展，为建设富强、美丽、幸福、文明“四个醴陵”作出了应有的贡献。（张志方）

国土资源管理

【概况】2018年，醴陵市国土资源局坚持“稳中求进、进中求快、快中求优”工作基调，围绕全市全年国土资源管理“一二三四五六”（完成土地征收10000亩，实现土地征收效10亿元，违法用地比例控制在10%以内；实施域乡建设用地增减挂钩2000亩，抓好2个“美丽乡村”试点建设；实现储备净地3000亩，盘派闲置土地3000亩；建好4个“四化”中心所，全力推进“四个国土”建设；报批建设用地5000亩；新开发用地6000亩）工作目标，全面开展“高效、‘两型’、安全、民本”国土建设，充分发挥国土资源的支撑作用，狠抓服务保障，打造“高效”国土。全年报批建设用地137宗、面积340公顷。多渠道落实用地指标，实施增减挂钩项目238.53公顷，维持动态储备土地266.67公顷，完成征地703.73公顷（含国有收回），征拆房屋2054栋套（含国有棚改），52个项目实现“清零”，基础设施、民生工程、重点项目“应保尽保”，实现了从“项目等地”到“地等项目”的良好转变。年内，着重推介一批地理位置好、投资潜力大的地块，全年出让土地123宗，面积147公顷，总价款28.7亿元，实现土地纯收入15.32亿元，增加财政可用财力7.92亿元，创历史新高。“数字醴陵”地理信息基础工程完工并投入使用。开展了第三次全国国土调查数据建设系统工作，为全市经济社会发展、土地宏观调控、国土资源管理提供坚实保障。年末，本局获评省“国土资源系统信访工作先进集体”，株洲市“文明建设先进单位”，醴陵经开区获株洲市“节约集约用地先进单位”。年内，市国土资源局成功申报株洲市“文明单位”。

【资源保护】2018年，国土资源保护工作力度进一步加大，充分发挥国土资源的管护作用，狠抓综合保护，打造“两型”国土。全年实施土地开发项目面积194.73公顷、旱改水项目面积46.87公顷、土地整治项目面积732.27公顷；建设用地占用耕地补充面积52.6公顷，本市连续19年实现耕地占补平衡，实现耕地数量、质量、生态“三位一体”保护。进一步强化“绿水青山就是金山银山”意识，全年完成山体修复面积40公顷，退出采矿权9个，挂牌出让土地4宗，共收采矿权出让价款3661万元，矿产资源开发持续规范。严格执法监察，上年度225个卫片图斑已整改到位90.2%、20宗闲置土地处置到位55%、642.73公顷空闲土地盘活利用35.06%。开展了打非治违、“利剑治污”等专项行动，有效维护了市国土资源管理秩序。

【民生改善】2018年，民生改善工作力度进一步加大，根据市“民生工程”有关精神和要求，充分发挥国土资源的表率作用，狠抓利民惠民，打造“民本”国土。全年地质灾害预警预报及时，排查巡查到位，防治措施扎实，最大限度保障人民群众生命财产安全。开展“两个帮扶”，坚决打赢“脱贫攻坚战”，全年46户结对帮扶对象户中已有40户实现脱贫。8月，中央电视台农业频道、湖南卫视先后报道了扶贫攻坚的做法和经验。大力实施不动产登记“最多跑一次”改革，抵押登记办理时限为1个工作日，各类注销登记业务、异议登记、查封登记等均实行即时办结，全部登记类型均在5个工作日内办结；不动产登记工作在株洲市县（市、区）中，率先完成现阶段的改革工作。

【队伍建设】2018年，国土队伍建设不断夯实国土资源的发展基础，狠抓队伍建设，打造“安全”国土。深入推进“两学一做”常态化学习教育、党支部“五化”建设、服务型党组织建设等工作，把党的建设融入日常、抓在经常。开展了违反中央“八项规定”精神的突出问题专项治理和窗口单位作风整治，坚决支持派驻纪检组工作，全年从严查办影响恶劣的违法违纪案件4件；下发《关于开展2018年度干部工作作风建设监督检查工作的通知》，每月不定期检查干部作风，全年督查各下属单位、股室22次，发现问题5起，均在第一时间整改到位。围绕“规范管理、提升服务、转变形象”这条主线，有效推进“四化”中心所建设，率先推广、使用移动办公系统。　（李　剑）

审计管理

【概况】2018年，醴陵市审计局内设办公室和法制、财政金融审计、行政事业审计、基建外资审计、经济责任审计股；下辖醴陵市重点建设项目审计中心（副科级、二级事业编制机构）。有在职人员23人，有人事代理人员6人，有外聘专职审计人员4人。全年完成财政预算执行、财政财务收支、经济责任审计及审计调查项目20个，提交审计、专项审计调查报告20份，查出违纪违规和管理不规范资金94347万元，处理处罚金额6629万元。完成工程结算审计项目293个，出具工程结算审计报告293份，审核建设资金12.72亿元，核减工程支出1439.68万元；处理处罚上缴财政金额29万元。全年向市、茶陵县纪检机关共移送问题线索4条并被受理，发出“审计整改函”12份；提出审计建议42条并被采纳。年内，关于对市民政局原局长温国战任职期间经济责任履行情况审计，分别获评湖南省审计厅“表彰审计项目”和株洲市审计局“优秀项目”。年末，局被市评为“2018年度的文明建设工作标兵单位”“社会管理综合治理先进单位”“安全生产工作先进单位”“脱贫攻坚先进单位”“信访维稳暨三无单位创建活动先进单位”；下辖的二级机构市重点建设项目审计中心被市评为“2018年度支持重点项目建设工作先进单位”，1人被市评为“产业突围工作先进个人”,3人被市评为“脱贫攻坚工作先进个人”。

【财政审计】2018年，本局在同级财政审计中，坚持以“推进公共财政体系健全和完善、维护财政安全”为目标，进一步深化财政绩效审计，重点加强了财政预决算管理和财经政策法规执行、地方政府性债务管理、有关作风建设规定落实及财政支出绩效情况的审计。并注重审计对象的选择、审计重点的把握、审计内容的全覆盖。全年审计了市财政局、市发展和改革局、市环境保护局、市卫生和计划生育局等部门和单位。年内，为做“深”预算执行审计，将部门预算审计、专项资金审计调查、重点工程建设审计实行“横向纵向相结合的方式”，努力揭示国家政策措施执行和财政预算管理中存在的突出问题和重大违法案件线索，发现经济社会中的突出矛盾和风险隐患，从体制、机制、制度层面分析原因，提出有针对性的审计建议，推动政策措施的贯彻落实；促进、健全统一、完整的政府预算体系，有效提高预算管理水平和绩效，推进经济社会持续稳定健康发展。在预算管理中，主要突出财政预算收支、资金平衡的真实性审计；在财政财务管理中，主要突出了关注国家稳增长、促改革、调结构、惠民生、防风险等政策措施的分解落实情况审计，有效促进了建立统一完整的政府预算体系、规范预算分配和执行，促进财政资金分配公平公正，提高财政资金管理水平与绩效，有力推动了深化财政管理改革；在政府债务中，围绕“摸清家底、揭露问题、促进发展”的总体目标，开展了政府与平台公司厘清债务审计，摸清了家底，为平台公司转型升级奠定了基础；在审查预算支出情况中，重点审计了财政资金分配使用的合理性、有效性、规范性及转移支付资金拨付的及时性，高度关注财政预算支出中无预算、超预算或向非预算单位的拨款、随意改变支出用途等问题。在财政专项资金审计调查中，以“财政专项资金的分配使用绩效”为主线，延伸抽查项目资金的使用效果，揭示了专项资金管理、分配和绩效的问题，并提出了《加强规范专项资金管理的建议》。

【经济责任审计】2018年，根据市委、市政府及市委组织部的年初计划和安排，在市委党校召开了全市领导干部经济责任审计工作联席扩大会议，市委副书记、市长康月林，市委常委、市纪委书记、市监察委主任易文星，市委常委、市委组织部长刘华章等参加会议；市委常委、常务副市长曾毅鹏主持会议。会上，总结了2017年领导干部经济责任审计工作，全面部署了2018年的经济责任审计工作工作。全年在8个项目中查出违规收费、报销不合规发票、大额使用现金、违规发放津贴补助等违纪违规金额2837.19万元。年内，根据市被审计对象应承担责任的精神和要求，界定领导干部应负直接责任金额为“零”，应负主管责任金额为116.46万元，应负领导责任金额为2720.73万元。处理上缴财政资金20万元，调整账务金额7.17万元，责令归还原渠道资金7.24万元、扣回个人应负担的医疗保险金额5.86万元，向税务机关缴纳税费1.79万元；提出审计建议20条，向有关主管部门移送案件线索2件。

【投资项目审计】2018年，全面加强了政府投资项目的审计，实现了对投资项目结算审计的全覆盖。在投资项目审计中，重点关注了工程造价中高估冒算问题，全年完成工程结算项目审计293个，审核建设资金12.86亿元，核减工程支出1439.68万元；提出的42条审计建议均被市采纳。对审计中发现的相关部门把关不严、超付工程款等现象，及时下发了《审计整改函》。

【内部审计】2018年，完成内审机构9个、审计项目68项，共查出损失、浪费资金972万元，促进增收节支1320万元，纠正违规违纪资金521万元，提出合理化建议、意见38条。

【党建工作】一是抓紧抓好党员的学习教育。突出学习主题，做到了“查找问题重点学、厘清问题针对学、促进业务深入学”。平常注重督查检查，促进作风转变。二是抓作风建设，领导班子带头执行党风廉政责任制；全面推行《审计组长廉政责任制度》，坚持一级抓一级，层层抓落实。全年全局未发生作风、廉政等违纪违规情况，树立了良好的审计形象。三是抓好“三会一课”教育活动。按照市委组织部“三会一课”的工作要求，突出抓好党员教育，按时按质完成“三会一课”工作，并有效结合审计工作，不断丰富活动的载体，使党员教育能入脑入心。四是抓好党建基础工作。坚持从严把好发展党员关，完成了预备党员转正工作；全体党员按时缴纳了党费，按照党支部“五化”标准，加强了党支部规范化建设。五是全力做好扶贫攻坚工作。根据市委、市政府年初扶贫帮困的统一安排，市审计局帮扶对象为市官庄镇横江村、阳三石街道立新村、船湾镇清水江村，有结对帮扶贫困户 21 户。为抓紧抓好扶贫帮困工作，局将此项工作列入全年工作重点来抓，选派 3 人驻村扶贫工作队长及成员，为贫困户解决了实际困难，帮扶了脱贫项目。通过实地帮扶贫困户，使贫困户家庭收入增长，经济好转，全年有 15 户贫困户已实现了脱贫，共筹集扶贫资金 20 余万元。（凌志良）

统计管理

【概况】2018 年，醴陵市统计局内设办公室、法规股、综合核算股、工业能源股、贸易服务业股、投资股、人事教育股；下设考核办、普查中心、调查中心和数据管理中心。有干部职工 34 人（其中在编人员 29 人、临聘人员 5 人）。年内，醴陵市经济综合发展和基本竞争力实现“双进位”，分别名列全国百强市（市）第 55 位、73 位。

【队伍建设】建立一个分管、一个股室、一个片区的网格化责任体系，实现以村（社区）为单元、到位到点到人的统计工作网格化管理。制定《2018 年全市统计业务知识培训方案》，分期分批开展业务培训，进一步提升了基层统计人员的业务素质和工作能力。

【统计业务】一是顺利推进“第四次全国经济普查”。严格按照《第四次全国经济普查方案要求》，及时印发《醴陵市人民政府关于开展第四次全国经济普查的通知》，成立了以市委常委、常务副市长为组长的第四次全国经济普查工作领导小组。在全市选聘普查员 678 人、普查指导员 137 人，组织举办了普查“两员”（普查员、指导员）业务培训。扎实开展第四次全国经济普查宣传工作，提高了全社会对经济普查工作知晓率、配合参与度。积极推进第四次全国经济普查单位清查工作，为上门入户登记工作打下了坚实的基础，“PDA”录入上报、数据处理、排错等主体工作有序推进。二是扎实开展基础数据修订工作。积极推进工业统计改革，完善了工业提质增效转型升级统计和工业“调结构、去产能、降成本”等统计监测分析；按照投资统计改革要求，指导了投资项目的报表填报，准确把握“财务支出法”统计方法变化对调查对象、统计范围、指标设置和采集方式的影响。修订了市历史数据差异较大的 169 家企业、548 个项目的基础数据，并多次组织有关企业进行了业务培训，督促有关企业开展自查自纠，有效消除了历史数据差错的影响，提高了源头数据的真实性、准确性。三是积极做好统计监测工作。全年完成了《小康监测报告》、季度报表、小康实现程度测算等工作；对接了省、市相关部门的新小康测算体系及平均受教育程度、高新技术增加值占 GDP 比重、城镇化率等主要指标，为市委市政府及市小康办准确掌握全市小康进展情况提供了决策依据；完成了 2018 年全市劳动力就业情况、妇女儿童等统计监测工作。四是大力拓展民调业务工作。全年在市 24 个镇（街道、长庆示范区）、112 家市直单位中，开展了社会管理综合治理民意调查，共抽选镇（街）民调样本 4000 份，拨打市直机关电话 1.12 万个；组织开展了“两创”（创园、创卫）活动的满意度调查；调查手段在市居民区、机关单位、企业团体中随机发放问卷的方式，从绿地数量等四大方面、健康教育等八大方面分别进行了创园、创卫的现场调查，共抽查“两创”样本 1500 份。年内，协助市扶贫办，每月开展一次电话调查贫困户、扶贫干部，为全市精准扶贫工作考核提供了准确的数据参考。

【统计服务】2018 年，按月编撰了《统计月报》《领导专报》，编辑出版了《统计年鉴》。通过《统计公报》《统计年鉴》等平台，及时向全社会发布全市国民经济和社会发展主要经济指标信息。针对市重点支柱产业——陶瓷产业进行了课题调究，撰写《提振醴陵市工业实体经济问题研究》的调究报告，并将其列入市特色产业企业重点监测范畴，每月编发了一期领导专报，全年为市委、市政府提供月度经济运行、预测预警、全面建成小康社会分析等专报 40 篇。在经济形势分析会、统计联席会、市委常委会议、政府常务会上，认真研判重点统计指标的位次变化、速度升降、结构变动和目标完成情况，并提出了可行性建议。年内，牵头对市 GDP 支撑指标进行了责任分解，为市各经济部门实现工作目标明确了方向。积极协助服务市经开区申报“国家园区”，深入研究相关业务指标评价体系，借鉴长沙、浏阳等地区的成功经验，认真开展分产业主要指标的测算工作，确保申报材料数据精准、核算科学。

【党组建设】一是努力强化思想建党。将学习贯彻中共十九大报告、中央领导关于统计工作的重要讲话、指示、批示精神、党规党纪及省委、市委经济工作会议精神等作为局全年工作的重大政治任务和中心工作来抓，增强“四个意识”，坚定理想信念。严肃党内政治生活，坚持落实“三会一课”制度，全年机关党支部共开展主题党日活动12次。二是深入开展学习教育。以“‘两学一做’学习教育专题活动”为载体，通过书记上党课，警示教育等方式，不断加强党员干部思想建设力度；利用党组会、班子会、机关干部大会、主题党日活动等，将学理论、学业务、党建专题知识讲座有机结合起来，全年局党组理论学习中心组共集中专题学习6次，干部教育网络在线自学时间人均达80课时。三是切实抓好机关建设。进一步规范和完善机关管理制度，严格落实民主集中议事原则、财务纪律管理制度；严格对照纪委新标准，进一步规范了公务接待、公务派车制度，“四风”问题得到有效遏制。

【扶贫工作】2018年，开展了新一轮贫困户建档立卡完善工作，做到了资料精准，底子清、措施细；市统计局帮扶干部坚持每月下村、户不少于2次。加大了资金扶持力度，全年资助市均楚镇军山村扶贫资金7万元、仙岳山街道江源村3.3万元、李畋镇富里村3万元，分别用于各村的公益事业建设、集体经济发展。年内，先后投资2万元，用于资助贫困户的大病、建房、受灾等临时救助、慰问、资助贫困学子上学。（贺中云）

社会经济调查

【概况】2018年，国家统计局醴陵调查队（以下简称“醴陵调查队”）内设办公室、业务股、专项调查股，承担统计调查行政职能，参照公务员管理的正科级单位。醴陵市调查队是国家统计局湖南调查总队41个直属县级调查队之一，2006年成立，前身是

2018年醴陵市住户收支与生活状况调查主要指标

表3

主要指标	单位	总计	城镇	农村
一、基本情况				
1. 调查户数	户	130	60	70
2. 常住人口	人	505	231	274
3. 劳动力人数	人	327	153	174
4. 百户耐用消费品拥有情况				
洗衣机	台	106	110	103
电冰箱（柜）	台	102	103	101
空　调	台	207	265	157
热水器	台	85	105	69
摩托车	辆	112	95	126
家用汽车	辆	40	43	37
固定电话	线	11	13	9
移动电话	部	332	320	341
彩　电	台	155	155	156
家用计算机	台	68	82	57
二、人均居民收入情况				
可支配收入	元	33424	39413	26364
①工资性收入	元	13070	16367	9183
②经营净收入	元	10572	10334	10852
其中：第一产业经营净收入	元	587	138	1117
第二产业经营净收入	元	5199	4814	5652
第三产业经营净收入	元	4786	5382	4084
③财产净收入	元	2668	4216	842
④转移净收入	元	7115	8496	5487
三、人均居民支出情况				
消费支出	元	21680	25286	17429
①食品烟酒	元	6048	7221	4665
②衣着	元	1325	1702	880
③居住	元	4305	4959	3534
④生活用品及服务	元	1477	1681	1236
⑤交通通信	元	2221	2627	1743
⑥教育文化娱乐	元	4025	4484	3483
⑦医疗保健	元	1681	1667	1698
⑧其他用品和服务	元	599	945	191

（宋曦琼）

醴陵市农村社会经济调查队。醴陵调查队既是统计调查机构，也是统计执法机构。依法履行国家统计调查行政职能，独立行使统计调查、统计监督的职权；独立上报调查结果，并对上报的资料真实性负责；承担地方政府委托的各项统计调查任务。组织实施居民收支调查、县级粮食产量对地调查、主要畜禽监测调查、月度劳动力调查、农民工监测调查、中间消耗和农产品价格调查、工业生产者价格调查、农民工市民化进程动态监测调查等国家抽样调查；组织实施国家统计局快速反应调查，组织开展社会经济重大问题专项调查，及时报告本地区的突发性经济事件和重大社会经济问题等信息；参与组织实施国家有关普查项目；根据国家统计局和湖南调查总队授权，管理和公布有关统计数据；依法查处统计违法案件；负责机关党建工作、纪检监察和干部管理工作；完成地方政府委托的专项统计调查和国家统计局、上级业务部门交办的其他事项。年内，醴陵调查队紧紧围绕全省统计调查“七个方面”工作部署和市“四个醴陵”建设目标，深入落实党风廉政建设，压实“两个责任”，不忘初心，砥砺前行，全力塑造“醴陵国调”品牌，优质高效完成了上级业务部门和市委、市政府交办的各项工作任务。

【居民收支调查】2018年，全市居民收支调查对象是醴陵地区130户（其中，城镇60户、农村70户）调查户，通过各户经常性记账家庭现金、实物收支情况进行登记，从而获取调查资料，这是一项综合性的社会经济调查。居民收支调查是以“城乡居民家庭”为对象、以“抽样调查”为手段，以“取得有关社会经济资料”为目的的调查。通过收集城乡居民家庭的生产、收入、消费、积累和社会活动等数据，全面反映城乡居民收入、生活质量的变化，监测居民全面小康和脱贫攻坚的进程。居民调查户已实现纸质记账向电子记账的过渡，全市电子记账激活率达93.1%。

【县级粮食产量对地调查】2018年，醴陵市开展“县级粮食产量对地调查”，通过卫星遥感、无人机测量等高新信息技术手段，对农作物面积、产量等进行遥感测量，准确掌握了农情信息。全市粮食产量对地调查，范围涉及市船湾镇东山村、明月镇新联村等8个镇、15个刑侦村。运用“新型天、地、人多资源信息收集方式”，对45个样方、196.14公顷耕地农作物实施监测和调查，以此推算市农作物耕作面积和产量。通过面积核实、估产、抽选调查地块、样本、实割实测、非实测作物产量调查估算，真实客观反映本市粮食生产发展水平。

【主要畜禽监测调查】畜牧业生产是农业生产的重要组成部分，畜产品是城乡居民的主要副食品之一，也是菜篮子工程的主要内容；保持主要畜产品的合理价格水平，对稳定市场供应，满足消费需求，增加农民收入，促进农村经济发展，具有重要意义。2018年，醴陵市主要畜禽监测调查涉及生猪、牛、羊、家禽，调查点范围历布市16个镇（街道），其中生猪调查户234户、牛调查户44户、羊调查户50户、家禽调查户214户。为完成全市主要畜、禽检测调查工作，加强组织领导，在每个散养养殖小区均配备了1名辅助调查员；在规模养殖户（单位）调查中由醴陵调查队拣派工作人员分镇、村实行包干负责制，及时准确反映醴陵市畜牧业生产发展情况。

【月度劳动力调查】2018年6月，为及时、准确地反映本市城乡劳动力资源、就业、失业人口的总量、结构和分布情况，为市政府准确判断全市就业形势、制定和调整就业政策，改善宏观调控、加强就业服务提供了依据，市统计局与醴陵调查队进行工作交接；7月，正式由醴陵调查队负责开展月度劳动力调查工作。全年全市城乡共有阳三石街道向阳社区、李畋镇凤形村、白兔潭镇山水村等调查网点9个、180户，每月样本轮换率为50%。

【农民工监测调查】2018年，全市农民工检测调查，涉及阳三石街道玉屏山村、国瓷街道华塘村、王仙镇温泉村等8个调查小区。通过定期收集农民工相关信息，准确反映农民工数量、流向、结构、就业、收支、生活、社会保障及创业等情况，从宏观上把握农民工发展变化情况，为制定科学的农民工政策、加强和改善农民工工作提供科学依据。

【农民工市民化进程动态监测调查】2018年，全市农民工市民化进程动态监测调查网点分布在来龙门街道四塘社区、王仙镇司徒村等3个调查网点，该项调查属全省4个调查县市之一，主要调查居住在城镇区域范围内的农民工。通过科学的随机抽样和入户访问调查，定期收集了农民工在输入地的就业生活相关信息，全面、及时反映了农民工就业创业、劳动保障权益落实、城镇基本公共社会服务均等化、城镇落户及社会融合等情况，客观准确地监测了在新型城镇化建设中，农民工现状、变化及与输入地城镇居民的一致性，为市科学制定农民工政策、加强和改善为农民工服务工作提供可靠依据。

【“文明城市”模拟测评】2018年，按照市委、市政府创建省级“文明城市”工作部署，受市创建工作领导小组委托，根据国家统计局湖南调查总队批复，醴陵调查队作为独立的测评“第三方”负责“文明城市”模拟测评工作。为全面掌握市“文明城市”创建工作进程，及时了解创建中存在的问题和短板，有效推进文明城市创建工作，分别组织实施了3次2市“文明城市”模拟测评，主要采取“问卷调查、实地考察”两种方式。其中，问卷调查采取“入户访问和随机拦截街坊”的方式，调查为2000份次；实地考察在兼顾操作性、公平性的前提下，以“暗访”的形式，对涉及“文明城市”测评体系考察范围测评地点进行全覆盖实地考察。“文明城市”模拟测评为市创建省级“文明城市”打下良好的基础。（宋曦琼）

市场和食品药品质量监督

【概况】2018年，醴陵市食品药品工商质量监督管理局内设16个股室，下设检测所、执法大队、消费者委员会、个私指导中心，有监管所12个；有在职人员219人（不含纪检组长），其中机关67人、下属单位29人、监管所123人。

【党风廉政建设】全面落实党风廉政建设责任制，深入开展“雁过拔毛”式腐败问题和“纠四风、治陋习”专项整治，认真贯彻落实中央八项规定要求，定期开展监督检查，通过诫勉谈话等方式，对发现的违规苗头早打招呼、早提醒，直面问题，超前防范。扎实推进全局党风廉政建设和反腐败工作，组织了传达学习，并贯彻落实。通过党组会、局长办公会、全局党风廉政建设会议等形式，先后10余次对党风廉政建设工作进行研究部署。组织全局党员干部签订《党员廉政承诺书》《党员文明节俭操办婚丧喜庆事宜承诺书》，大力强化了党性党风党纪教育及队伍作风建设。

【监管与执法】2018年，扎实做好了信访维稳、综治治理、安全生产、禁毒、计划生育、环保督查等底线工作。开展打击传销行动，联合市有关部门开展集中打击传销行动，捣毁以限制人身自由的传销窝点7处，教育遣返涉传人员100余人，抓获传销组织头目3人。年内，根据群众举报，查获涉嫌网络传销案1起，申请市人民法院冻结涉嫌传销资金5000万余元，此案仍在进一步调查取证。全年查办各类案件300件，其中食品药品案件159件、工商案件64件、质监案件77件。

【脱贫攻坚】2018年，根据市委、市政府“脱贫攻坚”工作的安排和要求，扎实开展脱贫攻坚工作，全年投入扶贫资金20万元，成立了由24人组织成的结对帮扶工作队，选派2名组织能力强、工作扎实的中层干部负责市明月镇水口山村、东山村40户贫困户扶贫工作，并分别担任扶贫工作队长，具体落实扶贫有关保障措施等工作，做到了“真扶贫、扶真贫”。

【优质窗口服务】2018年，优质窗口服务工作全面落实上级“最多跑一次”“证照分离”改革的有关精神和要求，进一步优化办事程序、降低创业门槛，全面推行企业登记全程电子化、电子营业执照进程，有效节省了办证办照时间、简化了办事程序，真正实现了让数据多跑路、群众少跑腿，为服务好企业奠定了基础；全年全市新增企业1637户、个体工商户5617户。扎实开展“服务三农”工作，完成了农民专业合作社证照办理，全年新增农民专业合作社286户。全年发放“食品经营许可证”1939本、《食品生产企业小作坊证》14本（户）。

【个私经济监管】2018年，全市个私经济监管工作力度进一步加大，开展企业帮扶专项行动，充分发挥了在企业融资中的桥梁纽带作用，全年办理股权质押41件，担保融资5.25亿元，办理动产抵押登记17件，为企业融资2950万元。进一步加大企业商标注册指导力度，帮扶企业提升品牌价值，全年指导商标注册登记21件。

【质量技术监督管理】一是大力实施“品牌战略”。制定《2018年市质量品牌发展计划》，组织、指导市有关企业参加了名牌申报、评选；全年培育企业申报株洲名牌产品7家、企业申报湖南名牌产品7家。二是加强“区域品牌”发展，充分发挥国家级出口电瓷、日用陶瓷质量安全示范区的品牌优势，分别制定《示范区2018年‘区域品牌’发展工作方案》，市各相关部门根据职责分工，对口服务了出口陶瓷企业，株洲海关驻醴陵办事处（原国检）共抽取示范区30家企业、300件日用陶瓷产品、136件进口陶瓷分别进行了铅镉溶出量检测，经检测产品全部合格；其产品质量安全经受住了欧美等国家的技术贸易措施考验。三是做优做精标准。指导、帮助醴陵黑火药协会完成了《烟花爆竹用黑火药》团体标准起草、审查、批准、发布。该标准是株洲地区的首个团体标准，也使本市烟花爆竹用黑火药生产的有标可依。四是做全做准计量。在市范围内开展了计量专项监督检查行为，共检查集贸市场8家、超市6家、加油站45家、气站5家、出租车公司4家；其中集贸市场合格率达96%，其他行业受检率、合格率均达100%，全市无计量违法案件。开展计量器具备案工作，有关人员深入企业实施现场指导，全年已备案企业达100家，其中加油站62家、医疗卫生机构5家、配镜企业12家。组织开展"'5·20'世界计量日"宣传和水电气、加油机、物流行业、配镜企业计量等专项检查活动，并与市各加油站、配镜企业分别签订《诚信计量承诺书》。五是做实工业产品抽检。市食品药品和质量技术检验检测所克服检测人员少、检测能力不足等困难，全年完成工业产品抽检415批次，实现了社会效益、经济效益"双赢"目标。六是守住安全底线。进一步强化特种设备安全监管，大力开展特种设备"安全进社区、进企业、进学校"主题宣传和各项整治行动，加大锅炉、压力管道、电梯、燃气企业巡查监管理力度，确保了全市全年特种设备安全"零"事故。

【消费维权】 2018年，消费维权工作围绕"品质消费、美好生活年"主题，开展了"3·15"消费者权益保护日等系列宣传活动。全年市消委和"12315""12331""12365"等系统平台共受理投诉举报1017起，处理率达99.2%，为消费者挽回经济损失55.02万元。组织召开了"2018年食品药品安全工作新闻发布会"。加强了宣传引导。充分利用报纸、电视、网络等宣传媒体平台，大力宣传食品药品安全的相关知识。组织开展了食品安全"进校园、进企业、进单位"等一系列宣传、培训活动，"3·15""3·31""食品安全宣传周"等大型宣传活动中，共印发各类宣传资料4.5万份，制作宣传板报48块、横幅149条。

【食品综合整治】 2018年，全市食品综合整治工作力度进一步加大，全面实施餐饮业质量安全提升工程建设。重点开展违法添加非食用物质和滥用食品添加剂、腊肉及腊制品安全、米粉、豆制品、白酒、农村集体聚餐、学校周边、"一桌餐""私房菜"等食品的专项整治，全年完成餐饮量化分级提优工程1536家。完成烟花爆竹博览会、湖南国际旅游节、陶瓷博览会、美食节等重大节会的食品安全保障任务。

【药械综合整治】 2018年，全市药品、医疗器械监管力度进一步加大，对药品经营、医疗器械经营使用单位坚持每年不少于一次的全面检查。组织开展了医疗器械经营使用环节冷链管理、装饰性彩色平光隐形眼镜，打击违法违规经营使用医疗器械、集中整治"两非"、特殊、专管等药品的流通监督等专项检查。对在辖区内从事Ⅱ类医疗器械经营单位实行了备案管理。集中开展了保健食品专项检查，共检查保健食品生产经营户186户，下达《保健食品责任整改书》21份，已整改12户。

【检验检测】 2018年，检验检测严格落实《醴陵市食品药品工商质量监督管理局关于印发〈2018年食品安全监督抽检工作实施方案〉的通知》精神，全年完成食用农产品监督抽检1420批次、食品监管抽检740批次、食品机动抽检20批次；抽检合格率为98.87%，信息公开率为100%。

【食品安全示范创建】 2018年，根据市创建省级"食品安全示范市"工作的有关方案和安排，认真贯彻落实市创建省级"食品安全示范市"推进会议方案，组织召开了专题会议，建议了重点工作责任制度。坚持把创建"食品安全示范城市"作为提高全市食品安全整体水平的主要抓手来抓。开展了示范创建宣传等各项活动，进一步提高群众满意度、知晓率、支持率，逐项落实工作任务。要夯实基础、注重细节、强化创建、打造亮点，营造了浓厚的创建氛围，全市成功创建省级"食品安全示范学校"1所、"食品安全示范街"24条、株洲市"放心粮油示范企业"5家、"食品安全示范店"160家。（刘美娟　杨礼沙）

市场管理

【概况】 2018年，醴陵市市场服务中心（以下简称"中心"）辖市湘东摩托车市场、阳三石农贸市场、新市场龙盛商业街和枫林镇、左权镇5个城乡国有市场。有在职干部职工28人，其中在编干部13人。全年实现市场管理收入127.78万元，为年计划任务的106.48%。全年拨付党建帮扶资金11万元；开展助残送温暖慰问活动9次、发放慰问金1.84万元；募集慈善"天天捐"爱心款4745元；发动干部职工为东富镇患克罗恩疾病的张宇星捐款4100元。全年投入市场改造资金65万元。

【市场监管】 一是"常态化"抓好消防安全。进一步夯实市场安全员每日例行检查、安全股每周重点排查、分管领导每月专项巡查和"谁检查、谁签字、谁负责、谁落实"的常态化管理工作机制。开展市场安全专项检查4次、安全排查隐患12处；全年组织干部职工、市场业主参与市有关部门组织举办的安全专题培训、应急演练活动2次；全年投资30万余元，整改市场安全隐患2处。二是"协同化"抓好食品安全。

为配合市农贸市场创建达标，投资2万余元，在阳三石农贸市场新建1个农残检测室，每日安排专人对市场出售的农产品进行抽样检测，并及时将检测结果张榜公示。在重大节假日中，主动配合市商务局、市场和质量监督管理局等职能部门，开展了食品安全专项排查行动，全力保障了市民“舌尖上”的安全。三是“网格化”抓好综治维稳。全年综治维稳工作以市场划分网格，采取“人防＋技防”模式,实现了“上下联动、分片包块、共创和谐”的社会管理新局面，为广大消费者、经营业主提供了一个安全舒适的购物、经营环境。

【市场改造】2018年，为进一步加强市场基础设施设备建设，规范市场管理，加快了所辖市场提质改造步伐，中心通过积极争取市政府的支持，共筹集资金65万元维修改、造城了市区3个国有市场的陈旧、老化、破损的设施设备，改观了市场面貌，提高了市场安全系数。完善、规范了新市场龙盛商业街门店招牌，翻新改建了市场晴雨棚和市鑫泰商场后坪仓储楼门窗、防渗处理了楼顶屋面。维修、改造了市阳三石农贸市场活禽区晴雨棚，修复了破损的下水道、地面、摊位等基础配套设施；新建了食品安全检测室，添置了必备的检测设备。更新了市湘东摩托车市场破损卷闸门30余张，使市场的整体形象、经营环境得到了进一步的改善。

【专项整治】2018年，中心开展了市场及周边的出店经营、乱停乱放、占道经营等问题的专项整治行动，使市场及周边环境得到较大改观。5月，联合市阳三石街道、社区、市城管等部门，集中整治了市阳三石农贸市场周边的马路市场，共拆除摊贩违规搭建摊棚70余个，纠正占道经营违规行为100余起，劝离人员200人次，清除商贩长期乱堆乱放的木板杂物10车次。

【市场项目建设】2018年，根据“产业项目建设年”活动的有关精神和安排，中心主要牵头负责市姜湾下正街的农贸市场的新建。年内，在完成变更、立项、规划、设计、报批等前期准备工作后，通过采取“竞争性谈判”方式实施竞标，最终由市泰安建设工程有限公司中标并负责承建。10月，建设工程正式破土动工。该项目建设总投资2300万余元，其中前期征拆费用2000万元、工程建设费用300万余元，项目建设资金由市财政全额拨付。该项目建设按照规划设计，拟建成1栋1F全钢结构农贸市场及区内给排水、供配电、道路及硬化地等附属工程，总用地面积2202平方米，总建筑面积862.32平方米；其中，农贸市场面积812.32平方米、办公用房50平方米；市场容积率为0.39%、建筑密度38.52%、绿地率6.01%；内设经营摊位112个。截至12月，该项目建设工程竣工，待年后通过验收即可交付使用。

【市场门面招租】2018年，市湘东摩托车市场门面租赁经营权5年到期。为保证市场平稳过渡，最大限度的挖掘市场潜力，中心在充分做好市场调研的基础上，因地制宜的制定了《新一轮门面招租方案》，并将方案报请了市政府主管领导同意。11月，委托株洲彩泉拍卖公司在市外贸大酒店公开对该市场门面五年经营权整体进行了拍租。通过公开竞拍，最终以年租金131.4万元成交，市场管理年收入在上年基础上新增10万元，达到了国有资产保值增效的目的。

【摩托展销】2018年，为拉动消费、扩大影响，在中心的精心指导下，由市摩托车协会牵头举办了“2018醴陵湘东摩托车展销会”。为营造浓厚的活动氛围，组委会通过精心策划，在活动期间安排了“四大主题”（开幕式、签名承诺、有奖互动、文娱表演）活动，设置了“三个展区”（自驾装备展示区、高端摩托展示区、交通安全宣传区）；有8家销售单位参展，在仅2天展销中，共成交200台摩托车、成交金额100万元，销售额比上年同期增长100%。此次展销会的成功举办，扩大了市场的社会影响力，增强了商户的信心和凝聚力，融洽了商户与中心的关系，起到了积极的促进作用。（卢明耀）

安全生产监管

【概况】2018年，醴陵市为湖南省安全生产监管重点县市。全市有烟花爆竹生产企业200家、经营企业(零售点)217家,煤矿2家,非煤矿山29家，危险化学品生产经营企业150家，陶瓷等工贸企业700余家（大部分陶瓷企业使用天然气、液化气等易燃易爆能源）。有机动车辆17.3万台，天然气输送管道总里程1180.6千米。全年全市共发生安全事故4起，死亡1人，受伤4人，分别比上年下降54.5%，80%，76.2%；全市烟花爆竹行业已连续32个月实现“零死亡”。

【安全监管】2018年，进一步优化顶层设计，梳理责任清单，出台了“党政同责、一岗双责”、安全生产巡查、“一单四制”等制度。组织开展了市党政领导安全责任制、生产经营单位主体责任规定等专题宣传贯彻，举办了安全培训班，共培训安全员830人。健全“四不两直”督查机制，单位党政主要领导带队督查成为常态。全年梳理49个部门责任清单，厘清了部门监管责任。印发了《企业全员安全责任制实施意见》等指导性文件，推进了“企业安全生产主体责任年”活动。组织开展了应知应会随机抽考，共抽考主要负责人200余人次。进一步推行网格化管理，实现了责任到“基层、岗位、个人”的全覆盖。将安全生产纳入市所有绩效对象考评内容，完善考核办法，推动责任落实。

【安全专项治理】2018年，牢固树立以“人民为中心”的发展思想，以“安全保卫战”为统领，在市烟花爆竹、矿山、道路交通、建筑施工、人员密集场所等重点领域，开展“打非治违百日行动”、强执法防事故、“四大攻坚战”等系列行动，着力查大风险、除大隐患、防大事故，做到每季有部署、每月有重点，全年检查企业1.8万余家次。开展“三大行动”，实行重大隐患“一单四制”管理，建立重大隐患清单137处，已销号116处，销号率为84.67%。推进隐患自查自改全覆盖，共自查安全隐患7302处。铁腕推进“打非治违”，共刑事拘留44人、行政拘留82人。

【监管执法】2018年，严格监管执法，狠抓措施落实，开展了“强执法防事故”行动，坚持严实标准，全面开展“分层及、分类别、全对接”的计划执法，全年执法5140家次。推行5轮烟花爆竹“双随机一公开”执法。认真落实“谁执法、谁普法”“两法衔接”制度，规范执法行为；坚持隐患“零容忍”，推行刚性执法，采取顶格处罚、停产整顿等“组合拳”措施；严格“四个一律”“五个一批”执法举措，严管、严控、严罚。全年共组织开展安全执法活动1.09万次，检查企业1.51万家次，下达执法文书1.97万份，整治安全隐患9769处，立案925起，经济处罚509.05万元，责令停产停业167家。

【安全宣传】2018年，安全宣传以“安全生产月”为主阵地，以“党建引领创平安、安全护航促发展”为主题，开展多层次、全方位、立体式的安全宣教，组织举办了安全知识竞赛、朗诵比赛、安全宣教“七进”等活动，共发送安全短信117.3万条。在市电视台设立了《安全在线》专栏，全年播出专题19期、播放公益广告累计3000分钟，逐步摸索出了文化强安的“醴陵经验”。分别组织举办了党政领导、监管人员、“三项岗位”（生产经营单位的主要负责人、安全管理人员、特种作业人员）人员、班组长和从业人员的全员培训，共培训各类人员3万人次，其中“三项岗位”人员8018人。每月19日“企业安全教育日”活动持续开展，免费安装310台安宣接收设备。

【安全生产】2018年，进一步加强能力建设，筑牢安全基底，坚持“抓预防、重治本”原则。全市市、镇、村（居）“三级”和企业“3+1”监管网络进一步夯实。深入推进“智慧安监”建设，加快对接省安全应急指挥平台，全年完成610家企业有关数据的录入工作。进一步完善市、镇、企“三级”联网监控系统和烟花爆竹综合服务平台，全年接入企业233家，工区312个。建立《安全生产责任保险制度》，全年新买安全生产责任险269.27万元。完成了市李畋镇安监站基层创建示范、市沩山镇省级示范乡镇创建；完成了市152家企业的“三级安全生产标准化”评审；开展了“一季一演练”，安全应急处突能力明显增强。推进安全生产诚信体系建设，全年有2家企业被列入“黑名单”。加强黑火药、引火线等行业协会建设，不断强化行业自律。强化舆论监督，全年公开曝光62起，查实举报17起，拨付奖金13.8万元，社会力量参与和监督安全生产的举措初见成效。

【花炮安全升级】2018年，着力推进烟花爆竹企业“四大改造”，加强花炮安全生产升级提升力度，坚定不移地淘汰烟花爆竹等落后产能，全年关闭落后烟花炮竹生产企业95家、兼并整合企业116家，退出工区企业55家。4月，在中国陶瓷谷国际会展中心举办了“第三届中国花炮博览会暨2018醴陵烟花炮竹交易会”，共设有标准展位762个，分设烟花炮竹国内展区、醴陵展区，机械设备国内展区、醴陵展区，展示面积达1.72万平方米；共吸引全国花炮主产区的300余家企业参展。醴陵市恒达烟花、赖氏烟花等文化底蕴深厚企业参展，醴陵市企业研发的花炮内角扦引机、捆角机、点兹机和烟花卷纸管机、送纸机、贴标机等各式各样的烟花炮竹机械设备齐相轰鸣，其中部分机械采用数控设计、实现全自动控制。为市民揭开了烟花炮竹机械化的神秘面纱。在烟花炮竹交易会上，醴陵市5家企业与美国、德国、日本等外商签订贸易合约，20余家企业与国内传销企业集中签署了经贸合约，共签订金额达23.5亿元。年内以“市中洲、科富花炮企业”为引领，加快了“一带三片多点”自动化建设的推广和运用，完成爆竹自动化国家示范线建设，全年建成烟花自动化线7条，机械化应用率达80%，安全系数、安全效应、生产效率、产品质量实现质的飞跃，引领花炮产业高端化发展。（余　婷）

烟花爆竹质量监督检测

【概况】2018年，农业部烟花爆竹质量监督检验测试中心（醴陵）（以下简称“中心”）检测检验工作扎实开展，平台产业服务全面铺开，技术指导与服务工作深入推进，湖南省烟花爆竹产品安全质量监督检验醴陵授权站资质顺利通过复查评审，各项指标在湖南省质监局分类考核中名列前茅。

【检测检验】2018年，积极开展烟花爆竹产品出厂检验，严把产品质量第一关，大力促进产品质量提升，全年出厂烟花爆竹检验覆盖市内销企业160家，产品合格率达89.6%，比上年同比增长15%；出厂产品质量得到有效检测，确保了产品质量安全，保障了行业安全和消费者利益。年内委托检验全面展开，服务范围不断拓展，积极为企业和社会提供优质的检测检验服务，全年接受委托烟花爆竹检测样品300余个批次，检测导静电设施200余家。

【窗口平台服务】2018年，为更好地服务烟花爆竹中小企业，进一步完善市烟花炮竹产业集群窗口服务平台的服务体系，拓展了服务项目。开展了检测检验、新产品研发设计、技术推广、管理咨询、人才培训、市场开拓、产学研合作等产业服务。全年线上累计注册服务机构72家，发布服务项目177条，注册企业583家，组织服务活动79家次，服务企业2642家次，发布服务信息3616条。

【生产机械自动化】2018年，烟花爆竹生产机械自动化、科技含量进一步提高，深入开展了企业帮扶，进一步落实挂号销号、定期通报和市级领导联系企业等制度。积极服务于烟花爆竹产业转型升级，为推广烟花炮竹企业高标准自动化生产线提供了技术支撑，帮助市中洲烟花、科富花炮等企业成功研制和组建了自动化生产线，其中市中洲烟花新建烟花自动化生产线7条、市科富鞭炮自动化生产线顺利通过国家安监总局验收。

【行业标准化建设】2018年，烟花爆竹行业标准化建设进一步完善，努力致力于烟花爆竹生产作业场所导静电防范与治理工作，积极参与研究、制定和修改相关标准。4月，在醴陵组织、召开了全国烟花爆竹标准化技术委员会“GB10631－2013”标准修订研讨会，不断完善了烟花爆竹行业标准。

【安全保障】2018年，结合烟花爆竹企业在高温停产复工、企业换证等生产安全的需求，为全市160余家烟花爆竹相关企业，提供了全面的防静电技术指导和检测检验服务，确保了企业安全复工生产、换证，促进了烟花爆竹行业整体生产安全系数的提高，为烟花爆竹行业整体生产安全系数的提高和产业转型升级提供了安全保障。

【工业产品抽查与治违】2018年，先后2次受株洲市质监局委托，抽查株洲地区烟花爆竹生产企业重点工业产品200批次。10月，受醴陵市质监局委托，抽查市烟花爆竹生产企业重点工业产品60批次。年内，为市安监、公安、法院等执法部门及事故调查组等单位，提供了技术支持和鉴定、检测服务，在情况紧急、时间紧迫等特殊情况，开辟了绿色通道，大大缩短了检测报告出具周期，及时支持了市安监、公安等部门开展的“打非治违”行动，全年累计结合开展原材料鉴定、检验检测、事故鉴定等120余次。（邹　澜）

农 业

综 述

【概况】2018年，全市农业工作以实现乡村振兴为主线,按照“产业兴旺、生态宜居、乡风文明、治理有效、生活富裕”总原则，有力、有序、有效推进全市农业农村经济持续稳定发展。全年实现农林牧渔业增加值59.8亿元，增长3.7%。农村居民人均可支配收入达26364元，较上年增长8.3%。全年完成粮食作物播种面积71千公顷，粮食总产量50.2万吨。全年创建双季稻高产示范片、优质稻高产示范基地15个，示范面积达13.33千公顷，再夺湖南省“粮食生产标兵县”称号。3月，株洲市种植结构调整现场会在醴陵召开。4月，湖南省农药安全监管示范县建设项目推进会在醴陵召开；长株潭地区重金属污染耕地治理式休耕技术模式启动会在醴陵召开。9月，株洲市改善农村人居环境工作现场会在醴陵召开。10月，湖南省非贫困县非贫困村脱贫攻坚现场会及长株潭地区治理式休耕试点工作现场推进会在醴陵召开。在以上现场会、推进会等各类会议中，醴陵市均作典型发言，醴陵经验多次在全省推介。年内，醴陵市被湖南省农业委员会命名为全省第一批“农产品质量安全县”。

【脱贫攻坚】2018年，全市农业工作深入贯彻中央、省及株洲市委、市政府脱贫攻坚的有关精神，以扶贫责任、政策、工作三落实为重心，动员全市上下进一步统一思想、鼓足干劲，紧紧围绕“六个精准”〔扶贫对象精准、措施到户精准、项目安排精准、资金使用精准、因村派人（第一书记）精准、脱贫成效精准〕目标，全面落实“五个一批”（发展生产脱贫一批、易地搬迁脱贫一批、生态补贴脱贫一批、发展教育脱贫一批、社会保障兜底一批）扶贫政策，狠抓扶贫领域作风建设，各项工作均实现预期目标。年内全市有17个贫困村全部退出。全年累计有脱贫贫困户9544户33610人，其中年度有3165户10953人实现脱贫。全市贫困发生率由2014年的3.99%下降至0.45%，提前三年全面建成小康社会，获评株洲市“脱贫攻坚先进县市”。全年全市有2.7万人建档立卡贫困人口通过发展产业实现脱贫，有1.05万名贫困劳动力培训后通过自主发展产业实现增收。全年完成湖南省劳务协作脱贫综合信息管理平台1.62万名贫困劳动力数据的信息录入和动态管理。全年累计为贫困户提供就业岗位1.5万余个，新增农村贫困劳动力转移就业人员697人。农村危房改造力度进一步加强，全年为360户建档立卡贫困户进行危房改造，实现贫困户住房安全。市教育扶贫工作按照“一提高、两降低”总要求，对学前教育和小学阶段的所有建档立卡户家庭学生补助生活费。开展“三帮一”劝返复学行动，开设全日制中职教育“自强班”，共招收贫困学生220人，实施“三免一包”资助政策。健康扶贫政策落实到位，扶贫力度进一步加大，市财政全额出资为所有建档立卡贫困人口缴纳医疗保险、“扶贫特惠保”资金，贫困户参保率达100%；全年“一站式”结算人口1.52万人次，综合报销比例达91.27%。全年为10133户1.95万人发放农村低保资金3304万元，为1190户2774人发放社会保障兜底资金872万元，实现应保尽保、应兜尽兜。投资7368万元巩固、提升农村饮水工程，惠及建档立卡贫困人口2.09万人。全年为25户以及100人以上的自然村实现通水泥（沥青）路，新建险弯险段生命防护工程194公里。全市有农村客运班线34条，建制村通班车率为100%。项目库建设按照“村申报、镇审核、县审定”程序，全年完成公示项目1476个。

【新型经营主体培育】 一是家庭农场快速兴起。全市经农业部门认定的家庭农场共有374家，其中种植类311家、养殖类39家、种养结合类15家，共有经营耕地面积4986.7公顷。全市有省级示范家庭农场2家，株洲市示范家庭农场5家。二是农民专业合作社蓬勃发展。全市经工商部门登记注册的农民专业合作社共有1571家，比上年新增448家。其中种植业681家、畜牧业314家、林业133家、渔业58家、服务业157家、其他228家。全年全市有入社社员3.57万人。年内，有2家农民专业合作社被评为国家级示范合作社，有21家被评为省级示范合作社，有13家被评为株洲市级示范合作社；推荐申报市浦缘蔬菜种植、市陶家垅种植2家农民专业合作社为省级示范合作社。

【农产品质量监管】 2018年，全市农产品质量安全监管体系建设不断完善，实现了农产品生产基地监管全覆盖。完成泗汾、均楚、茶山镇的农产品质量安全监管站（省级示范站）建设，新建株洲市农产品标准化生产示范基地4个。全年完成农产品例行监测速测任务3.31万余批次，合格率为99.9%，出具农产品例行监测报告14期750份；完成监督抽查农药残留定量分析750批次（每批次分析农药残留项目43项），合格率为98.53%；出具监督抽查报告5期275份。全年协助完成省级监督抽查5次、株洲市级农产品质量例行监测12次，共抽检样品500批次，合格率为98%。开展春、秋季农资打假，农药、肥料、种子专项检查和农产品质量安全执法检查等7次专项整治行动，共出动执法车辆187台次、行政执法人员487人次；检查农资门店471家次、农产品生产基地32家次；向农产品生产基地下达责令整改通知书2份。全年抽样自检水稻品种74批次合格率97%，送样检测种子2批次（合格率100%），农药157批次（合格率96%），肥料6批次（合格率100%）。检查种子、肥料、农药标签合计700余张，立案查处案件12起；其中种子案件4起，涉案种子数量865千克，货值4.158万元；农药案件8起，涉案农药242千克，货值1.955万元；移交案件到江西省萍乡市农业行政执法支队1起。全年调解农资纠纷5起。为农民挽回直接经济损失28万余元。

【农村清洁能源】 2018年，进一步加大了农业清洁能源在农村的使用比重建设力度，发展沼气用户323户，推广太阳能光伏产品约1000平方米，高效生物质炉灶214台。全年共投资686万元，通过农村清洁能源使用比重的调整和建设，清洁能源在农村的使用比重不断提高，全市农业生产基础设施进一步完善，为全市农业发展奠定基础。

【面源污染控制】 2018年，市农业面源污染控制，以“一控两减三基本”（控制农业用水量和农业水环境污染，化肥、农业减量使用，畜禽粪便、农膜、农作物秸秆基本得到资源化、综合循环利用和无害化处理）为目标，多措并举开展面源污染防治。投入105万元，政策奖励了病虫绿色防控、农药减量控害技术等。加大面源污染控制培训力度，全年举办培训班20场次，组织现场观摩3场次，通过培训、现场观摩学习等方式，有效提高广大经营主体者的绿色防控意识。全年全市农药使用量为795吨，比上年减少51吨，比上年下降6.02%；全年使用化肥实物量6.07万余吨，比上年减少4208吨，比上年下降6.9%；全年测土配方施肥技术覆盖率达95%。年内，大力推行秸秆禁烧宣传工作，有效利用秸秆资源化，推广水稻机械收割催腐、秸秆堆腐还田技术和旱稻草覆盖还田—晚稻免耕栽培技术三种模式；全年全市完成秸秆还田技术面积37.93千公顷，秸秆还田量32.8万吨，秸秆综合利用率达83.5%。

【种植结构调整】 2018年，全市农业种植结构调整按照“调的下、稳定住、有效益、可持续”的工作目标，进一步加大农业种植结构调整力度，全年全市完成农业种植结构调整面积4662.67公顷；创新提出种养结合、农牧循环，美丽乡村建设+休闲旅游，育种加销研“五位一体”，种养+休闲旅游，“公司+合作社+订单”种植结构调整工作模式。构建产供销一体化格局。年内，落实新增治理式休耕面积1902.2公顷，修复治理面积672.77公顷。9月，在省治理办组织的长株潭种植结构调整及休耕治理工作专项考核中，醴陵市位居全省第一。

【植保植检】 2018年，以“科学发展观”为指针，积极贯彻“公共植保，绿色植保”理念，绿色植保防控理念深入人心，农业植保实现“一电呼叫、2小时到位”。全年专业化植保防治面积达总面积的30%，病虫害统防统治综合防治面积达50.33千公顷，占市粮食播种面积的70.6%。绿色防控技术应用比上年增长100%，有效保障了农产品质量安全。

【耕地质量】 2018年，新建高标准农田720公顷，共种植绿肥10.6千公顷，推广测土配方施肥技术面积68.6千公顷，全年实施治理式休耕面积4000公顷，其中在市左权镇花桥村新建了40公顷的33种不同休耕技术模式示范区。进一步落实耕地占补平衡，近5年全市共新开耕地900公顷，其中有效培肥面积350公顷，占新开耕地总数的38.9%。新开耕地经后续培肥，土壤熟化明显加快，有机质含量平均提高0.6个百分点。

【“美丽乡村”建设】 2018年，全市“美丽乡村”建设力度进一步加大，重点创建了船湾镇清水江村、枫林镇金桥社区、浦口镇三铺村、嘉树镇渗泉村等4个省级“美丽乡村”；新增长庆示范区马脑村、船湾镇杨木档村、船湾镇清水江村、孙家湾镇李家山村、枫林镇金桥社区5个株洲市级“美丽乡村”示范村。年内加快了10个株洲市“美丽乡村”创建村和枫林镇“‘美丽乡村’示范片区”建设步伐，全市已形成一批“村民富、村庄美、村风好”的宜居宜游“美丽乡村”。

【土地确权】 一是权属调查全面完成。全市完成24个镇（街道、示范区）、254个村（居）、19.57万余户农户的46.83千公顷土地的基础摸底、外业测绘、指界公示、内业数据处理等工作，土地确权面积占市国土“二调”面积的90.13%、占“二轮”承包面积的126.56%。二是县级土地确权自查数据全面完成。根据国家农业部和省、株洲市农村土地承包经营权登记自查的有关精神和要求，制定了《醴陵市农村土地承包经营权确权登记颁证县级自查方案》，聘请湖南省盛鼎科技发展有限责任公司（第三方）协助开展了县级自查工作，对全市24个镇（街道、示范区）、32个村、160余户农户家庭成员身份信息、960余个地块信息进行调查核实，对调查核实中存在的问题进行交办，并要求限期整改。三是土地确权数据成功汇集上报。7月，醴陵市土地确权自查数据已汇交农业部，并顺利通过农业部质检。四是“信息平台”平稳运行。市土地确权平台建设按照“10年不落后、20年不落伍”的标准，高起点、高规格建设了市农村土地承包经营权确权登记颁证信息平台，平台的设施设备已完成安装调试，农村土地确权登记颁证数据成功导入，经多次评估和调试，平台运行良好。五是“农村土地承包经营权证”颁证工作全力推进。按照“确实权、颁铁证”的要求，从数据库中导出承包农户进村入户信息，经核对无误后，由市确权办统一采购打印机，分镇（街、示范区）分别打证、颁证；截至12月，颁证率达90%。六是档案整理有序推进。8月，已完成档案整理招、投标工作，至年末已初步完成农户档案、成果档案的整理工作。

【农民负担监管】 一是加大农民负担减负监管责任力度与各镇（街道、示范区）、市直单位签订了减负责任状，将减负责任层层落实到位。二是认真落实上级机关惠农减负政策。对省减负办惠农减负政策落实情况调研中发现的问题进行了落实和整改。三是开展教育收费督查。在春、秋两季学校开学期间，市教育、发改、财政、文体广新局等部门，联合对全市教育收费进行专项检查，确保全市学校开学平稳和教学秩序井然。四是加大农村征地拆迁问题的专项治理工作力度。市减负办联合市重点办、市国土局，清理了市2015—2018年涉及农民征地拆迁项目，着力解决了在农村征地拆迁中不按征地拆迁有关规定、程序征收农村集体土地、未批先征等问题，杜绝了拖欠、截留、挪用、挤占征地拆迁农民的各项补偿费用的问题发生，确保农户利益不受损害。五是加大“违规收费、乱摊派”专项整治力度。由市纪委牵头，市减负办、市优化办联合市国土局、市财政局、市发改局、市住建局、市审计局等单位，开展了醴陵市“违规收费、乱摊派”问题的专项整治督查，重点整治了农民建房收费、乱摊派等问题。

【财政扶持】 2018年，市按照上级耕地地力保护、种粮户财政补贴资金发放的有关标准和要求，全年及时足额发放耕地地力保护补贴金7058.73万元。为市191户优秀种粮大户、195户家庭农场、260家粮食生产社会化服务组织及镇级优秀种粮大户分别发放了补贴，共发放补贴金1217.83万元。年内，发放2016年认定的家庭农场补贴金73.9万元。

【土地流转】 2018年，全市流转耕地面积23.26千公顷，耕地流转面积占家庭承包耕地总面积的比率为60.92%。其中流转面积在6.67~33.33公顷面积的有381宗，33.33~66.67公顷面积的有108宗，66.67公顷面积以上的有43宗。

【农村土地产权改革】 2018年，全市有24个镇（街道、示范区）、253个村（居）参与了农村集体产权制度改革。24个镇（街道、示范区）均成立了专门的集体产权制度改革的工作组，完成了前期动员、培训、宣传工作。年内已完成农村土地产权制度改革中“三个全面，一项改革”的“全面清产核资”，成为全省第一批完成任务的县（市、区）；全年清理账面数6.8亿元，核实数26.6亿元，盘盈19.8亿元，清查农村集体土地总面积171.33千公顷。

【农作物抗灾自救】2018年，全市地域降雨量严重偏少，为1956年（有气象记录）以来同期降水量最低值，全市大部分地区出现了不同程度的干旱。截至9月，全市农作物受灾面积达12.36千公顷、成灾面积6437公顷、绝收面积1533.33公顷，损失产量3.85万吨，直接经济损失9836.22万余元。面对罕见的干旱灾情，市委、市政府领导高度重视，多次召开抗旱救灾工作会议，对抗旱工作作出了安排和部署，下发了《关于进一步做好抗旱减灾工作的通知》；市财政安排生产救灾专项资金500万元，对救助规模经营主体灾后恢复生产，确保了全市农业生产持续、平稳、健康发展。

【农业科技服务】2018年全市组织举办农业科技服务，全市10个农技站先后举办了1~3期田间学校培训班，共培训24期。其中，明月镇农技站依托再生稻基地组织开展了再生稻高产栽培技术田间学校培训班，培训过程具有很强的针对性，为再生稻推广应用起到重要作用；泗汾镇农技站依托新品种基地，开展了一季稻高产栽培技术培训班，培训以品种选择、高产创建等内容为主，为农民解决疑难杂症；茶山镇农技站开展了藕田综合种养培训班，为当地藕田藕农发展开拓新途径。

【农村电商发展】2018年，农村电商发展进一步提高，农村淘宝销售再创新高。全年农村淘宝平台累计完成订单65.78万元，销售总额达5079.54万元，其中工业品下乡4211.24万元，农产品进城868.3万元。年内，农村淘宝销售工作稳居全省前十位，实现了“网货下乡”“农产品进城”双向流通功能，切实解决了农村电商“最后一公里”难题。（廖　莉　廖作军）

种　植　业

【概况】2018年，全年粮食播种总面积达71千公顷，其中早稻种植面积31.53千公顷（含治理式休耕面积4.02千公顷），一季稻种植面积0.2千公顷，晚稻种植面积32.4千公顷，旱粮（以玉米、薯类为主）种植面积7.01千公顷。全年全市粮食总产量达50.2万吨；粮食单产量为482.2公斤/亩；其中，早稻单产量为462公斤/亩、总产量为21.85万吨，一季稻单产量为550公斤/亩、总产量为0.165万吨，晚稻单产量为530公斤/亩、总产量为25.76万吨，旱粮平均单产量为350公斤/亩、总产量为3.68万吨。全市蔬菜播种面积16.8千公顷，实现产值8.2亿元；其中商品蔬菜播种面积8.33千公顷，实现产值5.1亿元。全市春夏蔬菜播种面积9.4千公顷，比上年增加0.41千公顷。全市秋冬蔬菜播种面积7.4千公顷，比上年增加0.53千公顷。全市蔬菜总产量74.2万吨，比上年下降1.2%。全市经济作物种植面积9.6千公顷，实现总产值4亿余元。种茶面积达0.4千公顷，实现产值3000万元，种植面积达6.67公顷以上的规模种茶基地增至10个，葡萄种植面积0.37千公顷，西瓜种植面积3.47千公顷，花卉、苗木种植面积0.53千公顷，瓜蒌、金银花、广东紫珠、百合、玄参等中药材种植面积0.47千公顷，丝瓜、黄瓜、茄子等主要农村经济作物品种亩产值均超万元。通过龙头企业合同、订单及随行就市带动种植基地面积5.71千公顷，比上年增加4.73千公顷、增长20.6%；龙头企业吸纳当地劳动力就业4.67万人，发放农民工公资9.18亿元，分别比上年增长20%和18%。

【行政执法】2018年，开展了春、秋两季农资打假，农药、肥料、种子专项检查，农产品质量安全执法检查等7项专项整治行动，共出动执法车辆187台次、行政执法人员487人次，检查农资门店471家次、农产品生产基地32家次，向农产品生产基地下达《责令整改通知书》2份。全市抽样自检水稻品种74批次，合格率97%；送样检测种子2批次，合格率100%；农药检测157批次，合格率96%；肥料检测6批次，合格率100%。全市检查种子、肥料、农药标签700余张。立案查处案件12起。其中，种子案件4起，涉种数量865公斤，货值4.16万元；立案查处农药案件8起，涉案农药242公斤，货值1.96万元。全市移交江西省萍乡市农业行政执法支队案件1起，调解农资纠纷5起；为农民挽回直接经济损失28万余元。

【科技服务】一是加大了植物检疫宣传工作力度。开展了“植物检疫宣传周”活动，全年发放植物检疫相关资料1万余份，接受技术咨询80余人次，加强了产地检疫及疫情普查工作，组织大面积疫情普查1次，面积33.33千公顷，实行产地调动检疫25批次，计150吨。二是开垦植保试验示范。从2014年开始，市水稻“二化螟虫”侵害面积逐年增加，性诱防治技术不断扩大。为进行防治“二化螟”虫害，确保粮食作物正常生长和粮食增收，开展了粮食检保试验示范工作，全年组织北京中捷等不同厂家生产的二化螟诱芯，开展了诱虫效果试验。在晚稻实验中，主要组织了宁波纽康、北京中捷和湖北百米生物实业有限公司的诱芯，分别开展晚稻二化螟诱虫效果试验，其中宁波纽康公司的诱虫试验效果最好、防效期最长。同时，组织开展了部分新药剂、二化螟迷婚剂等试验示范。三是开展新型职业农民培育。全年认定新型职业农民448人，其中高级3人、中级56人、初级389人。三是实施农业科技人员服务现代农业农村高效种养技术的专项工作，遴选了“稻田+”高效种养技术、醴陵玻璃椒高产栽培技术等12项农村实用技术，确定了粮油、蔬菜、水果、茶叶等20个产业示范基地，成立了农业科技人员服务队20个，通过农技人员科技服务的桥梁作用，有效解决了农技推广的“最后一公里”。

【科技示范】一是创建再生稻示范片。全市共创建再生稻示范片3个，面积80公顷，辐射并带动了全市发展1.6千公顷再生稻田。在明月镇湾富村、新联村分别创建以“泰优390”“两优389”“泸优9803”“Y两优551”为主的百亩和千亩再生稻试验示范基地，以推广再生稻高产栽培技术，实现“一种双季双丰收”目标。头季试验中亩产量均超600公斤，再生季平均亩产在250公斤以上，每亩增收500元以上。二是深入推进新品种试验示范工作。在泗汾镇农场居委会创建了新品种示范基地，共有“望两优345”等新品种21个，有14个品种用于大面积示范，示范面积6.67公顷，其中“望两优345”“利两优959”“深两优1号”“创优965”“深优5620”长势良好，平均亩产达650公斤。三是进一步调整优化生产模式。推进农业由增产导向向提质导向转型。通过深入挖掘稻田综合种养效益，发展推介了“稻田+鱼、虾、蛙”等综合种养模式，加快绿色优质农产品生产，打造优质粮食工程。将稻田综合种养作为全市农业主推技术，在东富镇东富村打造出了一个由省、市联合共建“稻蛙共生”的重点示范基地。全年东富镇东富村的“稻蛙共生”高效种养模式面积达23.07公顷，实现产值500万元、盈利200万元。东富镇东富村的“稻蛙共生”高效种养基地，吸引了众多海内外人士前来参观学习，共接待学员、企业老板1000余人次。年内，左权镇的6.67公顷“稻蛙共生”种养基地经济效益显著，其种养经验在中央电视台农业频道中以创新创业典型进行了多次报道。茶山镇藕田综合种养具有开创性，藕田养鱼、龙虾、养泥鳅等综合种养模式，将进一步促进藕田产业的综合发展。2018年年末，全市共有稻田综合种养面积92.53公顷，每亩平均纯收入超过2000余元。

【重金属污染耕地修复】2018年，市安全利用区重金属污染耕地修复治理区域面积0.67千公顷，其中重金属轻度污染耕地修复面积为0.33千公顷，分布在茶山镇转步口、长马、汤家坪、西塘坪村。中度污染耕地修复面积0.33千公顷，主要在石亭镇的长塘、石塘岭、花溪村。通过政府购买服务组织实施，在株洲市公共资源交易中心进行了公开招标，由7家环保企业中标并实施，推广低镉水稻品20.63吨，施撒生石灰1354.76吨、土壤调理剂768.46吨、有机肥975.66吨。年内，7家环保企业污染耕地修复工作，经送省级有关部门检验，均按《污染耕地修复合同》的要求治理达标。年内，根据省休耕申报的安排和要求，确定了王仙镇、沩山镇、李畋镇、浦口镇、白兔潭镇、左权镇、东富镇、板杉镇、枫林镇、孙家湾镇、仙岳山街道、长庆示范区的25个村为新增休耕区，共新增休耕面积1.9千公顷。截至12月，全市共落实休耕面积4.02千公顷，完成率为100%。全市休耕区翻耕、水分管理、耕地管护、种植绿肥和复耕等工作均落实到位，休耕治理工作取得初步成效。（李丽丽　杨　柳）

养殖业

【概况】2018年，全市出栏肉猪103.6万头，出栏牛0.45万头，出栏山羊43.5万只，出笼家禽578.5万羽，肉类总产量9.7万吨，实现养殖业产值29.33亿元。2018年，市畜牧兽医水产局围绕“乡村振兴战略”这条主线，努力践行“创新、协调、绿色、开放、共享”的发展理念，以“优供给、强安全、保生态”为目标，以“生态养殖、绿色发展”为导向，以“转方式、调结构”为重点，加快推进全市养殖业转型升级，促进养殖业现代化建设。

【畜禽粪污资源化利用】年内，为全面推进畜禽粪污资源化利用，提出了“结合实际、点面相融、打造示范”的指导思路，确定了畜禽粪污资源化利用模式，加快推进了项目实施，逐场逐户开展了资源化利用项目验收，有95%的畜禽规模养殖场均配套了相应的粪污处理设施设备，畜禽粪污资源化利用率达88.8%。全市8个村整村推进治理示范项目的创新为解决畜禽养污染难题探索了一条科学有效的途径，获得省专家组的高度评价和肯定。

【病死动物无害化处理】2018年，全市病死动物无害化处理工作深入推进，采取了“流动收集与暂存点相结合”的处理模式，全面完善收集、监管处理体系建设，共配备收集车5辆，成立大型规模养殖场9家，在各养殖场分别配备了20立方米的移动式冷库，在全市260家中小型养殖场分别配备了500升的冰柜。截至12月，全市的病死畜禽统一由百奥迈斯公司收集集中处理；该公司还承担了株洲市云龙示范区、石峰区、芦淞区、荷塘区的病死畜禽集中处理。12月，醴陵市病死动物无害化处理体系项目通过了省级考评。

【非洲猪瘟防控】自2018年8月，自国内首次发现非洲猪瘟以来，在市委、市政府的安排下，全面落实了非洲猪瘟疫病防控工作措施；通过加大宣传、技术培训、疫情排查、设卡堵疫、泔水管理、流通监管、督促检查、违法查处等综合防控措施的落实，有效阻止了非洲猪瘟在醴陵市的发生。12月，省动防指在全省推介了醴陵市防控工作中"人盯人"制度等经验。

【渔业资源养护】2018年，全市加大了渔政执法宣传力度，在河堤、水坝、桥梁、水库等地域分别喷刷了"严禁电鱼、炸鱼、毒鱼"宣传标语100余条。7月，开展了水生生物增殖放流活动，在渌江河城区段亲水平台放流草、鲢、鳙、鲤、鲫、鳊鱼夏花共400万尾、成鱼1000公斤。开展了打击河流电鱼的专项行动，出动执法人员328人次，检查涉渔船舶160艘次，拆除和收缴电鱼设施23台（套）。（蒋枚丰）

农机

【概况】2018年，醴陵市农机总数量达17.58万台（套）、总动力118.4万千瓦，分别比上年增长6%、6.8%；农机综合作业水平达83.04%。围绕队伍建设为中心，打造农机"铁军"。强化培训提升素质，严格考核提升工作效率，实行奖优罚劣，促使农机干部敢担当、有作为。贯穿安全生产主线，实现了农机安全生产总体平稳。达到违章率、事故率双下降，实现了源头管控、"平安农机"创建、合作社安全监管三项水平同时提高。确保农机上牌率达到100%。年末，市农机局获省"2018年度农机化工作先进单位""农机安全生产目标管理先进单位""农机科教质量工作先进单位"。

【农机安全执法】2018年，农机安全生产执法查处力度进一步加强，交警的联合执法行动，对全市拖拉机（运输型）违法违章行为进行了长期整治。全市组织开展农机安全生产执法检查行动112次，出动执法检查人员750人次，检查农业机械2400台次，纠正违章行为210次，查处安全隐患120个，下达《责令整改书》120份；签订《农机安全生产责任书》1200余份。年内，创建均楚镇创建为省"平安农机"示范镇，创建示范村3个，示范农机合作社13家。

【"六个"推进工作】一是推进"粮油生产全程机械化"逐步实现，全市水稻生产全程机械化率达83.04%，比上年提高5.17个百分点，继续保持全省领先地位。年内，株洲市2018年度水稻生产全程机械化现场演示会暨工作推进会在醴陵市召开。二是推进"项目引领战略"稳步实施。全市扶持、新建省级现代农机合作社11家、示范社4家、株洲市特色社3家和"两级"机耕道示范点71个；完成机耕道建设总里程974公里。全年全市油菜机械化生产面积达9.53千公顷。三是推进农机"三减量"（飞防减药、精施减肥、转化减污）行动，实现扩容增效。全市新增无人植保飞机11架，累计完成飞防面积5.73千公顷，减少农药使用量0.52万公斤。四是推进补贴政策、强农惠农规范有效。全年落实国家农机购置补贴金600万余元，办理农机更新报废补贴金15.4万元。五是推进新型农机化服务网络逐步成型。全年培各类农机人员1320人次。六是推进"脱贫攻坚"向纵深发展。牵头并派驻了扶贫工作队队长驻村，选派22名干部对口帮扶贫困户35户，其中14户贫困户如期脱贫；结合自身优势，免费培训贫困人员80余人次，扶持3家农机合作社成为市星级产业扶贫企业。（王　为）

林　业

【概况】2018年，醴陵市林业局内设办公室（林业信息中心）、人事教育股（行政审批股、法规股）、计划财务股、造林绿化股（绿化委员会办公室）、资源管理股；下设森林资源管理保护站（野保森防站、森林病虫害防治中心）、林场森工、生态公益林、林政监督管理站等19个二级机构，其中森林公安局、山林纠纷调处办公室、林业综合执法大队为副科级单位；有干部职工269人。

【绿化造林】2018年，重点抓好绿色长廊建设，编制了"五边"（城边、路边、水边、村边、宅边）造林提质规划，加快绿化造林步伐。年初，上级下达给醴陵市的新人工造林任务为2.57千公顷，全市完成人工造林面积2.59千公顷，任务完成率为101%。积极开展四旁义务植树、市直机关及驻醴单位义务植树等全民义务植树活动，在"双创中心"、陶瓷学院、东富镇新建市级义务植树示范基地。年内，由市委、市人大、市政府、市政协、市人武部、市绿委会成员单位带头，参与了"双创中心"、陶瓷学院植树基地的义务植树活动，在全市掀起了义务植树高潮。全年完成义务植树210余万株，全市森林覆盖率继续稳定在55.17%。

【打造油茶品牌】2018年，醴陵市油茶产业被列为株洲市现代农业特色产业聚集区，醴陵市委、市政府将茶油产业列入“十大产业”项目，重点打造20千公顷茶油产业基地。一是制定市茶油产业发展规划。聘请湖南省林农工业勘察设计研究总院编制了《湖南省醴陵市油茶产业发展规划2018—2025》；明确茶油产业定位、科学布局、建设重点及目标任务。年内，该规划进入组织专家评审。二是完成年度油茶造林项目建设。全市高质量完成油茶造林面积800公顷、幼林培育面积3.33千公顷、低产林改造面积3.33千公顷。三是强化茶油质量和商品标牌标识管理。组织完成了油茶“三品一标”（无公害农产品、绿色食品、有机食品，农产品地主要标志）申报工作，“醴陵茶油”品牌在株洲市农委主旨的“十大”农产品公用品牌网络投票中获第三，并被评为株洲市“十大农产品公用品牌”，“醴陵茶油”品牌已申报为农产品地理标志产品。完成了湘醴茶油、鼎典山茶油、清江坊等品牌地理商标申报。

【建设“森林城市”】一是完成了创建“森林城市”的专题研究工作。对照“森林城市”创建有关指标，仔细分析、查找了差距，认真学习、借学了外地创建“森林城市”的成功经验，做好了创建“森林城市”的前期宣传工作。二是开展了古树名木资源普查评审。市林业局组织环保、城市绿化等专家参加古树名木资源评审会，对古树名木资源普查成果进行评审，经评审认定，全市有古树名木1227株。12月，“森林城市”醴陵市创建工作，经省林业局同意并备案。

【湿地公园建设】2018年，湖南醴陵官庄湖国家湿地公园建设工作在发改、财政、住建、国土、环保、水利等部门的支持配合下，完成了用地红线图、蓝线图、建设用地预审、环境评估初审等相关工作。10月，组织省林科院，株洲市绿委会、林业局和醴陵市绿委会、环保、住建等领域专家，评审通过了《湖南醴陵官庄湖国家湿地公园修建性详规》。

【森林灾害防控】一是全面抓好森林防火工作。严格落实“森林防火责任制度”，强化督查和火源管理，全年调动森林消防、护林员等防火力量3000余人次，排查、整治火患109个。在春节、清明等森林防火高危期，劝阻违规携带火种上山扫墓人员1020人次，悬挂防火宣传横幅1500余条，设置防火警示牌226块，全年全市未发生重、特大森林火灾和人员伤亡事故。二是加强林业有害生物防治。林业有害生物防治以“预防”为主，管好源头，完成了林业有害生物日常普查和防控检疫工作；重点防控松材线虫病、马尾松毛虫、黄脊竹蝗、松类蛀梢害虫、湿地松粉蚧、油茶炭疽病的发生和蔓延。开展了松材线虫病除治工作，全市有害生物防治总面积约400公顷，涉及李畋、板杉、官庄、船湾等8镇、14村，伐除、烧毁疫木3707株。三是加强林业有害生物无公害防治工作。全年采用释放赤眼蜂防治油茶病虫害面积400公顷，释放花绒寄甲防治松材线虫病面积66.67公顷。5月，国家林业局森防总站到醴陵核查松材线虫病防治工作，并给予了充分肯定。

【生态扶贫】一是认真落实生态补偿政策。全年造林补贴在原项目补贴的基础上增加500元/亩的补贴。全市贫困户种植板栗、枇杷、油茶等经济林面积达21.15公顷，涉及贫困户40户，补贴资金22万元。公益林补偿提标40%，全市生态公益林贫困户补偿27万元，比提标前增加贫困户补偿资金11万元，涉及贫困户1986户。二是聘用贫困户护林员。在原有贫困户护林员27人的基础上，新增建档立卡贫困户护林员72人，防火护林员补助管护费标准从每人每年5000元提高至每人每年6000元，共发放护林员资金59.4万元。三是开展企业星级产业扶贫，干部结对帮扶等活动。在炎陵县黄沙垅村对口帮扶工作中，以扎实的工作成效，被炎陵县委、县人民政府评为“突出贡献奖”。

【封山育林】2018年，封山育林工作以“环保督查”为抓手，相继组织和开展了整顿林政秩序打击涉林违法犯罪、“春雷2018”、“破坏野生动物资源违法犯罪、“火案清零”、“绿剑2018”等大规模的专项行动。全年破获各类涉林案件79起，其中立刑事案件29起，破获25起（失火案8起、放火案1起、盗伐林木案2起、滥伐林木案3起、非法狩猎案2起、非法收购滥伐林木案1起、非法占用林地案4起、伪造、变造印章案1起、非法出售濒危野生动物案3起），刑事打击32人；查处公安行政案件10起、林业行政案件40起，行政拘留10人，行政罚款30人；清理非法征占用林地项目32个，排查木材加工经营场所及集贸市场109处，收缴野生动物312只（条），没收木材264.3立方米。7月，在全省“春雷2018专项行动”工作总结会上，醴陵市林业局获评先进单位并作典型发言。

【林地管理】一是积极探索、推

行"山长制"。实地考察、学习了江西省、四川省等地林地管理的成功经验，做好了前期宣传工作。二是办好林地使用手续，服务重点企业。以"服务企业"为抓手，与项目单位积极沟通、配合，提供最优质的服务，及时办好了市东富工业肥料生产基地、市固体废料资源化利用与处置示范基地、望江楼等重点建设工程项目的《使用林地审核同意书》。全年共向省林业厅申报办理建设项目使用林地手续52件，征收森林植被恢复费2043.51万元。（张钢林）

水　利

【概况】 2018年，醴陵市水利系统围绕建设"水利网"主线，紧扣水利工作转型发展、创新发展、特色发展，加快夯实农村水利，加速拓展城市水利，加深打造生态水利，补齐水利短板，突出防洪安全、城乡供水、农业灌溉、"河长制"等重点，有序推进全市水利又好又快发展。全年水利安全生产形势良好，水利行业连续十年实现零伤亡。

【防汛抗旱】 2018年，醴陵市遭遇春夏秋连旱的百年不遇特大旱灾，降雨量、水库蓄水不足往年50%。醴陵市防汛抗旱指挥部办公室精心调度，科学组织，确保了全市饮水安全、灌溉安全和粮食保收，实现了大旱之年无大灾。一是会商调度到位。严格执行领导带班制和24小时防汛值班制，加强与气象、水文等部门的沟通协调，加密雨情、水情、墒情监测预报，强化"线上"和"线下"会商，及时发布预警信息，落实防御举措。二是合力抗旱到位。加大统筹协调力度，各乡镇协同灌区制定辖区范围内轮灌用水计划，维护用水秩序。市广播电视台开通抗旱进行时栏目专题播报。气象部门利用有利天气开展人工降雨7次，调动湖南省防汛抗旱指挥部办公室飞机作业1次，增雨150毫米。争取省和株洲抗旱资金支持共230万元。三是用水管理到位。制定抗旱预案，科学配水，科学管水。及时协调从酒埠江水库引水到醴陵东北干渠，比历年同期多引水近700万立方米。旱象刚露头时水利部门积极谋划，争取到市委市政府的高度重视，及时抢修官庄102泵站，从官庄水库引水1500万立方米，确保官庄灌区近5.33千公顷农田得到有效灌溉，挽回经济损失5000余万元。

【完善水利设施】 2018年，水利基础设施建设重点突出"安全、民生、生态"三大领域，项目建设总投资达1.5亿元。一是河流治理项目。总投资2700万元，萍水河一期治理工程和清水江河治理工程泗汾段均开工建设。二是灌区续建配套项目。总投资800万元，荷田灌区项目于10月开工建设。三是高效节水低压管道灌溉项目。总投资1700万元，于9月开工建设。四是小型水库除险加固项目。年内，20座小Ⅱ型水库除险加固项目全面动工。五是农村安全饮水项目。结合农村人居环境整治工作，年内解决17处4.09万人的安全饮水问题。六是筹备2018—2019年冬春农田水利基础设施建设。整合醴陵市级各类资金1.44亿元，农民投工6万个以上，清淤渠道331公里，维修山塘378口、机埠74处、河坝103座，改善灌溉面积达3.33千公顷。

【提升依法行政能力】 一是加强水政执法。推进水行政执法责任制建设试点，健全执法管理模式，明晰行政执法职能。开展"两法一衔接"，通过联合执法，遏制重点水域乱象。全年共开展集中整治18次，扣押非法作业设备12台，拆除沿河洗砂场17家，关停非法砂石码头15个。完成中央和省环保督查任务3件，醴陵市环委会交办件3件。二是水利安全生产紧抓不懈。全面落实"党政同责、一岗双责"为核心的安全生产责任制，对全市22座电站的安全责任人进行网上公示。深入开展打非治违百日行动，共检查生产经营单位70余家，责令停产12家，取缔关闭非法生产1处。三是清理规范水行政审批。规范水土保持方案、取水许可和涉河审批，保留8项水利部门许可审批事项。全年完成水行政审批79件。四是水资源管理再上台阶。严控"三条红线"，用水总量稍有下降，用水效率显著提升，水功能区水质明显改善，取水许可纵深推进，用水计划和用水定额逐步规范，水资源论证全面开展，节水措施稳步实施，水功能区和入河排污口监管不断加强，饮用水源区达标建设成效明显，管理责任全面落实。年内，在株洲市政府水资源考核中，醴陵市排名在上年基础上上升4名。

【"河长制"工作】 2018年，深入开展"还我一湖清水"三年行动，进一步完善了河长体系，全市58条河流、207座水库，共设立县、乡、村三级河长499人，河长公示牌406块，实现了所有河流、水库和三级河长全覆盖。一是河长巡河不放松。根据省总河长1号令要求，醴陵市各级河长坚持问题导向，按时按量认真开展巡河2.3万次，确保河长制工作见河长、见行动、见成效。二是"一单四制"管理不放松。年内，市河长办组织开展2017年度河长制未完成工作督查、河长制第一季度工作例行督查、"僵尸船"整治验收等工作，对发现的问题，均实行“一单四制”管理，共交办问题 48 个，下发督办函 5 个、交办函 48 个。三是专项整治行动不放松。全年共打捞处理河道漂浮、垃圾 3 万余吨，在饮用水水源保护区安装摄像头 18 个、水陆隔离网 2300 米，在水库、河道安装 20 个保洁监控点，实行 24 小时动态监控，全市 30 艘“僵尸船”实现集中停靠。完成二圣河下游段、西岸河、上港渠等黑臭水体截污管网建设，白兔潭镇污水处理厂试运行。完成河塘沟渠工程除险加固、乡镇面上垃圾打捞、水体周边禽兽退养等 300 余处。关停 15 家造纸厂，水生态环境得到明显改善。（何春雪）

移民开发

【概况】2018 年，醴陵市水库移民开发管理局设办公室、后扶股、财务股，有在职干部职工 13 人。全市有大、中型水库移民 18825 人，截至年末，有在册移民 16250 人，其中三峡移民 375 人，库区和移民安置区涉及市 24 个镇（街道）、209 个村（社区）、1888 个村民小组。

【移民产业】2018 年，投资 380 余万元，完成移民产业基地提质改造任务。其中提质改造油茶基地 4 处 34.67 公顷，茶叶基地 1 处 7.33 公顷，黄桃、葡萄等水果基地 3 处 213.33 公顷，蔬菜基地 1 处 7.67 公顷，其他经济作物 1 处 7.87 公顷。投入项目资金 400 余万元，解决 8 个省级贫困村的基础设施建设和安全饮水难等实际困难，受益移民达 4000 余人。投资 210 万元，实施了重点移民村白兔潭镇荷田村整村推进项目，改造升级了村级基础设施，村组道路、亮化、安全饮水、移民活动中心、村容村貌、村民生产生活等状况均得到改善。

【移民稳定】2018 年，投资 15 万元，重点解决了全市三峡移民的房屋修缮、受灾补偿等问题。投资 100 万元，为均楚镇黄田村 3 个组新建村组道路 1.8 公里、水利设施 4 处，补偿因水位升高无法耕种未列入征收范围的农田 1 公顷，解决了株航移民安置的历史遗留问题。继续扎实推进第三批避险解困工作，664 人全部解困，所有资金拨付到位。及时兑现计划生育奖补政策，全年发放奖补资金 1 万元。严格落实信访维稳工作责任，排查化解矛盾 18 起，接信接访 80 人次，全年未发生移民群体赴省、进京上访事件和群体性、非正常上访事件。

【移民资金管理】2018 年，进一步，建立健全移民资金规范管理体系。在落实省、株洲市移民资金管理制度和办法的基础上，根据自身实际，相应制定了移民资金分配、拨付、使用管理、监督等规范性制度，实行专户管理、程序规范。深入开展了移民资金自查自纠专项活动。配合完成了株洲市移民资金的内审和省重点审计，对内审和自查自纠中查出的 8 项问题进行了认真整改并落实到位。积极推行移民资金项目政务公开的“阳光行动”，建立了“互联网＋监督”平台，全年公开项目、资金等信息 110 个（条）。

【移民培训】2018 年，为了不断提高移民的生产技能，投入移民培训资金 34 万元，分别举办了 5 期移民实用技术、就业技能培训，全年有 356 人参加了实用技术培训，64 人参加了转移就业培训，培训合格率为 100%。全年安排转移就业人员 61 人，就业率为 95%。

【移民科技】2018 年，配合省局完成了移民信息系统建设，完善纠错移民信息 620 条。制定了基础数据收集审核工作方案》，及时采集、报送数据；积极推进数据项目库建设，所有项目、资金均联网。推行移民资金项目政务公开“阳光行动”，建立了“互联网＋监督”平台，做到项目、资金等信息全部公开。（卢方芳）

气 象

【概况】2018 年，全市 31 个区域自动气象站运行稳定，资料传输率和可用性处于株洲市先进水平。全年国家级自动站资料传输及时率达 100%，区域自动气象站资料传输及时率在 98% 以上，国家级自动站业务可用性达 99%，区域自动气象站业务可用性达 98%，自动土壤水分观测仪业务可用性达 100%。年内，市气象局选派 2 人参加株洲市市县级综合气象业务技能竞赛，获得个人天气预报与服务单项二等奖、计算机综合处理一等奖、综合业务基础理论二等奖、个人单项全能二等奖、天气预报与服务二等奖。年末，市气象局被湖南省气象局评为“重大气象服务先进集体”。

【天气预警】2018 年，全市气象灾害监测、预报预警及时高效。1—11 月，共制作发布暴雨、雷电、大风、大雾、高温等重要天气趋势、预警、预警信号 13 期，专题气象信息 96 期。全年气象监测、预报预警实行“多元化服务方式”，主要通过纸质版材料、手机短信、微信、电视天气预报节目等对外发布，全年预警发布平台共发送气象短信 658 余条 10 万余人次。

【气象服务】2018 年，农村气象服务力度进一步加大，共制作、发布各类农事季节、农业气象旬（月）报等气象服务 38 期；开通了种植养殖大户、农业大镇的直通式气象服务。全年免费提供气象灾害证明材料 31 个。

【防灾减灾】2018 年从 1—6 月，全市累计降水量比历年同期偏少 5 成以上，为 1956 年以来最少的年份，达到重度气象干旱标准。特别是进入夏季后，受副热带高压控制，市维持长时间的晴热高温天气，其中有 2 次达到高温热害标准。6—9 月，在市防汛指挥所统一组织、协调下，市气象局组织作业人员，实施人工增雨作业，有效缓解了全市旱情。

【防灾减灾宣传】2018 年，加强了气象防灾减灾的宣传工作力度，为镇（街）发放《气象灾害防御手册》《醴陵市气象灾害避险指南》等气象资料，普及了镇（街）、村（社区）气象信息员、基层干部的防灾避险知识。年内与农业、国土、交通、林业、安监、公安等部门，分别签订了合作协议，建立了长效合作机制，加强与各部门的联系协作和信息共享。

【防雷安全监管】2018 年，为认真履行防雷安全监管职能，制定了《2018 年安全生产大检查工作方案》《2018 年安全生产大排查、大管控、大整治百日行动方案》，并先后与市商务局、市教育局联合制定了联合检查方案。加强了市烟花鞭炮企业、加油站、加气站、学校等人员密集场所的防雷安全监管，开展了联合安全检查行动，全年在市重点企业、易燃易爆场所、人员密集区域中，共开展防雷安全生产大检查行动 129 次出动检查人员 258 人次，下达整改意见书 110 份。全年全市未发生防雷安全生产责任事故。

【民生工程】2018 年，“民生 100”中小学校园防雷工程建设稳步推进。为认真落实株洲市“民生 100 工程”和醴陵市“为民办实事”工作，通过实施“农村中、小学校防雷工程”项目，提高农村、偏远山区学校雷电灾害防御能力。（陈刘庆）

水　文

【概况】醴陵水文水资源局管辖大西滩水文站 1 个国家重要水文站和潼塘、泗汾、枧头洲、清水江 4 个省级重要水文站以及 1 个水位站；有常规水质监测断面 10 个，省界河流监测断面 2 个；有农饮水水质监测站点 25 个，排污口水质监测站 65 个；有雨量站 66 个，高山中继站 3 个、水情自动测报站 14 个。

【内业工作】2018 年，全市降雨总量达 1190 毫米，较历年同期均值偏少 30%。降雨时空分布不均、南多北少。全年干旱明显，降雨集中期结束后，以高温晴热天气为主，5—10 月出现较为严重的旱情。年内，渌水干流大西滩水文站全年降雨天数 148 天，年降雨量为 1015.6 毫米；最高水位 49.37 米，最大流量 598 立方米 / 秒，发生在 7 月 12 日；最低水位 46.06 米，最小流量 8 立方米 / 秒，发生在 11 月 30 日。铁水泗汾水文站全年降雨天数 155 天，年降雨量为 1188.8 毫米，最高水位 53.7 米，最大流量 413 立方米 / 秒，均发生在 7 月 12 日；最低水位 50.71 米，最小流量 4.49 立方米 / 秒，均发生在 11 月 8 日。南川水潼塘水文站全年降雨天数 148 天，年降雨量为 1238.7 毫米，最高水位 95.25 米，最大流量 284 立方米 / 秒，均发生在 4 月 23 日；最低水位 93.26 米，最小流量 0.55 立方米 / 秒，均发生在 12 月 29 日。

【水情服务】2018 年，全市降雨量较历年同期均值偏少，且降雨时空分布不均，导致干旱来得早，其中渌水大西滩站发生 2 次洪水过程，未出现超警戒水位。针对年内市域水情特点，市气象局加强 24 小时值班，“一把手”亲自坐阵指挥，及时掌握雨水情信息；加强分析和预测预报，提前发布预测预警信息。全年编制水情、旱情分析与预报 8 期，水情、旱情分析与总结 30 期，发布旱情短信 1000 余条、旱情预报 8 站次，预报等级优良率为 100%，充分发挥了水文情报、预报在全市防汛抗旱工作中的耳目和参谋作用。

【水资源管理】一是渌水。渌水有南北两源，干流总长 166 公里。南源出自江西省萍乡市称“萍水”，北源出自江西省万载称“南川水”或“澄潭江”。萍水和南川水在醴陵市双河口汇合后称“渌水”。渌水水质代表站有三刀石、大西滩水文站、漂沙井、双月、渌水河口及支流上的望仙桥水库。水功能一级分区有渌水双河口至大西滩水文站为“渌水醴陵开发利用区”，大西滩水文站至株洲县渌口水电站为“渌水醴陵 - 株洲县保留区”，渌口水电站至渌水河口为“渌水株洲县开发利用区”，望仙桥水库开发利用区。渌水评价河长 67.5 公里。全年渌水及其他水功能区水质均为Ⅲ类水质。二是萍水。渌水南源萍水发源于江西萍乡杨岐山千拉岭南麓，流经萍乡，于金鱼石进入醴陵市境内，流经9.6公里后至双河口与北源汇合。水功能分区为渌水赣湘缓冲区，萍水水质代表站有醴陵市金鱼石水质站。金鱼石至双河口河段水功能一级分区为“渌水赣湘缓冲区”。水质评价河长9.6公里。萍水汛期、非汛期、全年期水质均为Ⅲ类水质。三是栗水。栗水从江西省塘坊进入醴陵市境内，流经4.5公里后注入南川水。水功能分区为上栗河赣湘缓冲区，栗水水质代表站为塘坊站。水质评价河长4.5公里。栗水汛期、非汛期、全年期水质均为Ⅲ类水质。（张 彪）

工　业

【概况】2018年，全市工业总产值增长12.2%，工业增加值增长7.7%。其中规模以上工业企业619家，实现产值增长13%。按可比价计算，工业经济拉动地区生产总值增长4.5个百分点，对经济增长贡献率达60.9%。工业增加值占地区生产总值比重为49.9%，下降3.7个百分点；园区规模工业增加值占全部规模工业增加值比重为62.7%，万元规模工业增加值能耗降低7.3%，高新技术产品增加值占工业增加值比重为33.8%，工业固定资产投资增长41.6%。2018年，陶瓷、花炮两大传统支柱产业产值分别增长12.5%和7.1%，日用陶瓷产量增长11.2%，工业陶瓷产量增长10.4%，花炮产量增长6.8%。服装行业产值增长13.6%，玻璃行业下降4%，汽配行业增长14.8%。（周慧敏）

园区经济

【概况】2018年，湖南醴陵经济开发区紧扣株洲市“五个行动”要求，开展园区攻坚三年大会战，统筹推进“一谷一城一园”（中国陶瓷谷、渌江新城、东富工业园）发展，加快形成“产业聚集、配套齐全、服务高效”的现代园区构架。“园政合一”管理制度实施以来，园区形成思路同向、发展同步、管理同心的良好局面，“一谷一城一园”三大片区齐头并进，片区承载能力和落实能力显著提升。《醴陵市委醴陵市人民政府关于进一步加快经开区创新发展升级的若干意见（试行）》文件出台后，园区改革创建持续深化。成立园区统计站，市安监部门在园区设立派驻机构，东富镇成立城管中队。智慧园区政务办公系统上线运行。调区扩区申请取得省发展和改革委员会批复，前期相关工作加紧推进，总规划面积由5.24平方公里调整为11.39平方公里。园区发展方向区范围调整成果通过省国土资源厅审核，范围调整为“一谷一城一园”，总面积调整为697.02公顷。对国家级经开区综合评价指标体系五大方面共53个指标进行逐一梳理，扎实开展“一谷一城一园”范围内二、三产业经济普查，进一步摸清“家底”，为创建国家级经开区提供数据支撑。全年实现技工贸收入445.4亿元，比上年增长14.5%；规模工业增加值136.8亿元，增长9%；高新技术产业主营业务收入204.9亿元，增长15.7%；固定资产投资96.2亿元，增长18%；上缴税金12.6亿元，增长16.8%；工业企业（研究与试验发展）经费支出5.3亿元，增长23%；新增进出口企业18家,实现进出口总额4.2亿美元，增长38.5%；新增规模工业企业22家。实际到位外资增速16.9%，园区主导产业占比超过70%，专利申请量达698件、授权量达481件。新引进5000万元以上工业项目17个，新开工5000万元以上工业项目25个，新竣工5000万以上工业项目22个。工业用地报批77.65公顷，完成率133%；工业用地出让34.94公顷，完成率102.8%；低效用地再开发4宗6.06公顷，盘活率77.8%；储备产业项目土地7宗50.06公顷，完成株洲市园区考核任务的187.7%；储备标准厂房17.2万平方米，完成株洲市园区考核任务的114.7%。

【产业发展】一是产业定位更加精准。根据园区产业发展现状，修订原设置的主导产业目录，确立“一主两特”（非金属矿物制品业，电子设备制造业、通用设备制造业）的产业定位。二是产业布局更加科学。依托龙头企业，打造专业园区，建设“园中园”，带动陶瓷特色小镇和东富电瓷小镇的开发建设。以醴陵市醴泉窑艺陶瓷有限公司、醴陵振美艺术陶瓷有限公司为龙头的釉下五彩城成为艺术陶瓷产业集群的亮点。以株洲时代金属制造有限公司、湖南元创机械有限公司为龙头的横店产业园成为通用装备制造产业专业园。以恒茂高科股份有限公司为龙头的电子信息产业园，筹备新建40条各类高端智能化生产线。以湖南阳东磁电股份有限公司、醴陵华鑫电瓷科技股份有限公司为龙头的电力电瓷电器产业园入驻企业达7家。以株洲醴陵旗滨玻璃有限公司为龙头的玻璃产业园树立了“百亿产业、特色园区、玻璃高地”目标。三是主特产业转型升级速度加快。截至年末，园区有陶瓷、玻璃等非金属矿物制品业规模以上企业169家，实现主营业务收入273.3亿元，占园区工业经济总量的75.6%。通信等电子设备制造业规模以上企业7家，实现主营业务收入15.1亿元，占园区工业经济总量的4.2%。轨道交通等通用装备制造业规模以上企业16家，实现主营业务收入25.8亿元，占园区工业经济总量的7.1%。陶瓷产业形成全产业链，具有产值规模大、产品品牌优、出口体量大、研发能力强、行业荣誉多、电商发展迅速等亮点。湖南华联瓷业股份有限公司进入中国陶瓷行业前十强，湖南醴陵红官窑瓷业有限公司进入中国工艺美术行业前十强。株洲醴陵旗滨玻璃有限公司发展平稳，实现年产值15.8亿元；恒茂高科股份有限公司实现年产值4.5亿元，增长14.6%；株洲时代金属制造有限公司实现年产值3.75亿元，增长30%。湖南华联瓷业股份有限公司、湖南阳东磁电股份有限公司、株洲时代金属制造有限公司、恒茂高科股份有限公司、醴陵华鑫电瓷科技股份有限公司5家企业进入全省上市后备企业库。株洲醴陵旗滨玻璃有限公司、湖南阳东磁电股份有限公司、醴陵华鑫电瓷科技股份有限公司、湖南飞鱼电气有限公司入围制造强省重大产业项目。11家企业入围省制造业产融合作白名单。醴陵华鑫电瓷科技股份有限公司、湖南科一环保科技股份有限公司、醴陵陶润实业发展有限公司入围省重点专利转化推进计划。醴陵友立特种陶瓷有限公司参加中国科协企业创新服务成果展。湖南醴陵复民瓷业机械制造有限公司研发国内首条“自动滚压成型干燥线”。湖南火神仪器有限公司参与国家有色金属标准修订，公司专利获评第46届日内瓦国际发明展金奖。四是新兴产业发展迅速。中国（醴陵）国际陶瓷产业博览会获评“改革开放40年中国品牌展会奖”和“2018中国会展之星”。中国陶瓷谷打造国家AAAAA级旅游景区的条件完善，旅游与陶瓷产业的融合为园区发展增加了活力。电商产业园入驻企业突破100家，整体线上交易额突破10亿元。年内园区有在建房产项目6个，金东陶子湖、碧桂园、鼎盛铭城共实现销售收入26亿元以上。湖南安迅物流运输有限公司通过国家第四批甩挂运输试点验收，公司标准化仓库投入运营。

【优化园区环境】一是提升服务能力，优化园区软环境。科学调整《经开区招商引资十条政策》，出台《醴陵市玻璃产业招商引资优惠政策（试行）》，重大项目实行“一事一议”，标准厂房可“量身定制”，进一步增强园区的比较优势。坚持用真情、动真格、求真效，开展企业帮扶，困扰企业发展和项目建设的一系列难题得到及时跟进、快速办结。指导企业开展项目申报，18家企业获得省研发奖补资金共计543万元。发挥园区产业扶持资金作用，企业生产成本有效降低。构建“亲”“清”型政商关系，保障园区良好的生产经营秩序。二是加强基础设施建设，优化园区硬环境。“一谷一城一园”互联互通、高效快达的交通网络趋于完善，园区产业配套设施功能趋于齐备。瓷谷学校、东富工业园综合服务区、电瓷电器检测中心、渌江新城和东富工业园110千伏安变电站等项目加紧规划建设。园区雨污分流整改全部完成，A区、B区、东富工业园三座污水处理厂运行正常，环保承载能力进一步提高。

【项目建设】园区全年共安排项目143个，根据上级化解债务风险要求，保留项目97个，计划总投资216.53亿元，18个株洲市级重点项目完成投资31.86亿元。围绕项目计划，园区年初逐个排出开工、竣工、达产的节点，明确时间表、路线图、责任人，实行挂图作战、对标推进、对表比拼、对责考核，形成了领导牵头、部门联动、协调及时的工作机制。从前期手续办理、水电路气、施工环境保障等方面为项目建设全程指导服务。全年新开工产业项目27个，竣工（投产）产业项目24个。醴陵市精陶瓷业有限公司研发的花纸生产项目，醴陵尚方窑瓷业有限公司、湖南华联火炬电瓷电器有限公司高档日用瓷生产项目线，湖南玉祥瓷业有限公司智能化生产线，湖南高阳电瓷电器有限公司技术改造，醴陵市恒凯通信息科技有限公司光纤光缆生产线项目投产运营；醴陵市红瓷典瓷业有限公司、湖南陶润会文化传播有限公司、醴陵华鑫电瓷科技股份有限公司、湖南阳东电瓷电气股份有限公司等企业完成建设，湖南飞鱼电气东富生产基地项目、醴陵市顺雷电力电瓷电器有限公司、湖南特诚成套电器有限公司、湖南兴诚电瓷电器有限公司等新引进电瓷企业开工建设，“1915”国际陶瓷文化特色街区（一期）、瓷器口开放运营，醴陵陶瓷学院完成一期主体工程

【招商引资】按照“建链、强链、补链、延链”要求，实施产业链精准招商。全年共引进工业项目47个，合同引资额30.32亿元；其中用地项目17个，标厂项目30个。旗滨高性能电子玻璃项目投产达效后年产值可达10亿元，可创造税收1亿元以上。总投资7亿元中盐红四方湖南100万吨复合肥项目一期将于2019年8月建成投产，可实现年销售收入10亿元。湖南科一环保股份有限公司高性能陶瓷膜生产基地项目签订合作协议，筹备开工建设。铂威新能源、罗森中高端陶瓷科研及制造、茨维里3D打印工业设计平台、紫瑞翔搪瓷解冻盘生产线等标厂项目建成投产。电商产业园新引进企业22家，玻璃产业园5家企业已签约入驻。

【用地保障】发挥“园政合一”管理体制的优越性，将责任下沉到属地、村组。强化目标管理，推行“片区整体征拆”模式，创新出台《安置区建设管理实施细则》。年内，三大片区26个项目实现征拆清零（国瓷街道12个，东富镇7个，长庆示范区7个）；完成征地110.87公顷，腾地267.5公顷；拆除房屋208栋，拆违面积1.87万平方米。规划建设的13个安置区已开工6个，可安置拆迁户654户，全部建成后可满足3～5年的安置需求。17个项目139.07公顷土地完成报批，2个项目21.47公顷土地上报待批。完成土地出让20宗，总面积73.86公顷。开展园区闲置土地清理，对12宗共计32.6公顷供而未用的土地分类制定处置方案，其中8宗土地13.07公顷已开工建设。在全省园区集约节约用地工作中，获评湖南省二等奖，获奖10公顷用地指标。

【公司经营】2018年，高新技术产业发展集团有限公司积极作为、负重加压，克服融资难、项目平衡难、土地保障难、手续办理难等不利因素助推园区发展。年末总资产达117.67亿元，净资产66.83亿元，负债率43%。全年完成融资签约16.55亿元，融资到位资金10.41亿元。申报政策性资金2.13亿元，到位资金7671万元。被推荐为“株洲市双文明建设先进单位”，筹建的中国陶瓷谷国际会展中心获评“2018年改革开放40年优秀会展场馆”“2017—2018年度中国会展标志性场馆”“湖南省建设工程芙蓉奖”。年内，逐步完善党支部、董事会、监事会及经理层的构建，建立健全以市场为导向、以绩效为抓手的人才评价机制。对子公司进行业务重组，调整部分参股公司的股权结构，推进向市场化转型改革。全年围绕片区开发启动建设项目38个，完成投资6.81亿元，19个项目竣工。陶子湖湖体和路网建设、横店产业园环境提质改造加快推进。国际会展中心二期项目开盘发售。醴商创新创业园一期全面完工，二期标准厂房处于建设中。电力电瓷电器产业园“两纵两横”路网建成通车。全年完成土地摘牌29.47公顷、土地报批70.27公顷，通过土地经营，有效降低公司资金压力，充分发挥政府资本的“杠杆效应”。启动产业投资项目7个，完成投资1.55亿元。通过土地处置、房地产经营、标厂租赁等方式，实现营业收入3.4亿元。严格执行工程项目三级内审，统一资金监管与调度，启动公司内部专项风险管理体系建设，强化内部风险防控。摸清公司债务底子，科学制定《政府隐性债务化解方案》，确保债务风险平稳可控。（周伟祁）

经济科技信息化

【概况】2018年，醴陵市规模工业产值在株洲地区总量占比第一，规模工业增加值增速五县排名第一，超额完成株洲市下达的18家“小升规”（小型企业升级成为规模企业）任务，共完成58家企业入规。年内，醴陵市进入“全国科技创新百强县市”，排名第50位。

【产业突围】一是坚持规划引领。邀请工业和信息化部赛迪研究院的专家团队历时半年走访调研，经4版修改完善，通过7位行业专家评审后，出台《醴陵市陶瓷产业发展规划（2017–2025）》。作为中国动力谷十大产业集群之一，醴陵市陶瓷产业制定了支持产业发展的“十个一”工作计划，推进产业发展。二是加大政策支持。在上年的基础上，完善产业突围“四个十条”政策，全年共447家次企业，兑现奖补资金4255万元。三是抓好品牌建设。截至年末，全市累计有2家陶瓷企业入围省级工业品牌示范，7家陶瓷企业入围省级工业试点企业。湖南醴陵红官窑瓷业有限公司、醴陵陶润实业发展有限公司、醴陵振美艺术陶瓷有限公司入围株洲市十大消费品牌。9月，举办中国工业品牌之旅醴陵行活动，有来自全国11个省、全省14个市州以及4个县、区的工信部门人员以及国家级、省级质量标杆、品牌示范企业的代表共计230余人与会。

【科技创新】一是争取项目扶持资金。年内帮助企业申报省级

科技项目 15 项、株洲市级科技项目 32 项，安排醴陵市级科技项目 20 项；其中省级立项 3 项，获得上级项目支持奖补资金 300 余万元。二是培育发展高新技术产业。坚持政策引导和服务跟进，提升工业创新能力和企业核心竞争力。年内新增高新技术企业 30 家，截至年末，全市共有高新技术企业 83 家。三是推动科技创新平台建设。年内新增瓷城众创空间、大塘渔业星创天地 2 家省级创新平台。截至年末，全市共有省级众创空间 2 家、省级星创天地 3 家，有国家级研发及检测平台 5 家，有省级企业技术中心、工程技术中心、工业设计中心、研究院等研发平台 14 家。四是加强知识产权保护。举办知识产权战略和专利应用巡讲培训，做好《湖南省专利条例》宣传工作，加强对知识产权知识的认知度和保护意识。年内全市申请专利 1137 件，其中发明专利申请 313 件。在株洲市科技局的指导下，查处侵权专利立案 5 件，查处假冒专利立案 35 件，打击侵权假冒"两法衔接"（行政执法与刑事司法衔接）平台案件录入量 40 件。五是做好抗震设防。通过各种宣传活动提高市民的抗震设防意识，指导东岸小学成功创建省级防震减灾示范学校，指导阳三小学成功创建株洲市防震减灾示范学校，指导渌江社区成功创建株洲市地震安全示范社区。

【企业帮扶】2018 年，对全市 483 家"四上企业"（规模以上工业企业、资质等级建筑业企业、限额以上批零住餐企业、国家重点服务企业）实行重点帮扶和网格帮扶，其中市级领导重点帮扶 100 家企业，部门单位网格帮扶 383 家企业。在帮扶中，做到"三到三主动"（不叫不到、随叫随到、服务周到，主动靠前、主动调度、主动督促）帮助企业解决问题和困难，优化经济发展环境。创新服务模式，开发企业帮扶 APP，开辟网上收集、交办、反馈问题渠道。全年共收集各类问题 357 个，办结销号 330 个，办结率为 92.4%，企业均表示满意。按照"互联网 + 传统产业"发展思路，推进电商、微商发展步伐，在线上开拓新市场，挖掘市场新的增长极，截至年末，全市 90% 以上企业与阿里巴巴、京东等大型电商平台有合作。通过政府主导、服务商主抓、企业主建，协调中国电信、中国联通、湖南思伯信息科技有限公司、湖南中融汇智信息科技股份有限公司等云服务商，推进企业"上云"工作，企业以互联网为基础进行信息化基础设施、管理、业务等方面应用，并通过互联网与云计算手段连接社会化资源、共享服务及能力。截至年末，全市共有"上云"企业 600 余家，其中新世纪陶瓷有限公司、银和瓷业有限公司分别获批 2018 年湖南省第一批、第二批企业上云标杆企业认定，醴陵市浦口电瓷制造有限公司和醴陵陶润实业发展有限公司获得第三批认定。

【节能降耗】一是淘汰落后产能。按照《醴陵市造纸行业淘汰落后产能整治工作实施方案》文件精神，截至 2018 年 5 月，由市经济科技信息化局牵头的造纸行业整治工作完成，全市 15 家造纸企业全部自愿签订淘汰落后产能协议书，所有落后生产线及生产设备彻底拆除，验收工作全部完成。二是倡导绿色生产。组织推荐醴陵陶润实业发展有限公司等 4 家企业申报 2018 年湖南省"两型"工业企业认证计划。推荐湖南银和瓷业有限公司等 4 家企业申报 2018 年工业企业自愿性清洁生产计划，其中 3 家企业被列入审核。参与醴陵市的"两型"创建活动，组织醴陵友立特种陶瓷有限公司等 2 家企业申报醴陵市"两型"企业，组织湖南泰鑫瓷业有限公司等 2 家企业申报株洲市两型企业。三是配合环保整治。配合环保部门做好中央环保督查"回头看"相关工作，牵头拟定《醴陵市烧制砖瓦企业专项整治实施方案》《醴陵市"散乱污"企业清理整治工作方案》，对市全市范围内的砖瓦企业和"散乱污"企业进行摸底排查，共收集到"散乱污"企业名单 104 个，并对"散乱污"企业开展清理整治工作。

【整治电力安全】一是制定《电力安全整治"飓风"行动工作方案》并组织实施，开展打击电力领域违法违规行动。二是加大农村非法用电整治力度，确保农村用电安全。三是加强企业和公共场所用电安全的检查和整治，对全市高危用电企业和部分公共场所开展集中整治行动。四是协同国瓷街道、市供电公司等部门做好老龙井变电站项目相关工作。年内，醴陵市电力行政执法大队与市安监部门、乡镇配合，共组织电力安全执法活动 57 次，检查生产经营单位、企业 100 余家，下达执法文书 52 份和安全隐患通知单 18 份，配合环保部门关闭污染企业 70 余家，办理涉及窃电案件 1 件。

【科技扶贫】一是选派科技特派员。2018 年，全市共选派各级科技特派员 47 人；其中省派科技特派员 6 人，株洲市派科技特派员 15 人，醴陵市派科技特派员 26 人；科技特派员类别有农业发展类特派员 32 人、工业类特派员 8 人、医卫类特派员 7 人。在 17 个贫困村各安排农业类科技特派员 1 人，定期下村指导贫困户开展农业生产，建立科技人员扶贫服务台账，帮助贫困户发展种植养殖，增产增收，脱贫致富。二是培育特色支柱产业。通过醴陵金桥生态林农实业有限公司、醴陵金鼎生态农业科技开发有限公司、湖南醴陵市恒盛生态农业有限公司等油茶种植龙头企业，带动贫困村因地制宜，扩展油茶种植面积，全市有油茶林面积近46.67千公顷，成为全市的农业支柱产业之一。三是培育科技型扶贫示范企业。市经济科技信息化局联合市农业局、林业局、畜牧局等部门培育科技型扶贫示范企业17家，每家示范企业对口帮扶1个贫困村，利用自身的产业技术、人才和市场优势，发展贫困村的特色产业，为贫困村合作社提供人、财、物等方面的支持。四是完善通信设施。市经济科技信息化局联合通信运营商通过现场查看、入户走访的方式，按照上级扶贫工作要求，落实农村移动终端信号和接通互联网工作任务，全市270个行政村和居委会4G网络覆盖率达100%，光纤通达率达99.07%。实现了村委会、学校、卫生所等重点场所及周边村民集中居住区域4G信号覆盖良好，光纤通达的行政村和居委会范围内能有效满足村委会、学校、卫生所等重点场所及周边农村居民光纤宽带接入的需求。　（周念农）

国企改制

【概况】2018年，驻醴株洲市国有企业改革办公室有在编人员3人，主要承担驻醴株洲市属国有企业改革改制工作；管理的14家驻醴株洲市属企业由株洲市委、市政府分两批次移交，其中2007年国光瓷业股份有限公司和醴陵电瓷2家企业移交醴陵市管理并实施改革，2009年湖南醴陵星火陶瓷实业有限公司、湖南醴陵石膏粉厂、湖南醴陵陶瓷机械厂、湖南醴陵建材炉料总厂、湖南醴陵永胜陶瓷有限公司、湖南醴陵力生瓷厂、湖南醴陵新民瓷厂、湖南醴陵瓷泥矿、湖南醴陵瓷业出口包装纸箱有限公司、湖南醴陵机械修造厂、湖南醴陵雄风玻璃水有限公司、防腐技术开发部12家企业移交醴陵市管理并实施改革。截至年末，已完成醴陵电瓷厂、湖南醴陵石膏粉厂、湖南醴陵陶瓷机械厂、湖南醴陵建材炉料总厂4家企业改制工作，剩余10家国有企业未完成改制。

【企业管理】年内，进一步加强对未改制的驻醴株洲市属国有企业的管理，出台企业管理实施方案，优化企业留守班子，健全决策机制，做到了机构合理、政令畅通。启动了兴业棚户区二期和陶瓷机械厂棚户区建设项目，完成已改制企业原湖南醴陵石膏粉厂电分离扫尾工程，协调湖南兴业总公司剩余200余户职工水改造工程，筹资提质改造企并处理遗留问题。制定维稳工作预案，完善信访接待制度，全年未发生重大信访群体事件。　（谢甘霖）

陶瓷工业

【概况】2018年，全市共有陶瓷企业634家，其中陶瓷生产企业466家。全年陶瓷产业值增长12.5%，实现税收4.9亿元，占全市税收比重的15.8%。陶瓷产业安排从业人员12万人，其中规模以上陶瓷企业安排从业人员9.1万人。全市214家规模以上陶瓷企业完成工业总产值264亿元，比上年增长12.6%。电瓷产量占比世界市场的30%，日用瓷产量占比世界市场的11%，陶瓷出口量占比全国的40%。　（周慧敏）

花炮工业

【概况】2018年，醴陵市花炮产业产值同比增长7.1%；完成税收1.55亿元，同比增长2.65%。年内，醴陵市烟花鞭炮管理局以政策为导向促进资源优化整合和提质升级，推进花炮企业分类管理的实施，加速推进产业突围升级。“花炮十条政策”等“四个十条”实施以来，累计兑现奖补资金7000余万元，惠及企业600余家次。2018年4月、9月分别组织实施了花炮博览会焰火晚会、“一节一会”开幕晚会等焰火燃放活动。

【烟花爆竹自动化生产】全市烟花爆竹产业机械化应用率超过70%，爆竹裸露药物生产工序实现100%机械化。2018年6月，举办“烟花爆竹关键机械设备成果展”，带动提升产业整体机械化水平，引导烟花爆竹生产从机械化向自动化和智能化的升级发展。以中洲烟花集团有限公司和湖南科富花炮有限公司为依托，全面推广自动化生产线，7条烟花和1条爆竹自动化生产线建成投产。

【花炮博览会】2018年4月26日—28日，醴陵市人民政府在中国陶瓷谷国际会展举办第三届中国烟花爆竹博览会暨2018醴陵烟花爆竹交易会，展会主题为“五彩醴陵 花炮之都”，有参展企业310家，展出面积1.72万平方米，有6个国家2个地区和国内24个省（直辖市）的2000余名嘉宾、客商聚集醴陵市，参观游客达23万余人次，展览展销成交近100亿元，签约项目30个，总金额23.5亿元。

【花炮产业公共平台建设】推进焰火燃放场建设项目，筹备策划节会展示平台、物流仓储平台、文化展示平台、科技创新平台等项目建设。就焰火燃放场及观礼台项目建设进行深入调研论证，对选址通过实地考察、航拍测绘等方式进行勘察，提出建议方案供市委市政府参考决策。加强对国内各省市定点订货会的组织工作，组织相关企业参加山东省、辽宁省、四川省等近20个省、市的定点订货工作。4月26日—28日邀请河南省烟花爆竹协会到醴陵市举办2018年协会年会暨年度定点订货会。

【花炮商会、协会】2018年10月27—28日，为全市花炮龙头企业管理人员举办了“醴陵市中小企业人力资源管理培训班”。指导市花炮总商会完成了理事会换届选举工作，支持协助市花炮总商会举办了花炮行业迎春大联欢、中国花炮高峰论坛、花炮沙龙等10余次行业交流活动，增强行业凝聚力。（曾　明）

电力工业

【概况】2018年，国网湖南省电力有限公司醴陵市供电分公司（以下简称“供电公司”）有员工605人，承担着全市2157平方公里区域的供电任务，其中专变用户1460户，公变台区关口3910个户。截至年末，醴陵电网有35千伏及以上变电站22座，其中220千伏变电站2座、110千伏变电站7座、35千伏变电站13座，总容量1000兆伏安；共维护110千伏架空线路16条，长度170.44公里；35千伏架空线路23条，长度235.59公里；10千伏线路135条，长度3268.21公里；共有配电变压器3887台，总容量774.73兆伏安。全年完成售电量14.7亿千瓦时，到户售电均价713.16元/千千瓦时，电费回收率达100%，综合线损率为8.05%，优质服务承诺兑现率达100%。

【供电安全】2018年，供电公司坚持贯彻各级安全工作部署，以严抓严管统领安全生产，应对雨雪冰冻挑战，经受多轮次暴雨台风和持续高温考验，完成各项重大保电任务20余次。开展电网大面积停电政企联合演习，应急能力建设得到加强。协助市政府召开安全用电整治暨加快电网建设及优化运营环境工作部署会议，政企联动开展安全用电整治，利用大数据分析实现精准打击违法用电，共拆除不安全线路和设备200余处。截至年末，实现人身安全7454天、设备安全运行5313天，创历史最长纪录。

【营销服务】2018年，供电公司供电可靠率分别为城网99.95%，农网99.77%，互联网+营销服务成效显著，供电公司全年低压线上缴费率为78.07%，累计完成企业线上缴费5368万元，累计完成微信公众号推广81850户。落实属地化宣传工作，印制台区经理名片及便民服务贴，宣传属地电话及台区经理电话，提高属地响应速度。成立供电服务指挥中心，提升市场响应和服务质量。构建大数据监控中心，提升供电公司营配协同和服务水平。组建瓷城供电所，为工业园区提供一站式服务。

【电网规划建设】2018年，完成电网投资0.78亿元，新增农网配变201台，新建和改造10千伏线路136.85千米，完成12个中心村和17个贫困村农网升级改造，农配网设备健康水平进一步提升。110千伏老龙井变电站新建工程开工，35千伏均楚变电站1号主变完成增容，主网构架进一步加强。110千伏横旗线、滴旗线由供电公司统一运转维护管理，为规划建设的110千伏东富变提供电源接入点。推进东富、老龙井、黄沙3座110千伏变电站建设的前期工作，取得了政府支持。（钟文丽）

服装工业

【概况】2018年，全市有服装企业403家，其中规模以上企业35家；完成工业总产值50亿元，其中规模以上企业产值49.3亿元；安排从业人员1.4万余人。全市服装工业主要产品以公、检、法、司、工商、税务等系列标志服为主，有多家执法行业标志生产企业获准省、部级定点生产单位，全市70%的服装企业集中在船湾镇。（周慧敏）

建材工业

【概况】2018年，全市建材产品主要包括玻璃、防水材料、耐火材料、砖瓦砂石等制品；全年建材工业实现总产值近26亿元。全市以东富工业园区为中心，把玻璃深加工作为产业开拓重点，适度引进玻璃产业配套项目，探索“陶玻一体化”特色之路，打造中南部具有影响力的玻璃制造、研发、出口基地。年内，株洲醴陵旗滨玻璃有限公司5条生产线相继建成投产，年产值达15.8亿元。水泥预制构件、轻质建材、耐火建材、装饰材料等生产单位迅速发展，涌现出“帅旗”“神舟”等规模建材生产企业。（周慧敏）

机械工业

【概况】2018年，全市机械工业主要是陶瓷、花炮、通用设备制造、专业设备制造等机械产品。全市共有机械制造企业130家，其中陶瓷机械企业22家、花炮机械企业28家、其他机械企业80家。湖南元创机械有限公司、湖南全盛精冲科技有限公司等汽车零部件厂家共实现产值4.3亿元。（周慧敏）

采掘工业

【概况】醴陵境内矿种丰富，主要有金、银、铜、铁、锡、锑、铀、铅、锌、莹石、煤、高岭土、硅火泥、白泡石、矿泉水等30余种。其中煤炭、高岭土储量丰富，高岭土储量在1亿吨以上；高岭土、煤炭、黄金、铅、锌、莹石、石灰岩、耐火石、硅火泥等矿产开采量较大。2018年，全市有采矿企业62家，其中规模企业7家。全年采掘工业实现工业总产值20.4亿元，安排从业人员4800余人。（周慧敏）

食品工业

【概况】2018年，全市有食品工业企业47家，其中有湖南湘洲食品有限公司、醴陵市仙都酱鸭加工厂等4家规模以上企业。全年食品工业企业实现工业总产值9亿元，安排从业人员3200余人。主要产品有肉食、粮油、糖果糕点、酒、调味品、方便面等17个门类2000余个品种，拥有“旺依”“青泥湾”等品牌。（周慧敏）

化学工业

【概况】2018年，全市化学工业以橡胶制品、塑料制品、碳酸氢铵、碳素、金水、颜料、涂料、蚊香等为主要产品，产品主要分布在城区、栗山坝镇、东富镇、富里镇、孙家湾镇等地域，全市有化工企业63家。（周慧敏）

其他工业

【概况】2018年，随着全市陶瓷、花炮两大支柱产业的快速发展，相关产业也迅速成长，冶金、窑炉热工、造纸、印刷、包装和其他加工行业兴起，在花炮业集中的乡镇发展尤为明显。其中造纸业集中在王仙、均楚镇，主要产品有机制纸、箱板纸、宣纸、土纸、再生纸等品种，印刷业向彩印、瓷用纸发展，包装业有纸箱、复合包装、塑料袋等。（周慧敏）

工业企业选介

湖南华联瓷业有限公司

【概况】2018湖南华联瓷业股份有限公司（以下简称“公司”）实现销售收入10亿元、利润1亿元，连续5年保持增长，智能制造、高端日用瓷、集中制泥项目投产达效，国际市场接单9670万美元。公司获评湖南省新材料企业、中国轻工业百强企业、中国陶瓷行业科技创新型先进企业和中国国家用瓷生产企业称号，公司设计中心被评为湖南省工业设计中心，玉祥智能制造车间被评为省级智能制造示范车间。（赖玉姣）

湖南泰鑫瓷业有限公司

【概况】2018年，湖南泰鑫瓷业有限公司实现销售收入18013万元，同比增长9%；精细炻瓷出口创汇同比增长40.6%；生产的新材料精密结构陶瓷构件销售收入同比增长11.5%，标准化泥釉模产品，销售收入同比增长10%，中高档陶瓷酒瓶主要销往国内知名酒企，销售收入较上年基本持平；上缴税收1598万元，同比增长25%；申请发明专利4项，实用新型专利3项，外观专利30项。

【公司管理】一是利用智能制造提高产能。对一厂、二厂成型烘房进行技术改造，有效降低天然气消耗量。改造一厂窑炉装坯线，提高装坯质量，减轻员工劳动强度。改造2条超容量的链式干燥机和3条成瓷检验线。对制泥车间压滤设备进行高度位移，提高榨泥效率，降低泥饼水份。改造2条成型釉坯流水线。二是提升企业管理水平。跨行引进中高层管理人员，推行《精细化管理》项目、ERP信息化项目、7S管理系统等项目。增设PIE部，负责公司生产工程服务、产线优化、工装设计制作、生产异常处理工作。成立档案室，安排专人负责整理公司自成立以来的所有有价值的档案资料。（曾日伦）

湖南电力电瓷电器有限公司

【概况】湖南电力电瓷电器有限公司成立于1950年，原名湖南电力电瓷电器厂，系湖南省电力公司直属分公司，2011年9月划入中国能源建设集团有限公司。2015年7月按照集团公司制改造和整体上市要求，设立登记为湖南电力电瓷电器有限公司。经营范围为输电、配电、变电工程、设备安装、维修、试验、维护，电力规划、设计，电力技术开发、研究，自动化控制及电力设备、器材生产、加工、修理、销售，仪器仪表修校；机器设备租赁、场地和房屋租赁。主导产品有高压互感器、智能配网产品和输变电检修工程服务。按照中央企业“处僵治困”改革工作要求，湖南电力电瓷电器有限公司于2018年11月得到中国能源建设集团有限公司批复，开展清算关闭工作。（高喜梅）

株洲醴陵旗滨玻璃有限公司

【概况】 株洲醴陵旗滨玻璃有限公司（简称醴陵旗滨）是株洲旗滨集团股份有限公司下属全资子公司，为集团8个玻璃生产基地之一，是旗滨集团株洲玻璃生产基地——原株洲玻璃厂经国企改制后的整体绿色搬迁项目。2018年，株洲旗滨集团股份有限公司斥资5亿元，在醴陵市建设高性能电子玻璃生产线项目，投产后收入可达10亿元。项目主要生产高强度触摸盖板玻璃，因强度高、重量轻、透过率高的特点，产品可应用于智能手机、平板电脑、笔记本电脑、智能手表上，也可广泛应用于工业、医疗、太阳能光伏、新能源电动汽车、高速列车等领域。8月，醴陵旗滨投资近4000万元建设环保备用系统，采用稳定的NID脱硫、SCR脱硝及布袋除尘工艺，具备接入2条生产线废气的处理能力，与原有的5套脱硫脱硝除尘设施，组成完善的废气应急处理系统，可优化系统烟气处理效率，降低突发事故风险，避免现有系统在设备检修或故障停运过程中出现烟气直排的现象。（陈 勇）

株洲时代金属制造有限公司

【概况】 2018年年末，株洲时代金属制造有限公司（以下简称“公司”）设有1个国家级检测中心、1个研究院、2个省级技术中心、2处生产基地，总面积近23.33公顷，总资产5亿元，有员工1000余人，是轨道交通行业重要部件研发和生产企业，轨道交通冷却系统行业标准制定单位。公司有各项设计、试验、检验设备1000余套，其中冷却器试验平台、热工综合试验线、三坐标仪检测室等性能达到国际先进水平。公司作为国内研发、生产轨道交通部件的骨干企业，散热器产品在国内市场占有率在75%以上。承担了国产大功率电力机车9600千瓦、7200千瓦主变冷却器的研发和生产，承担了200千米、250千米、300千米、350千米、380千米和500千米动车冷却器的研发工作。2018年，公司研发新产品521项，产值突破4亿元，实现通信行业产品量产。上缴税收共3141万元，同比增长40.03%，发放员工工资8128万元，同比增长9.6%。（李 啸）

醴陵中油燃气有限责任公司

【概况】 2018年年末，醴陵中油燃气有限责任公司有投运场站30座，其中门站1座、LNG气化站1座、CNG母站1座、西二线连接线首末站各1座、区域调压站25座，累计投资铺设完成高压管线19公里、次高压管线123.56公里、中压管线364千米、低压管线881.65公里，累计开发居民用户93902户、工业用户328户、公福用户692户，实现运行安全零事故；连续8年被醴陵市人民政府授予“上缴税收先进企业”“纳税十强”，连续5年分别被株洲市政府、醴陵市政府评为“价格计量信得过单位”。（彭 芝）

贸易·旅游

商贸旅游

【概况】 2018年，全年完成社会消费品零售总额224.8亿元，比上年增长10.1%；完成外贸进出口总额4.8亿美元，比上年增长31.8%。全年对外投资中方合同投资总额1280万美元，比上年增长26%；完成到位外资2.15亿美元，比上年增长16.4%；内联引资58.25万元，比上年增长18.6%。全年全市接待国内外游客627.33万人次，比上年增长13.05%；实现旅游综合收入67.16亿元，比上年增长14.86%。全年完成粮食收储2.5万吨。

【内贸流通】 2018年，全市新增新入统商贸企业20家，在库商业企业法人单位增至167家；有小升规企业16家，其中餐饮企业5家；有入统电商企业14家，全年完成电子商务交易额近26亿元，比上年增长25%。在双十一期间，电子商务交易额达7200万元。全市有农村电商网店2300余个；原17个贫困村和39个一类重点面上村实现网上销售额1950万元。加快会展经济发展，撰写了《关于加快发展会展经济的思考与建议》，在市第十届汽车文化节中，销售汽车130余台，实现销售额2000万元；在市第三届家居建材博览会中，实现销售额1.1亿元，并带动家电、家居等上下游消费近3亿元，其中旺亿美食名优产品实现销售额0.6亿元。年内，市阳三星城农贸市场、姜湾农贸市场主体工程完工。四海加油站投入运营，中石化在汽车西站、国瓷路等处新建的3座加油站处于建设中，中海加油站等5座加油站获省级批复。

【外经外贸】 2018年，全市新批自营进出口企业39家；截至12月，拥有自营进出口企业336家。全市28家外贸企业“破零”，26家外贸企业倍增。年内，旗滨玻璃投资1.9亿美元完成马来西亚浮法玻璃项目，华联瓷业、吉利烟花分别在非洲、欧洲、南美洲等国家设立了境外营销公司，市裕丰烟花与美国、英国等国家的知名烟花企业投资合作，举办了烟花节庆燃放。在春秋广交会中，获订单金额1.66亿美元，比上年增长20.6%；组织日用陶瓷、艺术陶瓷企业参加了德国柏林醴陵陶瓷展区、迪拜151陶瓷经贸平台的展示。加快了与“一带一路”沿线车的联系，接待了巴基斯坦商贸考察团。6月，深圳盐田国际醴陵内陆港正式揭牌。

【招商引资】 2018年，全市招商引资签约项目91个，合同引资280亿元；其中一产类项目10个、二产类项目34个、三产类项目22个，亿元以上产业项目25个。投资7.7亿元的城市生活垃圾处理PPP项目顺利签约。全年落户园区项目26个、镇（街道）项目39个；吾悦广场、中模绿建新型建材、花炮物流园、云启生态农业产业园4个项目投资均在10亿元以上。投资1亿元以上项目33个。乡镇招商签约项目30个。全市有招商在谈项目48个，其中一产类项目6个、二产类项目29个、三产类项目13个。年内，参加了沪洽周、深圳醴陵商会、广东省湖南商会、上海进口博览会、无锡湖南商会等商务招商活动；农贸市场、玻璃产业链专题招商项目全面推进。全年全市接待客商130余批次，其中5人以上的考察团队45批次。协调组织召开了一节一会签约项目履约调度会。向外派遣招商小分队80批次，镇（街道）均组织小分队开展招商。年内，株洲市考核履约项目14个，有10个项目开工建设，履约率71%。

【全域旅游】2018年，全域旅游工作力度进一步加大，在春夏秋冬特色活动期间，直接带动旅游100余万人次，持续影响带动游客200余万人次，实现旅游收入10亿元，间接带动特色农产品销售4000余万元，影响和带动了旅游区域内50余户贫困户实现脱贫。年内，组织召开了长沙、吉安专场推介会、萍乡旅游介绍会、“一节一会”新闻发布会和上海沪洽周、北京旅游推介会等重大旅游专场推介活动，醴陵瓷谷旅游宣传片成功登陆中央电视台，提升了醴陵的影响力。加强行业监管，提升服务质量，组织召开了旅游行业大会，开展打击“低价游”等旅游违规乱象，维护市场秩序。年内，“四点一谷一片”初具规模，瓷器口5月开街，李立三故居提质改造工程完工；渌江书院、耿传公祠通过AAA景区景观质量评价，清水湾畔景区被授予国家AAA级质量等级景区。完善了《醴陵市加快发展旅游产业奖励扶持办法（试行）》，兑现了上年扶持资金26.13万元；制订《旅游从业人员行为规范》和《文明旅游守则》，开展文明旅游走进景区和酒店活动；举办讲解员、导游培训班，共培训60余人。

【粮食工作】2018年，完善落实粮食安全省长责任制考核办法。贯彻落实国家调整有关粮食收购政策，协调神农米面公司解决地方调控粮收储仓容、资金和质量问题；按时启动夏粮、中晚稻收储工作，全年收购早稻4385吨、中晚稻2万吨。加强粮食质量安全监测工作，粮食质量监测由入库后检查调整为入库前检查，确保粮食质量。落实《株洲市军粮质量管理实施细则》《株洲市军粮统筹配送管理办法》，强化制度保障，加强军粮店面的监管。

【商务执法】2018年，开展商务行政执法检查420次，检查对象210家次，打非治违9次，行政处罚5起、罚款5000元，有效维护了良好的商务经营环境。（曾　苗）

口　岸

【概况】2018年，共受理出入境检验检疫申报6333批2.08亿美元，比上年分别增长8.33%、11.13%；其中出境6319批2.06亿美元，比上年分别增长8.39%、11.13%，入境14批273万美元，比上年分别增长12.5%、50.73%。受理包装鉴定2890批、461万件，比上年分别增长24.14%、25.7%。签发各类原产地证书4427份、金额1.12亿美元，比上年分别增长6.09%、10.33%。全年全市企业实现自营进出口货物总值31.5亿元，比上年增长33%；其中出口30.8亿元，比上年增长31.8%，进口7309万元，比上年增长120.2%。全年醴陵至盐田港五定班列运输货物1.91万标箱，货运总量为51.46万吨，比上年增长32.91%。

【口岸服务】一是加强对口岸联检单位和企业的口岸运行监测。加大市内物流、出口生产企业的走访调查力度，坚持每月抽出2天时间走访、调研相关企业，检查、听取口岸查验、经营服务单位的意见和建议，解决企业实际困难，确保口岸正常畅通、口岸经济不受损失。二是服务企业，提升企业竞争力。年内，在解决口岸运行中常规问题和困难的情况下，探索如何帮助企业发展新途径，鼓励企业开阔视野、了解外部市场，推动企业走出去。三是做好统计信息收集报送工作。进一步完善统计信息收集、报送制度，与醴陵检验检疫、海关、五定班列运营公司、外运公司等相关单位建立了信息互通机制，围绕口岸运行、服务决策工作要求，及时收集、报送口岸相关工作统计资料，确保统计数据的准确性、及时性、有效性。（何立志）

海关·检验检疫

【概况】2018年4月20日，原湖南出入境检验检疫局醴陵办事处职责和人员划入株洲海关驻醴陵办事处。以株洲海关驻醴陵办事处（以下简称“醴陵办事处”）名义开展工作，有工作人员15人。年内，醴陵办事处围绕海关职责定位、地方经济发展思路，坚持政治建关、改革强关、依法把关、科技兴关、从严治关的原则，突出强化监管与优化服务有机统一，全力支持醴陵经济发展，各项业务指标大幅增长。全年接受进出口报关单申报1818份、集装箱3287个标箱，征收税款222万元，企业注册备案累计366家。

【进出口业务】2018年，醴陵地区进出口货物总额为4.77亿美元，比上年增长31.7%，其中出口总额4.66亿美元、进口总额1118万美元。出口产品主要有陶瓷、电瓷、烟花、以太网络交换机等。其中出口日用瓷金额2.7亿美元，增长24.1%；出口电瓷金额6000万美元，增长16%；出口烟花金额4750万美元，增长35.6%；出口以太网络交换机金额2918万美元，增长2.7%。年内，在外贸企业中，民营企业进出口总额3.82亿美元，增长40.3%，占全市外贸总额的80%；

外商投资企业进出口总额 9545 万美元，增长 20%，占全市外商投资企业总额的 20%。全年出口欧洲 1.69 亿美元，增长 23.4%，占出口总额的 35.4%，为醴陵市出口第一大贸易伙伴；出口北美 1.54 亿美元，增长 51%，占出口额的 32.2%，为出口第二大贸易伙伴；出口亚洲 1.14 亿美元，增长 20.7%，占出口额的 23.9%，为出口第三大贸易伙伴；出口三大市场呈三足鼎立态势，占醴陵地区出口总额的 90% 以上。

【检验检疫业务】2018 年，共受理出入境检验检疫申报 6333 批，金额 2.1 亿美元，分别增长 8.33%、11.13%。其中出境检验检疫申报 6319 批 2.1 亿美元；入境检验检疫申报 14 批 273 万美元。全年签发各类原产地证书 13 种 4427 份，比上年增长 6.09%，签证金额 1.12 亿美元，比上年增长 10.33%。签证可为醴陵出口产品减免进口国关税 550 万美元。

【服务地方经济】一是多措并举，全力提升通关效能。组织召开报关行、报检行、物流公司和进出口企业座谈会，听取企业意见建议，开展分析讨论，采取实时沟通、专人盯单、预约加班等措施，全力压缩整体通关时间，全年醴陵市出口整体通关时间为 1.48 小时，比上年压缩 94%，进口整体通关时间为 2.48 小时，比上年压缩 99%。二是关检融合，企业办事效率得到进一步提升。4 月，出入境检验检疫管理职责、人员统一划入海关，国家进出境监管部门实行二合一，进出口企业业务办理地点更集中，程序、事项更简化，工作效率更高效；全年醴陵新增注册报关企业（进出口货物收发货人）54 家和原产地证备案企业 17 家。三是对接需求，支持企业快速发展。联合市商务、税务、人民银行等单位举办了一期醴陵外贸企业培训，参训企业 151 家 230 人，培训取得良好效果，获得市政府及企业好评。深入企业开展调研、走访活动，宣传、严格落实海关通关改革举措，为企业现场办公，解答企业在进出口环节中遇到的相关问题，解决企业不了解通关知识、不熟悉电子支付等问题；组织召开进出口企业行风调研座谈会，听取市进出口企业、报关行对海关的建议，解决企业需求。（童　宁）

供销合作

【概况】2018 年 1 月 30 日，根据株洲市编办《关于设立醴陵市供销合作社联合社的通知》文件精神，按照“撤一建一”原则，撤销醴陵市行业办公室，设立市供销合作社联合社（以下简称“市供销社”），为醴陵市人民政府直属正科级全额拨款事业单位，核定正科级领导职数 1 名（主任）、副科级领导职数 3 名（其中监事会主任 1 名、副主任 2 名）。9 月 3 日，市供销社机关办公地从来龙门街道办事处胜利路 148 号供销大厦搬迁至仙岳山街道五里墩村公交综合楼 8 楼。年内，市供销社贯彻落实市委、市政府提出的工商合作工作目标，不断完善为农服务体系建设，着力拓展经营服务范围，扎实推进综合改革，各项工作取得明显的成效。全系统有土地托管服务面积 5.33 千公顷，销售各类化肥 2.5 万余吨、农药 1000 余吨，实现土地托管、农资供应村级服务社全覆盖。

【综合改革】2018 年，市供销社围绕深化供销合作社综合改革的有关精神，以改革示范县（市）为契机，紧扣双线运行机制建设的目标，抓好综合改革工作。全年全系统共建基层组织 368 个，其中有市供销惠农服务公司、市级土地托管服务中心、市级农资储备配送中心、市级再生资源回收利用中心、市级农产品电商运营中心、市级农村合作经济组织联合会、镇级农村合作经济组织联合会 4 个、镇级供销惠农服务中心 8 个、镇级土地托管服务中心、村级供销惠农服务社 83 个和领办农民专业合作社及联合社 266 家。市供销社主导的市镇二级行业指导体系基本形成，监督管理体系不断健全，企业支撑的市、镇、村三级惠农服务体系强劲发展，“一网多用”的服务功能不断强化，农民专业合作社规范化建设有序进行。一是扎实推进供销合作社经营服务体系建设。升级改造农资储备配送中心，建立农资供应合作机制，实行农资联储联销制度，对接大田托管服务，加强农资供应工作管理。分别成立市级土地托管服务中心、镇级土地托管服务中心、村级土地托管服务站；依托村级惠农服务社、农村合作经济组织联合会，开展土地托管、农民培训、技术咨询、农资配送、农村电子商务等服务工作，实现工业品下乡、农产品进城双向流通。12 月，新成立的以市供销惠农服务公司为主体的市级电子商务运营中心正式营业。二是完善镇、村两级供销惠农服务体系建设。按照市供销社控股的思路，采用股权多元化的方式，和村支两委合作，与市委组织部的农村综合服务平台系统同步推进，全面开展村级供销惠农服务社建设，重点开辟农资供应、土地托管、电子商务、农业社会化等服务领域工作。三是加强市农村合作经济组织联合会建设。依托市供销社和各镇人民政府组建了市、镇两级农村合作经济组织联合会，主要履行区域内行业指导和为农服务职能，重点引导会员单位参与土地流转和电子商务服务工作，为开展生产、信用、供销“三位一体”的农村经营体制改革搭建良好的平台。

【信访维稳】2018年，市供销社完善信访工作制度，以“信访法制宣传月”“网上信访五周年”等系列宣传活动为契机，全面开展信访法制宣传，引导群众理性表达利益诉求，增强依法依规上访的法律意识，确保系统稳定。全年接待上访人员371人次，接待群体性上访5起，接收书面上访件15件；妥善解决市委督查室转办的信访案件1件。年内，为原改制企业市商业总公司第二纺织品公司11名职工办理好“中华人民共和国不动产权证”，有效解决改制历史遗留问题，化解上访矛盾。

【资产管理】2018年，市供销社结合“安全生产保卫战”、安全生产打非治违“百日行动”工作，出台安全生产管理制度、规定、方案等10余份。落实企业主体责任，与各网点法人分别签订安全生产责任状、安全生产承诺书176份，发放安全生产宣传资料1000余份。启动安全监管“强执法、防事故”的专项行动，形成一级抓一级、层层抓落实的安全生产机制；对排查出的安全隐患及问题下达整改通知书，要求及时整改到位，并跟踪督促整改，切实做到不留后患，确保全系统近2亿元资产的安全。年内，按照市供销社资产管理办法，实行资产公开招租、阳光招租。严格执行合同规定，采取强制措施收取拖欠门面租金，达到颗粒归仓，维护合同的严肃性和单位的合法权益。全年完成租金收入840万元，超额完成全年租金任务240万元；续签到期合同50份，涉及租金150余万元，新增租金17.48万元，续签合同租金平均增长率为12%。

【扶贫帮困】2018年，按照市“精准扶贫”工作要求和安排，市供销社除延续上年在石亭镇长岭村、花溪村和沩山镇泉水村的结对扶贫工作外，年内新增王仙镇李山村驻村帮扶工作，共计选派帮扶干部10人，结对帮扶对象户38户。严格按照“两不愁”“三保障”“两个确保”“两个完善”的扶贫政策要求，安排专职帮扶干部长期蹲点驻村。全年共拨付镇村帮扶专项扶贫资金10余万元，用于村级组织的阵地、经济建设。积极主动为贫困家庭排忧解难、真帮实促，以实际行动跟踪帮扶贫困户的生产生活，深入有序地推进了全年脱贫攻坚工作，很好地完成了全年预脱贫指标和任务。年内，按照“不叫不到、随叫随到、服务周到”的总体要求和市企业帮扶工作领导小组的安排部署，市供销社安排帮扶责任人员帮扶走访企业4次，检查督导安全生产工作，详细了解企业生产经营情况，收集并向市相关职能部门反映企业存在问题4个并给予回复，有效帮助企业解决了实际问题，助推“产业突围战”进程。（付　旺）

盐务管理

【概况】2018年，醴陵市盐业公司（湖南省轻工盐业集团有限责任公司醴陵支公司、湖南盐业股份有限公司醴陵市分公司）（以下简称“公司”）设综合科、仓储科、营销科，有在职干部职工15人，退休人员16人。年内，面对日益艰巨的盐业经济市场环境，公司以市场为中心，通过调结构、挖潜力、宣品牌、换新装、沉渠道、做终端等方式，经济上取得较好的业绩。全年购进各类盐3316吨，销售各类盐4426吨，各类盐库存647吨，实现销售非盐商品收入21.5万元。年内，公司做实终端网点，扩大市场销售能力，加强食盐零售终端网点建设工作，组织开展盐产品陈列及宣传工作，建设网点600家，实现网点遍布城区及各乡镇，“雪天盐”占领市场终端。（谭　波）

烟草专卖

【概况】2018年，醴陵市烟草专卖局（湖南省烟草公司株洲市公司醴陵分公司）积极践行“国家利益至上、消费者利益至上”行业共同价值观，坚持党对一切工作的领导和稳中求进工作总基调，以提高发展质量和效益为中心，认真做好稳销量、提结构、降成本、增税利等各项工作。市烟草专卖局内设办公室、综合室、安保室、专卖监督管理股、市场服务分部和株洲烟草物流醴陵中转站6个职能股室，年末有在岗职工66人，离退休职工26人。全年实现税收10023.94万元，比上年增长16.17%。

【党建工作】一是切实把学习贯彻习近平新时代中国特色社会主义思想和中共十九大精神作为首要政治任务。开展专题学习研讨4次，撰写学习心得50余篇，专题报告8篇，制作宣传栏2期，组织学习中共十九大精神知识测试2次，并将学习情况纳入党员积分制管理，最大限度激发全体干部职工的学习热情。二是扎实推进“两学一做”学习教育。严格落实“三会一课”制度，每月定期组织至少1次集中学习，开展1次主题党日活动，围绕党章党规、习近平系列重要讲课精神等内容，组织集中宣讲12次、党纪条规应知应会知识考试1次，党组成员、党支部书记讲授党课3场。8月，邀请株洲市局党组成员何江平为局全体党员上了一堂“不忘初心、牢记使命”的主题党课。三是扎实抓好党风廉政建设。聚焦“两个责任”，局党组与各部门签订了全面从严治党主体责任书，先后3次召开专题会议研究党风廉政建设和反腐败工作，将党风廉政工作和业务工作同部署、同指导、同考核。落实纪检监督责任，对照中央八项规定，开展全面自查整改，局项目建设、超面积办公用房等全部整改到位，未发现违规公款吃喝、超标准接待、违反规定使用公车等违规现象。同时狠抓作风建设，每月组织作风抽查4次以上、不定期进行执行力检查，下达整改通知书3份，提出整改建议3条。严格落实操办婚丧喜庆事宜制度，全年登记3人次，未发现借婚丧嫁娶之机收礼敛财等违规情况。全年举办廉政教育培训4次，积极营造良好的崇廉尚廉氛围。制定《兼职纪检监察员管理办法》，各部门严格配备兼职纪检监察员1人，构建全方位廉法监督网。

【市场监管】2018年，烟草市场监管力度进一步加强，高压态势打击违法违规行为，注重政府领导下的打假打私协作机制，召开省际卡口“卷烟治非”座谈会，构筑“四点两线一场”边界防火墙。全年共查处各类涉烟案件530件，查获各类违法卷烟569.69万支，其中假烟、走私烟124.15万支；成功申报国标假烟网络案1起，部督案件1起；破获源自媒体账号涉烟销售假烟刑案2起，全年判刑9人；查处真烟案件115起，查获非法流通真烟445.54万支。确定大户名册，实施动态管理，将110户经营户列为大户重点监管对象，集中约谈4次，取缔违法违规大户14户，取缔率达12.73%。

【行政许可】2018年，行政许可全面深化行业改革要求，按照简政放权、放管服及行政审批制度改革要求，修订《醴陵市烟草制品零售点合理布局规划》，落实“最多只跑一趟”“缩短办证时间8天”的便民承诺，稳妥推进到期许可证的延续工作；加强证件后续监管，集中清理烟草专卖零售许可证。全年办证1831本，延续证件2315本，清理不规范证件103本。

【精益管理】一是把安全稳定工作摆在首要位置。开展安全检查21次，查出安全隐患35处，投入安全整改资金3.63万元，全年未发生安全责任事故。二是严格执行依法治企。全年组织法制宣传教育活动4次，审核合同7份，合同履约率100%，未出现任何法律纠纷。三是标准建设更加专业。制定2018年“标准创新”活动方案，开展管理诊断和标准优化活动，共组织标准化培训1次、各部门内部培训12次；开展标准内部自查2次，整改不符项目8条。四是聚焦创新驱动。将QC课题攻关列入全年重点工作，上报的课题内容涵盖业务技术创新、优化工作流程、信息平台开发等方面，探索以科技创新和业务流程优化为核心的企业提质增效新方法，2个QC课题分别获市局二等奖和三等奖。

【精准扶贫】2018年，根据市委、市政府精准扶贫工作安排和要求，扎实做好扶贫各项工作。市烟草专卖局扶贫点为官庄镇横江村和阳三石街道十里埠村，帮扶贫困户14户，选派专职扶贫专干，确定扶贫责任人，帮扶责任人进村上户走访，与扶贫对象结成帮扶，开展助困、助学、助残、助老、助孤等主题活动。全年拨付扶贫专项资金13万余元，帮扶贫困户全部实现脱贫；有1名帮扶责任人获评市2018年度脱贫攻坚先进个人。（李青玉）

商贸企业选介

中国外运长航集团湖南外运醴陵市有限公司

【概况】湖南外运醴陵市有限公司（以下简称“公司”）成立于1984年，注册资金384万元，是中国外运长航集团旗下（现并入招商局集团）的国有基层企业，是湘东地区较大的储运企业。公司位于市阳三石路135号，紧邻浙赣复线和醴茶线，距106国道和320国道不足1公里。公司占地面积5.9万平方米，有员工16人，有办公楼1栋，仓库面积1万平方米（其中铁路月台仓库面积7200平方米），集装箱堆场面积1.5万平方米；有300吨消防水池1个，100吨消防水塔1个，50吨的生活水塔1个。公司主要承办各类进出口货物和内贸货物的中转、批发、储存、运输及其他代理业务，国际货运代理业务，仓储延伸服务和货运相关业务，房屋及货场出租。有铁路专线2股道、长1246米，专线月台可全天候作业，拥有完整且配套的装卸设备。（汤　希）

城建·环保

城市管理

【概况】 醴陵市城市管理和行政执法局内设7个股室，下辖环卫处、园林局、城管执法大队、查违监察大队、灯饰所、市政工程管理处与数字城管监督指挥中心7个二级机构，全系统共有干部、职工787人，其中编制内人员328人，其他人员459人。2018年，醴陵城管在市委、市政府的领导下，坚持以习近平新时代中国特色社会主义思想为指引，紧扣“城镇提质、三创四化”主线，建设“四个城管”、打造“四个城市”、服务“四个醴陵”，不断推动城市管理向城市治理转变。

【队伍建设】 将管党治党作为主业，学习贯彻中共十九大精神和习近平新时代中国特色社会主义思想，扎实推进“两学一做”学习教育常态化制度化；坚持“一岗双责”，践行民主集中制和“三重一大”（重大事项决策、重要干部任免、重要事项决策，大额资金的使用）集体决策制度，强化制度和作风建设；坚持“721”（70%的问题用服务手段解决、20%的问题用管理手段解决、10%的问题用执法手段解决）工作法，推行城管一线工作法、“‘温暖城管’十条”，开展“强转树（强基础、转作风、树形象）”活动。年末，被评为市“文明建设标兵单位”“创建工作红旗单位”“综治工作先进单位”，连续5年在株洲市对各县市城市管理绩效考核中排名前列。

【精准扶贫】 2018年，帮助枫林镇蕉源村修建集中安置点（敬老院），硬化村组道路，修缮供水工程，落实电力保障，开展教育帮扶，落实医疗保障，完善住房保障，全面落实低保和城乡特困人员供养政策等。蕉源村共有农村人口3172人，建档立卡贫困对象83户214人。截至12月，脱贫75户199人，仅剩8户15人未脱贫。对照上级有关脱贫标准，完成了贫困村退出验收。

【广告管理】 对城市店招广告进行减量提质，确保城区主次干道一层以上的“空中垃圾”基本消除殆尽，基本实现“一店一招牌”。建设10处高规格公益宣传屏，打造城市宣传新阵地。

【“牛皮癣”治理】 2018年，对“牛皮癣”的治理力度进一步加大，充分运用建立微信工作群、启用语音追呼系统、合理设置粘贴栏、涂刷防粘贴油漆、开展清理行动等治理方式和措施，有效遏制了违法张贴行为。全年警告违法张贴行为1360余起，处罚365起，清除“牛皮癣”21万余处，有效攻克了城市管理顽疾，城市市容实现“整治、提升、巩固、再提升”的良性循环。

【渣土管理】 2018年，醴陵市出台《醴陵市城市建筑垃圾管理规定》，以推进渣土运输“公司化、专业化、密闭化”为重点，全年新成立市大力、维信渣土运输有限公司等专业渣土运输公司，更新智能环保渣土车64辆，严格实行全年渣土运输施工工地“5个100%”（工地沙土100%覆盖、工地路面100%硬化、出工地车辆100%冲洗车轮、拆除房屋的工地100%洒水压尘、暂时不开发的空地100%绿化）管理，严管渣土扬尘污染，打响“蓝天保卫战”，全年城区空气质量优良天数达331天，优良率达90.7%。

【城市设施美化】 2018年，为融合城市文化、匹配城市风貌，醴陵市全面进行美化升级，形象设计城区公厕、垃圾收集点、垃圾压缩站、变电箱、果皮箱、垃圾桶、环卫车辆等，使原“脏、乱、差”的设施设备变成了“洁、净、美”的城市文化景观。通过城市公共设施设备的美化，潜移默化地增强了市民自觉爱护环境卫生的意识。

【市容整治】2018 年，市容整治以城市“六乱”（乱搭乱建、乱堆乱放、乱设摊点、乱摆乱挂、乱贴乱写乱画、乱扔乱吐）为治理重点，将 5 月、9 月定为集中整治月，开展市容整治“清零”行动，全年开展市容各类专项整治行动 130 余次。通过整治，集中攻克了国瓷路水果市场、阳三石马路市场、姜湾马路市场等多年未解决的市容“顽疾”，取缔出店、占道经营户 1480 余家，联合市交警查处人行横道违停机动车 980 余辆。开展联合执法，拆违法建设棚（亭）260 余个，疏导 90 余家，取缔 87 家。

【查违控违】2018 年，市城市管理和行政执法局开展了新增违建“见违即拆”行动，全市查处新增违法建设户 143 户面积 2.88 万平方米，拆除新增违法建设户 128 户面积 2.51 万平方米。开展了存量违建“四个必拆”（影响项目建设必拆、影响消防通道必拆、影响创建工作必拆、群众反映强烈必拆）行动，拆除影响项目建设、消防通道、创建工作和群众反映强烈的各类存量违法建设户 96 户面积 2.39 万平方米，切实维护了城市的核心利益。

【数字城管】2018 年，市城市管理和行政执法局完成了数字城管平台与网格化中心的系统对接，积极推进数字园林、数字环卫建设。全年通过数字城管平台对市 190 台环卫、渣土、执法车辆分别进行了 GPS 定位监管，对 2535 余宗城市管理案件进行了督查督办，对 117 宗车窗抛物、70 余次执法现场进行了视频取证；通过一系列数字城管的监督，市数字城管工作朝“智慧城市”不断升级。（詹　婷）

城市环境卫生

【概况】2018 年，醴陵市环境卫生管理处（以下简称“市环卫处”）内设办公室、考评股等 9 个股室。城区有环卫工人 1200 余人，负责市城区主次街道 300 余万平方米的清扫保洁和主要街道清洗；负责市城区约 30 平方公里范围内的生活垃圾清运，日平均收集清运城镇生活垃圾 450 余吨，并全部实行无害化处理；负责市城市生活垃圾无害化处理场监管，生活垃圾无害化处理率 100%；负责市城区 42 座垃圾收集点、13 座压缩式垃圾收集站和 22 座公厕的管养；负责市城区几千个果皮箱、垃圾桶的保洁维护和管理等工作。

【城市环卫管理】2018 年，市环卫处围绕市委、市政府“三创四化”工作目标，积极推进“四个醴陵”建设，以“创建国家卫生城市”为工作重点，全面强化城区道路清扫清洗保洁和长效化管理措施，全力推动环卫设施设备更新改造，使城区环境卫生面貌大为改观，以干净整洁的城市卫生环境迎接“第三届中国烟花爆竹博览会暨 2018 醴陵烟花爆竹交易会”“2018 年中国湖南国际旅游节暨中国（醴陵）国际陶瓷产业博览会”。醴陵市顺利通过了省级“卫生城市”周期复审和“文明城市夺牌”、创建国家“卫生城市”的株洲市级的评估及本市 80 余次重宾接待迎检工作。年内，市环卫处在参加株洲环卫系统广场舞大赛中获三等奖。

【环卫质量考核】2018 年，环卫质量考核工作进一步强化，为打造干净、整洁的城区环境卫生，严格按照《醴陵市城区环卫作业质量考核办法》对标对点，对城区 8 家环卫作业公司的卫生质量、管理进行了全面巡查和考核，坚持每周不定期对公司作业质量进行明察暗访，并将结果纳入每月公司的考核排名，确保城区清扫保洁质量常态化。

【环卫设施管理】2018 年，新接管了 1 站 4 厕维护保洁工作；招标承包了市城区 11 座公厕、43 座垃圾收集站维护保洁工作，对辖内管养的垃圾中转站分别加装除臭设施设备、阻水条，实行统一调度清运车辆，实施有序进站倾倒垃圾。年内，在市城区推行公厕“所长制”，进一步改善公厕环境，公厕管养保洁到位，提高了保洁水平，更好地满足了市民和游客的需求。进一步加强垃圾场规范作业的监管和考核，按标准将进场日产约 451 吨的生活垃圾进行无害化处理。

【环卫设备监管】2018 年，环卫设备监管工作力度进一步加大，全年更新垃圾中转车 10 台，及时更换原陈旧破损的垃圾桶，并将垃圾桶进行分类，翻新板车、挂桶车。在长庆路、李畋中路等市城区主要路段，新装果皮箱 1200 个，方便了市民投放垃圾。

【扫雪破冰】2018 年年底，醴陵受强冷空气影响，最低气温降至零下 4℃左右，连续几天为降雪天气，导致市内交通受阻，市民出行困难。根据市扫雪除冰活动要求，市环卫处全体干部、职工积极、主动投入到扫雪除冰活动中，做到了应急有序、迅速反应，为确保市城区主要桥梁、道路的畅通，曾多次及时处置了西山大桥、书院人行桥等处的积雪、结冰，共清雪除冰 5.74 万平方米，融雪洒盐10余吨。

【环卫基础设施建设】2018年，在市委、市政府的高度重视下，市环境卫生基础设施设备建设力度进一步加大，全年提质改造了市城区公厕55座，火车站地段的停车场二类公厕正处立项审批中，市经开区拟新建的1座多机位垃圾中转站、市城区5座环卫工人休息室正处选址中。年内国际会展中心旁公厕已建成并接管投入使用。（魏小平）

园林绿化

【概况】醴陵市园林绿化管理局系与原市仙山公园管理所合并而成，前称为“醴陵市园林绿化管理处”。2007年，由正股级升格为副科级事业单位，与“创省园”时设立的“醴陵市城市绿化委员会办公室”系“一套人马二块牌子”。2009年8月，醴陵市园林绿化管理处更名为“醴陵市园林绿化管理局”（以下简称“园林局”）。2015年，市机构改革后，隶属市住房和城乡规划建设局。2018年，市机构改革后，隶属市城市管理和行政执法局，属副科级事业单位，主要负责市绿化规划、建设、维护、管理。2018年，园林局内设综合股、绿化股、绿线管理股、园林科研所；有干部职工199人,其中高级工程师1人、工程师12人、助工25人、技师2人。截至12月，市建成区有绿地总面积1020.86公顷，公园绿地面积261.21公顷，其中人均公园绿地面积为10.55平方米。市建成区绿地率达33.58%，绿化覆盖率为38.24%，城市道路绿化达标率为80.25%。全市有省级、株洲市级园林式单位66家、园林式小区27家；全年全市新增、改建公园、防护、附属等绿地面积46.84公顷。年内，园林局顺利通过省级“文明城市”验收；创建“国家卫生城市”已进入省级程序，创建“国家园林城市”申报工作已完成。

【园林建设】一是“绿点”遍布全城。以“三百米见绿、五百米见园”为准则，提质改造了市仙山公园、李立三故居，新建了云盘山和旗滨社区公园、陶瓷艺术城屋顶花园、寨南路口休闲广场，一江两岸二期工程和阳东、商检、泉塘、国瓷游园等一批公园绿地、“口袋公园”；全年全市新增公园绿地面积32.89公顷，“国家园林城市”评价指标稳步提升。二是“绿道”串联景点。全市城市绿道建设以陶瓷艺术城、仙山公园、仙岳山公园、渌江书院、状元洲、李立三故居等景点为依托，以左权路、瓷谷大道、国瓷路、渌江大道等道路为轴线，新建城市绿道37公里。三是生态修复补“斑块”。开展“城市双修”工作（生态修复、城市修补），主要治理“城市病”，保障改善民生生态；按照市《“城市双修”三年行动计划》，先后完成了东富大道两厢、申熙路北侧山体和高铁连接线两侧护坡的生态修复。四是营建全员建绿做热氛围。年内，市绿化委员会、市绿化创建工作领导小组联合发布《关于在义务植树活动中开展城区主次干道行道树提质及防护林建设工作的通知》，开创性地将“义务植树”与城市绿化相结合，使全市各单位参与到城市绿化行动中来，提质改造了市城区主次干道一些树干较小、树形太差、长势不佳的“残疾”行道树，更换栽植行道树1000余株，城市绿化景观效果进一步提升，创建氛围空前高涨。五是见缝补绿消除城市“黄斑”。在市城区公园、广场、道路、游园等绿地中黄土裸露处进行了草皮5万余平方米补植补栽，补栽苗木30余万株；通过对黄土裸露地的补植补栽，有效消除市城区中的绿地“黄斑”。六是新增绿色屏障保生态。新建了污水处理厂周边、市国家税务局至火车站铁路沿线、凤凰大道铁路桥周边等城市防护林绿地万余平方米。七是单位创建有声有色。年内，成功创建了株洲市级“园林式”单位、小区8家，进一步缩小了“国家园林城市”指标差距，改善了人居环境。八是园林科研成果丰硕。积极与市林业部门、中南林业大学园林科研机构、四川国光农化股份有限公司等有关部门和机构，推广应用了青枫嫁接红枫引种驯化、公园白蚁综合防治、金源樱花培育、“中巴友谊竹”培育和鹿角杜鹃培育、桥面立体绿化建设与新型灌溉、古树名木复壮技术应用、新型绿化病虫害防治药品实验推广、园林新型病虫害防治药剂应用科研成果9项。

【园林管理】一是强化绿地养护人员培训。认真学习借鉴株洲、常德的养护管理经验，在定期组织养护人员学习提高个人绿化养护技能的同时，根据绿化养护任务按班组划分，新增设了清运、修剪、养护班组，为精细化管理的实施打下良好的基础。二是制订合理的养护工作计划。根据各类园林植物的生长态势、季节特点、气候特征和技术规范，制订了《绿化年度养护工作计划》、每月养护计划台账，使绿化补植、病虫害防治、施肥、草坪养护、植物修剪、草花栽植等工作均能高效开展。全年累积施肥绿化面积达1200万平方米,修剪行道树、景观树等乔木32万株，球灌木及色块植物修剪整形8次、共计1000万平方米，修剪草坪4次、共计160万平方米，清理及拖运绿化垃圾、绿地杂物3600余车次、共计2000余吨。三是加强检查考核。通过定期或不定期检查和每月底进行一次考核检查，对养护工作进行综合考核，每月召开一次班组长会议进行点评通报，奖优罚劣，通过考核奖罚，有效地促进了绿化养护精细化管理的实施和养护质量的不断提高，做到管理有层次、计划有目标、工作有落实、过程有控制、考核有依据、质量有保障。对未移交的公共绿地，加强了养护业务指导，提出整改意见。四是加强应急管理。专门成立了园林“110”应急处置机制，全年共处理患有安全隐患的树木552株，协助城区社区居委会及“城中村”处理险情300余次，为人民群众排忧解难。五是加强监管，维护绿化成果。3月1日，《株洲市城市综合管理条例》正式实施，进一步强化了园林监察职能，对园林绿化项目从规划设计、施工建设、竣工验收到养护管理，实行全过程的指导服务和监督管理，全年巡查共发现问题182个，下达《绿化工程建设项目整改意见书》42份；查处施工、交通事故、人为故意毁绿等案件27件，制止在绿地内乱牵乱挂、乱倒垃圾、偷盗绿地鲜花等不良行为32起，处理城管数字化信息平台反馈事件63件。（翁　勇）

市政工程管理

【概况】 醴陵市市政工程管理处，归口市城市管理和行政执法局，成立于1970年12月29日，为股级差额拨款事业单位。主要承担城市建成区范围内主次干道的道路、桥梁、排水等市政设施的养护与管理工作。养护职能为上级部门确定的新建改造项目和日常维护项目，管理职能为占用和挖掘城市道路审批。2018年，有工作人员64人，其中在职人员36人、退休人员28人。截至12月，市城区道路总长325.5公里，道路总面积360.4万平方米；排水总长149公里，有桥涵36座。

【设施维护工作】 2018年，维护油路1.88万平方米，维修改造人行道1.82万平方米，维护侧平石800余米，维修盲道1500余米。全市增设下盲口40余个。清淤泄水井2700余座次，疏通排水管道2.08万米，维修破损窨井盖800余座次；全年新增泄水井80余座，改造排水管道530米。维护人行桥桥面1100平方米，刷漆维护江源大桥、阳三铁路跨线桥5500平方米。

【安全设施管理】 2018年，认真落实“互联网+监督”管理制度，实现了服务公开透明、办事优化流程、许可依法规范、管理跟踪到位。全年依法审批26起，下达整改书面、微信通知118起，排除设施安全隐患108处；制止、查处损毁设施事件70余起；整治基建占道行为60余次，有效控制了市政工程设施损毁现象。

【“三创四化”工作】 2018年，按照市“三创四化”工作有关安排和要求，改造了永红路、东岸村等小街小巷道路6条和无物业管理的市种子公司家属区、开发公司小区的道路排水；提质改造了太一市场周边、刘家巷周边市政设施。通过市城区市政工程设施进一步改造提质，有效助推了省级“文明城市”创建工作和国家“卫生城市”“园林城市”的成功申报。

【应急服务】 2018年，市政工程管理应急服务工作进一步加强，完善了《2018年度市政设施应急预案》《低温雨雪天气应急预案》《防汛应急预案》等。全年接收处置“12345”市长热线、市网格办、数字城管、“110”接处警、市民诉求等各类应急案件120余起，应急出动人员450余人次；抢修“城市陷井”120余座次，帮助市民生活性服务20余次。年内，在“7·12”暴雨、年底低温雨雪应急工作中表现突出，受到上级与市民的一致肯定。

【安全生产】 2018年，制定了《2018年安全生产年度监督检查计划》，全面落实安全生产“党政同责、一岗双责、齐抓共管、失职追责”制度，全年召开多次安全生产工作会议，开展安全生产检查14次，排除安全隐患45起，对6起安全工作不力事例给予严肃批评，奖励安全工作先进事例4起。（吴冬生）

住房和城乡规划建设

【概况】 2018年，醴陵市住房和城乡规划建设局（以下简称“市住建局”）内设办公室、纪检监察室、人事教育股、计划财务股、总工室、法规股、监管股、行政审批股、规划用地股、规划工程股、建筑业管理股、公用事业股、村镇建设股、私房审批股、城建档案馆、工程事务管理办公室、市燃气管理办公室17个部门；下设市自来水公司、建设工程质量安全监督站、规划测绘院、规划设计院4个二级机构。局机关有在职在编70人，其中行政编制人员34人，事业编制人员36人。

【城市规划】 2018年，市城市规划工作立足大局，着眼长远，启动了新一轮《醴陵市城市总体规划（2020—2035）》修编工作，组织编制了渌江新城（东部片区）、流星潭片区的《城市设计与控制性详细规划》，完成了《仙岳山风景名胜区总体规划》《海绵城市专项规划》《全域旅游发展规划》等专项编制规划；重点完善了创国园、一江两岸、五彩广场、枫溪谷康养特色小镇等规划，配合完成了"1915"特色街区、陶子湖、总部经济园、新三中等20余个项目的规划建设。

【规划管理与服务】2018年，对全市41个项目的公开招投标活动进行了行政监督，核发了选址、用地、工程规划、私房、施工许可等审批557项，审批准确率为100%。同时，对违法违规建设行为加大了打击力度，有效维护了城市核心利益。全年共受理违法建设案件45起，立案调查45起，共收缴罚款637.84万元。

【城乡建设】2018年，城乡建设工作以"城市双修""农村双改"为抓手，打好了"城镇提质战"，以"城区、园区、景区"为阵地，打好了"项目攻坚战"。在望江楼、玉瓷路、一江两岸子项目、湖南陶瓷技师学院等重点项目中，主动提供行业服务，积极推进前期工作和手续办理，实现了规划、报批与建设无缝链接，提升审批效率，助推项目建设进程；大力推进了"1915"街区、寨子岭公园、阳东一路等项目建设步伐。

【镇村工作】2018年，相继开展了《株洲市农村村庄规划建设管理条例》宣传贯彻，组织举办了农村建筑工匠技能和镇村规划管理干部培训；通过一系列培训，提升了各乡镇干部、建筑工匠的业务技能，并使之成为乡镇规划的建设者、监督者。同时，按照"因地制宜、突出地域和产业特色、合理安排空间布局"的总体原则，始终坚持规划引领在先，注重精准定位，指导各特色城镇完成了顶层设计，全面推进了白兔潭镇、东富镇、枫林镇、船湾镇4个"特色小镇"建设。

【建筑产业】2018年，市建筑产业呈现稳步发展的态势。全年建筑业总产值为81.4亿元，比上年增长11.9%，实现利税1.8亿元。年内，新开工项目76项，计划总投资45亿元，比上年增长65%；房屋建筑报建面积260万平方米，比上年增长185%。全年全市有建筑施工企业57家，其中总承包企业23家、专业承包企业14家、劳务分包企业20家；有建筑工程技术人员2600人，施工作业人员2.5万人。

【民生工程】2018年，市住建系统关注热点，攻克难点，持续改善了民生民利。决战决胜脱贫攻坚，2018年省厅下达本市农村危房改造指标任务684户，已补助完成473户，补助资金1143.2万元，剩余的211户将按省厅要求，于2019年6月前全部完成。年内，按照湖南省黑臭水体整治工作要求，完成了二圣河的黑臭水体整治，西山渠、西岸河、东岸河的黑臭水体整治稳步推进。

【天然气供应】2018年，全市现有天然气企业2家，天然气居民用户8.8万户，全年累计供应天然气2.6亿立方米；日用气量80余万立方米，全市有天然气管道1306.2千米，其中高压管线15.4千米，次高压管线125.9千米，中压管线355.9千米，庭院管网809千米。管网遍布城区4个办事处、2个开发区、13个镇；全市天然气气化率达80%以上，其中城区居民用户城区天然气气化率达90%以上、镇集中区域居民天然气气化率在30%以上。（李　优）

城市供水

【概况】醴陵市自来水公司（以下简称"公司"）成立于1981年2月15日，经30余年的发展，已成为一家集制水、供水、售水、工程设计与安装于一体的国家"四类"供水企业。2018年，公司内设13个二级机构，有职工252人。公司拥有固定资产4.48亿元。年内，狮子坡水厂提质、扩容改造项目工程竣工，该工程供水能力达10万立方米。年末，公司获市脱贫攻坚先进单位，被湖南省县镇供水协会评为"县镇供水工作先进单位"，获市住建局"文明建设先进单位""先进基层党组织"称号。3月，接待株洲市"青年文明号"验收工作。

【供水管网建设】2018年，全市供水管网建设工作紧跟城市建设步伐，真正做到了"城市发展到哪里，供水管网就延伸到哪里"。全年配合市完成了"样板街"、"1915"文化特色街、瓷城古韵·一江两岸、320国道、玉瓷路棚户改造等重点工程给水建设项目，完成碧桂园、新华联、国瓷壹号、台北城、书香御景、旗滨公园里等房产开发小区的给水工程。截至12月，公司供水管网总长790千米，比上年增加88千米；供水用户96.44万户，比上年增加8596户；供水人口30万人，供水面积近25平方公里。年内，公司为解决供水管网老化、水压低的问题，改造了市工业园寨南路地段DN400球管、渌江桥地段DN150不锈钢管、滨河路南段DN400～DN300处球管、三刀石地段一泵房至醴陵大桥管线等工程；改造了市建设西路与滨河路交会处、旗滨大道与龙源冲交会处、工业园寨南路、渌江桥、桎木咀广场至市华联瓷业门口等处管网。完成市立新村、国光集团、渌职、陶瓷研究所、丁家坊等处的给水工程；完成因腐蚀造成严重滴漏、渗漏的管线线改。进一步加大加压泵站的建设力度，打通供水瓶颈，在原有的城东、旗滨给水管道加压泵站的基础上，新建渌江新城、工业园区汽配城等加压泵站。有效打通了醴陵大道与320国道交叉处等多个供水瓶颈。

【水质监管】2018年，全市水质监管严格执行国家饮用水水质检测标准，做好地表水源水、水厂出厂水、管网末梢水的日常水质监测工作，坚持每天检测地表水源水、出厂水感观性状、微生物等9大指标；每月实施2次抽取全市10个点的管网末梢水进行7个指标的检测，并对水源水、出厂水、管网末梢水进行常规分析检测,其中水源水检测指标24个，出厂水、管网末梢水分别检测指标35个。全年全市水质综合合格率达100%。

【优质服务】2018年，全市供水服务平台、基础设施设备建设力度进一步加大，进一步完善改造了为客户服务的软、硬件设施设备，开设了现金、网上缴费、银行代扣、银行托收、微信支付、“POS”机刷卡6种服务。全市共有4.65万人次关注公司微信公众号，每月通过微信支付1万余笔,金额达140余万元。同时，利用短信、微信平台，根据实际情况适时向市有关部门、家（用）户进行温馨提示，发送维修、计划性停水通知。在营业窗口设置了“学雷锋志愿服务岗”，增设了雨伞架、雨伞桶、免费充电器、便民医药箱、市民意见箱等服务项目；供水综合服务大厅门口和公用卫生间均增设了无障碍“绿色通道”。年内，公司“24小时服务热线”全年接听各类电话8650个，及时回复了市长热线、信访件、红网百姓呼声、政协微建议等。（邹婧滢）

建设工程质量安全监督

【概况】2018年，全市累计受监在建项目88个，总面积218.34万余平方米，工程总造价39.3亿元，全市竣工验收备案19项，报监工程监督覆盖率100%、受监工程竣工验收合格率100%。醴陵市建设工程质量安全监督站（以下简称“监督站”）以受监在建工程质量安全监督工作为主线，根据全年工作部署，稳抓基础工作，较好地开展了创建、党建、精准扶贫等重要工作，坚持从严管理、预防为主，结合各专项行动，确保了全市建筑施工质量安全生产形势稳定发展。

【质量监督】2018年，建设工程质量安全监督工作以“工程质量治理两年行动和常见问题专项治理”为抓手，紧紧围绕“提升队伍素质、打造精品工程”目标，加强领导，突出重点，严格监督，狠抓落实。全年全市施工许可、质量监督、竣工备案等手续办理和日常质量监督工作有序开展，质量常见问题及混凝土质量专项治理全面铺开。全年开展市在建工程质量安全大检查4次，共发现质量问题19起，已整改19起，整改合格率为100%。

【工程质量投诉处理】2018年，全年受理工程质量投诉28起，已结办27起，办结率96.42%。建立了投诉台账，每起投诉由各相关监督组负责，快速响应，及时处理，认真回复，确保群众正当权益。

【工程质量标准化】7月，组织全市在建项目施工、监理单位、房地产开发企业及全站监督人员，现场观摩了省级质量标准化观摩工地——市创新创业中心，认真学习工程质量常见问题专项治理和大型项目管理的先进经验。10月，邀请相关专家，举办了学习讲座，邀请了市在建项目施工单位、监理单位、房地产开发企业及全站监督人员进行学习。12月，组织有关人员在“金东陶子湖一期工程”组织爬架、铝模的观摩学习和消防演练。

【工程质量治理】2018年，严格落实《工程质量治理两年行动方案》，扎实开展了本地区工程质量治理两年行动。在工程项目办理施工手续时，均按要求分别签订了《工程质量终身责任承诺书》《企业法人授权委托书》，对提前开工者在备案注册时进行了补签。对所有竣工项目均按规定设置了永久性标牌，建立了质量信息档案。开展了工程质量治理行为专项督查检查，按《工程质量治理两年行动方案》和“三包一挂”规定的有关要求，开展了自查自纠和全面排查；以点带面，培优培先，积极筹备工程质量治理及质量管理标准化工地观摩活动。年内，根据省质安监总站在《2017年下半年全省建筑工程质量形势分析报告》中所指出的质量形势分析报告制度落实、施工许可监管、质量监督制度制定体现重点和问题整改落实、常见问题专项治理深化、质量标准化推广、加强竣工备案6个问题，监督站根据上级文件精神和要求，及时召开专题会议认真组织学习，针对工程实体管理、分户验收、示范工程申报、质量投诉等工作提出了具体要求，形成了制度，常见问题专项治理不断深化，效果明显。

【安全监督】一是加大建筑施工安全生产监督管理力度。强化工作部署，高密度开展安全检查，形成高压态势。2—3月，开展了节后复工一季度安全检查。6月开展了“安全生产月”活动及专项检查等。二是改进监督模式。重点抽查监理、施工单位行为，严格排查现场实体，及时消除了一批安全隐患。三是实施“差别化”管理。坚持每季度严格进行安全生产标准化考评工作，对提出问题整改不及时、不重视的企业,考评不合格或“差别化”管理。全市一律实行企业23家，其中不合格项目2个。四是年内项目安全监督工程师的工作实行“责任化、明确化”管理，较好地的提高了工程师的工作责任感、危机感。

【设备机械监管】2018年，监督站对市塔吊等296台机械设备进行了“三方检测”，其中塔吊192台、物料提升机55台、施工升降机49台；共封停机械设备30台次，下发停工通知书30份。通过对建筑起重机械设备的严格监管，有效消除一批安全隐患。

【检测工作】2018年，共完成室内检测试验1.81万组，其中砼1.33万组；完成室外检测1203组（结构、水电、环境除外）。全年实现产值398.21万元，稳中有增。4月，通过株洲市技术监督局生产程序等检查，进一步完善了试验流程；增设了钢筋原材留样架，添置了检测设备存储架，为设备精度检测与使用便利提供了良好的储存场所。5月，顺利通过省建设厅的资质认证，创历史新局面。

【创建工作】2018年，按照市创建省级“文明城市”的整体部署，紧紧围绕年内创建目标任务，坚持“全站联动、全员参与”的原则，认真制订工作计划，强化各项任务措施，把创建工作列入全站重点工作之一，设立了创建工作领导小组；按照创建目标任务分解表的要求，明确创建工作共性目标与职能目标中的具体工作任务和要求，结合本站实际情况，制定了工作方案，明确了部门、责任单位，将整改任务分解并落实到各科室，形成了主要领导为第一责任人、分管领导为直接责任人的“上下联动、全员参与”的工作格局。开展了“讲文明、树新风”、节假日主题活动、文明交通、文明餐桌、除“四害”灭杀行动、扬尘治理、义务植树、义务参加植树造林等形式多样的创建活动，营造了良好的创建氛围。　（杨　锐）

城市建设投资开发

【概况】醴陵市渌江投资控股集团有限公司（以下简称“渌江集团”）有注册资本20亿元，为市政府设立的全市规模最大的国有独资公司。内设董事会、监事会、经理层等管理机构及党委、纪委、工会等组织；下设纪检监察室、综合管理部、计划财务部、资产经营部、规划建设部、企划投资部、审计法务部和人力资源部；下辖国有资产经营有限公司、渌江文化旅游投资开发建设有限公司、渌江新城投资开发建设有限公司、保障性安居工程开发有限公司、新型城镇化投资开发建设有限公司、渌江永昌商业保理有限公司、市政建设工程公司、自来水有限公司、渌江赛石投资建设有限责任公司9家全资子公司和市振兴车辆检测有限公司、公共交通有限公司、官庄山水投资开发建设有限公司、搏创汽车服务有限公司、交通建设投资有限公司、渌江置业投资有限公司、新型城镇化投资开发建设有限公司白兔潭分公司7家全资二级公司，控股基础设施建设投资有限公司、陶瓷3D打印研究所、渌源房地产管理有限公司，参股醴陵千汇实业公司、开元醴陵投资有限责任公司、株洲瓷城管网建设有限公司、众微创新创业投资基金合伙企业（有限合伙）、株洲市产业扶贫投资基金合伙企业（有限合伙）、渌江城发投资有限公司、渌江兴旺投资有限责任公司、渌江兴华投资有限公司、渌江嘉荣项目管理有限公司、渌江嘉裕项目管理有限公司、醴陵农村商业银行和沪农商村镇银行醴陵支行。主要负责市城乡基础设施、道路、桥梁建设的投资和经营，保障性住房、商品房建设开发、销售；城市自来水、公共交通、污水处理、垃圾处理、加油（气）站、砂泥采挖、户外广告、地下管网等公用事业建设和经营，土地前期整理、开发；国有资产、资源及股权、产业投资及经营，机动车辆检测服务，现代物流仓储、运输等投资、经营，城市金融服务等工作。2018年年末，渌江集团拥有资产总额241亿元，比上年增长6%；净资产总额95亿元，比上年增长5.6%；资产负债率为60.6%，比上年增长0.2%。全年实现主营业务收入11亿元，实现利润1.8亿元，比上年增长32.4%。

【项目建设】2018年，渌江集团原计划建设项目71个，其中株洲市重点项目17个、醴陵市重点项目42个，项目建设计划总投资43亿元。年内，因受国家相关政策影响，根据醴办发〔2018〕12号文件有关规定，停建项目17个、暂缓项目1个、调减投资项目8个；现有项目45个。全年完成项目投资约35亿元，拨付项目建设资金约16亿元，其中项目征拆资金约4亿元，确保了全市各重点项目工程建设有序推进。市茶塘安置区建设完工并交房；湖南工业大学陶瓷学院建设完成，已达到交付条件；320国道与醴陵大道交叉口等5个项目已完成主干道道路施工，实现通车；李立三故居周边风貌整治项目于9月底完成建设并对外开放；“1915”陶瓷文化特色街区基本完成建设，其中A区已投入运营；望江楼项目主体封顶，进入装饰装修阶段；长庆公交站、鸭塘路、333省道城市环线道路等续建项目工程建设如火如荼，进度良好；白兔潭新型城镇化建设、立体停车场等项目工程已前期对接，推进工作有条不紊。创建工作方面，全年拨付“三创四化”工作相关资金1.2亿元，有效保障了绿化提质等项目的推进。

【招商融资】 2018年以来，渌江集团面对金融政策变化频繁、资本市场资金极为紧张、全省范围内的平台企业融资形势尤为严峻的局面，竭力应对市场形势变化，进一步加强了融资对接力度，积极包装策划经营性项目，努力开展私募公司债券、银行贷款、租赁和信托融资等多种模式，开展融资业务。全年资金到账40.5亿元，其中银行贷款资金到位16亿元、租赁融资到位7亿元、信托资金到位9.8亿元、发债7.5亿元。年内，成功发行公司私募债15亿元，是本年内全省首支也是唯一一支“AA”县级平台发行的公司债券。

【转型发展】 一是房产合作有新气象。与雅居乐地产、奥园商业地产集团签订了《战略合作协议》，拟在房地产、产城融合开发与运营、物业服务等领域开展合作；通过竞争性磋商方式，确定了奥园集团、旗滨地产为房地产合作开发商。年内，合作开发的醴陵奥园冠军城、宴南都项目正处施工建设中，预计2019年1月开盘；自主开发的玉瓷俪景、阳三俪景、渌江华府项目，销售业绩超过预期。二是金融领域有新气象。年内，市保理公司为东富大道等17个项目提供保理融资资金1.01亿元，实现经营收入752.11万元；渌江集团参股的醴陵众微基金创新创业投资基金全年累计投资6498.4万元，其中投资的深圳科安达电子科技有限公司有望在2020年实现投资回报。三是实体经营有新气象。振兴公司全年实现经营收入537万元，比上年增长24.9%；搏创汽车服务公司通过开展汽车维修、美容、配件销售等相关业务，实现收入123万元。渌源房地产公司开展房产销售、物业管理等相关业务，全年完成销售房屋617套，总面积约8万平方米，实现销售收入3.2亿元。四是文旅经营有新气象。12月，渌江书院五贤堂举行“渌江讲坛”开坛讲学活动，与湖南大学岳麓书院、湖南省图书馆结成了战略合作基地、实习基地、合作共建单位；组织集团领导班子赴江西景德镇学习陶溪川等知名文旅板块投资运营经验，领导班子团队转型理念得到更新，有力推动了“1915”项目的运营发展。年内通过公开招商，“1915”项目与湖南金贝珈蓝公司签订了合作协议。年内全面对A、E区开展试运营，引进9名国内外知名陶瓷艺术家，20余家知名企业入驻。 （刘海军）

城市重点建设工程

【渌江书院建设】 渌江书院改扩建项目是醴陵4个“百亿工程”之“瓷城古韵”的子项目之一。渌江书院以其“敢为人先”的湖湘文化底蕴、“重教兴学”的优良传统和“名流掌教、英才辈出”的人文价值，承担着延续醴陵精神、传承历史文脉的重大使命。本项目拟将渌江书院打造成醴陵历史文化的殿堂、实用主义精神的高地、醴陵城市认同的名片。项目规划用地面积约7.33公顷，建设用地面积6.66公顷，总建筑面积1.34万平方米。计容建筑面积1.14万平方米，其中文物本体面积4123平方米，推荐历史建筑修缮面积481平方米，新建、重建建筑面积6792平方米；不计容建筑面积1964平方米。建筑占地面积8169平方米，道路广场面积7200平方米，园林景观面积4.5万平方米，建筑密度为12.27%，容积率为0.17，停车位68个。

【妇幼保健工程建设】 醴陵市妇幼保健计划生育服务中心项目工程是醴陵4个“百亿工程”之“醴陵渌江新城”的子项目，是按照“三级甲等医院”标准建设的一所三级以“大专科、小综合医疗”为主的医院。医院规划建设门急诊综合楼、综合服务大楼、办公培训大楼、专家宿舍楼等工程，设有内、外、妇、儿等各类临床专业科室，是具有医疗、教学、培训、保健、康复功能的医院。项目采用PPP建设模式，以市卫计局为实施主体、中国核工业华兴建设有限公司为社会资本方、渌江集团代表市政府为国有资本出资方。项目建成后，对实施“健康醴陵”优先发展战略，坚持资源总量适度增长、资源布局和结构优化调整、资源利用效率和体系服务能力不断提升的总体要求，进一步增强规划的统筹作用和调控效力，推动医疗卫生事业与经济社会协调发展做出巨大贡献。项目总用地面积为8.07公顷，净用地面积为6.4公顷，总建筑面积为9.54万平方米，编制可容纳500张床位的“三级甲等医院”，总投资约6.6亿元。 （刘海军）

房产管理

【概况】 醴陵市房产管理局（以下简称“房产局”）。负责全市房产开发管理、住房保障、国有土地上房屋征收、房产法规监察、物业管理、白蚁防治、房屋测量、公产管理、房屋安全管理、房屋租赁管理、房屋维修资金管理等行政管理职能。2018年，房产局局机关内设办公室、工会、政工人事股、财务审计股、政策法规股、房屋中介服务管理股、工程技术股、房产信息中心；有市国有土地上房屋征收办公室（副科级事业单位）、市房产开发管理办公室、市物业管理办公室、市房屋维修资金管理中心、市住房保障中心（与市房屋安全管理办公室合署）、市房产法规监察队（与市房屋租赁管理所合署）、白蚁防治管理所7个直属机构；下辖第一、二房管所，太一农贸超市管理所，市房屋测量事务所等4个二级机构。全局有干部、职工183人，其中在岗115人。

【房产开发】2018年，是市“产业项目建设年”，为进一步加大“产业项目建设年”房产开发力度，积极认真落实市委、市政府决策，紧扣本市房地产业实际，一手抓投资、促开发，一手抓市场、促销售，较好实现了预期目标。全市房产开发投资保持增速，市场信心指数提升，中短期形势看好。全年全市共有房地产在建项目28个，房屋开工面积242.23万平方米，其中新开发了金东陶子湖、茉莉公馆、阳三偭景等房产项目15个。全年新开工面积94.8万平方米，完成房地产开发投资34.27亿元，商品房网签销售面积98万平方米，全年上市新建商品房12194套，面积156.58万平方米，完成房地产开发投资34.27亿元，比上年增长17.55%。12月7—9日，成功举办“2018湖南醴陵房地产博览会”，总成交房屋4185套，比上年增长15.5%；成交面积55.57万平方米，比上年增长16.1%；总成交金额30.23亿元，比上年增长27.3%，预计税收可达近3亿元。全年全市实现房地产业相关税收7.5亿元，比上年增长26.33%，其中完成契税4.89亿元；实现开发用地出让金收入17亿元。

【房屋征收】2018年，株洲市对本市国有土地上房屋征收考核任务为184栋（套）2万平方米。其中，一江两岸南岸3000平方米，一江两岸北岸27户3000平方米；玉瓷路90户7000平方米。全年全市共完成国有土地上房屋征收项目14个，签订《房屋征收补偿安置协议》617户，建筑面积5.37万平方米，补偿金额3.78亿余元。全年全市房屋征收超额完成了株洲市年度考核任务。

【住房保障】2018年，市计划实施棚户区改造项目7个，计划改造2393户，改造面积43.77万平方米，总投资29.86亿元。其中渌江新城棚户区730户、白兔潭城中村（二期工程）210户、寨子岭棚户区150户、楚东桥棚户区500户、湖电棚户区（二期工程）350户、陶瓷谷“城中村”303户、东富城中村150户。全年共签订《棚改项目协议》自然户1216户，完成改造户2407户，全面完成年初上级下达的住房保障考核任务目标。3月，局发布了《2018年租赁补贴申请公告》，据统计，全市有“民生实事”内计划租赁补贴发放户900户。全年累计完成租凭补贴发放户921户，发放补贴资金162万余元，超额完成了“民生实事”考核任务，进一步解决了全市困难家庭的“住房难”问题，取得了较好的社会效益。

【房政管理】2018年，完成房屋测量业务256宗，办理房屋测量面积156.39万平方米。其中，实测业务166宗，实测面积106.77万平方米；预测业务90宗，面积49.62平方米。全年白蚁预防施药57宗，面积69万平方米；灭治51宗，面积4.3万平方米；回访复查315人次，回访所涉面积88万平方米。全年接待来访咨询、受理共223人次，服务满意率达100%。全年勘查危旧房屋140余栋，出具鉴定报告或鉴定意见书120份，鉴定面积3万平方米；全年全局归集维修资金5182万元，年内已审批使用108.7万元。全年妥善处置物业行业矛盾纠纷50余例，办理人大建议1件，协办政协提案1件。

【“三创四化”工作】一是太一农贸超市综合整治成效显著。在2017年太一农贸超市提质改造工程基础上，进一步全面完善了市场相关配套设施建设；依据市“创文、创卫工作”要求，不断加强从业人员综合素质提升，扎实开展了环境卫生综合整治，太一市场周边违规经营行为、交通秩序混乱及环境卫生“脏、乱、差”等现象有效改观。积极配合市政府及相关部门，开展数次集中专项整治行动。较大改善了周边环境，为广大市民提供了更加舒适便捷的购物环境。二是大型住保小区综合整治扎实推进。年内，市桔园、金石小区等大型住保小区是市年度内的重要的“民生民心”工程，事关中、低收入人群的切身利益，为认真落实、抓好“民生民心”工程建设，充分利用“三创四化”活动的契机，为大型住保小区创造更加“平安、文明、卫生、舒适”的居住环境，已累计投入近300万元，主要用于安保巡防、文化休闲等配套设施建设。同时，投入大量人力、物力，有效改善了住保小区的环境卫生和绿化、美化、亮化等。配合市街道办事处、城管等相关部门，在桔园小区、金石小区等大型住保小区中开展了大型集中整治行动3次，确保了桔园等各住保小区的卫生环境、经营秩序和小区面貌。

【文明卫生工作】市房产局是省

级“文明卫生机关”，为确保成为合格的省级“文明卫生机关”，历来高度重视创建工作。2018年，累计投入40余万元，进一步改善了局机关的绿化、亮化等附属设施，提质改造了机关食堂，为广大机关干部及办事群众提供了更加舒适、健康的办公办事环境。

【基层党建】2018年，局党总支根据上级党建工作要求，进一步夯实党建工作基础，对标开展了基层党建各类学习及实践活动、“主题党日”活动等，认真落实“三会一课”制度，组织召开了民主、组织生活会，完成了民主评议党员等工作。深入开展了“红色讲堂”、党员进社区、“红色教育”等专题活动。局第四支部（离退休支部）成功申报创建“株洲市离退休干部支部示范点”。年内，在“两新”组织党建工作中，房地产行业党委严格按照“六有”（有场所、有设施、有标志、有党旗、有书报、有制度）的要求，规范化新建了党组织活动场所；将中共湖南锦绣华联房地产有限公司支部委员会、中共祥和物业管理有限公司支部委员会打造成五化（支部建设标准化、组织生活正规化、管理服务精细化、工作制度体系化、阵地建设规范化）示范点，较好地实现了以“抓党建促工作”的目标。

【脱贫攻坚】2018年，根据市委、市政府“脱贫攻坚”精神及有关安排和要求，房产局作为牵头单位，在沩山镇泉水村（原省级贫困村）、石亭镇石亭居委会（贫困人口超200人以上贫困村）分别派驻第一书记1名、队员1名；组织安排25名素质高、能力强的党员干部作为帮扶责任人，对口联系帮扶贫困户92户。另外，帮扶了石亭镇苏家垅村。全年累计落实各类扶贫专项资金近40余万元。（向　前）

环境保护

【概况】2018年，醴陵市环境保护局（以下简称“环保局”）设办公室、计划财务股、行政审批股、污染控制股、政策法规股、总量股、生态股、督查办；下辖市环境监察大队、环境监测站2个二级机构。有干部、职工100人，其中离退休人员23人。在职人员中有研究生2人、大学文化44人、大专文化18人；有高级工程师4人、环评工程师5人、工程师10人。年内，环保局紧扣“改善生态环境质量”工作主线，狠抓环境监管和污染治理，强力推进生态文明建设，全面打好“蓝天、碧水、净土”污染防治攻坚战，人民群众对生态环境质量改善的获得感和幸福感不断增强，富强美丽幸福文明新醴陵建设步伐不断加快。

【环境状况】2018年，全市空气优良天数为331天，比上年增加16天，环境空气优良综合指数优良率为90.7%；环境空气质量综合指数为3.85，比上年下降13.5%，在全省90个县（市）中排名第66位，比上年上升11位。PM_{10}平均浓度为62微克/立方米、$PM_{2.5}$平均浓度为37微克/立方米，分别比上年同期下降17.3%、21.3%。通过预防、排除渌江河上游江西省外来的水污染因素，渌江河水环境质量稳达水质Ⅲ类标准；市望仙桥、官庄水库（备用水源）集中式饮用水水源地水质达标率仍分别保持100%。

【建设项目审批】一是严格把关。2018年，依法审批新、改、扩建项目132个，否决不符合城市发展定位、不符合城市环境保护要求的项目6个，建设项目环境影响评价和环保“三同时”执行率100%。二是跟踪服务。积极配合筹备单位、项目业主对旗滨玻璃技改、华联火炬高端精品陶瓷生产转型升级、湖南电瓷电器东富生产基地、华鑫电瓷科技股份有限公司电器分厂等重点项目提供优质服务，依法按程序快速推进项目审查及行政审批工作。三是依法依规审批。在开展建设项目环评的工作中，坚持做到严格依据项目规划，开展现场核查、专家论证等工作，并在审批前进行受理和拟审批2次公示，杜绝暗箱操作和违规审批的现象。

【污染减排】2018年，制订《年度污染减排计划》，明确减排项目，加强对重点减排项目的跟踪落实，全年二氧化硫减排220.31吨，比上年下降5.29%；氮氧化物减排133.03吨，比上年下降1.88%；挥发性有机物减排42.08吨，比上年下降3.6%；化学需氧量减排998.7吨，比上年下降6.01%；氨氮减排150.9吨、比上年下降7.5%，圆满完成全年主要污染物减排任务。

【大气污染防治】一是开展窑炉清洁能源改造及烟囱拆除工作。全年拆除烟囱11根，完成燃煤窑炉改造工作，拆除6座。二是开展VOCs治理。印发了专项工作方案，完成年度VOCs治理任务。三是加强建筑施工和道路扬尘污染防治。设置了冲洗台，裸土用彩条布覆盖；严格保洁制度，推进道路清扫与冲洗一体化运营。四是加强砖瓦行业管理。对砖瓦行业采取“关闭淘汰一批、升级治理一批”等措施，督促符合政策、予以保留的25家机砖企业，完善了烟气脱硫脱硝除尘设施。五是加强小印刷企业管理。对5家短时间整治无望、群众投诉强烈的小印刷企业实行解火断电措施。六是加强企事业单位食堂管理。积极推进机关、企事业单位食堂带头安装油烟净化设施，减少空气污染。

【水污染防治】 一是突出饮用水水源整治，推进城市集中式饮用水水源保护区规范化管理与建设。完成3个集中式饮用水水源地的环境整治15个问题并上报销号。二是加强采矿、采砂、洗沙企业整改。开展了采矿、采砂、洗沙行业“利剑治污”专项整治行动，整改了采矿、采砂、洗沙有证企业24家，取缔非法采矿、采砂、洗沙企业124家。三是开展加油站地下油罐防渗整治。全年防渗改造了75家加油站地下油罐。四是强力推进黑臭水体治理。西岸河、二圣河整治基本完成，白兔潭金牛沟渠整治完工。五是加快园区污水处理设施建设。市经开区A区、B区污水处理厂投入运营，东富工业园污水处理厂项目主体工程建设完工，东富镇污水收集管网建设完工并投入使用。六是加强城市污水处理。完善了城市污水处理厂截污干管的修复建设，其中A线截污干管修复并运行，B线截污干管建设项目完工并投入使用。七是积极推进集镇污水处理厂建设。白兔潭镇污水处理厂项目主体工程建设完工、镇区污水收集管网建设完工并投入试运行。八是推进造纸集中区项目建设工作。编制《醴陵市陶瓷花炮配套产业集中区建设项目可行性研究报告》。九是加快畜禽养殖粪污综合利用项目推进。全年完成畜禽养殖粪污综合利用项目整治任务600余家。十是协调解决江西省入境铊污染事件。7月，因江西省萍乡市的铊入境污染，造成本市境内渌江河部分断面铊元素轻微超标，经多方努力，于8月恢复正常。

【土壤污染防治】 一是坚决杜绝污染增量。完成55家重点行业企业的用地调查。强化建设用地准入管理，持续开展了污染地块土壤环境状况调查评估。大力实施农用地分类管理，深入推进农用地土壤污染状况详查工作，及时建立土壤环境分类清单，切实保障农产品质量。二是逐步消化污染存量。全面实施土壤重金属中央专项资金项目，完成潘家冲铅锌矿重金属污染场地治理与修复工程并通过验收。严防矿产资源开发污染，完成金宏矿业有限公司等企业3个尾矿库环境整治项目。持续开展长江经济带固体废物大排查等行动，结合生态环境部“清废行动2018”，打击固体废物环境违法行为专项行动，市相关镇、街道共清理固体废物堆场22处，有效防范了环境风险。

【环保督察】 2018年，先后出台、修订《醴陵市贯彻落实中央环保督察反馈意见整改方案》等一系列制度性文件，建立《环保督察工作制度》，推行了网格化资源整合，将环境网格化监管纳入全市网格化监管体系，在重点监管企业安装了在线视频监控设备，进一步完善了全市“生态文明建设”监管监督体系。2017年中央环保督察组反馈意见分解到本市整改任务7项，交办信访件44件，截至12月整改任务已基本完成并全部上报销号。2018年，中央环保督察“回头看”交办本市环境问题41件（其中重复16件、实有25件），已全部办结正处销号中；省环保督察交办信访件40件，已完成整改并上报办结销号。

【农村环境综合整治】 2018年，农村环境综合整治始终坚持城乡污染统防统治，全力强化生态创建各项工作，进一步补齐农村人居环境短板。全年90%以上农村环境综合整治整市推进项目任务完成。其中麻石人工湿地主体工程建设基本完成、全市200口农村水井改造完毕17个贫困村垃圾车等设备配备到位，城区垃圾中转站建设完工并交付使用；板杉镇垃圾中转站设备正处调试中，沈潭镇和茶山镇垃圾中转站主体工程建设完工。

【环境监管】 一是加强行业、企业网格化环境专项整治力度。按照网格化环境监管要求，开展了机砖、矿山行业和工业园区企业的专项整治等行动，共出动执法人员574人次，检查生产经营企业246家。二是突出“检察、公安”联动，加大对环境违法打击力度。依法严厉打击环境违法行为，全年立案63件，下达《行政处罚决定书》53份，处罚金额327余万元。三是加强企业环保设施监控。积极配合和运用株洲市“电力大数据+环境监测”模式，启动了企业安装智能电表，以用电状况监控企业环保设施运行情况。四是开展工业企业污染源严查工作。全年完成工业企业的污染源普查入户调查1104家。五是加强污染源监管。全年完成全市104家企业申领国家“排污许可证”。

【污染事件处理】 2018年，制定《环境信访案件处理工作管理制度》，严格按照环境信访受理、处理程序，认真做好环境信访件的接待、登记、受理、督办、统计和反馈工作，及时办理上级转办和群众来电、来访等环境信访件。全年受理、处置环保投诉案件1826件，案件数比上年增长4倍多，均对各投诉件进行了及时调查处理，做到件件有回音，切实维护群众合法权益。

【“环境日”宣教】 2018年“六五环境日”，为认真贯彻落实生态环境部等五部门联合发布的《公民生态环境行为规范（试行）》要求，由环保局牵头，组织市环委会等

23家成员单位、30余家企业参加，在市火车站广场举办了生态环境大型主题宣传活动，环保、法院、住建、安监、城管、林业、水利、畜牧等部门和单位，共展出展板30余块，空飘宣传标语40余个。设置了咨询台，现场接受市民群众咨询90余人次，发放生态环境各类宣传资料10000余份。在活动中，市环保志愿者协会、红牡丹艺术团等艺术团体，表演了精彩文艺节目；背景屏幕循环播放醴陵特色的环境保护宣传视频。在整个主题宣传活动中，环保宣传工作开展得有声有色。

【环境监测】2018年，根据环境监测规范要求，结合本市实际，全面监测了市城区大气质量（2个点位）、降水水质（1个点位）、渌江河水水质（4个断面、8个点位）、饮用水水源水质、交通噪声（14条道路、26个点位）。落实监督性监测重点污染源29个；完成萍锋纸业、污水处理厂、美神农牧及全市各镇生活垃圾填埋场等各类应急监测62次。此外，因渌江河上游江西省萍乡市的铊入境污染，启动了渌江氨氮超标、渌江铊超标事件等应急监测预案，分别应急监测历时3个月。全年共报出各类应急监测数据4000余个，为污染事件、投诉的处理提供了科学依据。积极开展环境质量、污染源监控、行政执法、事故纠纷、科研课题、委托等监测，以环境质量控制调节环境容量的增减。

【扶贫帮困】2018年，认真贯彻中央、省、株洲市、市扶贫会议精神和要求，落实"五个坚持（坚持扶贫攻坚与全局工作相结合、走统筹扶贫的路子，坚持连片开发与分类扶持相结合、走精准扶贫的路子，坚持行政推动与市场驱动相结合、走开放扶贫的路子，坚持"三位一体"与自力更生相结合、走"造血"扶贫的路子，坚持资源开发与生态保护相结合、走生态扶贫的路子）、六个精准"要求〔扶贫对象精准、措施到户精准、项目安排精准、资金使用精准、因村派人（第一书记）精准、脱贫成效精准〕，安排专人担任军山村第一书记、工作队长和枫林市村工作队队长，牵头开展均楚镇军山村、枫林镇枫林市村精准扶贫及仙岳山街道党建扶贫脱困工作。帮扶人员多方调研、深入走访，围绕贫困村的发展实际，向上级申请了专项资金，完善了基础设施建设，组织举办了农业技术、劳动力技能等培训，促进贫困人口就业，落实了发展资金，突出抓好了脱贫增收。年内，均楚镇军山村共有贫困户17户，已脱贫14户，扶贫工作取得明显成效。（杨莹芝）

城市创建

【概况】2018年，在市委、市政府的正确领导下，紧紧围绕"打造十全十美新城市，建设富强、美丽、幸福、文明新醴陵"总目标，深入推进市"三创四化"工作，城市创建和农村环境综合整治工作取得明显成效。醴陵市顺利通过省级"文明城市"测评，市创建"国家卫生城市"工作已进入省级程序，创建"国家园林城市"已完成申报。年末，枫林镇获省级"卫生镇"，东富镇获株洲市"卫生镇"，市疾控中心、阳东电瓷获省级"文明卫生单位"；全年成功创建省级"卫生村"12个、株洲市"卫生村"17个、"文明卫生单位"8个、"无烟管理示范单位"8个、"园林式单位（小区）"20个；分别创建省级、株洲市级"文明标兵单位""先进集体"15个、20个。

【城市功能不断完善】2018年，先后完成狮子坡水厂、李立三故居提质改造等项目建设，改、扩建了城区老旧供水管网3公里；基本完成了玉瓷路、陶瓷烟花市场（二期工程）、来龙门巷、刘家巷等旧城微改造；新建了姜湾、阳三农贸市场，提质改造农贸市场8个；新建二类标准公厕1座，提质公厕55座，新建公交站台16座，增设文体设施13套、垃圾桶1300个；复划、补划交通标线1900平方米，新增停车泊位80个。通过不断完善城市功能，城市居民服务、基础设施进一步完善。

【公共卫生】2018年，公共卫生进一步加强，深化医药卫生体制改革，爱卫组织管理、健康教育与健康促进、公共卫生与医疗服务水平不断提高，成功创建省级"慢性病综合防控示范市"。清扫保洁长效机制、门前"三包"责任制不断健全；健康教育活动有序开展，完成健康步道2条、健康主题公园1个、健康示范街1条．"八小"行业和食品安全监管、工地扬尘治理、饮用水水源地环境保护等工作全面加强；黑臭水体治理、夜市烧烤摊点油烟整治推进有力；垃圾分类试点初见成效，餐厨垃圾初步实现集中收集处置，城市公共卫生条件和市民健康水平进一步提高。

【绿化美化】2018年，城区重点道路、裸露黄土植绿补绿，公路、铁路沿线防护林绿地建设和渌江河硬质驳岸自然化生态改造步伐加快。仙山公园提质改造全面完成，寨子岭公园、东岸游园、陶瓷学院游园建设基本完工，阳东、商检、泉塘游园等建设工程启动；"城在绿中、人在园中"的生态之城逐步显现。

【市容市貌管理】2018年，市容

市貌管理力度进一步加大，公厕管理“所长制”、交通管理路段包保责任制等行业管理制度全面推行。市容秩序整治强力推进，全市拆除劣质广告牌2000余块，取缔出店占道经营户1480余家、夜市烧烤摊点87处、客运班车非法候客点2处；设立果蔬及快餐疏导点7处。交通整治常态化开展，查处机动车乱停乱放、不礼让斑马线等交通违法行为4万余起。

【文明风尚】 2018年，文明风尚建设以“宣传贯彻党的十九大精神、培育践行社会主义核心价值观”为主题，制作文明风尚宣传公益广告牌2万余块（处），发放宣传单、宣传折页10万余份，市各类新闻媒体报道相关内容230条。诚信建设、志愿服务、学习道德模范、“十大文明行动”等主题活动丰富多彩，市民整体文明素质明显提升，社会秩序文明有序。

【农村环境综合整治】 农村脏乱治理有效。开展了农村“四治”（治乱、治垃圾、治污水、治农业面源污染）整治行动，共拆除违章建设棚亭4000多处、破旧广告1.2万多处；清理陈年垃圾4000多吨，农村可视垃圾基本消除。全年组织垃圾收集转运车8台、整体式垃圾压缩车3台和相关垃圾清运设施配备，解决了偏远乡镇的垃圾转运问题。实现了城乡垃圾处理一体化，市域19个镇的生活垃圾，统一转运到垃圾填埋场进行无害化处理，无害化垃圾处理场全年新增处理农村生活垃圾近6万吨。年内，城乡生活垃圾资源化处理“PPP”项目已签约，板杉镇、茶山镇、沈潭镇的垃圾中转站的基建建设工程完工。开展了生态环境隐患大排查大整治“百日攻坚”行动，全面完成19处非正规垃圾堆放点的有效治理和生态修复。按照“试点示范、推广普及、全域覆盖”的步骤，全市68个行政村（居）开展了农村生活垃圾分类试点工作。

【水域环境治理】 2018年，水域环境治理力度进一步加大，为牢固树立“绿水青山就是金山银山”的理念，开展“还我一湖清水”三年行动，加大河道、塘沟卫生保洁力度，组建专业打捞队伍，安装垃圾拦截网；开展了河道巡查，有效解决群众普遍关注、影响城乡环境的水库、河道“脏乱差”问题。全年清理河道垃圾4000余吨，基本实现了河道卫生岸清水洁。

【镇区环境卫生】 2018年，进一步改善了农村集镇环境，全是各镇均提质改造了集镇，分别在集镇区域内打造了一条300米以上的示范街。进一步完善“门前三包”制度，将维护环境卫生纳入村规民约中，不断提高群众环境卫生意识。进一步推进保洁市场化运作，实现专业化保洁，全市19个镇共聘请专业保洁人员1630名，组建了专业保洁公司26个，对集镇、村庄、道路、河流、水库等实行全天候保洁、垃圾日产日清。

【路域环境治理】 2018年，组织开展了路域环境专项治理行动，清理G106线、S313线、老G320线、醴官线、桎马线等主要交通线路和镇村主要干道沿线的白色垃圾、生活垃圾、生活杂物、泥土沙石等，实行集中收集、集中转运，确保道路沿线环境卫生干净整洁。开展了植绿补绿活动，提升了境内国道、省道、县道和村庄道路沿线的绿化，醴官线、S313线、G106线、县乡主干道和村庄道路沿线绿化长势良好，逐步形成了“点成景、线成廊、片成林”的生态景观。

【农村改厕普及】 2018年，新建农村无害化卫生厕所建设1000座，全市卫生厕所普及率达87%，无害化卫生厕所普及率达55.8%。年内，全省农村改厕专项调查工作会在本市召开。人民网、《湖南日报》等多家媒体报道醴陵市农村改厕工作。（张加勇）

交通·邮政·通信

交通运输

【概况】2018年，市交通运输局内设办公室、人事教育股（纪检监察室）、财务审计股、计划基建股、运输综合股（安全股）、政策法规股（加挂行政审批股）、农村公路股；下辖市公路局、道路运输管理所、航道管理站和交通行政综合执法大队4个二级机构。主要职能为贯彻、执行国家和省有关交通的政策、法规，组织制定全市公路、水路、码头、站场及配套设施建设发展规划并组织实施。负责公路、水路交通行业管理及其行业安全管理；负责营运车辆驾驶员技术等级考试、考核，汽车维修行业管理、培训工作；负责全市公路、桥梁、站场及配套设施、码头、渡口、地方航道建设、维护，造价控制和质量监督的管理；实施路政、航道管理；组织交通重点工程建设；承担市国防动员所需交通战备的有关工作。

【交通基础设施建设】一是重大项目建设有新突破。莲株高速建成并投入运营，加速了株醴融城步伐。城际轻轨项目初步规划设计已完成，有望对接“长株潭”城际轨道项目。东城大道（S331线）五华庙至周家冲段、S333线老关至铁河口公路项目正加紧路面建设。二是高速前期工作有新进展。醴娄（醴陵至娄底）、岳汝（岳阳至汝城）高速在隆兴坳的互通项目工程前期工作完工，建设工程即将启动。S105、S205、S209和G106城区绕城线王仙至龙源冲段等建设项目的各项前期工作正有序推进。醴陵沪昆高铁（株洲东）综合客运枢纽站建设项目，正在进行项目可行性工作，已纳入湖南省《“十三五”交通中期调整规划》。渌水航道升级改造项目，已完成可行性评审工作。

【民生实事工程】一是“四好农村路”（建好、管好、护好、运营好）建设有新成效。本市成功代表湖南省圆满完成了交通运输部“四好农村路”建设及交通扶贫督导考评。全年创建养护示范镇10个、示范村69个、打造文明示范路41条，总里程256公里。农村公路列养率为100%，农村公路绿化率为84%。行政村通客班车率达100%，通车里程539公里，辐射市内行政村215个。二是民生实事有新力度。全年完成村、组联通公路建设里程321公里，自然村通水泥（沥青）路建设里程112.4公里，窄路加宽里程27公里，安保工程建设里程194公里，完成危桥改造20座，渡口改造3处，建设农村招呼站10个。三是交通扶贫工程有新特色。市北部旅游扶贫专线（王仙段）路基基本完工，全线112.4公里路基全线拉通，该线被作为全省脱贫攻坚工作现场会最重要的观摩学习点。

【运输服务和保障】一是运输服务能力进一步提升。全年公路客运量、旅客周转量分别完成2601.5万人次、9134万人公里，货运量、货物周转量分别完成1360万吨、15713万吨公里。全面巩固湘运汽车中心站搬迁成果，完成了省、市际客运班线实名制售票、验票工作，全市售票8.53余万张。全市更新、新增客运车辆41台。年内，对汽车维修企业实行了“汽车维修电子健康档案”管理模式；各驾校均实行“计时收费、先培后付”服务模式。二是巡游出租车转型升级工作取得实效。市内巡游出租车均安装了具有预约叫车、打表计程、合乘计价等多功能的4G设备，并完善了动态监控平台，实行巡游出租车不打表计程乘客可拒付车费、有奖举报等措施；开展了出租车行业秩序整治行动，有效解决了出租车长期不打表等违规经营问题。三是“城乡客运一体化”工作有序推进。申报了省级“城乡客运一体化示范县”试点。四是物流降本增效取得进步。安迅物流成功通过国家第四批“甩挂运输试点”项目验收，深圳盐田国际内陆港醴陵港货运通道全面启动，铁海联运“五定班列”正式开通。鑫发检测站实行了综检、安检“两检合一”，实现了“排一次队、上一次线、交一次费”。

【交通运输治理】一是部门监管责任和企业主体责任不断压实。有力推进了企业安全生产标准化建设，深入开展了信誉质量考核，完善了“两客一危”车辆（从事旅游的包车、三类以上班线客车和运输危险化学品、烟花爆竹、民用爆炸物品的道路专用车辆）智能监管平台建设，从业人员教育培训力度加大，开展了“两客一危”驾驶员涉毒排查清退工作。二是“隐患清零”行动不断升级。严格落实《湖南省交通运输厅安全生产委员会关于印发〈全省交通运输系统贯彻落实重大事故隐患治理“一单四制”（重大事故隐患清单、交办制、台账制、销号制、通报制）制度工作方案〉的通知》精神，全年更换危货车辆终端老旧设备16台，查处违法经营机动车驾驶员培训行为1起，对26台违规经营客货运输车辆采取停运整改措施，吊销从业资格证4本；下达整改交办单85份，下发抄告函14份。年末，市运管所获省“道路运输行业‘隐患清零’升级版活动优秀单位”。三是专项治理不断推进。整治市域内“僵尸船”“三无船”102艘，官庄库区渡运公司经营有序。持续开展了危险化学品、烟花爆竹运输的专项整治，客运市场打非治违和治超路警联合执法等行动，共查处违规经营长途客车7台、擅自从事危货运输车辆2台、超限运输车辆138台。开展了非洲猪瘟防控联合检查，成功隔绝疫情入境。

【党风政风行风建设】一是全面加强意识形态建设。扎实推进“两学一做”教育常态化、制度化，严格遵守政治纪律和政治规矩，干部职工“四个意识”“两个维护”不断强化，“四个自信”更加坚定。二是开展落实中央“八项规定”精神的自查整治工作。封存办公用房140平方米，免费为市交通重点工程工作小组提供办公用房320平方米。三是自觉接受市人大常委会专项评议和社会各界监督。全年办理建议、提案33件，解决群众反映问题247个。四是结对帮扶工作持续发力。选派3名优秀干部到贫困村分别担任驻村队长、队员，全局有35名干部、职工分别结对帮扶贫困户74户276人，全年帮扶37户148名贫困群众成功脱贫。（周行娟）

交通建设质量安全监督

【概况】2018年，市交通建设质量安全监督局扎实开展了质量安全监督行业管理工作，全面提升交通建设工程质量，进一步落实交通建设“平安工地”，工程建设质量合格率达95%，交通建设工程事故为“零”。全年完成农村通自然村水泥路109公里、窄路加宽道路工程27公里、危桥改造4座、质量安全监督安保畅通工程208公里；下达整改通知书26份，建立质量安全监督档案52份。（黄其林）

公路管理

【概况】2018年，市公路局机关内设办公室、工务股、财务股、政工股、安全股、纪检室6个股室（部门）；下设路政管理大队（渌江超限检测站）、养护应急中心2个（副科级）二级机构。市公路局有在职干部、职工158人，退休人员103人。主要负责管养市境内公路230.91公里、桥梁53座；其中，国道（G106）1条53.33公里、省道（S 313）1条43.73公里、县道9条133.85公里。

【公路养护】2018年，市域公路养护以“公路创建”工作为抓手，实行精修细养，注重公路日常养护、公路环境卫生整治和预防性养护，加强路面坑槽修补，对巡查发现的路面病害实行24小时内处置完成制度，为市域公路创建了舒适、美丽通行的环境。全年，管养公路265.22公里，干线平均优良路率为92.24%，支线平均优良路率为88.21%，

【路政管理】2018年，路政管理力度进一步加大，市路政大队全年日常巡查298天次。年内，市路政管理结合“三创四化”工作，大力整治路容路貌，开展综合整治行动6次，清障整治行动6次、消除道路安全隐患150多起，清理公路行道树（危树）80株，整治公路非标和乱堆乱放等违法行为1048起，办理路政赔偿、许可案件18起，案件查处结案率达100%。通过道路综合整治，确保了市域内公路整洁、通畅、安全、美丽。

【重点项目建设】2018年，重点项目工程建设有效推进，危桥改造项目工程如期完成，争取上级危桥改造资金310万元，改造了曾家滩桥、文家铺桥、贺家桥3座危桥。安防工程进一步加大，完成了G320株醴线K1114＋057至K1114+508（老编号X005）0.45公里安全生命防护工程。

【基础设施设备建设】2018年，进一步促推了科技治超长效机制建设，分别在G106线K1753+100、S313线K28+950新建了不停车检测系统。其中，S313线检测点建设于11月9日正式投入使用，G106线检测点硬件设施建设完工，待标定、验收后投入使用。11月，长江中游城市群公路合作联席会第四次会议在本市召开，其中观摩不停车检测系统是此次会议的重要议程；“治超非现场执法醴陵模式”在全省乃至长江中游城市群得到有效推广。（黄科虎　龙春林）

铁路运输

中国铁路南昌局集团有限公司宜春车务段醴陵车站

【概况】中国铁路南昌局集团有限公司宜春车务段醴陵车站（以下简称“醴陵车站”）是南昌局集团有限公司宜春车务段辖内的一个三等车站，兼管东冲铺站（无人站）。中心里程为沪昆线K1060+748.9，沪昆线东端与灯芯桥车站相连，西端与东冲铺站为邻。2018年，醴陵车站主要办理客运业务和客、货列车的接发作业。有在岗职工87人，其中女职工23人、干部7人。内设客运、运转2个班组，有正线2条、到发线4条，信号楼1个；其中信号楼设有调度集中系统（CTC）车务终端，信号联锁设备采用EI32-JD计算机联锁。客运站房设候车室、售票厅、行包房、出站口及广播室，候车面积783平方米；有旅客乘降站台3个，1.45万平方米，雨棚3座，长957.2米，行人地道及行包地道各1座。售票厅面积177平方米，有售票窗口4个，自动售、取票机3个。年内，醴陵车站全面实现微机联网电脑售票，全年日均接发列车106对，其中营业旅客列车33列；全年发送旅客71.7万人次；实现客运收入4181.58万元。（朱武媚）

中国铁路广州局集团有限公司长沙南车站醴陵东站

【概况】中国铁路广州局集团有限公司长沙南车站醴陵东站（以下简称“醴陵东站”）位于长庆示范区清潭村，是沪昆高铁进入湖南省境内的首个高铁站，也是沪昆高铁在株洲地区的唯一停靠点，最高集聚人数可达800人，占地总面积1.71万平方米。醴陵车站内设2个站台、4条轨道，站房上下两层分为售票厅、候车厅、出站通道和4个站台雨棚建设区段，有垂直上下电梯2台、扶梯4台、进出站检票闸机10台。2018年，醴陵东站办理营业动车组列车37趟次，发送旅客73.43万人次，比上年增长9%；到达旅客75.2万人次，比上年增长9%。（陈石峰）

邮　政

中国邮政集团公司湖南省醴陵市分公司

【概况】2018年，中国邮政集团公司湖南省醴陵市分公司（以下简称“醴陵市分公司”），内设综合办公室、市场营销部、金融业务部、寄递事业部、文化传媒部、渠道平台部；下辖王仙、白兔潭、南桥、浦口、泗汾、清水江、大障、船湾、嘉树、神福港、均楚、黄达嘴、阳三石支局和仙霞、板杉、解放路、火车站、车顿桥、渌江共计19个支局（所）。有从业人员232人（其中合同工158人、劳务工56人、劳务承揽人员18人）。全市共有汽车邮路20条，全程489公里，投递段道52段，农村投递线路总长3476公里；共有邮储网点16处、邮政营业处4处、邮政报刊图书销售点19处、邮政信报箱群27处、邮政信筒信箱490个、信报箱格口1120个、邮政妥投点3618个，及空白乡镇便民邮局6个。2018年，醴陵市分公司完成业务收入8827.88万元，为年计划任务数的93.91%；其中，代理金融类收入6054.3万元，邮务类收入831.74万元，速物类收入1864.88万元，其他收入76.96万元。

【渠道建设】2018年，醴陵市分公司以信息化为手段，利用邮政具有的实物流、资金流、信息流“三流合一”的独特优势，通过建设城市社区服务站、报刊亭、农村便民服务站、空白乡镇便民邮局等实体渠道，构建功能日趋完备的综合性便民服务平台，为广大城乡居民提供普遍服务、政务服务、“三农”服务、金融服务、电商服务、便民服务等“六大类”服务；在农村地区全力构建“五个不出村”（购物不出村、销售不出村、金融不出村、生活不出村、创业不出村）。截至12月，全市邮政已建成各类公共服务站点153个、空白乡镇便民邮局6个。年内，结合中共中央和地方政府对精准扶贫的需求，积极对接省妇联等单位，开展了爱心捐赠、彩虹邮包、公益助学等一系列扶贫公益专项行动。

【邮件快递业务】2018年，升级改造了邮运干线能力和邮运组织模式，进一步优化邮路组织，加密县乡邮路；省内快递邮件“次日递”服务，确保了省内县城以上的快递邮件在次日送到用户手中。依托品牌信誉、运营网络、安全保障等优势，加大了邮政通信网络、基础设施建设力度，加快了邮件传递速度；大力开展优质服务工作，确保邮政普遍服务、特殊服务水平的稳步提升。年内，全市城市投递实行周七班，每天投递2个频次；农村投递乡镇府所在地实行每周不低于周五班，一般行政村实行周三班，偏远或交通落后的地方实行周二班投递。同时，进一步加强村村通邮工作，确保农村信报邮件妥投到户，村村通邮率达100%。扎实做好机要通信服务工作，全年安全传递机要邮件2万余件（袋），机要通信服务满意率达100%。

【邮政金融服务】 醴陵邮政初步探索出一条大型商业银行——“普惠金融”的商业可持续发展之路，真正做到了“信送到哪里、邮政金融就服务到哪里”，构建了满足客户需求的“金融便民服务圈”，成为城乡居民家门口的金融服务“好帮手”。从2012年起，醴陵市分公司组织开展了“客户大走访活动”，把业务宣传送到老百姓身边，把优质服务送到老百姓家里，逐步发展成为全市“拾遗补缺”“不可或缺”的金融生力军。截至12月，醴陵市分公司金融总资产达36.92亿元，其中新增资产5.2亿元，增长8.85%；邮储余额达35.34亿元，比上年新增2.9亿元，净增规模排全省邮政系统第27名。代理保险业务快速增长，全年累计实现保费收入1.7亿元，点均产能1064万元，列全省第10位，在本市银行代理保险渠道中，业务量稳居第一。

【服务地方文化产业建设】 2018年，服务地方文化产业建设，深入挖掘传统文化、集邮文化素材，通过邮票的发行和地方特色邮品的开发，有效地提升了醴陵的知名度、美誉度，展示地方文化特色，促进地方经济发展。同时，利用数据库营销，创新发展日常封片卡业务，挖掘封片卡在文化、旅游、商品、服务的推介和政务民生等领域的功能、作用。创新形式，大力推广以“村志、书信文化、励志儿童剧演出”等为代表的主题活动。在渌江中学建立了集邮主题邮局，让集邮文化在学校得以传播和推广；在火车站邮政营业厅内设立集邮专厅，为集邮爱好者搭建交流平台，进一步增进了市集藏文化的宣传与传播。（汤　瑜）

通　信

中国电信股份有限公司醴陵分公司

【概况】 2018年，中国电信股份有限公司醴陵分公司（以下简称“分公司”）内设综合部、渠道销售部、网络部，下设4个城市支局、13个农村支局；有在职合同制员工103人、劳务派遣工87人、退休员工87人。2018年，分公司完成通信收入11538万元，新增移动用户24521户、宽带用户5928户、ITV用户8739户。网络能力不断完善，光纤到户网络覆盖能力不断增强，全年新增光网端口236个，截至12月，全市累计光网端口达5399个。

【优质服务】 一是加强装维员工素质培训。通过加强装维员工素质培训，打造了一支技术过硬、作风过硬的智慧家庭工程施工队伍，他们不仅能做好规定动作，还能完成智慧网络家庭方案的策划和参谋工作，方便了千家万户用户。二是全面提升服务规格。年内，分公司在城区、农村分别相继推出了光纤宽带/ITV用户“六项服务承诺”（7×24小时在线服务，8小时装机、8小时修障、慢必赔，真宽带、真速率、低必赔，无条件受理、“零”拒单，老用户免费提速，新装用户免费调测无线Wi－Fi）；通过“六项服务承诺”的实施得到广大市民的认同。三是不断优化网点建设。通过网络建设的不断优化，服务能力不断延伸，服务水平不断改进。年内，按照上级公司的有关精神和要求，进一步治理了渠道生态环境，退出、终止了因亲属关系经营的门店；通过引强商，补服务盲区、进一步提倡公平竞争，服务感知得到显著提升。四是全面落实国务院提速降价政策。全面优化产品体系，推出了99元/月的融合套餐体系，使市民有更多的选择；129元/月、169元/月的套餐宽带速率分别达100兆、200兆，手机流量不限量，使市民尽可享受优质的“三网融合”服务。五是为政府、企事业单位推出各种信息化业务。年内，为尽可能满足社会各行各业的需要，在市工业园推出了“云业务”服务；不断完善安监系统应用，引进了“森林防护员定位项目”等。

【重点工程改造】 2018年，分公司积极支持市政府工作，配合市政府，在市府路架空光缆下地等路段完成线路搬迁80多处，总40余公里，总投资400多万元；确保了市政府重点工作的顺利推进。

【扶贫攻坚】 2018年，分公司作为扶贫后盾单位，积极参与官庄镇瓦子坪村的扶贫工作，通过结对、驻村和通信帮扶，取得一些实效，全年脱贫困户1户。年内，投资30万元在瓦子坪新增4座无线基站，可覆盖该村大部门地区，解决了村民手机信号弱的问题；投资25万元将光纤进村入户，解决了村民的宽带、电视和固定电话的需求问题。分公司按照市委、市政府和市主管部门要求，充分履行企业社会责任，加快推进（指定）左权镇永兴村、官庄镇瓦子坪村等15个贫困村的通信网络基础设施建设；截至12月底，在15个贫困村均安装、开通了4G设备42套、C网设备4套，2G及4G网络基本覆盖所有贫困村，新铺设光纤300余公里，建设端口4500多个。年内，分公司组织专人，分别对贫困村的无线网络覆盖情况进行了自查，对覆盖不到位的区域实施整改，并将整改方案申报到市公司予以立项解决。

【“三创四化”工作】2018年，分公司认真贯彻落实市委、市政府“三创四化”工作有关精神和要求，加大“三创四化”工作力度。分公司作为服务窗口单位，清洗改造了江源电信大楼立面，配合市政府改造了江源电信大楼前坪作为社会停车场。投资、改造主要营业网点，提升服务形象；美化改造通信管道及杆路。（杨细浩）

中国移动通信集团湖南有限公司株洲市醴陵市分公司

【概况】2018年，中国移动通信集团湖南有限公司株洲市醴陵市分公司加大了产业链拉动工作力度，先后通过产业链拉动，在城乡商业区、集镇、村级等区域新建代办网点60余家；全市移动通信代办网点达360家，直接和间接创造就业岗位超1500余个。全年实现了全市215个行政村的网络覆盖，市域内主要交通干线实现了连续覆盖，城区内重点区域基本实现室内覆盖，客户总数达40余万户。全年累计投资超6000万元，新建300个4G基站（含FDD基站）；累计投资超3000万元，建设并开通宽带行政村117个、小区62个。累计投资3000余万元，开展精准通信扶贫，有效解决8个贫困村的通信问题，为当地贫困群众实现就地脱贫铺平了信息化道路。（龙丽莎）

中国联合网络通信有限公司醴陵市分公司

【概况】2018年，中国联合网络通信有限公司醴陵市分公司（以下简称“公司”）下设支撑中心、市场营销部、建维部、集团部。年内，在市东、南、西北3个乡镇分设了营销部；共有员工100余人。公司坚持以市场为导向，以服务为中心，统一规划网络建设，合理利用资源，保持持续、健康快速发展。全年新增基站100余座，基本实现城区、乡镇4G信号全覆盖；宽带业务覆盖城区及大部分乡镇。（丁晓芬）

财政·税务

财　政

【概况】2018年，醴陵市财政局内设19个股室，下辖5个全额拨款事业单位和24个财政所，全系统有在编干部212人。全年全市完成一般公共预算收入41.8亿元，同口径增长11.03%，其中完成税收收入31亿元，同比增长7.81%；落实湖南省人民政府压减非税收入要求，完成非税收入10.77亿元，比2017年减少14.55亿元。税收收入占一般公共预算收入的比重为74.2%，较2017年提高21.04个百分点；其中地方收入税占比为59.85%，较2017年提高23.66个百分点。完成一般公共预算支出68亿元，同比下降9.69%。2018年，全市实现财政收入60.2亿元，首次突破60亿元，同比增长6.45%。

【财政改革】一是稳步推进农村综合性改革试点试验项目。全年全市共完成11个综改试点项目，全部通过财政部现场考评。二是推进政府与社会资本合作模式。开展PPP清理整改工作，全部入库项目合法合规，落地项目无一退库；签约了城乡生活垃圾资源化处理PPP项目。策划的渌江水系综合治理项目开展了前期工作。加强PPP项目管理，拟制了《醴陵市PPP项目财务监管办法》《醴陵市PPP项目建设期绩效考核指导意见》等管理办法。三是发挥产业基金的引导作用。全年通过贷款风险补偿金政策，为22家符合市产业发展方向的企业争取贷款资金2.4亿元。众微创新创业投资基金在醴陵市完成股权投资3000万元。发挥农信担保的桥梁纽带作用，为农业项目提供担保贷款1.69亿元。四是推进全市公务用车制度改革。完成了国有企业公务用车制度改革工作。

【财政管理】一是推进预算绩效管理改革。年内对醴陵市级532个重点专项资金实行绩效管理，督促相关部门、单位科学申报绩效目标，增强资金使用效果。扩大第三方绩效评价覆盖面，全年委托第三方绩效评价的民生、社会发展建设等项目34个，涉及金额8.85亿元。二是完善财政投资评审和政府采购相关制度。出台《关于进一步明确政府采购及财政评审相关事项的通知》。全年评审项目849项，审定金额56.6亿元，审减资金10.4亿元，审减率为15.4%。完成政府采购6.09亿元，节约财政资金1.03亿元，节支率为14.5%。三是健全财政监督管理机制。强化“互联网＋监督”工作，完成“互联网＋监督”省级惠农补贴项目公开目录上报。加强财政监督职能，开展残疾人保障金、镇村财务、扶贫资金等专项检查及违反中央“八项规定”精神突出问题专项治理。四是加强债务管理。制定了《中共醴陵市委醴陵市人民政府关于规范和加强政府性债务管理的意见》，摸清了全市及各单位的政府隐性债务底数，制定了隐性债务十年化债方案，初步厘清政企责任，推进平台公司转型升级。

【队伍建设】一是充实人员队伍。年内财政系统新录用公务员10人，招聘事业单位工作人员6人，财政队伍年龄结构优化，整体学历水平提升。二是加大培训力度。组织财政系统中层以上干部到上海财经大学进行业务培训，组织全市村级财务人员、财政所中青年干部培训班，举办全市第一期会计人才（行政事业类）培训班。举办政府采购的采购人主体责任

2018 年度醴陵市一般公共预算收支总表

表 4　　　　单位：万元

收入预算科目	决算数	支出预算科目	决算数
一、税收收入	160640	一、一般公共服务支出	73032
增值税	58327	二、外交支出	-
企业所得税	10933	三、国防支出	412
个人所得税	5602	四、公共安全支出	20141
资源税	906	五、教育支出	95200
城市维护建设税	10127	六、科学技术支出	20796
房产税	4484	七、文化体育与传媒支出	6943
印花税	1907	八、社会保障和就业支出	101230
城镇土地使用税	3621	九、医疗卫生与计划生育支出	68784
土地增值税	38113	十、节能环保支出	11899
车船税	2101	十一、城乡社区支出	110085
耕地占用税	2949	十二、农林水支出	81366
契税	20928	十三、交通运输支出	25174
烟叶税	-	十四、资源勘探信息等支出	16893
环境保护税	642	十五、商业服务业等支出	2935
其他税收收入	-	十六、金融支出	31
二、非税收入	107741	十七、援助其他地区支出	-
专项收入	11177	十八、国土海洋气象等支出	5139
行政事业性收费收入	10325	十九、住房保障支出	19913
罚没收入	8370	二十、粮油物资储备支出	320
国有资本经营收入	-	二十一、预备费	-
国有资源（资产）有偿使用收入	69303	二十二、其他支出	120
其他收入	8566	二十三、债券付息支出	19642
		二十三、债务发行费用支出	-
本年收入合计	268381	本年支出合计	680055

（黄俊博）

专题培训班，做好助理会计师、会计师考前培训工作。宣传贯彻政府会计制度，确保市人民政府会计改革工作的顺利进行。三是组织全体党员干部到攸县网岭监狱开展廉政警示教育活动，强化党员干部廉洁自律意识。

农业综合开发

【概况】2018 年，市农业综合开发办公室内设综合股、土地治理项目股和产业化项目股。有干部、职工 12 人，其中专业技术人员 3 人。农业综合开发工作深入落实科学发展观，围绕“建一流队伍、树一流形象、创一流业绩”的工作目标，按照国家、省、市农业综合开发的标准，以“农业增效、农民增收、农村发展”为目标，全面创新工作思路，加大农业综合开发项目建设力度，以“实施农业综合开发项目”为依托，在积极争取项目和资金、加大农业综合开发投入力度、规范资金和项目管理、着力抓好项目制度和干部队伍建设等工作中，取得了良好的成效。

【农业综合开发项目】一是完成了浦口镇高标准农田建设项目的扫尾和验收工作。该项目涉及浦口镇浦口村、贯古居委会、三铺村、茅坪村、仙石村、保丰村、荣坪村，耕地面积919.33公顷，人口2.79万人。完成总投资1385.36万元（全部为财政资金，占批复计划的100.68%），项目共衬砌渠道14.15公里、河坝5座，扩建加固小型蓄排水工程12座，新修、维修机耕道路5.37公里，种植农田防护林200公顷，建设高标准农田613.33公顷。截至12月，该项目扫尾工程完工并通过了上级有关部门验收。二是落实浦口镇王坊高标准农田项目建设。浦口镇王坊高标准农田建设是市年度农业综合开发工程项目，获省财政厅批复，项目工程部分总投资为1173万元，开发高标准农田566.67公顷，招标人为市农业综合开发办公室。该项目采取委托招标方式，由委托具备法定招标代理资质的中介机构代理招标事宜；招标方式采用公开招标，经综合评估后确定中标人。项目分为4个标段，每个标段投资总额为290万元。截至12月，项目建设工程按计划有序进行。

【产业化项目】2018年，因国家农业开发政策的调整，取消一般产业化项目。2017年获批的优势特色农业产业园项目（项目财政总投资1000万元），共有3个子项目。7月，市蔬菜特色产业园种植基地基础设施子项目经省农业综合开发办公室批复同意调整项目计划并延长建设期限。该子项目按照农业综合开发土地治理项目管理模式，计划分为2个标段同时施工。截至年末，基本完成建设任务。（张水良）

税　务

【概况】2018年3月，根据《国务院机构改革方案》中的改革国地税征管体制的精神和要求，醴陵市国家税务局与醴陵市地方税务局合并。7月，成立国家税务总局醴陵市税务局（以下简称“市税务局”）。国税地税合并后，实行以国家税务总局为主与省（自治区、直辖市）人民政府双重领导管理体制。年内，市税务局内设办公室、法制股、税政股、社会保险费和非税收入股、收入核算股、纳税服务股、征收管理股、税源管理股、税收风险管理股、财务管理股、人事教育股和机关党委（党建工作股）、纪检组；下设5个税务分局、3个税务所信息中心（事业单位）。有在职干部、职工308人，离退休人员127人。主要担负全市7841户企事业单位、12462户个体工商户的税费征收管理工作。全年完成各项税费收入33.12亿元，比上年增收5.36亿元，增长19.31%。其中，完成省政府口径收入31.95亿元，比上年增长19.43%。全年纯税收入库31亿元，为市政府调整税收后年度计划任务的101.67%。其中，累计征收增值税15.54亿元、所得税5.91亿元、财产行为税8.79亿元。

【税务机构改革】2018年7月17日，市委牵头成立了市国税地税征管体制改革领导小组，市委常委、常务副市长曾毅鹏任组长。7月20日，国家税务总局醴陵市税务局挂牌成立，醴陵市原国家税务局、市地方税务局合并。年内，市税务局发挥党委在改革发展过程中的领导核心作用，先后召开了改革座谈会、动员会、组织生活会等会议10余次，传达了改革国地税征管体制的相关精神和要求，强调改革纪律，协调改革步调。广泛开展谈心谈话，畅通意见表达渠道，引导干部正确对待进退留转、利益得失，疏导化解苗头问题，在改革中有4名干部从中层岗位让贤，6名干部“正转副”。10月25日，召开内设机构、派出机构、事业单位负责人任免和一般干部安排宣布大会，全面完成“三定”改革方案。

【税收征管】2018年，税收征管工作落实减税降费政策，以深化增值税改革为重点，积极推进小微企业扩围，普惠性所得税减免政策改革精准落地。落实新个人所得税法过渡期政策，推进个人所得税改革，实现自然人税收管理系统扣缴客户端安装率、使用率、全员全额申报率三个100%。做好环境保护税的征收管理工作。全年累计为纳税人减免各项税金9亿余元，办理出口退税4.3亿元。

【纳税服务】2018年，坚持“机构改革、服务先行”理念，持续开展“便民办税春风行动”，落实“一厅通办”“一网通办”“最多跑一次”和新办纳税人“套餐服务”等纳税服务制度。围绕“优化税收营商环境、助力经济高质量发展”主题，开展了第27个税收宣传月系列活动。开展“新税务、新形象、新服务”走访活动，共走访纳税人3239户，现场答复问题600余个，收集意见建议56条。年内，围绕环境保护税、个人所得税、信用等级评定等纳税人关注的热点，组织举办纳税人培训班50余期，培训1.6万余人次；印发宣传辅导资料1.33万

2018 年醴陵市税收收入分税种完成情况一览表

表 5　　　　单位：万元

项目	累计完成	较上年同期	
		增加额	增长率 %
税收收入总计	331163	53607	19.31
1. 增值税	155360	37116	31.39
2. 企业所得税	39048	2215	6.01
3. 消费税	7580	2176	40.27
4. 营业税	179	–4504	–96.18
5. 个人所得税	20006	1327	7.10
6. 资源税	1207	297	32.64
7. 城市维护建设税	10127	560	5.85
8. 房产税	4484	–1261	–21.95
9. 印花税	1907	92	5.07
10. 城镇土地使用税	5173	–4529	–46.68
11. 土地增值税	38113	13079	52.24
12. 车船税	2101	220	11.70
13. 环境保护税	917	917	0
14. 契税	20928	4705	29.00
15. 耕地占用税	2949	–1056	–26.37
16. 教育费附加	4729	227	5.04
17. 地方教育附加	3155	136	4.50
18. 残疾人就业保障金	536	137	34.34
19. 水利建设专项收入	861	141	19.58
20. 文化事业建设费	117	–11	–8.59
21. 社会保障基金	1913	447	30.49
22. 车辆购置税	8917	1096	14.01
23. 其他收入	856	80	10.31

（苏珊珊）

份，点对点辅导纳税人 1879 户次。召开了“问需求、优服务”纳税人、民营企业座谈会，听取纳税人对新税务机构优化纳税服务工作的意见和建议，主动征询纳税人需求，回应纳税人关切，解答纳税人疑惑。

湖南同永会计师事务所

【概况】湖南同永会计师事务所（以下简称“事务所”）前身为醴陵会计师事务所，1999 年脱钩改制后更名为株洲正和有限责任会计师事务所。2008 年 11 月，整体加入湖南建业会计师事务所有限公司，更名为湖南建业会计师事务所有限公司醴陵分所。2018 年 7 月，更名为湖南同永会计师事务所（普通合伙）。注册地址为醴陵市胜利路 157 号，经营范围为验资服务、审计鉴证服务、资产评估服务、税务鉴证、咨询及代理服务、基建预决算审核、司法会计鉴定、会计服务、会计管理咨询、招投标代理服务、代办工商执照、项目可行性研究和项目评价。有各类从业人员 15 人，其中执业注册会计师 10 人、执业资产评估师 6 人、注册税务师 2 人、注册土地估价师 2 人、其他各类从业人员 5 人。全年事务所完成各项业务 100 余项。其中，审计业务 48 项、专项审计业务 29 项、验资业务 12 项、咨询业务 26 项、资产评估业务 30 余项。年内，事务所分别为醴陵渌江投资控股集团有限公司、醴陵高新集团办理了资本金增资、年度报表审计、项目资本金审计、注入资产评估等 30 余个项目。为提升企业形象，为 40 余户小型企业升规模企业办理了代理。为配合政府提高公共资金使用效果，办理了落后烟花爆竹生产企业退出奖补专项资金、疾控中心等级达标创建专项经费、城市公共绿地维护经费专项资金、教育局教育专项资金、水库移民开发管理局部门整体支出、醴陵市校车经费专项资金、醴陵市县乡公路养护经费专项资金等各类绩效评价。完成了全市 19 个镇、4 个街道办事处、1 个长庆示范区和 253 个建制村（社区居委会）的农村集体资产清产核资项目。配合市公车改革，评估市行政事业单位处置公车 10 余项。　　（谭　娟）

住房公积金管理

【概况】2018年，株洲市住房公积金管理中心醴陵管理部围绕“打造住房公积金优质服务品牌、争创全市一流服务窗口”目标，牢固树立“一切为了缴存人、一切服务缴存人”的服务理念，对照目标、明确责任，分层推进住房公积金归集、扩面工作。通过开展“优质服务年”“最多跑一次”等主题活动，积极推进个人网厅普及。借助当地主流媒体做好住房公积金政策惠民的宣传工作，公积金归集、扩面目标任务得以超额完成。全年归集住房公积金3.39亿元，新增缴存人数3062人；发放个人住房贷款242户，共计0.83亿元；全年个人提取住房公积金2686笔，共计1.38亿元。（陈丽莎）

银行·保险

银　行

中国人民银行醴陵支行

【概况】2018年，中国人民银行醴陵支行（以下简称“支行”）设人秘、国库会计、货币信贷与统计、货币金银、保卫和外汇管理6个股室，有在职干部职工24人。年内，支行坚持稳中求进总基调，科学执行稳健货币政策，防范化解金融风险，不断提升金融服务质效，为醴陵经济金融发展提供有力支持。年末，支行获市绩效考核一类单位、防范处置非法集资工作先进单位。

【货币信贷】2018年年末，全市金融机构各项存款余额363.7亿元，比年初增加20.4亿元、增长5.9%；各项贷款余额224.3亿元，比年初增加47.1亿元、增长26.6%。存贷比为61.7%，比年初提高11.53个百分点；再贷款余额为6.38亿元，比2017年增加3.28亿元。年内，支行积极引导金融机构对接市产业突围“四个十条”，大力推广集体土地中的房屋抵押、“小微快贷”、“循环贷”、“税E贷”、“三单融”等信贷产品，有效缓解了小微企业“融资难”“融资贵”等问题;《金融时报》以《金融手段与产业战略的高度契合》《金融支农的“两下子”》为题，分别进行了报道。

【维护金融稳定】2018年，支行以政府债务、房地产、非法金融活动为重点，加强监测分析，构建预警机制。认真落实重大事项和重要信息报告制度，及时关注金融风险，提高应对突发事件的能力。全年全市银行机构不良贷款率为1.26%，金融风险整体可控。组织开展征信宣传，持续推广“醴陵金融”公众号服务，与来龙门街道办事处四塘社区共建了“诚信文化教育基地”，信用体系建设不断巩固和深化。加强反洗钱管理，全年处理可疑交易报告3份，可疑交易金额达7530万元；对中国人寿保险醴陵支公司开展了反洗钱专项执法检查。

【精准扶贫】2018年，支行按照市精准扶贫工作安排，多次组织召开了全市金融机构扶贫工作推进会，抓紧抓实小额扶贫贷款工作。全年新增扶贫小额贷款户2245户，金额达6905万元，贷款覆盖率达49.4%，比上年增长200%；进一步强化扶贫小额信贷风险防范工作，扶贫小额贷款到期收回率为100%，不良率为零。进一步推进金融扶贫服务站、助农取款服务点、电商服务站、反假币工作站的“四站合一”建设进程和贫困村普惠金融服务步伐。全年产业扶贫力度加大，全年全市发放产业精准扶贫贷款资金12.66亿元，比年初增加6.11亿元。

【金融服务】2018年，支行金融服务工作力度进一步加强，持续开展了发行库“五化”（管理制度化、操作规范化、内控精细化、责任明晰化、队伍合格化）及示范库建设，二维码整袋交接二期工程完工并顺利上线，在醴陵农商行浦口支行建立了全市第一个农村地区反假货币工作示范站。充分发挥经理国库职能，全年办理收入业务44.26万笔、拨款业务1452笔、退库业务1342笔。组织发行国债18期，共计发行金额1468.8万元。积极为外向型企业提供外汇服务。为辖内企业办理了首例内资企业借外债登记。年内联合市商务、海关等涉外部门举办了企业外贸政策业务培训班，进一步推进了跨境人民币业务扩面增量；全年跨境人民币收款金额为4067.66万美元，比上年增长178%。全年办理国际收支统计核查业务1.41万笔，总金额为3.67亿美元。年内，支行撰写的《中美贸易磨擦背景下醴陵陶瓷业为何处变不惊》等5篇调研报告和信息，分别在《金融时报》和湖南金融简讯中刊报。（廖亚会）

中国工商银行股份有限公司醴陵支行

【概况】 2018年，中国工商银行股份有限公司醴陵支行（以下简称“支行”）内设综合、业务营销管理部。下辖解放路、阳三石、新街支行和醴陵支行营业部、胜利路分理处5个对外营业网点，有青云路、湘东医院自助银行2个，有在册员工81人。全年支行实现营业利润6928万元、净利润5409万元，缴纳各项税收2105万元。

【存贷款业务】 2018年，支行各项存款余额267233万元，较年初增加15130万元。其中储蓄存款余额211657万元，较年初增加5637万元；对公存款余额54784万元，较年初增加8822万元。各项贷款余额227137万元，较年初增加27390万元。其中公司贷款余额90318万元，较年初增加4279万元；个人贷款余额135358万元，较年初增加22393万元。全年票据贴现余额742万元。

【新型业务】 2018年，新增“融e联”户8928户，“融e行”移动端月均动户11445户，“工银e支付”户15670户，“工银e支付”动户5637户。“工银e分期”124万元，营销“工银e生活”2047户，“融e购活”月均动户179户，启用信用卡1678张。全年新增企业网银证书版户130户、动户88户、三方存管户1703户。全年完成个人理财40961万元，保险1285万元，国际结算业务1632万美元。（钟立新）

中国农业银行股份有限公司醴陵市支行

【概况】 2018年，中国农业银行股份有限公司醴陵市支行（以下简称“支行”）内设综合管理部、个人金融部、公司业务部、风险管理部、运营财会部。下辖支行营业部和瓷城、城东、国泰、火车站、城南、白兔潭、王仙、泗汾分理处9个营业网点。支行有在职员工131人，离退休员工83人，内退员工3人。

【金融服务】 2018年年末，支行存款余额为39.84亿元。其中储蓄存款35.5亿元，净增2.4亿元，计划完成率为79%；各项贷款余额为15.25亿元，净增2.05亿元。全年支行实现中间业务收入3257万元，比上年增加649万元；实现账面利润11939万元。（贺约煌）

中国建设银行股份有限公司醴陵支行

【概况】 2018年，中国建设银行股份有限公司醴陵支行（以下简称“支行”）内设业务部、营业部。下辖中心街、火车站支行，有在职员工48人。年末，支行一般性存款余额为30.61亿元，比年初新增3.01亿元。信贷余额为17.46亿元，其中公司贷款余额11.72亿元，个人贷款余额5.74亿元。全年支行发放贷款5.75亿元。不良贷款余额1119万元，比年初增加103万元；其中公司不良贷款747.06万元，不良率为0.95%。（何亦卿）

中国农业发展银行醴陵市支行

【概况】 2018年，中国农业发展银行醴陵市支行（以下简称“支行”）年末各项贷款余额22.49亿元，比年初增加7.78亿元，增长52.89%。各项存款余额14.52亿元（其中存款日均余额11.91亿元），比2017年增加0.69亿元，增长6.15%。全年完成国际业务结算量510.6万美元，同比增加224.8万美元，增长78.66%；实现中间业务收入3.65万元。全年实现各项财务收入8830.65万元，各项财务支出3592.46万元；实现账面利润5238.18万元，同比增加544.18万元，增长11.59%。全年支行不良贷款继续保持为零。积极开展高端营销，全力营销低成本资金，累计营销非贷客户存款7000万元、财政性存款2.5亿元。

【棚改贷款】 2018年，支行聚力市棚改贷款营销，加大对地方经济支持力度，在2017年对接市“一江两岸”和玉瓷路等2个棚改项目并通过审批11.58亿元的基础上，稳步推进了年内市“城中村”棚户区改造项目，共营销棚改项目2个，审批贷款4.6亿元。截至12月末，支行累计发放棚改贷款7.88亿元。通过棚改贷款项目有效抓住了棚改贷款信贷增长点，确保了支行信贷业务可持续发展，并有力地支持了市重点和民生工程建设。

【创新业务发展】 2018年，支行为更好地规划2019年的业务发展，10月开始，在创新业务发展上做文章，通过大量市场调查，在上下沟通协调的基础上，在市政府、银行、企业“三家”联动下，确定了陶子湖水利建设项目等4个营销重点，其中陶子湖水利项目、醴陵新城2期工程项目的准备工作基本就绪，总投资18

亿元，拟放贷款12.5亿元。

【超标粮收购】从储备粮上收管理后，支行几年没有粮食收储业务。2018年，国家启动“超标粮”（指稻谷、小麦、玉米等原粮中的重金属、真菌毒素、农药残留指标不符合国家粮食安全标准限量的粮食）的收购，支行为认真贯彻落实国家“超标粮”有关政策和要求，积极抢抓机遇补短板。一是积极协助解决市县级储备粮资金供应问题。在株洲市分行的牵头下，经与地方政府、商粮局、市分行营业部等有关单位沟通协调，借助株洲市分行营业部的信贷企业，完成了醴陵市境内“超标粮”的收购工作，全年累计收购早籼稻“超标粮”4385吨，贷款1035万元。二是按照“四方”（中央储备粮株洲直属库有限公司、中央储备粮株洲直属库有限公司醴陵分公司、中国农业发展银行株洲市分行营业部、中国农业银行发展银行醴陵市分公司）协议，严格履行职责。协助株洲市分行营业部完成了收购资金的供应和管理工作，加强了异地库存的监管力度。

【内部管理规范化】一是抓信贷基础管理工作。做到风险例会制度常态化，定期开展风险分析，准确把握资金动向，正确划定风险类别；认真对待各项检查，对发现的问题及时整改，并举一反三建立纠错机制；认真加强资金管理，确保按工程进度合规使用贷款，信贷企业日常监管到位。二是抓好财会基础工作管理。支行制定了《财务管理实施细则》，依法合规进行财务收支，会计综合业务实现了全年无差错。三是抓好综合档案达优。历时4个多月，全行一盘棋，人人心里想着、向着“达优”，加班加点，自动放弃双休日达90多个，顺利通过了省分行档案管理“达优”审核、验收，成为株洲市辖内第一个档案管理“达优”的支行。（钟灵毓秀）

中国银行股份有限公司醴陵支行

【概况】2018年，中国银行股份有限公司醴陵支行（以下简称“支行”）内设综合保卫部、营业部，下辖上正街、瓷城大道、青云南路支行，有干部、职工62人。年内，支行在省、株洲市分行的领导下，围绕建设“新时代全球一流银行”的战略目标，以党建统领全行工作，坚持以效益为中心。全行员工强化经营意识，奋力拼搏，拓展市场，做优服务，各项业务取得了较好的成效。截至12月，支行实现税后利润4500余万元；各项存款余额突破27亿元，各项贷款近15亿元。

【业务发展】年末支行各项存款余额27.61亿元，较年初减少2.55亿元；其中公司存款余额8.98亿元，较年初减少2.18亿元，个人存款余额18.64亿元，较年初减少3687万元。各项贷款余额15.51亿元，较年初增加4.61亿元；其中公司贷款余额33.75亿元，较年初增加1.07亿元，实际新投放3.11亿元。个人贷款余额11.46亿元，较年初增加3.42亿元，实际新投放4.71亿元；票据贴现余额2970万元，较年初增加1237万元。全年实现净收入8700余万元，中间业务收入1900余万元。

【支持乡村建设】一是以地产和厂房抵押方式进行授信支持。授信支持主要针对资金和资产比较雄厚的工业企业，土地为国有土地，厂房权属明晰。二是以担保公司担保方式进行授信支持。主要针对资金实力一般，地产为集体土地或厂房权属不明晰，不便用于抵押的工业企业。三是以纯信用方式进行授信支持。主要对一些规模小、抵押物不足，但市场信用良好、发展前景较好的小微企业。四是以出口无抵押贸易融资业务方式提供资金支持。该方式是依法设立、具有独立法人资格的担保机构和银行，为中小微外贸企业提供出口无抵押式担保及融资的行为和业务。主要适应对象是在湖南省行政区域内注册登记、有自营进出口权且上一年度业绩达20万美元以上、3000万美元以下的进出口企业。该方式是湖南省为深入推进供给侧结构性改革，认真落实《国务院关于促进外贸回稳向好的若干意见》精神，积极促进金融兴贸、大力扶持中小微外贸企业快速健康发展，有效解决中小微外贸企业“融资难”“融资贵”等问题而推出的业务。全年支行支持乡村建设贷款达1.86余亿元。（刘宏玉）

中国邮政储蓄银行股份有限公司醴陵市支行

【概况】中国邮政储蓄银行股份有限公司醴陵市支行（以下简称“支行”）内设综合管理部、“三农”金融部和公司业务部，下辖4个二级支行；有在职员工58人，其中正式员工50人、劳务派遣员工8人。

【金融业务】2018年，支行各项存款余额51.16亿元，比年初净增3.4亿元。其中个人存款余额45.26亿元，比年初净增3.51亿元；对公存款余额5.78亿元，比年初减少0.11亿元。各项贷款余额18.86亿元，比年初净增5.95亿元。年内，支行为烟草、石化、电信、电力等企业及商贸流通企业提供营业资金归集、销售货款电子结算、集团现金管理、代收客户费用、POS收单、聚合支付、电子银行等服务，为市财政、社保、教育、住房公积金等各类单位提供了代理非税、集中支付、代发工资和补贴等服务。开展了“金融知识进千村入万户”活动，通过召开金融产品推介会、银企对接会、理财沙龙、投资者座谈会等形式，进一步提高了服务“三农”的能力。年内，先后开发了集体土地抵押贷款、医院贷、税贷通、烟草贷、助保贷、产业基金贷、极速贷、优享贷、烟花鞭炮行业等贷款新产品，加大了扶持“三农”、支持地方经济建设的力度。（林　英）

湖南醴陵农村商业银行股份有限公司

【概况】2018 年，湖南醴陵农村商业银行股份有限公司（以下简称“醴陵农商银行”）有员工 504 人。内设 18 个职能部门，下辖 1 个营业部、29 个支行、16 个分理处、46 个营业网点。有全国“五星”和“四星”级服务网点各 1 个。年内，醴陵农商银行获株洲市“文明标兵单位”。

【存贷业务】醴陵农商银行是本市存、贷款规模最大的金融机构。2018 年，醴陵农商银行各项存款余额 130.26 亿元，较年初净增 11.47 亿元，增长 9.65%。各项贷款余额 69.02 亿元，较年初净增 10.66 亿元，增长 18.26%。存、贷款市场份额分别为 35.81%、30.77%，新增占比分别为 56.17%、22.60%，存、贷款市场份额、占比均居全市金融机构首位。

【业务转型】一是稳步发展外汇业务。全年结售汇总量在全市 6 家涉外金融机构中排名第三。二是加大业务转型开发力度。持续开展了“购物满减”“一元观影”“刷卡有礼”等业务优惠活动，着力推广福民卡、福祥 e 支付、超级网银、福祥 e 盾和蓝牙 key 等新型业务。三是积极开办城乡居民医保缴费代理业务。在醴陵农商银行所辖任意网点的柜台可完成缴费；联合市医保管理中心开通了“醴陵医保”微信公众号，打通了线上线下缴费渠道，使参保缴费渠道更加畅通。

【扶贫济困】一是采取“以社带户、以企带村”的方式，扎实推进扶贫信贷工作，全年累计发放扶贫小额信用贷款金额 1.64 亿元，惠及逾 4500 户贫困农户。二是将党员活动与扶贫济困相结合，开展扶贫走访活动 40 余次，捐赠物资、慰问金累计约 13 万元。三是组织员工志愿者为市福利中心孤寡老人包饺子，表演节目，捐赠餐桌（椅）、粮油米、军大衣、保暖鞋、奶粉等物资约 10 万元，进一步彰显了企业人文关怀。四是捐助品学兼优贫困学生。全年面向全市 150 名品学兼优的贫困中小学生捐资助学金 20 万元。（谭芳园）

长沙银行醴陵支行

【概况】2018 年，长沙银行醴陵支行（以下简称“支行”）有在岗员工 30 人，下设营业部、市场营销部、综合保卫部和白兔潭二级支行、荟萃社区支行、财富社区支行。年内，支行继续立足县域，在坚持规范经营、防范风险的前提下，以“高品质、专业化服务”为手段，积极扩展市场、创新产品、培育客户，实现了各项业务的全面、快速增长。

【金融业务】2018 年，支行各项存款余额 17.93 亿元，比年初增加 1.92 亿元，增长 11.99%。其中储蓄存款 9.61 亿元，比年初增加 4.16 亿元，增长 76.33%。各项贷款余额 6.49 亿元，比年初增加 0.02 亿元。全年实现经济增加值 3054.25 万元。（田国富）

保　险

中国人民财产保险股份有限公司醴陵支公司

【概况】2018 年，中国人民财产保险股份有限公司醴陵支公司(以下简称“支公司”）是醴陵市历史最悠久、实力最雄厚、服务最优良、市场规模最大的专业财产保险公司。有在编员工 50 人，营销员 78 人。下设车险部、非车险部、营销部、农险部、理赔分部及综合部。主要提供机动车辆保险、企业事业单位财产保险、农业保险、工程保险、家庭财产保险、国内及远洋货物运输保险、各种责任保险、人身意外伤害保险、短期健康保险等保险服务。全国统一服务电话：95518。全年完成保费收入 6800 万元。（晏莉莎）

中国人寿保险股份有限公司醴陵支公司

【概况】2018 年，中国人寿保险股份有限公司醴陵支公司（以下简称“支公司”）有在编员工 34 人，专职代理人员 1675 人。内设综合部、客户服务部、个险部、培训部、银保部、团险部。全市设立农村营销服务部 12 个，与市各大商业银行、农商行建立了合作代理关系。支公司开办了养老、医疗、意外、理财等“五大类”保险，在全市率先开展老年人保险、村干部保险、学生险及计划生育家庭保险等惠民保险业务，保险业务量占全市整体市场份额的 60%。2018 年，实现保费收入 3.83 亿元。年内，支公司晋升为“中心支公司”，获“全国系统百强县”“全省系统先进县支公司”；并连续多年被总公司确定为“一把手”培养基地，被授予“2018 年优秀基地”。

【诚信、便捷服务】2018年，支公司继续保持高效率理赔，对资料齐全且无争议的满期及理赔在3～10天内给付。全年处理理赔案件2680起，日均理赔件数超7起，赔付支出1.26亿元，理赔金额1200余万元。年内，支公司为客户推出了E报账、微回执、微回访、微理赔等全自助电子化服务应用系统，客户可通过电脑网页、手机APP、微信等方式，实现公共、查询、缴费、保全、理赔、柜面E服务6大类49项服务，客户可足不出户即能办理相应的保险业务。

【精准扶贫】2018年，支公司定点对左权镇花桥村和均楚镇周坊村进行对口帮扶，并指派员工周菊华担任左权镇花桥村驻村帮扶队队长。全年共拨付扶贫资金8万元。在端午节、中秋节、助残日、春节等节日中，多次走访、慰问帮扶对象，累计发放慰问金近2万元。 （黄　涛）

民政·社会保障

民　政

【概况】2018年，醴陵市民政局内设办公室、信访法制股（行政审批股、信访室）、计划财务股、社会救灾救助股、社会福利和社会事务股（市老龄办公室）、基层政权股（社会工作股）、优抚安置股（市退伍军人接收安置办公室、市“双拥”工作领导小组办公室）、纪检监察室8个机构，下辖市慈善办公室（副科级）、市烈士陵园管理所、市社会福利中心、市军队离休退休干部休养所、市婚姻登记处、市殡仪馆、市救助管理站、市地名委员会办公室、市社会救助服务中心、市退役军人服务中心、市福利彩票销售管理中心11个事业单位；共有在职人员123人，其中在编人员78人。

【社会救助】2018年，利用湖南省居民家庭经济状况核对平台，对全市享受城乡居民最低生活保障、特困人员供养待遇的对象开展信息比对，核减约600户不符合政策的城乡低保对象。对2017年清退的建档立卡贫困对象进行“回头看”，参照城乡居民最低生活保障审批程序，批准227户552人享受此项政策。年内，城乡居民最低生活保障救助标准分别提高至人均320元/月和170元/月，城市居民最低生活保障线标准提高至480元/月。按照省重点民生实事项目有关残疾人“两项补贴”提标的要求，将困难残疾人生活补贴和重度残疾人护理补贴发放标准每人每月提高至55元。全年共发放城乡居民最低生活保障金、特困人员供养待遇和残疾人“两项补贴”资金14164.24万元。全面实现民政医疗救助“一站式”结算服务，出台《关于进一步完善医疗救助的通知》文件，普通医疗救助年封顶线修改至3000元，重特大疾病医疗救助年封顶线修改至5000元；通过健康扶贫民政医疗救助“一站式”结算平台，为35189人次的困难群众发放医疗救助金2235万元。全年临时救助800人次，发放临时救助资金95万元；为镇、街道拨付临时救助资金252万元。开展“夏季送清凉”、“寒冬送温暖”、“6·19”全国救助开放日等救助活动，全年累计救助流浪乞讨人员1265人次，其中医疗救治163人次、护送返乡168人次。

【脱贫攻坚】2018年，市民政局发挥在落实社会保障兜底扶贫政策上的部门优势，为6511户12662名在册社会保障兜底对象发放兜底资金2900万元，为贫困户残疾人发放“两项补贴”342.9万元。按照全市脱贫攻坚工作部署，市民政局安排46名干部与板杉镇板杉村、擂鼓桥村等6个村64户贫困户开展结对帮扶工作，累计向64户帮扶对象送去慰问物资和节日慰问金12.7万余元，为20户贫困户发展养殖免费提供鸡鸭苗1700余只，完成贫困户微心愿100余个，向板杉镇拨付扶贫资金30万元。年内市民政局帮扶对象中有41户贫困户成为预脱贫对象。贯彻落实市委、市政府对口帮扶的决策部署，累计向对口帮扶点——炎陵县霞阳镇黄沙垅村发放慰问物资及慰问金、拨付扶贫资金和产业发展资金共计10万余元。

【特困供养】2018年，通过购买服务引入第三方机构，深入开展特殊困难老年人摸底筛查、养老服务设施摸底调研、老年人养老服务需求调研、老年人能力评估等工作。完成浦口镇中心敬老院改扩建工作和10所敬老院维修改造工作，新增养老护理床位100

张。加强敬老院安全管理，与全市40所养老院签订《服务质量建设专项行动目标管理责任书》，明确养老工作目标，列出问题整改清单，不断提高养老服务质量。年内，农村特困人员分散供养标准提高至每人364元/月。

【减灾防灾】2018年，在全市推广民政系统报灾终端采购，启动全市自然灾害救助Ⅲ级响应，重点开展暴雨、旱灾、风雹灾害的核灾、报灾和救灾工作。及时慰问受灾群众、受灾区域，累计发放自然灾害救助资金100万元，下拨冬春救助资金300万元。以“5·12”“10·13”防灾减灾日宣传活动为契机，发放防灾减灾挂图60余套、宣传手册5000份和减灾防灾无纺布购物袋1000余个，受教育群众达1万人次。全国、省级防灾减灾示范社区创建工作成效明显，来龙门街道和车顿桥社区获评“2018年度全国综合减灾示范社区”，王仙镇三狮村获评“全省综合减灾示范社区”。

【优抚安置】2018年，全面落实双拥共建、优待优抚、退伍安置、烈士褒扬等政策。开展“爱心献功臣”、“庆军功”、庆“八一”、“为一等功臣林祥送喜报”活动仪式和全国烈士纪念日等系列活动，共走访慰问特困优抚对象708人。市烈士陵园基础设施得到明显改善，爱国主义教育功能得到进一步发挥，获评“株洲市社会科学普及基地”。推行家庭优待金“城乡一体化”，将农村籍义务兵家庭优待金从6000元/人/年提高至15000元/人/年，累计发放资金1111.5万元。年内为27名伤残军人和因公致残公务人员办理新增、评残申报手续，完成338名年满60周岁农村籍退役士兵生活补助的申报审批工作和148名带病回乡对象的审查申报工作，为9485名重点优抚对象参合参保、为595名重点优抚对象发放住院医疗补助资金101.6万元，全年累计发放各类抚恤资金5400余万元。完成23名符合安置条件转业士官的安置任务，为335名退役士兵发放自主就业一次性经济补助433.5余万元。举办电工、学历教育、创业意识、汽车维修、计算机操作等免费技能培训，参训人数达300人。做好全市退役军人和其他优抚对象信息采集工作，进一步规范涉军数据的精准管理。

【信访维稳】2018年，制定出台《醴陵市民政局领导班子成员信访接待值班制度》，共接待来访人员9570人次，办结网上信访154件、网上咨询11件和株洲“12345”市长热线80件，处理上级转接件67件。在涉及退役军人和优抚对象信访案件方面，高效办理中央巡视组交办信访件12件、省委巡视组交办信访件4件，接洽处理各类访情6326人次，带访省民政厅政策咨询22人次，处理来信135件。

【殡葬改革】2018年，市民政局通过举办“殡仪馆开放日”活动、开展殡葬领域突出问题专项整治行动，推动全市殡葬改革工作。10月，醴陵市各基层党组织开展“学《条例》，扫黑恶，树新风”为主题的党日活动，组织学习《关于党员干部带头推动殡葬改革的实施意见》和《醴陵市殡葬领域突出问题专项整治行动方案》等文件，党员干部带头签订《醴陵市党员干部带头推动殡葬改革承诺书》，带头破除丧葬旧俗和封建迷信，树立科学、文明、健康的生活方式，倡导文明节俭、生态环保、移风易俗的殡葬新风尚。11月，醴陵市加入全省“互联网+殡葬”服务管理模式系统，实现醴陵殡葬改革数据信息与国家、省级监控平台实时对接和共享。全年出动殡葬改革宣传车480辆（次），火化遗体共702具，殡仪治丧233场（次），销售公墓233座，免除困难群众基本殡葬服务费用105人次22.05万元。开展各类殡葬执法检查200余次，查获各类殡葬违法案件86起，劝导丧事简办6例，查处违规搭棚治丧18次、乱埋乱葬5起，拆除违法违规建造空墓15座。

【福利事业】年内，持续推动福彩事业发展，全市共有福彩投注站90个，中福在线销售厅2个。福利彩票累计销售金额达9130万元，募集福彩公益金1158万元；醴陵市连续7年获评全省福彩销售工作先进县（市）。为131名孤儿发放生活费109.92万元。

【老龄工作】2018年，醴陵市被列入全国第二批居家和社区养老服务改革试点单位和省“五化”（人本化、法治化、标准化、信息化、社会化）民政创新实验区养老服务改革试点单位。截至年末，全市共有养老床位6088张，完成每千名老人35.4张床位的小康社会考核指标。为2743名90岁以上老人发放高龄补贴201.14万元；开展各种形式的走访慰问活动，累计发放慰问物资513万余元；有2600人享受基本养老服务补贴，覆盖率达100%。为33938位老人购买老年人意外伤害险，收取保费331万元，参保金额在全省排名第三，株洲地区排名第一。

【村级事务】2018年，全面推行“四议两公开”（指村党组织领导下对村级事务进行民主决策的一套基本工作程序，是基层在实践中探索创造的一个行之有效的工作方法。“四议”指村党支部会提议、村“两委”会商议、党员大会审议、村民代表会议或村民会议决议;“两公开”指决议公开、实施结果公开）制度，统一规范全市所有村（社区）事务公开栏。完成270个村（社区）特殊法人证书的发放工作，指导镇（街道）和村（社区）修订完善村规民约（居民公约），成立红白理事会。推动“社区居民自治与网格化服务管理衔接”实验区创建工作，来龙门街道马放塘社区和茶山镇东岗村获评株洲市2017年度“最美社区”。

【区划地名】2018年，全市地名普查工作重点为地名图、录、典、志的编纂工作，与湖南省地图出版社签订外包服务合同。分别编纂《中华人民共和国标准地名词典》和《中华人民共和国标准地名志》中涉及醴陵的内容68条、5条，计2.3万余字；分别编纂《湖南地名词典》和《湖南地名志》中涉及醴陵的内容348条、266条，计8.1万余字；编纂《株洲市标准地名词典》和《株洲市标准地名志》中涉及醴陵的内容817条、720条，计15万余字；编纂《醴陵市地名志》，分7章、4163条，计62万余字，有彩页80幅；编纂《醴陵市地名词典》，分6个部分、12300条，计40万字，有彩页21幅。拍摄“水陆中转站·传奇神福港”“彰仙福地·旅游胜景”等10集《大美醴陵·地名故事》专题片。完成醴陵市、株洲县、攸县行政区域界线、界碑联检工作。

【社会组织规范化管理】2018年，共登记社会团体6家，民办非企业单位8家，注销社会组织16家，准予变更登记20家。做好社会组织法人信息库建设，为452家社会组织颁发新的统一社会信用代码法人证书。开展打击整治非法社会组织专项行动和校外培训机构专项整顿活动。聘请第三方机构运营市社会组织孵化基地，年内孵化10家社会组织。建成全市社会组织党建服务中心。推进镇（街道、示范区）社会工作站建设，广泛开展“3·5”学雷锋、社会工作宣传周活动，引导更多志愿者注册成为中国志愿服务网志愿者。

【婚姻登记】2018年，全市广泛开展婚姻法律法规宣传教育活动，倡导婚姻自由和谐、家庭生活幸福美满，引导群众进行合法婚姻登记。加大婚姻登记规范化建设，对婚姻登记员进行业务培训，提高业务水平。按照“有一补一，应补尽补”的原则，继续开展婚姻历史数据补录工作。年内，共办理结婚登记5278对，办理补领结婚证件2035对，办理离婚登记2241对，办理收养登记10例。

【慈善事业】2018年，继续开展“天天慈善一元捐”和定向扶贫、定向助学等募捐活动，广泛搭建爱心桥梁，设立全市第二个慈善冠名基金——衍洪慈善基金，全年共募集慈善款物约550万元。充分发挥慈善组织在脱贫攻坚行动中的力量与作用，持续启动“慈善+扶贫”关爱贫困学子等慈善项目，积极开展助学、助医、扶贫活动，全年用于扶贫、济困、助学、助医等各项救助支出1050万元。

【信息宣传】2018年，市民政局加大民政民生工作宣传力度，出台《民政信息宣传工作考核奖励试行办法》。全年各类民政信息采用数量达110余条（次），其中中央电视台、《中国社会报》、湖南红网等省部级以上媒体采用12条（次），《株洲日报》等株洲市级以下媒体采用70余条（次）；《中办要情》，省委、株洲市委和醴陵市委《要情汇报》等内参采用22条（次），题为《部分民间组织身披官方“马甲”行事严重侵蚀政府公信力和社会风气亟待重视》的调研信息先后被省委和中共中央办公厅内刊单篇采用。（丁时伟）

人力资源和社会保障

【概况】2018年，醴陵市人力资源和社会保障局（以下简称“市人社局”）下设市劳动就业管理局、工伤保险局、社会劳动保险局、城乡居民医保管理服务中心、人力资源服务中心（干部考试培训中心）、劳动监察队6个副科级全额拨款事业单位和城乡居民社会养老保险中心、绩效评估委员会办公室2个正股级全额拨款事业单位；11月，撤销内设行政股室劳动人事档案管理股，内设机构调整为办公室、计划财务股、基金监督股、劳动人事争议仲裁院、公务员管理办公室、事业单位人事管理股、工资福利股、工伤认定股、信息中心、政策法规股10个行政股室，共有在职在编人员103人。年内，市人社局紧扣“民生为本，人才优先”的工作主线，遵循“讲党性、守规矩、重公平”的工作纪律，围绕“人有所事，老有所养，病有所医，伤有所治，失有所保，规范用工”的总体工作目标，完成省、株洲市下达的各项目标任务，为全市经济社会发展做出贡献。获得2018年度人力资源和社会保障部新闻宣传工作优秀单位、第三届“中国创翼”创业创新大赛优秀组织奖和省人力资源和社会保障厅城乡居保经办管理服务工作优秀单位等荣誉。

【人事人才】年内，完成93名公务员和416名事业单位工作人员、医卫类专业技术人员、农村初中小学幼儿园教师、“三支一扶”人员的公开招聘工作，政策性接收录用定向免费师范生、定向警院生125名，落实“双创十条”(《醴陵市关于促进大众创业万众创新的十条政策》)，引进省级科技创新人才2人、醴陵市级科技创新人才22人，公开招聘高层次专业技术人员29人，办理人才流动1935人。档案管理、职称评审进一步规范。举办全市中层干部提升班，举办新录公务员培训、新进事业单位人员转正培训和专业技术人员继续教育培训等，参训人数达1000余人次。工资福利工作规范有序，工资、退休等业务办理严谨规范。

【就业创业】2018年，全市新增城镇就业8946人，贫困劳动力转移就业697人，失业人员再就业4430人，就业困难人员再就业1441人，实现零就业动态援助100%，城镇登记失业率控制在2.06%。开发公益性岗位664个，落实公益性岗位补贴660人。举办人才交流会17场次，进场招聘单位645家，提供岗位职数22122个，为3830人提供就业机会。结合产业特色，举办各类培训班70期，培训3425人次。年内，739人取得初级职业资格证书。新增创业主体5958个，扶持大学生微创业项目24个，带动城乡就业18021人。发放小额担保贷款1733万元。承办醴陵市第三届创新创业大赛，推荐7个优秀项目参加省、株洲市级比赛，激发创新潜能和创业活力。高校毕业生就业工作和异地就医直接结算工作获得国务院督察组的肯定。

【社会保险】2018年，全市养老保险、医疗保险、生育保险、失业保险、工伤保险等9项社会保险参保总人数达88.74万人；社保基金总收入达到23.68亿元，支付各类待遇20.05亿元。办理各类社保业务340余万批次，社保卡持卡人数达75万人。及时足额发放离退休人员养老金，被征地农民养老保险工作顺利推进。年内，对市内52家医疗保险定点医疗机构进行166次现场稽核，对主产区35家烟花爆竹企业进行专项工伤稽核，确保社会保障基金规范运作率和安全完整率达到100%。完善医疗保险管理服务，实行总量控制、“五保户”包干治疗、实名制就医、有奖举报、反欺诈反骗保专项行动、“一站式”结算、异地结算等措施，加强对定点医疗机构的管理。开通养老保险年审手机终端人脸识别功能和城乡居民医疗保险微信缴费，方便群众。

【劳动关系】协调解决劳动争议纠纷208起，受理劳动争议案件135起，依法认定工伤810起，通过劳动监察为1268名劳动者追回工资1262万余元。确保全年建筑行业工伤保险参保率、农民工工资保证金收取率均达100%，实现基层调解组织全覆盖。醴陵旗滨玻璃有限公司彭某某工伤认定案卷被株洲市人力资源和社会保障局评为2018年度行政确认优秀案卷，农民工工资支付工作成效明显，劳动仲裁作用得到充分发挥，劳动人事争议工作获得株洲市人力资源和社会保障局肯定。解决一批信访积案，信访维稳工作被评为全市先进。

【民生实事】2018年，全市共承担省、株洲市、醴陵市级“民生100”工作实事指标80项。按照“年初动员交办、年中督查调度、年底考核验收”的工作思路稳步推进，80项考核指标全部完成或超额完成考核任务。其中瓷城古韵·一江两岸文化休闲带、中国供销社·互联网醴陵运营中心等项目成为亮点工程，福田健康医养中心、推进分级诊疗项目推动“老有所养”“病有所医”民生目标的实现。建设主要农产品安全追溯点，确保主要农产品检测合格率，保障食品安全。帮助解决农村困难群体住房、道路、饮水安全等问题，扶助困难学生及残障群体。全面提升群众幸福指数。

【脱贫攻坚】2018年，市人社局以医疗保障和转移就业为抓手，不断创新工作思路，夯实工作举措，打好脱贫攻坚战役；为东富镇东兴居委会、芷泉村、西林村、东富村和茶山镇龙井居委会、沩山镇泉水村投入资金23万元，完善交通、电力、水利等基础实施和公共服务设施，帮助贫困户发展产业改善生产生活条件。举办“春风行动”、就业援助月等就业扶贫专场招聘活动6场，提供岗位1.5万余个，帮助300余名建档立卡贫困求职者达成求职意向。结合企业帮扶工作，与湖南华联瓷业股份有限公司、醴陵陶润实业发展有限公司和醴陵华鑫电瓷科技股份有限公司等14家就业扶贫爱心企业对接，提供各类就业岗位200余个。发布公益性岗位50个，累计安置建档立卡贫困户50人，为38人落实公益性岗位补贴和社保补贴31.31万元。全市38095名建档立卡贫困人口全部纳入城乡居民医疗保险，个人缴纳部分全部由市级财政代缴，共计代缴685.71万元；实现贫困户住院补偿比例上浮10%，大病保险起付线降低50%；建立“一站式”结算平台，为15085人次贫困人口报销医疗费用4362.35万元，综合报销比例达88.85%。（乔馨玉）

教　育

综　述

【概况】 2018年，全市有各级各类基础教育学校数491所（不含教学点）。其中十二年一贯制学校1所（第八中学），完全高中1所（第七中学），高级中学5所，初级中学30所，九年一贯制学校12所，小学144所，幼儿园297所，特殊教育学校1所。另有教学点69个。在校学生、在园幼儿共154028人，其中中学生（含中职学生）46503人、小学生67759人、在园幼儿39595人、特殊教育学校学生171人；有学校、幼儿园教职工共10958人。2018年高考，全市报名参考人数为3537人，实际参考人数为3517人（其中普高2999人，职高518人）；本科一批上线人数达900人，比2017年净增273人，本科一批上线率达30.1%；本科二批及以上上线人数为1913人（不含职高对口升学162人），比2017年净增90人，本科二批及以上上线率为63.9%。

【教育协调发展】 一是普惠发展学前教育。遴选评估162所普惠性民办幼儿园，公办幼儿园和普惠性幼儿园入学幼儿人数为29853人，占全市在园幼儿总数的75.66%。二是均衡发展义务教育。统筹推进城乡义务教育一体化改革发展，开展控辍保学“三帮一”（明确1名教师、1名村干部、1名家长或监护人，帮扶1名辍学学生，逐一对辍学学生进行劝学）劝返复学行动，实现小学辍学率为零，初中巩固率达99.92%。加强招生管理，小学招生以“划片招生，免试就近入学”为基本原则，公办初中学校招生按照“划片招生，相对就近，免试入学”的方式进行；严格控制起始年级班额（小学45人，初中50人），对大班额比较集中的学校核减招生计划；规范学籍管理，在转学、借读过程中必须根据年级、班额招生。制定《醴陵市消除义务教育大班额专项行动实施方案》，明确消除大班额目标任务。在老城区采取增设班级、扩增学位方式，在新城区采取新建学校、增加学位方式，分类施策化解大班额，在部分学校，采取做通学生家长工作方式分流学生。年内，35个66人以上的超大班额班级全部清零，化解56人以上的大班额班级250个，大班额率降至7.5%，比2017年下降8.9个百分点。三是优质发展高中教育。加强高中创新人才培养，探索新高考改革背景下的育人模式改革，试点“选课走班”教学模式。市第一中学在2016—2017学年度湖南省示范性普通高中督导评估中得分在90分以上，位列全省17所获评优秀等级的省示范性普通高中。2018年高考全市本科二批及以上（含二本）上线率摘得株洲地区“五连冠”。四是内涵发展职业教育。推进现代职业教育体系建设，完善学校治理结构，大力推进产教融合，建立健全教育教学诊改制度。严格规范招生行为和实习就业制度，确保各校办学规模和留生率，确保高品质就业、对口就业，巩固率达95.5%，就业率达97.9%。五是加速发展高等教育，湖南工业大学醴陵陶瓷学院新校区教学大楼、实训大楼、图书馆、学生宿舍等其它办学所需场地和设施等均在建设当中，实训楼全部竣工，校园主道路完成部分路基施工。六是规范发展民办教育。建立健全民办培训机构、托管机构综合治理机制，印发《醴陵市校外培训机构专项治理工作方案》，开展校外培训机构专项治理，优化民办教育发展环境。全市原有校外文化教育培训机构84所，其中53所机构具备办学许可证，31所机构无营业执照和办学许可证；年内，6所机构已申领办学许可证，9所机构被关停，12所机构完成整改，4所处于整治阶段。

【改善办学条件】一是推进“全面改薄”工程。投入6000万元，改造30所农村薄弱学校，新建校舍12958平方米，维修改造校舍9860平方米，全面完成“全面改薄”五年规划任务，全市义务教育学校全部达到《湖南省义务教育学校办学标准》20条底线要求。二是实施标准化学校建设工程。投入5930万元，59所学校进行标准化学校提质改造，新建校舍15680平方米，维修改造校舍14000平方米，购置设施设备1300万元。三是加速推进重点项目工程。新三中项目建设用地预审、项目立项、林地报批、环评审批、规划手续等全部完成，涉及长庆示范区长庆寺村的拆迁任务全部完成，涉及长庆示范区马脑村的拆迁任务已启动征拆协议的签订，清表、土石方施工等工作有序推进。市第一中学教学楼、市第二中学学生宿舍楼、市第四中学学生宿舍楼、市第五中学运动场、来龙门街道东岸小学二期工程建设基本完成，市第二中学教学楼、市第四中学艺体楼启动建设。四是整体推进教育信息化。所有学校的互联网网速实现100兆接入，规模较大学校网速实现500兆接入，较常年节约经费50余万元，实现学校互联网的“提速降费”。30余所学校与腾讯、阿里巴巴等国内大型互联网企业开展教育信息化校企合作试点，建设智慧校园平台。在2018年度株洲市区域整体推进教育信息化工作年度评估考核中，醴陵市获评一等。

【教师队伍建设】一是充实教师队伍。年内，市机构编制委员会批准380个教师招聘计划（其中接收回醴陵免费师范生116人，公开招聘234人，高中引进人才30人），实际招聘新教师363人。申报农村公费师范生培养计划120人，省教育厅批复115人，实际送培115人。二是组织教师全员培训。实行培训学分登记制度，组织教师参加各级各类教师培训。组织实施国培、省培、市培、县培共167个培训项目，参培人数6314人，参培率、合格率和学分完成率均为100%。三是促进校长、教师交流。继续加大义务教育学校校长、教师交流轮岗力度，通过定期交流、跨校竞聘、中心校一体化管理、集团化办学、对口支援、镇中心学校教师走教等多种途径和方式，引导骨干教师向乡村学校和薄弱学校合理流动，重点推动城区教师到乡村学校轮岗、初中和中心学校教师到村小和教学点轮岗。全年交流教师278人（其中骨干教师25人），交流校长26人（均不含镇、街道内部交流）。教师、骨干教师、校长交流比例分别为16.25%、20.16%、10.74%。四是表彰优秀教师。召开第34个教师节庆祝表彰大会，评选表彰3个“立德树人先进集体”、27名“教书育人楷模”和100名优秀教师、优秀校长、优秀教科研工作者、优秀班主任。年内有45人获评株洲市优秀教师、先进教育工作者称号。五是提高乡村教师待遇。乡镇及以下学校在职在岗教师一律纳入乡镇工作补贴实施范围。对条件特别艰苦的偏远学校，在山区教师补助专项经费（每年10万元）和教育强市专项经费（每年1000万元）中列支发放山区教师补助和乡村校长绩效工资。统筹经费37.29万元，为全市所有乡村教师购买团体人身意外伤害保险，保费为每人每年100元。投入1300万元，新建和维修农村学校教师周转房200套，面积9200平方米。建立乡村教师重大疾病救助制度，10名教师获省级特困救助，59名教师获株洲市级特困救助，230名教师获醴陵市级特困救助，救助金额达245万元。两年一次的中小学教师定期健康体检工作有序实施。

【教育扶贫】采取教师自愿申报和学校安排两种方式，结对帮扶全市6807名建档立卡贫困户子女，确保每名贫困学生至少有1名帮扶教师。在全面落实资助政策的同时，按照“一人一案”，做好心理疏导、学业辅导、生活指导和品德启导，对重度病残不能到校上学的学生，开展送教上门服务。通过结对帮扶，全年共资助学生27620人次，资助金额1775.5万元，6807名建档立卡贫困户学生资助全覆盖，实现建档立卡贫困学生“100%受助、100%就学、100%健康成长”目标。

【资助学生】年内，为9152名中等职业技术学校学生免除学费541.44万元，为438名贫困大一新生发放助学金182.5万元，为718名大学生发放生源地助学贷款580万元。出台地方政策，为非寄宿的建档立卡贫困户学生和非普惠性幼儿园幼儿提供生活补助，按幼儿和小学生每生每年1000元和初中生每生每年1250元的标准发放。自2017年起，学校面向建档立卡贫困户子女“两后生”（应届初中毕业生、未满18周岁的初中毕业往届生）招生，开办学制2年的第一届“自强班”，实施“三免一包”政策（免学费、免杂费、免生活费，包推荐就业）。年内，学校为第一届“自强班”中4名学习基础较好且升学愿望强烈的学生，安排对口升学课程学习，帮助实现大学梦，另有6家企业为第一届“自强班”学生提供就业岗位85个；学校继续开办第二届“自强班”，招收学生119人，但不再成建制班级，招收的学生以“自强生”身份分散于各专业，享受同等学习待遇。

【社会组织关爱教育事业】12月25日，醴陵市教育基金会、渌江书院文化教育基金会成立。株洲市人大常委会原主任、株洲市教育基金会理事长刘力量，醴陵市委书记胡湘之出席成立仪式。2个基金会暂行2个机构、一套班子、统一管理，株洲市纪委原正处级纪检监察员、醴陵市人大常委会党组原副书记、原副主任徐林娟任基金会理事长。为提升农村儿童阅读品质，市教育局与“担当者行动”公益组织深度合作，为农村小学配备班级图书角，并组织志愿人士到学校进行阅读指导，实现全市213所小学（含教学点69个），1734个班级。“班班有个图书角”全覆盖。（汤向荣）

醴陵市陶瓷烟花职业技术学校

【概况】醴陵市陶瓷烟花职业技术学校（以下简称“学校”）占地7.33万平方米，有教学楼3栋、实训楼1栋、实训中心3个、学生公寓4栋、食堂1栋，校舍建筑面积5.6万平方米，拥有固定资产7032万元。2018年，学校有全日制在校学生3250人、教师271人〔其中“双师型”（教师既具备理论教学素质，也具备实践教学素质）教师108人、湖南省高级工艺美术大师8人和省、株洲市、醴陵市学科带头人12人〕，建立7个名师工作室，开设陶瓷工艺、花炮生产与管理、汽车运用与维修、电子商务、机械制造技术、旅游服务与管理、音乐等15个专业。年内，学校通过国家中等职业教育改革发展示范学校验收。免费为建档立卡贫困家庭孩子提供技能培训和安排就业开设的“自强班”事例，受到中央电视台《朝闻天下》栏目报道。

【校企合作】2018年，学校新增海尔集团、一声喊照明灯具有限公司、深圳市百校千企教育有限公司等多家合作企业，校企合作进入“教、学、产、研”深层次融合；承办湖南省职业教育与成人教育学会中职学校校企合作工作委员会2018年年会暨株洲市“产教融合、校企合作”现场会。成立以行业精英、专家为主要成员的专业建设指导委员会，参与专业建设、课程改革、教学模式改革，中国陶瓷艺术大师刘劲松到学校招收6名学生为徒，现代学徒制试点进入深水区。承办醴陵市第三届创新创业大赛，被湖南省人力资源和社会保障厅评为优秀创业服务机构；瓷城众创空间获评湖南省级众创空间，为社会创新创业者和学校师生提供发展平台；创建人才服务综合体“众空间”。

【师生培育】学校确立“职业人才摇篮、新兴产业引擎、国家中职名校”的发展定位，坚持“升学、就业”两条腿走路，与湖南工艺美术职业学院、湖南汽车工程职业学院、湖南安全技术职业学院、湖南化工职业学院进行中高职衔接；积极申报五年一贯制大专试点工作，筹备通过3年试点、2年创建，5年实现学校升格；对接湖南商学院，洽谈产学研合作事宜；13家烟花爆竹企业与学校共同培育烟花爆竹生产与管理人员35人，开启订单式培养；对口升学高考本科二批及以上上线76人，升学率达55%；普职融通试点成功，4人通过融通桥进入市第四中学学习。全年组织学生参与各类活动1.3万人次，获各类奖项2763人次、优秀集体荣誉52个，形成各类参赛作品1013件。承担2018中国醴陵烟花爆竹产业博览会、2018中国（醴陵）国际陶瓷产业博览会和“共筑航天新时代·共建五彩新醴陵”中国航天科普展的志愿者服务工作，组织陶瓷DIY体验活动，学校编排的《渌水瓷韵》节目亮相博览会。教师队伍实力增强，全年各级各类获奖230项。其中有教师科研成果、教学竞赛奖156项；教学教研论文获奖74人次，其中省级47人次。开展各级各类培训4406人次，其中学校教师丁佳富、蔡超、黄小芳、汪珊到非洲塞拉利昂开展为期45天海外制陶技术培训，培训走出国门。

【项目建设】年内，学校承担的国家发展和改革委员会产教融合项目——陶瓷综合实训楼建设项目，争取中央资金1726万元，醴陵市级资金400万元，建设主体完工，进入内部装修阶段，功能室规划设计完成，改造建设实训楼周边沥青路面，匠心园、陶瓷文化名人群雕像和李畋铜像相继落成。“宋华青工艺美术（陶瓷）专业名师工作室”“陶瓷机械示范性特色专业群”“花炮生产与管理专业生产性实习实训基地”“花炮生产与管理专业‘厂中校’现代学徒制试点项目”4个株洲市职业教育重点建设项目通过株洲市教育局验收。

【教学改革】年内，学校的“智慧校园”建设基本完成，开展课堂教学改革教育信息化应用试点工作，融合信息化应用与教育教学。承办2018年株洲市中职学校信息化教学设计与“创新杯说课大赛”决赛和2018年教育部—中国联通职业院校校长和骨干教师

“网络学习空间人人通”专项培训活动。截至年末，学校共建立12个专业教学资源库、5个科室资源平台，陶瓷工艺专业开发微课107集；完成《烟花爆竹安全管理》《烟花爆竹应急管理》2本校本教材编修工作，完成《中职语文导学案职业模块》《中职语文导学案职业模块拓展模块》《中职语文导学案职业模块（上册）》《中职语文导学案职业模块（下册）》《中职语文复习试题册》《高三寒假作业（计算机）》6个习题库建设。

【教育扶贫】2018年，学校发挥职业教育在教育脱贫中的优势，做实资助工作，摸准底子，选准渠道，精准行为，形成国家、学校、社会三级资助网络，全部在校学生均享受国家免学费资金，受助金额达856.32万元；享受国家助学金的家庭经济困难学生有896人，受助金额789.6万元。年内，学校共招收建档立卡贫困家庭的应届初中毕业生119人，通过“三免一包”政策整合社会力量，开展一对一帮扶，彻底解决119户建档立卡贫困家庭两后生子女上学难的问题，阻挡贫困代际传递。开展脱贫培训，结合当地经济发展特色，在浦口、石亭、官庄等乡镇组织4期技能技术培训，培训贫困户324人，推荐就业渠道和平台，取得良好效果。开展社区教育活动200余次，启动“2018年全民终身教育活动周”，获评“2018年株洲市社区教育先进县市区”。

醴陵市陶瓷烟花职业技术学校2018年教师获奖以及论文发表情况一览表

表6

姓　名	竞赛（作品）及论文（课件）名称	获奖及发表情况	授奖或发表单位
徐　峰	课题《中职学校地方特色专业建设探究与实践——以陶瓷工艺专业为例》	二等奖	教育部
彭水根	水滴型烟花	发明专利	国家知识产权局
	塔式烟花		
李　博	中职学校“创新杯”信息化教学设计及说课大赛	三等奖	中国职业技术教育学会
袁　园	湖南省女陶瓷艺术家“五月花”陶瓷艺术原创作品大赛	铜奖	中国陶瓷工业协会、湖南省女陶瓷艺术家协会
钟　娅			
朱　虹		优秀奖	
侯岳峰	微课《汽车发电机车上检测与更换》	三等奖	全国机械职业教育教学指导委员会
喻池等	课题《陶瓷工艺大（名）师培养模式探索与实践》	二等奖	湖南省教育厅
钟　宇	德育案例《弘扬陶瓷传统文化　做新时代的陶瓷人》	入选	湖南省教育厅（职业教育与成人教育处）
汤馨怡 文　宇	论文《信息化背景下产教融合的探索与实践》	一等奖	湖南省职业教育与成人教育学会中职校企合作委员会
陈　娟	论文《浅谈中职酒店类专业人才培养存在的问题》		
颜小梅 朱树桃	论文《三位一体，校企融合共育行业大师》		
林秀兰	论文《中职语文教学中渗透职业精神的策略探究》		
谢菲菲	论文《浅谈中职学校旅游类专业“课岗证赛”四位一体人才培养模式》		
瞿志军 肖海祥	论文《经济发展新常态下深化产教融合实践性探究》		
廖　维	论文《立足产教结合开创地方职业教育改革新局面》	二等奖	

续表 6-1

姓 名	竞赛（作品）及论文（课件）名称	获奖及发表情况	授奖或发表单位
陈细平	论文《职业院校职业技能实训能力建设探究》	二等奖	湖南省职业教育与成人教育学会中职校企合作委员会
钟 妮	论文《中职教师男幼师人才培养模式探究》	二等奖	湖南省职业教育与成人教育学会中职校企合作委员会
喻 池	论文《大师领衔，名师带动，梯度培养炼人才》	二等奖	湖南省职业教育与成人教育学会中职校企合作委员会
唐 婷	论文《为梦想插上腾飞的翅膀——浅谈中高职衔接的实践探索》	二等奖	湖南省职业教育与成人教育学会中职校企合作委员会
陈 健 侯岳峰	论文《基于企业人才培养计划的校企合作研究》	二等奖	湖南省职业教育与成人教育学会中职校企合作委员会
唐 荣	论文《浅谈顶岗实习管理中存在的一些问题及对策》	三等奖	湖南省职业教育与成人教育学会中职校企合作委员会
李艳枝	论文《运用“工学交替”模式提升农村中职生的就业能力》	三等奖	湖南省职业教育与成人教育学会中职校企合作委员会
黎 亮	论文《感悟音乐，培养审美——浅析中职音乐教学中学生审美能力的培养》	三等奖	湖南省职业教育与成人教育学会中职校企合作委员会
曾 艳	论文《浅谈中职钢琴的有效教学》	三等奖	湖南省职业教育与成人教育学会中职校企合作委员会
谢玲香	论文《浅谈中职音乐专业学生实习中存在的问题及对策》	三等奖	湖南省职业教育与成人教育学会中职校企合作委员会
颜文慧	论文《产教融合趋势下关于中职电商专业人才培养的思考》	三等奖	湖南省职业教育与成人教育学会中职校企合作委员会
陈海根	论文《校企合作模式下教师定岗实践的意义探析》	三等奖	湖南省职业教育与成人教育学会中职校企合作委员会
刘 琦	论文《现代学徒制之我见》	三等奖	湖南省职业教育与成人教育学会中职校企合作委员会
邓 龙	论文《基于校企“大师领衔”双主体育人模式探究与实践》	三等奖	湖南省职业教育与成人教育学会中职校企合作委员会
常 锋	论文《基于产教融合和校企合作视角构建中职双师型教师队伍二元结构模式分析》	三等奖	湖南省职业教育与成人教育学会中职校企合作委员会
贺 婷	论文《浅析中职生如何在定岗实习中华丽变身》	三等奖	湖南省职业教育与成人教育学会中职校企合作委员会
李 华	论文《校企融合共发展，产教融合铸匠才》	三等奖	湖南省职业教育与成人教育学会中职校企合作委员会
林秀兰	论文《中职语文教学中渗透职业精神的策略探究》	一等奖	湖南省职业教育与成人教育学会中职语文教学专业委员会
肖海祥	论文《中职生语文阅读持续发展之探究》	一等奖	湖南省职业教育与成人教育学会中职语文教学专业委员会
钟 妮	论文《浅析中职语文拓展模块课堂教学》	一等奖	湖南省职业教育与成人教育学会中职语文教学专业委员会
喻 池	论文《浅论中职语文口语交际能力提升策略》	二等奖	湖南省职业教育与成人教育学会中职语文教学专业委员会
颜小梅 文 宇	论文《中职语文课堂教学有效问题的设计初探》	二等奖	湖南省职业教育与成人教育学会中职语文教学专业委员会
瞿志军 肖海祥	论文《新时代中职生语文核心素养培养之“快乐阅读”实践探究》	二等奖	湖南省职业教育与成人教育学会中职语文教学专业委员会
袁姗明	论文《以就业为导向的中职语文教学的探讨》	三等奖	湖南省职业教育与成人教育学会中职语文教学专业委员会
唐 荣	论文《中职语文之妙，在乎提高趣味》	三等奖	湖南省职业教育与成人教育学会中职语文教学专业委员会
王艳红	论文《中职生执行力的培养和训练》	一等奖	湖南省职业教育与成人教育学会
陈细平	论文《一次开学工作督导所引发的几点思考》	二等奖	湖南省职业教育与成人教育学会
颜小梅 文 宇	论文《根植产业，构建中职校行业大师梯度培养模式》	二等奖	湖南省职业教育与成人教育学会

续表 6-2

姓　名	竞赛（作品）及论文（课件）名称	获奖及发表情况	授奖或发表单位
贺明霞 黄　刚	论文《学生干部当家做主　做轻松的“指挥家”》	二等奖	湖南省职业教育与成人教育学会
喻　池	论文《礼仪素养植沃土　魅力“陶花”朵朵开——浅论农村中职学校礼仪教育探究》		
陈细平 何小乐	论文《中等职业学校教学管理工作现状分析与对策》		
易　彤	论文《前厅服务与管理实训课如何加强学生职业素养培养的探讨》	三等奖	
林秀兰	论文《浅析个性化教育在中职语文教学中的应用》		
张旖旎	论文《浅谈中职学校班干部队伍建设》		
常　锋	论文《浅谈中职师资队伍建设》		
喻　池 颜小梅	论文《以文为媒，探语文教学之高位回归》		
常　锋	论文《基于产教融合和校企合作视角构建中职双师型教师队伍二元结构模式分析》		
贺　婷	论文《新课改下职校音乐教学方法与策略》		
徐　峰	课题《中职陶瓷工艺专业群建设实践与研究》	结题	
朱树桃	课题《以学生发展为中心的中等职业学校教学质量评价指标体系建设与研究》		
易　彤	论文《提升前厅服务与管理实训课课堂职业素养的举措探讨》	二等奖	湖南省职业教育与成人教育学会中职招生与就业工作委员会
肖海祥	论文《引导中职生职业生涯规划》	三等奖	
唐　婷	教学设计《Would you like to order？》	一等奖	湖南省职业技术教育学会
瞿志军	教学设计《边城》		
	教学设计《淡之美》		
曾雅萍	教学设计《How much is it？》		
何小乐	教学设计《幼儿园实验操作类科学活动的设计》		
汤馨怡	教学设计《集合的运算——交集》		
文　宇	教学设计《过万重山漫想》		
刘　琦	教学设计《平面向量数量积》		
匡　丽	教学设计《How can I get to the nearest bank？》		
陈　敏	教学设计《The convenience store is over there》		
颜小梅	教学设计《将进酒》		
侯岳峰	教学设计《汽车底盘构造与维修》		
张　艺	教学设计《少年中国说》		

续表 6–3

姓　名	竞赛（作品）及论文（课件）名称	获奖及发表情况	授奖或发表单位
肖海祥	教学设计《春天诗歌会》	一等奖	湖南省职业技术教育学会
	教学设计《一碗清汤荞麦面》	二等奖	
杨雪亭	教学设计《散客导游服务规范》		
黎丽萍	教学设计《Would you mind saying something about your work experience》		
陈　娟	教学设计《点菜服务》		
文　宇	教学设计《人的高贵在于灵魂》		
颜小梅	教学设计《学会写总结》		
	教学设计《念奴娇 · 赤壁怀古》		
瞿志军	教学设计《我的空中楼阁》		
徐　峰	课题《中职学校地方特色专业建设探究与实践——以陶瓷工艺专业为例》	一等奖	株洲市教育局
杨　洁	教师职业能力竞赛：动画片制作与 VR 设计		
赵慧青	教师职业能力竞赛：信息化办公	二等奖	
邓　龙	2018 株洲市“十八中杯”中小幼美术、书法、摄影比赛	一等奖	
杨　洁		三等奖	
骆焱莎			
唐　荣	株洲市 2018 年优秀网络学习空间评选	二等奖	
瞿江林			
郭平凡			
梁武英			
喻　池		三等奖	
刘小利	2018 年株洲市中职学校教师信息化教学大赛《冰爽夏日游户外广告设计》	一等奖	株洲市教育局、株洲市职业教育与成人教育学会
龙闪闪	2018 年株洲市中职学校教师信息化教学大赛《遇见更好的自己》	二等奖	
汪　珏	2018 年株洲市中职学校教师信息化教学大赛《过万重山漫想》		
杨　虹	2018 年株洲市中职学校教师信息化教学大赛《我的未来不是梦》		
周　苗	2018 年株洲市中职学校教师信息化教学大赛《餐巾折花的技法》		
魏　婷	2018 年株洲市中职学校教师信息化教学大赛《音乐表现形式——红河谷》		
温　馨	2018 年株洲市中职学校教师信息化教学大赛《What’s your hobby？ Lead in+ Dialogue A》	三等奖	
吴华香	2018 年株洲市中职学校教师信息化教学大赛《一碗清汤荞麦面》		
贺　丹	2018 年株洲市中职学校教师信息化教学大赛《Tell Me When the Pain Started Reading》		
杨紫薇	2018 年株洲市中职学校教师信息化教学大赛《指数函数及其图像与性质》		
李美华	2018 年株洲市中职学校教师信息化教学大赛《I’ve tried all the means of transportation》		

续表 6–4

<table>
<tr><th>姓　名</th><th>竞赛（作品）及论文（课件）名称</th><th>获奖及发表情况</th><th>授奖或发表单位</th></tr>
<tr><td>杨　虹</td><td>株洲市中职学校优秀教师特色示范课教学竞赛</td><td rowspan="6">一等奖</td><td rowspan="14">株洲市职业教育与成人教育学会</td></tr>
<tr><td>喻　池</td><td>论文《以文为媒，探语文教学之高位回归》</td></tr>
<tr><td>贺建英</td><td>论文《用心用情　助学生成长》</td></tr>
<tr><td rowspan="2">陈细平</td><td>论文《关抓牢“三个三”，做实职业院校教育督导工作》</td></tr>
<tr><td>中等职业学校教学管理工作现状分析与对策</td></tr>
<tr><td>陈海根</td><td>论文《浅谈普职融通班英语教学的困境与对策》</td></tr>
<tr><td>唐　婷</td><td>论文《浅谈信息技术在英语教学中的作用及与英语课程的整合》</td><td rowspan="5">二等奖</td></tr>
<tr><td>汤　虎</td><td>论文《中职学校足球运动开展的现实困境与别样模式构建》</td></tr>
<tr><td>杨晖红</td><td>浅谈如何提高学生的完型填空的答题能力</td></tr>
<tr><td>林秀兰</td><td>论文《如何提升中职语文阅读教学质量》</td></tr>
<tr><td>丁冬梅</td><td>论文《关于中职数学教学的几点体会》</td></tr>
<tr><td>黎　亮</td><td>论文《浅析中职音乐教学中学生审美能力的培养》</td><td rowspan="3">三等奖</td></tr>
<tr><td>龙伟平</td><td>论文《小议信息化教学在中职机械制造类课程中的应用》</td></tr>
<tr><td>瞿江林</td><td>关于智慧校园建设的思考</td></tr>
<tr><td>李　文</td><td>论文《就业导向下中职数学教学模式的创新初探》</td><td rowspan="11">三等奖</td><td rowspan="11">株洲市职业教育与成人教育学会</td></tr>
<tr><td>易　彤</td><td>论文《中职班级手机管理问题及对策研究》</td></tr>
<tr><td>林　利</td><td>论文《浅议信息化教学在中职体育教学中的应用研究》</td></tr>
<tr><td>匡传经</td><td>论文《“全面二孩”政策下家庭教育面临的挑战与对策分析》</td></tr>
<tr><td>付雪峰</td><td>论文《春风化雨　润物无声——浅谈后进生转化工作》</td></tr>
<tr><td>张　卉</td><td>论文《浅谈信息技术在中职英语课堂中的应用》</td></tr>
<tr><td>张　艺</td><td>论文《浅析普职融通的发展现状》</td></tr>
<tr><td>肖海祥</td><td>论文《引导中职生职业生涯规划》</td></tr>
<tr><td>李　红</td><td>论文《如何在中职英语教学中培养学生的职业能力》</td></tr>
<tr><td>李　文</td><td>论文《论中职数学教学与信息技术的整合》</td></tr>
<tr><td>匡传经</td><td>论文《更年期家长与青春期子女的有效沟通探析》</td></tr>
<tr><td>谢磊玉</td><td>论文《农村中学音乐社团研究》</td><td>一等奖</td><td rowspan="2">株洲市教育科学研究院</td></tr>
<tr><td>骆焱莎</td><td>株洲市第八届中小美术教师基本功比赛</td><td>二等奖</td></tr>
<tr><td rowspan="2">李　文</td><td>论文《论中职数学教学与信息技术的整合》</td><td>一等奖</td><td>《软件教育现代化》</td></tr>
<tr><td>论文《就业导向下中职数学教学模式的创新初探》</td><td>发表</td><td>《新教育时代》</td></tr>
<tr><td>付雪峰</td><td>书籍《高考零起点——语文》</td><td>出版</td><td>海南出版社</td></tr>
<tr><td>常　锋</td><td>论文《基于产教融合和校企合作视角构建中职双师型教师队伍二元结构模式分析》</td><td>发表</td><td>《中国新通信》</td></tr>
</table>

续表 6-5

姓 名	竞赛（作品）及论文（课件）名称	获奖及发表情况	授奖或发表单位
常 锋	论文《浅谈中职学校师资队伍建设》	发表	《现代营销》
刘忠辉	论文《启发式教学在高中生物教学中的应用》		
	论文《浅谈班主任如何多途径培养学生各项能力》		
林秀兰	论文《浅析个性化教育在中职语文教学中的应用》		《现代职业教育》
甘 旭	论文《中职学校后勤服务社会化探索研究》		
杨晖红	论文《浅谈如何提高学生完形填空的答题能力》		《中学生导报》
邓 龙	论文《基于校企“大师领衔”双主体育人模式探究与实践》		《陶瓷科学与艺术》
邓兰芳	论文《现代信息技术背景下中职计算机应用专业的实践教学》		《通讯世界》
喻 池	论文《让“制”落地，校企共育人才之果》		《陶瓷科学与艺术》
廖 维	论文《平面设计软件在陶瓷装饰设计中的应用研究》		《数码设计》
邓 龙	论文《浅谈传统陶瓷艺术与现代产品设计的融合与创新》		《陶瓷科学与艺术》
付雪峰	论文《春风化雨 润物无声——浅谈留守学生的德育教育》		《中学生导报——教学研究》
瞿江林	论文《空间微课 翻转课堂 探索信息化教学新模式》		
龙伟平	论文《论 PLC 编程技术在电工电子实验中的应用》	一等奖	《赢未来》
邓 龙	论文《陶瓷艺术与现代产品设计理念的融合思考》		《新商务周刊》

（赖福明）

市第一中学

【概况】 2018 年高考，醴陵市第一中学（以下简称“学校”）参考 950 人，本科二批以上一次性上线 867 人，本科一批一次性上线 566 人，其中 600 分以上 139 人；学生刘雨筝卷面分数 692 分，获湖南省文科第二名、株洲地区文科第一名，被北京大学录取。年内，学校获评“湖南省省级园林式单位”“湖南省高级中学 2018 年学生军训工作先进单位”“湖南省学校心理健康教育先进单位”“株洲市高中教育质量建设先进单位”等 20 余项省、株洲市级荣誉称号。

【教育扶贫】 2018 年，学校班主任、党员利用休息日走访全校 64 名贫困学生家庭。完成湖南省“喜生”慈善基金、醴陵“同心教育基金”、国家助学金等扶贫助学项目的摸底、审核、推荐和金发放工作。全年各项资助金达 180.2 万元，其中国家助学金 80 万元、社会助学金 69.8 万元、校内奖助金 17.4 万元，受助学生累计达 957 人次。

【师资建设】 2018 年，学校加强新高考研究，整体提升一线任课教师高考研考能力，提高课堂教学效益，推进学校“高效课堂”建设。年内，组织教师赴江苏省、上海市、浙江省、长沙市、株洲市等地参观学习；到长沙市、湘潭市招聘应届大学本科毕业生 8 人，通过市人力资源和社会保障局统一组织考试招录硕士研究生 2 人，充实教师队伍；教师刘建辉通过湖南省正高职称评审。截至年末，学校教师中有正高级教师 1 人，高级教师 87 人，硕士研究生 17 人。

【学科竞赛】 2018 年，在学生学科竞赛中，学校有 2 人获“2018 年全国信息学奥林匹克竞赛”一等奖，60 多人次获国家级二等奖、三等奖；5 人次在“第十四届中国青少年创造力大赛全国总决赛”中获金奖，学校获评“全国创新型学校”。25 人在“第 20 届语文报杯全国中学生作文大赛”中获奖，81 人在“第十六届叶圣陶杯全国中学生新作文大赛”中获奖，27 人在“第十七届全国创新英语大赛”中获奖，3 人在“园地杯第三届漫画大奖赛”中获奖。1 人在北京大学承办的第二届“燕园杯”中学生历史写作大赛中获全国一等奖，10 人获得省级奖项。

【校园环境】2018 年，学校着力打造“美丽·文明·节约”校园，投入 1000 余万元用于学校发展建设和改善办学条件，投入 150 余万元提质改造校园绿化，筹集 128.2 万元基金维修房屋，投入 196 万元装备音乐室和更新体育设施器材，投入 127 万元增设 2 间计算机房，投入 80 万元为专任教师配备教学手提电脑 187 台。为实行新高考改革而筹建的新教学楼建设有序进行。

市第一中学 2018 年教师获奖及论文发表情况一览表

表 7

姓　名	竞赛（作品）及论文（课件）名称	获奖及发表情况	授奖或发表单位
吴　浩	《浅谈运用高中牛津英语教材激发学生写作兴趣》	发表	《中外交流》2018 年第 5 期
周忠良	《铸就工匠精神打造“高、精、尖”高考复习有效课堂》		《中学课程辅导》2018 年第 2 期
廖成辉	《简议高中班主任应如何做好班级管理工作》		《社会科学》杂志 2018 年第 1 期
	《信息技术在高中地理课堂教学的应用》		《教育科学》2018 年 1 月第 1 期
田美常	《在研究中成长，在实践中进步》		《读与写》杂志 2018 年 10 月第 9 期
丁　友	《提升案例教学实效，打造优质高效课堂——“价格变动的影响”教学心得》		《中学课程辅导》教师教育 2018 年第 7 期
胡　湘	《认知诊断中多分属性与二分属性的对比研究》	发表	《心理科学》2018 第 41 卷第 4 期
	《浅谈如何在教学实践中凸显整体史观、文明史观的分析作用——以〈资政新篇〉为例》		《中学政史地》2018 年第 4 期
	课件《古代商业》	优胜奖	历史学科门户网站——中学历史教学园地
	课件《20 世纪苏、美、中经济体制的创新与调整》		
	《一轮复习〈古代商业〉教学设计》	一等奖	湖南省基础教育学会
	《教学实践中凸显整体史观、文明史观的分析作用——以〈资政新篇〉讲授为例》		
丁　友	《提高高中政治试卷讲评课有效性的实践与思考》		
	《高考政治主观题解题方法浅析》		
骆盈盈	《The first underground in the world》教学设计		
叶利平 朱　丹 陈　康 彭礼强 陈　平 陈明敏 刘卓卓 张佳佳 金　鑫	2018 年湖南省中小学教师信息技术与学科教学深度融合在线集体备课大赛	二等奖	湖南省教育厅中小学教师信息技术应用能力提升工程领导小组办公室
阳　雪	2018 年株洲市高中语文课堂教学竞赛	一等奖	株洲市教育科学研究院

（王　丽）

市第二中学

【概况】2018年，醴陵市第二中学（以下简称“学校”）有教学班52个，在校学生2900余人；教职工229人，其中任课教师191人。2018年高考，学校本科一批上线170人，其中600分以上12人；本科二批及以上上线490人，其中艺术体育特长生上线93人。2018年湖南省高中学业水平考试，学校参考学生一次性合格率达99.6%，居湖南省示范性高中前列。年内，由学校校友胡世楠、胡世梯创办的湖南仁和环保有限公司联合长沙慈善会，在学校设立首届“仁和环保春晖班”，资助60人，每人5000元/年，年总资助金额达30万元，为学习成绩优秀、家庭经济困难的学生减轻经济负担，提供学习机会。

【教学教研】一是推进教学规范化管理。对教师教案、作业情况进行明确规定，要求40岁以下的教师必须手写教案，并加大对教案、作业的检查力度。加强课堂巡查，每周不定期抽查，及时通报各年级课堂教学情况。推行“推门听课”制度，干部带头听课，校级领导每学期听课不少于35节，中层干部不少于30节，做到听课过程中有评课记录，课后有评价及与教师交流记录；教师每学期相互听评课不少于20节，倡导开展“辩论式评课”，有针对性地对课堂观察点进行评价与反思，提升听评课效益。二是注重教师培养。引导教师建立良好的阅读习惯，结合教学和生活实际，反思教育行为，写好教育随笔、心得、札记等读书笔记，以备课组为单位开好读书分享会。年内，教师曾鹏、贺新星、颜玮在株洲市2018年“教育家成长书院”主题阅读征文活动中分获一、二、三等奖。为教师提供多种学习互鉴机会，外派教师到株洲市、长沙市、南京市等地参加学习研讨150人次；邀请雅礼中学教师胡军哲、吴建新、张桂英和南雅中学教师黄文武到学校开展高三年级历史、化学、英语科目高考二轮复习备考研讨，邀请湖南省特级教师姚建民到学校指导物理课堂教学，邀请长沙市中小学教师发展中心物理学科负责人、全国中学生物理奥林匹克竞赛教练汤新文到学校开展学法、教法指导，邀请株洲市教研员吴同秋和学科主持人肖慧峰到学校开展地理学科教研活动，邀请株洲市第二中学特级教师、正高级教师陈莉双和株洲市学科带头人张南到学校进行英语教学指导。三是加强校际合作。学校与北京师范大学株洲附属学校合作，开展各类教学研讨活动。由两校高一教师共同参与的“同课异构”教学研讨和观摩活动，为教师提供学习、交流机会。年内，政治、化学、数学、物理、语文科目的高三一轮复习课堂教学研讨活动，在北京师范大学株洲附属学校举行，学校教师张志伟、何桂平、易钢、黄水生、叶玉等进行课堂教学展示；英语、生物、地理、历史科目的高三一轮复习课堂教学研讨活动在学校举行，两校各科目各派1名教师上1节一轮复习研讨课，课后进行评课并就一轮复习思路方法进行探讨。四是推进学校课堂教学改革。反复学习和研讨《普通高中新课程标准》，以“构学科素养，促核心素养”为指导，关注学生成长与发展，制定《醴陵市第二中学2018年魅力课堂教学改革实施方案》，实现课堂教学的有效性、高效化。

【艺体教育】学校开展早操、课间操和课外体育项目等“阳光体育活动”，在一年一度的学生体质健康素质测试工作中，数据采集准确，其结果显示学生整体体质健康水平得到提高。组织第十五届校园科技艺体节系列活动，内容涵盖学生篮球联赛、足球赛、田径运动会、美术书法、绘画摄影作品评奖与展览等，活动参与率达100%。组织学生参加各类体育比赛，学生易苏霞在湖南省中学生田径比赛女子跳远项目中以5.22米的成绩获得第七名；学校田径运动队在醴陵市第二十二届中小学生田径运动会中，获得1枚金牌、6枚银牌、7枚铜牌和团体总分第三名，学校田径队在株洲市“三好杯”田径比赛中，获得2枚金牌、2枚银牌、3枚铜牌和团体总分高中男子组第三名、高中女子组第四名，学校足球队在醴陵市第二届中小学校园足球联赛中，获得高中组第二名。

【群团工作】学校坚持每学期召开1次教职工代表大会，民主测评干部，测评结果予以公示。组成有教职工代表参加的评审小组开展评优评先和职称评定工作，评定结果在学校公示栏公示无异议后再在校刊上刊登公示。全面审核上年度学校财务情况，在教工大会上予以通报，全面审议校长年度工作报告。校团委以民主投票方式，选举第47届团委会、学生会干部，并制定社团管理制度，有效管理文学社、英语社、社会实践社等12个社团，文学社自主编写的校刊《弄潮》成为学生社团建设的亮点。学校工会组建教职工篮球队、羽毛球队、乒乓球队和气排球队，开展校际足球友谊赛交流活动；丰富退休教师文化生活，组织以离退休教师为主体的老人节活动；为每位教师缴纳职工医疗互助金，减轻教师因病住院的经济负担；组织全体教职工（含离退休人员）进行健康体检，并定期开展医疗卫生知识宣传。

【教育帮扶】 年内，学校心理咨询室对近 50 名学生进行个体心理咨询辅导，心理教师杨祎和杨银平引导学生走出心理困境，解决学生考试焦虑、成长困惑和人际关系等方面的心理问题。学校为 133 名建档立卡贫困学生建立台账，安排一对一帮扶责任人，帮扶教师利用假期实地走访，宣讲教育扶贫政策，扫除贫困家庭因经济困难而出现教育缺失的担忧。学校的教育扶贫工作受到社会公益人士的关注，有 98 公益、益爱公益、醴瓷公益等社会公益组织，对学校家庭贫困学生进行资助。

市第二中学 2018 年教师获奖及论文发表情况一览表

表 8

作　者	竞赛（作品）及论文（课件）名称	获奖及发表情况	授奖及发表单位
唐新秋	论文《高中英语范文分析与写作训练相结合的教学模式探究》	发表	《英语教师》
邱艳君	论文《关于高中音乐鉴赏教学探究》		《当代教育实践与教学研究》
王艳飞	论文《浅谈如何帮助学生在实践中快乐地学好英语》		《教师教育》
	论文《高考英语写作试题分析及其对高中英语写作教学的发挥作用》		《赢未来》
肖化清	论文《如何有效开展高中语文课堂教学刍议》		
易　钢	论文《高中数学新课引入方法初探》		《中外交流》
易昭良	论文《以人为本教学理念下的高中历史教学策略》		《创新人才教育》
易建林	论文《高中政治课堂有效开展生活化教学的策略》		《成长杂志》
杨爱清	论文《浅谈历史教学中情感课堂的构建》		《当代中学生报》
	论文《布哈林与他的妻子》		
何非凡	论文《给失败一个特写镜头》		
易　钢 谢伏贞	论文《将生活融入数学课堂教学》		《中学生报·教研周刊》
邓元斌	论文《体育高考考前训练的有效性探究》		《明日杂志》
凌剑虹	论文《浅谈中学语文教材中蕴含的爱国主义思想》	一等奖	湖南省基础教育学会
易建林	论文《社会主义市场经济》教学设计		
汪建平	论文《导数的运用（三）》课件		
曾　鹏	论文《浅谈农村高中班主任工作》	二等奖	湖南省教育科学研究院
杨爱清	论文《浅谈历史史料在高中历史课堂中的运用》	一等奖	株洲市教育科学研究院
谢许生	论文《2017 年高考全国新课标 1 卷历史试题特点及感悟》	二等奖	
王　钰	论文《浅谈信息技术对当代教师的重要性》	三等奖	
彭志清	论文《以整体学习为目标　构建起历史学习的新起点》		
王　钰	课件《常用的创造技法（选学）》	部级优课	株洲市教育局
陈立文	课件《复习参考题》	市级优课	
马　婷	课件《Project（1）：Making a travel leaflet》		
曾　鹏	课件《生态系统中的能量流动》		
黄艳花	课件《体操类课程》		
文婉南	课件《明确任务需求》		

（张志伟）

市第四中学

【概况】2018年，醴陵市第四中学（以下简称“学校”）有3个高中年级，每个年级18个班，共有54个成建制班级，学生总人数2898人；有教职工276人，其中高级教师82人、中级教师105人；学校设有党政办、教务处、教科室、德育处、督导室、艺体教育中心、综治办和总务处8个处室。2018年高考，学校有851人参考，本科二批以上上线479人，上线率为56.3%，其中本科一批上线152人。2018年湖南省高中学业水平考试，学校有948人参考，合格率达99.37%，有4个班级的全科合格率达100%。

【人才队伍建设】学校为提高干部理论水平和综合能力，于暑假期间举办为期1周的行政管理干部封闭式集中培训，围绕有关新高考改革、加强督导工作、有效落实高中三年一盘棋思路、课题研究与申报以及中青年教师专业成长等展开细思考、大讨论。年内，熊丹、李锦南、宋双飞、黄桂芬、荣海燕、杨毅鑫等10余名教师获评醴陵市“百优名师”“优秀党务工作者”“优秀党员”“教育工作先进个人”和学校“优秀班主任”。开展第六届“我最喜爱的教师（员工）”和“十佳优秀团队”评选活动，钟水泉、李三喜等35名教职员工和高三年级语文教研组等10个团队受到学校表彰。

【拓展德育平台】加强学生素质教育。发挥学生会的组织功能，促进学生自我管理，通过学生文明礼仪检查、三操纪律检查、午休静校检查和食堂就餐秩序督查等方式，营造良好和谐文明校园；在班级管理中实施《学生素质量化考核方案》，重视后进生集中培训工作，优化校风学风建设。开展系列劳动德育一体化活动。组织35公里远足活动，磨砺学生意志，增强团队观念，丰富学生生活；组织高三成人仪式暨高考冲刺动员大会，高三全体师生和家长共同参与，大会形式新颖、气氛热烈。参与“四个醴陵”创建工作，组织部分师生每周二和周五到国瓷路火车站路段开展文明劝导活动，组织部分师生慰问东富镇养老院老人并开展爱心演出。

【学科建设】探索课堂教学改革新模式。各学科组制定切实可行的教学计划，并施以执行力与课堂督导；继续做优“名师工程”“青蓝工程”和高效课堂建设活动，结合校情研究校本，开展高三年级高考复习课型研讨、高二年级学考复习课型研讨和行政人员、学术委员、教研组长高效课堂展示课等系列活动；加强教研团队建设，组织行政干部、学术委员到高三年级长期督导，实行推门听课制度，对授课人员提出建设性意见；派出20人次赴长沙师大附中和长沙理工大学参加湖南省教育学会和北京百师联盟教育中心举办的“湖南省2018年高考备考教学研讨会”，加深对新考纲的理解，掌握新高考改革的方向；承办2018年醴陵市高三复习名师课堂展示暨备考研讨活动，有外语、历史、地理学科的长沙名师到学校授课。重视课题研究。湖南省教育科学“十二五”规划课题《基于生命教育开展高中心理健康教育实践研究》《基于高效课堂的“五环教学法”实践研究》完成会议结题鉴定，结论为良好；湖南省教育科学“十三五”规划2018年度一般资助课题《积极青少年发展观下的高中幸福课堂实践研究》开题；湖南省教科院原副院长李倡平研究员等专家，到学校主持开题论证。强化交流学习，完善与市第二中学的联考制度，建立协同联动机制，形成区域优势；学校参加在广东实验中学举行的中国青少年创造力大赛第14届全国总决赛，科技创新代表队夏佳妮、陈雅娟等6名同学获得科技创新奖项的3枚金牌、5枚银牌和1枚铜牌。

【艺体教育】广泛开设艺体特色选修课程，根据学生的兴趣爱好，高二年级的体育、美术和音乐选修课开设6个模块的课程。2018年湖南省艺术体育联考，学校有音乐类考生79人，其中上线48人，上线率为58%，考生张蓉蓉、李安怡分别以272分、271分获得醴陵市音乐专业第一名、第二名；学校有美术类考生53人，其中上线31人，上线率为58%；有体育类考生100人，其中上线67人，上线率为67%，45人达到本科一批录取分数线，有10名体育类考生被保送或特招。学生吴卓雅、张珊瑜在株洲市民族器乐大赛中获金奖，并代表株洲参加湖南省第六届“洞庭杯”民族器乐大赛。学校参加全国体育传统项目学校田径运动会，获得男子团体总分第一名，学生王洪亮、吴秀文、龚卓轩、李昱博、张旭、吴子豪、刘昱岩和张子豪获得3枚金牌、5枚银牌、1枚铜牌；在全国中学生田径锦标赛上，这8名学生的参赛成绩均进入全国八强，其中王洪亮、龚卓轩获得国家一级运动员资格。学校参加湖南省中学生田径锦标赛，获得团体总分全省第五名，参赛学生获得2枚金牌、5枚银牌。年内，学校主办市第四中学第十六届艺体科技节，活动历时1个月，全校师生参与，内容丰富；闭幕式晚会上，举行市第四中学陈盛芳（茂兰）教育基金会成立仪式，顾东来出任理事长，经过学校和企业界有识之士发起和助推，学校募集资金100余万元，用于奖励优秀教师和学生。

【后勤保障】 一是加强基础设施建设。年内，学校改造和升级田径运动场、排球训练场，新建封闭式足球训练场，采购和安装8套健身器材；改造学生食堂和2栋男生宿舍，按照标准装配供学生使用的计算机室2间、电子阅览室1间，调整和装配理化生实验室，在所有教室和学生宿舍楼安装紫外线消毒灯。二是美化校园环境。学校聘请园艺专业人员对校园绿化进行规划和设计，乔、灌、花、草相互配置，花池、水池、草坪扮靓校园。三是常抓不懈食品安全管理。学校被醴陵市人民政府认定为“文明餐桌行动示范点”。学校在市市场与质量监督管理局组织的“明厨亮灶”评比活动中，被授予一等奖。

市第四中学2018年教师获奖及论文发表情况一览表

表9

姓　名	竞赛（作品）及论文（课件）名称	获奖及发表情况	授奖或发表单位
彭秋瑾	论文《借鉴·融合·发展》	发表	《湖南教育》
陈春玲	论文《“课前独学”的设计和实践领悟点滴》		《中学课程辅导》
杜怀阳	论文《APOS理论文献研究的知识图谱分析》		《衡阳师范学院学报》
李正勇	论文《刍议高中地理教育教学创新的良策》	一等奖	《软件教育现代化》编委会
	论文《高考中地理事物的特殊性》		中国教育科技研究院
黄梅芳	论文《翻译在高三英语教学中的妙用》		湖南省基础教育学会
孔淑梅	论文《浅谈高中物理教学中审题与建模能力的培养》		
林爱平	论文《谈谈我的英语早读课》		
龙海江	论文《培养学生的地理思维习惯之我见》		
彭　威	论文《运用案例分析法有效突破固体参与化学反应的平衡移动问题》		
瞿　意	论文《加强沟通，托起明天的太阳》		
	论文《浅谈师生冲突的成因与对策》		
汤庚明	论文《高三了，我们还要读教材吗》		
王利军	论文《代班三十三天》		
易艳良	论文《必修三第八单元23课　美术的辉煌教学设计》		
张景秀	论文《高中物理应重视基本数学知识的教学》		
周勇辉	论文《做好高三班主任工作的几点感悟》		
	论文《提升高中生英语表达能力的几点思考》		
陈春玲	论文《做体育班语文老师的日子》	二等奖	
陈　鑫	论文《例谈双指示剂在酸碱中和滴定中的应用》		
杜怀阳	论文《基于APOS理论指导下的中学数学教学设计探究》		
古小明	论文《物理复习中“导向性问题”在“审题”教学的“导学”作用》		
何　芳	论文《在课堂教学中渗透阅读策略》		
蒋利珠	论文《旅游好去处——湖南醴陵》		

续表 9-1

姓 名	竞赛（作品）及论文（课件）名称	获奖及发表情况	授奖或发表单位
李正勇	论文《2017 年全国高考地理试题（ Ⅰ 卷 ）分析和高效教学探究》	二等奖	湖南省基础教育学会
林晓春	论文《〈礼拜二午睡时刻〉的情感处理赏析》		
瞿 意	论文《网络社交平台在家校联系中的思考》		
	论文《趋利避害发挥网络平台在家校交流中的作用》		
宋玲芬	论文《浅谈高中语文阅读教学中的主问题设计》		
谭兴和	论文《〈鸦片战争〉典型教学设计研究》		
汤 检 陈觉民	论文《高三一轮复习“光合作用过程和影响因素”的教学设计》		
汤 峤	论文《在高中英语阅读教学中发展学生核心素养的实践》		
汤 琼	论文《一道历史选择题引发的思考——关于新文化运动的口号》		
汤 琼 谭 雄	论文《教学中让学生学会以史为鉴》		
武伟云	论文《论高中英语教学中文化品格的培养》		
谢德华	论文《积极心理学理论指导下的化学幸福课堂构建策略》		
杨柳青	论文《一粒沙里看世界 半张纸内悟人生》		
袁跃雄	论文《浅析高考边缘生的心理健康守护》		
周 水	论文《经典永流传，时评更简单——以〈经典咏流传〉为例，学写高考时评文》		
周勇辉	论文《浅谈高中英语导学案存在的问题及优化》		
朱国辉	论文《艺术管理班级，赢得教育幸福》		
陈春玲	论文《散文技巧鉴赏 教学设计》	一等奖	湖南省教师继续教育学会
陈 鑫	论文《浅谈化学实验复习》		
瞿 意	论文《《M1u3 Dying to be thin》		
	论文《《M2U2 Wish you were here》		
王利军	论文《过氧化钠与水反应机理的探究实验》		
谢德华	论文《构建高中化学幸福课堂策略之我见》		
周勇辉	论文《浅谈高中英语导学案编写及运用的优化》		
陈 鑫	论文《金属的化学性质的教学设计》	二等奖	
林爱平	论文《M1U3 Project My father，my hero 教学设计》		
龙海江	论文《高中地理后进生转化策略之我见》		
潘耀武	论文《2017 年高考全国卷化学试题分析》		
瞿 意	论文《浅谈激发高中艺术生英语学习的兴趣》		
	论文《用英语弘扬中国传统文化》		

续表 9-2

姓　名	竞赛（作品）及论文（课件）名称	获奖及发表情况	授奖或发表单位
汤　峤	论文《在高中英语阅读教学中发展学生核心素养的实践》	二等奖	湖南省教师继续教育学会
汤　琼	论文《空前严重的资本主义世界经济危机》	二等奖	湖南省教师继续教育学会
王利军	论文《物质性质实验方案设计的教学设计》	二等奖	湖南省教师继续教育学会
周勇辉	论文《M7u4 Preventing traffic accidengs》	二等奖	湖南省教师继续教育学会
周勇辉	论文《对转化高一英语学困生的几点思考》	二等奖	湖南省教师继续教育学会
张芳兰 易　辉 戴　艳 许　莎 黄梅芳	集体备课《Word power》	二等奖	湖南省教育厅
陈　鑫	论文《坚持“德育六化”，落实立德树人根本任务》	一等奖	湖南省教育学会
杨白云	论文《抓细节　育大德》	一等奖	湖南省教育学会
朱启莲	论文《减少课堂精力流失提高英语学习效率有益尝试》	一等奖	湖南省教育学会
龙远方	论文《用坚守和关爱陪伴学生成长》	一等奖	湖南省教育学会
欧阳永	论文《关于高中生涯规划教育的几点思考》	一等奖	湖南省教育学会
林海宏	论文《创和谐校园对校园暴力说 NO》	一等奖	湖南省教育学会
唐海清	论文《与青春期女儿的心灵对话》	一等奖	湖南省教育学会
陈　鑫	论文《静待花开　守望成长》	二等奖	湖南省教育学会
周松兵	论文《浅谈如何在班主任工作中开展心理素质健康教育》	二等奖	湖南省教育学会
易艳良	论文《做开启学生心扉的钥匙》	二等奖	湖南省教育学会
林爱平	论文《谈谈我英语教学中的德育渗透》	二等奖	湖南省教育学会
钟水泉	论文《做好高中学业规划，让人生更精彩幸福》	二等奖	湖南省教育学会
朱国辉 尹　斌	论文《多一份赏识，就多一份成功的希望》	二等奖	湖南省教育学会
尹玲娟	论文《蜗牛也有大力量——从容面对考试的压力》	二等奖	湖南省教育学会
孔淑梅	论文《浅谈如何提高高中物理课堂的效度问题》	二等奖	湖南省教育学会
古小明	论文《蹲下去看学生，陪伴是无声的爱》	二等奖	湖南省教育学会
宋玲芬	论文《聆听・看见》	二等奖	湖南省教育学会
蒋利珠	论文《地理教学中的德育教育》	三等奖	湖南省教育学会
吴麦根	论文《浅议巧妙处理师生冲突的方法》	三等奖	湖南省教育学会
张景秀	论文《阳光女孩的培养》	三等奖	湖南省教育学会
朱国辉 尹　斌	论文《改善青春期亲子关系的点滴尝试》	三等奖	湖南省教育学会
谢德华	说课《铝的重要化合物》	一等奖	湖南省化学学科基本

续表 9-3

姓　名	竞赛（作品）及论文（课件）名称	获奖及发表情况	授奖或发表单位
汤　检	说课《植物细胞的吸水和失水》	一等奖	株洲市教育局
陈春玲	课例《诗的鉴赏》	优秀奖	
丁　珊	课例《本章小结》		
贺子凡	课例《第六课　漫画》		
林爱平	课例《Grammar and usage（1）：Unreal conditions》		
瞿　意	课例《Reading（1）：So many jobs to choose from！》		
荣海艳	课例《Reading（1）：Dying to be thin》		
宋欣欣	课例《Project（1）：Writing and making a speech》		
王利军	课例《归纳与整理》		
吴江南	课例《Reading（1）：Fight against cybercrinme》		
武伟云	课例《Grammar and usage（1）：The elements of a paragraph》		
易　辉	课例《Word power：Types of sports》		
周　水	课例《赏析指导》		
彭秋瑾	论文《课题研究促进教师专业成长》	一等奖	株洲市教师培训中心
谢冰彬	论文《谈谈高中英语课堂中教师》		
谢德华 张申德	论文《课题研究促进教师专业成长》		
杨白云	论文《促进数学教师专业成长的思考》	二等奖	
汤　琼	论文《历史教学中如何善于发现“疑问”》	三等奖	
龙远方	论文《“名优教师送培到县”研讨活动感想》	优秀奖	
易湘礼	论文《〈用联系的观点看问题〉教学反思》		
曾立霞	论文《回归教材，改编习题，提高高三一轮复习的有效性》	一等奖	株洲市教育科学研究院
汤　检 陈觉明	论文《光合作用过程和影响因素教学设计》		
陈莉明	论文《M7U4Project Preventing traffic accidents 教学设计》	二等奖	
刘云英	论文《〈静电现象的应用〉教学设计》		
瞿　意	论文《浅析 2017 年高考英语全国卷中的词类活用》		
荣海艳	论文《模块一第三单元阅读课教学设计》		
宋双飞	论文《浅探如何优化文言文课堂教学效果》		
肖　准	论文《说课〈奔跑吧兄弟〉真人秀节目对中小学体育教育的启示》		
谢德华	论文《原电池工作原理教学设计与反思》		
易　辉	论文《模块一第三单元 word power 教学设计》		

续表 9-4

姓　名	竞赛（作品）及论文（课件）名称	获奖及发表情况	授奖或发表单位
袁跃雄	论文《〈楞次定律〉教学设计》	二等奖	株洲市教育科学研究院
周勇辉	说课《寻因激趣　突破英语——对转化高一学困生的几点思考》	二等奖	株洲市教育科学研究院
荣海艳	论文《M1U3 阅读课教学设计》	二等奖	株洲市教育科学研究院
易　辉	论文《M1U3 word power 教学设计》	二等奖	株洲市教育科学研究院
何辉龙	论文《现代信息技术在历史教学中的运用》	三等奖	株洲市教育科学研究院
李屏泉	论文《新课标下的高考对我高中地理教学的启示》	三等奖	株洲市教育科学研究院
彭　威	论文《关于固体参与化学反应的平衡移动问题的讨论》	三等奖	株洲市教育科学研究院
吴麦根	论文《浅议求数列公式的几种方法》	三等奖	株洲市教育科学研究院

（何开思）

湖南轻工高级技工学校

【概况】2018 年，湖南轻工高级技工学校（以下简称“学校”）开设陶瓷产业系、机电工程系、现代服务系 3 个专业教学系、28 个分支专业工种，分设预备技师、高级技工、中级技工 3 个层次学历教育；有全日制在校学生 3822 人，完成各级各类职业技能培训 3851 人；有在编在岗教师 226 人，其中国家级陶瓷艺术大师 1 人、湖南省级陶瓷艺术大师 8 人，享受国务院特殊津贴 1 人、享受湖南省人民政府特殊津贴 1 人，湖南省级、株洲市级品牌教师 7 人。

【教学教研】年内，学校依据市场需求，申报工业机器人、摄影摄像新专业，开发陶瓷工艺、机电一体化、计算机网络 3 个专业预备技师教学培养方案，成立学术专业委员会，共同探讨人才培养，撰写校本教材 5 本、学术论文 58 篇。学校进一步完善校企联合培养模式，在春、秋两季举办就业洽谈会、校园专场招聘会，选配企业对接，签订机电一体化、计算机、陶瓷工程 3 个专业的“冠名班”。学校与湖南工业大学、醴陵市人民政府共建的醴陵陶瓷学院获批独立的招生代码（4775），招生专科 175 人、本科 70 人。学校新校区建设稳定推进，年内完成投资 1.68 亿元，一期、二期工程主体基本完成。

湖南轻工高级技工学校 2018 年教师获奖及论文发表情况一览表

表 10

姓名	竞赛（作品）及论文（课件）名称	获奖及发表情况	授奖或发表单位
颜志康	釉下五彩瓷板——风卷寒林图	优秀奖	中国工艺美术协会
逄　威	《居无竹》餐具设计	金奖	中国陶瓷工艺协会
逄　威	第七届中国陶瓷艺术高峰论坛年会展览	铜奖	首届中国陶瓷艺术年会
王亚奇	第一届全省技工院校教师职业能力大赛	二等奖	湖南省人力资源和社会保障厅
兰　欢	第一届全省技工院校教师职业能力大赛	三等奖	湖南省人力资源和社会保障厅
潘　桔	第一届全省技工院校教师职业能力大赛	三等奖	湖南省人力资源和社会保障厅
张　旭	第一届全省技工院校教师职业能力大赛	三等奖	湖南省人力资源和社会保障厅
邹同华	湖南省中小学教师信息技术与学科教学深度融合在线集体备课大赛	三等奖	湖南省教育厅
谭文桃	湖南省中小学教师信息技术与学科教学深度融合在线集体备课大赛	三等奖	湖南省教育厅

续表 10-1

姓名	竞赛（作品）及论文（课件）名称	获奖及发表情况	授奖或发表单位
刘 淼	陶艺作品《紫气东来》	金奖	湖南省女陶瓷艺术家协会
兰 莉	陶艺作品《安居乐业》		
金彩霞	陶艺作品《鹭鸶迎祥节节高》	银奖	
蒋丽娥	陶艺作品《荷香秋意》		
王 群	陶艺作品《金秋硕果》	铜奖	
盛 敏	湖南省第四届教师书法作品展	三等奖	湖南省教师教育学会
	湖南省第二届篆刻艺术展	提名	长沙市文学艺术联合会
王玉平	株洲市职业类院校教师职业技能大赛	二等奖	株洲市人力资源和社会保障局 株洲市教育局
谭伟平	株洲市职业类院校教师职业技能大赛	三等奖	
李 卓			
何利军	论文《浅谈对口高考语文的命题立意及应对策略》	二等奖	株洲市教育科学研究院

（肖 逸）

市机关幼儿园

【概况】2018 年，醴陵市机关幼儿园有大中小班级 14 个、幼儿 486 人、教职员工 69 人。全年以保教结合为原则，以安全为抓手，以硬件建设为保障，以师资队伍内涵建设为重点，以促进幼儿发展为目标，全体教职员工团结协作，实现无安全事故，无违规行为，无群众投诉的管理目标，完成国家规范办园督导评估、醴陵市中心学校主管学前教育副校长与中心幼儿园园长培训班、株洲市学校语言文字工作、醴陵市教育能手等活动。年内，初步建成游戏室、幼儿绘本馆、陶艺馆等基础设施，为幼儿营造快乐游戏的成长氛围，彰显着“五彩童年，童心飞扬”的园所特色。以创建醴陵市“平安校园”工作为契机，落实“平安校园”软硬件要求，根据校园安全工作规律开展预防溺水、火灾、雷电、台风、暴雨等实操演练，平安创建工作开展有序。

【教学教研】全年组织教职工业务培训 20 余次、教研活动 20 余次，教师凌云获评“醴陵市教育能手”“株洲市教育能手”“湖南省教育能手”称号，教师朱园、陈巧、刘王立等获评“株洲市优秀教师”“醴陵市教育能手”“醴陵市十佳优秀教研工作者”“醴陵市百优教师”等称号，教师案例《以瓷养德》获“株洲市好习惯案例比赛”一等奖，师幼舞蹈《京腔京韵娃娃情》获醴陵市教育系统文艺演出一等奖，课题《幼儿本土资源的开发利用》进入实践阶段。

【引领示范】2018 年，市机关幼儿园承办各级“送教下乡”活动 4 次，组织骨干教师团队送教帮扶 6 次，对外接待参观团体 10 余次。帮扶幼儿园——瓦子坪中心幼儿园的园所管理基本规范，置换教师积极传授幼儿教育经验；与炎陵县鹿原镇东风幼儿园牵手，建立长效帮扶机制，认领当地困难幼儿 10 人。（凌 云）

市德才职业学校

【概况】2018 年，醴陵市德才职业学校（以下简称“学校”）有教职工 64 人，其中专任教师 47 人；开设教学班 16 个，有在籍学生 936 人；设商务英语专业，学制三年，按学生志愿，分设就业班和对口升学班。就业班学生毕业后直接就业，有出国就业和国内就业两条渠道，出国就业目的地主要是新加坡，国内就业的领域有对外贸易公司、企业的对外贸易部门、教育培训机构等。年内，学校有应届毕业生 207 人，其中直接就业 64 人，通过高考升入高等院校深造 143 人，就业率和升学率均为 100%；学生参加株洲市专业抽考、文化基础课程抽考的合格率、优秀率排名位于株洲地区中等职业学校前列；学生参加全国公共英语二级考试，过级率达 73%，参加全国信息化办公 office 考试，过级率达 100%；学生邹子依、王梓纯代表株洲地区参加湖南省职业院校技能竞赛，获得省级商务英语技能竞赛三等奖和株洲市一等奖；学生张睿、胡悦珍参加株洲市技能竞赛，获得商务英语二等奖；学校组团参加株洲市职业院校“文明风采”竞赛，在演讲、职业技能、球类、朗读者、合唱等项目获多项奖励；教师陈敏被醴陵市教育局评为“百优教师”，教师吴小红被株洲市教育局评为“优秀教师”，C123班被株洲市教育局评为“优秀班集体”。

【教育教学】学校强化以培养学生好习惯为重点的德育工作，将“没有教不好的学生”确立为教育指导思想和要求，汇编《德才学生100个好习惯》。年内学生巩固率达98.89%，毕业率达100%。开展各学科单项比赛、辩论会、故事会、演讲、表演、交流等学习活动，以比促学，以赛促学，以用促学，以帮促学。按有效、高效教学要求，探索“做中学、做中教”高效教学模式，形成以小组合作学习方式为主的课堂教学方式。（顾美玲）

文化·体育·传媒

文　化

【概况】2018年，醴陵市文体广电新闻出版局以“欢乐潇湘·五彩醴陵”为文艺主题，组织开展2018年“我们的中国梦·湖湘文化进万家”醴陵市文化志愿服务系列惠民进乡村、第六届湖南省艺术节小戏专场、2018台北城杯“少儿故事大王”大奖赛等各类文化活动120余次。弘扬主旋律、传播正能量，推出自创的廉政微电影《旋转的木马》，在“株洲组工网”和微信公众号上展播；花鼓小戏《热血》在湖南卫视、卫视芒果台、醴陵电视台等媒体上宣传报道。年内，对全市821家文艺团体开展评定工作；加强志愿者管理，拥有在册文化志愿者5000人；全年行政审批（备案）108家次，对70家印刷企业、出版物经营单位开展年度核验工作，对21家娱乐场所经营单位开展延续换证工作。2018年“知识产权宣传周”期间，在市中心汽车站组织集中宣传活动，发放宣传资料2000余份。

【示范创建】2018年，全市24个镇（街道、示范区）综合文化站均建成达标，实现全覆盖；按照创建国家公共文化服务体系示范区“七个一”标准，全市270个村（社区）综合文化服务中心建成，实现全覆盖。市图书馆新馆建成，总面积7156平方米，进入搬迁工作筹备阶段，市文化馆启动改扩建工程，市图书馆和市文化馆在市区和各镇（街道、示范区）启动总分馆制建设。5月开始，市文化馆组织全市艺术团领队利用远程教学平台学习舞蹈，推进“互联网＋文化”工作。年内，全市基本实现村级文化服务中心建设全覆盖，人均公共文体面积达3.82平方米，创建国家公共文化服务体系示范区工作各项指标完成情况居株洲地区前列。8月，醴陵市接受文化部开展的评估验收工作。

【景区创建】年内，为创建国家AAAA级旅游景区，醴陵市投入6000万元用于李立三故居周边风貌整治和景区建设，景区面积由5336平方米扩展至80040平方米，建筑面积由1016平方米扩展至2500平方米，故居保护区域面积达38公顷；并做好免费开放工作，全年接待游客30万人次，其中国庆长假期间游客达6.5万人次。渌江书院通过湖南省旅游局的AAA级景观评定验收，依照评定细则，对渌江书院的旅游交通、游览服务、旅游安全、环境卫生、旅游购物、综合管理等环节继续细化落实，筹备迎接湖南省旅游局的终期验收。耿传公祠纳入黄乡民居整体申报国家AAA级旅游景区规划。完成2019年度“醴陵窑”文物保护和陈列展示2个项目计划书编制并上报湖南省文物局，编制《〈沩山历史文化名村保护管理条例〉立法工作方案》并做好立法前期准备工作，申请国家重点文物保护专项补助资金2140万元，推进“醴陵窑”沩山窑区月形湾古窑厂地面文物遗存本体加固保护工程。

【文化惠民】全年完成“十三五”公益电影放映4092场次；完成送戏下乡129场次。年内，由市文体广电新闻出版局牵头，市广播电视台和有线网络公司协助，对全市19个乡镇、215个行政村、1750个广播点、3700个喇叭进行全面维护，组织对全市广播站负责人业务培训。连续组织4期农家书屋管理员培训，参训人员达500人。

【非物质文化遗产保护】年内，

市文体广电新闻出版局开展全市非物质文化遗产项目的保护和挖掘工作，陈扬龙釉下五彩瓷艺术中心的陈利获评全国非物质文化遗产保护先进个人，“星子灯”第五代传承人张辉入选第四批省级非物质文化遗产传承人；完成醴陵市第五批县级非物质文化遗产项目、第五批传承人申报工作，项目涵盖民间文学、传统音乐、传统体育、传统美术、传统技艺、传统医药、民俗七大类。（杨小春）

文化市场执法

【概况】2018年，醴陵市文化市场综合执法大队进一步加强文化市场综合执法工作，以中小学校园周边为重点区域，以寒暑假、周末和中午、晚间等学生放学时间为重点时段，对文化市场经营场所违规接纳未成年人和超时营业现象实行错时检查、反复巡查；深化部门联查联动，打击违规经营行为，开展联合执法行动12次，出动执法人员6215人次，检查文化经营场所2213家次，立案查处文化市场违规经营行为23起。进一步夯实文化市场安全生产工作，通过设立安全生产宣传点、发放安全知识宣传资料、组织经营业主安全生产知识培训、组织消防安全集中演练等方式，强化安全生产理念；重点针对网吧、歌舞娱乐场所、影院等人员密集场所，部门协同执法，取缔无文化经营许可证的歌厅3家，行政拘留违规业主2人，排查消防通道堵塞、应急预案不完备、电器线路老化等安全隐患15处，并督促限期整改落实到位。进一步抓严文化市场禁毒和“扫黄打非”工作，通过悬挂横幅、扫描公众号、播放禁毒影片、参观禁毒教育基地等方式，经常性地在消费者中开展预防毒品的宣传，防止娱乐场所成为吸、贩毒分子活动的场所；开展扫黄打非“清源”“净网”“固边”“秋风”“护苗”专项行动，从源头上遏制有害信息散布。截至年末，共完成152个村（社区）“扫黄打非”基层站点规范化标准化建设，阳三石街道阳三石社区获评省级“扫黄打非”示范社区。（刘　荣　邓绍鑫）

文物管理

【概况】2018年，醴陵市文物局内设办公室、文保股、法规股、渌江书院管理所4个股室，共有编制14人，为市文体广电新闻出版局二级机构；负责渌江书院、耿传公祠、袁昌英纪念园、醴陵陶瓷博物馆、醴陵历史名城馆、世界陶瓷科普馆、先农坛、东富寺、陈明仁故居共9处文物保护单位和博物馆的对外开放工作。年内，市文物局主动向上级文物部门争取各类保护资金，用于维修、防雷、白蚁防治等工程；向省文物局争取省级文物保护单位起元塔维修资金100万元，向国家文物局争取全国重点文物保护单位渌江书院防雷工程资金304.28万元、白蚁防治工程资金557.52万元，争取全国重点文物保护单位渌江桥安防工程资金184.72万元。

【文物保护】一是完成一批重要文物保护单位的维修工程。年内，在湖南省文物局和醴陵市人民政府的支持下，醴陵市文物局对起元塔进行抢救性维修，在当地找到缺失的塔刹，恢复塔的历史风貌，并整治周边环境，修建利于游客参观和市民休闲的附属设施；指导有关单位筹集民间资金，完成彰仙观、宝源禅寺、孝肃公庙、易氏宗祠等10余处祠堂庙宇类文物的维修。二是完成李立三故居的周边风貌整治项目。项目总投资6000万元，征地拆迁7.8公顷，新建游客接待中心、牌坊、管理用房、景区大型生态停车场和旅游卫生间等配套设施。三是完成东富寺和先农坛的陈列展览提质改造工程。年内，市文物局对布设在东富寺和先农坛内的毛泽东考察湖南农民运动事迹陈列重新设计，运用现代化的艺术手段进行布展。四是完成10处省级文物保护单位的“四有”（有保护管理机构，有保护范围、建设控制地带，有保护标志，有保护档案）档案编制工作和50处文物保护单位的文物保护标志的树立工作。五是完成孙家湾窑址的考古发掘工作。3—6月，醴陵市文物局与株洲市文物局的考古专家，对位于孙家湾镇西岸村的孙家湾窑址进行考古调查与勘探，挖掘出大量陶瓷器物。经湖南省文物局的专家认定，醴陵市的制瓷历史可上溯至五代时期。该遗址被株洲市文物局推荐直接申报省级文物保护单位。六是完成湖南省第十批省级文物保护单位和第八批全国重点文物保护单位的申报工作。完成耿传公祠（耿飚旧居）、醴陵群力瓷厂、孙家湾窑、袁昌英墓、西山天符殿、毛泽东考察湖南农民运动旧址——醴陵火车站旧址、毛泽东考察湖南农民运动旧址——醴陵文庙申报湖南省第十批省级文物保护单位的材料，完成毛泽东考察湖南农民运动旧址——先农坛、东富寺、醴陵文庙以及陈明仁故居、醴陵群力瓷厂、耿传公祠（耿飚故居）申报第八批全国重点文物保护单位的材料。

【丰富博物馆馆藏】5月，市文物局征集到著名画家汤万清的作品274套（件），用于汤万清艺术馆的陈列。征集到“五月花”全国女陶瓷艺术家双年展捐赠的陶瓷作品97套（件）。10月，通过中国（醴陵）国际陶瓷产业博览会征集到全球20余个国家和地区参展的陶瓷和工艺美术作品共计50套91件。

【文物利用】一是提升文物保护单位和博物馆的公共服务能力。在途牛、携程等旅游APP平台上开通渌江书院、耿传公祠、醴陵陶瓷博物馆等重要文博景点线上购票渠道，到醴陵旅游的外地游客人数增加。1—6月市文物局下属各窗口单位接待游客人数达53万人次。5月1日开始,渌江书院、耿传公祠、袁昌英纪念园、醴陵历史名城馆和世界陶瓷科普馆收取门票。为给游客提供优质的服务，市文物局完善各景点基础设施，对工作人员进行多轮培训。二是打造红色文物景点。市文物局升级改造先农坛、东富寺、耿传公祠和陈明仁故居4个红色文物景点的硬件和软件设施。完善学雷锋志愿服务岗，配备医药箱、雨伞、茶水、充电器等，提供志愿者服务；使其成为红色文化传承的阵地，有湖南大学、中南大学等高校到此开展党日活动。截至年末，共接待省内外支部党日活动、中小学生红色基地教育活动3000余场次。（侯文琴）

醴陵市文学艺术界联合会

【概况】2018年，全市有文学艺术界联合会会员2000余人，其中有中国文学艺术界联合会、湖南省文学艺术界联合会会员100余人，有国家级陶瓷艺术大师20余人；全市有作家、舞蹈家、美术家、书法家协会和书画院、历史文化促进会等文艺协会（团体）14家。

【参加文艺活动】组织参加2018年湖南省“欢乐潇湘”、株洲市2018年“欢乐潇湘·欢乐株洲”群众美术、书法、摄影活动，共收到应征稿件582幅（件），其中入选株洲市优秀作品展览46幅（件），获特等奖5人、一等奖2人、二等奖11人、三等奖14人，入选省展7幅（件），获省决赛一等奖2人、二等奖1人、三等奖2人。组织参加株洲市文学艺术界联合会举办的“书写大美株洲·弘扬清风正气”文学书画创作展览活动，共征集参赛作品78幅（篇），其中获一等奖1人、二等奖2人、优秀奖6人、入展20人。组织开展株洲市委宣传部、株洲市文学艺术界联合会举办的撰集、整理、编纂《株洲市风景故事》《株洲市特产故事》的征稿组稿工作，共征集原创作品近80篇。3－11月，承办由中共醴陵市委组织编纂的《袁昌英文集》系列丛书出版发行的文化工程项目，于11月22日与武汉大学文学院签订合作协议，项目时间为期两年半，成书6册约170万字，预算总投入170余万元。协助开展“瓷城古韵·一江两岸”项目建设的文化建设项目，参与设立文化墙、全国诗联征集、名家书法撰刻等工作。参与和协助李立三故居改扩建工程、袁昌英纪念园改扩建工程、1915国际陶瓷特色街区大师楼招商策划、2018年中国（醴陵）国际陶瓷产业博览会暨湖南国际旅游节等活动。全面参与全市全域旅游创建工作，为乡村振兴战略贡献文艺因素和文化力量。参与醴陵市创建“书画之乡”工作，动员市美协、青年美协、书画院、书协、公安文联等书画艺术人才参与各类书画创作活动和践行书画“五进”工程、培育书画市场工作，于11月底通过省级验收，醴陵市成功创建湖南省“书画之乡”。全年共举办4个美术教学培训班，参与培训学习的美术爱好者、美协会员、陶艺骨干200余人次。邀请中国美术学院教授或著名画家集中讲学培训，为全市美术、陶艺人才开阔视野、启迪思维、提升技能提供良好平台。2月下旬举办胡进曦花鸟画—禽鸟画专题班，9月中旬举办胡进曦花鸟画精英班，5月下旬、9月上旬、12月下旬举办3期莫晓卫人物高研班。两次组织培训班学员和美术、陶瓷艺术骨干分别到外地开展集中写生创作活动，参与人员近100人次。4月20—26日组织赴河南洛阳市开展牡丹写生创作活动；8月6—12日组织到炎陵县大院农场（云上大院）开展花鸟画写生创作活动。协助参与醴陵市委宣传部组织牵头编撰的《醴陵历代名人录》丛书征稿、编写工作，文联下属协会会员成为撰稿骨干力量，占比约90%。

【舞蹈艺术】2018年，醴陵市舞蹈家艺术协会组织文艺惠民活动志愿服务小组开展下基层进社区文艺惠民活动，到明月镇云岩居委会、船湾镇狮力村、国光街道国光社区、阳三石街道渌江社区、来龙门街道马放塘社区和白兔潭镇余溪村等10余个村、社区开展民族歌舞、花鼓戏、小品等综艺节目巡回演出10余场次，参与演员近1000人次，观看演出5000余人次。发动辅导老师进社区、村推广排舞、广场舞300余人次，接受辅导对象2000余人次。7月，市舞蹈家协会和国标舞协会参加“世界杯”第十六届国际标准舞公开赛中获一等奖25个、二等奖17个、三等奖23个，在全国公开赛中获奖69个，其中一等奖21个。市舞蹈家协会下属的五彩艺术团到美国参加“2018UCWDC世界排舞总决赛”获原创项目和规定项目第一，参加“舞动中国”全国排舞广场舞锦标赛获原创节目和串烧节目特等奖。

【书法艺术】醴陵市书法家协会、诗词楹联协会于元旦和春节前夕组织义务为市民写春联、送春联活动，写送春联近3000幅。市书法家协会联合市美术家协会、市书画院、市老年人书画家协会等于10—11月举办纪念改革开放40周年书画作品展、醴陵市第四届职工书法美术作品大赛，共展出书画作品300余幅。市书法家协会会员在省内外、全国各类书法比赛中共有43人次获奖、入展、入选。

【美术创作】年内，市美术家协会和市书画院组织在外写生创作活动和各项书画交流活动，共开展写生或笔会创作活动10余次，并经常性开展与省内其他市、县美术家协会的联谊和交流活动。10月，市青年美术家协会组织举办全国名家邀请展，展示醴陵市中青年陶瓷艺术名家国画作品和釉下五彩瓷绘作品，并与来自全国各地的书画名家交流研讨。全年全市美术工作者和陶瓷艺术骨干在省级、全国性各类美术和陶瓷艺术比赛展出中获金银铜奖和优秀奖30余次。其中黄小玲、吴晓涛、叶继鹏获株洲市第六届“炎帝文艺奖”三等奖（书画摄影类），黄声文在全国美术陶瓷现场技术大赛中获金奖。（邓　丹）

【文学艺术】2018年，醴陵市作家协会有会员513人，会员中新加入湖南省作家协会1人、新加入株洲市作家协会3人，屈继元、黄金云成为湖南人民出版社签约作家，主办的《文笔峰》杂志发行量超过5000份。年内，共开展“茶醴文化促进交流”两地文学交流活动、“文笔峰创刊十周年庆典活动”、官庄采风等各类文学活动、作家采风21次和文学讲座75次，参与活动人数1060人次。3月，举办《文笔峰》杂志创刊十周年庆典活动，编发《文笔峰十周年庆专刊》。4月7日，醴陵市作家协会召开第四次代表大会，选举产生新一届领导班子，丁发明、桂新华再次当选为主席、常务副主席，并选举产生理事38人。市诗词楹联协会和渌江诗社在中小学校开展诗词楹联讲座和辅导，进行诗联教育，累计创建5处诗词楹联教学基地；会员创作的作品在《岳麓诗词》等报刊上发表，或在省内外各类征联活动中获奖。市诗词楹联协会和市渌江诗社分别编写了《醴泉雅韵》《渌江诗词》诗词集，邀请国内名家2次到醴陵讲学讲座，市历史文化促进会编撰出版渌江书院文化丛书《开卷有益》共10辑，成为全市干部学习读本；启动《醴陵氏族文化》编撰工作。会员张文祥的“醴东文化的研究”项目进展顺利。（屈继元　邓　丹）

【音乐及民艺】市音乐家协会在8—9月组织参加第十一届中国民间艺术节暨第十四届中国民间山花奖、优秀民间艺术表演（民歌）初评活动，重新制作民歌经典《思情鬼歌》的电影音乐短片。（邓　丹）

2018年醴陵市主要文学作品一览表

表11

作品名称	作　者	获奖大赛（刊载期刊）	获奖（发表）情况况
散文《从文笔峰杂志谈起》	桂新华	《共和国骄子》2018年12期	刊发
散文《当深材线虫病来袭之时》	田标兵	《共和国骄子》2018年12期	
小说《鸽的女儿》	江剑阁	《文艺窗》2018年5期	
小说《杜鹃声声》		“信访杯株洲小说作品”	二等奖
小小说《野菊花》		“第二届清风株洲廉洁文化创作作品”	优秀奖

（屈继元）

图书发行

【概况】2018年，湖南省新华书店有限责任公司醴陵市分公司（以下简称“公司”）以“厚义薄利，播文启智”为宗旨，全心全意为读者服务，打造务实高效、文明服务、读者满意的文化传播窗口。经营项目主要有中外文图书、教材、音像制品、电子出版物、文化用品、数码产品等。

【教材及政治理论读物发行】2018年，公司继续贯彻落实国务院关于义务教育阶段学生全部享受免费教科书政策，承担义务教育阶段免费教材费用近100万元，兑现“课前到书，人手一册”承诺，免费送书上门。做好教材的余缺调剂工作，及时解决因学生增减而产生的课本余缺，保证学校正常的教学秩序。为满足学生对零售课本的需求，在新华园仓库设立课本零售点，实施课本零售一站式服务。为宣传好党的理论和路线方针政策，充分发挥出版发行主渠道、主阵地作用，公司继续做好政治读物的发行工作，年内发行《习近平谈治国理政一、二卷》《读有所得》《这个社会主义有点潮》《热点面对面》《党章》等政治理论书籍，共计56176册。

【"全民阅读·书香醴陵"系列活动】做好2018"寻找中国写作之星"创文大赛的各项组赛工作，共有2292人参加初赛，392人参加省赛，醴陵市在全省比赛中获得小学高年级组特等奖和28个个人一等奖。举办"六一"儿童节图书"61折"钜惠活动，联合职能部门举行全市幼儿教师培训会，与市图书馆联合开展"你读书我买单"活动，在公司门店开展最美诵读者活动，参加2018湖南醴陵·古旧书展。

【中共十九大精神进校园】10月10日，公司与市教育局联合举办的"中共十九大精神进校园"活动启动仪式在东富中学举行，公司邀请中共十九大精神湖南省委宣讲团成员、中共湖南省委讲师团副主任、湖南省社会科学界联合会兼职副主席邓清柯在启动仪式上作题为《历史的里程碑：中国特色社会主义进入新时代》专题讲座，活动中发行十九大精神学生读本3349册。（卢珊珊）

体　育

【概况】2018年，市文体广电新闻出版局围绕"健康中国"、"健康醴陵"理念，全面实施《全民健身计划》，承办省级比赛活动和组织实施醴陵市级比赛、健身活动30余次，直接参与人数达50万人次。举办各类社会体育指导员培训班8次，参与人数超过1500人。截至年末，全市三级社会体育指导员人数超过2000人。

【湖南省第三届县域经济强县（市、区）男子篮球赛】6月23—29日，"渌江集团杯"湖南省第三届县域经济强县（市、区）男子篮球赛在醴陵市举行。此次比赛由湖南省体育局主办，醴陵市人民政府、湖南省篮球协会承办，醴陵市文体广电新闻出版局执行，湖南翼腾体育文化发展有限公司为推广单位，是湖南省县域领域水平最高的篮球赛事；共有长沙县、浏阳市、醴陵市、耒阳市、邵东县、永兴县、祁东县、澧县、沅江县、涟源市10个县（市）组队参赛，有参赛运动员120人，教练员20人，为期7天的比赛时间内共进行30场比赛。6月29日，决赛在醴陵体育馆举行，冠、亚、季军分别由祁东县、耒阳市、醴陵市代表队获得。

【醴陵市第二届游泳锦标赛】9月15—16日，由醴陵市文体广电新闻出版局主办，醴陵市体育运动学校、醴陵市全民健身指导中心承办的醴陵市第二届游泳锦标赛在醴陵市游泳馆举行，共有101名男女运动员参赛，分为50米蛙泳、50米自由泳、100米蛙泳3个比赛项目。

【醴陵市第二届机关运动会】11月2日，醴陵市第二届机关运动会开幕式在醴陵市体育馆举行。此次运动会由中共醴陵市直属机关工作委员会、市总工会、市文体广电新闻出版局主办，市全民健身指导中心承办，设有男子篮球、羽毛球和乒乓球3个项目，有来自机关单位的33支队伍参赛，赛事持续到11月底。

【"健康湖南"全民运动会（醴陵站）系列活动】首届"健康湖南"全民运动会由湖南省人民政府主办，湖南省体育局、岳阳市人民政府承办；于4—11月在全省14个市州分别举行，其中4－7月完成各项目海选，8—9月完成各项目选拔赛，10—11月进行总决赛并举行全民运动会闭幕式（颁奖典礼）；根据规程，共设置竞赛、活动两大板块内容，分为智力类、健身类、球类3个大项，含广场舞、健康跑、象棋等26个小项。醴陵市为备战"健康湖南"全民运动会，开展系列选拔活动，共参加13个小项比赛。6月23－24日，首届"健康湖南"全民运动会羽毛球比赛（醴陵站）海选在市文体广电新闻出版局内举办，有17支队伍参加比赛，经过角逐，活力1队、白兔潭1队、海星1队、飞扬1队、中和农信队、海星2队、西山羽协、活力2队共8支队伍入围下阶段的选拔赛。8月8日，"全民健身日"期间，市文体广电新闻出版局组织举办首届"健康湖南"全民运动会太极武术海选赛（醴陵站）暨2018年醴陵市"全民健身日"活动。太极拳海选赛分为个人项目和集体项目2个竞赛项目，武术海选赛分为自选项目、规定项目、段位项目、传统项目等9个竞赛项目。（韩芳子）

传　媒

广播电视

【概况】2018年，醴陵市广播电视台以"促融合、抓提升、树品牌"工作思路为引领，整合电视、报纸、广播、新媒体、网站等媒体资源，设新闻中心、广播专题影视中心、新媒体中心、广告文艺中心、技术播控中心、行政后勤中心和总编室，有干部职工181人。

【内宣工作】《醴陵新闻》栏目推出项目攻坚、产业突围、脱贫攻坚、“三创四化”等28个专栏和《庆祝改革开放四十周年》等系列报道65组，全年播出节目350余期，播发稿件2000余篇。民生栏目《瓷城零距离》播出节目196期，稿件762篇。《生活1+1》《特别关注》专题栏目共推出节目90期，时长1300余分钟。《今日醴陵》报全年刊出100余期，发行100余万份，稿件3000余条，其中深度报道和专版68个，较2017年实现翻番，醴陵手机台APP和《醴陵发布》微信公众号新媒体平台全年推出稿件4000余条，系列报道23组，直播第三届中国烟花爆竹博览会开幕式、“中秋团圆·瓷记乡情”2018年湖南省“我们的节日·中秋节”晚会、株洲市春夏两季乡村旅游节、“五一”劳动节职工歌手大赛等大型活动22场，资讯日平均阅读总量超2万人次，粉丝总数突破10万人、手机直播总点击量达210万次；广播电台以交通为纽带，节目以生活服务为主体，集交通路况、整点新闻、天气预报、生活娱乐等信息于一体，每天播出16个小时，信号覆盖醴陵城乡。组织摄制并高频次推送《大美醴陵》《此湘有醴 点亮星空》《2018醴陵答卷》等宣传片、汇报片21个，策划摄制“三创四化”、禁毒、食品安全等各类公益广告18个。

【外宣工作】2018年，市广播电视台采编的《湖南醴陵：农厕改造“方便”小事大民生》《湖南醴陵：向农业面源污染说不》《湖南醴陵：激发内生动力、助力脱贫攻坚》3条稿件在中央电视台播出，《醴陵：为菜苗铺热炕》《醴陵新年“第一签”：25个大项目 投资总额86亿元》《醴陵陶瓷界聚首沩山村“祭窑”》等178条稿件在湖南卫视、《湖南日报》等省级主要媒体播发，《湖南首条陶瓷等静压自动化生产线在醴陵启用》《醴陵一小区举办邻里文化节》《春节前后，醴陵向烟花爆竹企业按下暂停键》等287条稿件在株洲市级媒体播发，省、株洲市两级媒体发稿量均在2017年的基础上实现翻番。《遇见山水遇见“醴”》夏季旅游节宣传片获评全国旅游电视节目最佳作品奖，《一笔养老金引发两段故事》新闻稿件获评湖南省新闻奖三等奖；《大美醴陵》宣传片和《文明城市有你有我》环卫篇公益广告获评湖南省电视信息节目和广播电视公益广告类节目二等奖；《文明城市 有你有我》城管篇公益广告获评2018年湖南广播电视公益广告大赛三等奖。

【大型活动】2018年，市广播电视台策划执行承办和参与2018年中国湖南国际旅游节暨中国（醴陵）国际陶瓷产业博览会、第三届中国烟花爆竹博览会暨2018年醴陵烟花爆竹交易会、2018年湖南醴陵房地产博览会、“中秋团圆·瓷记乡情”2018年湖南省“我们的节日·中秋节”晚会、株洲市春夏两季乡村旅游节、“五一”劳动节职工歌手大赛、醴陵市第三届创新创业大赛等活动，其中2018年中国湖南国际旅游节暨中国（醴陵）国际陶瓷产业博览会开幕式晚会直播点击量超过45万次，第三届中国烟花爆竹博览会暨2018醴陵烟花爆竹交易会开幕式直播点击量超过25万次，株洲市春夏两季乡村旅游节直播点击量超过28万次，“五一”劳动节职工歌手大赛直播点击量超过20万次。

【有线网络】2018年，湖南有线醴陵网络有限公司通过开展“新春乐”“暑期乐翻天”等各类推广活动和建设全市综治视联网、中（一）医院无线覆盖等项目，把公司有线、宽带网络融合业务推向深入。全年完成主营收入3730.17万元，比2017年增加379万元，年增长率11.32%。全年传送数字电视节目191套，城乡数字电视用户达11.9万户，数字广播“村村响”覆盖全市各行政村，综合覆盖率100%。（王　虎）

卫生·计划生育

市卫生和计划生育局

【概况】2018年年末，全市拥有各级各类医疗卫生机构686个，其中驻醴医疗卫生单位2个、市直医疗卫生单位3个、民营医疗卫生机构7个、乡镇卫生院19个、卫生院分院14个、街道社区卫生服务中心5个、村卫生室518个、诊所118个（含医务室5个）；醴陵市卫生和计划生育局（以下简称“市卫计局”）下设24个基层卫计办，共有工作人员149人。全市卫生和计划生育系统有人员5959人，其中政府举办机构3370人、民营机构624人、驻醴机构955人、村卫生室634人，专业技术人员2719人、中级以上职称693人。全市每千常住人口拥有医师、护士、床位数分别为1.87人、2.37人、5.44张。

【队伍建设】贯彻落实市委人才政策，引进高层次人才22人，公开招聘专业技术人员35人，高级职称晋升18人，申报定向免培生14人。举办第二届系统中青年干部培训班，选拔推荐14名中医药人才继续深造学习，公费资助14名优秀代表参加国医大师熊继柏的“中国经典名家经典原著系列讲座”。对全系统任职5年以上的院长实行轮岗交流，选拔20名优秀年轻干部纳入人才储备库。

【宣传工作】充分运用电视、广播、显示屏、微信公众号等媒介全方位宣传。2018年，“醴陵健康”微信公众号发布信息558篇，总阅读量111.9万人次，总阅读人数91.8万人次。在央视网、人民网主流媒体上稿3篇，湖南日报等省级以上媒体上稿27篇，株洲市级媒体上稿63篇。在《醴陵新闻》《生活1+1》《瓷城零距离》《今日醴陵报》开设专栏，推广卫计政策与服务。开展“好医生、好护士”评选，举办醴陵市首届“中国医师节”庆祝活动，泗汾镇中心卫生院院长彭中华获评全国乡镇卫生院优秀院长，13人获株洲市首届“中国医师节”表彰。

【项目建设】加强基层医疗机构标准化建设，投入1.45亿元，新、改、扩建26个镇卫生院（卫生院分院）、5个社区卫生服务中心，新增24台胎监、19台心电图、10台DR影像设备。市中医院提质改造、新妇幼、福田健康医养中心、京柏康养健康管理中心等建设项目有序推进，湖南师范大学附属湘东医院门急诊综合大楼完成建设。系统债务置换1833万元，偿还个人集资2600万元。

【分级诊疗】遵循“基层首诊、双向转诊、急慢分治、上下联动”原则，建立了城区三级医院、二级医院和片区医疗中心、镇卫生院、村卫生室五级医疗卫生服务体系。8家二级以上医院与33家基层医疗机构、2家民营医院，建立了9个紧密型、31个松散型医联体和4个专科联盟，实现区域医联体全覆盖。强化紧密型医联体管理，推进片区医疗中心和社区卫生服务中心建设，医联体内上转病人3956人次，下转病人1587人次，基层就诊率达51.7%，市域内就诊率达92.7%。

【公立医院改革】2018年，全市公立医院药占比为27.9%，百元耗材18.5元，公立医院医疗费用增长控制为1.9%，医疗服务收入占比37.5%。公立医院559种药品下调价格，下降12.2个百分点；13种抗癌药品规价格下调，下降17.3个百分点，部分抗癌药降幅最高达60%。年内，醴陵市被湖南省人民政府表彰为公立医院改革成效明显县市。

【信息化建设】年内，市卫生和计划生育局以远程医疗建设为切入点，投入1000万元，建设集居民健康门户和医疗数据平台于一体的智慧医疗云平台。与19个建制镇卫生院、5个社区卫生服务中心实现互联互通。开展智慧健康医疗服务，湘东医院、市中医院、妇幼保健计生服务中心医院开通了微信预约挂号、手机APP预约挂号和远程医护指导功能，方便了城乡居民自我健康管理和看病就医。远程会诊惠及群众3800余人，为群众减免就医负担150余万元；其中3家城区公立医院开展与上级医院的远程会诊、影像诊断指导等业务合作，完成远程会诊78人次、影像诊断指导52人次。高危孕产妇系统在全市7家助产机构和所有乡镇卫生院应用推广，与省公共卫生平台数据完成对接，实现双方的数据互联互通。通过远程医疗，上级专家对基层医疗机构就诊患者疑难阳性体征的及时识别和诊治，有效降低了检查、治疗费用，为全市节约医保资金500余万元。

【妇幼健康管理】全年完成“两癌”筛查26305例、孕前优生检查7904例、产前筛查8069例，完成率分别为109.6%、100.05%、100.8%。市卫计局获评全省“两癌”检查重点民生实事项目先进集体。加强母婴安全保障，孕产妇死亡率为12.81/10万，出生缺陷活产发生率、5岁以下儿童死亡率、婴儿死亡率分别为52.41/万、3.97‰、2.69‰。市卫计局获评2018年株洲市母婴安全保障工作、出生缺陷防治工作、孕产妇免费产前筛查项目工作、农村适龄妇女“两癌”免费检查项目工作、预防艾滋病、梅毒、乙肝母婴传播阻断项目工作先进单位。2018年3月，全省妇幼健康大会在醴陵市召开，“创新妇幼健康服务新模式”获全省计划生育服务管理创新奖。

【红十字会】开展红十字会志愿者主题宣誓、无偿献血、器官和遗体捐献、骨髓干细胞捐献、应急救护知识普及、义诊等活动。全年有205个团体单位无偿献血，献血2176人次、献血量达705900毫升；全年个人无偿献血4892人次，献血量总计166040毫升。全市的临床用血100%都来自无偿献血，全年采供血无一例差错事故。协助中国红十字总会、省红十字会、株洲市红十字会发放各类救济金45万元和慰问物资3万元，均楚镇大垅洲村红十字博爱卫生站工程通过“红十字博爱家园”项目省级验收。

【健康扶贫】2018年，市卫计局落实健康扶贫政策，有效救治贫困患者9067人，全市贫困户综合报销比例达91.6%。15支健康扶贫志愿队和141支家庭医生签约服务团队深入农村基层，惠及群众1万余人，贫困患者满意度达100%。连续3年获评全市脱贫攻坚先进单位，驻潭塘村帮扶工作队连续3年考核评为“优秀”。

【湘雅乡情·专家醴陵行活动】“湘雅乡情·专家醴陵行”活动以乡情为纽带，以制度为保障，邀请中南大学湘雅医院、省人民医院等11所医院的专家教授，利用节假日和周末，轮流到醴陵市各级医疗机构坐诊、讲座、查房，开展传帮带活动。此活动由醴陵市委、市人民政府主导，市委组织部、市卫计局牵头实施，自2016年6月启动，截至2019年12月，活动开展3年来，医学专家由25人增至88人，27名专家在醴陵市设立工作室，收徒30人。年内，每个星期至少有8~10名医学专家在醴陵市中（一）医院、醴陵市妇幼保健计划生育服务中心、醴陵市二医院坐诊，坐诊次数达1040次，开展讲座280场次，实施手术81次，查房764次，实施医疗救治7791人，开展扶贫集中义诊活动3次，帮扶困难群众75人，惠及群众5万余人，为群众减免医疗费用1500余万元。疗费用1500余万元。

【爱国卫生】2018年，全市成功创建1个省级卫生镇、12个省级卫生村、2个省级文明卫生单位，1个株洲市卫生镇、17个株洲市卫生村、8个株洲市文明卫生单位、8个株洲市无烟管理单位。推进“厕所革命”工作，完成1000座厕所改造。全省农村改厕调查会在醴陵市召开。

【中医药事业发展】截至年末，全市有中医药服务医疗卫生机构263个，其中三级甲等中医医院1个，三级综合医院1个、二级妇幼专科医院1个、社区卫生服务中心5个、镇卫生院19个、民营医院4个、村卫生室209个、中医诊所23个。70%以上的村卫生室常态化提供中医药服务，全市基层医疗机构有中医执业（助理）医师123人、占比20%以上，基层医疗机构门诊服务68.69万人次，中医药适宜技术服务惠及21.87万人次，基层中医药服务收入增长21.2%，创建全省基层中医药工作先进单位，成为株洲地区首个中医药示范市。

【人口和计划生育】推进全面两孩政策实施，全年出生11447人，符合政策生育率达96.87%，出生人口性别比达100 ： 106.97；人口出生率10.68‰、死亡率7.52‰，人口自然增长率3.17‰。执行计划生育八项工作制度，审查单位329个、6100人次，顶格查处“两非”案件4例，30人被纳入失信人员名单。落实各项手术8327例，接收反馈流动人口各类信息18657条，清理未匹配人员信息8.4万条。

【关怀计划生育家庭】2018年，确认农村计划生育家庭奖励扶助对象11648人，计划生育家庭特别扶助对象877人，独生子女保健费对象3171人，城镇独生子女父母计划生育奖励对象17776人；发放各类奖励扶助资金2392.51万元。开展计划生育家庭特别扶助关怀二作，对全市590户877人计划生育家庭特别扶助对象建立双岗责任人联系制度，提供家庭医生签约服务，开展免费健康体检，实现签约率和服务率全覆盖，发放节日慰问金30余万元。

【公共卫生】截至年末，市卫计局累计建立居民健康档案80.57万份，建档率83.32%。加强对特殊人群的动态管理，组织开展护理岗位技能竞赛、产后（新生儿）家庭访视技能竞赛活动，新生儿访视率98.50%，产后访视率98%。全市新建数字化预防接种门诊3家，“六苗”（卡介苗、乙肝疫苗、脊灰疫苗、百日破疫苗、麻疹疫苗、乙脑疫苗）全程接种率99.61%。救治救助贫困严重精神障碍患者125人，农民工尘肺病患者136人。共开展健康知识讲座、健康教育咨询300余场次。年内，市卫计局获评“株洲市2017年基本公共卫生服务项目工作先进单位”。

【计划生育协会】2018年，市计划生育协会组织各类业务培训10余场，培训300余人。利用“5·29”“7·11”等主题日，组织“最美母亲、最美婆媳”评比、青春期健康教育进校园等关爱活动40余场。投入60余万元，为计划生育特别扶助家庭、独生子女家庭购买健康保险和住院护理保险，理赔服务110人；计划生育特殊扶助对象重病大病住院护理补贴发放203人27.77万元；计划生育家庭幸福保险参保人数达10.23万人，保额500万元，理赔服务446例，理赔228万元。开展生育关怀活动，投入30余万元走访慰问困难计划生育家庭、留守儿童、留守老人。打造“计划生育三结合”“计生家庭创业贷款”等特色项目10余个，项目帮扶对象100余人，解决就业、生产和生活等问题150余个。

【综合执法】2018年，市卫计局全面梳理行政许可公共服务事项及可下放镇、街事项，纳入市民中心办理45项，公开事项服务指南43项。建立县乡级食源性疾病监测报告制度，监测覆盖率达100%。发放再生育证262本、医疗机构执业许可证3家，办理医疗机构变更登记15家。实行执法人员持证上岗制度，配备行政执法记录仪6台，行政执法过程全记录。开展打击非法行医、无证无照医疗美容专项行动，立案38起，行政处罚20起。每季度定期监测城市市政供水，完成具有自备供水设施学校及托幼机构抽检215家。申请强制执行案件22例，诉前财产保全161例。设置食品污染物及有害因素监测点17个，食源性疾病监测哨点医院32家。组织开展医疗机构重新定级定类督查，规范183家医疗机构执业行为，完成705家医疗机构校验工作。落实进一步改善医疗服务行动计划，医政巡查通报183家医疗机构，约谈20家医疗机构负责人、12名医生。（陈　准）

市中（一）医院

【概况】醴陵市中（一）医院（以下简称“中医院”）位于醴陵市瓷城大道3号，占地面积1.87公顷，建筑面积8.2万平方米，其中医疗业务用房6.7万平方米，有编制床位848张、开放床位1050张；拥有心血管病科、肛肠科、康复科、中医骨伤科、脑病科、老年病科6个湖南省中医重点专科，经典科、烧伤科、疼痛科、治未病科、国医馆5个中医特色专科，27个临床病区，10个医技科室，20个职能科室和3家分院。2018年，中医院有在职在岗职工1080人，其中卫生专业技术人员870人、博士研究生1人、硕士研究生61人、本科学历351人、高级职称108人、中级职称237人、湖南省名中医1人、株洲市名中医5人、株洲市首届中青年知名医师2人和醴陵名医10余人。全年中医院实现业务总收入3.91亿元，增长14.36%；实现医疗服务收入1.72亿元，增长18.9%；住院3.6万人次，门急诊29万人次，手术8274台次；中药饮片使用率达87.3%，中医特色治疗率达80.6%。继续开展“湘雅乡情·专家醴陵行”活动，全年有来自11家医院的75名省级专家到中医院传帮带教，坐诊381人次，手术33次，讲课49次，查房329人次，讲课培训医务人员2450人，就诊3480余人，受益群众6000人。推进医联体建设“三共三化”，与15家医联体织密“医带医路”区域医疗网。

【学科建设】年内，中医院成为湖南省人民医院定点指导医院、湖南省儿童医院医联体协作医院和株洲市中医医联体成员单位。科研能力不断提升，中标省级科研课题3个。开展颅内动脉瘤栓塞术、腹腔镜下肾部分切除术、显微镜下巨大脑膜瘤切除术、腹膜透析术等20余项学科新技术。医疗质量监管持续发力，推广升级“医疗大巡查”“一对一帮扶”“五级大会诊”，建立了多学科综合治疗（MDT）小组。胸痛中心成为湖南省首家通过中国胸痛中心总部认证的中医医院，卒中中心成为株洲地区唯一一家被中国卒中中心认证授牌的“综合卒中中心”医院。

【中医特色】年内，中医院名医堂、国药堂、治未病科和国医馆为百姓提供了中医治疗平台，28种疗效显著的中医外治法被推广，46个优势病种诊疗方案和70个临床路径有效实施，经典案例分享、中医沙龙等活动提升了中医诊断治疗水平，健康大讲堂、三伏贴节、膏方节等活动惠及百姓健康。举办了醴陵市中医院首届拜名师活动，健全中医传承体系。开展了第四次全国中药资源普查，挖掘利用醴陵市区域内的中药资源。（唐　威）

醴陵市妇幼保健计划生育服务中心（醴陵市妇幼保健院、醴陵市儿童医院）

【概况】醴陵市妇幼保健计划生育服务中心（醴陵市妇幼保健院、醴陵市儿童医院）（以下简称“中心”）总占地面积0.79公顷，设有孕产保健部、妇女保健部、儿童保健部和计划生育技术服务部，有产科、妇科、内儿综合科、新生儿科、小儿外科及乳腺外科、急诊科、产前检查科、产后康复中心、健康管理中心、保健部、儿童保健科、计划生育技术指导科和计划生育技术服务科等科室，拥有乳腺钼靶、进口数字化X线摄影（DR）、安珂乳腺微创旋切系统、美国GE18四维彩超、二维彩超、腹腔镜、宫腔镜、光散射乳腺筛查仪、导乐分娩仪、上转发光免疫分析仪、HPV检测仪等医疗设备150台件，开设床位159张。2018年，中心有在岗人员392人，其中高级职称19人、中级职称113人，专技人员占比87.5%；实现总收入1.02亿元，其中医疗收入8355.2万元。年内，中心在首届“华谋杯”全国医院6S精益管理大赛中获得铜奖；参与全国二级医院满意度调查工作，中心病友服务满意度达95.6%。截至年末，中心整体搬迁项目完成了红线范围内征拆、清表等工作，外运工程土方28万立方米，布置桩基地址勘查孔位120个。

【医疗质量】2018年，产科分娩2916人次，分娩人数占比全市分娩人数的34%，分娩量全市医疗机构中排名第一；抢救重症孕产妇4例、危重病人28例，无孕产妇死亡病例，抢救成功率为100%；开展宫颈环扎手术6台、子宫切除手术1台，实施无痛分娩801人次，无痛分娩率为46.5%，开展多模式镇痛1320例。年内，新生儿科成功救治3例30周以上、出生体重1.4~1.7公斤的早产儿；PS及insure技术的应用，降低了RDS患儿的转院率，提高了救治成功率。中心妇科在中南大学湘雅医院教授指导下开展了广泛性子宫全切+盆腔淋巴结清扫术、筋膜外子宫全切术、卵巢动静脉高位结扎术、腹腔镜辅助阴式子宫全切+双侧输卵管切除术；妇科完成输卵管复通术1人并成功受孕，首次开展电切术治疗粘膜下肌瘤1人次，宫腔镜治疗切口妊娠Ⅲ类。内儿综合科全年收治危急重症病种15种，提高了危急重症患儿救治率；创新开展鼻负压置换技术，应用效果良好。小儿外科、乳腺外科收治住院患儿及患者758人次，共手术436台，其中乳腺癌手术7台、乳腺微创手术约100台；乳腺癌术后化疗7人次，靶向治疗1人。儿保科应用艾灸纠正孕妇胎位，健康管理中心开展经腹阴道联合扫查术，检验科开展血清胱抑素测定，B超室开展小儿髋关节检查等新技术。

【妇幼健康】2018年，全市孕产妇系统管理率为95.57%，0~6岁儿童系统管理率为95.23%；孕产妇死亡率为9.59/10万，5岁以下儿童死亡率为4.03‰。中心作为全市“两癌”检查工作的定点机构，认真实施“两癌”检查重点民生实事项目，全年“两癌”免费检查任务数2.4万人次，实际完成26098人次，完成比例108.74%；年内，醴陵市被中国疾病预防控制中心妇幼保健中心认定为国家级乳腺癌监测试点。全年孕产妇免费产前筛查任务数8000人次，实际筛查8069人，筛查率为100.86%。7月，“湖南圣湘HPV多中心临床验证研究项目”试点落户醴陵市，中国医学科学院、北京协和医学院肿瘤医院教授乔友林带领团队到醴陵市科研调查，全市有3050名妇女接受检测和临床跟踪调查。出生缺陷综合防控的各项指标控制达标，叶酸服用率达96.57%，婚检率达85.58%，孕前优生健康检查覆盖率达100%，早孕随访率和妊娠结局随访率均为100%，新生儿遗传代谢疾病筛查率为101.34%。

【信息化建设】一是开发智能信息网络系统。引入检验报告自助打印设备，升级免费Wi－Fi系统，拓展掌上妇幼系统功能，开通预约诊疗服务，实施手机智能导诊、预约挂号、缴费、查询等业务。二是建立病案电子信息库。加强病案管理，加强病历环节质控和终末质控。三是研发妇幼健康管理系统。改进和完善“两癌”检查信息系统和孕产妇高危管理系统，实现无纸化办公，加大互联网+婚前医学检查、互联网+国家免费孕前优生健康检查的研发力度。

【医联体建设】2018年，中心继

续与省妇幼保健院、省儿童医院等上级医院建立医联体关系，依托“湘稚乡情”服务平台，拉动优势医疗资源下沉，让基层群众享受到省级的优质医疗服务；邀请上级专家学科助教，全年专家坐诊62次，手术53台次，查房29次，讲座12次，接受群众咨询1000余人次，医疗救治600余人。与仙岳山街道社区卫生服务中心建立紧密型医疗联合体，年内仙岳山街道社区卫生服务中心完成了主楼升级改造和搬迁，建立了数字化预防接种门诊。

【党建扶贫】2018年，中心持续开展在职党员进社区、公益医疗等工作，组织在职党员进社区2次、义诊9次。年内，中心继续对口扶助官庄镇阳坑村和李畋镇石溪村，拨付扶贫资金9.1万元，帮助贫困村发展种养殖业，有效带动当地就业。中心员工自发捐款1万元为阳坑村贫困户兰运香改造危房，节假日为贫困户送去米、油、食品等价值1万元的慰问物资。对茶山镇贫困者开展走访义诊。（左秋风）

市疾病预防控制中心

【概况】2018年，醴陵市疾病预防控制中心（以下简称“中心”）贯彻落实习近平新时代中国特色社会主义思想，以“强基本、保底线、惠民生、稳发展”为总基调，以服务社会为己任，不断完善基础设施建设，打造高素质疾控专业队伍，各项工作均取得进步。创建了“湖南省文明卫生单位”，获评“湖南省艾滋病性病综合防治工作先进单位”“2018年度全省疾控系统新闻宣传工作先进单位”“全国第三届万步有约职业人群健走激励大赛优秀健走示范区”等称号。2018年度湖南省艾滋病抗体检测和梅毒血清学检测实验室间质量考评结果均为优秀。

【疫情管理】2018年，全市共报告法定传染病22种5069例，报告狂犬病、疟疾、肺结核死亡病例各1例，报告发病率、死亡率分别为487.40/10万、0.28/10万，总发病数较2017年同期增加52.73%。发病数居前三位的分别是手足口病1619例、肺结核952例、乙肝785例，占全市发病总数的66.21%。无甲类传染病报告，乙类传染病报告18种共2727例，丙类传染病报告4种共2342例。

【传染病监测】开展了霍乱内外环境监测，5—10月期间每两月采样监测一次，完成江河水系、生活污水、医院排污水、养殖水等水样检索和水产品采样监测，共检测样品90份，均未检出霍乱弧菌。各医疗机构登记上报腹泻病人1138例，检索样品172个，均未检出O1和O139群霍乱弧菌，全年无霍乱或疑似霍乱病例发生。采集手足口病病例标本62例，经株洲市疾控中心检测反馈阳性为37例。6433名狂犬病暴露人员接种了狂犬病疫苗，接种狂犬免疫球蛋白1168人。人感染H7N9禽流感监测采集活禽市场环境样30份，未检出阳性结果。钩端螺旋体病宿主监测捕获鼠类50只，未检出阳性结果；重点人群血清学检测100人，阳性率为5%。发生2起肾综合征出血热散发疫情；确诊布鲁氏病例9例，其中4例为散发疫情，5例为聚集性疫情；全年无登革热、鼠疫等病例报告。

【卫生应急】坚持24小时应急值班，及时处理传染病及突发公共卫生事件预警信息18类274条。组织开展卫生应急演练，完成了应急物资储备，处置了市第四中学、第五中学和栗山坝中学的其他感染性腹泻暴发或聚集性疫情和明月镇“布病”、泗汾镇双塘小学流行性腮腺炎暴发疫情、明月镇贺市小学水痘聚集性疫情等。开展了法定传染病漏报率调查，共抽查法定传染病1200余例，无漏报情况。

【重点传染病防控】建立了联防联控工作机制，开展了学校卫生管理培训，参加培训达600人。加大了学校结核病防控工作力度，组织开展了两轮初高中入学新生结核病筛查，上半年筛查14838人，确诊结核病5例；下半年筛查14508人，确诊结核病3例。结艾防治分离后，推进医防合作，构建疾控机构、定点医疗机构、基层医疗机构“三位一体”防治模式，承担了全国“十三五”结核病防治重大课题，争取到了全省结核病防治服务模式深度改革试点县项目。2018年免费和系统管理病人871例，全球基金耐多药项目痰培养143例，发病耐多药病人14例。醴陵市自2014年被列入全国第三轮艾滋病综合防治示范区，组织了项目工作实施，截至年末，规范管理艾滋病人350人，抗病毒治疗290人，拥有8个艾滋病筛查实验室，建立快速检测点23个，年内新增报告109例。

【免疫规划】年内，举办了“智飞杯”预防接种家长课堂演讲比赛，组队参加株洲市级复赛，获团体二等奖，获二等奖1人、三等奖2人。加大了疫苗针对性疾病监测力度，主动网上巡视疫情，监测系统累计报告疑似麻疹20例，排除20例；全年共报告AFP病例4例、15岁以下儿童乙肝3例、百日咳4例，均按要求完成了个案调查，无新生儿破伤风、白喉、乙脑、流脑等病例报告。全市共报告AEFI病例81例，均为一般反应病例。全年开展冷链运转6次，保证了各接种单位预防接种需要。按照上级方案要求，对全市各预防接种门诊和狂犬病暴露处置门诊开展了“两个门诊”建设分类审核验收，年末接受了株洲市疾控中心组织的复核评审。截至年末，全市有6家数字化预防接种门诊建成并投入使用，5家示范化预防接种门诊、22家规范化预防接种门诊、1家规范化狂犬病暴露处置门诊、24家合格狂犬病暴露处置门诊通过市级评审验收。

【慢性病防控】依托国家基本公共卫生服务加强了慢性病患者管理，截至年末，全市常住人口970700人，累计建立居民健康档案805719份，建档率83%；动态管理328800份，动态管理率40.8%；管理65岁以上老年人90014人，完成年度老年人体检51174人，体检率为52.72%；累计管理高血压病人56443人，规范化管理高血压病人46079人，规范化管理率81.63%，血压控制达标人数为34801人，血压控制率61.56%；累计管理糖尿病人20923人，规范化管理糖尿病人17947人，规范管理率88.43%，血糖控制达标人数为12763人，血糖控制率60.99%。完成了全国第八次老年人健康调查和中英减盐项目基线调查。开展了碘缺乏病监测，完成了盐碘和尿碘检测任务；疟疾监测完成707名不明原因“三热”患者疟原虫血检，发现阳性病例6例，阳性率0.8%；死因监测报告审核死亡病例6181例，报告粗死亡率为6.37‰；重点慢性病监测共收集高血压、2型糖尿病、心脑血管事件、恶性肿瘤信息分别为4020例、6053例、2165例、1031例。组织参加了全国第三届“万步有约”职业人群健走激励大奖赛，共470名队员参加了全国正式比赛，在全国477个县（市、区）中排名第69位。

【职业病防治】创新职防工作模式，联合劳动和安监部门，借助兆和医院流动体检车上门为企业服务，全年共完成职业卫生健康体检4343人次，诊断尘肺病7例；重点职业病监测与职业健康风险评估录入个案1112例，审核农药中毒26例；完成了全市30家医疗卫生机构辐射防护摸底调查工作。

【监测检验】中心实验室具备独立开展分子生物学检测能力，完成了碘实验室装备，添置了碘检测仪，自行完成了尿碘采样和监测，并承接了周边县区的尿碘检测任务；每季度及时在政府网站上向社会公示城市网管末梢水监测结果，完成了全市市政供水和城乡学校饮用水监测工作，共计监测样品824份；食品安全风险监测采集食品样本64个，合格63个，1例化学添加剂（铝）超标；审核哨点医院网报食源性疾病病例1025例；承担了病媒生物监测工作任务，争取了预算经费13.5万元委托第三方机构打包服务；充实了体检科人员，完善了设施设备，引进了数字化DR，免费预防性体检13150人，办理健康证15829本。

【健康教育】以“三创四化”工作为契机，履行健教所职能，构建了三位一体健康教育网络，成立了健康教育培训中心，组建了醴陵市健康教育讲师团。以健康教育进机关、进社区、进厂矿、进学校、进村镇“五进”活动为抓手，举办讲座50余场。全年组织了“世界无烟日”、全民健康生活方式日等卫生主题宣传活动20余场次，发放宣传资料11万份。加强“疾控卫士”微信公众平台建设，传播疾病防控知识，共计更新25期，发布各类信息80余条。 （王　婷）

市卫生计生综合监督执法局

【概况】2018年，醴陵市卫生计生综合监督执法局内设办公室、财务室、公共场所卫生监督股、医疗卫生监督股、综合股、计划生育监督股，有在编人员28人，承担全市辖区的公共场所卫生、传染病防治、学校卫生、职业放射卫生、生活饮用水卫生、消毒机构、医疗机构、母婴保健机构和计划生育技术服务机构等的卫生计生执法监督任务，担负计划生育违法违纪案件查处、依法打击“两非”（非医学需要的胎儿性别鉴定和非医学需要选择性别的人工终止妊娠）行为的职责，做好计划生育社会抚养费征收、管理和社会抚养费征缴系统的运行、监测、管理。

【卫生行政许可】2018年，继续推进“放管服”改革。一是实施“一个窗口对外服务”，加大政务公开工作力度。二是提倡人文执法和服务理念，推进“上门登记办理服务”。三是行政许可事项实现“最多跑一次”。全年共办理公共场所卫生许可证127本、二次供水卫生许可证11本、集中式供水卫生许可证2本。

【医疗机构监督管理】2018年，市卫生计生综合监督执法局承担全市585家医疗机构的监督检查任务，日常医疗卫生监督覆盖率达95.5%。为突出重点领域重点监督，开展了打击无证行医专项整治、医疗美容专项整治、医疗废物专项整治。对群众举报及巡回检查中发现违法事实较严重的予以立案查处，年内医疗卫生监督行政处罚立案共28起，其中结案23起、公告取缔1起。

【公共场所卫生监督】2018年，以“三创四化”为核心，有计划、有步骤地对全市500余家公共场所单位进行了监督检查，卫生监督覆盖率达95%，量化分级率达95%。按照《公共场所卫生管理条例实施细则》要求，对无卫生许可证擅自营业和从业人员无健康证上岗等违法经营的14家单位实施了行政处罚，分别给予警告、责令整改和罚款。年内，共开展无证照专项整治、住宿业专项检查、美容美发业专项检查、游泳场所专项检查4次专项行动。

【生活饮用水卫生监督】截至年末，醴陵市农村有“千吨万人”规模自来水厂15家，日供水2.85万吨，供水人口34.5万人。市卫生计生综合监督执法局实行监管与服务并重，加强与水利部门的沟通与合作，农村水厂逐步走向规范化。15家水厂均有完善的净化、消毒水处理设施且运转正常，均具备9项水质指标的自检设施和能力。

【学校卫生监督】一是加强对自备供水设施学校的水质监督。年内，在市政府统一协调下，市卫生计生综合监督执法局与教育主管部门、市疾病预防控制中心，共同完成了全市215家自备供水设施学校的水质监督抽检工作，覆盖率达100%。对水质抽检不合格学校提出具体整改措施，督促学校加强水源卫生安全防护、完善供水设施、加强水质消毒、建立健全供水卫生管理制度等。加大对学校二次供水设施的监督管理，要求学校的二次供水设施定期清洗消毒并有记录，有效保障学校生活饮用水供水安全。二是加强学校传染病防治监督。重点检查小学、幼儿园入学入托手续，完善预防接种证查验制度，要求学校做好晨检、传染病登记、因病缺勤病因追查与登记，设置专（兼）职传染病疫情报告人，并按要求在时限内向相关部门报送传染病情况，加强常见病与多发病的预防，完善在校学生健康档案。规范学校的传染病防治工作，要求学校落实对结核病、手足口病等传染病防治工作，制定应急预案，合理应对。三是加强对学校的卫生监督检查。全年监督检查学校（含托幼机构）1064家次，限期整改112家。与教育主管部门联合开展学校卫生联合督查6次，形成通报制度，对学校卫生监督检查中发现的重大违法行为和卫生安全隐患及时向教育部门通报，教育部门督促学校整改，协助卫生监督部门排除卫生安全隐患。

【餐饮具消毒机构卫生监督】2018年，继续加大对餐饮具集中消毒单位的监管力度，整合不规范餐饮具集中消毒单位7家；对具备整改条件的单位进行专业技术指导，基本整改到位7家，被整改单位均有面积大于200平方米生产场所，有机械消毒设备且运转正常，健全了相关卫生管理制度，基本符合《消毒服务机构卫生规范》要求。全年共出具卫生监督意见书62分，限期整改13家。

【监督协管与保障】2018年，全市共有卫生监督协管单位26家，卫生监督协管员52人。11月，由市卫生和计划生育局牵头对所有卫生监督协管员进行“双随机”执法能力培训，重点学习公共场所、医疗卫生、生活饮用水、学校卫生、餐饮具消毒等知识，协管员的履职能力进一步提升。

【计划生育监督】2018年，对违法生育对象征收社会抚养费为607万元；健全打击“两非”综合治理出生人口性别比区域协作机制，核查线索18起，查处“两非”典型案件4例；与市人民法院加强配合，聘请了1名人民调解员，共计依法申请市人民法院财产保全执行案件161件，拉入失信人黑名单30人次，冻结银行账户金额150余万元。

【双随机工作】“放、管、服”改革在全市深入推进、基层治理网格化的试点开启，“互联网+”监督模式促使卫计监督执法信息网络化建设进入快车道。2018年，市卫生计生综合监督执法局按时完成国家监督计划中“双随机”任务90家，任务完成率100%，网上录入本底资料1600余家，监督到位1600家。（周玲红）

市精神病医院

【概况】醴陵市精神病医院（以下简称“医院”）占地7119平方米，总建筑面积1.7万平方米，设有精神科男、女封闭病区和开放病区、老年病科等9个临床科室，是以精神病防治为主的二级专科医院。2018年，医院拥有固定资产3318万元；有员工192人，其中高级技术职称以上人员39人；门诊治疗2.4万人次，住院治疗人次3462人次，实现医疗业务收入3729.89万元。全年救治贫困户精神病患者304人次，除报销金额外医院共垫付住院医疗费用10.95万元，有205人次建档立卡贫困户在医院享受了先诊疗后付费政策。4月，医院挂牌湖南省精神卫生医联体成员单位和湖南省脑科医院临床技术指导医院。

【重性精神病防治】2018年，医院履行重性精神病管理和指导职责，配合市卫生和计划生育局，对全市乡镇、社区基层卫生单位的严重精神障碍患者管理工作进行了季度考核，举办了2期严重精神障碍管理业务培训班，有80余人接受培训。全年下乡指导重性精神疾病患者救治救助工作4次。截至年末，全市国网登记严重精神障碍患者4453人，检出率为4.58‰；在管患者4343人，管理率为97.53%，规范管理率为93%，服药率为93.26%，规律服药率为74.22%。

【学科建设】一是做好了美沙酮门诊建设。按照美沙酮门诊建设标准，投资15万元改造医院门诊2楼，购置办公用品，安装监控设备，选派人员学习培训。二是做好了心理咨询室建设。投入10万余元购置音乐治疗椅、沙盘、沙发、床等设备，按照心理咨询室标准装修改造病房，心理咨询中心于12月投入使用。心理科配置医生5人，年内共接待咨询患者21人次。

【队伍建设】2018年，医院继续提升医务人员业务水平的，组织业务学习20余次、考试考核10次，开展“岗位大练兵”技能竞赛活动，安排10余人次参加省内举办的各种学术交流活动，选派20余人次参加省脑科医院和湖南省、株洲市心理学会等机构培训，邀请省脑科医院、湖南师范大学附属湘东医院专家授课4次。（谭　钢）

株洲市中心血站醴陵分站

【概况】2018年，株洲市中心血站醴陵分站在市火车站内设立了固定爱心献血屋，流动采血车足迹遍及城市和乡镇繁华地段，采集无偿献血4565人次，采集量达156.42万毫升；供应血红细胞11465.5单位、血浆7227单位，机采血小板348治疗量，手工血小板50单位，冷沉淀2390单位。株洲市中心血站醴陵分站站内共计无偿献血报销38人次、2.13万元，网络直报94人次、7.47万元。（陈　媛）

湖南师范大学附属湘东医院

【概况】2018年，湖南师范大学附属湘东医院（以下简称“医院”）贯彻落实习近平新时代中国特色社会主义思想、中共十九大精神，坚持“焕彩精医、融汇俱进”的核心理念，秉承“德术至善”院训，发扬“博爱、求精、团结、创新”精神，奉行“播撒爱心、呵护生命”服务理念，围绕创建三级甲等医院、项目建设、综合改革三大重点工作，抓好医疗业务、教学科研内涵建设，促进医院各项工作平稳、科学、可持续发展。

【重点工作】一是做好了医院基础设施建设工作。按程序实施了新门急诊综合大楼建设项目装修装饰、室外景观绿化等工程，进入最后竣工验收阶段。启动了一住院楼的升级改造工程，完成外墙改造工程的设计、预算等工作。完成了门急诊楼外墙升级改造工程和新放疗中心建设及直线加速器安装调试工作。二是持续推进医院综合改革。醴陵市心电、放射、超声远程会诊中心投入运行，危重孕产妇、危重新生儿急救中心通过株洲市验收，醴陵市空中紧急救援中心落户并完成硬件建设。抓好医联体运营管理，全年到各医联体单位开展学术讲座、培训25场次，选派专家坐诊、查房100余人次。完成了绩效方案设计、考核软件招标与安装、绩效数据测试等工作。三是继续创建三级甲等医院。梳理、修订各项制度、规章、流程，完善医院运行管理制度体系，全年共组织全院性巡查4轮，专项督查50余次，针对巡查过程中发现的问题及时反馈、认真整改，建立并逐步完善了创建的PDCA循环常态化管理机制。抓好应急管理工作，完成4期22项应急预案的理论培训及停电、食品安全事件等近10项应急预案的实战演练。抓好“三基”培训与考核，采取理论考试、操作考核、技能竞赛等方式，全年组织“三基”理论考试10余场次，体格检查、心肺复苏等为内容的技能培训、竞赛30余场次。四是做好人才队伍建设工作。落实医院招聘高层次人才暂行规定，全年招聘引进大中专毕业生80人，其中硕士研究生、学科带头人12人。遴选2人为硕士研究生导师，4人晋升正高职称，16人晋升副高职称，2人评选为株洲市核心专家，1人获评株洲市“优秀医师”，3人获评醴陵市“好医生”“好护士”。

【医教研管理】一是继续深化医疗质量管理。按照三级甲等医院标准与进一步改善医疗服务行动计划要求，抓好了临床18项核心制度落实，坚持每周一次的业务查房，不定期进行医疗质量督查，抓好医疗质量的每一个环节，及时发现医疗过程中存在的问题与隐患并整改。定期组织病历质量检查，全年抽查归档病历5500余份、在架病历近5000份，评选优秀病历管理科室8个、优秀病历近20份。持续抓好临床路径与按病种付费管理，全年实行临床路径管理病种68个，抽查临床路径病历近2000份；实行按病种付费管理病种105个，规范了临床质量管理，有效减轻了患者就医负担。二是继续做好医疗安全管理。组织法律法规与沟通能力培训和纠纷病例及疑难危重病例讨论会，及时发现、分析诊疗过程中存在的不足，提出整改措施，抓好整改落实，规范诊疗行为。三是全面推开优质护理服务。深化“以病人为中心”的服务理念，重点在门急诊、手术室等特殊科室推行优质护理服务，实现了优质护理服务全覆盖。落实责任制整体护理，为患者提供全程、全方位的护理服务，患者满意度不断提高。加强专科护士的培训，共培训专科护士100余人。四是强化教学科研管理。获批省教育厅、省卫生和计划生育委员会课题3项。全年招收硕士研究生12人、住培学员12人；招收的首届研究生、首届住培学员全部毕业，就业率达100%。完善教学设施设备，设立“人机对话”考试中心，按临床教学认证要求完善临床技能训练中心。年内有200余人参加教师资格考试，2人参加学校临床课堂教学竞赛获三等奖。

【后勤保障】 年内，通过省红十字会捐助等渠道，医院完成了1.5T核磁、直线加速器等设备的升级换代。做好特种设备安全生产管理工作，从完善制度、健全机制着手，重点落实特种设备安全生产主体责任，实现了全年特种设备安全生产无差错、无事故目标。推进“互联网+医疗”数字化医院建设，在优化门急诊流程的前提下，升级改造掌上医院建设及门诊自助诊疗等信息系统。投资1500余万元，完成新门急诊大楼信息化、智能化的整体规划、设计与实施和OA等系统的升级改造。

【文化建设】 一是做好医院文化建设顶层设计。聘请专门团队分析、凝炼、整合和设计医院文化，明确医院文化内核，确定了院徽、院训、院歌等内容，规范了院内标识标牌，启动了新门急诊综合大楼内各类标识标牌的制作与安装工作。二是做好医院宣传工作。医院微信公众号、服务号全年推送报道230余篇次，点击量达270余万次；《大众卫生报》《株洲日报》等推送医院报道近30篇次，醴陵电视台等推送医院专题宣传片8期。腾讯、红网等推送报道70余篇次，阅读量超过1500万次。三是组织开展丰富多彩的文体活动。发挥职工文体协会作用，组织开展职工篮球赛、乒乓球赛、钓鱼比赛等活动。动员职工参加无偿献血等献爱心活动，全年共有107名职工参加无偿献血活动，献血3万余毫升；举办“快乐暑假、健康成长”急救夏令营活动，免费为110名中小学生进行急救知识培训。

【精准扶贫】 年内，医院派驻专人驻村开展扶贫工作，12名工作队员走访贫困户300余次，为贫困户解决实际问题100余个，帮扶28户贫困户脱贫摘帽。全年开展扶贫义诊近10次，组织专家90余人次为1500余人免费体检、义诊，免费为150余名贫困白内障患者进行复明手术。抓好对口支援农村卫生工程，派驻14名专家到君山区、汝城县人民医院开展对口支援，免费安排其2名业务骨干到医院进修学习。

【党建工作】 一是做好巡视整改。针对省委巡视组发现的问题，召开专题会议研究制定了巡视整改工作方案，成立医院巡视整改工作领导小组，建立“一个问题、一名领导、一套班子、一抓到底”的整改工作机制。相关人员对此前发放的基建劳务补贴、报销的工作电话费用、超标准及违规的公务接待费用主动、及时、全额退缴到医院财务部门；修订完善《公务接待管理办法（修订）》《工作餐管理办法（修订）》《公务用车辆管理暂行规定（修订）》《基建维修管理暂行规定（修订）》《院内招投标管理暂行办法》等制度。二是强化基层党建。完成医院党委班子换届选举，选举产生医院首届纪委班子；落实《党委理论学习中心组学习制度》，全年组织中心组集中学习研讨8次，班子成员参加省卫生和计划生育委员会等部门组织的专题培训10余次，完成干部网络学习近400学时，深入基层调研、查房、走访100余次。全年各支部共组织开展主题党日活动120余次、专题学习研讨40余次，党委成员、支部书记到支部上党课近30次。召开领导班子民主生活会2次，班子及班子成员直面问题，开展批评与自我批评，各项整改任务均整改到位。各支部均按要求组织召开组织生活会，对全院411名党员进行了民主评议。完成了党支部“五化”建设与党员积分管理的前期调研、方案起草、征求意见等工作。年内共发展党员6人，集中培训入党积极分子、发展对象、预备党员25人次。三是做好党风廉政建设工作。坚持“三重一大”议事决策机制，全年召开党政联席会、党委会、院务会70余次，所有“三重一大”事项均做到了集体领导、民主集中、个别酝酿、会议决定。利用廉洁风险防控平台，重点抓好设备耗材与药品采购、基建维修等敏感领域、重点环节、重要岗位的廉洁风险防控，上线医院控费系统，有效遏制人情检查和“私收费”等现象。抓好医用耗材专项整治，落实医用高值耗材阳光挂网，实现网上集中采购。按程序完成所有普通低值耗材、特殊耗材的新一轮议价。对全院耗材进行全面清理、论证，做到合理使用，节约成本支出、让患者享受更多实惠的同时，有效降低了廉政风险。（周　明）

南华附二醴陵兆和医院

【概况】南华附二醴陵兆和医院（以下简称“医院”）开设有内分泌科、呼吸内科、心血管内科、消化内科等20余个临床、医技科室，下辖长庆示范区社区卫生服务中心、黄沙分院2家基层医疗机构，拥有病床450张；有职工400人，其中高级职称35人，中级职称73人，本科及以上学历（含研究生）206人。年内，医院新制定了《科室目标责任管理考核标准》，与科室签订《科室目标责任管理责任状》，每月对各科室开展质量督查与考核，通报考核情况，重点反馈科室目标责任管理中发现的问题和缺陷，提出整改意见和措施。落实《十八项医疗核心制度》《医疗会诊管理规定》等制度，促进全院会诊、协调外院会诊，保障医疗安全，规避医疗风险。每月召开一次由院领导、科主任、护理部、辅助科室及骨干参加的医务例会，总结医疗业务运转状况，发现问题及时整改。控制药比与次均费用，加强内部病历质控，减少城乡居民基本医疗保险扣款。重点打造消化内科，继续抓好泌尿外科、中风康复科、血透中心的学科建设。开展“医疗扶贫、送医下乡”和“兜底治疗、住院零花费”等活动，在“健康醴陵”公众号重点宣传报道。党员先锋号开展“送医下乡”义诊108次，诊疗8000余人。（程　洁）

泰安医院

【概况】2018年，醴陵市泰安医院有职工289人，其中高级专业技术人员17人、享受国务院政府特殊津贴专家2人、醴陵市首届“十大名医”2人、醴陵市“好医师”1人；拥有西门子CT、三星四维彩色B超、开普DR机、美国佳乐前列腺电切镜、德国椎间孔镜、德国狼牌腹腔镜、力普刀、电子阴道镜、麻醉机、自动生化分析仪、全自动血球分析仪、血凝仪、时间分辨荧光免疫分析系统、尿液分析仪、电解质分析仪等先进诊疗设备和7间高标准洁净手术间。年内，市泰安医院考虑门诊和社区功能需求，将阳三石街道社区卫生服务中心服务大楼改造成为集电子信息化、基本医疗、预防保健、康复、健康教育、计划生育指导和医疗卫生服务等智能综合性的服务大楼。市泰安医院技术托管的浦口卫生院获得全市卫生系统公卫工作第三名。与明月镇贺家桥卫生院、嘉树镇卫生院、孙家湾镇卫生院、船湾镇清水江卫生院、李畋镇卫生院、东富镇卫生院枧头洲分院和石亭镇卫生院等建立了医疗联合体医院。

【医联体建设】2018年，市泰安医院根据市卫生和计划生育局印发的《关于推进医疗联合体建设的实施方案（试行）》要求，成立了以院长为组长的医联体工作小组和医联体专家团队，制定了《醴陵泰安医院医疗联合体章程》《醴陵泰安医院开展医联体建设工作实施方案》，签订了医联体协议书。为组建医联体内特色专科，于10月14日与嘉树镇卫生院签订了《妇产专科联盟单位协议书》，制定了《妇产专科联盟实施方案》。专家团队根据医联体单位的具体要求进行专业技术指导，全年安排下乡216次，安排人员432人次，市泰安医院财务支出下乡人员补助费用6.02万元、下乡车辆补助费用3.06元。组织了走访慰问送温暖贺家桥医联体义诊、为阳三社区65岁以上老年人免费健康体检、协助浦口卫生院健康扶贫和嘉树卫生院服务百姓送健康免费义诊活动，受益群众达5000人次。对辖区内7家松散型医联体单位分别派出固定的技术和管理骨干进行帮扶，每月安排2次以上的医疗专家坐诊、查房、教学。为每个医联体制订学习计划，孙家湾卫生院重点学习“骨质疏松症和颈椎病诊治、心肌梗死急救与处理”，组织清水江卫生院培训了“高血压病、消化道出血诊治”，贺家桥卫生院重点学习“抗生素合理使用、急性左心衰的急诊处理、胸部常见疾病的影像学表现、心肺复苏术、胸腔穿刺抽液术”等。为医联体单位的专业技术人员提供进修学习机会，免费接收清水江卫生院、嘉树卫生院和李畋卫生院工作人员到市泰安医院妇产科、检验科学习，提升基层医疗机构专业技术水平。为医联体单位不能开展的检查、检验项目开通绿色通道。利用现代信息通讯，为每个医联体单位建立微信群，为疑难病例讨论及重症会诊提供快捷途径。

【分级诊疗】2018年，市泰安医院继续推进分级诊疗制度的实施，制定了《醴陵泰安医院与基层医院双向转诊实施方案（试行）》。市泰安医院为上转的患者提供“绿色通道”“一站式”医疗服务，对转诊患者实施优先诊疗，为住院患者提供总住院费用减免5%的优惠政策。全年医联体上转病人1466人次，其中阳三社区711人次、清水江卫生院121人次、枧头洲卫生院88人次、嘉树卫生院84人次、李畋卫生院15人次、浦口卫生院194人次、孙家湾卫生院130人次、石亭卫生院79人次、贺家桥卫生院44人次，下转病人达842人次。（杨胜球）

区·街道·镇

长庆示范区

【党建工作】 一是坚持开展各项党内活动。2018 年，下辖的 29 个党委、党总支、党支部均召开了 2 次组织生活会，党员参会率达 85%。长庆示范区党工委均安排了各村办点干部参会，对组织生活会的指导全覆盖。长庆示范区及各村党支部共计开展党员冬春培训 7 次，组织培训党员及群众代表 740 余人。通过集中学习、宣讲、开展讨论、举办培训等方式，学习中共十九大报告、习近平新时代中国特色社会主义精神等理论知识，在各基层党组织中全面推行“1+5+X”支部主题党日工作制度，将每月的第一个星期五设为固定党日，组织辖内 600 余名党员开展主题丰富的党日活动。二是抓好基层党组织和党员队伍建设。年内，双江村完成了软弱涣散党组织整改。按计划发展中共党员 7 人，预备党员转正 7 人。建立互联网 + 党建模式，以推进信息化建设增强凝聚力为抓手，以全国党员管理系统、智慧党建平台和“一网一云”等为依托，积极建设维护基层党建信息化管理平台，实现党务管理智能化、数据统计维护精准化和党员管理服务个性化。三是抓好基层保障。提质改造村级组织活动场所、便民服务中心；加大基层经费投入力度，确保村级办公经费不低于 3 万元。年内，党员走访慰问困难群众 16 人，发放慰问金 1.25 万元。7 月，结合建党 97 周年纪念活动，组织慰问生活困难党员和老党员 29 人，发放慰问金 2.05 万元。

【卫生计划生育】 一是各项指标稳步推进。2018 年，长庆示范区共出生 239 人，其中男孩 115 人、女孩 125 人，出生缺陷率为零；办理一孩登记 95 人、二孩登记 155 人，办理再生育证 7 本；落实计划生育手术 117 例。二是优化服务。开展“生育关怀”服务活动，组织 150 余对夫妻参加免费孕前优生健康检查，免费发放叶酸 220 人次。两孩及两孩以上育龄妇女全部落实节育措施，为 178 名孕产妇提供了健康管理服务，组织辖内 594 名妇女免费“两癌”筛查。“5·29”计生协会纪念日活动期间，慰问了 30 户经济困难的计划生育家庭。共有 1043 名 65 岁及以上常住居民接受健康管理，其中年内新增 194 人；管理重性精神病患者 89 人，0 ~ 6 岁儿童健康管理服务覆盖人数达 1522 人。三是落实计生奖扶政策。年内新增农村部分计划生育家庭奖励扶助 21 人、退出 6 人，享受独生子女保健费政策 87 人，人口计划生育奖励扶助政策落实率达 100%。

【综治维稳】 按照网格责任要求，信访积案包干到人，分工定责，化解积案 3 起。党工委书记带头开展领导接访活动，了解群众的诉求愿望。开展平安创建活动，评选出平安家庭示范户 650 户。开展矛盾纠纷排查 12 次，未发现不稳定情况。18 名刑释解教人员的安置率达 90%，10 名在册社区矫正人员无一人脱管漏管，13 名社区戒毒人员接受社区管理。网格员共采集人口信息 20481 人、楼栋信息 4682 条、房屋信息 5445 条、企事业单位 312 户，完成人房关联数 22659 条并录入平台。

【经济发展】 2018 年，长庆示范区共有 8 个工业固定投资项目，投资 2.45 亿元，其中 5 个项目完成建设；有开发包装项目 1 个，投资 1500 万元，处于项目申请审批阶段；完成税收 9200 余万元。招商引资成效明显，湖南欣汝琼林生物科技有限公司拟落户清潭村，总投资6000万元；醴陵市天一机动车驾驶培训学校落户黄沙村何家湾组，总投资2000万元；引进市妇幼保健院整体搬迁项目，落户马脑村；引进中核汇能天津有限公司投资，拟建占地13.33公顷的会展中心；醴陵和丰瓷业有限公司新建项目选址清潭村，总投资4100万元。完成辖区第四次全国经济普查，清查法人单位和产业活动单位283户、个体户890户。

【环境综合治理】一是开展城市创建工作。制定《醴陵长庆示范区城市创建考核评比办法》，落实责任，严格奖惩；强化宣传教育，投入近40万元，在辖内醴陵大道、渌江大道、长庆路、高铁连接线及各村主道安装了1000块创文宣传牌。集中劝导夜市和早点店铺，搞好环境卫生，确保市容秩序；联合市城管、交警等部门开展黄沙农贸综合大市场集中整治，规范停车秩序，整治乱摆摊担31起，收缴违规搭建雨棚12处。二是查处违法建设。年内，组织大型拆除行动6次，拆除新增及存量违法建设3293平方米，拔除珊田村清水塘组已征土地抢栽抢种树苗2万余株，拔除清潭村高铁站旁已征土地抢栽抢种树苗9000余株；开展日常巡查拆除行动134次，拆除违章建设8462平方米。全年共查处新增违法建设45处，面积1.14万平方米。三是做好国土资源管理工作。年内，共有92户村民递交村民建房报告申请建房，其中包含24户建档立卡贫困户急需建房；审批通过符合建房条件的13户村民。对24户申请建房的建档立卡贫困户中的3户纳入2018年危房改造指标。增加4户建档立卡贫困户和1户即将倒塌无法居住的五保户房屋作为2017年农村危房改造工程的额外指标，年内全部验收合格。在暴雨多发时期，对7个地质灾害点村民下达地质灾害避险明白卡，告知山体滑坡风险。协调土地纠纷9起，帮助3户村民变更集体土地使用证为不动产证。

【农业工作】一是加强林业和水利基础设施建设。筹资建成森林防火带，防范森林火灾事故。建立了200余人的防汛抢险队伍，确保防汛责任、防汛人员、防汛器材三落实。抓好水利工程管理，确保农业生产用水。二是做好动物防疫工作。各村配合动物防役部门全面落实“双责地毯式”集中免疫制度，实行村组干部带路、防疫员免疫、养殖大户自免制度。三是优化种植结构。长庆寺村调整种植结构500亩，与农户签订流转合同，完成验收。清潭村休耕1400亩，全部签订协议。四是规范农村财务管理。委派专人专项负责农村财务审计工作，健全农村票据管理制度、会计员职责、出纳员职责和理财小组权限等制度，做好村组财务公开。五是做好农村产权制度改革工作。各村基本完成产权制度改革的清产核资工作。六是落实“河长制”。设立总河长及河长制办公室，健全河长会议制度、河道管护制度，从建档立卡贫困户、优抚对象中选取13名人员组建河道保洁协管队伍，负责日常保洁和巡查河道。拆除沿河洗沙场1处，断电非法混凝土搅拌站1处；完成市级交办清理“一江两岸”水浮莲任务2次，共清理水浮莲及河道漂浮垃圾30余吨；领办的“禁止水浮莲进入市区饮用水源保护点”任务中，共清理水浮莲90余吨。

【民政社保】社会救助方面，进一步规范城乡最低生活保障的申请、评议、审定和发放程序，年内核减城乡最低生活保障对象13户40人。每月按时完成了湖南省社会救助信息管理系统信息录入工作。截至年末，长庆示范区共有分散供养的“五保”老人110户112人，集中供养的“五保”老人11人；原有的40名90岁以上老年人，5人证实死亡，新增18人，已完成资料收集和申报工作。完成株洲市居家和社区养老服务改革试点地区特殊和困难老年人筛查摸底工作，辖内共有60岁以上老年人3479人、80~89岁老年人446人，失能老年人85人，贫困老年人206人，计划生育家庭特殊困难老年人5人。完成194名老年人的意外保险购买工作，并协助1名对象完成理赔工作。“双拥”工作方面，完善60岁以上农村籍退役军人信息，新增符合条件的退役老兵的10人。为无退役证明及申请带病回乡的士兵到民政局查询档案，及时申领享财政补助。临时救助方面。全年发放临时救助金6万余元，解决了部分贫困户因灾因急难造成的生活困难。残疾人救助方面。完成了376名残疾人信息系统的动态更新和128名重度护理补贴对象、74个困难生活补贴对象的申报与核定工作，组织20名贫困残疾人参加市残疾人联合会举办的技能知识培训。完成了辖内公共场所无障碍设施建设摸底调查工作。殡葬改革方面，制作宣传栏7块、宣传横幅34条，出动宣传车5天，发放宣传资料500余份，开展执法劝导40余次，拆除“活人墓”4座。

【社会保障】2018年，长庆示范区新型农村养老保险征缴总任务为7491人，完成缴费6726人，新增参保51人。发放新型农村养老保险卡271张，上报死亡人数97人。企业养老保险任务为20人，被征地农民、企业、个缴在辖区登记参保5人。辖区内企业在岗职员总人数为1200人，参加工伤保险人数为870人。工伤保险征缴基金任务数为80万元，完成缴费50.83万元。年内新增享受被征地农民基本生活费8人，于5月完成908人的被征地农民基本生活费年审。就业转移任务人数为150人，完成人数153人；新增创业主体任务数为100户，完成户数100户；带动城乡就业人数任务为100人，完成人数100人。（李艳玲）

来龙门街道

【概况】2018年，来龙门街道完成规模工业总产值18.84亿元，同比增长21.4%；限额以上商贸企业实现销售额62.44亿元，同比增长13%；重点服务业实现营业额9.44亿元，同比增长20.3%；完成固定资产投资14.5亿元，新增企业10个；完成招商引资7.8亿元，实现税收收入5.08亿元。做好了第四次经济普查一阶段清查工作，法人、产业活动单位正常填报户数1392家，个体户登记户数11088家，上报进度达100.56%。

【党建工作】一是夯实基层党建基础。来龙门街道在全市率先倡导党支部建设与网格化工作结合，制定“党建+”主题，将党建工作与日常工作、中心工作有机融合。年内新发展党员8人，预备党员转正12人。采取基层党组织自查、召开座谈会、入户走访、群众测评等方式，广泛听取党员、干部和群众的意见，对来龙门街道116个基层党组织摸底排查，分层次倒排软弱涣散党组织3个，并于9月份实现整改摘帽。以党支部“五化”建设为重点，打造马放塘、四塘和文庙社区的城市党建品牌，同时重点抓好北门、上洲、国光、五里牌等社区的城市党建示范化建设，马放塘等社区作为党建示范点接受湖南省、西藏自治区和株洲市代表团的参观学习。二是强化党员学习教育。组建了3支15人的党的中共十九大精神巡回宣讲小分队和36人的宣传思想工作队伍，深入辖内行政村（社区）和单位开展领导干部宣讲和百姓微宣讲50余次；6月29日，来龙门街道开展了“不忘初心，牢记使命”主题演讲比赛。三是推进从严治党。开展“违反中央八项规定精神突出问题专项治理”自查自纠，上报排查问题2个，全部整改到位；开展廉政文化宣传，利用短信平台、发放宣传资料、电子显示屏等方式营造廉政文化宣传氛围，共张贴宣传标语100余份，发放宣传资料1000余份，电子显示屏播放宣传标语800余条，设立公交车站广告宣传栏50余块，在党工委会议、机关会议上通报典型案例30余个。开展各类督查80余次，诫勉谈话干部1人，提醒谈话4人；查找案源线索，加大从检察、信访等传统渠道发现案源和收集线索的力度，共收集线索14条，办结案件6起，协审通过3起，协助市纪委办案2起。4月26日，来龙门街道代表株洲市接受中共中央纪律检查委员会“三转”（转职能、转方式、转作风）工作调研，现场查看了来龙门街道办事处机关和四塘、上洲、东岸、马放塘4个村（社区）。四是抓好意识形态工作。明确2名舆情信息员和1名网络评论员，加强对突发事件的舆论上报和引导，全年共上报舆情20条，回复各类网上舆情17条。开展意识形态阵地风险排查，不定期检查辖内40余家网吧，规范网吧运营管理；充分利用报纸、杂志等媒体和网站、微信等平台，推送宣传信息，推广身边好人300余人次，在《新湖南》《株洲日报》等省、株洲市和醴陵市级媒体发表各类文章50余篇。

【项目地拆迁工作】年内，涉及来龙门街道的征地拆迁项目共27个，“停缓调撤”项目13个；共完成征地9.87公顷，腾地43.23公顷，国有土地收回17201平方米，签订拆迁协议474栋（套），拆除房屋517栋（套）。其中丁家坊花炮厂、开关分厂、中南陶瓷机械原材料大市场、教师园三期、自来水厂周边环境整治、国瓷新城、国瓷二号、320国道平交补征地和东岸安置区等11个项目成功验收，李畋中路（信用联社）项目实现征迁任务清零，完成国瓷二号的征拆任务并实现倒栋，完成“一江两岸”项目文庙一期安置区老政府宿舍楼和文庙186号大户型楼房和水塔的拆除工作。

【农业工作】完成丁家坊社区、上洲社区8.19公顷的农业产业种植结构调整工作，安排5万元资金完成上洲社区水轮泵的修缮、加固和上洲安塘组山坪塘的硬化工作，组织人员排查辖内山坪塘、山洪地质灾害隐患点、城市低洼易涝地带和危旧房屋等重点防护目标隐患3处。完成畜禽养殖污染防治工作摸底和整改工作11户，继续完善畜禽退养工作台帐，确保辖内无反弹现象。抓好森林防火工作，实行主要领导负总责，办点干部包村（居），村（居）干部包组，组干部、护林员包山头和地块的方式，组织100余名干部、党员在丁家坊高岭、上洲人形山等墓葬集中区域，设置防火检查站，放置鞭炮燃放桶，做好春节、清明节等重点时段的值班备勤，来龙门街道实现全年森林防火零火灾、零火警工作目标。

【社会稳定】开展“扫黑除恶”专项斗争，组织机关、行政村、社区干部和义务巡逻队员对辖内重点领域、重点地段开展“问题”和“苗头”的双重梳理和摸排，共开展集中清查行动5次，抓获涉毒人员7人，涉黄涉赌人员3人，行政拘留5人，1—11月辖区共发案633起，发案率同期下降18.5%，群众安全感提升。设置专门的禁毒办公室和社区康戒室，组建自行车宣传队，开展各类禁毒宣传活动40余次，发放“致辖区居民的一封信”等资料1万余份；积极配合市禁毒办开展“无毒有我与爱同行”、“无毒驾驶”、“千人骑行万人接力”活动，街道脱失吸毒人员查找清零工作获得株洲市禁毒委认可，工作经验在全市推广。建立健全接待登记制度，全年共接待群众咨询500余人次、来电来访187次，落实首问首办登记40件，限时办结38件。开展矛盾纠纷调处工作，截至2018年10月，街道司法所和各行政村、社区共调处矛盾纠纷97件，调处成功95起，调处成功为97.9%。10月25日，中共湖南省委法治湖南建设领导小组办公室、省司法厅到醴陵市开展省“七五”普法中期验收，来龙门街道胜利社区作为验收活动地点之一接受省普法工作检查。

【安全生产监管】开展安全生产打非治违“春雷百日行动”“强执法防事故”和烟花爆竹经营领域专项整治行动，落实企业安全生产主体责任和企业全员安全生产责任。加大对安全生产工作的监管力度，全年共检查公共娱乐场所、生产单位、经营门店400余家次，发现安全隐患120余处，其中整改62处，停产停业整改1家；打击取缔非法销售经营烟花爆竹门店摊点27处，行政拘留1人。及时有效处置大坪安置区驳岸垮塌事故，疏散人员97人，确保人民群众生命财产安全。配合市安全生产监管部门开展“安全生产月”宣传咨询日活动，提高居民安全生产意识，实现辖内全年无安全责任事故、无人员伤亡的工作目标，确保辖区安全生产形势持续稳定。组织开展省级食品安全示范城市创建工作，打造醴泉路“食品安全示范街”；与各行政村、社区签订责任状，建立健全辖区食品生产经营企业、药品经营使用单位和农村集体聚餐等监督和监管档案；配合市食品安全监管、工商、公安等职能部门，开展农村食品安全、农产品质量安全、学校周边、“护苗”、“护老”等食品安全专项整治行动。

【城市环境管理】一是国家卫生城市创建工作进展顺利。开展健康教育宣传和“全民清扫日”活动，围绕“清洁家园，除害防病”活动主题，组织城乡环境卫生整洁行动，倡导文明健康的生活方式。组织全体干部职工和辖区单位创建专干开展创建国家卫生城市培训讲座4次，制作创卫宣传展板60余块和健康教育专栏4期130余块。与联系点单位市委办公室在八里庵社区开展植树节义务植树活动，共种植樟树、桂花树等树苗300余株。来龙门巷、刘家巷提质改造工作有序推进；巷道面改观明显。协调清扫保洁公司突出抓好辖内小街小巷、小区的清扫保洁工作，确保村、社区垃圾日产日清，垃圾密闭清运率达100%。二是省级文明城市创建工作氛围浓厚。在辖区设置“党的十九大精神进基层”文化墙和公益广告15处，主次干道设置“社会主义核心价值观”固定宣传栏12处和以强化社会主义核心价值观、公民道德、社会公德和文明礼仪为内容的宣传教育寄杆广告289套，印发各类宣传资料3万余份，提高创建工作在群众中的知晓率、支持率和参与率。丰富创文活动载体，结合每月1日开展的“文明我先行”活动，组织“学习雷锋，争当创建志愿者”等志愿服务活动20余次，参与服务2600多人次，组织111名文明劝导志愿者在主要路口开展文明劝导。10月，八里庵、胜利、四塘、国光社区接受省级文明城市创建检查和居民入户测评。三是城市管理专项集中整治成效明显。每天安排城管队员和监督员上路负责街面环境卫生、市容秩序、户外广告招牌及道路设施的巡查，重点整治重点地段的“六乱”行为，组织1500多人次，全年共开展集中整治行动50余次，参与人员1500余人次，拆除违章广告120余块，纠正出店经营、占道经营2160起，纠正乱停乱放900余起，制止乱牵乱挂150处，规范定点擦鞋和早点摊贩40余个，取缔流动摊点312处。四是拆控控违工作加速推进。加强拆违控违工作政策宣传，开展在建建设自查自清，重点对东岸村、五里牌社区、一江两岸、320国道沿线、电瓷厂、玉瓷路棚户区改造等征地拆迁工作重点区域，采取分组、分重点地段、包村等方式，建立拆违台账，跟踪巡查。全年共组织大型强拆行动11次，拆除违法建设63户，拆除面积5300余平方米，辖内违法建设得到有效遏制，在已确定的项目用地和项目预征地范围内未留违法建设。五是环境保护工作落实到位。妥善处理中央环保督察组交办的环保问题5起，环境污染投诉处理率和回复率均达100%。推进西岸河黑臭水体治理，做好了市中（一）医院住院部前坪油烟扰民治理和来龙门巷的提质改造工作；联合相关职能部门依法依规对出店经营的夜市烧烤和露天摊位下达执法文书，解决了金融路夜市烧烤油烟扰民问题；开展陶瓷烟花市场二期的集中整治和提质改造，解决了陶瓷烟花市场二期中新辉大厦周边污水横流、物流噪音扰民等问题。建立街道、村（社区）两级河长责任体系，渌江河北岸、柳家湾和姜湾港3条河道的街道级河长2名、村（社区）级河长10名，执行“街道河长一旬一巡、村（社区）级河长每周一巡查”制度，建立了近200人的爱河护河志愿者专业队伍，清理沿河垃圾和陈年垃圾20余处，重量近10吨，并在工作中做好了APP巡河登记和拍照留痕工作。结合“河长制”工作，完成三刀石饮用水水源地集中整治，重点抓好木材加工点、河边养殖场、餐饮店、洗车场等及其附属建筑取缔搬迁拆除工作，清退周边居民农业种植2000平方米，清理整治泵站入河口和河道漂浮物、河边建筑垃圾，完成水源地河段防护栏的设置，对保护区实行全封闭管理，安装水源地保护宣传警示牌20余块，加强饮用水源保护法律法规的宣传教育。

【民生实事】 一是卫计服务稳步推进。做好卫生计生法律法规政策、基本公卫健康知识的宣传和卫生计生基本公共服务工作，全年上报出生795人，计划率达98.61%；落实上环78例，结扎84例，落实补救措施177例；完成出生缺陷干预产前筛查检测795人次，两癌筛查2223例；完成计划生育家庭奖励扶助对象年审153人、特别扶助对象年审187人和独生子女保健费对象年审832人，新增城镇独生子女父母奖励对象631人；完成家庭医生签约209人。二是民政服务优质便民。慰问联系点分散供养“五保户”和“三无人员”（由民政部门收养的无生活来源、无劳动能力、无法定抚养义务人或法定抚养义务人丧失劳动能力而无力抚养的公民）7人，完成医疗救助19人；开展退伍军人及其他优抚人员信息采集3300人，通过省级审核2700人；配备残联专职委员，新聘1人开展为残疾人服务工作，落实市慈善会慰问和市残疾人联合会春节慰问24人，上报残疾人“两项补贴”（困难残疾人生活补贴、重度残疾人护理补贴）59人，组织助残慰问28次；完成无障碍设施调查，三个类别57个单位接受调查。做好民政评估工作，在“五化”民政建设评估工作中，来龙门街道办事处和四塘社区、狮子坡社区和马放塘社区接受检查，获得上级部门肯定。三是社会保障不断提升。发挥劳动保障网络平台作用，年内新增就业人员4951人，新安置下岗失业人员2387人再就业，其中就业困难对象697人；消除零就业家庭253户，困难家庭就业援助跟踪服务到位；办理“就业失业登记证”88本。开展企业退休人员人脸建模和视频年审工作，共建脸模548人，视频年审10976人。完成行政机关和事业单位养老保障金领取资格审验工作，验证1907人次，无一差错。年内，城乡居民基本养老保险扩面180人，截至年末，来龙门街道完成城乡居民基本养老保险3197人，完成进度为96.5%，完成城乡居民医疗保险1.3万人，征缴金额286万元；，工伤保险扩面6340人，征缴金额近350万元。四是扶贫工作成效显著。围绕“精准扶贫、精准脱贫”任务，把小额信贷作为脱贫攻坚工作重要抓手，年内新增17户贫困户办理小额信贷，发放借款51万元。开展2018年春季“雨露计划”申报工作，帮助辖内4名贫困学生申请“雨露计划”，每人获得3000元每年的就学补助。辖内所有贫困户实现新型农村合作医疗保险全覆盖，并实行家庭医生签约服务。年内实现预脱贫19户53人，剩3户9人采用社会保障政策兜底。五是网格服务全面覆盖。来龙门街道自筹资金30余万元完善街道、村、社区网格视频系统，依托统一的政务网络和数字化平台，把“人、地、物、事、组织”等要素全部纳入网格。截至年末，网格分中心共采集录入网格平台系统中常住人口近10.2万人、房屋3.51万套、楼栋1.1万栋、单位门店5055家，收集社情民意500余件，解决480余件，为群众提供面对面、点对点优质服务1200余人次。（黄远水）

阳三石街道

【概况】 阳三石街道位于城区东南部，辖8个行政村和3个社区；有各类法人单位890余家，企业691家（其中工业企业190家），实现规模以上工业年产值33亿元，解决4万余人就业。阳三石街道产业发达、交通便利、底蕴深厚，形成“三区二园一中心”（三区：企石、玉屏山片区的日用瓷主产区，阳东片区的电瓷主产区，泉湖片区的老工业企业主产区；二园：立三片区的陶瓷花炮物流园，伏龙、石里浦、立新、荆潭湾片区的新农村建设示范园；一中心：国家级电瓷电器检测中心）的产业格局，“二横二纵”（二横：渌江大道、泉湖路—阳三路；二纵：立三路、车站路）“一高二铁”（一高：莲株高速，二铁：浙赣复线、醴茶铁路）的交通网络和“五个百年”（百年车站、百年码头、百年古街、百年产业、百年人文）的文化特色。

【产业发展】 完成财政税收3.75亿元，为任务数3.632亿元的103.24%，占全市税收总量的12.09%；完成规模以上工业产值33亿元，增长1.7%；完成社会消费品零售总额13.5亿元，增长8.35%。积极为企业服务。2018年初，阳三石街道党工委根据企业现状，召开规模以上企业和房地产企业座谈会，听取企业意见和困难。按照帮扶要求，班子成员进驻企业，在企业用地、用工、融资等方面开展点对点帮扶。企业百花齐放。湖南电力电瓷电器有限公司研发的特高压全光纤智能直流互感器，打破国外公司垄断；湖南泰鑫瓷业有限公司标准化泥釉模固定向全市30余家陶瓷企业输送；市兆荣瓷业有限公司研发的高强耐热产品成为陶瓷史上的技术革新；在国网中标绝缘子厂家百强榜中，湖电电力设备有限公司中标金额达1.58亿元；湖南东方电瓷电器有限公司与全市10家电瓷电器企业合计中标金额达3.3亿元，创国网单批次中标额历史纪录。

【项目建设】 全年完成房屋征收169栋(套),拆除倒地169栋(套),征腾地36.33公顷。玉屏安置区、中储粮等9个项目的征地拆迁工作实现全面“清零”；其中历时13年的玉屏山安置区项目和土地矿产交易市场项目取得重大突破，瓷城古韵·一江两岸子项目红旗渠泵站集中签约69户，及时拆除倒地,深塘路项目征地3.86公顷，征收房屋8套，仅用时15天，饮用水源截污干管工程项目全程2.5公里，征地拆迁期间未发生任何堵工，仅用时45天，比原计划缩短75天。

【社会事业】 年内，完成30户114人的脱贫任务，贫困发生率降至0.18%；截至年末，阳三石街道有建档立卡贫困户182户633人,已脱贫153户565人,未脱贫29户68人。全年新增就业2522人，1270名失业人员、471名就业困难人员实现再就业。为1600户2828名城乡低保户、五保户和341名优抚对象发放民政救济经费1180万元。阳三石街道文化站顺利通过创建国家公共文化服务体系示范区终期验收。成立奖教基金，玉屏山小学建设进入政府议事日程。加大环境保护力度，渌江河辖内河段沿线生猪养殖户全部退养到位，退养生猪6000余头。拆除3家非法采砂场，饮用水源周边15家涉环保企业全部搬迁或关停。 （刘　琼）

仙岳山街道

【概况】 2018年，仙岳山街道下辖6个行政村、4个社区、172个村（居）民小组。辖内有市直行政事业单位38家,企业45家（其中规模企业27家）。全年实现工业总产值51.37亿元，同比增长8.92%；实现商贸零售额9.08亿元、同比增长17.14%；新增工业固定资产投资5.2亿元，新增“四上”（规模以上工业企业、资质等级建筑业企业、限额以上批零住餐企业、限额以上服务业企业）企业5家、小升规企业2家；完成财政税收1.9亿元。

【经济建设】 重点打好“产业突围战”，扶持传统产业发展，醴陵市三塘瓷业有限公司投资8500万元建设标准化厂房、办公楼、仓库及环保配套设施，推进年产2000万件精细出口炻瓷智能控制生产项目建设；醴陵千汇实业有限公司投资7500万元用于锆铝硅复合自释釉精密陶瓷柱塞构件产业化建设项目；燕园生态休闲农庄项目签约落地。全面完成土地确权工作，深化农村集体产权制度改革。新建、改建村组道路12.47公里，拓宽机耕道路2.2公里。全年共完成征地21.3公顷，完成腾地23.01公顷；签订拆迁协议145户，拆除132户。瓷城古韵·一江两岸醴陵门、新农村示范点（万宜安置区）、岭前路、市聚成建材有限公司、市三塘瓷业有限公司自动化生产线、市燕园生态休闲农业有限公司等7个项目征拆清零；塔前路储备地块、名都房产、华宇房产、瑞和南苑房产、江源大桥连接线储备土地等5个项目腾地清零。开展“见违即拆”专项整治，共组织大型拆违行动26次，拆除违法建设面积1822平方米，拆除率100%，辖区城市建设不断规范有序，为项目引进铸牢基础。树立“成就企业家、厚待投资者、服务纳税人”的理念，帮助辖区企业发展，组织辖区企业负责人、管理人员进行为期4晚的阿米巴经营体系培训。完成对市华盛瓷厂、市万通电瓷制造有限公司等6家企业的四轮帮扶走访，宣传惠企政策，了解企业生产经营状况，解决湖南湘琦服饰有限公司、湖南旺亿房地产开发有限公司等企业的发展诉求，妥善协调华联瓷业的围墙纠纷，帮助市楚华陶瓷实业有限公司消除山体滑坡隐患，企业走访问题收集率100%、解决或答复率100%，确保企业平稳发展。

【城乡发展】 开展城区及城乡结合部环境卫生综合整治，提质改造江源菜市场、南门菜市场，取缔桎马线石门口菜市场、塔前路马路市场，整治夜市、烧烤点20余家，查处人行道违规停车200余辆，辖区市容秩序不断好转。辖区内单位文明创建工作取得良好成效，市疾病预防控制中心获评省级文明卫生单位，河西村获评省级文明卫生村，市气象局获评株洲市文明卫生单位，江源村和五里墩村获评株洲市文明卫生村，市园林绿化管理局获评株洲市无烟管理示范单位；规范化建设创文阵地完善了街道、村（社区）3年内创文资料和社区综合文化服务中心、未成年人活动场所、家庭教育中心建设，仙岳山街道获评株洲市文明街道和醴陵市“两型示范机关”。打好污染防治攻坚战，推进中央、省环保督察组反馈问题整改，交办案件全部按要求办结。启动农村人居环境整治三年行动，各行政村根据实际分步实施开展治山、治水、治土、治路“五治行动”。每周对辖区企业开展巡查，摸排污染源，对3家非法作坊采取断电措施督促整改，打击取缔江源村非法采砂行为。建立“河长制”长效管理机制，硬化市碧山老年公寓段河岸，组织清理疏通渌江河河道20余次，整治河道两侧垃圾和环境污染问题；推进万宜村畜禽粪污综合利用工作，养殖50头以上生猪的养殖户通过建设三级沉淀池实现源头截污，整顿南门菜市场垃圾排放，二圣河水质通过省级检测，二圣河黑臭水体治理取得突破性成果。

【社会治理】开展“平安家庭”“平安小区”“平安企业”评选，共评选“平安家庭”模范户74户，“平安小区”4个，“平安企业”12家。以平安创建为抓手，迎接省、株洲市公众安全感民意调查，公众安全感民意调查在株洲市所有街道中排名第一。积极开展不稳定因素和矛盾纠纷排查化解，及时处理“12345”市长热线投诉及网上信访问题，解决各类问题145个。开展扫黑除恶专项斗争，上报涉黑涉恶线索5条。组建专业巡逻队伍，防范打击邪教组织活动和非法集资行为，整治铁路沿线治安环境。抓好应急管理工作，市陆雄有限公司中醴石化加油站创建为醴陵市应急管理示范企业。加强食品安全管理，左权路创建为醴陵市食品安全示范街。

【民生民利】全年完成辖内贫困户脱贫40户126人、危房改造任务2户，为贫困户做好医保代缴工作及续缴“扶贫特惠保”，为126名年满60周岁贫困老人购买老年人意外保险。开展扶贫领域作风督查整改，即时反馈通报督查结果，并限期整改到位。加大卫生和计划生育工作的财力、物力、人力投入，注重卫计服务，各项指标均对标完成，继续保持全市先进。推进区域教育优质均衡发展，挂牌成立江源教育集团，整合、共享教育资源；争取项目资金近1200多万元，新建南门中学学生宿舍综合楼、碧山小学科技综合楼，提质改造南门中学、碧山小学、江源小学等学校教学楼、教室、会议室、运动场、食堂等，教学环境大为改善。

【党的建设】全面对标“美醴新村”“五彩社区”和“五化”支部建设标准，南门社区、碧山社区、碧山村、金石村、江源村完成建设并搬迁。成立非公党总支，按照“十有”（有场地、有机构、有队伍、有设备、有活动、有制度、有经费、有资料、有氛围、有成效）投入标准，规范化建设湖南新世纪陶瓷有限公司、醴陵市三塘瓷业有限公司非公示范党支部，提升非公党组织的凝聚力和战斗力。严格发展党员，培养入党积极分子16人，发展预备党员10人，转正党员10人，为党组织注入了新活力。深耕城市党建，将在职党员进社区、“两代表一委员”工作室、街道“大工委制”和社区“兼职委员制”等多重机制结合，联合辖区企事业单位党组织开展扶贫帮困、爱心共读、图书捐赠、倡导文明新风等主题活动20余次，帮扶贫困学子30名。组织开展廉政教育4次，党员干部受教育人数达800余人次，通报违纪案例，以案促教。加大信访举报宣传力度，畅通群众监督渠道，受理登记群众信访举报2件次；立案查处各类违纪违法案件12件，给予党纪处分12人，组织处理3人，开除党籍1人。强化“马上就办”职能，开展作风督查12次，点名通报24人次，干部作风明显好转。（罗海娟）

国瓷街道

【概况】2018年，国瓷街道按照市委、市政府及经开区的决策部署，认真落实高质量发展要求，全力抓好各项重点工作，经济社会稳中有进、进中向好，各项事业全面进步。全年，工业企业实现总产值13.61亿元，同比增长13%；限额以上批发零售、住宿餐饮企业实现销售额1.75亿元，同比增长21%；新增小升规企业5家，其中工业企业3家、商业企业2家。共有工业固定资产投资项目13个，投资额4.5亿元。

【项目建设】年内，实质开展项目22个，完成征地62.26公顷，腾地164.63公顷，签订拆房协议158户，拆除房屋147栋。玉瓷路一期、城北家园一期、陶子湖置换地块、西气东输加压站400米放空管道、陶子湖出让地块A块、柳湾棚户区、“1915”陶瓷特色街区（一期）、涵管厂、西岸河截污管网工程、橡胶制品生产基地项目、港鹏研发创意中心项目、老龙井变电站、醴陵市陶瓷产业园2012E地块、玉瓷村变电站、东城大道、老龙井变电站、国瓷丽景、福硕新泰项目的征地拆迁任务全面完成。

【“三创四化”】安装路灯1000余盏，道路拓宽、硬化、铺油58公里，种植树木近2万株，亮化、绿化、美化工程齐头并进。打造凤凰大道市容秩序管理示范街，全面启动“厕所革命”和垃圾分类试点工作。玉瓷村、横店村获评“省级卫生村”，20户“文明家庭”脱颖而出。

【安全维稳】全年开展安全生产联合、专项、日常执法检查177次，下达执法文书158份，消除安全隐患268处，辖区安全生产形势总体平稳，连续两年获评“株洲市安全生产工作先进单位”。全年接待群众94批268余人次，调处信访、矛盾纠纷63件；办结上级来信来访件转交办件24件，其中中央第八巡视组交办件3件，省委第一巡视组交办件1件，群众转办信访件20件；办理市长热线交办件108件，信访回复率100%。扫黑除恶专项斗争不断深化，收集涉黑涉恶线索2条，办结1条，1条上报醴陵市扫黑除恶专项斗争领导小组办公室处理。综治维稳成效明显，获评醴陵市2018年度社会治安综合治理先进单位。

【扶贫帮困】2018年，国瓷街道共有建档立卡贫困户176户632人，帮扶负责人实地了解贫困户动态，落实各项帮扶措施，发放慰问金及慰问物资共计12.1万元，争取上级资金支持和本级资金投入12.5万元，完成10户贫困户危房改造，年内实现贫困户脱贫68户246人。结合春节、“七一”等节日走访慰问困难党员、老党员、离任村干部共计89人，发放慰问金共计7.8万元。全年发放临时救助资金5.8万元105人次。

【环境保护】解决中央环保督察组关于大家庭洗涤公司污水处理问题的交办事项，大家庭洗涤公司企业污水处理设备运转正常，水样化验分析指标控制在正常范围内。对辖区14家采沙场开展“利剑治污”专项整治行动，水环境明显改善。拆除违法建设53处，面积累计约1.3万平方米，依法取缔8处非法采砂洗砂场，违法建设蔓延趋势得到有效控制。加强预报预警机制，平稳度过汛期、旱期、防火期。

【农林工作】积极引导种粮大户进行种植，配合上级进行结构调整，全年种植结构调整补贴后面积为330.385亩，确保粮食质量，目前集体产权制度改革第一阶段资产清查已经验收完毕。坚持封山育林，森林覆盖率始终保持在80%以上；坚持防火护林，在森林防火特护期，未出现一起火灾事故。做好“非洲猪瘟”疫情防控工作，召集各村开展防控工作紧急会议，在辖区开展非洲猪瘟疫情排查工作，重点排查酒店、食堂泔水；认真落实各项防控措施，加大宣传力度，禁止外调生猪，在平汝高速醴陵西出口、沪昆高速醴陵北出口安排人员24小时值守排查、消毒。公共文化方面，街道综合文化站建成并投入使用。（唐莉敏）

李畋镇

【概况】李畋镇下辖2个居委会、14个村，总面积122平方公里，总人口6.83万人，镇政府驻地南桥居委会。全镇产业特色明显，以烟花爆竹及其相关配套产业、黄金矿产开采为主，是全市烟花爆竹企业最多。2018年，全镇有涉危企业66家，其中烟花爆竹企业48家、烟花鞭炮机械制造企业6家、加油站8家、造纸印刷企业1家、非煤矿山3家，有高危产业从业人员3.5万余人。

【“七个一”项目建设】打造了潼富线样板路，路段从106国道南桥小学到原富里集镇，全长5公里，全线填补了路面坑洼。李畋镇政府自筹资金100万元，提质改造原富里集镇，统一店面广告招牌。结合车上村美丽乡村建设，打造干净、整洁、美丽、宜居的示范村。在裕民村、塘坊村、南桥居委会开展农村生活垃圾分类试点工作，通过制定实施方案，召开动员大会和培训会，落实村级保洁人员，建立垃圾分类投放、收集、运输、处理工作体系，增添环卫基础设施。抓好湖南省科富花炮实业有限公司车上厂项目建设，投入资金8380万元，年内完成了征地、土地平整、厂区道路硬化、部分厂房和安全生产附属设施建设，药物线工房基建基本完成，改建的厂房、车间、仓库、办公楼及配套设施面积达1.15万平方米。自强残疾人托养服务所建设项目完成了组织机构代码证、营业执照等相关证照申领。城建项目麻石公园第二期工程位于李畋镇麻石村1、2、3组，公园规划面积1.86公顷，年内完成了环保预处理池和人工湖建设，李畋祖师雕像落成。中联中科环境产业集团在李畋镇潼塘村试点落户，占地面积0.2公顷，日处理垃圾60吨。

【优化产业结构】根据醴陵市花炮产业总体布局，李畋镇以凤凰山、科富花炮园为主体打造了两大产业园区，涉及5个行政村。醴陵市燕鹏花炮厂、湖南省群乐花炮实业有限公司等14家企业完成整改扩建，醴陵市五一花炮制造有限公司、醴陵市万利源鞭炮烟花实业有限公司、醴陵市吉丰鞭炮烟花制造有限公司4家公司兼并整合。醴陵市金利来烟花有限公司自主研发的花炮自动化生产线增至7条，湖南省科富花炮实业有限公司与北京五洲集团共同研发的鞭炮自动化生产线获得国家安全生产监督管理总局认可，醴陵市和兴机械厂注引机、醴陵市宏远出口烟花制造有限公司线香类产品工艺等产业科研项目均处全国同行业前列。完成招商引资任务。全年发展经济民生项目5个，其中产业类项目3个、投资过1亿元的项目2个。

【农业生产】一是扩大蔬菜种植规模。富里居委会集合皓缘种植农民专业合作社、醴陵市富里鑫莉胜家庭农场等蔬菜基地扩大合作社规模，占地93.33公顷，新树村打造了田源祥蔬菜种植合作社，占地10.67公顷。二是开放新农产品。农户养殖龙虾、野鸡，种植杨梅等农产品，塘坊村种植荷花共15公顷，麻石村鹏翔生态养殖家庭农场，投入500万元养殖乳鸽5万羽，产值达1000万元。中泽牧业养牛公司年出栏牛1000余头。洪源村泰河合作社结合旅游产业，开展枇杷节、黄桃节等活动。李畋镇引进的湘醴人家农业发展有限公司工程蝇项目获全国农村创业创新项目创意大赛银奖，并获评挂牌湖南股权交易所Q板展示企业。

【安全生产】李畋镇建立安全生产“一岗双责”、安全生产工作站目标管理、安全员例会等管理制度，实行班子成员带队检查企业月轮制，创新开展的A/B/C分类管理制度和“一单四制”检查方式，全年共开展检查次数1916次，发现隐患5000处，其中重大安全隐患12处，立案12起。李畋镇安监站履行高温及重点时节的限产停产制度，开展“大排查”“春雷”等集中行动，全年停产整顿企业10家，罚没处罚金近40万元。强化安全教育，全年培训企业主、管理人员、特种作业人员8000余人。强化“大安全”管理范畴，涵盖危险化学品、“三场所三企业”、人员密集场所、建筑施工、特种设备重点行业领域。12月13日，李畋镇安监站通过省应急管理厅综合协调处安监机构标准化示范建设验收，成为湖南省首批29家基层安监机构标准化示范建设单位。

【镇村建设】2018年，李畋镇全面开展农村环境整治，评选清洁示范庭院、示范户，将106国道沿线以及潼富线沿线纳入镇区考核重点，大草坪村年内还获评省级卫生村。中联重科股份有限公司无害无味垃圾处理中转站落户潼塘村，解决周边8个村（居）垃圾处理问题。推进“河长制”，完成河道清淤、截污纳管、断头河沟通、生态治理等治水项目，取缔非法采砂11起。投入资金10万元，加强潼塘村集镇环境整治。洪源村、石溪村为解决畜禽养殖粪污污染，采取集中处理和种养结合的模式，明南河畜禽污染整治初见成效，沿线环境得到改善。推进小城镇综合整治，5月对途经南桥村、潼塘村、富里居委会、利群村的12公里乡村道路铺设沥青，对富里居委会、潼塘集镇实施综合整治，门店招牌统一规划，电线电路整理改造。完善李畋公园基础设施，塑造14.18米高的李畋铜像，潼塘自来水二期储水量增容工程完成，引进公司签订协议。改造富里老年医养结合健康中心，改善五保老人养老环境。洪源村陈明仁广场建设项目年内完工，占地1.17公顷。明兰河（洪源－石溪段）结合陈明仁广场沿线景观，打造美丽乡村景色。全年利用“一事一议”、农村路网改造工程等项目，继续改善农村交通等基础设施条件，花麦村为提升村级交通环境，支村两委集资修建长21公里宽8米环山道路，华埠村修建2条村级道路，村组道路更加通畅。李畋镇全年修建道路33公里，渠道10公里，修复山塘9口、水库3座，总计投入近2000万元。

【民生实事】2018年，李畋镇继续开展扶贫帮困活动，石溪村成立帮困公益基金，新树村田源祥合作社帮扶11户贫困户，年内发放工资20万元，流转贫困户土地6户1.33公顷。洪源村完成5户危房改造，对其中经济特别困难的3户每户补助1万元。全镇通过科学运用产业、教育、医疗等“七个一”措施，促进51家企业、133条生产线“一对一”帮扶贫困户133户，新增扶贫小额信贷113户453万元，为37户贫困户完成危房改造，帮助2372名贫困户全额缴纳新型农村合作医疗款42.7万元。年内扶贫网新增爱心人士2106人，贫困户发布需求406条，对接成功405条。驻村工作队及镇村扶贫干部细致帮扶699户建档立卡贫困户，年内脱贫204户765人。全年上报低保户55户，新增“五保”户45名。申请残疾人护理补贴81人，生活补贴26人；对0～6岁的残疾儿童进行统计上报，并分类进行康复训练；申请残疾人培训7人，为79人申请残疾人辅助器具，为15人开展无障碍家居的改造工程。为18名60周岁以上退伍军人办理生活补贴。为23名满90周岁的老人办理高龄补助；为16名孤儿办理重大疾病公益保险，办理临时救助89户，发放救助款6.7万元。

【党建工作】规范组织运行，村部实现全覆盖，华埠村、利群村、南桥村、新树村、潼塘村、花麦村完成了农村综合服务平台建设，潼塘村、利群村、裕民村、凤形村完善了支部“五化”建设。密切党群关系，大草坪村支村两委走访党员、贫困户，裕民村普通党员结对帮扶贫困户。肃清党内风气，组织明察暗访、督促检查、效能监察18次。年内李畋镇纪委共受理信访举报3件，办理1件，立案8件，处理党员6人，其中警告处分1人，协助上级纪委办案，警告处分6人。年内李畋镇共发展中共党员15人，预备党员转正29人。（李亚莉）

白兔潭镇

【概况】2018年，白兔潭镇人均纯收入达2.8万元，集镇规划区面积6.6平方公里，集镇建成区面积4.2平方公里，有集镇人口3.1万人，获评湖南省“民间文化艺术之乡”。

【产业发展】一是提升传统农业。推动农业产业结构调整，扩大丝瓜、黄瓜等本地特色农业种植面积。推广以西瓜、杨梅种植为主的农业蔬果基地，做大做强特色农业产业，解决1万余名农村劳力就业。峤岭村以种植高价值名贵树种为主的种植基地初具规模。组织发动护林员宣传森林防火，预防得当，响应及时。防控“非洲猪瘟”疫情，在柏大村和峤岭村省际边界设立非洲猪瘟防控临时检查站，配备防控设施设备，组织畜牧、交警、交通等部门人员24小时防控值守。二是推动工业产业升级。抓特色项目建设，启动花炮物流中心项目、迁坟点项目、安置小区项目征拆工作，玄武商居广场二期、铂金水岸二期等项目主体工程完工。抓交通路网建设，文化路提质改造7月完工，总投资达1700万元，改造内容有雨污管网分流、道路改性沥青铺设、绿化、路灯亮化、人行道铺设等；完善镇域内道路交通网，荷田村投入400余万元将3公里主干道铺设为沥青路面，实现村级以上改性沥青道路全覆盖。抓公共服务建设，污水处理厂项目覆盖整个集镇及周边6.6平方公里的生活污水和雨水处理，总投资2700万元，建成后污水处理率可达80%以上。

【改善镇村环境】全镇各村开展“三创四化”活动，实行“门前三包”，生活垃圾治理有效。佘溪村、白市村、金牛村、洙塘村共拆除乱搭乱挂阳雨棚、招牌300余处。荷田村和柏大村在水库环境治理中取得成效。白兔潭镇联合国土、公安、电力、工商等部门，打击取缔澄潭江两岸三处非法采沙、洗沙场。金辉石矿和恒昌压模厂在中央环保督查组“回头看”活动中通过验收。6月在白兔潭镇召开醴陵市河长制现场会，9月在白兔潭镇召开株洲市改善农村人居环境工作现场会。佘溪村农业面源污染治理经验获得中央电视台宣传报道。

【安全维稳】全年共开展安全生产执法检查354次，排除隐患210余处，下达整改文书56次，立案3起，处罚金额3万元。围绕“安全生产月”活动，贯彻宣传《中华人民共和国安全生产法》，强化安全生产意识，普及安全生产知识。举办安全宣教竞赛活动，共有500余人次参与。对企业法人、安全人员开展安全培训32次，受训1000余人次。加强社会矛盾纠纷排查化解，全镇司法调处各类矛盾纠纷124件，其中疑难复杂案件2起，调解成功124件。加强对社矫、社戒人员管控，年末，社戒人员人数由16人减少至10人。开展扫黄禁毒活动，打击犯罪行为18起，共处理15人。

【民生事业】一是做好计划生育服务工作。完成了婚前医学检查、国家免费孕前优生健康检查、叶酸增补预防神经管缺陷、产前筛查、新生儿疾病筛查等服务工作。依法查处违法生育现象，确保违法生育案件线索录入率、立案率100%。落实奖扶、特扶政策补助，确保不遗漏、无错误。加大投入保障，建设基层阵地，白兔潭镇中心卫生院获评“全国百佳乡镇卫生院”。二是做好社会救助工作。白兔潭镇全年发放最低生活保障补助金83.23万元，为280名五保户人员提供五保供养资金33.84万元，发放临时救助金11.43万元。纳入管理留守儿童200人，发放孤儿救助金5.04万元。三是做好精准扶贫工作。举办白兔潭镇2018年精准扶贫就业对接会，230人达成初步就业意向，187人签订就业合同。开展产业帮扶活动，评选出株洲市“脱贫之星”30人。完成贫困户危房改造27户，减免贫困户新型农村合作医疗个人缴费27万余元，发放小额信贷574万元。年内，128户贫困户户均增收4000元，荷田村代表白兔潭镇通过株洲市脱贫退出验收考核。四是做好全民文娱工作。举办了第六届村级篮球联赛暨第二届“健康杯”赛和文化艺术节活动。国家公共文化示范服务体系创建活动中，白兔潭镇文化站、佘溪村农家书屋代表株洲市迎检。省级非物质文化遗产“星子灯”得到中央电视台《非常传奇》栏目宣传报道。（吴佳昊）

浦　口　镇

【概况】2018年，浦口镇实现工业总产值69.22亿元，同比增长15.8%，完成固定资产投资总额12.8亿元，实现税收9700余万元。

【经济建设】2018年，浦口镇争取土地整理、农业综合开发等投资项目7个，总投资1.3亿元。按时按质完成了“七个一”项目，年内李洲村“两型”示范村建设通过醴陵市“两型”社会建设综合配套改革领导小组办公室初步评审；浦口村、贯古社区、李洲村完成了初步的垃圾分类试点，完善了硬件设施，普及了垃圾分类知识；浦口虹日花炮厂和浦口亚丹花炮厂完成重组，于2月取得安全生产许可证；投资400万元新建保丰老年人活动中心于年底投入使，投资750万元完成合水村至李畋镇石溪村3.8千米道路提质改造；年内投资5000万元的浦东商贸城二期工程封顶进入预售阶段。推进烟花爆竹产业转型升级，支持鼓励优强企业兼并整合小企业，打造生产上规模、管理上水平、产品上档次的烟花爆竹企业集团；累计投入5000余万元，完成了醴陵市浦口河泉众发出口花炮厂、醴陵市福星烟花制造有限公司等烟花爆竹企业的兼并重组工作；全年共退出烟花鞭炮16个工区，截至年末全镇共有有证烟花鞭炮企业25家。积极调整农业结构，集中精力发展区域特色农业，依托浦缘合作社，发展出蔬菜加工、大米加工、油料加工等产业，并创建了“浦绿”农业产业品牌，农业加工园成为浦口现代农业发展的新亮点。截至年末，浦口镇农业结构优化转型为育苗、早熟蔬菜、苗木及休闲农业为主的农业产业格局，带动与之相关的优质畜禽、特色水产、高效油茶等产业兴起。按照全市创建全域旅游示范区的要求，以打造乡村休闲游为重点，推动农林牧副渔等产品向旅游商品转化；于6月5日至10月10日，举办了醴陵市首届夏季旅游节，开展了美食节、泼水节、采摘节、摄影展等主题活动，累计吸引周边游客计15万人次。

【环境整治】 浦口镇以环保巡查反馈问题治理为主线，培育绿色产业，发展绿色经济。一是“河长制”落实到位。投入资金200余万元，发动各村对流经辖区31.2公里的河道和20公里的沟渠全面清淤和打捞垃圾，确保河道畅通。保护饮用水水源地，综合治理雪峰山水库，库区内75户牲猪养殖户全部实现退养，拆除栏舍2300平方米，雪峰山水库的水质达到地标II级水质标准。二是开展行业整治。排查辖区内80家企业的锅炉和污水处理情况，取缔了1家污染较大且无环保手续的建材企业。重点整治湘赣边的非法采挖行为，投入100余万元，历时1个月专项整治从江西省往浦口镇境内非法转运煤矸石的行为，切断转运道路，恢复部分植被，共收缴挖机、装载机8台，非法运煤车5台。按照“三创四化”工作的要求，配合河流整治，组织各村对辖区内水边、村边、路边、空地、河边垃圾进行集中清理整治，共开展综合整治40余次，清运垃圾20余吨。全年发放各类救助救灾资金200余万元，惠及群众1.2万人次。争资近500万元，改扩建浦口光荣敬老院，年内新建的老年公寓基本完工。

【安全维稳】 开展“扫黑除恶”专项行动和平安创建主题活动，排查社会隐患，加强对辖内重点人群的管理。悬挂横幅70条，发放宣传资料1万余份，张贴通告45份，通过广泛宣传党和国家的政策方针，引导群众主动参与“扫黑除恶”专项斗争。开展“春雷百日行动”专项行动和“强执法防事故”行动，立案30余起，责令整改企业42家次，其中涉及存在重大安全隐患的4家企业全部按照“一单四制”要求严格实行挂号销号制，停产7家次，罚款12.5万元。查处非法生产企业11家，销毁成品、半成品600余箱，治安拘留6人，实现全年安全生产零事故。

【扶贫工作】 推进“扶贫+”发展模式，完成劳务输出446人、产业发展421户、易地搬迁10户35人、危房改造48户、生态补偿3户；健康扶贫建档一、二、三类对象371人，农村居民最低生活保障兜底贫困户110户248人；建设产业扶贫基地1家、发展种养殖基地6个，对接贫困户493户1693人，贫困户产业扶贫覆盖率达88.6%，每户贫困户通过务工、土地流转、入股分红等方式年增收1万余元。落实金融扶贫小额信贷政策，为151户贫困户解决了363万元的信贷资金，年底分红近30万元。年末共实现210户763人稳定脱贫。

【党建工作】 2018年，浦口镇投入2000余万元，新建或改造村级活动中心12个，在各村建立了完善的便民服务大厅及网格化服务中心。各级党组织围绕“五化”支部建设，突出以政治建设为重点，以提升党组织的组织力为抓手，以抓党建高质量推动经济社会高质量发展，在重点、亮点、切入点、结合点、着力点五个关键点上下功夫，推进基层党组织上档升级，代表醴陵市接受株洲市第三季度党建调查核实中，获“基层党建季度调查核实优胜奖”。（尹　鹏）

王　仙　镇

【概况】 王仙镇总面积85.9平方公里，耕地面积1.55千公顷；辖10个行政村、2个居委会，总人口4.78万人；共有党组织67个，党员1423人；辖内有中小学9所、幼儿园13所和医院3所。

【产业发展】 2018年，王仙镇以第四轮行政许可证换证为契机，整合传统烟花爆竹产业，烟花爆竹企业由37家整合为21家；引导辖内企业获得市产业突围“四个十条”奖补，共计60万元。打造李山美丽乡村、书堂宝源禅寺、温泉湾天然浴场、大屏山宝源禅寺的旅游发展轴，发展乡村旅游业。

【安全维稳】2018年，王仙镇开展“安全生产大检查”排除企业安全隐患，抓安全员管理培训，从源头落实企业安全主体责任；打击违规违章行为，对高温后已复产企业开展安全生产大检查“回头看”，严肃查处企业生产过程中的“三超”（超能力、超强度、超定员）“三违”（违章指挥、违规作业、违反劳动纪律）行为，防止出现因“抢工期、抢订单、抢进度”等出现超负荷生产、“带病”生产的现象；打击非法生产、经营、储存、烟花爆竹行为，通过不定期的突击、暗查，捣毁非法生产窝点3处，治安拘留1人；实现全年安全生产零事故。开展禁毒、交通安全法规知识宣传，在106国道两旁、村级主干道、货运源头企业悬挂横幅，营造安全稳定氛围；开展“平安家庭”创建系列活动，共评选出“平安家庭模范户”12户。配合市公安局、王仙中心派出所开展扫黑除恶专项行动，辖区内没有出现重大治安案件。

【城镇建设】2018年，王仙镇开展示范街、示范庭院、示范路、示范村和清洁家园创建活动。年内李山村获评湖南省“两型村庄”称号。开展镇域环境“六乱”现象重点综合整治行动，全年组织联合拆违行动20余次，沿106国道打造样板街、整体性规划广告牌等设施；对全镇范围内采矿场、采砂场、挖砂场及洗沙加工企业进行全面整治，取缔拆除镇域内5处非法采沙（洗沙）点，投入200余万元用于推进矿山复绿工作。加强村民建房规范管理，开展村民建房违规违法用地清查，把关全镇村民新建房屋。

【脱贫攻坚】2018年，市公安局、市文体广新局、市文化市场执法大队、市住建局牵头开展驻村帮扶工作，全镇共有24个企业、合作社带动贫困户154户592人年增收112.17万元；13户贫困户完成危房改造验收，44户贫困户实施危房改造，41名就读职业教育的建档立卡贫困学生申报了“雨露计划”，年内全镇实现150户，548人脱贫。截至年末，全镇595户2104名贫困人口中脱贫476户1789人，未脱贫119户313人。

【农业发展】推进土地流转，加快土地确权颁证和农村集体产权制度改革，两项工作均走在全市前列；积极探索土地流转，全镇完成农田休耕266.67千公顷，产业结构调整66.67公顷；大力发展农业产业化，瑞渌园公司被评为“2018年株洲市农业产业化市级龙头企业”。保障农业用水，坚持“早部署、早落实、早到位”，确保农田灌溉率达100%。

【社会事业】2018年，王仙镇新增计划生育家庭奖励扶助对象50人和特别扶助对象8人，审核城镇职工独生子女父母奖励13人，组织育龄妇女国家免费孕前优生健康检查334人，发放叶酸494人次，组织育龄妇女免费“两癌筛查”1368人，免费义诊流动人口100余人，累计慰问计生家庭、困难流动人口、因病致贫贫困户等45户，发放慰问金、临时救助金等11万余元。做好地质灾害防治工作，制定汛期值班表，下发避险卡、明白卡，并与灾害点8户居民签订搬迁拆除协议。（谭　铮）

沩山镇

【概况】沩山镇下辖7个行政村，有171个村民小组，人口2.05万人；2018年，沩山镇完成税收1452万元。年末，沩山镇获评“湖南省文明村镇”“湖南省安全生产示范乡镇”，沩山村获评“全国经典文化名村”“全国传统古村落”，大林村获评“株洲市文明村”。

【脱贫攻坚】全镇共有建档立卡贫困户567户1866人，截至年末，有112户334人实现脱贫。完善基础设施建设，新修道路近50公里，水渠2公里，修缮山塘水坝5座，架设基站3座，新增安全饮水工程57处，新装路灯400余盏、道路广角镜100余块，惠及村民2000余户。易地搬迁扶贫40户100人，集中安置22户47人，土坯房改造123户。大林村创立扶贫基金会，共筹集资金92810元，截至年末，现金资助贫困户10户9600余元，产业资助贫困户17户1万元。打造“贫困户+合作社”模式，发展以“小菜园、小蜂场、小果园、小鱼塘、小作坊”为代表的“五小经济”，完成小额信贷136户，发放贷款658万元。4月，大林村13家企业为有劳动力的贫困户提供就业岗位，有15户贫困户现场签约。与湖南太阳电力电瓷电器制造有限公司、醴陵市泰裕瓷业有限责任公司等11家规模以上电瓷企业达成协议，60%的贫困户通过劳务输出脱贫。联系市湘东医院到沩山镇举办3场义诊活动，300余名患者受益，组织10名白内障患者接受免费手术。大林村、沩山村举办2场夏令营活动，130余名贫困学子受益，华东师范大学、湖南科技大学实践基地在大林村佛年小学挂牌。

【安全生产】2018年，沩山镇共开展“打非治违”“安全保卫战”、“强执法防事故”等专项行动62次，开展执法行动107次，排查整改隐患110条，取缔非法生产经营建设单位56处。楚丰花炮厂以漫画形式打造安全生产创意文化长廊，宣传形式在全市得到推广。化解了30余起信访难案积案，做到了重要时间节点无突发状况和无一例越级信访事件的发生。开展“平安创建”活动，评选出“平安家庭”20户。年内，沩山镇退出禁毒重点监控地区名单。

【环境保护】一是治理污染。沩山镇联合职能部门开展集中行动12次，对25家非法采矿采砂采泥点全部断电，设置水泥路障15处，收缴挖机6台，拆除制泥作坊5处，复绿面积超过40余亩。二是保护饮用水源。以望仙桥水库饮用水水源地为中心，开展专项整治行动95次，取缔拦网养鱼8家，建立长约2公里的全封闭围栏，销毁游船32条、生活用船35条，30个农家乐隔油池、吸污池以及20个居民生活污水沉淀池建设全面完成。三是美化集镇建设。新东堡集镇、东堡小学新增具有沩山文化特色的壁画10余幅，沿线路灯加装社会主义核心价值观宣传标语150组，绿化面积增加70%。

【基础设施建设】新修桥梁2座，老鸦山村拓宽4.9公里村级主干道，大林村投资100万元建设1.2千米“佛年大道”，路基12米。发动群众投工投劳，完成了五一组的组道拓宽。新东堡村硬化顺公祠组至双板桥组3.7公里组道，青泉村建设村级活动中心，沩山村投资80万元新修望仙桥与水库联接的桥梁，启动沩山与望仙桥之间水库环线公路建设。

【文化旅游】以沩山古窑址为中心，加大核心部位的环境整治和资源整合，以“中国传统古村落”“中国历史文化名村”为依托，借助“祭窑大典”“乡村合伙人”等电视节目平台，增大“千年窑村”的知名度。以大林村佛年文化园为中心，整合大林村、漏水坪村、老鸦山村等宗教和民俗文化资源，发展休闲文化旅游。通过“电商+旅游”、“乡村代购”、乡村淘物站等方式，提升沩山特色农产品知名度，带动旅游业发展。

【经济发展】依托光伏发电、有机茶园等产业，沩山村、泉水村集体经济增收；依托农业合作社，漏水坪村、青泉村、老鸦山村以入股分红形式实现了集体经济零突破；通过盘活农贸市场、特色小镇等方式，新东堡村集体经济规模扩大；依托电瓷产业园，大林村发展木材加工、纸箱包装等配套产业，实现集体经济收入近20万元。成立醴陵市恒佳油茶种植农民专业合作社、大桃花绿丰种植农民专业合作社、醴陵市双塘种养农民专业合作社等15家农业合作社，发展立体农业。电瓷产业规模化发展，新签约在谈项目2个，计划投资1.1亿元，其中引进资金4500万元，年内到位50万元。旅游品牌化，大力推动休闲农业发展，沩山村、泉水村乡村旅游初具品牌效应，打造了老鸦山蜂蜜、沩山豆腐、漏水坪无公害蔬菜等17个品牌。（刘　蓓）

东富镇

【概况】2018年，东富镇完成税收5509万元；实现规模以上工业产值31亿元，增速13%；限额以上商业服务业营业收入1.9亿元，增速47%；固定资产投资额16.8亿元，其中完成工业固定资产投资5.96亿元。年末东富镇获评省文明村镇、株洲市卫生镇、株洲市人口与计划生育考核评估优秀单位等称号。

【项目建设】2018年，东富镇有在建项目和拟开工项目39个，其中产业项目16个；有12个项目年内开工建设，开工项目中湖南湖电电力设备有限公司、醴陵华鑫高能电气有限公司、湖南阳东电瓷电气股份有限公司和湖南飞鱼电气有限公司完成建设。推进东富工业园中的玻璃产业园建设，为打造百亿产业、特色园区、玻璃高地提供土地和服务保障；加快完善产业配套设施，园区内天然气、自来水、电力等基础设施建设基本完成。加快提升产业发展质量，2018年中国（醴陵）国际陶瓷产业博览会上，醴陵市旗滨电子玻璃有限公司、湖南特诚成套电器有限公司等6个项目落户东富镇，累计签约金额达4.25亿元。

【精准扶贫】2018年，东富镇完成169户536人脱贫验收工作。东富镇政府筹集资金20万元，补助35户生活条件差的贫困户进行住房改造；完成危房改造22户。筹集资金6万元，对21户重病对象进行临时救助；筹集资金12.8万元，对全镇495户贫困户慰问全覆盖；发放产业扶贫资金17万元，30户发展种养殖业的贫困户受益；募捐助学金11.32万元，资助贫困学子96人；东富寺生态农业有限公司、明鑫农场等5家企业参与脱贫攻坚工作，主动吸纳贫困户就业32人。

【安全维稳】2018年，东富镇继续开展平安创建和全民禁毒工作，多种形式宣传全覆盖，累计印刷宣传资料1.2万余份，制作平安扇2万把，以群众推、村级选、镇上评的形式，共评选出27户“平安家庭模范户”、2个“平安村”、2家“平安企业”和2所“平安校园”。加强社会治安防控体系建设，持续开展扫黑除恶专项斗争，定期排查并及时处理各类矛盾纠纷，提升公众安全感。强化信访维稳，切实解决信访群众实际问题，信访率下降40%。年内，发现企业违规行为52项，当场整改38项，责令限期整改14项，实现全年安全生产零事故。

【农业生产】落实种植结构调整及休耕治理工作，完成种植结构调整244.15公顷，休耕278.86公顷，东富镇农技站引进种植大户，打造种植结构调整亮点。植树造林112.23公顷，森林抚育面积达20.33公顷。推进农村集体产权制度改革，发展壮大农村集体经济，11月全面完成清产核资；投入资金110万元设立“发展村级集体经济专项资金”，鼓励村级到骨干企业参股，探索集体经济的创新模式。

【基础设施建设】2018年，东富镇实施“点亮乡村”工程，下拨奖补资金100万元，覆盖200余个村民小组，安装路灯1062盏。城郊供电所完成莲石村等4个村的农网改造，其中滴东线10千伏线路改造3公里、滴莲线10千伏线路改造4公里。争取东富110千伏变电站项目落地，为东富工业园建设和居民用电提供保障。实施村部改造工程，年内龙源村、楚同桥村新建便民服务中心，东兴居委会、莲石村、西林村完成便民服务中心改造。

【卫计服务】东富镇实行卫计证件一窗办、一次办，全员人口信息上报及时率和准确率均达到95%以上。全年共办理一孩生育证77本、二孩生育证162本、再生育证15本和各类计生证明70余份，发放避孕药具6800人次，发放叶酸400人，完成国家免费孕前优生检查352人次；完成部分农村计划生育家庭奖励扶助和农村计划生育家庭特别扶助对象年审440人次，农村计划生育家庭特别扶助对象新增6人，部分农村计划生育家庭奖励对象新增65人，审核退出9人。

【党建工作】东富镇有基层党组织51个，其中镇党委1个、机关党支部1个、机关退休党支部1个、村级党总支11个、村级党支部26个、非公企业党委1个、非公企业党支部10个，有党员1194人，其中正式党员1183人，预备党员11人。2018年，东富镇以支部“五化”建设为抓手，以支部主题党日“3+X”为载体，创建示范点6个，软弱涣散党组织整顿验收合格，表彰了王勇等58名优秀党员、周先建等13名优秀党务工作者，基层组织的组织力、凝聚力、战斗力进一步提升。开展党组织关系排查整顿，共办理转接18人。增拨110万元推进村党支部建设，投入20万元提质机关党建阵地。实现机关干部、支村两委、村级党建专干和后备干部教育培训全覆盖。（丁　尧）

孙家湾镇

【概况】2018年，孙家湾镇总人口22704人，有建档立卡贫困户180户551人，其中已脱贫152户492人。镇党委下设6个党总支和37个党支部，有党员880人。全镇共有企业95家，其中规模以上企业21家，有就业职工9000余人。全年完成税收9372万元，同比增长51%。

【党建工作】一是打造基层党建工作亮点。孙家湾镇孙家湾村创新开办“党员夜校”，做法和经验被中共中央组织部采用并编入《三会一课案例选》。孙家湾村年内建成了党建陈列厅和以党建为主题的乡村乐园，展示了孙家湾村抓党建促乡村振兴所取得的成绩和经验。各村党总支利用“村组例会”等形式，定期开展学习交流活动。二是发挥党员模范作用。在全镇全体中共党员的家庭门口悬挂“共产党员户”红色身份牌，实行动态管理，每年评选一次，将表率作用发挥好的党员户升级为“党员模范户”。实行党员设岗定责制度，对农村无职中共党员设定扶贫济困员、卫生监督员、综治调解员、卫计信息员、项目协调员、政策宣讲员等岗位，对企业中共党员设立党员示范岗。三是加强党风廉政建设。定期组织班子成员、机关干部、村干部分类集中学习《中国共产党廉洁自律准则》《中国共产党纪律处分条例》《中国共产党党内监督条例》《关于新形势下党内政治生活的若干准则》等准则条例。建立健全公章管理、办公用房、值班备勤、信访接待等规章制度。实行按章办事和制度管人。党委与班子成员、各村书记，班子成员与分管部门干部层层签订了党风廉政责任状，逐项明确目标任务、措施和要求，确保责任传递到位，任务落实到人。四是完善基层党建工作阵地基础设施建设。年内孙家湾村、西岸村、李家山村完成了村级组织服务中心改建，观前村、龙虎湾村、文家湾村启动新村级组织服务中心建设。

【企业帮扶】2018年，孙家湾镇建立《孙家湾镇干部联系企业制度》，每个企业安排了1名联系人，实现辖区企业帮扶全覆盖。一是深入企业充分发挥协调作用，建立和完善项目开发、政策咨询、跟踪指导、排忧解难、企业增效等。全年共收集企业问题26个，其中属于镇级范畴的6个问题全部解决。二是合理配置土地、人力、资金、环境等要素资源，确保重大产业和项目建设需要。主动对接相关企业，为湖南银和瓷业有限公司解决企业用地及证照问题，为湖南德兴瓷业有限公司解决融资续贷增贷问题等企业解决发展中存在的问题；三是协助企业争取政策性优惠。推进湖南银和瓷业有限公司和醴陵陶润实业发展有限公司入围省级“上云”标杆企业。四是协助企业办理融资贷款。走访湖南省华泰联业陶瓷有限公司，协商解决新上项目贷款需求问题。五是鼓励和支持企业提升产品质量，争创国家级和省级名牌产品、驰名商标、著名商标，推介湖南祥辉伟业环保科技有限公司的新型无害化工艺厕所处理系统。六是招商引资工作成效明显。株洲飞鹿高新材料技术股份有限公司收购湘耐渗新材料有限公司，交易总价达8800万元。湖南德兴瓷业有限公司、湖南展鹏翔科技有限公司、醴陵市观前瓷业有限公司等均扩建新厂房和生产线。陶瓷装备协会企业驰洁环保设备公司到孙家湾镇洽谈组团建厂。

【农业工作】一是注重发挥水稻种植合作组织、农机专业合作社、种粮大户、家庭农场等率先示范和引领带头作用。培育做强大户，通过农业大户带动村民增产增收，并鼓励农业大户参与脱贫攻坚工作，全镇有10名建档立卡贫困户对象在农业合作社工作。二是优化公共服务，完善农业、水利基础设施建设。开展“五小”水利工程建设和东龙江孙家湾段隐患治理，全年全镇修复山塘堤坝21处，清除河流隐患8处。三是做好农业政策宣讲和项目对接，让农户及时准确掌握政策信息，适时调整农业发展思路。全年全镇共实现土地流转840公顷，完成双季稻播种1.37千公顷，完成种植结构调整95.31公顷。四是开展森林防火工作。坚持“预防为主、积极消灭”的森林防火方针，做好责任落实、防火宣传、野外火源管理及隐患排查等工作。五是做好非洲猪瘟等疫病防控和畜禽养殖污染整治工作。落实畜禽免疫标识、免疫档案、免疫证的动物标识制度，确保防疫质量。六是落实各项惠农补贴。推广机械化耕作方式，全年共发放农机补贴15.53万元。组织双季稻种植合作社大户参加水稻保险，有效化解农业风险。七是推进“河长制”工作。完成了观前村坛前潭组入河排污口整治工程、冬塘组河堤清淤清障及综合整治工程，文家湾村谢家老屋入河排污口整治工程，龙虎湾村龙虎湾组入河排污口整治工程和田心组入河排污口整治工程，镇级示范河段龙虎湾村田心桥处的创建工作有序推进。

【社会治理】一是创新治理方式。孙家湾镇在全市19个镇率先启动网格化管理试点工作，将全镇划分为18个网格，平均每个网格覆盖319户1270人，将支部建在网格上，形成了以村党总支为核心、村民积极参与的村级网格化管理模式。打造网格化管理工作信息平台，将综治维稳、安全生产、脱贫攻坚、防汛抗旱、卫生计生、民政救助等工作全部纳入网格管理。二是强化平安创建。评选出60户道德模范标兵户和600户平安创建模范户，6个平安创建先进单位。文家湾村江艳被推荐为醴陵市道德模范见义勇为标兵。

【民生事业】一是防范化解金融风险。成立孙家湾镇打击和处置非法集资工作领导小组，加强相关的金融知识和法律、法规、政策的宣传和普及。严禁镇村干部参与非法金融活动，查处镇村干部违反规定利用职权或职务影响参与非法集资、高利借贷等非法金融活动。二是做好精准扶贫工作。2018年，孙家湾镇完成了47户143人的脱贫任务。与教育部门对接，落实贫困户学生资助、“雨露计划”等政策。与卫计部门对接，落实“先诊疗、后付费”、“一站式”服务和帮扶干部结算代办机制。推行“企业+脱贫攻坚”模式，激发辖区企业参与扶贫工作和贫困户自主脱贫的积极性，全镇有94名建档立卡贫困对象在镇内企业务工。配齐配强100人以上面上村驻村工作队伍，选派机关干部到脱贫攻坚一线，落实“两个帮扶”责任。

【污染防治】年内，孙家湾镇接到中央、省委环保督察组交办件4件，涉及正兴防水材料厂、神舟防水有限公司、孙家湾村周立新处页岩机砖厂、333省道孙家湾村段修路等环保问题，孙家湾镇配合相关职能部门进行整改，正兴防水材料厂投入600余万元新建生产线，对厂区改造升级，新生产线申请了环评手续，等待环保部门批准后再生产，神舟防水有限公司投入1000余万元改造升级环保设施，孙家湾村周立新处页岩机砖厂完善相关环保手续，333省道孙家湾村段修路方面，联合333省道市指挥部要求项目部及施工方切实做到文明施工，4个交办件于年内全部办结。配合环保部门开展小流域污染问题的整治，加强对镇域内的东龙江、铁河的治理，加强监管力度，控制污染源头。5月，关停取缔西岸村东毛街洗沙场，有效打击环境污染现象。

【“三创四化”】落实“乡村振

兴”战略，深入推进农村环境综合整治，加大创建力度，累计投入230余万元用于集镇一期提质改造工程，完善店面招牌和铺设街边石。强化环卫队伍建设，投资40余万元购置2台垃圾清运车，设置300余个垃圾桶。提质改造农贸市场，疏通沟渠，更换农贸市场顶棚不锈钢瓦，改善农贸市场积水情况。新建公共厕所停车坪，硬化农贸市场路面，新建围墙，在市场内加装透明瓦、铁丝网，分区设置食品区和服装区。成立城管队，加强对镇区商铺、出店经营的统一管理和镇区的“六乱”现象的整治。提质改造106国道孙家湾段路灯，设置高压钠灯，以达到机动车交通道路照明标准。（黄志伟）

泗 汾 镇

【概况】2018年，泗汾镇实现地区生产总值20.9亿元，同比增长18.8%；实现工业总产值14.2亿元，同比增长16.3%，规模以上工业总产值12.36亿元，同比增长14.2%，限额以上商业服务业营业收入7933万元，同比增长16.22%；完成税收收入4665万元。

【产业发展】在陈家垅村规划面积近133.33公顷的乡村振兴产业园，分两期建设，年内第一期工程20公顷土地完成土地调规。在花茂村规划33.33公顷的土地用于招商引资和产业发展。引进三家企业和项目，引进湖南迪噢吉润滑科技公司投资6000万元落户泗汾镇，爱励再生资源（天津）公司与泗汾镇签订5000万元的框架合作协议，筹备在花茂村开发生态种植、休闲农业综体项目，百宜农牧公司在石湾村完成选址、测量工作，有3个村民小组与其达成土地流转协议。在集镇打造了2公里长的样板路，将陈家垅村建设成符合环保要求、基础设施完善、整洁卫生的样板村。在泗汾村、农场社区、茶田村开展生活垃圾集中收运分类试点探索并建立无害化处理体系。石湾饮水项目获得150万元投资，年内管网开挖1公里，铺设500米。投资500万元拓宽硬化泗嘉公路4.6公里。

【改善农村人居环境】2018年，泗汾镇扶贫工作以信息系统、一户一档、脱贫收益卡、结对帮扶手册、挂图作战为重点，规范泗汾镇437户1642人的建档立卡贫困户档案资料，对扶贫资金使用情况开展“回头看”工作，“两室两站一点”功能完备，运转有效。189名贫困学子接受义务助学，引导贫困户中324名青壮年劳动力到企业务工。年内，实现167户贫困户摘帽脱贫。对泗汾镇辖内106国道沿线开展“六乱”专项治理行动，拆除违章搭建雨棚80余个，拆除灯箱等违规广告20余个，清除牛皮藓350余处，新添置垃圾桶400余个。泗汾镇双季稻种植大型示范点面积达200余公顷。遏制土地抛荒，集中流转土地达1.07千公顷。种植结构调整何田社区整村推进示范点通过验收面积达206.67公顷。新修灌溉渠道5000余米。完成农村集体产权制度改革工作的清产核资工作。7月，全省农业机械化工作现场会在署发农机合作社召开。

【社会管理综合治理】4月，泗汾镇以乡村广场舞表演赛为载体，举办扫黑除恶、全民禁毒、全民禁毒知识大赛，组织群众参加和观看。各村（社区）开展自查，摸排村居黑恶势力，按月上报涉黑涉恶现象摸排报表。6月，茶田村村委会副主任周建龙因涉黑涉恶被公安机关拘留，镇村两级反映及时，安排督促开展罢免程序。8—9月组织审查村（居）“两委”班子成员“九不选”“十连审”和“两代表一委员”、村民小组长、党小组长涉黑涉恶情况。泗汾镇党委、政府在日常监管之外，开展系列安全生产执法检查行动，共出动执法人员460余人次，排查出各类安全隐患310处，经整改复查合格283处，并对存在有重大隐患的企业下达停产整改文书。2018年，泗汾镇社会治安案件发案38起，案件数下降32%。

【保障民生民利】卫生和计划生育方面，全镇全年出生488人，其中计划外生育9人，落实上环、结扎等长效节育措施188例，落实补救措施46例；开展计划生育家庭奖励扶助申报年审工作，清理462户计划生育家庭奖励扶助对象及106户独生子女费发放对象信息，其中计划生育家庭奖励扶助对象退出13人、新增50人，新增计划生育家庭特别扶助对象4人，独生子女费发放对象退出20人；开展流动人口、计生困难家庭卫计服务，发放宣传单960份和流动人口医药箱150个，慰问留守儿童、留守老人、留守妇女、手术后遗症对象和计划生育家庭特别扶助对象60人次，发放慰问金2.6万元；加大违法生育控制力度，依法查处违法多生育对象，确保线索录入率、立案率达100%，申请法院强制执行14人；开展全员信息清查和信息录入工作，完成全镇346个组9589户41619人次入户核查汇总，对全员人口基础信息、关键信息和业务信息进行了采集、补录、清理和纠错；做好婚前医学检查、国家免费孕前优生健康检查、叶酸增补预防神经管缺陷、产前筛查、新生儿疾病筛查等工作，降低出生缺陷率，完成国家免费孕前优生健康检查332对；组织开展义务献血，完成无偿献血22人次，献血量8500毫升。民政服务工作方面，做好动态调整，取消不符合条件和自然减员的城乡居民最低生活保障34户106人，全年为86户120名城市居民最低生活保障对象发放城市居民最低生活保障金55.04万元，为440户858名农村居民最低生活保障对象发放农村居民最低生活保障金106.06万元；为52户149名社会保障兜底对象发放兜底保障金50.3万元；对全镇363名重点优抚对象发放优抚金208万元，“八一”期间走访慰问重点优抚对象及农村籍退役士兵152人、战时三等功11人，发放慰问金7.8万元，为辖区内900余名退役军人和其他优抚对象进行了信息采集；全年共审核和整理为55人申请残疾人困难生活补助，39人申请重度残疾人护理补贴；年内全镇享受残疾人护理补贴292人，发放护理补贴金19万元，享受生活补贴129人，发放生活补贴金8.5万元，残疾人动态更新672人次，死亡注销36人，发放辅助器具145份。

【党的建设】一是完善村级综合服务平台建设。为各村（社区）配备电脑、打印机等办公设施，枧上社区、花茂村、茶田村、何田社区新建了村级综合服务平台，泗汾村、陈家垅村、农场社区综合服务平台完成改建。发挥“村村响”广播功能，通过广播及时宣传党的方针政策。健全为民服务全程代理制度和值班坐班制度，确保村部每天有村干部上岗。二是开展多元化党建活动。以乡村广场舞表演赛、扫黑除恶、全民禁毒禁赌知识抢答赛、党建安全生产知识竞赛等形式开展主题党日活动。二季度，泗汾镇代表醴陵市接受株洲市委组织部党建工作督查，取得考核第二名。三是加强从严治党。完善《泗汾镇党风廉政建设主体责任、监督责任和责任追究的实施方案》《泗汾镇党风廉政建设和反腐败工作任务分解》《泗汾镇党风廉政建设“两个责任”分解》等规章制度，认真落实“一岗双责”和专职专岗要求，落实好纪委专岗专职要求，设立纪检专干和党风廉政谈话室，并公示办事流程、制度上墙等。查处全镇党员干部中存在的违法乱纪行为，细致办理群众举报的涉及到村干部违纪问题的信访件，全年共办理案件9件。（贺海燕）

沈潭镇

【概况】2018年，沈潭镇完成规模以上工业产值11亿元，规模以上工业产值增速22.7%，固定资产投资达3亿元。实现税收收入1350万元。引进醴陵市吉利鞭炮烟花有限公司、兴华环保科技有限公司和湖南水木川工程有限公司，总投资7600万元。全年完成道路提质改造17.6公里，修缮山塘25口，修整渠道3.5公里，安装路灯331盏。

【农业生产】2018年，沈潭镇发展现代农业，引入“景美”植物园项目，以“农业+旅游”新模式，为农业发展提供动力。调整种植结构面积133.33公顷，采取“公司+农户”“合作社+农户”等模式，促进农业增产增效、农民增收。实现合作社和种粮大户农业保险全覆盖，提高农业防灾防损能力。做好非洲猪瘟防控工作，美田桥、柞市3个值守点24小时值班，隔绝疫情入境。应对持续干旱，实现粮食产量持续丰收。森林防火工作防控到位，实现下半年山火零记录。农村土地确权工作进入颁证期，推进国土“城乡建设用地增减挂钩”项目，完成17.95公顷。加大宣传营销力度，助推全域旅游发展，提高镇域知名度，集镇的商业氛围明显提升。

【脱贫攻坚】2018年，沈潭镇开展全镇结对帮扶干部业务培训3次，组织业务培训考试2次，发放扶贫政策解读110本，镇村干部下村入户走访贫困户累计达3000余次。树立脱贫攻坚先进典型，全镇有20人获评株洲市“脱贫之星”。深化产业扶贫，在美田桥村率先实施“美田桥菜篮”计划，采取“公司+农户”的模式，大面积种植无公害有机蔬菜和水果，以贫困户杨建军作为第一个试点，通过发展产业脱贫。完成17户贫困户房屋改造，确保贫困户住房有保障。沈潭镇有建档立卡贫困人口275户867人，截至年末，实现222户734人脱贫。

【安全维稳】2018年，沈潭镇落实安全生产“一岗双责”，打好“安全保卫战”，安全生产实现零事故，获评醴陵市安全生产工作先进单位。做优做强烟花爆竹产业，醴陵市云丰出口烟花制造有限公司、醴陵市恒丰出口烟花制造有限公司被醴陵市吉利烟花鞭炮有限公司兼并，截至年末，全镇共有烟花爆竹企业6家工区9个。全年开展安全生产执法检查163次，下达安全生产执法文书148份，消除事故隐患197处。组织企业负责人进行安全知识测试，结合企业帮扶主题活动，开展以消防安全进企业、警企联手促平安为主题的系列活动。开展扫黑除恶专项行动，全年排查调处矛盾纠纷100余起。开展“源头治理”和“积案清查”活动，实现特护期“零非访”“零登记”。防范化解金融风险，主动压减镇级综合服务平台项目。开展防范和处置非法集资行动，12月在会真山风景区集中拆除违章建筑2处。开展平安创建，从6390户平安家庭中评选出65户平安家庭标兵户；醴陵电视台以“崇文尚德学好样”“悠悠湘赣情”“清明祭忠魂”为题对沈潭镇的文明乡风、良好家风、淳朴民风作了典型报道，并被湖南卫视、株洲电视台转播。

【“三创四化”】2018年，沈潭镇持续开展“三创四化”工作，抓好村庄规划实施、农村“厕所革命”、村容村貌整治等重点工作，在夏星社区建立生活垃圾压缩处理站。保持“河长制”工作高压态势，开展河道巡查，推进河道问题专项整治行动，河道保洁工作获全市第三名。开展环境整治专项行动，清理、复绿集中式垃圾填埋场1处，督促3家砖瓦生产企业完善防尘脱硫设备，督促2家砂场完善手续，关停砂场1家，关停“散乱污”企业1家。深化“两型”创建，建立和完善自然和谐的生态环境体系，妙融种养农民专业合作社获评全市“两型”示范单位。

【全域旅游】2018年，沈潭镇依托特色资源，按照“布点－连线－成片”步骤，助推全域旅游发展。重点抓好四个项目，一是“景美”植物园项目。规划面积53.33公顷，概算投资8000万元，培育集科普科研、游览观光、生态体验等功能于一体的综合性园区。二是湖溪（联进）科技产业园，利用种植结构调整契机，流转土地66.67公顷，概算投资7500万元，培育黄桃、火龙果、葡萄等经济作物，其中火龙果基地占地8.53公顷。三是恒润农庄项目，规划面积13.33公顷，一期投资7000万元。四是打造美田桥民俗文化村，在株洲市春季乡村旅游节中，印制发放宣传画册《守望乡愁·美田桥》2万余册，电子版本网络点击率达100万余人次。《株洲日报》以《沈潭，打造湘赣边界“最美小镇”》为题对沈潭镇全域旅游工作作了典型推介。

【党风廉政建设】一是提升基层党组织。打造了6个支部“五化”建设示范点，建成9个“美醴新村”，软弱涣散党组织摘帽，年内发展中共党员8人，预备党员转正3人。二是打造党建亮点工程。开展“党建引领促平安”演讲比赛、“党建带妇建，七一颂党恩”读书会、“党建带团建，禁毒宣传进校园”等活动。三是推进反腐倡廉、正风肃纪。抓好惠农项目资金、集体资产管理、脱贫攻坚等领域，查处侵犯农民利益的“微腐败”，全年查处党员违纪案件9件，处分党员9人；协办案件3起，开除党籍处分3人。（陈利文）

船 湾 镇

【概况】2018年，船湾镇完成社会生产总值63.8亿元；其中工业产值43.8亿元，同比增长18.5%；规模以上工业产值50.4万元，同比增长7.9%；服装产业产值46.2亿元，同比增长10.5%；农业产值8.9亿元，同比增长6.9%；农民人均收入25790，同比增长27%；年末银行存款7.09亿元，同比增长3.6%；人均存款13033元，同比增长3.7%。年内，船湾镇职业服装产业集中区被评为2018年度特色产业园区，清水湾畔景区获评国家AAA级旅游景区、湖南省五星级休闲农业庄园。

【产业发展】2018年，船湾镇坚持现代农业、工业经济、旅游服务业融合发展，一二三产业结构比为12.8∶72.4∶14.8。农业生产有新发展。坪塘支渠、主水圳、花傍支渠等水利设施完工。优化种植结构，构建“公司＋基地＋农户”的产业化格局，通过改种红薯、油菜等作物，流转土地411.87公顷，完成结构调整面积370.3公顷，解决劳动力就业近5000人，增加农民劳动力收益达60余万元。完成农村土地确权确权登记颁证工作。落实“非洲猪瘟”防控措施，隔绝疫情入境。有效应对持续干旱，粮食产量有增无减。产业项目有新进展。职业服装产业集中区、耸立生态养殖、鑫福生态休闲农庄开展项目建设前期工作；亚西欧厂房新建项目、天宸生态农庄、润富祥服饰有限公司投入生产。重点项目醴陵恒兴出口花炮厂新建项目（一期）、清水湾畔景区（二期）、高标准国土增减挂钩项目年内完工。全域旅游有新成果。筹办2018年株洲市春季乡村旅游节开幕式、开园汇演、“盛世百花开、迈进新时代”主题汇演等活动，接待游客20万人次，实现旅游综合收入1000万元。年内新增物流企业2家，总数达12家。

【社会服务】社会事业方面，截至年末，船湾镇城乡居民养老保险实际参保缴费人数为21317人，其中年内新参保人数为666人。改善办学条件，完成了乐家、狮力、玉堂小学的厕所改造和船湾中学学生宿舍楼、公办中心幼儿园改造，乐家、玉堂、船湾小学的食堂综合楼处于改造中。打造“书香校园”，船湾中心学校获评全国青少年“五好小公民”主题教育读书活动“红旗飘飘，引我成长”示范学校。脱贫攻坚方面，完善全镇贫困户一户一档、政策告知书、收益卡、信息卡等基础资料，更新612户2083户贫困人口信息。提前完成小额信贷、贫困户位置信息采集任务。年内实现176户683人脱贫。综合治理方面，检查企业42家次，排查隐患140余条，实现隐患整改全到位，安全生产态势总体平稳。开展扫黑除恶专项斗争，实施“一村一辅警、一格一助警”综合治理新模式。全年调解各种矛盾纠纷共80件，调解率达100%。（邹素群）

明　月　镇

【概况】明月镇下辖15个行政村、5个居委会，辖内有党支部61个、党员2510人。2018年，明月镇实现工农业总产值15.44亿元，其中农业总产值4.45亿元；完成固定资产投资1.45亿元，增速551.2%；农民人均可支配收入达24369元，增长8.5%；完成税收3503万元。

【基层党建】一是落实管党责任，促组织生活正常化。镇党委每月专题部署党建工作，各党支部落实“三会一课”和主题党日，发挥党建引领作用。二是夯实党建基础，促队伍组织力提升。新选任2名村党总书记和选聘4名村级党建专干。开展涉黑涉恶专项斗争整治行动，罢免村干部1人，党纪处分3人，净化干部队伍。三是强化基层保障，促阵地建设规范化。年内，明月镇新建1个镇级综合服务平台和9个村级综合服务平台，改建9个村级综合服务平台。四是坚持正风肃纪，促党风廉政建设。开展专项治理活动，组织专项财务监督检查。建立健全各项工作制度及周末、节假日轮班制度，明察暗访20余次，通报批评违反工作纪律、会风会纪的干部6人。五是巩固支部堡垒作用，促网格管理新局面。以软弱涣散村湾富村整治和党建示范点天华村建设为模板，落实“党建引领，网格治理，事事到人，幸福明月”的工作理念，提升管理服务水平，推动民生实事落实。

【农业生产】年内，明月镇完成集中育秧大田示范面积806.53公顷，新增流转耕地186.33公顷，在重金属超标的点位内完成结构调整任务273.33公顷。流转土地1.07千公顷，由大户合作社等种粮主体经营。免费发放种粮2250千克，重点打造陶家垅—盐山—湾富—双桥—白果双季稻种植示范线路。结合乡村旅游与种植结构调整，种植油菜近133.33公顷。完成“三边”造林、油茶造林工作任务，其中“三边”造林和面上造林206公顷，斋江村玉港组最大连版栽植面积达14公顷；完成油茶造林900余公顷。

【工业发展】全镇形成以烟花爆竹为龙头，特种新型材料和铸造业为补充的工业产业格局。全年实现规模工业增加值1.79亿元，规模以上工业企业增至13家。铸造业、电瓷配套产业实现年产值4000万元，实现税收近400万元。完成麦田出口花炮厂与斋江烟花爆竹厂合并重组，成立醴陵市兴宇花炮有限公司，完成整改并投产，烟花爆竹企业整合至8家11个工区。加快落后产能淘汰退出，醴陵市明月煤业有限公司北冲煤矿退出关闭，盐山辉明引线厂完成退出申报。

【招商引资】参照市委、市政府“迎老乡、回故乡、建家乡”的工作方针，对接广东醴陵商会、深圳醴陵商会等异地商会组织，提高在外企业回迁和回乡的投资率。在2018年中国（醴陵）国际陶瓷产业博览会上，完成了吉泰畜禽良种养殖循环经济园项目和南方材料有限公司环保项目的签约，签约总金额达3.52亿元。2014年签约引进的瑞丰烟花有限公司于年内投产，年产值达3100万元，完成税收1030万元，发放职工工资280万元。

【民生保障】全年累计发放各类惠民资金1200万元，向纳入最低生活保障范围的1157户1976人发放最低生活保障金175万元，向458个五保供养对象发放五保供养金85万元，2个敬老院、4个五保之家集中供养169名五保老人；冬春救助和临时救助432人次，发放救助资金13.7万元；残疾人两项补贴1018人次，发放资金30.54万元；发放优抚资金712人、186余万元。

【脱贫攻坚】完成“四类对象”（建档立卡贫困户、低保户、农村分散供养五保户和贫困残疾人家庭）危房改造57户，群众满意率达100%，差错率为零。为43户贫困学子申请雨露计划助学项目。为127名种养殖业大户及314名散户开展养殖业务培训。超额完成126户小额信贷任务。中国社会扶贫网新增爱心人士APP完成比例达115.44%，新增贫困户APP完成比例达177.78%，新增发布需求完成比例达120.82%，新增对接完成比例达113.06%，成功对接爱心捐赠670个。通过最低生活保障制度救助兜底建档立卡贫困户100户217人，发放最低生活保障资金73万元，累计发放价值20万元的帮扶物资。

【卫生、文化和教育事业】新增计划生育家庭奖励扶助对象169人、计划生育家庭特别扶助对象3人。全镇流出人口10411人，管理到位率100%，药具发放和随访率100%，计划生育工作群众满意率100%。完成国家免费孕前优生健康检查 649 例，举办公众健康教育咨询活动 4 次和各类健康知识讲座 2 场。建立居民健康档案 50158 份，为适龄儿童建立预防接种证 6038 人次，累计为 65 周岁以上老年人免费体检 4332 人。提升基层卫生机构的硬件设施，镇村两级医疗卫生条件改善。文化教育事业亮点纷呈。举办云岩“辣片天”文艺晚会，10 支专业艺术表演队共同表演 18 个节目，吸引观众 2000 余人。承办首届“健康湖南”全民运动会广场舞海选赛，全镇有 15 支代表队 170 余名选手参赛。年内成立了“明月情”教育发展理事会，截至年末捐款总计 80 万元。

【“三创四化”】 打造大障居委会为集镇示范社区，成立大障、陶家垅、江边铺、马恋 4 个垃圾分类试点单位，完成 6 个省市卫生村的创建。清理陈年垃圾堆 40 余处，治理垃圾填埋场 17 处，共投入资金近 200 万元。新建临时垃圾压缩中转站 1 个，基本上解决全镇垃圾清运的问题。完成 200 户厕所改造，改善群众如厕环境和卫生条件。整治 3 条河流 70 公里水域，整治水库 5 座，清理沟渠 10 余条长 30 公里，清理垃圾 20 万吨，清理水葫芦近 200 吨。主干道及镇区街道全面绿化，种栽树苗近 1 万株，清理不规范广告牌 5000 余块，清除牛皮癣近 3000 处，清理六乱 1000 余处，集镇出店经营基本杜绝，交通秩序良好。

【安全维稳】 全年共组织执法检查 321 次，检查各类企业 648 余次，组织联合执法 160 次，下达执法文书 726 份，排查整改隐患 367 处；取缔非法生产制作狗尾草 5 户、非法储存烟花爆竹 2 户，立案 7 起，行政处罚 8 万元，行政拘留 1 人，抓捕涉嫌犯罪人员 3 人。抓好矛盾纠纷排查调处工作，共排查调解各类矛盾纠纷 66 起，矛盾纠纷调处率达 100%。（李佐城）

嘉 树 镇

【概况】 2018 年，嘉树镇完成税收 1.33 亿元，增长 11%；实现工业总产值 20.51 亿元，增长 34.9%；完成固定资产投资 7.31 亿元，增长 39.4%；实现社会消费品零售总额 1 亿元，增长 19.95%；农民人均年纯收入为 26598 元，增长 9.3%。

【党建工作】 一是规范阵地建设。新建玉茶、嘉树、新井 3 个村级综合服务中心，改建杉仙、渗泉 2 个村级服务中心，村干部集中在便民服务中心的大厅工作，严格执行坐班值班制度，方便群众办事，提升服务水平。二是强化企业支部建设。年内在企业中发展中共党员 5 人。打造了恒辉瓷厂党支部、华旺瓷业有限公司党支部等示范党支部。三是创新党建工作创新方式。用文艺节目表演等形式宣传中共十九大精神和政策方针。年内嘉树镇被湖南第一师范授予“社会主义核心价值艺术化宣讲基地”称号。发挥协会和中国共产主义青年团作用，嘉树村党总支引导老年人协会挖掘民间传统文化，非物质文化遗产傩戏傩舞被省级、株洲市媒体报道，嘉树镇获评“湖南民间文化艺术之乡”。四是关心老一辈中共党员。慰问入党 60 年以上的党员、老村干部、退伍老党员、生活特别困难的党员。五是正风肃纪。全年对扶贫、环保、卫生创建、民政资金等工作开展督查 16 次，警告处分 3 人，诫勉谈话 2 人，批评教育 5 人。

【产业发展】 2018 年，嘉树镇坚持机械化、自动化发展道路，15 条陶瓷自动化生产线建成投产。支持“炻瓷 + 文化”发展模式，湖南传奇陶瓷有限公司傩文化炻瓷产品在 2018 年中国（醴陵）国际陶瓷产业博览会上展出，参展第六届湖南省文化艺术节，获文创成果展二等奖。年内新增发明专利 28 项、外观专利 35 项，新增省级著名商标 2 个，新增规模工业企业 3 家。湖南新闻联播以《醴陵嘉树炻瓷小镇：产出世界三分之一的“饭碗”》为题对嘉树镇炻瓷产业进行了专题报道。组织规模企业 500 余名重点员工免费体检，关爱员工健康。帮助企业享受政府优惠政策奖补 382.7 万元。引进杉仙宜仙农牧、新井药材种植等项目，接待台湾远扬公司等到嘉树镇考察投资。

【脱贫攻坚】 2018 年，嘉树实现 77 户 270 人脱贫，贫困发生率降至 0.4%。发挥产业优势，以就业带脱贫，年内有 89 名贫困户实现“家门口就业”，并通过就业、入股分红等形式让 106 户贫困户稳定增收。申报扶贫产业项目 46 个和产业项目资金 194 万元。抓好贫困户危房改造工作，7 户贫困户完成危房改造并验收合格。帮助 41 户贫困户申请扶贫小额信贷 150 万元。介绍嘉树镇扶贫工作经验的信息《醴陵市嘉树镇“三严”把好扶贫资金关口》文章被财政部采用推介。

【环境保护】 抓好中央、省环保督察交办件办理，3 件交办件全部整改销号，其中玉茶简易垃圾场整治工作推进有力、整治到位，消除了对周边环境的污染隐患，有效恢复生态功能。推进陶瓷企业环保大整治、大提升，所有企业环保设施、证照基本到位。推进“河长制”工作，启动 3 家饮用水源附近排污养殖场退出工作，抓好铁河豆田段、向阳河渗泉段示范河段建设和河道日常保洁、巡查等工作。

【乡村振兴】坚持规划引领。聘请长沙市专业团队进行概念规划设计、项目策划包装，构划高品位镇村蓝图。严格执行规划，拆除违法建筑8000余平方米，村庄规划建设管理工作被作为先进典型在全市推广。坚持基础先行。投入20余万元清除道路安全隐患，累计完成村道改扩建20.7公里，泗嘉路嘉树段打造成为示范路，玉茶村“四好农村路”接受国检。嘉树、杉仙、新井争取中央水利发展资金兴修改造山塘。杉仙村争资引项，修好了农贸市场，完善了道路设施等。坚持环境优先。推行农村生活垃圾分类处理，渗泉、杉仙、罗儒村列为镇生活垃圾分类示范点。渗泉村创建全省“美丽乡村”示范村，嘉树村创建省级卫生村、株洲市文明村，嘉树镇机关创建株洲市无烟管理示范单位。倡导移风易俗，将节俭操办婚丧事宜等系列规定纳入村规民约，由村里的老干部、老党员和老教师组成红白理事会，各村统一标准，不准大操大办；湖南省精神文明建设指导委员会办公室到嘉树镇开展移风易俗工作调研时，对此项工作给予肯定。

【民生事业】年内，人力资源和社会保障部到嘉树镇调研保险保障和就业再就业工作。做好了卫生和计划生育工作，慰问全镇19户计划生育家庭特别扶助对象；开展免费孕前优生健康检查，有208对夫妇接受国家免费孕前优生健康检查。深化农村土地制度改革、农村集体产权制度改革，土地承包经营权确权颁证率达80%。应对旱情，按时按标发放旱改补助资金，服务早晚稻保险投、赔申报工作。落实“一单四制”，重点排查企业安全生产管理制度、员工职业病预防及消防设施管理、有限空间作业等问题。把控食品药品安全关，创建“食品安全示范街”。（刘礼英）

均楚镇

【概况】2018年，均楚镇实现社会总产值21.8亿元、同比增长9%，完成固定资产投资总额3.05亿元，同比增长10.3%，实现工业总产值4.09亿元，农民人均纯收入达2万元，超额完成850万元的税收任务。中共均楚镇委员会下设村（居委会）党总支部13个，机关事业单位党支部3个，企业、非公经济组织、农民专业合作社党组织11个（其中年内新设1个非公党支部），有党员1722人。

【产业发展】一是巩固传统农业。落实粮食生产扶持政策，推行全程农业机械化模式，确保粮食产量。加快土地流转，扩大长午新村莲藕、周坊茶叶、大垅洲红薯等特色农业生产规模，提高产品附加值，发展市东生瓜蒌种植有限公司、市均楚镇新立红薯种植农民专业合作社等龙头企业，打造潇湘白莲、金妙山茶叶、旺依薯片等知名品牌。推进种植结构调整，在军山村引进33.33公顷瓜蒌、大垅洲村栽种66.67公顷蛋白桑、青山村栽种了26.67公顷红心猕猴桃、桃心李等经济作物，逐步形成“一村一品”的农业产业新格局。二是推动传统工业转型升级。在提升质量、增强带动力上下功夫，推动传统电瓷、烟花鞭炮行业实现由粗放型增长向集约型增长。落实“四个十条”政策，对接政策、部门、企业，重点引导市华为电瓷有限公司、市金龙电瓷电器有限公司等13家规模以上工业企业发展。

【乡村振兴】依托绿水青山，均楚镇深入挖掘周坊村、军山村旅游资源。2018年9月18日至10月18日期间开展了“相约美丽均楚·共享快乐生活”为主题的夏季旅游节活动，在周坊村组织帐篷露营、环湖自驾游、休闲湖钓、登山远足等旅游项目，吸引游客2万余人次。在军山村打造全市第一个漂流旅游项目——君子山生态文化旅游景区项目，年内正式签约，一期计划投资1亿元。在旅游项目的签约带动下，投资1000万元的潇湘名贵花木基地开发项目一批绿色生态企业落户均楚镇。

【基层党建】全年召开15次专题研究党建工作，安排专项经费30万元，解决投入及机制问题。认真执行班子成员党建责任联系点制度、“一岗双责”工作制度和基层书记抓党建述职制度、村级党建工作绩效考核制度，对村级党建工作月督查、季考核、严奖惩。深入推进“两学一做”常态化制度化、重点学习中共十九大精神和习近平新时代中国特色社会主义思想，开展党员学习培训80余次1700多人。投资800万元，新建村级综合服务平台3个、改建1个，其中2个完成主体，2个处于建设阶段。按照“五化”支部建设标准，突出抓好组织生活常态化、制度化、规范化，抓好突出问题整改和软弱涣散党组织整顿。

【城镇面貌】一是镇区卫生全面改善。充分利用“党日活动”“党建+创建”活动，开展提升人居环境宣传教育，营造文明和谐人居环境良好氛围。落实集镇商户“门前三包”制度，建立集镇道路清扫保洁制度，统一门牌标识，打造整洁、美丽集镇。统筹指导3个试点村开展生活垃圾分类工作，基本实现“户分类、组保洁、村收集、镇转运”生活垃圾处理模式。二是河道监管全面展开。严格落实巡河制，镇级河长每旬巡河1次，村级河长每周巡河1次。聘请18名巡河员，负责清理辖区主要河道环境卫生，保持河道畅流和整洁。打击破坏生态环境、偷采沙石、侵占河道等违法犯罪行为，查处非法电鱼捕鱼20余次。开展“还我一湖清水”三年行动，重点做好了周坊水库周边环境整治。

【安全维稳】一是社会大局安全稳定。利用网格化资源，为群众代办各类事务。开展“扫黑除恶”，严厉打击各类违法犯罪。落实“一岗双责”制度，第三季度民调工作位居全市第一，特护期间实现“零登记”“零非访”“零事故”。二是安全生产严守底线。以“安全保卫战”为抓手，全面落实“党政同责、一岗双责、齐抓共管、失职追责”和“三个必须”要求，开展“强执法，防事故”行动，全年共下达执法文书100余份，责令停产整顿2家，罚款2万余元。开展“安全生产月”活动，制作宣传横幅、宣传标语100余条，向群众发放宣传手册余200份。

【脱贫攻坚】2018年，均楚镇多措并举，打好脱贫攻坚战。一是动态调整贫困对象。全面摸底排查预脱贫对象，做到精准识别、精准扶贫，年内贫困户脱贫120户414人，截至年末，有建档立卡贫困户有736户，共计2521人。二是重视产业扶贫。新增合作社5个，新增流转土地26.67公顷，安排贫困户务工100余人。发展均楚扶贫主导产业项目——均楚镇东生瓜蒌种植产业园，惠及贫困户110余户。12月，大垅洲村2次代表株洲市迎接湖南省脱贫攻坚工作验收。全年新增小额信贷185户，资金370万元。加快产业扶贫项目入库，上报项目189个。三是开展扶贫培训和脱贫三星评选。组织贫困户妇女家政服务和卫生健康知识培训等培训，增强贫困户脱贫能力。开展3次脱贫之星评选，共推荐五星3户、四星5户、三星31户参加株洲市脱贫之星评选。

【民生实事】全年硬化、拓宽村组联通公路20公里，新装路灯600余盏，新修水圳600米。完成移民后期扶持项目8个，避险解困户新房建设9户，改善移民村的基础设施建设，确保移民户住房安全。加大新农合、新农保等政策宣传力度，积极引导群众主动投保，努力提高保险参保率。细化各项公共卫生工作，规范实施基本公共卫生服务项目。加大健康教育的宣传力度，开展“两癌”妇女救助、贫困家庭和学生走访慰问、孤儿关爱行动。建成周坊村文化广场，组建有军鼓队、锣鼓队4支，广场健身舞队10余支，群众业余生活丰富。（彭　芳）

石　亭　镇

【概况】石亭镇位于醴陵市西部，313省道和渌江河横穿境内，距离市区27公里，距离株洲市区18公里。面积106.2平方公里，辖9个行政村、1个居委会，总人口3.92万人，属于长株潭两型社会建设综合配套改革试验核心区、湖南省第三轮“城乡统筹示范镇”之一。

【农业产业项目】石亭镇依靠区位条件和资源优势，发展特色农业产业项目。其中清泥湾生态农业产业园项目位于樟树村，总投资1.08亿元，截至年末，共流转土地80公顷，建设了现代养猪场、鲜肉加工、中央厨房、蔬菜瓜果种植、农业技术培训等基地，形成种养结合、休闲旅游、餐饮配送、农产品加工、农业技术培训于一体的现代农业产业园。云启生态农业产业园为醴陵市重点签约项目，位于永红村，注册资金5000万元，规划流转土地3.33千公顷，项目计划投资10亿元，开发期为8年，打造以现代农业水果种植为基础，集种养业、有机肥加工、休闲旅游、科研培训、现代物流、健康养老于一体的现代田园农业综合体，截至年末，共流转土地66.66公顷，进行了柑、橙、红豆杉等苗木的移栽和土地整理。旺依薯业位于永红村和樟树村，投资1000万元，建设了苗木草皮、甘薯、莲藕3个产业基地，创建成为醴陵市粪污资源化利用项目示范点，年内，共吸收67户建档立卡贫困户在基地就业。

【集镇建设】践行“乡村振兴”战略，挖掘、考量石亭镇地理位置、生态环境、民俗文化，发挥山水资源禀赋和交通区位优势，聘请专家团队规划设计，将全镇打造成龙舟特色小镇，因地制宜规划生产、生活和生态空间布局，推动商贸、体验、居住、文化传承一体化发展，对接长株潭城市群发展。其中龙舟大道（商墟路）项目计划分2期开发，共投资1亿元，一期开发2.52公顷，投资6100万元，二期开发1.81公顷，投资3900万元；年内完成了一期2.52公顷建设用地的国土报批手续和前期的规划设计，与开发商达成合作意向。

【农村环境综合整治】实行环卫城管体制改革，聘用专业保洁公司，城管中队人员增至8人，集镇环卫工人增至6人，313省道沿线环卫工人增至4人，新增村级环卫工人50人和专门河道保洁人员30人,新增转运车辆2台,专职转运人员4人,增设垃圾桶300余个,拆除露天垃圾池100多个,做到全镇保洁全覆盖。在永红村、石亭居委会、姑仙村开展垃圾分类试点工作,在姑仙村、苏家垅村大力推进农村无害化卫生厕所改造,年内改造厕所200座。开展卫生村、文明卫生单位创建活动,石塘岭完全小学获评株洲市文明卫生单位,石塘岭村、姑仙村通过省卫生村、株洲市卫生村验收。

【党建工作】一是强化理论学习。全年组织党委中心组学习12次,中共十九大精神交流研讨活动4次,党委书记带头在机关和村组上党课12次,其他党委委员做专题党课辅导20余次。二是建好用好管好活动场所,镇级综合服务平台和姑仙村、樟树村、花溪村、石塘岭村综合服务平台投入使用,上保村、苏家垅村处于建设中。三是整顿软弱涣散党组织。镇党委在长岭村召开软弱涣散党组织验收工作会议,通过群众代表民主投票,长岭村顺利通过验收。四是加强党风廉政建设,镇党委分别与村(居)党总支书记签订《党风廉政建设责任状》,对各村(居)党总支书记提出了党风廉政建设的工作要求,明确责任目标和责任追究范围。五是健全党建工作例会和季度考核制度。根据季度考核结果,下发督办函,要求各党组织对考核中发现的问题及时进行整改;对全镇各基层党组织按季度考核结果排名,累计计算全年考核得分。

【脱贫攻坚】认真开展走访活动,在8月召开脱贫攻坚述职评议会,帮扶责任人现场述职,当场亮分,以实绩检验脱贫成效。教育扶贫点亮贫困学子希望,争取全国关心下一代“最美五老”提名奖获得者陈自绪对石亭镇贫困学子的关心,资助学生15人次1.35万元。仁爱公益团体在开学季自发组织助学行动,资助学子12人、款项8000元。引进花莲草皮花卉公司、林林合作社等企业,流转96户贫困户土地33.33公顷,解决贫困户就业55人。此项扶贫措施和成效获湖南省人民政府门户网站和《湖南日报》《株洲日报》等媒体宣传推介。年内,石亭镇建档立卡贫困户共有184户631人脱贫。

【抗旱救灾】年内,石亭镇遭遇严重旱情,农作物受灾面积达600余公顷,石亭镇党委、政府面对灾情提前谋划、积极应对,组织生产自救,投入近100万元采购抽水灌溉设备进行泵站提水、架机抽水、人工取水;组织镇村干部深入田间地头,合理调配水资源,在4次人工降雨过程中组织干部引水蓄水;发动村民深挖机井,疏理渠道18公里;保证集镇居民和建档立卡贫困户的基本生产生活用水,实现农业不减产。

【计划生育】计划生育工作着力于为群众提供优质服务。计生工作亮点频现。截至9月,石亭镇完成国家免费孕前优生检查334对,完成“两癌”筛查915例,为615名农村奖扶对象、31名农村特扶对象兑现奖扶资金。

【社会稳定】牢固树立以人民为中心的发展理念,坚持把保障和改善民生作为一切工作的着力点和落脚点,持之以恒抓好民生工作。一是利用全镇27个网格员组成的安全生产网格化监管体系,严厉打击非法生产经营行为,提升安全生产综合治理能力。二是扎实开展安全生产大检查等安全生产专项行动,全年组织集中联合行动13次,出动执法人员55人次,检查生产经营单位26家次,责令停产停业1家。三是严格执行烟花爆竹企业高温停产,严把企业复工复产关口。按照时间节点督促企业有序停产,积极开展“零点行动”12次,确保企业停产到位;四是做好中秋国庆和“一节一会”期间安全监管,落实领导带班制度和24小时值班制度,做好相关应急预案和措施,加大安全监管力度,防范各类突发事件的发生。今年全镇领导干部共接待来访635人次,下访到户240多次。同时,镇综治办制作扫黑除恶、平安创建和禁毒宣传扇子10000份发到村民家中,营造了人人参与平安创建的浓厚氛围。坚持每月特别是在重大节日、活动前对全镇信访形势进行分析评估,提前介入,2018年以来,全镇没有发生进京赴省非正常上访和集访情况,没有发生一起较大影响的群体性事件。（唐　欢）

茶山镇

【概况】2018年,茶山镇地区生产总值同比增长7.8%;实现规模以上工业产值19.43亿元,同比增长22.9%,实现规模以上批发零售、住宿餐饮产值1489万元,同比增长20.4%;固定资产投资同比增长152%;社会消费品零售总额8.32亿元,同比增长10%。

【产业发展】年内,茶山镇实际引进新项目投资7500万元,继建项目新增投资1.24亿元,新增规模以上企业4家,省重点项目欣義源项目完成土地平整18公顷,筹备启动厂区围墙建设,株洲市重点项目辉泰电子二期完工,醴陵市重点项目金木陶瓷完成80%

的土地平整工程，中大泵业项目进行了厂区绿化，筹备启动厂房建设；借助1200余公顷土地农业产业结构调整，以新金富现代农业、宏湘景盛农业、洪慈生态农业为龙头，采取“公司+合作社+农户”模式，加快规模化农业进程。挖掘旅游资源，推进生态休闲农业与乡村旅游深度融合发展，参与2018年醴陵市夏季乡村旅游节，推出绿色蔬菜水果采摘体验、荷花观赏、龙虾美食节、七月菊花观赏、高山徒步行为主要内容的“微游茶山·随心走”活动，吸引游客近2万人次。

【村镇建设】2018年，茶山镇取缔占道经营摊点150余个，清除集镇乱搭线路10余公里，铲除牛皮癣1.5万处，拆除广告牌240处，投入80余万元改造神马线长沙岭集镇。全年村组连通项目硬化道路10.66公里，通自然村项目硬化道路3.7公里，完成4座危桥改造，2次集中养护乡村道路，改造农村旱厕50座，整治国土违法图斑68宗2.13公顷。

【社会事业】2018年，茶山镇开展产业扶贫，打造东岗村和石均塘村瓜蒌种植、栗山坝居委会菊花种植、铁河口村太空蔬菜瓜果等特色农业基地，全镇共328户1123人实现稳定脱贫，通过省政府扶贫开发领导小组办公室交叉验收，扶贫工作经验被省政府扶贫开发领导小组办公室等单位宣传推介。社会保障基本实现全覆盖，“五保”供养、农村低保实现应保尽保，重大疾病医疗救助、自然灾害救济等常规性救助工作得到加强，养老服务水平不断提高；推进分级诊疗制度与实行药品供应“两票制”，计划生育服务水平进一步提升。

【党建工作】2018年，茶山镇推动学习习近平新时代中国特色社会主义思想，编写《茶山镇基层党建知识读本》，印发2000余本，累计发放《共产党章程》《中国共产党支部工作条例》《党支部“五化”建设手册》等5000余本。实施基层组织力提升工程，开展党支部“五化”建设、软弱涣散党组织整顿，年内6个党支部示范点达标验收，上湖村、转步口村软弱涣散党组织整顿有效，14个村（社区）完成村级综合服务平台新改建。（康琛悦）

板杉镇

【概况】2018年，板杉镇有357个村民小组，总人口4.03万人，总面积89平方公里。有村级党总支10个，非公党支部4个，离退休支部1个，机关支部1个，中共党员1243人。

【党建工作】年内，板杉镇召开千人党员大会，邀请株洲市委组织部的领导讲授党课，表彰“最美基层党员”26人。发展中共党员12人，预备党员转正10人。以“党建+创建+妇建”，召开全镇妇女代表大会，举办“巾帼红旗夜校”，发挥妇女在家庭生活和社会生活方面的作用，推进家风建设。与市总工会联合举行党旗引领文艺晚会，慰问莲珠高速、东城大道一线建设工人和企业职工，营造劳动光荣，尊重爱劳动工人的氛围。

【安全维稳】年内，板杉镇化解信访积案7起，调处重大矛盾纠纷20余起；网格化建设规范到位，采用“网格+夜校+扫黑除恶”模式宣传，上报涉黑线索6条，处理上级扫黑除恶线索1条，所有社区矫正人员无脱管、漏管、重新犯罪现象。加强安全生产工作，开展春雷百日行动，确保安全生产形势平稳，年末板杉镇获评醴陵市安全生产先进单位。

【招商引资】年内，签约投资3亿元的江南仓储物流园项目和投资2亿元的寨下新型材料公司项目。对接陶子湖片区建设，引进投资4000万元的春华空心砖厂，手续办理全部完成，基建工作有序推进。安顺物流总部、株洲商贸物流市场等10余个项目完成前期对接。

【全域旅游】打造“为荷而来”旅游品牌，以“机动一夏”为主题，在擂鼓桥村、八步桥村举办摩托车越野赛，吸引6个省份23支车队110位车手参赛，现场观赛群众近2万人。围绕东莱书院历史传承，东冲铺村推出文化土特产“吕夫子”系列产品，在株洲市非物质文化遗产食品展示会、醴陵“一节一会”等展会上销售良好。传承“留仙寨”十八户分斧传说，寨下村发展编织产业。

【扶贫攻坚】2018年，板杉镇统筹开展各项扶贫重点工作，完成脱贫验收133户440人，贫困户危房改造10户，发放小额贷款395万元，有58名学生享受雨露计划，健康扶贫惠及479户1584人，医疗救助住院补助142人。

【基础设施建设】寨下村筹资100余万元标准化建设村级服务中心，并拓宽道路4公里；七里山村新增太阳能路灯70盏，硬化道路3公里，免费更换智能水表1000个；夏坪桥村引进春华空心砖有限公司，为村民提供就业岗位；流碧桥村投入近4万元建设垃圾填埋场，投资近30万元硬化道路；东冲铺村组织挖机清理渠道1000余米，河道1500余米，确保引水灌溉，硬化村级道路1.9公里，拓宽5条村道；八步桥村硬化道路300米，拓宽道路2公里，修缮机耕道路2.8公里；擂鼓桥村结合农村产权制度改革，组建村级集体股份制企业金桥休闲股份有限公司，安排建档贫困户参与经营管理和就业，赠予全村39户建档贫困户每户市值1万元的企业股份；长坡口村加强电力改造和饮水工程，架设高、低压电杆627根，增加变压台区8台，集镇安全饮水工程全部完成；竹花山村筹资新建村级建设综合服务中心大楼，主体基本建成，安装路灯95盏；板杉村引进绿波草业种植合作社，解决100余个劳动力就业，发放工资80余万元。

【计划生育】联合板杉中心卫生院举办"把健康带回家"为主题的流动人口卫生计生关爱关怀专项活动及健康讲座，现场设置健康教育宣传收纳箱50余个，发放宣传折页200余份，为60余名居民免费义诊。开展"健康大讲团"活动，让流动人口在春节期间将"健康身体、健康知识、健康用品"带回家。走访慰问困难育龄群众家庭和计划生育家庭特别扶助对象，发放慰问金近1万元。对计划生育家庭奖励扶助对象、特别扶助对象年审，家庭新增计划生育奖励扶助对象69人，退出16人，退出人数死亡13人。做好家庭医生签约工作，进一步贯彻落实精准扶贫政策，让贫困人口享受优质医疗服务。组织900余名适龄妇女开展"两癌"免费检查。（宋　洁）

左　权　镇

【概况】左权镇辖11个行政村、1个居委会，总面积122.96平方公里，总人口4.81万。有耕地面积2.27千公顷，山地面积9.4千公顷，森林覆盖率达50．8%。官庄灌区右干渠穿越境内，境内有小Ⅰ型水库1座，小Ⅱ型水库15座。2018年，左权镇按照产业兴旺、生态宜居、乡风文明、治理有效、生活富裕的标准加快新农村建设，强化"一河两轴三点"（渌江河及其支流，XB05县道、东城大道，左权将军旧址、篾织街集镇、株醴融城）的管理和建设，打好产业突围、镇区提质、项目攻坚、安全保卫"四大战役"，提升综合实力、发展空间和整体形象，确保经济社会平稳发展。

【项目建设】一是招商引资成效明显。引进湖南美屋建筑节能新材料有限公司建筑防水保温材料项目，合同引进资金3500万元；市永丰烟花有限公司引进外资，完成对市鑫达出口烟花制造有限公司万润分公司的收购，合同引进资金3000万元；引进湖南大个头食品有限公司，合同引进资金3000万元。二是重点项目有序开展。全力服务于东城大道和入潜江—韶关天然气管道施工建设2个株洲市级重点项目，分别完成年度投资6亿元和1亿元。颐和寿康养老公寓项目完成投资1.05亿元，完成水通、电通、路通和场地平整工作，进入主体工程建设阶段；泽域美景生态园项目完成投资1.5亿元，租赁土地126.67公顷，开发土地86.67公顷，完成办公大楼和樱花园建设；左权红色纪念园项目完成投资6300万元，工程施工进行进入景区道路的路基建设、土地征收和流转阶段。

【农业产业化】年内，继续推进湖南泽域美景生态农业股份有限公司和湖南清泥湾生态农业有限公司的农业项目；引导湖南省长盛德福居农业开发有限公司和株洲青莲生态休闲农业有限责任公司实施生态种养结合，重点将株洲青莲生态休闲农业有限责任公司打造成规模农业企业；石羊村岳明农业合作社种植66.67公顷瓜蒌，被列为市种植结构调整核心示范区；在4个行政村集中开展水田休耕治理工作，休耕水田400余公顷，其中花桥村有40公顷休耕水田被列为长株潭地区治理式修耕技术模式基地，有中国科学院等22家单位在此区域开展技术模式实验。

【环境保护】一是认真落实中央环保督察关于非法采矿的交办件。责令当事人自动停止非法采矿行为，对矿坑进行回填压实、土方平整、植树复绿，对采矿点实行危岩清理、土地平整、植树补绿，年内全部整改到位，各采矿点恢复原状。二是"利剑治污"行动取得实效。通过大排查、大整治，彻底取缔非法洗沙采砂采矿场所，全镇范围内的9家非法洗沙、采砂、采矿场所全部予以取缔，销毁设备，现场恢复原状。三是规范化管理畜牧养殖。有针对性地劝退及整改畜禽养殖户，全镇畜禽粪污资源化利用回收完成率达90%以上。四是积极参与第二次全国污染源普查工作。成立工作领导小组，安排专人负责，完成了村级及企业污染源的基本信息录入。

【农村环境综合治理】严格落实农村垃圾分类治理工作"户分类、村收集、镇清运、市处理"的方针，投入20余万元购买垃圾桶放置到各村主干道，启动2台垃圾清运车对全镇垃圾进行转运。将新阳村、青泥村、将军村列为农村垃圾分类治理示范村，开展试点工作。在玉皇阁村、青泥村、新阳村推进改厕工作，截至年末，完成了180余户农村简易厕所的改造。

【脱贫攻坚】脱贫攻坚精准发力。一是活用扶贫政策。各行政村（居）在第一书记和驻村帮扶工作队的指导下，与上级部门配合，用好了易地搬迁、产业扶贫、危房改造、扶贫小额信贷等各项政策；截至年末，全镇共发放产业扶贫资金14.6万元，扶持贫困户452户1643人自主发展产业；累计发放贫困户小额信贷166户，信贷资金达430多万元；申报危房改造28户，为16户易地扶贫搬迁户集中办理房产证。二是开展“脱贫三星”评选活动。各行政村（居）召开党员大会和村民代表大会组织党员、群众参与评选，共评选出株洲市产业致富之星12人，转移就业勤劳之星8人，发展教育希望之星5人，感恩社会公德之星4人，引导全镇贫困户以先进典型为榜样，自力更生。三是开展党员联系贫困户行动，为贫困户脱贫出谋划策，实现贫困户微心愿300余个，贫困户满意度不断上升。年内，左权镇完成221户745人的脱贫验收工作。

【安全维稳】一是筑牢安全生产防线。全年开展安全生产执法行动40次，检查生产经营单位70家，检查发现安全隐患问题52处并全部整改到位。排查建筑领域安全隐患4处、道路交通安全隐患27处、燃气领域安全隐患1处、非法采砂6处和非法采矿2处。市九道湾出口烟花爆竹厂、市青安烟花鞭炮厂、市久美烟花有限公司和市嘉鑫出口花炮厂4家烟花生产企业全部按要求做好了高温停产及复产工作。全年未发生任何安全生产事故，获评醴陵市2018年安全生产红旗单位。二是维护良好社会治安。开展“平安创建”工作，评选出“平安村（居）”3个、“平安家庭模范户”20户、“平安家庭”44户。开展“扫黑除恶”专项斗争，制作大型喷绘和墙体标语，将醴陵市扫黑除恶工作领导小组办公室《关于在全市开展扫黑除恶专项斗争的通告》大量印刷并张贴到户，摸排涉黑涉恶线索。

【基层党建】一是强化党组织书记“第一责任人”职责。严格落实党组织书记“双述双评”（村干部既向乡镇党委述职又向群众述职，既接受组织评价又接受群众评价）和绩效考核机制，推动各党组织书记认真履职。二是深入推进组织生活开展常态化。各支部每月以“特定主题+支部特色”的方式组织党员集中开展主题党日活动，并严格按照“三会一课”的要求开展组织生活。三是持续抓好党员管理。以党员积分制管理、无职党员设岗定责、组织生活会、谈心谈话和民主评议党员制度为载体，掌握每个党员的思想动态和现实表现。按照“控制总量、优化结构、提高质量、发挥作用”的要求，规范发展党员，年内发展预备党员22人。四是不断强化党组织建设。选优配齐了各行政村（居）支村两委班子，每村配备1名党建专干和3～5名后备干部。年内新建6个，改建2个农村综合服务平台，实现12个行政村（居）全覆盖。永兴村党总支如期通过软弱涣散党组织整顿验收。（熊小燕）

枫林镇

【概况】枫林镇辖2个居委会、11个行政村，是醴陵市“四点一片一谷”旅游格局的重要组成部分，财政部农业综合性改革试点镇，湖南省花鼓戏之乡，株洲市首批建设的20个特色小镇之一和株洲市整镇推进美丽乡村建设6个项目镇之一。2018年，枫林镇完成税收1516万元。

【产业发展】发展特色农业，隆兴坳村引进巨型稻立体种养，种植面积达20余公顷；4个农业品牌产品参展2018中国中部（湖南）农博会。开展招商引资，年内引进香港雅好国际集团有限公司（雅好食品）落户蒋家桥村，投资3600余万元；引进中模绿建科技有限公司、广仁环保科技有限公司和东睿机械制造有限公司落户枫林工业园，总投资达5亿元；引进“干细胞”生命科技产业链落户枫溪谷，打造枫溪谷生命科技产业园。3月，举行“印象枫林、富硒康养”旅游年启动仪式，吸引游客1万余人。

【项目建设】年内，耿传公祠二期游客接待中心建成并投入使用。枫林商贸物流工业园一期B区启动建设。耿传公祠互通口项目获得立项，完成选址工作。彰仙廊桥建成并对外开放，完成登山步道建设，道教七十二福地之彰仙观改造一期工程完工。开展矿山整治工作，完成了杨家垅等3家石矿矿区复绿工程方案设计，第一期复绿工程基本完成。

【社会管理】做好安全生产工作，与13个行政村、11家高危企业签订了安全生产责任状。加强宣传攻势，强化安全意识，组织开展安全生产教育进校园、进机关、进社区、进企业、进家庭活动。全年开展各类执法检查100余次，确保未发生重大安全事故。开展“扫黑除恶”、处置非法集资和防范金融风险等工作。精细化网格管理服务，完成基本群体、特殊群体、流动群体详实信息入库工作，发挥网格服务精细化优势，为群众提供便利。

【民生实事】2018年，枫林镇继续抓好扶贫工作，开展4次脱贫之星评选，组织贫困户妇女家政服务培训，新增小额信贷155户，产业扶贫项目入库119个；截至年末，实现173户561人脱贫。硬化公路11.4公里，水泥路面改建沥青路面2公里，拓宽道路4.4千米，“四好农村公路”建设工作代表醴陵市接受创省级示范县验收。疏通7条主要河道，维护辖内水塘、渠道，“河长制”工作排名全市前列。推进美丽乡村建设工作，醴陵市枫林片区美丽乡村建设工作推进会、株洲市人居环境现场会等在枫林镇举行。年内，枫林镇通过湖南省爱国卫生运动委员会办公室考核验收，获评湖南省卫生镇称号。清洁厕所改造和农村生活污水处理经验的报道在中央电视台《晚间新闻》栏目中播出。

【党建工作】完成13个行政村“两委”班子运行情况调研排查，逐村制定整改方案。排查出1个软弱涣散党组织并完成整顿验收。开展党支部“五化”建设，申报“五化”建设示范点5个。年内新建村级阵地4个，改建村级阵地1个。开展村“两委”干部群众满意度测评和两委班子成员涉黑涉恶问题线索排查，督促村居干部主动履职。推进全面从严治党，镇纪委共受理来信来访3件、办结3件，查处案件10件、办结10件，党内警告处分党员10名，诫勉谈话1人，批评教育7人。探索和推广“互联网+监督”，创新建设村廉通平台，拓宽群众监督渠道。（吴平一）

官庄镇

【概况】2018年，官庄镇统筹做好稳增长、促改革、调结构、惠民生、防风险各项工作，实现规模企业总产值9.33亿元，同比增长15.19%，完成固定资产投资9979万元，完成税收816万元，超过计划目标16.4%。

【脱贫攻坚】2018年，官庄镇开展“抓重点、补短板、强弱项”活动，推进问题整改清零；立足传统种养业，结合乡村振兴战略，依托官庄山水旅游资源，发展乡村旅游业、种养业；开展脱贫之星评比，激发贫困户脱贫内生动力。4月28日，湖南省委书记杜家豪在全省扶贫工作暨作风建设年动员大会上点名表扬官庄镇脱贫攻坚中压实干部帮扶责任，湖南新闻联播头版头条报道官庄镇脱贫攻坚工作。10月24日，官庄镇横江村作为全省非贫困县非贫困村现场会现场参观点之一，展现醴陵市脱贫成效。10月，官庄镇获评株洲市脱贫攻坚先进单位。截至年末，官庄镇有104户284人通过脱贫验收，贫困发生率降至0.66%。

【生态环保】全面推进“户集、村收、镇运”垃圾分类和集中处理模式。建立“河长制”，投入40余万元，提升涧江、桃花江、横江和官庄水库水质。投入资金198.8万元，完成284个卫生厕所改造，改善村民的居住环境。开展官庄水库饮用水源地集中整治，对官庄水库周边的畜禽、网箱退养全面清零，拆除4家木材加工厂，整顿农家乐等餐饮服务业，取缔184户居民排污口。投资近100万元对一级水源保护区内设置2千米人畜隔离栏。开展“利剑治污”专项整治行动，加大矿山企业的环境污染问题清查和整治，防控生态环境风险。

【安全稳定】全年处理各类矛盾纠纷34起，成功调处100%，无一起矛盾升级、无一起赴省进京非访事件。处理市长热线咨询和投诉件44件。认真落实上级关于扫黑除恶有关工作，得到省委巡视组的肯定。开展平安创建，评选出镇级平安村2个，镇级平安村民小组14个，镇级平安家庭21户。安全生产情况良好，定期对矿山、森林防火、建筑施工等重点领域和学校、商场、娱乐休闲等场所的进行安全监督。全镇实现全年安全生产“零事故”，森林防火“零火警、零火灾”。

【基层党建】2018年，完成机关支部和7个村级党总支的“五化”建设。从严整治工作作风，共组织民主生活会和组织生活会17场次。吸收预备党员9人，按期转正10人。实行村级党务、政务公开，实行村帐镇代管、村级财务监察，严守纪律红线。开展办公用房、超标准接待以及违规发放津补贴等问题自查自纠，以市委巡察回头看为契机，全面落实党风廉政建设“两个责任”，不断深化推进党风廉政建设工作。年内，镇纪委查处案件6例，处理党员干部6人。

【产业发展】完成全镇土地确权工作和农村集体资产改革资产清查工作。发展绿色生态农业，年内总投资800万元的朝天湾生态种植园建设项目完成200万元的基础建设。投资80万元，支持库区移民开展油菜及果林等建设。统筹做好防汛、抗旱、防火、防冰雪以及防疫等农业工作。开展企业帮扶，优化企业发展环境。市金莎矿业有限公司、市恒石矿业有限公司、市正冲金矿开采有限公司3家金矿总共投资5500万元完成环保设施和生产线更新。以官庄湖国家湿地公园的健康生态、优美环境为基础，发展休闲旅游，举办“黄桃节”，吸纳游客超过15万人次。

【基础设施建设】新建和改造7

个村级综合服务平台，开展镇村道路周边整治。完成官庄中学新食堂和运动场建设，为师生提供良好的教学保障。农村公路窄改宽 19.6 公里，硬化 16 公里，养护管理 132.62 公里。推进“三创四化”工作，投资 125 万元完善 7 处水利和道路基础设施，提高库区移民生活水平。投入 66 万余元，设置路灯宣传牌约 70 处，整治流动摊点 14 处，拆除违规破损广告牌约 320 处、违规店招牌 112 个、违规搭建雨棚 68 个，清除牛皮癣广告约 1220 个，清理规整通信管线 32 公里。

【社会事业】2018 年，官庄镇完成 39 户农村危房改造验收，扎实开展民政工作，为 498 名低保对象、226 位残疾人、318 名特困供养对象、139 名优抚对象和各类救助对象发放各类补助和救助资金 365 万元。开展卫生和计划生育服务，无出生缺陷儿和孕产妇死亡。投资 10 余万元标准化建设 45 平方米的官庄镇综合档案室通过市档案史志局验收并投入使用。文化体育建设如火如荼，农家书屋全面改善，文化体育广场和体育健身器材全面到位。（唐　军）

人　物

逝世人物

杨光潜　男，汉族，1924年12月生，籍贯醴陵，中共党员，市经济科技和信息化局享受副县级待遇离休干部。1945年2月参加革命工作，在醴陵县北岸谭家庙小学任教。1945年8月至1945年12月，在贺家桥小学任教。1946年2月至1949年4月，分别在县妙泉小学、颜家巷小学任教。1949年5月至1949年11月，先后在县明月乡公所、支前会工作。1949年12月至1950年3月，在湘潭建设学院工作。1950年1月加入中国共产党。1950年3月至1950年6月，在醴陵县三区工作。1950年7月至1951年12月，任县四区区委秘书。1951年12月至1960年2月，任县潘家冲铅锌矿副矿长。1960年2月至1962年9月，在浦口工作组工作。1962年11月至1972年5月，任马颈坳煤矿副矿长。1972年6月至1973年6月，在家务农。1973年7月至1975年6月，任大障煤矿副矿长。1975年6月至1976年4月，在县锌矿工作。1976年5月至1977年7月，在大障煤矿工作。1979年4月至1983年12月，在大障煤矿工作。1984年1月至1985年8月，任大障煤矿副矿长。1985年8月离休、享受副县级待遇。2018年12月21日因病去世，享年94岁。

李剑雄　男，汉族，1929年4月生，籍贯醴陵，中共党员，市供销合作社（联合社）享受副县级待遇离休干部。1949年5月，在上海参加人民解放军，先后在上海工兵五团、南京华东军区工兵三团、南京解放军工程兵学校、长沙市解放军政治学校服役；服役期间因工作积极，立三等功1次、四等功1次，2次被工程兵学校评为“五好干部”。1950年7月，加入中国共产党。1969年9月，复员回醴陵。1974年8月至离休时止，分别在县蔬菜、果蔬公司任培植股长。1991年1月离休、享受副县级待遇。于2018年10月30日因病去世，享年89岁。

郭学友　男，汉族，1931年10月生，籍贯山西汾阳，中共党员，市城市管理和行政执法局享受副县级待遇离休干部。1948年6月，在山西省汾阳县公安局直属公安大队参加工作。1949年2月，在湖北省汉口市工作，系南下干部。1949年6月，加入中国共产党。1949年7月到醴陵，在县公安局工作。1956年8月至1959年1月，在县邮电局工作，任保卫股长、人事指导员。1959年2月至1961年5月，在县轻工局工作，任党支部书记、代党总支书记。1961年6月至1964年3月，在县八里坳区公所工作，任公安助理员。1964年至1971年10月，在县公安局工作，任保卫股股长。1971年11月，调入县城关镇工作，先后担任革委会委员、安全保卫股股长、副主任科员、主任科员。1992年4月，市委同意郭学友离职休养；8月，株洲市委同意郭学友离休、享受副县级待遇。2018年1月23日，因病去世，享年87岁。

李华棠　男，汉族，1932年4月生，籍贯醴陵，中共党员，市农业局享受副县级待遇退休干部。1952年4月参加革命工作，在枧头洲乡潭湾农民协会任农会主任，负责枧头州乡潭湾土改工作。1952年7月，加入中国共产党。1952年9月至1956年5月，任县八里坳区人民政府政府宣传干事。1956年6月至1958年10月，先后担任市东富乡党总支书记、党委书记。1958年10月至1959年11月，任八里坳公社党委副书记。1959年12月至1962年12月，响应国家号召被选派赴云南省西双版纳国营飞龙农场任工会主席。1963年1月至1971年4月，任云南西双版纳国营漫波农场党委书记。1971年5月至1974年11月，任中国人民解放军云南生产建设兵团一师一团六营副营长。1974年12月至1979年1月，任云南西双版纳景洪农场党委副书记，主持全面工作。1979年2月至1980年12月，回醴陵任自来水筹建领导小组负责人。1981年1月至1985年4月，先后担任农机局副局长、支部书记。1985年5月，先后担任市农委协理员、调研员。1992年10月，在市农业委员会退休、享受副县级待遇。2018年10月11日，因病去世，享年87岁。

蔡畅怀 男，汉族，1934年10月生，籍贯湘潭，中共党员，享受副县级待遇离休干部，原任市委组织部副部长、老干部局局长。1947年9月参加革命工作，任湘潭县人民政府通讯员。1949年11月至1950年7月，在湖北建设学院学习。1950年7月至1951年7月，在长沙地委会（后改为湘潭地委会）工作。1951年7月至1953年3月，在长沙专区合作总社工作，其间1953年1月加入中国共产党。1953年3月至1958年6月，先后担任省森工局株洲集材场股长、课长，湘潭分局业务科科长，临湘县五尖山林场科长。1958年7月至1959年1月，任湘潭专署林业学校副校长。1959年2月至1963年5月，任湘潭专署林业局供销科科长。1963年6月至1968年10月，调入醴陵县人委林业科任副科长，其后在醴陵县五七干校进修学习。1969年4月至12月，在醴陵县革委会生产指挥组工作。1969年12月至1971年11月，任醴陵县沈潭公社副书记、主任。1971年12月至1979年2月，任醴陵县第一中学党支部革命领导小组书记、组长。1979年3月至1981年2月，任县教育局副局长。1981年3月至1984年2月任县委宣传部副部长。1984年3月至1986年4月，任县委组织部副部长；1986年4月，任醴陵市委组织部副部长、老干部局局长。1995年4月离休。1995年6月，享受副县级待遇。2018年5月14日，因病去世，享年84岁。（李春玲）

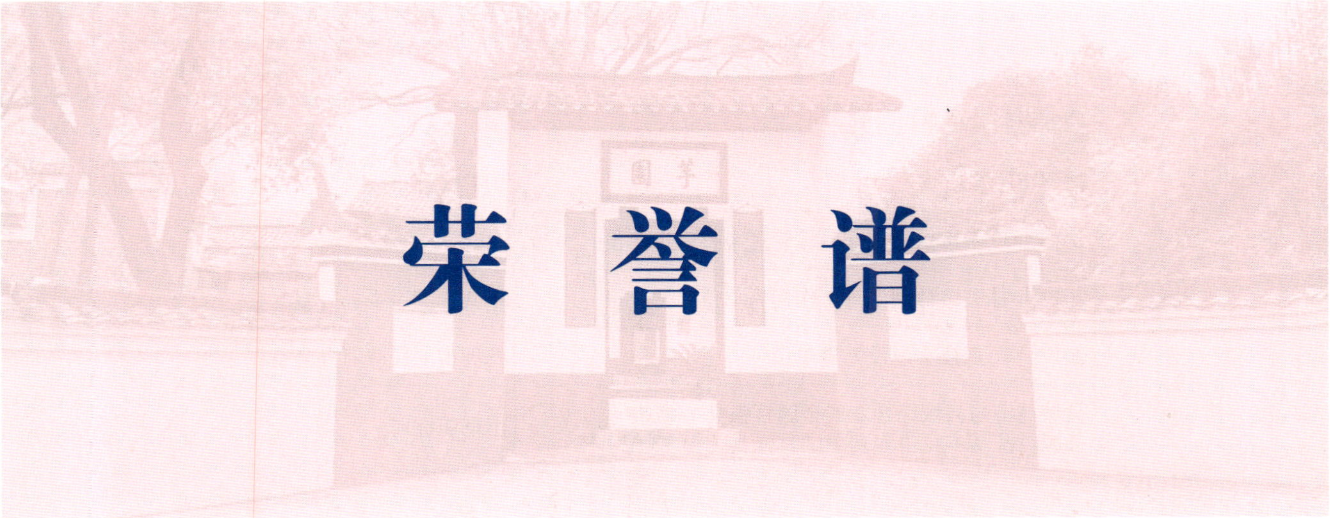

荣 誉 谱

先 进 集 体

2018 年醴陵市所获综合荣誉一览表

表 12

获奖单位	奖励（命名）名称	授予（命名）单位
醴陵市	全省安全生产优秀单位	中共湖南省委办公厅、湖南省人民政府办公厅
	2018 年度全省综治工作考核先进单位	
	湖南省全面建成小康社会推进工作先进单位	
	2018 年全省人口和计划生育工作优秀单位	
	2018 年全省计划生育服务管理创新奖	
	公立医院综合改革成效较为明显的市、县市	湖南省人民政府办公厅
	落实促进工业高质量发展成效明显的市、县市区	
	湖南省粮食生产标兵县	湖南省农业农村厅
	“五化”民政建设先进县（市区）	湖南省民政厅
	2018 年度全省工业经济运行监测协调工作先进单位	湖南省工业和信息化厅
	标准化气象为农服务县	湖南省气象局、湖南省农业农村厅
	湖南省基层中医药工作先进单位	湖南省中医药管理局
	2018 年度全省养殖业工作目标管理考核先进县	湖南省畜牧水产局
	湖南省“四好农村路”省级示范县	湖南省交通运输工作领导小组
	湖南省书画之乡	湖南省创建“书画之乡”领导小组

续表 12-1

获奖单位	奖励（命名）名称	授予（命名）单位
醴陵市	株洲市脱贫攻坚先进县市	中共株洲市委办公室、株洲市人民政府办公室
	株洲市脱贫攻坚先进乡镇	
	2018 年度全市信访工作目标管理考核先进单位	
	2017 年株洲市计划生育工作优秀单位	中共株洲市委办公室
	2017 年两型社会建设先进单位	株洲市人民政府办公室
	县域经济与县域综合发展全国百强县（第 55 位）、县域经济基本竞争力列全国百强县（第 73 位）	中郡研究所

2018 年全国（条线）先进单位、集体名录

表 13

获奖单位	奖励（命名）名称	授予（命名）单位
市人民检察院	全国检察文化建设示范院	最高人民检察院
市安全生产监督管理局	全国安全生产监管监察先进单位	国家安全生产监督管理总局、国家煤矿安全监察局
市图书馆	“醴陵市图书馆”获得一级图书馆称号	文化和旅游部
孙家湾镇孙家湾村	全国民主法治示范村（社区）	司法部、民政部
沩山镇沩山村	入选“中国传统村落”名录	住房和城乡建设部、国家文物局
	中国历史文化名村	
茶山镇东岗村	农村幸福社区建设示范单位	民政部
市教育局	第二十一届全国青少年“五号小公民”主题教育读书活动“红旗飘飘，引我成长”先进集体	教育部关心下一代工作委员会
市学生资助管理中心	全国学生资助工作“推荐学习单位”	教育部全国学生自助管理中心
市人力资源和社会保障局	优秀新闻宣传工作单位	人力资源和社会保障部办公厅
中国陶瓷谷国际会展中心	“改革开放四十年中国品牌展会奖”及“2018 中国会展之星”	中国会展行业协会
枫林镇隆兴坳村	中国最美生态旅游名村	中国文化促进会、中国旅游媒体联盟
市妇女联合会	2018 年度全国妇女新闻宣传阵地建设先进单位	中国妇女报社
中国民主促进会醴陵市总支委员会	民进全国宣传思想工作先进集体	中国民主促进会中央委员会
孙家湾镇、长庆示范区珊田村	全国文明村镇	中共中央精神文明建设指导委员会
市人民检察院	全国文明单位	
姜湾小学	全国文明校园	

2018年湖南省（条线）先进单位、集体名录

表14

获奖单位	奖励（命名）名称	授予（命名）单位
市工商业联合会醴陵同心教育基金	2018年度省级同心项目	湖南省委统战部
市委党校	全省综合示范性县级党校行政学校	中共湖南省委干部教育工作领导小组办公室
市人民检察院	全省检察文化建设示范院	湖南省人民检察院
市财政局	2017年度全省财政监督检查工作先进单位	湖南省财政厅
	2017年度预算绩效管理工作先进单位	
	2017年度全省财政社会保障工作先进单位	
	2017年湖南省财政信息化建设情况统计工作优秀单位	
	2017年度预算执行分析工作先进单位	
	2017年度预算执行分析工作先进单位	
国瓷街道财政所	湖南省乡村财政财务绩效管理市级星级财政所	
王仙镇三狮村	湖南省综合减灾示范区	
醴陵市公安局	全省优秀公安基层单位	湖南省人力资源和社会保障厅、湖南省公安厅
醴陵市公安局	2016—2017年全省公安警务保障工作成绩突出集体	湖南省公安厅警务保障室
	出国境管理工作优秀服务窗口	湖南省公安厅
	全省公安信访窗口示范单位	
	全省公安监管协助破案工作成绩突出单位	
市公安局人口与出入境管理大队	2017年度全省公安机关出国境管理工作优秀服务窗口	
市公安局人民来访接待室	第二批“全省公安信访窗口示范单位”	湖南省公安厅警令部
市公安局刑侦大队	全省优秀公安基层单位	湖南省人力资源和社会保障厅、湖南省公安厅
醴陵市看守所	全省公安监管协助破案工作成绩突出单位	湖南省公安厅
市环境保护局	2017年度省环保重点工作考核先进县市区环保局	湖南省环境保护厅
白兔潭镇、嘉树镇	2018—2020年度“湖南民间文化艺术之乡”	湖南省文化厅
白兔潭镇长庆村	湖南省粮食生产进步村	湖南省农业农村厅
沩山镇	2018年度湖南省安全生产示范乡镇（街道）	湖南省人民政府办公厅
孙家湾镇人民调解委员会	全省优秀人民调解委员会	湖南省司法厅

续表 14-1

获奖单位	奖励（命名）名称	授予（命名）单位
市人民检察院公诉局	“湖南省巾帼建功先进集体”	湖南省妇女联合会
市妇女联合会	2017–2018 年度湖南妇联舆论宣传阵地建设先进单位	
中共醴陵市委党校	全省综合示范性县级党校行政学校	中共湖南省委干部教育工作领导小组办公室
市森林公安局	集体三等功	湖南省森林公安局
市水库移民开发管理局	2018 年全省移民工作县市区移民管理机构先进单位	湖南省水库移民开发管理局
市档案史志局	2018 年度“全省档案宣传工作先进集体”	湖南省档案局、湖南教育报刊集团有限公司
	第五届湖南省年鉴奖县级综合年鉴一等奖 [《醴陵年鉴（2016）》《醴陵年鉴（2017）》]	湖南省地方志编纂委员会
市疾病预防控制中心	全省艾滋病性病丙肝综合防治工作先进单位	湖南省疾病预防控制中心
市妇幼保健计划生育服务中心	2018 年度艾滋病和梅毒抗体检测实验室质量考评“优秀”	
中国陶瓷谷国际会展中心	2017—2018 年第一批湖南省建筑工程芙蓉奖	湖南省建筑业协会
醴陵市第一中学	省级园林式单位	湖南省住房和城乡建设厅
	2018 年湖南省学校心理健康教育先进单位	湖南省教育学会、学校心理教育专业委员会
	湖南省中小学心理健康教育优秀单位	湖南省教育学会中小学心理健康教育教学研究专业委员会
醴陵市陶瓷烟花职业技术学校	优秀创业服务机构奖	湖南省人力资源和社会保障厅
醴陵市第四中学	湖南省学校心理健康教育先进单位	湖南省教育学会学校心理教育专业委员会
120 急救中心	湖南省院前急救管理质量控制中心先进集体	湖南省院前急救管理质量控制中心
茶山镇东岗村、沩山镇、东富镇、孙家湾镇孙家湾村、白兔潭镇余溪村	湖南省文明村镇	湖南省神文明建设指导委员会
国家税务总局醴陵市税务局、国网湖南省电力公司醴陵市供电分公司	湖南省文明标兵单位	湖南省神文明建设指导委员会
市教育局、来龙门街道、市城市管理和行政执法局、市渌江投资控股集团有限公司、市卫生和计划生育局、华鑫电瓷科技股份有限公司	湖南省文明单位	
阳三石小学	湖南省文明校园	
李云希、丁爱清家庭	湖南省文明家庭	

2018年株洲市（条线）先进单位、集体名录

表15

获奖单位	奖励（命名）名称	授予（命名）单位
嘉树镇	2017年株洲市安全生产优秀单位	中共株洲市委、株洲市人民政府
市教育基金会	教育公益示范组织	株洲市人民政府
醴陵市陶瓷烟花职业技术学校	“园林式单位”	株洲市人民政府
官庄镇	株洲市脱贫攻坚先进乡镇	中共株洲市委办公室、株洲市人民政府办公室
嘉树镇、沩山镇、孙家湾镇、枫林镇、东富镇、板杉镇	2017年株洲市计划生育工作优秀单位	中共株洲市委办公室
市姜湾小学、市气象局、市新太阳酒店、市陶瓷烟花职业技术学校、市江源小学、市广播电视台、市卫生和计划生育局	2017年度株洲市市级园林式单位	株洲市城市绿化委员会办公室
醴陵市第一中学	2017学年度株洲市中小学科技创新素质教育科学研究优秀单位	株洲市教育科学研究院、株洲市创新教育学会、株洲市教育局中小学科技创新教育学术委员会
醴陵市第一中学	2018年高中教育质量建设先进单位、2018年高中学业水平考试先进单位	株洲市教育局
醴陵市陶瓷烟花职业技术学校	株洲市“十佳平安校园”	株洲市社会治安综合治理委员会
醴陵市第四中学	株洲市“园林式单位”	株洲市人民政府
醴陵市第四中学	株洲市“文明校园”	株洲市精神文明建设指导委员会
醴陵市第四中学	株洲市科技创新“优秀单位”（集体）	株洲市教科院
醴陵市中（一）医院	十佳平安医院	株洲市社会治安综合治理委员会
官庄镇、沩山镇沩山村驻村帮扶工作队、官庄镇瓦子坪村驻村帮扶工作队、官庄镇桃花村驻村帮扶工作队、李畋镇潼塘村驻村帮扶工作队、枫林镇枫林市村驻村帮扶工作队、均楚镇青山村驻村帮扶工作队	株洲市“脱贫攻坚先进集体”	株洲市扶贫开发领导小组
中共醴陵市委党校	全市党校行政学院系统综合示范性党校行政学校	中共株洲市委干部教育工作领导小组
湖南醴陵农村商业银行股份有限公司	株洲市2018年度文明标兵单位	株洲市神文明建设指导委员会
市人民法院、市财政局、市国土资源局、市安全生产监督管理局、市气象局、市环境保护局、市农业局、市高新技术产业发展集团有限公司、市班龙服饰广场	株洲市2018年度文明单位	株洲市神文明建设指导委员会

续表 15-1

获奖单位	奖励（命名）名称	授予（命名）单位
白兔潭镇余溪村、沩山镇大林村、枫林镇隆兴坳村、长庆示范区马脑村、嘉树镇嘉树村、来龙门街道马放塘社区	株洲市 2018 年度文明村（社区）	株洲市神文明建设指导委员会
白兔潭镇、仙岳山街道	2018 年度株洲市文明镇（街道）	株洲市神文明建设指导委员会
湖南轻工高级技工学校	2018 年度株洲市文明标兵校园	株洲市神文明建设指导委员会
钟珊珊、陈淳华家庭	2018 年度株洲市文明家庭	株洲市神文明建设指导委员会
东富镇	2018 年度株洲市卫生镇	株洲市爱国卫生运动委员会
阳三石街道泉湖村、阳三石街道立三村、浦口镇李洲村、王仙镇香水村、东富镇森冲村、明月镇新联村、明月镇东江村、明月镇白果社区、船湾镇台前村、船湾镇星桥村、船湾镇狮力村、石亭镇石塘岭村、板杉镇东冲铺村、左权镇油田村、枫林镇蕉源村、枫林镇彰仙村、官庄镇瓦子坪村	2018 年度株洲市卫生村	株洲市爱国卫生运动委员会

先进个人

2018 年全国（条线）先进个人

表 16

获奖个人	奖励（命名）名称	授予（命名）单位
邓日成	全国农业劳动模范	人力资源社会保障部、农业部

2018 年湖南省（条线）先进个人

表 17

获奖个人	奖励（命名）名称	授予（命名）单位
帅晓娟、张茜	全省优秀人民调解员	湖南省司法厅
彭建武	2017 年度全省公安机关追逃专项行动成绩突出个人	湖南省公安厅
文凌云	2017 年度全省公安机关外国人管理工作先进个人	湖南省公安厅人口与出入境管理局
叶礼解	全省检察机关第十七期司法警察培训班优秀学员	湖南省人民检察院法警总队

2018 年株洲市（条线）先进个人

表 18

获奖个人	奖励（命名）名称	授予（命名）单位
瞿志英	株洲市首届“最美养老院长”	株洲市民政局
刘建春	株洲市首届“最美养老护理员”	株洲市民政局
凌小娟	株洲市首届“最美养老志愿者”	株洲市民政局
胡湘之、康月林、邹志超、易文星、丁际秋、谢世军、何　柢、夏春良、付　颖、陈振宇、苏　凯、卢炼钢、刘铁强、朱玉婷、姜　丹、陈利华、甘　瑶、袁　璐、程求英、候连旺、丁艳平、杨　怀、陈敏捷、陈　祥、周金龙、赵金亮、周明亮、谭文平、钟　华、文万艳、刘建高、胡海蛟、叶鹏凌	株洲市“脱贫攻坚先进个人”	株洲市扶贫开发领导小组
刘细平	株洲市优秀青年医师	株洲市卫生和计划生育委员会
黄　娟	2017 年度株洲市“优秀护士”	株洲市护理学会
王　宁	株洲市住房公积金管理优秀专管员	株洲市住房公积金管理委员会
李太喜、郑永红	获株洲市首届“中国医师节”优秀医师	株洲市卫生和计划生育委员会

说明：荣誉谱内 2017 年度的奖项，以授奖或发文时间在 2018 年 1 月 1 日至 12 月 31 日为列入标准。

（蔡　啸　韩芳子）

中共醴陵市委　醴陵市人民政府
关于实施乡村振兴战略的意见

醴发〔2018〕1号

实施乡村振兴战略，是中共十九大作出的重大决策部署，是实现中华民族伟大复兴的重大历史任务，是新时代“三农”工作的总抓手。根据《中共中央国务院关于实施乡村振兴战略的意见》（中发〔2018〕1号）、《中共湖南省委湖南省人民政府关于实施乡村振兴战略开创新时代“三农”工作新局面的意见》（湘发〔2018〕1号）和《中共株洲市委株洲市人民政府关于实施乡村振兴战略开启农业农村基本现代化新征程的意见》（株发〔2018〕1号）精神，结合我市实际，现就实施乡村振兴战略提出如下意见。

一、总体要求

（一）指导思想

以习近平新时代中国特色社会主义思想为指导，全面贯彻中共十九大精神，坚定不移走中国特色社会主义乡村振兴道路，加强党对“三农”工作的领导，坚持“稳中求进、进中求快、快中求优”工作总基调，牢固树立新发展理念，落实高质量发展要求，坚持农业农村优先发展，按照产业兴旺、生态宜居、乡风文明、治理有效、生活富裕的总要求，建立健全城乡融合发展体制机制和政策体系，统筹推进农村经济建设、政治建设、文化建设、社会建设、生态文明建设和党的建设，以农业供给侧结构性改革为主线，以提升农业竞争力和促进农民增收为中心，深入实施“百千万”农业科技示范工程，加快推进农业农村智慧产业体系建设，加快推进以精细农业为特色的优质农副产品供应基地建设，加快推进乡村治理体系和治理能力现代化，加快推进农业农村现代化，推动农业全面升级、农村全面进步、农民全面发展，为建设“四个醴陵”提供有力支撑。

（二）目标任务

到2020年，乡村振兴取得重要进展，制度框架和政策体系基本形成。农业综合生产能力稳步提升，农业供给体系质量明显提高，农村一、二、三产业融合发展水平进一步提升；农民增收渠道进一步拓宽，城乡居民生活水平差距持续缩小；现行标准下农村贫困人口实现脱贫；农村基础设施建设深入推进，农村人居环境明显改善，美丽宜居乡村建设扎实推进；农村文化进一步繁荣兴旺，乡风更加文明；城乡基本公共服务均等化水平进一步提高，城乡融合发展体制机制初步建立；农村对人才吸引力逐步增强；农村生态环境明显好转，农业生态服务能力进一步提高；以党组织为核心的农村基层组织建设进一步加强，乡村治理体系进一步完善；党的农村工作领导体制机制进一步健全；各级各部门推进乡村振兴的思路举措得以确立。到2035年，乡村振兴取得决定性进展，农业农村现代化基本实现。到2050年，乡村全面振兴，农业强、农村美、农民富全面实现。

（三）基本原则

坚持党管农村工作，毫不动摇地坚持和加强党对农村工作的领导，为乡村振兴提供坚强有力的政治保障。

坚持农业农村优先发展，在干部配备上优先考虑，在要素配置上优先满足，在资金投入上优先保障，在公共服务上优先安排，加快补齐农业农村短板。

坚持农民主体地位，充分尊重农民意愿，切实发挥农民在乡村振兴中的主体作用，把维护农民群众根本利益、促进农民共同富裕作为出发点和落脚点。

坚持乡村全面振兴，统筹谋划农村经济建设、政治建设、文化建设、社会建设、生态文明建设和党的建设。

坚持城乡融合发展，加快形成工农互促、城乡互补、全面融合、共同繁荣的新型工农城乡关系。

坚持人与自然和谐共生，牢固树立和践行绿水青山就是金山银山的理念，严守生态保护红线，以绿色发展引领乡村振兴。

坚持因地制宜，注重分类指导，不搞层层加码，不搞一刀切，不搞形式主义。

坚持循序渐进，注重规划先行、创建带动、典型引路，久久为功，扎实推进。

二、主要任务

（一）大力发展精细农业，培育产业兴旺新动能

乡村振兴，产业兴旺是重点。坚持质量兴农、绿色兴农，以农业供给侧结构性改革为主线，从农村实际出发，因地制宜、科学规划，大力发展精细农业，加快建设现代农业特色产业集聚区，加快构建现代农业产业体系、生产体系、经营体系。

1. 实施农业产业结构调整行动。以市场需求为导向，因地制宜，调整优化农业产业结构，构建现代农业产业体系。推进主要农作物产地划分，划定和建设粮食生产功能区和主要农产品生产保护区。到2019年，完成37.19千公顷水稻生产功能区、5.91千公顷油菜籽生产保护区划定任务。以推广集中育秧技术和双季稻全程机械化为核心，办好基点示范；大力发展高档优质水稻，建立13.33千公顷以上高档优质常规稻和杂交稻生产基地；确保全国粮食生产先进县的地位不动摇。推进绿色精细高效经济作物示范基地建设，重点发展一批优质特色产业，完成经济作物播种面积9.33千公顷。实施蔬菜产业提质增效工程，扩大设施蔬菜栽培规模，到2020年，蔬菜播种面积达到20千公顷，设施蔬菜面积达到8千公顷，城区主要蔬菜品种自给率保持在70%以上。加大农作物种植结构调整力度，力争用三年时间完成严格管控区17.67千公顷耕地种植结构调整，到2020年实现严格管控区耕地种植结构调整全覆盖。东乡片区重点发展特色蔬菜、油葵产业；西乡片区重点发展瓜蒌、莲藕产业；南乡片区重点发展玻璃椒、红薯产业；北乡片区重点发展油料作物产业；城郊适度发展休闲观光农业。加大政策扶持及资金投入力度，大力发展油茶特色产业，到2020年完成20千公顷油茶基地建设任务。稳定生猪、家禽生产，推进生猪良种产业基地、湘东黑山羊良种产业基地、鮰鱼良种基地建设。突出发展草牧业，推进标准化适度规模养殖，到2020年全市草食动物比重达15%以上，生猪规模化养殖比重达到80%以上。积极推进农业与旅游、教育、文化、康养等产业深度融合，建设一批特色旅游村镇和五星级乡村旅游点，打造若干乡村旅游精品路线，拉长绿色生态两型乡村旅游产业链。到2020年，建设国家五星级休闲农庄2个，省五星级休闲农庄2个。（责任单位：市农业局、市发改局、市财政局、市林业局、市商务局、市畜牧局等）

2. 实施现代农业产业园建设行动。加快优质农副产品供应示范基地建设，按照全产业链思路，加强规划引领和机制创新，突出优势特色重点产业，科学布局优势农副产品供应基地。重点支持创建特色优势明显、产业基础好、发展潜力大、带动能力强、符合绿色有机生产需求的省级优质农副产品供应示范基地。到2020年力争创建1个省级优质农副产品供应示范基地。大力实施“百千万”农业科技示范工程，加快农业产业园建设。培育扶持现代农业特色产业园，到2020年力争创建1个省级现代农业特色产业园、4个株洲市级现代特色农业产业园。加强农产品加工园建设，建设产业特色突出、产业集聚度高、品牌影响力大、产出效益好的农产品加工园1个，园区企业不少于10家，年产值不低于10亿元。（责任单位：市农业局、市发改局、市经科信局、市财政局、市国土资源局、市住建局、市水利局、市林业局、市商务局、市食药工商质监局、市畜牧局、市国税局、市供电公司等）

3. 实施农业品牌建设提升行动。强化农业品牌建设顶层设计，制定全市农产品品牌建设规划，着力培育、整合、宣传、保护农业品牌。着力推进企业品牌建设，加大农业产业化龙头企业扶持力度，培育省级龙头企业6家、株洲市级龙头企业30家。着力推进产品品牌建设，积极申报“三品一标”（无

公害农产品、绿色食品、有机农产品和农产品地理标志）、中国驰名商标、省和株洲市名牌产品等。着力推进休闲农业、乡村旅游等新业态品牌建设，到2020年，力争打造综合产值过5亿元的农产品品牌1个，市级以上农业品牌40个，实现农业品牌对农业经济的贡献率达60%以上。实施农产品品牌整合计划，每个优势产业集中打造1个主打品牌。组织企业积极参加全省十大农业品牌评选活动，争取到2020年有1个以上区域公用品牌或企业品牌获评。出台农业品牌扶持政策，建立农业品牌激励机制，加大农业品牌宣传保护力度，严厉打击侵权行为。（责任单位：市农业局、市委宣传部、市财政局、市林业局、市商务局、市畜牧局、市食药工商质监局等）

4. 实施新型农业经营主体培育行动。加快推进农业产业化龙头企业转型升级，支持龙头企业引进高端人才，不断壮大规模，增强市场竞争力。实施农业产业集群培育行动，围绕早春蔬菜、油茶等优势产业，重点扶持2～3家全产业链标杆型龙头企业。采取“龙头企业+合作社+基地”模式，建立健全利益联结机制。到2020年，新增省级龙头企业2家以上、株洲市级龙头企业10家以上。全面清理农民合作社，推动农民合作社提质扩面，2018年底前完成“空壳社”“翻盘社”“僵尸社”的清理、注销和退出工作。加强农民合作社规范化建设，到2020年建设省级农民合作社示范社18家以上。推进现代农机合作社建设，到2020年，扶持建设省级现代农机合作社35家，国家级农机合作社1家。发挥家庭农场示范带动作用，引导家庭农场实行标准化生产、规范化管理、品牌化经营。组织开展示范性家庭农场建设，每年选树2～3个具有示范作用的家庭农场。到2020年，建设全市年产值过100万元的家庭农场70个以上，省级示范性家庭农场3个。统筹兼顾培育新型农业经营主体和扶持小农户，采取有效措施把小农生产引入现代农业发展轨道。扶持小农户发展生态农业、设施农业、体验农业、定制农业，提高产品档次和附加值，拓展增收空间。改善小农户生产设施条件，提升小农户抗风险能力。（责任单位：市农业局、市经科信局、市财政局、市人社局、市林业局、市食药工商质监局、市畜牧局、市供销社、市农机局等）

5. 实施开放强农行动。坚持农业“走出去”与“引进来”并重，面向省内外、国内外市场，提升农业开放型经济发展水平。主动对接和融入“一带一路”，推动我市优秀农业企业、优质农产品充分利用“两种资源、两个市场”，培育具有国际竞争力农业龙头企业集团，打造全链条外向型农业产业体系。实施国家特色优势农产品出口提升行动，深入推进食品农产品出口基地建设，全力创建出口食品农产品质量安全示范区。加快农产品“走出去”步伐，积极组织农业企业参加中国中部（湖南）农博会、“沪洽周”、“港洽周”等展会活动，主动融入“湘品出湘”工程。加大农业招商引资力度，出台配套政策，推动引进一批大项目、好项目。推进海关通关、检验检疫一体化改革，优化农产品进出口政策环境。加快推动跨境电子商务、“互联网+”等新型销售模式发展，拓宽农产品进出口销售渠道。深入开展农产品打击走私综合治理行动，重点加大对粮食、冻品等农产品走私案件线索收集和打击力度。完善农村物流体系，推进快递下乡，支持供销、邮政及各类企业到乡村建设服务网点。大力发展农村电商，完善服务体系，培养农村电商人才，引导新型农业经营主体发展电商，促进农产品线上线下销售。（责任单位：市商务局、市农业局、市公安局、市供销社、醴陵海关、市邮政公司等）

6. 实施绿色发展深化行动。坚持质量第一，效益优先，推动农业由增产导向转向提质导向。深入实施“藏粮于地、藏粮于技”战略，稳定粮食生产能力。严守耕地红线，全面落实永久基本农田特殊保护制度。以镇（街道、长庆示范区）为实施主体，推进农村土地整治和高标准农田建设，到2020年力争每年建设高标准农田2.67千公顷。着力提高耕地质量，到2020年完成9.2千公顷安全利用区耕地休耕，确保休耕区域结束后耕地质量平均提高0.5个等级以上。深入开展农业标准化生产，引导支持规模经营主体率先推进。完善农机社会化服务体系建设，加大对机库棚、维修点、报废更新点建设扶持力度。大力推进农业机械化，力争创建全国农业生产全程机械化示范县（市）。加快农产品质量追溯体系平台建设，开展“农业质量年”行动，到2020年新建农产品质量安全追溯点4个，争创国家农产品质量安全县（市）。加强农产品监测和农业执法力度，深入开展农业投入品专项整治和“绿剑护农”执法行动。实施新一轮农作物种子种苗工程，加快绿色优质品种推广，加速农作物品种更新换代，提高种子种苗供给质量，每年设立2个农作物新品种展示示范基地，组织开展“看禾订种”活动，解决良种进村“最后一公里”问题。（责任单位：市农业局、市发改局、市国土资源局、市林业局、市水利局、市商务局、市食药工商质监局、市畜牧局、市农开办、市农机局等）

（二）推进绿色乡村发展，建设生态宜居新家园

乡村振兴，生态宜居是关键。必须把绿色发展贯穿到乡村建设发展的各方面和全过程，推动形成乡村绿色发展的空间格局、产业结构、生产方式和生活

方式，建设天蓝地绿水净村美的新家园。

1.加强山水林田湖草系统治理。实施重要生态系统保护和修复工程。全面推行河长制，建立完善覆盖到村的三级河长组织体系。实施河湖综合治理三个“三年行动计划”和“还我一湖清水”三年行动，加强“五江十四水”综合治理，基本建成河湖健康保障体系和管护机制，促进河湖休养生息。强化源头管控，加强官庄水库、望仙桥水库等饮用水源地保护，开展饮用水源地保护区内畜禽养殖污染专项整治，确保饮用水安全。编制全市水库渔业发展规划和养殖水域滩涂规划，科学划定禁止养殖区、限制养殖区和养殖区，严厉打击电毒炸鱼等非法捕捞行为，在渌江干流实行春季禁渔期制度，开展水生生物增殖放流，提高生物多样性和水体净化调节功能，推进水环境自然修复保护。开展河湖水系连通和农村河塘清淤整治，严格入河排污口监督管理，开展农村生态清洁小流域建设。开展国土绿化行动，推进重点区域水土流失综合治理。开展“五边”造林等绿化植树活动，打造万里绿色长廊。实施乡村绿化行动，强化古树名木保护管理。继续实施并完成退耕还林还湿任务，加快官庄湖国家湿地公园建设，强化湿地恢复与保护。继续实施封山育林，严守林地红线，全面停止天然林商业采伐，严厉打击涉林违法犯罪行为，促进森林休养生息，确保全市森林覆盖率稳定在55.17%以上。着力提升防治灾害水平，突出抓好森林防火，确保森林资源安全。加强林业有害生物防治，积极做好松材线虫病除治工作。实施生物多样性保护重大工程，有效防范外来生物入侵。（责任单位：市水利局、市国土资源局、市林业局、市住建局、市财政局、市环保局、市城管局、市农业局、市畜牧局、醴陵海关等）

2.加强农村突出环境问题综合治理。开展耕地地力提升行动，对轻中度污染土地集中开展安全利用和治理试点，对重度污染土壤进行种植结构调整或休耕治理。实施最严格的水资源管理制度，强化水资源消耗总量和强度双控。开展农业面源污染防治，实施化肥农药使用零增长行动，减少农药用量，提高防治效果，到2020年农药利用率提高到40%以上。加大农作物病虫害专业化统防统治力度，大力推广新型植保施药器械，推进有机肥替代化肥、病虫害绿色防控，到2020年主要农作物病虫害绿色防控覆盖率达40%以上。推广适宜的农业清洁生产技术，修建生态塘、生态沟等，构建生态拦截体系，消纳和拦截村域范围内氮磷等营养物质，加强农村废弃物处理和利用设施建设，构建面源污染拦截体系，实现“一控两减三基本”目标，优化农民居住环境。创建1个耕地质量提升和化肥减量增效万亩示范片，在示范片集中展示一批土壤改良、地力培肥、治理修复和化肥减量增效技术，到2020年示范片内土壤有机质含量提升5%以上，农用化肥用量减少10%以上，测土配方施肥技术覆盖率达到100%。大力推广循环生态农业模式，到2020年，清洁生产技术推广入户率达到90%以上，生活垃圾和生活污水处理率达到80%以上。禁止露天焚烧秸秆，推广秸秆综合利用模式，完善秸秆收储体系，加快秸秆综合利用产业化，到2020年秸秆综合利用率达到85%以上。积极推进畜禽养殖废弃物资源化利用，组织实施好全国畜禽粪污资源化利用重点县（市）项目。到2018年底，全市畜禽粪污综合利用率达到90%以上，规模养殖场粪污处理设施装备配套率达到100%。全面完成病死畜禽无害化处理体系建设，实现病死畜禽无害化集中处理率达100%。推广种养结合的生态养殖模式，把畜禽养殖场建设纳入农业产业布局和功能区总体规划，支持家庭农场、林果蔬菜基地配套发展适度规模养殖场，支持适度规模养殖场开发利用周边农林地资源配套发展种植生产。依法严厉打击损害农村环境保护的违法犯罪行为。（责任单位：市创建办、市环保局、市国土资源局、市农业局、市水利局、市林业局、市畜牧局、市供销社等）

3.加强人居环境专项治理。开展农村人居环境改善三年行动计划，稳步有序推进农村垃圾处理、农村生活污水治理、黑臭水体系治理和村容村貌提升。加快推进镇污水处理设施建设，提升污水处理设施的保障能力和服务水平，改善农村水环境质量。推进村镇土地利用规划和村镇建设规划全覆盖。加强农村住房建设管理，坚持一户一宅、建新拆旧，大力推进农村空心破败房整治。深入推进“农村道路提质”“农村环境整治”“农村水域治理”3个三年行动计划，集中抓好106国道沿线和中心集镇的绿化、美化、亮化、数字化。推进“厕所革命”，开展农村户用卫生厕所建设和改造，加快实现农村无害化卫生厕所全覆盖。积极推进农村文化基础设施建设，实现镇村文化活动中心全覆盖，确保国家公共文化服务体系示范区创建顺利通过终期评估。按照“十有三个一”（有图书阅览室、便民服务站、文化活动室、信访调解室、计生服务室、村支“两委”会议室、党员活动室、邮政代办点、网格化管理办公室、惠农综合服务社，有一根国旗杆、一盏高杆灯、一处适当硬化的场坪）标准，推进10个“美醴新村”建设。开展田园建筑示范创建，保护保留乡村风貌。（责任单位：市创建办、市住建局、市水利局、市国土资源局、市环保局、市城管局、市商务局、市农业局、市文体广新局、市发改局、市交通运输局等）

（三）加强农村文化建设，焕发乡风文明新气象

乡村振兴，乡风文明是保障。坚持物质文明和精神文明一起抓，繁荣兴盛农村文化，培育文明乡风、良好家风、淳朴民风，提高农民文明素养和农村文明程度。

1. 实施农村思想政治建设工程。以社会主义核心价值观为引领，着力在教育引导、实践养成、制度保障上下功夫，采取符合农村特点的有效方式，深化中共十九大精神、习近平新时代中国特色社会主义思想和中国梦宣传教育，大力弘扬民族精神和时代精神。依托农村公共文化设施、宣传文化阵地，加强爱国主义、集体主义、社会主义教育，大力宣传党在农村的富民帮扶政策。加强农村思想文化阵地建设，深入实施公民道德建设工程，挖掘农村传统道德教育资源，建好用好爱国主义教育基地。推进社会公德、职业道德、家庭美德、个人品德建设。抓好诚信体系建设，强化农民的社会责任意识、规则意识、集体意识、主人翁意识。（责任单位：市委宣传部、市文明办、市农业局、市文体广新局、市广播电视台等）

2. 推进乡村文明和乡土文化传承发展保护。立足乡村文明，深入挖掘醴陵农耕文化，在保护和传承的基础上，结合时代要求不断创新，吸取城市文明及外来文化优秀成果，创造性转化、创新性发展，不断赋予时代内涵、丰富表现形式。切实保护好优秀农耕文化遗产，传承和发展地方产业文化，推动优秀农耕文化遗产合理适度利用，推进陶瓷和花炮产业文化发展进程。深入挖掘农耕文化和陶瓷花炮产业文化蕴含的优秀思想观念、人文精神、道德规范，充分发挥其在凝聚人心、教化群众、淳化民风中的重要作用。划定乡村建设的历史文化保护线，保护好文物古迹、传统村落、传统建筑、农业遗迹、灌溉工程遗产。支持农村地区优秀戏曲曲艺、民族民间传统文化等传承发展。（责任单位：市委宣传部、市文明办、市农业局、市文体广新局、市广播电视台、市文物局等）

3. 加强农村公共文化建设。按照有标准、有网络、有内容、有人才的要求，健全乡村公共文化服务体系。推进基层综合性文化服务中心建设，实现镇村两级公共文化服务全覆盖，提升服务效能。深入推进文化惠民，公共文化资源重点向镇村倾斜，提供更多更好的农村公共文化产品和服务。支持“三农”题材文艺创作生产，鼓励文艺工作者不断推出反映农民生产生活尤其是乡村振兴实践的优秀文艺作品，充分展示新时代农村农民的精神面貌。培育挖掘乡土文化本土人才，开展文化结对帮扶，引导社会各界人士投身乡村文化建设。活跃繁荣农村文化市场，丰富农村文化业态，加强农村文化市场监管。（责任单位：市委宣传部、市农业局、市文体广新局等）

4. 推进移风易俗。扎实开展文明村镇、星级文明户、最美家庭等群众性文明创建活动。遏制红白喜事大操大办、买码赌博、办酒泛滥、厚葬薄养等陈规陋习，倡导勤劳节俭，弘扬文明新风。深化殡葬改革，落实《株洲市殡葬管理办法》（株政发〔2017〕8号）精神和殡葬改革有关要求，倡导农村殡葬新风、文明祭祀，推行节地生态安葬，建设农村集中治丧试点1处。加强农村科普工作，坚决抵制封建迷信活动。（责任单位：市委宣传部、市文明办、市公安局、市教育局、市民政局、市文体广新局、市妇联、市科协等）

（四）夯实农村基层基础，构建治理有效新格局

乡村振兴，治理有效是基础。坚持自治、法治、德治相结合，建立健全党委领导、政府负责、社会协同、公众参与、法治保障的现代乡村社会治理体制，让乡村社会充满活力、和谐有序。

1. 提升农村基层党组织建设水平。扎实推进抓党建促乡村振兴，强化农村基层党组织领导核心地位。贯彻落实《中共株洲市委组织部关于全面开展党支部“五化”建设的实施方案》（株组〔2018〕40号）精神，创新组织设置和活动方式，持续整顿软弱涣散村党组织。实施好农村带头人队伍整体优化提升行动和“头雁培训计划”，选优配强村党组织书记，实现向软弱涣散村、贫困村和集体经济薄弱村党组织选派第一书记全覆盖。实施基层党组织“组织力提升工程”。结合推进“两学一做”学习教育常态化制度化，开展“不忘初心、牢记使命”主题教育。全面落实村级组织运转经费保障政策，探索村干部绩效管理和报酬制度改革，逐步提高离任村干部生活补贴标准。严格农村发展党员工作程序、审查机制和工作纪律，注重在优秀青年农民、农村致富能手、复员退伍军人、返乡大中专毕业生、外出务工经商等人员中发展党员。加强农村党员干部的教育、管理、监督，扎实开展农村党员培训，认真落实“三会一课”（定期召开支部党员大会、支部委员会、党小组会，按时上好党课）、支部主题党日、民主评议党员、党员积分管理等制度。探索发挥农村党员先锋模范作用的有效机制，稳妥有序开展不合格党员处置工作。推行村级小微权力清单制度，加大基层小微权力腐败惩处力度。持续开展“雁过拔毛”式腐败问题专项整治，严厉整治侵害农民利益的不正之风和腐败问题。（责任单位：市委组织部、市纪委、市监察委、市财政局、市农业局等）

2. 提升农村群众性自治组织建设水平。坚持自治为基，建立健全村党组织领导下的村民自治制度，

提高村民自治能力。推动村党组织书记通过选举担任村委会主任。发挥自治章程、村规民约的积极作用，健全村民议事制度、监事制度。依托村民会议、村民代表会议、村民议事会、村民理事会、村民监事会等，形成多层次基层协商格局。开展以村民小组或自然村为基本单元的村民自治试点。加大对村级公共事务和公共产业投入力度。大力推动农村网格化服务管理工作，加快整合“1+8”（“1”是指坚持党建引领，将党建工作与网格化服务管理深度融合，充分发挥党支部的战斗堡垒作用和党员先锋模范作用；“8”是指将市民政局、市人社局、市农业局、市卫计局、市退役军人服务中心、市安监局、市城管局、市政务中心等部门职能与网格化服务管理深度融合）部门职能资源，推进“一个中心、四个平台”［数据中心、便民服务（互联网＋政务服务）、综治工作、市场监管、综合执法］建设，切实发挥市镇两级“互联网＋政务服务”综合平台作用，实现企业和群众办事“只上一张网、只进一个门、只找一个人、最多跑一次”。大力培育服务性、公益性、互助性农村社会组织，发挥农村“老党员、老战士、老教师、老模范、老专家”的积极作用，发展农村社会工作和志愿服务。加强村务监督委员会规范化建设，加快推进镇级党务公开、政务公开，规范党务公开栏、村务公开栏，完成250个规范性村务公开栏建设，开通镇村微信公众号。推进基层群众性自治组织特别法人统一社会信用代码赋码工作。集中清理对村级组织考核评比多、创建达标多、检查督查多等突出问题。（责任单位：市委组织部、市纪委、市监察委、市民政局、市农业局、市财政局、市政务中心等）

3. 提升乡村法治建设水平。坚持法治为本，强化法律在乡村治理中的权威地位。完善农村法治服务，将政府涉农各项工作纳入法治化轨道。健全农村公共法律服务体系，抓好农村公共法律服务站点和志愿点建设，完善法律援助网络体系，畅通“绿色通道”，加强涉农法律援助案件办理和司法救助，积极开展为农民工讨薪活动，逐步实现城乡公共法律服务均等化。抓好基层普法阵地建设，全面开展法治乡村创建，稳步推进民主法治乡村建设，全面落实“谁执法谁普法”，组织各普法责任单位开展“尊学守用”主题宣传活动，充分利用农村文化礼堂等阵地积极开展普法宣传，创新法治宣传方式，发掘普法载体，丰富基层普法形式，提高普法实效。积极开展农村法治宣传月活动，结合“法律明白人”活动，选树一批农村学法守法用法模范家庭。完善村级法律顾问服务机制和相关考核制度，注重村级法律顾问履职能力培训，充分发挥其专业优势，创新服务载体和形式，帮助提升基层法治水平。加强农村信用体系建设，构建守信联合激励和失信联合惩戒机制。推进综合行政执法改革向基层延伸，推动执法队伍整合、执法力量下沉，健全农村人民调解组织，完善农村人民调解工作机制，健全多元纠纷化解机制。（责任单位：市委政法委、市人民法院、市司法局、市农业局、市法制办等）

4. 提升乡村德治建设水平。坚持德治为先，强化道德教化作用。实施公民道德建设工程，推进社会公德、职业道德、家庭美德、个人品德建设。做好身边好人推选工作，选树道德模范典型。建立道德激励约束机制，制定村民文明行为准则和道德模范标准。开展“议家风、定家规、晒家训”活动，以好家风支撑好民风。积极组织参与好媳妇、好儿女、好公婆等评选活动，开展寻找最美乡村教师、文艺工作者、医生、村官、家庭等活动，发挥新乡贤的示范引领作用，引导村民崇德向善。（责任单位：市委宣传部、市委组织部、市文体广新局、市教育局、市卫计局、市民政局、市妇联等）

5. 提升平安乡村建设水平。推进农村社会治安防控体系建设，完善市镇村三级综治中心建设。加强农村派出所和交警中队建设，优化农村警务工作机制，力争实现“一村一辅警”。推进农村“雪亮工程”，力争每个村配备一名网格信息员。开展扫黑除恶专项斗争，严厉打击农村黑恶势力、宗族恶势力和黄赌毒盗拐等违法犯罪活动。强化农村刑释人员、社区服刑人员、肇事肇祸严重精神障碍患者等重点人员管理。落实镇村两级宗教工作责任制，依法加大对农村非法宗教活动和境外渗透活动打击力度，依法制止利用宗教干预农村公共事务，继续整治农村乱建宗教活动场所、滥塑宗教造像和基督教等宗教私设聚会点。加强安全生产工作，强化安全宣传教育，提升农民安全意识和能力，推动农村道路交通、建筑施工、水利工程建设、消防、矿山、烟花爆竹、危险化学品、特种设备、校车等领域安全设施和队伍建设，坚决遏制较大安全事故。做好农村矛盾纠纷常态化排查预警、多元化解和突发事件应急处置。开展“十大平安”［平安企业、平安单位、平安镇（街道）、平安社区（村）、平安学校、平安医院、平安交通、平安小区、平安家庭、平安文化市场］系列建设活动，加强农村流动人口服务管理和农村社会心理服务体系建设。（责任单位：市政府办、市委政法委、市委统战部、市教育局、市公安局、市司法局、市住建局、市交通运输局、市水利局、市商务局、市食药工商质监局、市安监局、市畜牧局、市农机局等）

（五）强化农村民生保障，谱写生活富裕新篇章

乡村振兴，生活富裕是根本。突出抓重点、补

短板、强弱项，解决农民群众最关心、最直接、最现实的利益问题，让农民群众生产生活更加充实、更有保障、更可持续。

1. 实施农民增收三年行动计划。千方百计拓宽农民增收渠道，鼓励农民勤劳守法致富，增加农村低收入者收入，扩大农村中等收入群体，完善农民工最低工资正常增长机制，保持农村居民收入增速快于城镇居民。加强就业技能培训、劳务协作、打造特色劳务品牌等服务，稳定和扩大劳务输出，促进农民工多渠道转移就业，提高农民就业质量，提高务工农民工资性收入。压实工作责任、突出源头治理、强化动态监管，标本兼治解决农民工工资拖欠问题。深挖潜力提高经营性收入，通过龙头企业和农民合作组织连农户以及一二三产业融合发展等方式，建设创新创业园平台，组织创新创业大赛活动，支持返乡农民创业，提升农业增收潜力。继续深化各项农村改革，特别是农村土地制度改革和农村产权制度改革，拓宽农民财产性增收渠道。全面落实好各项惠农强农及减轻农民负担的政策，维护农民合法权益。深化户籍制度改革，吸纳农民进城镇务工经商。（责任单位：市人社局、市委组织部、团市委、市经科信局、市公安局、市农业局、市国土资源局、市林业局等）

2. 加快农村基础设施建设。建设村组联通公路300公里以上，完成桎马线、醴官线等农村道路提质升级，创建“四好农村路”示范县（市）。强化农村基础设施建设投入保障，加大财政投入力度，落实成品油消费税转移支付资金用于农村公路养护政策，持续加大对农村公路特别是自然村通水泥沥青路工程的支持力度。完善全市农村公路路网，大力实施农村公路“窄路加宽”和村组联通公路建设，加大农村公路危桥改造建设力度，启动3座渡改桥建设。加强农村公路管理和养护，建立健全农村公路管养组织机构，落实养护经费，提高对农村公路养护的配套补助标准，推动农村公路养护规范化、专业化、市场化。完善农村客运网络体系，实现全市建制村通客运班车率100%。加快完善农村水利设施建设，全面完成小Ⅱ型水库除险加固，加大农田水利设施建设力度，逐步消除农田灌溉干旱死角；加快“四水治理”（湘江、资江、沅江、澧水治理）和中小河流治理建设，完善防洪治涝减灾体系，提升抗旱防洪除涝能力。大力推行“民办公助、以奖代补”的“五小水利”（小水窖、小水池、小泵站、小塘坝、小水渠）工程建设模式，推广高效节水灌溉技术。加大农村安全饮水工程建设，实施农村饮水安全巩固提升行动，力争到2020年，实现100%的镇（街道、长庆示范区）、85%的行政村达到安全饮水目标。实施农村电网改造升级工程，加强农村电网建设、保护和运营管理，全力支持农村电网建设及输配电线路砍青扫障。扩大使用农村新能源，扩大沼气能源、省柴节煤炉灶、太阳能光伏产品等新能源在农村生产生活用能的比例，全面提升太阳能路灯在农村的普及率，积极推广光伏发电技术，着力实现人居环境净化、亮化、美化目标，构建生态宜居的美好环境。以畜禽粪污资源化利用建设为契机，引导大型畜禽养殖场建设好大中型沼气工程，综合高效利用沼肥。组织全市农村能源技术人员包村联户，明确责任，抓培训、抓宣传、抓引导、抓安全，积极做好建后维护工作。加强农村集贸市场、商贸中心建设，活跃农村市场，扩大农村消费。加强农村防灾减灾救灾能力建设，创新智慧气象为农服务方式，提升服务保障水平，完成“道安监管云”气象监测系统年内4个站点建设任务。（责任单位：市发改局、市经科信局、市民政局、市财政局、市交通运输局、市农业局、市水利局、市商务局、市公路局、市气象局、市供电公司等）

3. 优先发展农村教育事业。落实《湖南省中小学校幼儿园规划建设条例》，合理规划、调整农村中小学和幼儿园布局。继续实施“全面改薄”和镇村小规模学校提质工程，确保所有农村学校（含教学点）全部达到基本办学条件20条底线要求，到2020年全面消除55人以上大班额。继续推进标准化学校建设工程，力争率先成为全省标准化学校全覆盖县（市）。统筹推进城乡义务教育一体化改革发展，力争成为全国首批义务教育优质均衡发展县（市）。落实《株洲市乡村教师支持计划（2015—2020年）》，统筹配置城乡师资力量，向农村地区尤其是偏远地区倾斜，建好建强乡村教师队伍，推进集团化学区化办学，推进校长和教师交流轮岗，提升农村普惠性幼儿园数量和在园幼儿比例，促进义务教育优质均衡发展。争取用2～3年时间，解决农村学校教师周转房问题。落实《普及高中阶段教育攻坚计划》，优化普通高中办学条件，增强职业教育服务“三农”的能力。落实学生资助政策，确保不让一个学生因贫失学。（责任单位：市发改局、市教育局、市财政局、市住建局、市扶贫办）

4. 加快农村基本公共服务体系建设。推进健康乡村建设，优化农村公共卫生服务，促进服务均等化，落实基本公共卫生服务项目补助政策，采取集中、分片培训和面对面指导的方式，加强对项目管理专干、村医的培训学习，提高知识水平和服务能力。完善项目资金管理制度，着力规范基本公共卫生支出内容，杜绝违规支出，及时、足额拨付基本公共卫生服务资金，充分发挥资金使用效率，提高基层医疗卫生机构工作积极性。加强农村社会保障体系建设，完善统一的城乡居民基本医疗保险制度和大病保险制度，做好农民重特大疾病救助工作。完善城乡居民基本养老保险制度，建立城乡基本养老保险待遇确定和基础养老金标准正常调整机制。完善农民最低生活保障制度，按照省、株洲市最低标准要求逐步提高农村低保救助水平，加强农村低保动态管理。统筹城乡社会救助体系，织密兜牢农村困难群众基本生活安全网。做好农村居家和社区养老服务试点工作，建立1家AAAAA级养老服务信息平台，8所农村社区日间照料中心；加强农村敬老院建设和改造，完成2所农村敬老院改扩建任务，建设1所区域性敬老院，1所特困人员照料护理区；建立健全农村留守儿童和困境儿童关爱服务体系，建设镇级儿童之家5所、村级儿童之家10所（其中示范性儿童之家各1所）；所有村成立老年协会并充分发挥其作用。加强和改善农村残疾人服务，着力抓好残疾人无障碍设施改造，做好残疾人“两项补贴”的发放工作。（责任单位：市民政局、市卫计局、市人社局、市残联、市妇联、团市委等）

5. 加快特色小镇和美丽乡村建设。推广首批村庄规划建设管理行政审批试点经验，加快扩权强镇步伐，将规划、建设、城管等行政执法权授予特色镇行使，重点培育4个特色小镇和1～2个风情小镇，打造30个美丽乡村，力争每年创建省级示范村1个，株洲市级示范村4个，市级示范村5个。到2020年，创建美丽乡村示范村40个以上。（责任单位：市住建局、市农业局、市商务局、市文明办、市发改局、市民政局、市城管局等）

（六）致力推进精准扶贫，夺取脱贫攻坚新胜利

乡村振兴，摆脱贫困是前提。按照“四摘四不摘”（摘帽不摘责任，摘帽不摘政策，摘帽不摘帮扶，摘帽不摘监管）和“四个只增不减”（工作力度只增不减，资金投入只增不减，政策支持只增不减，帮扶力度只增不减）的总要求，把提高脱贫质量放在首位，把激发贫困人口内生动力、增强发展能力作为根本措施，坚持精准扶贫、精准脱贫，奋力冲刺，坚决打赢打好精准脱贫这场对全面建成小康社会具有决定性意义的攻坚战。

1. 压实脱贫攻坚责任。认真落实党中央、国务院关于打赢脱贫攻坚战三年行动的决策部署，坚持党中央确定的脱贫攻坚目标和扶贫标准，进一步强化党政主要负责人负总责的领导责任制，聚焦特殊贫困群体，深化党政机关定点扶贫，调动社会各界力量，夺取脱贫攻坚战全面胜利。（责任单位：市扶贫办、市扶贫开发领导小组成员单位，各镇、街道、长庆示范区）

2. 夯实脱贫攻坚基础工作。把夯实脱贫攻坚基础工作贯穿始终，确保扶贫工作务实、扶贫过程扎实、扶贫结果真实。严格落实基础工作“六点一线”“七处一致”制度，确保建档立卡信息数据高度一致。聚焦精准识别、精准退出，严守标准，严格程序，降低脱贫攻坚贫困人口错评率、漏评率和错退率。进一步加强阵地建设，扎实推进脱贫攻坚挂图作战，保障人民群众的知情权、参与权、监督权，提升扶贫工作透明度和群众满意度。（责任单位：市扶贫办，各镇、街道、长庆示范区）

3. 始终坚持问题导向。突出抓好扶贫领域作风问题专项治理工作，构建扶贫领域作风建设长效机制，推动扶贫领域作风明显改善，促进脱贫攻坚各项政策措施全面落实。及时做好信访举报件核实处理，平稳疏导化解群众情绪。结合自查、督查、社会监督等多种形式全面查摆问题，举一反三，挂账销号，不留盲区、不留死角，确保问题全面整改到位。（责任单位：市扶贫办、市农业局、市卫计局、市人社局、市民政局、市财政局等，各镇、街道、长庆示范区）

4. 优质服务人民群众。通过建立“市有扶贫服务接待中心、镇（街道、长庆示范区）有服务群众工作室、村（社区）有服务群众工作站、组有服务群众信息员（监督员）”的群众优质服务网络，方便广大群众咨询扶贫政策，畅通诉求渠道，及时帮助群众排忧解难，切实提升人民群众对扶贫工作的知晓率和认可度。（责任单位：市扶贫办、各有关部门，各镇、街道、长庆示范区）

5. 巩固提升脱贫质量。紧扣脱贫攻坚目标，坚持一手抓脱贫攻坚，一手抓脱贫成果巩固，按照“脱贫不脱政策、脱贫不脱帮扶、脱贫不脱监管”要求，聚焦住房、教育、就医“三保障”，提高贫困人口文化素质和贫困家庭劳动力技能，从源头上阻断贫困代际传递；加强贫困人口基本医疗综合保障体系建设，有效遏制因病致贫、因病返贫；切实抓好易地搬迁和危房改造的后续帮扶，持续改善贫困群众的生产生活环境，着力增强贫困群众获得感，全面促进稳定脱贫。（责任单位：市扶贫办、各有关部门，各镇、街道、长庆示范区）

6. 扎实推进产业扶贫。继续按照“四跟四走”（资金跟着扶贫对象走，扶贫对象跟着能人走，能人和扶贫对象跟着产业走，产业项目跟着市场走）“四有四百”（县有统筹安排、乡有特色园区、村有专业合作社、户有致富门路，百企帮百村、百村建百社、百员联百村、百社扶万户）的要求实施产业扶贫工程。建立健全利益联结机制、到村到户机制、项目管理机制和产销衔接机制等产业精准扶贫机制，以“产

业扶贫星级挂牌企业创建活动”“产业扶贫投资基金”为抓手，紧紧围绕“三增三改”〔企业增产，贫困户增收，通过强化文化技术技能培训使贫困户劳动力增智（知识技能），实现转移就业；改善贫困户住房状况，改善贫困人口健康状况，改善贫困学生及劳动力就学就业状况〕“十百千万亿”〔“十”，遴选10所贫困户劳动力转移就业培训挂牌学校（机构）；“百”，遴选100家农业产业扶贫挂牌企业（经济组织、基地、大户）；“千”，遴选100家农业产业扶贫挂牌企业2017年度新安排贫困户劳动力就业人数1000人以上，且须签订3年以上的就业合同，确保人均年工资净收入在2万元以上，此项为贫困户年增收总额2000万元以上；“万”，10所贫困劳动力转移就业培训挂牌学校年培训完成1万人次以上，流转贫困户承包土地666.67公顷以上，土地流转为贫困户增收总额500万元以上；“亿”，100家农业产业扶贫挂牌企业吸纳贫困户入股资金（含政策性金融信贷资金）1亿元以上，入股分红为贫困户年净增总额800万元以上〕工程实施产业扶贫再提升行动，激发贫困户和企业参与产业扶贫的积极性，促进贫困户稳定增收。（责任单位：市扶贫办、各有关部门，各镇、街道、长庆示范区）

7. 充分激发内生动力。注重扶贫扶智扶志相结合，加强政策引导和教育引导，着重消除贫困群众等靠要错误认识，引导贫困群众转变思想观念，提高自身发展意识。加大贫困家庭劳动力技能培训、实用技术和转移就业服务力度，建立正向激励机制，提升自我发展能力。挖掘、宣传自主脱贫典型，鼓励贫困群众向身边人学习，树立勤劳致富脱贫光荣导向，让贫困群众敢想敢干、能干会干。（责任单位：市扶贫办，各镇、街道、长庆示范区）

三、保障措施

（一）深化农村改革，构建制度支撑体系

改革是乡村振兴的重要法宝。要以完善产权制度和要素市场优化配置为重点，加快农村改革扩面、提速、集成，激活主体、要素和市场。

1. 巩固完善农村基本经营制度。落实农村承包地“三权分置”实施办法，落实第二轮土地承包期再延长30年的政策，全面完成土地承包经营权确权登记颁证工作，加快市级信息应用平台建设。建立健全土地流转管理服务体系，积极推广土地流转、土地托管、生产托管、股份合作等土地经营模式，发展多种形式的适度规模经营。继续完善农村承包地经营纠纷调解仲裁体系建设。（责任单位：市农业局、市司法局、市国土资源局、市供销社等）

2. 深化农村土地制度改革。推进房地一体的农村集体建设用地和宅基地使用权确权登记颁证，完成农垦国有土地使用权登记颁证。探索宅基地所有权、资格权、使用权“三权分置”，严格实行土地用途管制，严格禁止下乡利用农村宅基地建设别墅大院和私人会馆。有序推进农村土地规划编制工作，在不涉及基本农田、不突破生态保护红线和规划控制指标的前提下，适当调整土地利用结构与布局。利用城乡建设用地增减挂钩政策推进农村空心房、废弃建设用地整治复垦。（责任单位：市国土资源局、市住建局、市农业局等，各镇、街道、长庆示范区）

3. 深入推进农村集体产权制度改革。全面开展农村集体资产清产核资，力争2018年11月基本完成试点村改革工作。科学确认农村集体经济组织成员身份，有序推进经营性资产股份合作制改革，力争2019年10月底基本完成。健全资产运营管理、监督和收益分配机制。积极推进集体资源性资产股份合作，通过引导发展农村土地股份合作、集体未承包到户资源股份合作、农村旅游资源股份合作，增加农民财产性收入。大力发展农村集体经济，全面建立农村集体经济组织，推动资源变资产、资金变股金、农民变股东。整合利用村集体资金、政府帮扶资金，通过入股或者参股农业产业化龙头企业、村村合作、村企联手共建、扶贫开发等多种形式发展壮大集体经济。（责任单位：市农业局、市国土资源局、市水利局、市林业局、市财政局、市供销社等）

4. 统筹推进其他各项改革。推进农业水价综合改革，建立合理农业水价形成机制和节水激励机制。深化水利工程管理体制改革，理顺农田水利建设管护机制。推进粮食收储制度改革，完善储备粮食管理制度，严格执行稻谷最低收购价政策。深化集体林权制度改革，探索开展林地“三权分置”试点，建立健全林业产权制度和林业经营制度。深化农业农村“放管服”改革、供销合作社综合改革、农垦改革。（责任单位：市编办、市发改局、市水利局、市商务局、市林业局、市畜牧局、市供销社等）

（二）汇聚智慧力量，构建人才支撑体系

人才是乡村振兴的第一要素。要创新乡村人才培育引进使用机制，充分发挥好人才在乡村振兴中的支撑作用。

1. 大力培育新型职业农民。实施新型职业农民培育工程，开展新型农业经营主体带头人培训行动，对农民合作社、家庭农场、种养大户、农业企业及农业社会化服务组织骨干，实行分批轮训和重点培育，加快打造一批结构合理、素质优良的新型职业农民队伍。加快发展农业职业教育，支持新型职业农民通过弹性学制参加中高等农业职业教育。落实国家相关税收优惠政策，完善财政、金融信贷政策，加大对新型职业农民创业扶持力度。引导符合条件的新型职业农民参加城镇职工养老、医疗等社会保障制度。（责任单位：市农业局、市教育局、市经科信局、市财政局、市人社局、市卫计局等）

2. 加强农业科技人才队伍建设。实施农村科研人员培育工程，加快领军人才培养和创新团队建设。加大农业科技特派员选派力度，加强农技推广人才队伍建设，实施农技推广骨干培养计划。（责任单位：市经科信局、市委组织部、市教育局、市财政局、市人社局、市农业局、市扶贫办等）

3. 加强农村专业人才队伍建设。建立健全城乡专业人才交流挂职制度，全面建立城市医生教师、科技文化人员等定期服务乡村机制，完善定向招生、薪酬待遇、职称评定等激励保障机制，促进各类专业人才向农村流动。继续实施“扎根基层优秀人才”支持计划、“三支一扶”（大学生毕业后到农村基层从事支农、支教、支医和扶贫工作）“大学生村官”“特岗教师”计划和农村教师公费定向培养计划，组织实施高校毕业生基层成长计划。加强农村转移劳动力技能培训，加大对城镇登记失业人员、农村转移就业劳动者、高校毕业生、城乡未继续升学的应届初高中毕业生、贫困家庭子女等“五类人员”技能培训力度。加大陶瓷、烟花等高技能人才培训力度。加强贫困家庭“两后生”技能培训力度，2018 年新增培训 70 人。（责任单位：市委组织部、市编办、团市委、市教育局、市经科信局、市民政局、市财政局、市人社局、市农业局、市文体广新局、市卫计局、市供销社等）

4. 鼓励社会各类人才投身乡村创新创业。建立有效激励机制，选拔一批有发展潜力的返乡创业项目进行重点扶持，支持进城农民工、高校毕业生、退役士兵、留学归国人员等各类人才回乡下乡创新创业。巩固退出领导岗位干部到村任职成果，在加大保障力度的同时，进一步扩充队伍，扩大工作覆盖面。鼓励符合条件的离退休干部发挥专长到现代农业园区和农业产业化龙头企业任职。发挥党的群众组织和各民主党派、工商联、无党派人士在乡村振兴中的积极作用，深入实施“同心乡村”工程、乡村振兴“巾帼行动”。（责任单位：市委组织部、市委统战部、市教育局、市经科信局、市人社局、市农业局、市妇联等）

（三）强化创新引领，构建科技支撑体系

科技创新是乡村振兴的第一动力。坚持用现代科学技术发展农业、用现代科技手段服务农村、用现代科技知识武装农民，着力提升农业农村科技化水平。

1. 提升农业科技自主创新能力。完善现代农业产业技术体系，加强农业科技创新平台建设。深化农业科技体制改革，支持科技研发平台建设。加强应用基础研究，立足优质特色农业产业，围绕生物育种、农林产品精深加工、农产品质量安全与防控体系研究应用等领域，实施一批重点科技计划。（责任单位：市经科信局、市农业局、市林业局、市畜牧局等）

2. 加强农业科技成果转化与推广应用。加强落实农业科技成果转化、收益权和处置权改革，完善科技推广人员绩效考核和激励机制。完善科技成果评价机制，加大对科研成果和知识产权保护力度，保护所有者作价入股的收益权益。加快培育科技型农业经营主体，落实好省“万名农业科技人员服务现代农业工程”，在全市遴选农（林）科技人员，开展对口技术服务和定点技术服务。组织科技人员开展科技扶贫工作，对口服务全市所有的贫困村。（责任单位：市经科信局、市农业局、市教育局、市财政局、市林业局等）

3. 着力推进农业机械化。加快农田机耕道建设，着重解决农机进田“最后一公里”问题。实施农业机械化提质工程，全面创建全国农业生产全程机械化示范县（市）。加大机具购置补贴和作业补贴力度。推进农机深松深耕作业和农作物秸秆机械化还田与综合利用。推进现代农机合作社建设，引导合作社向专业社、联合社方向发展。（责任单位：市农机局、市发改局、市民政局、市国土资源局、市农业局等）

4. 积极构建农业农村智慧产业体系。实施国家数字乡村战略，做好农村通信基站建设专项规划。推进电信普遍服务试点，扩大农村宽带网络和 4G 通信网络覆盖面。大力发展“互联网 + 现代农业”，以互联网、物联网、大数据、人工智能等现代信息技术为依托，以智慧平台为核心，以品牌建设为驱动力，探索构建农业农村智慧产业体系，实现生产组织智能化、产品质量追溯化、市场营销网络化、社会服务专业化。大力培育农业电子商务企业，到 2020 年力争打造 2 家全国知名的农业电子商务企业。积极发展农村电子政务，鼓励开发乡村政务村务手机 APP 软件和移动终端。加快推进“信息进村入户示范工程”建设，加大农村互联网基础设施建设力度，重点建设镇村电子商务综合服务中心，建设一批农业信息化示范村镇。到 2020 年，实现村级益农信息社信息服务站全覆盖。（责任单位：市农业局、市发改局、市经科信局、市财政局、市商务局、市渌江集团等）

（四）拓宽投融资渠道，构建投入支撑体系

投入是乡村振兴的关键要素。健全投入保障制度，创新投融资机制，拓宽资金筹措渠道，加快形成多元投入格局，确保投入力度不断增强、总量持续增加。

1. 持续加大财政投入。坚持把“三农”作为财政支出的优先保障领域，确保财政投入与乡村振兴目标任务相适应。加大涉农资金统筹整合力度，优化财政供给结构。建立健全银担对接沟通机制，灵活运用风险补偿、担保贴息、奖励补助等政策措施，激励金融机构加大支持乡村振兴力度。完善创业担保贷款贴息政策，扩大涉农创业担保贷款的扶持范围、优化贴息模式、放宽限制条件、降低担保门槛、简化申报流程。加强政府举债融资行为监管，严禁借乡村振兴之名违法违规变相举债。（责任单位：市财政局、市金融办、市人民银行等）

2. 增强金融服务能力。对接农业发展银行扶贫开发贷款，引导农业银行、邮储银行等涉农机构重点支持基础设施项目和产业项目建设。推动设立农业产业发展基金，引导民间资本支持乡村振兴战略重大项目建设和产业发展。推动农业政策性保险提标扩面增品，提高风险保障水平。加快建立农村“三权”（土地所有权、经营权、承包权）确权颁证和流转平台，推动“三权”抵质押贷款。实施企业上市培育工程，到2020年培育1家以上涉农企业进入省、株洲市拟上市（挂牌）后备企业资源库。引导金融机构扩大对小微企业和“三农”、扶贫领域的信贷投放力度，降低社会融资成本。（责任单位：市财政局、市金融办、市人民银行等）

3. 拓宽资金筹集途径。调整完善土地出让收入使用范围，进一步提高农业农村投入比例。改进耕地占补平衡管理办法，落实土地开发项目等新增耕地指标，用于巩固脱贫攻坚成果和支持实施乡村振兴战略。按照“谁投资、谁经营、谁受益”的原则，鼓励各类投资主体参与农业农村发展建设。制定鼓励引导规范工商资本参与乡村振兴的意见，加强工商资本下乡监管，明确政策边界，保护好农民利益。（责任单位：市发改局、市财政局、市国土资源局、市农业局、市食药工商质监局等）

四、加强和改善党对“三农”工作的领导

（一）完善党的农村工作领导体制机制。健全党委统一领导、政府负责、党委农村工作部门统筹协调的农村工作领导机制，成立市委实施乡村振兴战略领导小组及办公室。各责任部门要按照各自职责，做好协同配合。市委农村工作办公室要充分发挥决策参谋、统筹协调、政策指导、推动落实、督导检查等职能。各镇（街道、长庆示范区）要把实施乡村振兴战略作为核心任务和主要职责来抓，党政主要负责人要亲自抓“三农”工作，层层压实责任，将乡村振兴的规划和政策落到实处。要充分发挥村“两委”在乡村振兴中的战斗堡垒作用，在乡村探索建立实施乡村振兴战略顾问委员会制度。（责任单位：市委办、市委组织部、市编办、市农业局等，各镇、街道、长庆示范区）

（二）强化乡村振兴战略规划引领。坚持规划先行，注重质量，因地制宜，分步实施。制定《醴陵市乡村振兴战略规划（2018－2022年）》，加强各类规划的统筹管理和系统衔接，形成城乡融合、区域一体、多规合一的规划体系。把握不同村庄变迁的发展趋势，因村制宜，精准施策。强化规划执行，增强规划的约束力和执行力。（责任单位：市发改局、市国土资源局、市住建局、市农业局等）

（三）加强“三农”干部队伍建设。制定并实施培训计划，扎实开展新一轮镇村两级领导班子成员履职培训，加强村级后备干部队伍建设，定期组织开展基层党建业务测试，不断提升专业化能力。把到农村一线工作锻炼作为培养干部的重要途径，注重提拔使用实绩优秀的干部，形成人才向农村基层一线流动的用人导向。更加关心基层干部，制定镇人民政府（街道办事处、长庆示范区管委会）权力清单和责任清单，切实减轻基层负担，让基层干部工作有动力、待遇有保障、事业有奔头。（责任单位：市委组织部、市编办、市人社局、市农业局等，各镇、街道、长庆示范区）

（四）建立健全乡村振兴战略落实机制。把各镇（街道、长庆示范区）党政领导班子和领导干部推进乡村振兴战略情况纳入全市绩效考核内容。各镇（街道、长庆示范区）每年要向市委、市人民政府报告推进实施乡村振兴战略进展情况。各有关部门要加强乡村振兴战略重大问题调查研究，制订并落实实施乡村振兴战略工作计划，加强乡村统计工作和数据开发应用。建立实施乡村振兴战略督查机制，强化乡村振兴战略推进情况督查落实。（责任单位：市委办、市政府办、市绩效办、市委组织部、市农业局、市统计局、醴陵调查队等，各镇、街道、长庆示范区）

（五）营造乡村振兴战略良好氛围。大力宣传实施乡村振兴战略的政策措施，积极总结推广好经验好做法，每年选树一批产业好、生态好、乡风好、治理好、生活好的“五好乡村”，营造全社会关心支持参与乡村振兴的浓厚氛围。建立乡村振兴专家决策咨询制度，组织智库加强理论研究。（责任单位：市委宣传部、市民政局、市农业局等）

农业农村天地广阔，乡村振兴大有作为。让我们更加紧密地团结在以习近平同志为核心的党中央周围，高举中国特色社会主义伟大旗帜，以习近平新时代中国特色社会主义思想为指导，坚定信心，开拓进取，埋头苦干，奋力谱写乡村振兴新篇章，为加快建设“四个醴陵”，全面开启建设现代化醴陵新征程贡献新的力量！

中共醴陵市委
醴陵市人民政府
2018年6月29日

中共醴陵市委办公室　醴陵市人民政府办公室 关于印发《醴陵市"还我一湖清水"三年行动实施方案（2018—2020年）》的通知

醴办发〔2018〕15号

各镇党委、人民政府，各街道党工委、办事处，长庆示范区党工委、管委会，市直有关单位、驻醴有关单位：

《醴陵市"还我一湖清水"三年行动实施方案（2018－2020年）》已经市委、市人民政府同意，现印发给你们，请结合实际认真贯彻落实。

中共醴陵市委办公室
醴陵市人民政府办公室
2018年6月25日

醴陵市"还我一湖清水"三年行动实施方案（2018—2020年）

为切实推进我市水库保护和综合治理工作，强化饮用水源地保护，根据《中共湖南省委办公厅湖南省人民政府办公厅印发〈关于全面推行河长制的实施意见〉的通知》（湘办〔2017〕13号）、《中共湖南省委办公厅湖南省人民政府办公厅印发〈关于在全省湖泊实施湖长制的意见〉的通知》（湘办〔2018〕17号）、《中共株洲市委办公室株洲市人民政府办公室关于印发〈株洲市河长制实施方案〉的通知》（株办〔2017〕6号）和《中共醴陵市委办公室醴陵市人民政府办公室关于印发〈醴陵市全面推行河长制实施方案〉的通知》（醴办〔2017〕18号）等文件精神，现就推进我市"还我一湖清水"三年行动工作制定本实施方案。

一、指导思想

深入贯彻中共十九大精神，坚持以习近平新时代中国特色社会主义思想为指导，认真落实习近平总书记在深入推动长江经济带发展座谈会上的重要讲话精神，坚持"共抓大保护、不搞大开发"，牢固树立"绿水青山就是金山银山"的理念，坚持生态优先，坚守生态底线，严把监管关、环评关、排放关，强化饮用水源地保护，让全市人民饮上安全优质水，实现水库功能永续利用，为建设富强美丽幸福文明新醴陵打下坚实的水生态基础。

二、基本原则

（一）坚持源头管控，标本兼治。积极推进针对水库源头及周边地区制定的生态保护、水土保持、畜禽网箱退养等措施，把饮用水源地保护工作当作重中之重来抓，达到标本兼治。

（二）坚持问题导向，水陆联治。根据水库功能定位分类施策，制定水库保护任务与措施，实施"一库一策"，有针对性地开展系统治理。加强水库岸线管理保护，注重长远效果，彻底解决"问题在水中，根子在岸上"的问题。

（三）坚持属地管理，河库同治。水库所在镇（街道、长庆示范区）要严格履行河长职责，将入库河流等相关因素进行通盘考虑，根据水库的自然特性、功能属性，提出问题清单、目标清单、任务清单、措施清单和责任清单，突出阶段性重点，坚持循序渐进。

（四）坚持以人为本，全民共治。把水质达标、确保饮用水安全列为优先目标，努力解决人民群众反映强烈、影响饮用水源安全的环境污染和生态破坏问题，确保群众饮用上"清洁水、放心水、优质水"。广泛动员社会各界参与，形成全民自觉护水的良好氛围。

三、工作目标

（一）总体目标。认真落实党中央、国务院，省委、省人民政府和株洲市委、株洲市人民政府的决策部署，坚持生态优先、河长主导、因库施策、改革创新，以更高的要求、更严的标准、更实的举措全面推进"还我一湖清水"三年行动，做到有专人负责、有监测设施、有考核办法、有长效机制，构建责任明确、协调有序、监管严格、保护有力的管理机制，力争用三年时间，使全市水库环境得到明显改善，基本实现“库安、水清、岸绿、景美”的目标，为促进我市经济社会与生态环境协调发展提供支撑保障。

（二）具体目标

到2020年，全市水库水质由浊变清、由清变好、由好变优，达到或优于Ⅲ类。实现湖库水域完整安全、岸线格局科学合理、水体污染有效防控、生态环境有效修复。

1. 以官庄大型水库，望仙桥水库、雪峰山水库、荷田水库、周坊水库、藕塘水库5座中型水库以及明兰水库、鸭塘水库、小洞塘水库、寺冲水库、龙龟山水库、大坝冲水库、焦坑水库、左权湖水库8座小一型水库为重点，以点带面，推动全市所有水库、山塘治理达标。

2. 全市水库水功能区水质达标率达到90%以上，比2017年底提高35%以上。湖库型饮用水源地水质达标率达到100%，比2017年底提高30%以上。

3. 水库生态护岸比例达到90%以上，比2017年底提高30%以上。自然生态岸线保有率达到90%以上，比2017年底提高40%以上。

4. 水库管理范围内“乱养乱排、乱占（填）乱建、乱采乱挖、乱捕乱捞、乱生产乱经营”现象得到根治。

5. 建立涵盖基础信息、实时水量水质数据等在内的水库管理信息平台，水库管理与保护监测机制不断完善。

6. 完成湖库勘界和水域岸线登记，确保湖库数量不减少、面积不萎缩。

四、重点任务

（一）水面保洁行动。强化属地保洁责任，完善水库日常保洁制度，定期打捞清理水面垃圾，确保水库区域内无漂浮垃圾。（牵头责任单位：水库所在镇、街道、长庆示范区，相关责任单位：市创建办、市城管局）

（二）畜禽网箱退养行动。一是推进水库畜禽网箱退养工作。严格执行畜禽养殖分区管理制度，饮用水源水库周边规定范围内实行全面禁养，非饮用水源水库实行杜绝增量、消化存量、逐步退养；严格控制水库网箱养殖规模，全面取缔饮用水源水库网箱养殖。二是加强畜禽及水产养殖污染治理。推进畜禽养殖废弃物资源化利用，养殖场粪污处理设施装备配套率达95%以上（大型规模养殖场达100%）；合理规划水产养殖布局和规模，推进生态养殖。（牵头责任单位：水库所在镇、街道、长庆示范区，相关责任单位：市畜牧局、市环保局、市水利局）

（三）生态修复行动。强化山水林田湖系统治理。禁止侵占自然湿地等水源涵养空间，强化水源涵养林建设与保护，14座重点水库周边开展植树造林；严格执行禁捕制度，开展生物增殖放流，提高生物多样性和水体净化调节功能，推进水环境自然修复与保护；推进渔业生态健康养殖，禁止天然水域投饵投肥养殖；实施化肥农药零增长行动，水库周边主要农作物测土配方施肥覆盖率达95%，病虫害统防统治覆盖率达40%以上。（牵头责任单位：水库所在镇、街道、长庆示范区，相关责任单位：市林业局、市畜牧局、市国土资源局、市园林局、市水利局、市农业局）

（四）打非治违行动。依法关停水库管理范围内未按期安装粪污处理设施和未实现达标排放的养殖场；依法拆除水库管理范围内的违法建（构）筑物；依法取缔水库管理范围内非法采矿洗沙点；依法打击水库管理范围内电毒炸鱼等破坏渔业资源的非法捕捞行为；依法取缔水库管理范围内的水上餐饮场所，禁止水库周边餐饮业向水体直接排污。（牵头责任单位：水库所在镇、街道、长庆示范区，其他相关责任单位：市公安局、市环保局、市国土资源局、市城管局、市水利局、市食药工商质监局、市交通运输局、市畜牧局）

（五）污水垃圾治理行动。一是开展生活污水治理，加快水库周边生活污水处理设施建设，加大截污管网建设力度。二是建立生活垃圾治理常态机制。以加快推进农村环境综合整治为重点，进一步完善城乡垃圾收集转运体系，基本完成农村非正规垃圾堆放点整治，实施农村清洁工程，推进生态镇村建设。（牵头责任单位：水库所在镇、街道、长庆示范区，相关责任单位：市创建办、市住建局、市环保局、市城管局）

（六）全民护水自觉行动。一是加大宣传力度。建立河湖管理保护信息发布平台，以公告、公示牌、APP、微信公众号等方式引导公众参与监督，增强社会各界护水意识。组织开展河长制“六进”（进机关、进企业、进学校、进社区、进村组、进农户）、志愿者服务、聘请社会监督员、招募民间库长等活动，引导群众参与水库保护行动。二是依托村民自治。制定保护水库的村规民约，实现水库环境保护承诺书签到户、公开信发到户、落实情况公布到户，引导群众自觉维护、互相监督，共同制止一切破坏水库的不良行为。（牵头责任单位：水库所在镇、街道、长庆示范区，相关责任单位：市委宣传部、市法制办、市民政局、市司法局、市网格化中心）

五、保障措施

（一）加强组织领导。按照“党政同责、属地负责”

的原则，成立醴陵市“还我一湖清水”三年行动指挥部（以下简称市“还我一湖清水”指挥部），全面负责“还我一湖清水”三年行动的具体实施。驻镇（街道、长庆示范区）联点市级领导要加强河长制工作的督查和指导。市河长制工作委员会要牵头组建14座重点水库的服务小分队，每个水库配备服务干部不少于2人，服务小分队每月走访调研不少于4次，全面掌握水质变化、污染源的情况。各级各有关部门要各司其职、密切配合、协调联动，依法履行水库保护管理职责。

（二）强化资金保障。要积极争取国家、省、株洲市的支持，并有效整合城建、环保、农业、节能减排、水利建设、新农村建设等方面资金，推进水库综合治理。构建“政府引导、地方为主、市场运作、社会参与”的多元化筹资模式，引导社会资本参与投资，建立长效稳定的河湖管理保护投入机制。

（三）强化综合执法。加强行政执法与刑事司法衔接，健全市河长办与市人民检察院联合监察工作机制。加大执法力度，公安、环保、住建、城管、水利、林业、畜牧水产等部门要定期或不定期联合开展水库专项执法行动，依法严厉打击危害水库环境和安全的违法行为。

（四）强化考核督查。市河长办会同市河长制工作委员会成员单位要加强对河长制工作的考核督查，落实重大问题办理“一单四制”制度，实行月督查通报、季考核排名、年终总结点评。考核结果纳入绩效考核体系，并作为党政领导干部综合考核评价的重要依据。

（五）强化责任追究。建立“属地管理、部门联动、河长办考核、监察委监督”的责任机制。对因不深入群众、工作不力造成涉诉、涉访、涉稳、涉舆情、涉环保的水生态事件，要一事一调查、一事一问责，严明纪律，问责到位。驻镇（街道、长庆示范区）联点责任部门主要负责人与镇级河长负同等责任。实行水库生态环境损害责任终身追究制，对造成水库面积萎缩、水体恶化、生态功能退化等生态环境损害的，严格按照有关规定追究相关单位和人员的责任。

中共醴陵市委办公室　醴陵市人民政府办公室
印发《关于在全市全面推行“最多跑一次”改革的实施方案》的通知

醴办发〔2018〕16号

各镇党委、人民政府，各街道党工委、办事处，长庆示范区党工委、管委会，市直各单位，驻醴各单位：

《关于在全市全面推行“最多跑一次”改革的实施方案》已经市委、市人民政府同意，现印发给你们，请认真遵照执行。

中共醴陵市委办公室
醴陵市人民政府办公室
2018年6月25日

关于在全市全面推行“最多跑一次”改革的实施方案

为深化我市简政放权、放管结合、优化服务改革，进一步转变政府职能，提高政府办事效率，激发市场活力，增强群众和企业获得感，市委、市人民政府决定在全市全面推行“最多跑一次”改革，特制定本实施方案。

一、总体要求

（一）指导思想

认真贯彻中共十九大关于“建设人民满意的服务型政府”“多推有利于增强人民群众获得感的改革”要求，大力践行以人民为中心的发展理念，以更快更好方便群众和企业办事创业为导向，以全流程网上办理为目标，充分运用“互联网＋政务服务”和大数据，深化“一门式”政务服务改革，推动审批服务理念、制度、作风全方位深层次变革，确保群众和企业到政府办事全过程“最多跑一次”。不断优化办事创业和营商环境，切实提升政务服务效率和办事水平，建设人民满意的服务型政府。

（二）基本原则

——全域推进，上下联动。市镇村三级同步推进“最多跑一次”改革。

——全面梳理，分类施策。对群众和企业到政府办事事项进行全面梳理，制订清单，因地制宜、因事制宜、分类施策，对各类办事事项分别提出具体要求，分批公布。

——全流程再造，简便高效。以群众和企业需求为出发点，大力精简再造审批流程，压缩审批时限，提高群众满意度和改革获得感。

——全方位覆盖，提升服务。网上网下结合，通过让数据“多跑路”、功能互补、数据共享，达到办理效率全面提升和服务事项全面覆盖，办理过程全面监管。

（三）工作目标

以群众和企业到政府办好“一件事”为出发点，进一步提升行政审批和公共服务效能。推行“马上办”，减少群众和企业现场办理等候时间，做到即来即办即结；推行“网上办”，凡与企业生产经营、群众生产生活密切相关的审批服务事项“应上尽上、全程在线”，全程网上办理比例不断提高；推行“就近办”，推动事权下沉，审批服务向镇（街道、长庆示范区）和村（社区）延伸，实现就近能办、多点可办、异地转办；推行“一次办”，符合法定受理条件、申请材料齐全的一次办结，需要现场踏勘、技术审查和听证论证的审批服务事项，实行马上响应、一次性告知、一站式服务、并联限时办结。力争到2018年底前，群众和企业到政府办理的事项80%以上实现“最多跑一次”，实现企业投资项目开工前审批在报批资料齐全、有用地指标的情况下，5个工作日内上报到上级部门。实现双创中心搬迁后不动产登记简单事项当场办结，一般事项1天内办结，最长不超过5天。

（四）实施范围

各镇（街道、长庆示范区）、市直有关单位、驻醴有关单位、承担公共服务事项的有关企事业单位。

二、实施步骤

（一）梳理公布阶段。2018年6月，对加快推进“最多跑一次”改革工作进行全面部署，提出“最多跑一次”改革目标和工作计划。按照成熟一批、公布一批的原则，分阶段梳理公布并落实“最多跑一次”事项，6月底前公布并实现35%以上；10月底前通过优化整合审批流程，公布并实现55%以上；年底前公布并实现85%以上。

（二）全面督查阶段。2018年10月底前，市委办公室牵头开展“最多跑一次”改革专项督查，查找问题和短板，通报相关工作进展情况，确保改革顺利推进、取得实效。

（三）巩固提升阶段。2018年底，对“最多跑一次”改革事项标准和办事指南建章立制，完成总结评估工作，纳入全面深化改革绩效考核，巩固深化改革成效。

三、职责分工

成立醴陵市“最多跑一次”改革工作领导小组（以下简称“领导小组”），研究、部署、推进“最多跑一次”改革工作，各镇（街道、长庆示范区）、市直有关单位、驻醴有关单位在领导小组统一部署和指导下，积极主动开展“最多跑一次”改革各项工作。

市委办负责开展“最多跑一次”改革督查考核，结合“马上就办”工作，定期对部门落实“最多跑一次”改革情况进行专项督查，并将“最多跑一次”改革纳入全面深化改革绩效考核内容。

市政府办负责协调有关单位加快推进“最多跑一次”改革中的重大问题，加快推进“智慧醴陵”建设，建成全市统一的覆盖市镇村三级的“互联网＋政务服务”系统，整合各职能部门投诉举报热线，打造全市统一政务咨询投诉举报平台等工作。

市委宣传部负责组织有关媒体开展“最多跑一次”改革的新闻宣传，积极宣传改革动态、成效，正确引导社会舆论，强化媒体监督，拓宽公众参与渠道，为改革营造良好的舆论环境。

市编办（市审改办）负责“最多跑一次”改革日常工作，研究制订工作方案，督促各有关单位抓好工作落实，牵头行政审批制度改革工作，做好行政许可标准化事项目录、公共服务事项目录梳理等工作。

市发改局负责推进市本级政府投资项目立项审批阶段相关前期审批事项的代办服务以及投资项目在线审批监管平台网上办理。

市公安局负责户口办理、出入境有关证照办理、车辆和驾驶人员证照办理以及相关资格资质证明、身份认定等便民服务事项“最多跑一次”改革。

市财政局负责完善政府非税收入电子化征缴系统，构建线上线下一体化收缴体系，推进各部门电子化征缴改革，建立平稳运行的长效机制。会同市地税局推进行政征收等工作。

市人社局负责重点推进基本养老保险、基本医疗保险、工伤保险、失业保险、生育保险等事项“最多跑一次”改革，推进人才中介服务、就业服务等方面事项“最多跑一次”改革，按照上级有关要求推进职业资格改革，建立职业资格规范实施的长效机制。

市食药工商质监局负责推进商事制度改革，全面梳理工商登记以及前置、后置审批事项，推进企业“多证合一”登记制度改革。

市国土资源局推进不动产登记工作，加快推进建设工程项目“三测合一”等工作。

市法制办负责提出行政许可、公共服务和其他行政权力等事项适用“最多跑一次”改革的法律意见，加强改革合法性审查评估等工作。

市政务中心负责组织改革中行政许可、公共服务和其他行政权力等事项流程再造，更新企业投资项目“最多跑一次”事项等工作。重点在建设项目投资审批方面改革创新，力求突破。充分利用“互联网＋政务服务”平台，建立“一窗受理、集成服务”模式，积极推动服务事项网上办理，全面探索项目材料和证明资料网上验证核对。开展窗口标准化建设工作，推行审批（服务）结果快递送达、代办送达等服务模式，让办事群众和企业少跑路。

各级各有关部门要根据各自职责做好本单位加快推进“最多跑一次”改革相关工作，按要求提前告知办事群众和企业资料准备、办理流程等环节的相关内容。

四、主要措施

（一）全面梳理公布“最多跑一次”事项

根据《关于梳理公布醴陵市“最多跑一次”事项的通知》（醴审改办发〔2018〕1号），全面梳理公布群众和企业到政府办事“最多跑一次”事项，包括行政许可、行政确认、行政给付、行政征收、行政奖励、其他行政权力和公共服务（依申请类）七大类事项。其中，行政许可事项、公共服务事项根据《醴陵市人民政府关于公布行政许可事项目录与公共服务事项目录的通知》（醴政发〔2017〕18号）进行梳理，行政确认、行政给付、行政征收、行政奖励和其他行政权力事项根据各单位动态调整后的权力清单进行梳理。

1. 行政许可、行政确认和其他行政权力“最多跑一次”事项。各有关单位以权责清单为基础，对照法律法规及相关规范性文件进行全面梳理，进一步优化审批流程、大力精简审批环节、大幅减少前置审批，编印标准化办事指南，规范行政服务行为。（牵头单位：市编办、市法制办、市政务中心；责任单位：市直有关单位、驻醴有关单位）

2. 行政给付、行政征收、行政奖励“最多跑一次”事项。各有关单位涉及的各类行政给付、行政征收、行政奖励事项，如抚恤金、社会救济福利金、自然灾害救济金及救济物资、贷学金、助学金审核发放，契税征收、社会保险费征收、车船税征收等权力事项，要进一步梳理规范办理程序，加快推进事项网上办理，实现群众到政府部门办事“最多跑一次”。（牵头单位：市政府办、市编办；责任单位：市直有关单位、驻醴有关单位）

3. 公共服务“最多跑一次”事项。各有关单位全面梳理直接面向公民、法人和其他组织的公共服务事项，并向社会公开。重点梳理并公开有关政策支持、法律和信息咨询、知识产权保护、就业技能培训等综合服务事项，以及公共教育、劳动就业、社会保障、医疗卫生、住房保障、文化体育、扶贫脱贫等与群众日常生产生活密切相关的公共服务事项。（牵头单位：市编办；责任单位：市直有关单位、驻醴有关单位）

（二）重点推进建设投资项目审批、不动产登记“最多跑一次”、“一个中心，四个平台”建设、“一窗受理、集成服务”改革

1. 推进建设投资项目审批“最多跑一次”改革。按照建设投资项目审批各个阶段“最多跑一次”的目标，进一步减少审批环节，压缩审批时限，精简审批资料，彻底解决各类审批“堵点”。充分运用互联网审批技术，通过推行承诺备案、模拟预审、并联审批、跨部门综合协调创新，推动行政审批职能部门由被动审批向主动服务转变。实行“一个窗口”提供综合服务、“一个系统”受理审批督办、“一张表单”整合申报材料、“一套机制”规范审批运行，审批轨迹进程即时查阅，实现建设投资项目审批分阶段“最多跑一次”。（牵头单位：市政务中心；责任单位：市发改局、市国土资源局、市住建局、市法制办等有关单位）

2. 推进不动产登记“最多跑一次”改革。按照群众和企业办理房屋交易、税收、不动产登记全过程“最多跑一次”的目标，坚持需求导向、问题导向、效果导向，充分运用“互联网＋政务服务”和大数据技术，全面推进房屋交易、税务、不动产登记部门自身改革，使办事环节明显减少，办事效率明显提高，全面实现不动产登记全业务、全过程“最多跑一次”。“全业务”是指涵盖不动产登记所有业务，“全过程”是指涵盖交易、税收、登记全部过程。（牵头单位：市国土资源局；责任单位：市财政局、市地税局、市房产局等市直相关部门单位）

3. 推进数据中心、便民服务（互联网＋政务服务）、综治工作、市场监管、综合执法“一个中心、四个平台”建设。一是加快实现“互联网＋政务服务”平台一张网全覆盖。升级改造网上政务服务及电子监察系统，全面推广“在线咨询、网上办理、快递送达”办理模式，除涉密或法律法规有特别规定外，基本实现服务事项网上办理全覆盖，大幅提高政务服务事项网上全流程办理率。紧密对接株洲市“互联网＋政务服务”一体化平台，建成全市统一的“互联网＋政务服务”平台，各单位原则上不再新建。二是加快实现“互联网＋政务服务”平台与各级各有关部门业务审批服务系统无缝对接。“互联网＋政务服务”平台建成后，已使用网上政务服务及电子监察系统的部门，要将业务整体

迁移至市“互联网+政务服务”平台；已自建系统的部门，要加快对接、融合，统一使用市“互联网+政务服务”平台进行业务受理、办结，跳转至自建系统审批；未自建系统的部门和各镇（街道、长庆示范区）、村（社区），均统一使用市“互联网+政务服务”平台进行业务受理、审批、办结。使用上级统建业务系统进行审批的事项应同步在市“互联网+政务服务”平台办理。除涉密系统外，不使用、不对接统一使用市“互联网+政务服务”平台的业务审批系统，需经市人民政府同意。三是开展“移动办事”新模式。加快全市统一的“政务服务”移动客户端建设，梳理全市各级各类政务APP及政务微信公众号，建立统一的政务服务移动终端，方便群众和企业开展网上咨询、网上预约、网上办理、网上评价、网上支付、快递送达、自助终端办理等。四是加快推进镇村“一个中心、四个平台”建设。进一步完善各镇（街道、长庆示范区）服务窗口建设，优化行政资源配置，更好地承接和落实“放管服”各项改革，为群众和企业生产生活、创业创新营造良好环境。加强镇（街道、长庆示范区）、村（社区）便民服务网点建设，把直接面向群众的各类事项纳入镇便民服务中心并延伸至村（社区），实现行政服务事项“一门式”办理，进一步提高基层为民服务的能力。（牵头单位：市政务中心；责任单位：市直有关单位，驻醴有关单位、各镇、街道、长庆示范区）

4. 推进“一窗受理、集成服务”改革。按照“只进一扇门”“最多跑一次”要求，推进实体大厅与网上大厅无缝对接，线上线下融合，统一平台，统一标准。凡在窗口填报的事项，不得在网上重复申请填报。各级政务服务机构要探索将部门分设的办事窗口整合为“不动产登记”“建设工程”“注册登记”“经营管理”“社会事务”等综合窗口，实行前台综合受理、后台分类审批、统一窗口出件，避免群众在不同部门之间来回奔波。对涉及多个部门的复杂事项，建立部门联办机制，探索建立健全审批服务帮办代办机制，推行首问受理、结对负责、全程联系、限时办结、服务承诺，提高帮办代办服务的规范化水平，为企业群众提供无差别、全流程、精准化的无偿帮办代办服务。大幅提高政务中心办事事项即办件的比例，通过精简办事程序、减少办事环节、缩短办理时限，实现立等可取。（牵头单位：市政务中心；责任单位：市直有关单位，驻醴有关单位、各镇、街道、长庆示范区）

（三）加快推进政务信息系统整合共享

1. 加快数据资源整合。形成统一的数据共享交换系统，基本实现部门内、跨部门、跨地区之间“网络通、数据通、业务通”。加快“智慧醴陵”平台建设，大力推进信息共享，全面整合各类人口库、法人库、地理空间库、房产房屋库等信息系统数据资源，以数据共享促进流程优化、业务协同办理。

2. 全面统一业务审批和服务系统数据接口标准。统一政务信息归集标准，数据接口实行免费开放对接。加快各级各有关部门业务审批和服务系统功能升级、联通整合。按照“一级政府一个门户网站”的原则，整合市政府门户网站各部门子站及其办事服务功能，设立“办事服务”模块，升级改造网上办事大厅，实现各级网上办事大厅无缝对接，方便群众和企业网上办事。

3. 建立电子文件和证照信息共享机制和监管机制。紧密对接国家、省、株洲市有关文件精神和工作部署，确立电子证照的法律效力，完善网上实名身份认证体系，加强电子证照、电子公文、电子印章应用，出台相应实施配套文件。按照“谁制作、谁归集，谁推送、谁负责，谁生成、谁共享”原则，实现各部门数据资源集中归集和跨层级、跨部门互认共享。（牵头单位：市政府办、市政务中心；责任单位：市直有关单位，驻醴有关单位、各镇、街道、长庆示范区）

（四）推进“最多跑一次”事项办理标准化

对于行政许可、公共服务等依相对人申请由政府部门作出决定的事项，推进“最多跑一次”事项办理标准化，形成办理指南参考目录，明确办理条件、办理材料、办理流程、办理时限，减少盖章、审核、备案、确认、告知等各种繁琐环节和手续，取消没有法律法规依据的申请材料和证明盖章，以标准化促进规范化、便捷化，保障改革真正落地。对于行政处罚等政府部门依职权作出决定的事项，规范裁量标准，杜绝多头执法、重复检查，形成部门联合、随机抽查、按标执法、一次到位机制。（牵头单位：市食药工商质监局、市法制办、市政务中心；责任单位：市直有关单位，驻醴有关单位、各镇、街道、长庆示范区）

（五）深化统一政务咨询投诉举报平台建设

加大非紧急类热线整合力度，将全市所有非紧急类热线统一整合归并到“12345”市长热线，打造全市统一政务咨询投诉举报平台。建立健全公共服务事项数据库，发挥统一政务咨询投诉举报平台在解答群众和企业办事咨询中的作用，凡是群众和企业到政府办理的公共服务事项，都可通过统一政务咨询投诉举报平台咨询，详细了解办事流程、所需材料和其他相关事项。（牵头单位：市政府办、市编办；责任单位：市直有关单位，驻醴有关单位、各镇、街道、长庆示范区）

（六）改革创新权力运行监管

1. 严格执行“三集中、三到位”，坚决落实“中心之外无审批”。即：行政审批职能向一个科室集中、审批科室向政务大厅集中、审批事项向网上办理集中；审批事项进驻大厅到位、审批授权窗口到位、电子监察到位。将所有部门审批事项集中到市政务中心，各部门审批事项全部纳入政务中心范围，设立首席代表制度并由部门充分授权到位，在政务中心内做到“能办所有事”。

2. 完善行政服务监督机制。按照“谁审批谁监管、谁主管谁监管”的原则，在政务服务网上公开办理程序，制定受理回单和退理回单，及时公开监管信息，强化监管合力，提升监管执法效能。强化政务服务第三方监管职责，建立政务服务办理工作回访机制，提高群众满意度。

3. 全面实施“双随机、一公开”（随机抽取检查对象、随机选派执法检查人员、公布每批次检查结果）监管。推进智慧监管、审慎监管，形成事前管标准、事中管达标、事后管信用的监管制度，以更强的监管促进更好的放权和服务。

4. 加快建立社会信用体系。推进诚信典型红名单和严重失信主体黑名单制度建设，发挥社会信用联合奖惩机制在简政放权、推进“最多跑一次”改革中的基础性作用。完善企业信用信息公示工作，加强市场主体信用信息归集、存储和应用，并与政府部门行政许可、处罚和监管工作有效衔接。（牵头单位：市政府办、市编办、市发改局、市食药工商质监局、市政务中心、市优化办；责任单位：市直有关单位，驻澧有关单位、各镇、街道、长庆示范区）

五、保障措施

（一）加强组织领导。领导小组要充分发挥统筹协调作用，全力推进改革工作。各有关单位要结合实际成立相应的领导机构，精心组织实施，单位主要负责人要亲自抓，做到改革工作亲自部署、重要方案亲自把关、关键环节亲自协调、落实情况亲自督查，加快推动改革落地。

（二）加强考核监督。将“最多跑一次”改革纳入各级各部门各单位全面深化改革绩效考核内容。结合“马上就办”工作，建立“最多跑一次”改革的专项督查制度，对于履职不到位、工作明显滞后的单位，坚决予以通报并启动追责机制。

（三）加强宣传引导。各有关单位要充分利用报纸、电视、互联网和新媒体广泛宣传“最多跑一次”改革，及时准确发布改革信息和政策法规解读，正确引导社会预期，积极回应社会关切，创新社会参与机制，拓宽公众参与渠道，宣传改革中好做法、好成效，营造良好舆论氛围。强化媒体监督，及时曝光改革中存在的突出问题，促进政府提效、服务提质。

中共澧陵市委办公室　澧陵市人民政府办公室 关于印发《澧陵市整体推进农村集体产权制度改革实施方案》的通知

澧办发〔2018〕17 号

各镇党委、人民政府，各街道党工委、办事处，长庆示范区党工委、管委会，市直有关单位：

《澧陵市整体推进农村集体产权制度改革实施方案》已经市委、市人民政府同意，现印发给你们，请认真贯彻执行。

中共澧陵市委办公室

澧陵市人民政府办公室

2018 年 7 月 24 日

澧陵市整体推进农村集体产权制度改革实施方案

为进一步增强农村集体经济组织的经营活力，创新农村集体经济运行机制，发展壮大集体经济，保护农村集体经济组织和成员的合法权益，调动农民发展现代农业和建设社会主义新农村的积极性。

根据《中共中央国务院关于稳步推进农村集体产权制度改革的意见》（中发〔2016〕37号）、《中共湖南省委湖南省人民政府关于稳步推进农村集体产权制度改革的实施意见》（湘发〔2017〕24号）和《中共株洲市委办公室株洲市人民政府办公室关于印发〈株洲市农村集体产权制度改革实施方案〉的通知》（株办发〔2018〕11号）精神，结合我市实际，制定本实施方案。

一、指导思想

全面贯彻中共十九大精神，以邓小平理论、“三个代表”重要思想、科学发展观、习近平新时代中国特色社会主义思想为指导，深入落实中央、省、株洲市关于深化农村改革的决策部署，紧紧围绕实施乡村振兴战略和决胜全面建成小康社会目标，以明晰农村集体产权归属、维护农村集体经济组织成员权利为目的，以推进集体经营性资产改革为重点，以发展多种形式的股份合作为导向，坚持农村土地集体所有，坚持家庭承包经营基础性地位，探索集体经济新的实现形式和运行机制，推动各种现代生产要素向农业积聚，建立适应生产力发展要求的农村集体产权制度，全面推进农村经济社会快速协调健康发展。

二、基本原则

（一）把握改革方向。充分发挥市场在资源配置中的决定性作用，更好发挥政府作用，明确农村集体经济组织市场主体地位，完善农民集体资产股份权能，把实现好、维护好、发展好广大农民的根本利益作为改革的出发点和落脚点，促进集体经济发展和农民持续增收。

（二）坚守政策底线。坚持农民集体所有不动摇，防止集体资产流失；坚持农民权利不受损，防止内部少数人控制和外部资本侵占；坚持依照法律政策办事不动摇，按照“尊重历史、照顾现实、依法依规、民主协商”的原则妥善处理各种利益关系。

（三）尊重农民意愿。发挥农民主体作用，支持农民创新创造，把知情权、选择权、参与权交给农民，把公平、公正、公开贯穿于改革的全过程，把民主决策、民主监督、民主管理贯穿于改革的各环节，通过民主协商解决矛盾纠纷，真正让农民成为改革的参与者和受益者。

（四）分类有序推进。根据集体资产的不同类型和不同地区条件确定改革任务，坚持分类实施、稳慎开展、有序推进，坚持先行试点、先易后难，不搞齐步走、不搞一刀切；坚持问题导向，确定改革的突破口和优先序，明确改革路径和方式，着力在关键环节和重点领域取得突破。

（五）坚持党的领导。坚持“三农”工作在全党工作中重中之重的地位不动摇，坚持农村基层党组织的领导核心地位不动摇，围绕巩固党在农村的执政基础来谋划和实施农村集体产权制度改革，确保集体经济组织依法依规运行，逐步实现共同富裕。

三、总体要求

（一）改革目标。构建归属清晰、权能完整、流转顺畅、保护严格的中国特色社会主义农村集体产权制度，保护和发展农民作为农村集体经济组织成员的合法权益。科学确认农村集体经济组织成员身份，发展集体成员边界清晰、集体所有产权关系明晰的新型集体经济。赋予农村集体经济组织市场主体地位，管好用好盘活集体资产，建立符合市场经济要求的农村集体经济运行新机制，促进集体资产保值增值。落实农民的土地承包权、宅基地使用权、集体收益分配权和对集体经济活动的民主管理权利，形成有效维护农村集体经济组织成员权利的治理体系。

（二）改革范围。农村集体产权制度改革的范围限于集体经济组织内部，不能打破原集体经济组织界限，包括已经实行“村改居”的城镇社区。改革一般以村级集体经济组织为主，经民主协商同意，也可以片区、自然村为单位进行改革；组级集体经济组织财务账目完整，产权归属清晰且群众有要求的，可以组为单位进行改革；镇级集体经济组织以镇（街道、长庆示范区）为单位进行改革。改革的资产范围是本级集体经济组织的全部资产。

（三）改革重点。根据集体资产类型和存量，选择不同的改革方式。对经营性资产，特别是在城中村、城郊村、经济发达村，重点是将经营性资产折股量化到本集体经济组织成员、确权到户，并将集体资产股份占有权和收益权落实到位。在此基础上，发展多种形式的股份合作，明确集体经济组织市场主体地位，健全集体资产运营的管理、监督和收益分配机制。对非经营性资产，重点探索建立健全有利于提高公共服务能力的统一运行管护机制，更好地为集体组织成员提供公益性服务。对资源性资产，重点是推进各类资源性资产的确权登记颁证，探索盘活农村资源的有效途径，积极发展土地股份合作等多种形式的股份合作制经济。

四、工作任务

（一）全面开展清产核资。清产核资是顺利推进农村集体产权制度改革的前提。具体内容包括：

1.明确基本程序。对集体所有的各类资产进行全面清理核实，摸清集体家底。清产核资一般以村（社区）为单位开展，属于村（居）民小组农民集体所有的以村（居）民小组为单位开展，属于镇（街道、长庆示范区）农民集体所有的以镇（街道、长庆示范区）为单位开展。清产核资工作一般遵循制定工作方案、清理核实资产、进行权属界定、开展价值评估、公开公示结果、核销调整账务、归档整理造册、审核上报备案、建立健全台账等基本程序。

2. 健全工作机制。一般以村（社区）为单位组建由镇（街道、长庆示范区）、村（社区）干部，村（社区）财务人员、党员代表，村务监督委员会成员、集体经济组织成员代表以及农业、林业、水利等方面专业技术人员参加的清产核资工作实施小组，负责组织实施资产清查、实物盘点、价值评估等相应工作。对集体资产存量较大的村（社区），农民群众有要求且确有必要的，经集体经济组织成员大会或代表大会决议，可以委托有资质的中介机构进行资产清查和资产评估。资产评估过程应由清产核资工作实施小组人员全程参加，评估结果要出具群众认可、各方签字的评估报告。

3. 细化清查内容。对农村集体所有的经营性资产、非经营性资产、资源性资产进行全面清产核资。经营性资产主要指用于经营的房屋、建筑物、机器设备、工具器具、农业基础设施、集体投资兴办的企业及其所持有的其他经济组织的资产份额、无形资产等。非经营性资产主要指用于公共服务的教育、科技、文化、卫生、体育等资产。资源性资产主要指农民集体所有的土地、森林、山岭、荒地、滩涂等，已完成农村土地、林地等资源性资产确权登记颁证的，可直接登记造册。在摸清农村集体三类资产整体情况的基础上，重点清查核实未承包到户的资源性资产和集体统一经营的经营性资产以及现金、债权债务等，查实存量、价值和使用情况，做到账证、账表、账实相符。

4. 核实资产价值。依照国家有关规定，对农村集体所有的各种资产，经估价或价值重估后，重新核实资产的实际存量，确定集体资产的价值总额。要清查负债，对于流动负债，要清查各种短期借款、应付及预收款项、预提费用；对于长期负债，要清查各种长期借款、长期应付款等。清查负债时，要对其真实性进行核实，严防虚假债务发生。

5. 规范资产处置。对清查出的应入账但未登记入账的资产，经核对公示后登记入账；对有账无物或者核算不准确的资产，经核对公示后调整账目；对长期借出或者未按规定程序租赁转让的资产，要清理收回或者补办相关手续；对使用财政资金形成的资产按国家相关规定进行处置；对侵占集体资金和资产的，要督促当事人如数退赔，涉及违规违纪的移交纪检监察机关处理，构成犯罪的移交司法机关依法追究当事人的刑事责任。

6. 明确集体资产所有权。清产核资结果要向全体农村集体经济组织成员公示，经成员大会或代表大会确认。在清产核资基础上，把农村集体资产的所有权确权到不同层级的农村集体经济组织成员集体，并依法由农村集体经济组织代表集体行使所有权。属于村（社区）农民集体所有的，由村级集体经济组织代表集体行使所有权，未成立集体经济组织的由村（居）民委员会代表集体行使所有权；分别属于村（社区）内两个以上农民集体所有的，由该集体经济组织代表集体行使所有权，未成立集体经济组织的由村（居）民小组代表集体行使所有权；属于镇级农民集体所有的，由镇级集体经济组织代表集体行使所有权。集体资产所有权确权要严格按照产权归属进行。

7. 加强集体资产财务管理。加强农村集体资金资产资源监督管理，加强市镇两级农村经营管理体系建设。清产核资工作基本结束后，要及时建立健全集体资产登记、保管、使用、处置等制度，实行台账管理。修订完善农村集体经济组织财务会计制度，加快农村集体资产监督管理平台建设，实现集体资产财务管理制度化、规范化、信息化。稳定农村财会队伍，落实民主理财，规范财务公开，切实维护集体成员的监督管理权。加强农村集体经济组织审计监督，做好日常财务收支等定期审计，继续开展村干部任期和离任经济责任专项审计，建立问题移交、定期通报和责任追究制度，防止侵占集体资产。对集体财务管理混乱的村（社区），要及时组织力量进行整顿，防止和纠正发生在群众身边的腐败行为。

（二）科学确认成员身份。科学确认成员身份是农村集体产权制度改革的关键环节和基础工作。一是制定方案。要深入调查研究，广泛征求意见，制定全市农村集体经济组织成员身份确认指导意见，对成员身份确认的时间节点、具体标准、程序办法等有关事项作出规定。各镇（街道、长庆示范区）要指导各村（社区）制定好本集体经济组织成员确认方案。村级集体经济组织成员确认方案，需经本集体经济组织成员（代表）会议通过，报所在镇农村集体产权制度改革工作机构审核批准后实施。二是民主协商确认。坚持有法依法，有政策按政策，没有法律法规和政策依据的由成员民主协商解决的原则，采取原始取得、依法取得、申请取得等方式，经过“收集意见、调查核实、酝酿讨论、会议议决、公开公示”等民主程序形成决定，合理确认集体经济组织成员身份，要统筹考虑户籍关系、农村土地承包关系、对集体积累的贡献等因素，做到公开、民主、全面、准确。三是加强成员管理。提倡农村集体经济组织成员家庭新增人口，通过分享家庭内拥有的集体资产权益的办法，按章程获得集体资产份额和集体成员身份。

（三）有序推进经营性资产股份合作制改革。经营性资产股份合作制改革是农村集体产权制度改革的重点。主要是将经营性资产折股量化到集体经济组织每个成员，发展农民股份合作，健全资产运营的管理、监督和收益分配机制。

1. 折股量化。在清产核资和确认成员身份的基础上，将经全体成员确认的集体经营性资产总额扣除负债后的净资产数额以股份或份额的形式量化到本集体经济组织每个成员。折股量化到人的方式，可以将集体经营性净资产的价值总额落实到人，也可以不对集体经营性资产以价值形态体现，仅明确每位股东将来参与集体资产收益分配的份额。

2. 股权设置。股权设置应以成员股为主，也可根据实际情况，由本级集体经济组织成员（代表）大会民主讨论决定是否设置集体股及所占比例和股权管理办法。成员股是将集体资产净额的总值或一定比例折股量化到成员个人的股份，由符合条件的集体经济组织成员按份享有。集体股是由集体行使所有权的股份，集体股收益主要用于处理遗留问题、偿还债务、公共服务管理、基础设施、公益事业建设和处理突发问题。股权量化方式、配置比例等重大事项，要依据有关法律法规和政策，实行民主决定，张榜公示，并报镇农村集体产权制度改革工作机构审核批准后实施。

3. 股权管理。集体资产股权管理提倡实行不随人口增减变动而调整的方式。原则上坚持确权到人、发证到户，户内共享、社内流转，长久不变、静态管理。由集体经济组织以户为单位向股东发放市农业局负责监制的股权证书，记载集体经济组织成员持有的集体资产股份信息，作为其占有集体资产股份、参与管理决策和享有收益分配权的有效凭证。在股权静态管理模式下，农民持有的集体资产股权只能在本集体内部转让或由本集体赎回。深入开展赋予农民对集体资产股份占有、收益、有偿退出及抵押、担保、继承等权力的改革试点，逐步探索建立股权有偿退出机制，研究制定集体资产股权继承办法。建立集体资产股权登记制度，健全农村集体资产股权名册和管理台账，并报镇农村集体产权制度改革工作机构和市农业局备案。

4. 组织机构。完成清产核资、成员确认、股权量化等环节后，要及时成立新型集体经济组织。改革后的新型集体经济组织要依法依规、民主决策，并制定集体经济组织章程及相关管理办法。建立股东大会、理事会和监事会，可与村（社区）党支部委员会、村（居）民委员会（以下简称村“两委”）同时换届，可连选连任。股东大会是集体经济组织的权力机构，实行一人一票表决制度，重大事项须经股东（股东代表）大会按章程规定审议通过后方可实施。理事会、监事会由股东（股东代表）大会选举产生，理事长是法人代表，从理事会成员中选举产生。监事会组成人员不得少于 3 人，监事长列席理事会会议。理事、经理及财务负责人不得兼任监事。村（社区）干部被选举为理事长的，原则上兼职不兼薪。

5. 收益分配。改革后的新型集体经济组织年度收益分配要依据当年经营收益情况，合理确定分配方案，明确收益分配范围和顺序，确定收益分配及提取公积金、公益金的比例，按其成员拥有股份的权重进行分配，实行同股同利。坚持效益决定分配原则，无效益不分配，严禁举债分配。年度收益较少，经股东（股东代表）大会讨论通过，当年可不分配，收益结转下年。年度分配方案需经股东（股东代表）大会讨论通过，经镇农村集体产权制度改革工作机构审核批准后实施。

（四）积极推进集体资源性资产股份合作。按照依法、自愿、有偿的原则，推进集体资源性资产股份合作制改革。一是加快农村各类产权确权登记颁证工作。按照应确尽确、能确尽确原则，加快农村土地承包经营权、林权、集体土地所有权、集体建设用地使用权、宅基地使用权、水利设施所有权等农村各类产权确权登记颁证进程和信息化管理工作，为盘活农村资源资产奠定产权基础。二是引导稳步推进农村土地股份合作。积极引导农户把承包土地（含林地、草地）的经营权转化为股权，组建土地股份合作社，或入股现代农业园区、农业产业化龙头企业、农民专业合作社等，获取保底收益和按股分红。对中心村建设复垦出的耕地以及农村闲置宅基地整理、土地整治中新增的耕地，可采取确权确股不确地的办法，实行统一经营或入股其他市场主体进行规模经营。开展对外合作的，必须对集体资产依法进行评估，防止任意作价。三是积极开展集体未承包到户资源股份合作。支持集体经济组织利用未承包到户的集体机动地、“四荒”（荒山、荒沟、荒丘、荒滩）地、果园、养殖水面等资源性资产，采取股份合作的形式，进行资源开发、产业化经营，提高农村资源的有效开发利用力度，增加集体经济收入。四是鼓励发展旅游资源股份合作。支持景区附近、历史文化名村等有旅游资源的村（社区）以旅游资源经营权、生态权等入股成立股份合作制经济组织，发展休闲、度假、文化、观光等产业，增加农民的财产性收入。

（五）加快建立健全农村集体经济组织。农村集体经济组织是集体资产管理的主体，它代表成员集体行使资产的所有权、管理权和经营权，是具有法人地位的特殊经济组织载体。一是建立农村集体经济组织。全市所有村（社区）要建立农村集体经济组织，属于组集体所有的，根据实际情况和群众意愿，设立组集体经济组织；属于村级集体所有的，设立村级集体经济组织；属于镇级集体所有的，设立镇级集体经济组织。其名称可以为经济合作社或经济合作联社，也可以为股份经济合作社或股份经济合作联社。综合考虑并村前各村的资产状况等因素，可以并村前的村（社区）为单位设立，也可以并村后的村（社区）为单位设立。以合并村后的村（社区）设立集体经济组织的，要坚持“三个不变”原则，即农民享受的政策不变，农村山林、土地及其附着物、水利、资源等权属不变，农业经济利益关系不变，依法保护农村集体经济组织成员的合法权益。二是发放组织登记证书。现阶段视情况，由上级主管部门负责向农村集体经济组织发放组织登记证书，农村集体经济组织可据此向有关部门办理银行开户等相关手续。三是探索政经分设体制。探索新型农村治理结构，明晰农村集体经济组织与村（居）民委员会的职能关系，有效承担集体经济经营管理事务和村民自治事务。发挥好农村集体经济组织在管理集体资产、开发集体资源、发展集体经济、服务集体成员等方面的作用。支持有条件的地方实行村（居）民委员会事务和集体经济事务分离，各自设账，独立核算。改革后的农村集体经济组织要完善治理机制，制定组织章程，涉及成员利益的重大事项实行民主决策，防止少数人操控。各农村集体经济组织要建立健全档案管理制度和措施。

（六）发展壮大农村集体经济。农村集体经济是集体成员利用集体所有的资源要素，通过合作与联合实现共同发展的一种经济形态，是社会主义公有制在农村的具体体现。农村集体经济组织要有序保护、合理开发利用资源性资产，增强集体经济发展的基础；经营性资产折股量化后，由集体经济组织统一经营，实现保值增值，增加集体经济组织成员收入。国家投资和扶贫等渠道形成的生产性设施和公益性设施，可根据实际情况确权到集体经济组织；用于公益的非经营性资产，由集体经济组织制定管理办法，统一管理，保持非经营性资产的完整和使用服务价值。要防止集体资产流失，大力开展农村集体资产资源经济合同清理，规范农村集体资产资源承包租赁经营，加强农村集体资产资源的合理利用，促进集体经济发展。要切实抓好集体经济组织债权回收和债务化解工作，严控新债，营造集体经济发展的良好环境。股份经济合作社或经济合作社作为集体资产管理和独立市场经济主体，按现代企业制度开展资产管理和运营，可通过独立经营、承包、租赁、参股、入股、联营等方式开展各项经济活动。支持农村集体经济组织为农户和各类农业经营主体提供产前产中产后农业生产性服务，以及旅游、商贸流通与市场管理等服务，大力发展农村服务型经济。鼓励整合利用集体积累资金、政府帮扶资金等，通过入股或者参股农业产业化龙头企业、村与村合作、村企联手共建、扶贫开发等多种形式发展集体经济。各有关部门要依法依规从市场准入、资金支持、财政奖补、土地使用、人才引进、金融保险等方面加大扶持力度。

（七）维护集体经济组织合法权益。严格保护集体资产所有权，防止被虚置。农村承包土地经营权流转不得改变土地集体所有性质，不得违反耕地保护制度，不得改变林地用途和林地保护等级。以家庭承包方式承包并采取转让、互换方式流转的集体土地，应在本集体经济组织内进行，且需经农村集体经济组织等发包方同意；采取出租（转包）或其他方式流转经营权的，须报农村集体经济组织等发包方书面备案。在集体土地被征收时，农民集体有权就征地补偿安置方案等提出意见并依法获得补偿。在集体经营性建设用地入市和宅基地制度改革试点中，要正确处理国家、集体、农民三者利益分配关系。对于经营性资产，要体现集体的维护、管理、运营权利；对于非经营性资产，不宜折股量化到户，要根据其不同投资来源和有关规定统一运行管护。维护进城落户农民土地承包权、宅基地使用权、集体收益分配权，探索支持引导其依法自愿有偿转让的有效办法。

（八）引导农村产权规范流转交易。要在坚持政府主导、公益方向前提下，依托集体资产监督管理、土地经营权流转管理等平台，建立符合农村实际需要的产权流转交易市场，开展农村承包土地经营权、集体统一经营管理的林权、“四荒”地使用权、农业类知识产权、农村集体经营性资产出租等流转交易。建立健全规范的市场管理制度、产权交易规则和内部监督机制，扶持和引导农村产权流转交易市场健康发展。

五、实施步骤

按照省农委等9部门联合印发的《关于全面开展农村集体资产清产核资工作的通知》(湘农联〔2018〕33号)要求，力争在2018年11月前，基本完成全市清产核资工作；2019年4月前基本完成农村集体经济组织成员身份确认工作；2019年10月底前基本完成经营性资产股份合作制改革，探索农村集体资产保值增值、成员受益的多种模式，农村集体产权制度改革工作取得明显成效。

选取板杉镇擂鼓桥村、茶山镇东岗村、嘉树镇渗泉村、阳三石街道泉湖村为试点村，并于2018年12月31日前基本完成农村集体产权制度改革。

（一）组织发动阶段（2018年5月至2018年7月）

1.成立组织机构。成立由市委书记胡湘之任第一组长，市委副书记、市人民政府市长康月林任组长，市委副书记邹志超，市委常委、市人民政府常务副市长曾毅鹏，市人民政府副市长钟国建为副组长，相关单位负责同志为成员的醴陵市农村集体产权制度改革领导小组。领导小组下设办公室，办公室设在市农业局。各成员单位要明确一名分管负责人、一个股站室、一名联络员负责农村集体产权制度改革相关工作。镇村两级相应成立农村集体产权制度改革工作机构。

2.制定工作方案。根据中央、省、株洲市部署要求，结合我市实际，制定具体实施方案、工作细则等配套文件，细化分解任务，明确目标要求，落实工作责任。

3.广泛宣传发动。统一思想，提高认识，召开农村集体产权制度改革工作动员会，全面部署，组织实施。多形式、多途径宣传改革重要性及相关政策，调动广大干部群众参与改革的热情和积极性，营造良好氛围。

4.开展业务培训。组织开展市镇村三级业务人员培训，使农村集体产权制度改革工作人员全面掌握政策规定，提升工作能力。

（二）清产核资阶段（2018年6月至2018年11月）

全面核实农村集体资产，逐项清理集体各类资产、负债和所有者权益，确认资产所有权，调整处理会计账务。重点抓好清理、登记、核实、公示、确认、上报等六个环节：

1.清理（2018年5月至2018年8月）。以村组自查为主，全面进行清理。各村（社区）要成立由村“两委”和村（社区）会计（含报账员，下同）、村务监督委员会或村（居）民主理财小组成员和群众推荐的村民代表参加的集体资产清理小组，对集体资产进行逐笔逐项清理。集体资产的清理，要以村级会计账或村级财务会计委托代理服务中心的账目为依据，坚持账内账外相结合，全面盘点资金、实物，核实债权债务等资产，全面清点品种、规格、型号、数量，查清来源、去向和管理情况，完善账目记录，有条件的建立健全会计账簿，做到账实相符；对资源的清理，要充分利用已有调查成果，采用遥感影像与实地勘测丈量相结合的方法，查明实际数量及其权属。在清理过程中，各镇（街道、长庆示范区）应抽调干部和懂财务的人员驻村（社区）指导督查。

2.登记（2018年8月）。在集体资产清理过程中，要按照省农委制定的农村集体经济组织清产核资清查登记表，清理一项登记一项。各农村集体经济组织分别填报农村集体资产清产核资清查登记表（各项表格填写的登记时点为2017年12月31日）。资产资源的登记要按类别详细登记其名称、数量及使用情况。登记的内容要全面、真实、准确，做到不遗不漏。

3.核实（2018年9月）。各村（社区）要成立由村务监督委员会或村（居）民主理财小组、各村（居）民小组组长和村（居）民代表参加（已参加集体资产清理小组的不得兼任集体资产核实小组成员）的集体资产核实小组，负责对清理登记的集体资产情况进行逐项逐笔核实，重点核实集体资产的数额、权属、台账与实物、处置与管理等情况。经过核实后的资产，要做到数额无误，产权明确，现状清楚。

4.公示（2018年9月）。核实结束后，由集体资产核实小组负责将经过核实的集体资产情况逐项逐笔在村务公开栏中进行公示，公示时间不得少于7天。或通过发放明白纸等形式，向农民群众和有关当事人征求意见。公示期间，各村（社区）要安排清理核实人员接待农民群众的咨询和反映，并认真做好记录和解释工作。农民群众对集体资产情况有异议的，要认真进行核查再公示，直至农民群众认可。对核查不清或有权属争议的集体资产，不得进入确认程序，列为“待处理问题”，上报镇以上集体资产清产核资工作领导小组办公室。

5.确认（2018年10月）。清产核资工作结果经公示无异议后，按照有关规定召开村（居）民会议或村（居）民代表会议，通报确认清查核实结果，登记造册，建立集体资产监管台账，并由村“两委”和村务监督委员会负责人以及财务人员等分别签字确认。

6. 上报（2018 年 10 月）。经过村（居）民会议或村（居）民代表会议确认通过的集体资产清理结果，由村“两委”和村（社区）会计、村（居）民主理财小组组长分别签字后，上报镇集体资产清产核资工作机构审核，再经镇农村集体产权制度改革工作机构核定同意后，逐级汇总上报。

7. 重点检查（2018 年 11 月）。组织力量对镇村开展清产核资工作情况进行重点检查，检查面不少于 30%。检查的重点内容是工作要求落实情况、清理登记情况、核实确认情况等。对检查中发现的问题，及时督促整改。

8. 总结验收（2018 年 11 月）。镇集体资产清产核资工作机构要指导辖区内村（社区）开展填报数据工作，校验核对数据，确认无误后报送市农村集体产权制度改革领导小组办公室审核汇总。

（三）科学确认成员身份（2018 年 11 月至 2019 年 4 月）

1. 研究制定政策（2018 年 11 月）。科学制定农村集体经济组织成员身份确认的指导意见，确保全市范围内相关政策基本一致。

2. 民主协商确认（2018 年 12 月至 2019 年 4 月）。召开集体经济组织成员（代表）会议，依法按照民主程序合理确认集体经济组织成员身份，要注意协调平衡各方利益，既得到多数人认可，又防止多数人侵犯少数人权益，同时要切实保护妇女合法权益，做到公开、民主、全面、准确。

（四）推进股份合作制改革（2019 年 4 月至 2019 年 10 月）

根据集体资产类型和存量，选择不同的改革方式。

1. 有序推进经营性资产股份合作制改革（2019 年 4 月至 2019 年 8 月）。主要是将经营性资产折股量化到集体经济组织每个成员，发展农民股份合作，健全资产运营的管理、监督和收益分配机制。

2. 积极推进资源性资产股份合作（2019 年 8 月 –2019 年 10 月）。加快农村各类产权确权登记颁证工作、引导稳步推进农村土地股份合作、积极开展集体未承包到户资源股份合作、鼓励发展旅游资源股份合作等。

（五）积极探索农村集体经济的有效实现形式（完成股份合作制改革之后）

主要内容包括：加快建立健全农村集体经济组织、发展壮大农村集体经济、维护集体经济组织合法权益、规范农村集体产权流转和交易。

六、保障措施

（一）加强组织领导。建立市级督促指导、镇级组织实施的领导体制和工作机制。醴陵市农村集体产权制度改革领导小组要加强组织领导和协调指导，确保农村集体产权制度改革工作稳步推进。各镇（街道、长庆示范区）党（工）委书记是第一责任人，要亲自挂帅，承担领导责任。镇村农村集体产权制度改革工作机构要充分发挥作用，切实履职，对改革工作提供政策支持和业务指导。

（二）保障工作经费。市财政局要设立农村集体产权制度改革专项经费，并把工作经费纳入财政年度预算，保障工作顺利进行。农村集体产权制度改革工作不得向农民收取费用。

（三）严格督查考核。把推进农村集体产权制度改革、发展壮大农村集体经济工作纳入镇（街道、长庆示范区）绩效考核内容。对成绩突出、贡献较大的人员，在评先、评优推优、提拔使用时，予以优先考虑；对工作推动不力、进展不快、大局不稳的镇（街道、长庆示范区），要约谈党政主要领导、问责相关人员。建立督查总结评估制度，及时掌握和通报农村集体产权制度改革工作开展情况。

（四）广泛宣传培训。充分利用广播、电视、报刊、新媒体等形式开展广泛宣传，让农民群众知晓改革的目的、意义、方式，了解改革、拥护改革，参与改革。要加大对基层业务人员的培训力度，通过集中授课、观摩交流、专题讲座等方式，提高各相关单位党政负责人和工作人员的政策水平和工作能力，培养一批熟悉政策、业务能力强的骨干力量。要加快建立市镇农村集体产权制度改革辅导员队伍，深入基层，宣传指导改革工作。市镇村要指定专人负责政策解读和业务咨询。大力培育新型农民，加强农村集体经济人才培养力度。

（五）严肃工作纪律。改革过程中，要切实保障农民群众民主权益，做好群众思想工作，防止工作简单化和少数人说了算。要落实属地管理责任，对因在改革过程中不民主、不公开、不透明或弄虚作假等不履行或不正当履行工作职责，引发信访突出问题、恶性事件或群体性事件，造成不良影响和严重后果的，应当追究相关责任人的责任。对非法侵占、哄抢、平调、挪用、私分和损坏集体资产的，要如数退赔；涉嫌违规违纪、公职人员职务违法犯罪的移交纪检监察机关处理，构成犯罪的移交司法机关依法追究责任人的刑事责任。认真做好农村产权纠纷调解仲裁和司法救济工作，确保把矛盾化解在基层，消除在萌芽状态，为全市农村集体产权制度改革创造良好的社会环境。

中共醴陵市委办公室　醴陵市人民政府办公室关于印发《醴陵市农村人居环境整治三年行动方案（2018—2020年）》的通知

醴办发〔2018〕23号

各镇党委、人民政府，各街道党工委、办事处，长庆示范区党工委、管委会，市直各单位，驻醴各单位：

《醴陵市农村人居环境整治三年行动方案（2018—2020年）》已经市委、市人民政府同意，现印发给你们，请认真贯彻执行。

中共醴陵市委办公室
醴陵市人民政府办公室
2018年10月17日

醴陵市农村人居环境整治三年行动实施方案（2018－2020年）

为推动乡村振兴战略实施，落实《中共中央办公厅国务院办公厅关于印发〈农村人居环境整治三年行动方案〉的通知》（中办发〔2018〕5号）、《中共湖南省委办公厅湖南省人民政府办公厅关于印发〈湖南省农村人居环境整治三年行动实施方案（2018—2020年）〉的通知》（湘办发〔2018〕24号）和《中共株洲市委办公室株洲市人民政府办公室关于印发〈株洲市农村人居环境整治三年行动实施方案（2018—2020年）〉的通知》（株办发〔2018〕25号）等文件精神，加快推进我市农村人居环境整治，进一步提升农村人居环境水平和生态质量，制定本实施方案。

一、总体要求

（一）指导思想

全面贯彻中共十九大精神，以习近平新时代中国特色社会主义思想，紧紧围绕统筹推进“五位一体”（经济建设、政治建设、文化建设、社会建设、生态文明建设—着眼于全面建成小康社会、实现社会主义现代化和中华民族伟大复兴，中共十八大报告对推进中国特色社会主义事业作出“五位一体”总体布局）总体布局和协调推进“四个全面”（全面建成小康社会、全面深化改革、全面依法治国、全面从严治党）战略布局，坚持以人民为中心，牢固树立和贯彻落实新发展理念，坚持农业农村优先发展，坚持绿水青山就是金山银山，坚持城乡统筹、生产生活生态统筹，遵循乡村发展规律，结合污染防治和精准脱贫攻坚战，以建设“产业生态化、居住城镇化、风貌特色化、特征民族化、环境卫生化”的美丽宜居村庄为导向，以村庄规划管理、农村生活垃圾治理、农村生活污水治理、农村厕所革命和村容村貌提升为主攻方向，动员各方力量，整合各种资源，强化各项举措，加快补齐我市农村人居环境短板，逐步解决城乡发展不平衡、农村发展不充分的矛盾，增强农民群众获得感和幸福感，全面建成小康社会，建成富强美丽幸福文明新醴陵。

（二）基本原则

1. 以人为本，共建共享。尊重村民主体地位，发挥村民主体作用，尊重群众意愿，依靠群众力量，充分发挥党员示范带头作用，建立政府、村集体、村民等各方共谋、共建、共管、共评、共享机制，动员村民投身人居环境整治，共享乡村振兴成果。

2. 因地制宜，分类推进。依据本地资源优势、经济水平，尊重农民意愿，既尽力而为，又量力而行。结合全面建成小康社会有关要求，确定重点整治任务、整治目标、建设标准和技术模式，坚持先易后难、规范标准、示范引领、全面推进，不搞“一刀切”。注重实际效果，杜绝形象工程、政绩工程。

3. 突出保护，留住乡愁。统筹兼顾农村田园风貌保护和生态环境治理，慎砍树、禁挖山、不填湖、少拆房，彰显乡村、自然、本土特色。促进人与自然和谐共生，村庄形态与自然环境相得益彰。

4. 建管并重，注重长效。坚持先建机制、后建工程，合理确定投融资模式和运行管护方式，加大农村基础设施和公共服务设施建设力度，补齐短板。建立健全长效管护机制，强化日常检查，确保设施长期稳定运行。

5. 落实责任，形成合力。按照“市统筹、镇负责、村落实”的原则，市级负责全面统筹推进，市直各部门按职责要求做好本行业的统筹、协调、督促、指导等工作；各镇（街道、长庆示范区）是责任主体和实施主体；各村(社区)负责具体工作落实，建立上下联动、部门协作、高效有力的工作推进机制，全面组织实施农村人居环境整治工作。

（三）工作目标

2018—2020年，把改善农村人居环境作为全市乡村振兴战略的“第一场硬仗”，结合脱贫攻坚、三创四化、河长制等工作，坚持统筹规划，分类指导，实施农村人居环境整治“五大工程”，深入开展治山、治水、治土、治房、治路“五治”行动，全面启动全市249个村（社区）人居环境整治行动，结合美丽乡村创建工作重点打造20个农村人居环境市级示范村。到2020年，实现人居环境治理全面提升，实现农村生活垃圾分类减量和处置体系全覆盖，村庄日常保洁机制全面建立，农户卫生厕所普及率达到100%，有条件的村配备公共厕所，厕所粪污基本得到处理或资源化利用，村内主要道路全部硬化，全面规范农村建房秩序，乡村建设规划许可率达到100%，村容村貌显著提升，人居环境管护长效机制全面建立。

二、重点任务

（一）实施农村环境污染整治工程

1.推进农村生活垃圾治理。统筹考虑生活垃圾和农业生产废弃物处理、利用，建立健全农村生活垃圾收运处置体系。抓好农村垃圾标准化处理，以村为单位，按照“六有”（有规章制度、有设施设备、有治理技术、有保洁队伍、有资金保障、有考核奖励）标准，构建农村垃圾治理模式。科学选定垃圾处理模式，对距离城区无害化垃圾处理场20公里内的镇，采取“户分类、村收集、镇转运、市处理”的城乡一体化治理模式；交通不便、运距较远的村镇，采取“户分类、村收集、镇处理”的集中治理模式；极少数偏远村采取“户分类、村收集、村处理”的分散治理模式。加强镇中转处理设施建设。建立镇垃圾中转站，相邻镇可共建共享，优先安排主要河流沿线、主要交通干道沿线和景区景点周边的中转站建设，并按规定配置集镇垃圾收集设施、清扫工具和收集车辆。无法纳入城乡一体化治理的偏远村镇，可按“适当集中、连片治理、区域共享”的要求，合理布局，科学选择建设地址和处理工艺，分片区建设垃圾处理设施。配备必要的转运车辆及设备，逐步提高转运设施及环卫机具的卫生水平，普及密闭运输车辆，有条件的应配置压缩式运输车。对村镇开展非正规垃圾堆放点和河道水面漂浮垃圾清理整治，整治“垃圾山”“垃圾岛”“垃圾围村”和工业污染“上山下乡”等现象，实现村庄周边无垃圾积存，街头巷尾、集贸市场干净通畅，房前屋后整齐清洁，交通沿线、景区周围无垃圾的目标。禁止直接焚烧垃圾，逐步取缔二次污染严重的小型焚烧炉。2018年，新增对垃圾进行处理的行政村30个左右，提升生活垃圾治理水平行政村（社区）37个，全市对垃圾进行处理的行政村比例达到90%，培育2个镇开展农村生活垃圾就地分类和资源化利用的试点。2019年，基本完成农村生活垃圾治理任务。2020年，提升生活垃圾治理水平行政村（社区）52个，全面完成农村生活垃圾治理任务，基本完成较大规模的非正规垃圾堆放点和漂浮垃圾整治，实现镇垃圾收转设施和处理设施全覆盖。

2.同步推进农村生活污水治理和厕所革命。突出治水，清洁农村。全面落实河长制，深入实施“还我一湖清水”专项行动，重点治理“五江十四水”，抓好渌江、澄潭江、铁河流域及官庄水库、望仙桥水库、雪峰山水库、藕塘水库、周坊水库等安全饮用水源地的保护，开展辖区内江河水系污染地段专项综合治理。全面取缔、整改农家乐，打击非法采沙、洗沙行为，采取设置必要的防护设施、设立警示标志等措施，禁止向水域倾倒垃圾杂物、排放生产生活污水等行为，全面提升全市河道保洁管理水平，逐步实现全市河道“水清、河畅、岸绿、景美”的保洁目标。加强污水治理，根据农村区位条件、人口数量和聚集程度、经济发展水平和污水产生规模，因地制宜采用“污水管网管集镇、人工湿地管人口集中聚居点、化粪池管农户”的建设模式，加大农村生活污水治理力度。集镇区域建设集中式农村生活污水处理设施；城市和集镇近郊的村庄，生活污水优先考虑就近纳入城市和乡镇污水收集管网集中统一处理；城镇污水管网短期内覆盖不到的村庄集聚点，推广四格净化池+小型人工湿地或集中式无（微）动力等低成本、低能耗、易维护、高效率的污水处理设施，处理农户家庭生活污水和厕所污水。坚持控污与治污并重，以房前屋后河塘沟渠为重点实施清淤疏浚，采取综合措施恢复水生态，逐步消除农村黑臭水体，全面完成明兰河、店香河等十个重点污水河段治理任务。加强已建成设施运行管理，逐步将小型污水处理设施、各类人工湿地纳入有效监管，推广农村生活污水统筹治理，落实镇污水处理收费政策。积极开展农村厕所革命，农村新建住房、危房改造、易地扶贫搬迁等农民安居工程同步配套建设无害化卫生厕所，加快推进农户卫生厕所改造（新建）。2018年，开展农村生活污水处理试点，新增对生活污水进行治理的行政村（社区）56个，完成8161户卫生厕所改造（新建）任务；2019年，具备条件的村基本建成集中或分散的生活污水处理设施，新增对生活污水进行治理的行政村（社区）56个，对污水进行处理的行政村比例达到40%，完成11030户卫生厕所改造（新建），达到应改造任务的50%；2020年，新增对生活污水进行治理的行政村（社区）74个，对污水进行处理的行政村比例达到50%左右，实现镇生活污水处理设施全覆盖,建制镇生活污水处理率达到70%以上，基本消除镇建成区黑臭水体，完成2869户卫生厕所改造（新建）,全面完成全市农村卫生厕所改造（新建）任务，全市100%的农户用上卫生厕所，行政村均配套建设公共厕所。

3.开展农业清洁生产。突出治土，净化农村。坚持“预防为主、保护优先、风险管控”原则，严控新增污染、逐步减少存量，促进土壤资源安全、持续利用。确保粮食安全，对严格管控区耕地进行种植结构调整，2018年完成种植结构调整面积5.61万亩，2019年完成9万亩，2020年完成11.9万亩。加快推进农业生产废弃物资源化利用，以农用有机肥和农村能源为主要利用方向，开展畜禽粪污和厕所粪污的资源化利用，引导农民开展秸秆还田、秸秆养畜，规范农药包装物、农膜等废弃物管理，减少农业生产废弃物污染。采取肥料化、饲料化、燃料化、基料化、原料化等多种途径，着力提升农作物秸秆的综合利用水平。加快可降解地膜应用，培育地膜回收市场主体，鼓励地膜生产企业直接回收利用。实施废弃农药包装物押金制度，探索基于市场机制的回收处理机制，对废弃农药包装物实施无害化处理和资源化利用，实现化肥农药使用量零增长。2018年，畜禽粪污资源化利用率达到75%，农作物秸秆综合利用率达到83.5%；2019年，分别达到90%、84.5%；2020年，分别达到90%、85%。

（二）实施村容村貌改善工程

1.加强山林系统治理。突出治山，绿化农村。推行山长制，落实“三严”（严格封山育林、严抓林地管理、严防森林火灾）职责，加快推进山体绿化修复和资源保护。开展国土绿化行动，推进重点区域水土流失综合治理。实施乡村绿化行动，强化古树名木保护管理。积极开展村庄“五边”造林植树活动，进一步扩大植绿补绿范围，引导农户选用本地乡土树种，在村庄周边、庭院宅旁、村内道路河渠两侧栽植树木花卉。2020年，全市村庄绿化覆盖率达到50%以上，70%以上村庄达到绿色村庄标准。

2.加强农村公共空间整治。实施“农村公共空间整治行动”，大力整治集镇、村庄公共空间和庭院环境，及时清理乱搭乱建、乱拉乱挂、乱堆乱放、乱停乱摆等现象，规范广告牌匾、霓虹灯设置等；抓好农村幸福屋场、美丽庭院建设。各村（社区）依托村部和乡村空闲地、主道墙壁、围挡等设施，大力开展“门口小广场”“乡村文化墙”建设，将文化设施建到老百姓的家门口。2018年，全市有村级文化墙、组级小广场的村达65%；2019年，全市有村级文化墙、组级小广场的村达90%；2020年，达到“村村有文化墙、组组有小广场”。

3.规范村民建房管理。突出治房，美化农村。实施“湖湘农民新居工程”，提升农村建筑风貌，开展田园建筑示范。推动建设具有地域特点、民族特色和时代特征的农村建筑，引导农民住房向镇区、集镇和集中居住点集中，严格按村级规划进行建设，新建房屋适用、经济、美观，风貌统一，结构安全，体现地方传统特色。严格执行农村建房“一户一宅”和“建新拆旧”政策，利用土地增减挂钩政策，盘活农村闲置宅基地、闲置房屋等资产,优化配置资源，增加农民收入，化解用地矛盾。加快推进危房改造改建，拆除空心破败房，结合脱贫攻坚，重点帮助特困农户进行危房改造。2018—2019年共完成844户农村危房改造；2020年，基本完成农村危房改造和空心破败房整治。

4.实施“传统村落保护工程”。建立健全传统村落、民居保护机制，有效保护历史文化名镇名村，落实《醴陵市人民政府关于加强醴陵市沩山镇沩山村保护管理的通告》（醴政告〔2017〕5号）文件精神，开展沩山镇沩山村传统村落的保护与申报工作。对村庄古树名木挂牌建档，挖掘古树名木的历史文化和景观价值。开展特色景观旅游名镇名村创建，推动传统村落合理有序发展乡村旅游、特色旅游。2018年，完成1227棵古树名木的建档工作;2019年，完成全市1227棵古树名木的挂牌工作；2020年，基本完成全市村庄古树名木挂牌建档工作。

5.开展城乡环境卫生和农村环境综合整治行动。深入开展农村环境综合整治三年行动，加大镇容环境卫生整治力度，重点整治“六乱”（乱搭乱建、乱堆乱放、乱设摊点、乱拉乱挂、乱贴乱写乱画、乱扔乱吐）现象,坚决取缔马路市场；落实“门前三包”制度,重点规范临街水泥店、修车店、废品店、木材店、冥品店等有碍观瞻和影响镇容环境的店铺，确保卫生干净、堆码整齐、美观大方；重点整治106国道、省道313线、老320线、醴官线、桎马线等主要交通路线和各镇主干道环境卫生秩序，确保路面干净整洁、交通秩序井然，路旁无乱搭乱建、残垣断壁、乱堆乱放现象，可视范围无垃圾，沟渠排水畅通无杂物，行道树整齐有序。2018年新增完成环境综合整治行政村202个,农村环境综合整治实现全域覆盖。

（三）实施农村基础设施提升工程

1.继续推进农村水利设施建设。加强农村水利基础设施建设，重点建设“五小”水利工程。全面完成小型病险水库除险加固和中小河流治理建设任务，加强小型农田水利设施建设，逐步消除农田灌溉干旱死角，提高抗旱防洪除涝能力。推广农田水利“民办公助、以奖代补”建设模式，推进节水供水重大水利工程。实施农村饮水安全巩固提升行动，扩大集镇安全饮水辐射范围，对未通自来水的村庄，要从实际出发，全面安排，突出重点，分步实施，逐步解决用水问题；对已通自来水的村庄，要提高供水保障能力，确保供水质量，改善农村水环境，让家家户户都能用上洁净水、放心水。2018年，实现90%的镇、70%的行政村通自来水；2019年，实现100%的镇、78%的行政村通自来水；到2020年，实现85%的行政村通自来水。

2.完成农村电网改造升级。制定全市农村电网改造升级行动计划，按照新的建设标准和要求，加快推进农村电网升级改造，满足农村用电需求。对未达到标准的农村电网，按照新的建设标准和要求实施升级改造，重点解决低电压、“卡脖子”、重过载等问题。2018年新建改造3.75万千伏安，改造高低压线路420公里，2019年新建改造4.26万千伏安，改造高低压线路460公里，2020年新建改造3.21万千伏安，改造高低电压线路410公里，供电能力和服务水平显著提升。不断提高有路灯行政村比例，积极引导和推动在村庄主要出入口、主干道和公共活动空间合理设置路灯，优先选择使用太阳能路灯、LED路灯等新型路灯，鼓励选择与村落风貌相宜的路灯造型。2020年，全市行政村亮化比例达到80%以上。

3.推进“四好农村路”建设。突出治路，畅通农村。将农村道路建设与美丽乡村、全域旅游、产业发展紧密结合，带动农村经济发展。加强农村公路管理和养护，继续推行路长制，建立健全“县道县养、乡道乡养、村道村养”分层管养维护机制。落实成品油税费改革政策，加强“窄路加宽”和通村组道路建设，开展示范镇美丽农村公路建设试点。完善农村客运网络体系，提高农村客运班车通达率，打通农村公路的“最后一公里”。合理布局村庄道路，优化通村路线，村内主街道参照公路工程技术标准建设，背街小巷突出乡土特色。2018年，新增10个25户以及100人以上的自然村通水泥（沥青）路建设。到2019年，新增429个25户以及100人以上的自然村通水泥（沥青）路建设。到2020年，全市县道、乡道、村道的等级路率分别达到100%、99%、98%，25户以及100人以上的自然村全部实现通水泥（沥青）路。

4.推进“气化醴陵”建设。重点推进“气化醴陵”长输管线建设，推动农村清洁能源和燃气下乡。在目前燃气覆盖全市24个镇（街道、长庆示范区）的基础上，力争2020年燃气普及率进一步提高。

5.提升农村信息化水平。继续落实农村通信任务，实现“广播村村响、电视户户通”。推进“光纤入户”和“数字乡村”建设，抓好“信息进村入户试点工程”建设，加快农村地区宽带网络和第四代移动通信网络覆盖步伐，全力搭建智慧平台，推动现代信息技术在乡村振兴战略各个环节的应用和深度融合。2018年全市村（社区）网络覆盖率达98%，光纤通达率达95%以上；2019年全市村（社区）网络覆盖率达99%，光纤通达率达97%以上；2020年完成覆盖率100%。

（四）实施特色村镇培育工程

1.加强村庄规划编制和管理。建立健全镇规划建设管理机制，加强村镇建设规划许可管理，同步加强批后监管。严格落实《株洲市农村村庄规划建设管理条例》，坚持推行“多规合一”，确保建设规划与土地利用总体规划、土地整治规划、环境保护规划、村土地利用规划、农村社区建设规划等充分衔接。加紧编制特色小镇、传统村落、重点镇生活垃圾和污水处理等实用性专项规划。2019年，基本实现村庄规划编制全覆盖；2020年，村镇建设规划许可率达到100%，村庄规划管理体系基本健全。

2.树立典型示范引领。采取相对集中、联点成片、镇村同建的方式科学布局，建设106国道美丽乡村示范长廊，开展40个美丽乡村试点建设，重点打造20个农村人居环境市级示范村（每个镇至少打造一个示范村）。2018年创建美丽乡村示范村15个。2019年创建美丽乡村示范村15个。到2020年，建成省级授牌美丽乡村示范村8个，建成株洲市级授牌美丽乡村示范村15个，农村人居环境整治市级示范村20个。

3.加快特色小镇建设。大力推进城乡一体化发展，统筹城市和城镇规划布局，加快扩权强镇步伐，根据株洲市特色小镇实施方案，全面推进我市白兔潭镇、东富镇、船湾镇、枫林镇等四个特色小镇建设。

（五）实施乡风文明创建工程

1.发挥农村基层党组织作用。大力推动乡村治理体制机制创新，进一步完善以村党组织为领导核心、村民议事会为议事主体、村民委员会为执行主体、村务监督委员会为监督主体的“四位一体”村级治理机制，推动村民议事会和村务监督委员会规范化运作，落实“四议两公开”“一事一议”等民主决策机制，实施人居环境整治项目公示制度，保障村民的知情权、参与权、决策权和监督权等，充分发挥农村基层党组织在农村工作中的主导作用。

2.完善村规民约。健全完善村规民约，将农村环境整治、公共基础设施建设管护、古树名木保护、村民建房、培养良好生活习惯等纳入村规民约，通过村民评议会、红白理事会等群众组织，引导村民自我教育、自我管理、自我约束，形成良好的社会风尚。

3.培育文明乡风。把培育文明健康生活方式作为农村精神文明建设的重要内容，提高农民文明卫生意识和健康意识，鼓励讲卫生、树新风、除陋习，摒弃乱扔、乱吐、乱贴等不文明行为，使优美的生活环境、文明的生活方式成为农民的内在要求，激发群众参与环境整治的内在动力。广泛开展文明村镇创建，加强动态管理，力争到2020年全市新增1个全国文明村镇、1个省级文明村镇，县级以上文明村镇比例达到50%以上。深化“文明家庭”“最美家庭”“五好家庭”建设，不断扩大文明家庭行动覆盖面和影响力，打造农民宜居宜业的美丽家园。

4. 推进移风易俗。遏制红白喜事大操大办、买码赌博、办酒泛滥、厚葬薄养等陈规陋习，倡导勤劳节俭，弘扬文明新风。深化殡葬改革，落实《株洲市殡葬管理办法》《关于党员干部带头推动殡葬改革的实施意见》（醴办发〔2015〕19 号）等文件精神，倡导农村殡葬新风、文明祭祀，推行节地生态安葬。合理规划农村治丧场所和公益性公墓布局，推进我市农村公益性公墓和集中治丧场所建设试点工作。加强农村科普工作，坚决抵制封建迷信活动。通过移风易俗，让广大农民成为“环境美、风尚美、人文美、生活美”的文明家园建设的主力军，广大农村形成遵纪守法、诚信明理、勤劳节俭、互助友善、崇德孝仁的良好社会生态。

三、运行机制

（一）落实市镇村三级责任机制

建立市镇村三级联动机制，坚持政府引导，村民主体，市委、市政府负责上下衔接、域内协调、督检考核等工作。各镇（街道、长庆示范区）党委和政府是农村人居环境整治的责任主体，党政主要负责同志负主体责任，要做好项目落地、资金使用、推进实施等工作，对实施效果负责。各村负责动员党员干部和村民完善村规民约，发动群众投工投劳开展农村人居环境整治。明确农民维护公共环境责任，庭院内部、门前屋后环境整治由村民自己负责，村内公共空间整治以村民自治或村集体经济组织负责，依靠村民的智慧和力量共建美好家园。

市直各有关部门要把农村人居环境整治作为实施乡村振兴战略的重要任务来部署和推动，实行重点安排，做到科学指导，加强督促协调，建立上下联动、部门协作、高效有力的工作推进机制，按职责要求做好本行业的统筹、协调、督促、指导及考核工作。市农业局牵头负责农村人居环境整治的组织发动、工作推进和督导考核，具体负责推进农业生产废弃物资源化利用、实施农村环境综合整治行动、美丽乡村示范创建等工作。市住建局牵头负责农村人居环境整治工作考核的对接协调（在省住建厅正式向省农委移交工作之前），具体负责村庄规划制定、城乡污水垃圾处理、厕所革命、照明设施、气化乡镇、农村建房管理、技术人员培训，实施“湖湘农民新居工程”和“传统村落保护工程”等工作。市城管局负责指导农村生活垃圾治理、整治农村集镇乱搭乱建和占道经营等工作。市水利局负责农村水利设施建设、农村水环境治理、饮水安全等工作。市卫计局负责城乡环境卫生创建行动、推进农村户用厕所普及等工作。市环保局负责推行城乡污水垃圾处理新模式等工作。市交通运输局负责“四好农村路”建设工作。市公路局负责农村公路的管理和养护、落实成品油税费改革政策。市林业局负责村庄绿化工作。市财政局负责资金筹措及建立管护经费保障制度等工作。市发改局负责做好项目统筹及建立污水垃圾处理农户缴费制度和管护经费保障制度、推广“四自两会三公开”（自选、自建、自管、自用，村委会、理事会，项目选择公开、理事会选举公开、工程建成后财务公开）监管机制等工作。市畜牧局负责开展畜禽粪污资源化利用等工作。市委组织部负责发挥农村基层组织作用等工作。市文明办负责培育乡风文明、推进移风易俗等工作。市国土资源局负责整合利用农村闲置土地、落实土地开发项目新增耕地指标。市民政局负责加强完善村规民约等工作。市供电公司负责农村电网改造升级等工作。市商务局负责发展乡村旅游、推动特色景观旅游名镇名村创建、集贸市场环境整治等工作。市经科信局负责实施“光纤入户”和数字乡村战略、制定农村电网改造升级行动计划等工作。其他相关部门参照有关责任分工，各司其职，各尽其责，制定好各自所承担工作的具体方案，明确时间表、任务书、路线图，采取有效措施，确保全市农村人居环境整治三年行动目标按期完成。

（二）建立社会参与的协作机制

充分调动社会力量积极参与农村人居环境整治工作。规范推广政府和社会资本合作（PPP）模式，通过特许经营等方式吸引社会资本参与农村垃圾、污水处理项目。引导有条件的地方将农村环境基础设施建设与特色产业、休闲农业、乡村旅游发展等有机结合，实现农村产业融合发展与人居环境改善互促互进。引导有关部门、社会组织、个人通过捐资捐物、结对帮扶等形式，支持农村人居环境设施建设和运行管护。倡导新乡贤文化，以乡情乡愁为纽带吸引和凝聚各方人士支持农村人居环境整治。

（三）建立长效的管护机制

围绕生活垃圾收运处理、道路修护、绿化养护、河道管护、公共设施维护等“多位一体”建设，加快健全农村人居环境长效管护机制。鼓励有条件的镇推行垃圾、污水处理统一规划、统一建设、统一运行、统一管理模式。结合美丽乡村建设、易地扶贫搬迁、农村危房改造、农村环境综合整治和农业、林业、水利到村项目统筹实施农村人居环境整治。按照政府主导、分级负担，集体补充、群众参与，社会支持、多元筹集原则，合理确定政府、村集体和农户出资责任，建立财政补助、村集体补贴、农户付费相结合的管护经费保障制度，并承担相应建设和管护职责。对污水垃圾集中处理、无害化卫生公厕等农村卫生公共服务设施的建设管护主要由政府出资；对户用厕所改造、户用小型污水处理等设施建设，由农户适当出资、政府给予奖补，日常管护以农户为主；村庄绿化、美化、亮化及道路硬化等建设，由村集体、农户适当出资，村民投工投劳，政府给予奖补，日常管护以村集体为主。配备村庄保洁员，建立村庄日常保洁制度，建立运行监督和激励机制。实施“农村建筑工匠培育工程”，开展建筑工匠培训，探索建立建房建筑工匠验收制度和公示制度。简化指标程序，支持村级组织和农村工匠带头人等承接村内环境整治、村内道路、植树造林等小型涉农工程项目。组织开展培训，把当地村民培养成为村内公益性基础设施运行维护的重要力量。鼓励推广“四自两会三公开”监管机制。

四、强化保障措施

（一）强化组织领导

按照“市统筹、镇负责、村落实”原则，建立全市农村人居环境整治工作责任机制。各级党委、政府要把农村人居环境整治工作摆上重要议事日程，设立专门的组织领导机构，与实施乡村振兴战略、加快经济社会发展同谋划、同部署、同落实。各相关职能部门要制定具体实施方案和评估机制，加强督促指导。各镇要落实专门班子和工作人员，制定实施方案、规划编制、资金管理等工作，确保工作进度。各示范村负责具体组织项目实施，相关资料收集建档，按期上报项目建设进度，确保项目如期完成。

（二）加大投入力度

采取以奖代补、先建后补等多种方式，充分发挥政府投资撬动作用。统筹整合相关专项资金，加大投入力度，合理保障农村人居环境基础设施建设和运行的资金。依法合规组织发行政府债券募集资金用于农村人居环境整治。鼓励农村集体经济组织通过依法盘活集体经营性建设用地、空闲农房及宅基地等途径，多渠道募集资金用于人居环境整治。加大金融支持力度，通过政策性金融机构，争取抵押补充贷款，依法合规提供信贷支持。鼓励各类金融机构加大信贷支持力度，在信贷投放计划安排上向农村人居环境整治倾斜。支持收益较好、实行市场化运作的农村基础设施重点项目开展股权和债权融资。

（三）严格督查考核

建立农村人居环境整治工作考核奖励机制，将农村人居环境整治工作纳入全市绩效考核范围，明确我市农村人居环境整治目标任务，完善考核验收标准和办法，制定《醴陵市农村人居环境整治考核验收办法》，建立月度工作调试机制，定期交流工作情况，通报工作进度。实行一季度一督查，一季度一考核，并严格兑现奖励。实行年度总评制度，考查评估结果向市委市政府报告。

醴陵市人民政府关于清理
规范 65 项市政府部门行政审批中介服务事项的通知

醴政发〔2018〕11 号

各镇人民政府、街道办事处，长庆示范区管委会，市直有关单位：

为进一步深化简政放权、放管结合、优化服务改革，根据国家、省和株洲市关于加快推进政府职能转变和深化行政审批制度改革的部署和要求，对照国务院、省人民政府和株洲市人民政府中介服务事项清理情况，市人民政府决定清理规范 65 项市政府部门行政审批中介服务事项。

各单位要加强组织领导，认真做好清理规范行政审批中介服务事项的落实工作，建立健全保障机制，加强事中事后监管，确保清理规范工作取得实效。要制定和完善本行业中介服务的规范和标准，指导和监督本行业中介服务机构建立相关制度，规范本行业中介服务机构及从业人员行为，细化服务项目、优化服务流程、提高服务质量，优化经济发展环境，促进中介服务市场健康发展。对于涉及公共安全的行政审批事项，中介服务事项清理规范后，要进一步强化监管措施，确保安全责任落实到位。

各单位要全面规范开展本单位行政审批中介服务清理工作，不断提高政府管理科学化、规范化水平。

附件：醴陵市清理规范的市政府部门行政审批中介服务事项目录（共计 65 项）

醴陵市人民政府
2018 年 2 月 22 日

醴陵市清理规范的市政府部门行政审批中介服务事项目录（共计 65 项）

表 19

序号	中介服务事项名称	设置中介服务事项的依据	对应行政审批及其他行政职权项目名称	主管部门	处理建议	备注
1	基金会法定代表人离任审计	《基金会管理条例》（国务院令第 400 号）	1. 社会团体成立、变更、注销登记 2. 民办非企业单位成立、变更、注销登记	市民政局	不再要求申请人提供法定代表人离任经济审计报告，改由审批部门委托有合法资质的机构审计	
2	基金会注销清算报告审计	《基金会管理条例》（国务院令第 400 号）	1. 社会团体成立、变更、注销登记 2. 民办非企业单位成立、变更、注销登记	市民政局	不再要求申请人提供注销清算审计报告，改由审批部门委托有合法资质的机构审计	
3	社会团体法定代表人离任审计	《社会团体登记管理条例》（国务院令第 250 号）	社会团体成立、变更、注销登记	市民政局	不再要求申请人提供法定代表人离任经济审计报告，改由审批部门委托有合法资质的机构编制	
4	社会团体注销清算报告审计	《社会团体登记管理条例》（国务院令第 250 号）	社会团体成立、变更、注销登记	市民政局	不再要求申请人提供注销清算审计报告，改由审批部门委托有合法资质的机构编制	
5	民办非企业单位法定代表人离任审计	《民办非企业单位登记管理暂行条例》（国务院令第 251 号）	社会团体成立、变更、注销登记	市民政局	不再要求申请人提供法定代表人离任经济审计报告，改由审批部门委托有合法资质的机构编制	
6	民办非企业单位注销清算报告审计	《民办非企业单位登记管理暂行条例》（国务院令第 251 号）	社会团体成立、变更、注销登记	市民政局	不再要求申请人提供注销清算审计报告，改由审批部门委托有合法资质的机构编制	
7	基层法律服务所登记	《基层法律服务所管理办法》（2017 年 12 月 25 日司法部令第 137 号修订，自 2018 年 2 月 1 日施行）	基层法律服务所设立及工作者执业核准登记	市司法局	申请人可按要求自行出具资金证明，也可委托有合法资质的机构出具验资报告，主管部门不得以任何形式要求申请人必须委托特定中介机构提供服务	
8	机动车安全技术检验	《中华人民共和国道路交通安全法》 《机动车登记规定》（公安部令第 124 号）	机动车登记、检验合格证标志及临时通行牌证核发	市交警大队	申请人应委托有合法资质的机构检验，主管部门不得以任何形式要求申请人必须委托特定中介机构提供服务	
9	机动车驾驶员培训	《中华人民共和国道路交通安全法》 《机动车驾驶员培训管理规定》（交通部令 2006 年第 2 号）	机动车驾驶证核发、审验	市交警大队	申请人应委托有合法资质的机构培训，主管部门不得以任何形式要求申请人必须委托特定中介机构提供服务	

续表 20-1

序号	中介服务事项名称	设置中介服务事项的依据	对应行政审批及其他行政职权项目名称	主管部门	处理建议	备注
10	消防设施检测	《中华人民共和国消防法》 《建设工程消防监督管理规定》（公安部令第 119 号）	建设工程消防设计审核与验收	市消防大队	申请人可委托有合法资质的机构编制，主管部门不得以任何形式要求申请人必须委托特定中介机构提供服务；审核部门保留现有的消防设计文件技术评估、评审	
11	计量测试检定	《中华人民共和国计量法》 《中华人民共和国计量法实施细则》	计量器具制造、修理许可证核发	市食药工商质监局	除法律法规有明确规定的项目外，申请人应委托有合法资质的机构开展，主管部门不得以任何形式要求申请人必须委托特定中介机构提供服务	
12	交通建设项目造价文件编制	《湖南省建设工程造价管理办法》（湖南省人民政府令第 192 号） 《公路工程基本建设项目概算预算编制办法》（JTGB06–2007）及《公路工程概算定额》（JTG/TB06–01–2007）、《公路工程预算定额》（JTG/TB06–02–2007）、《公路工程机械台班费用定额》（JTG/TB06–03–2007）（交通部公告 2007 年 33 号）	省立项的国道、省道建设项目施工许可及竣工验收	市交通运输局	申请人可按要求自行编制造价文件，也可委托有合法资质的机构编制，主管部门不得以任何形式要求申请人必须委托特定中介机构提供服务	
13	公路建设监理	《中华人民共和国公路法》	省立项的国道、省道建设项目施工许可及竣工验收	市交通运输局	申请人应委托有合法资质的机构进行监理，主管部门不得以任何形式要求申请人必须委托特定中介机构提供服务。保留交通主管部门现有的项目监管职能	
14	设立民办职业培训机构申请人验资	《湖南省人力资源和社会保障厅关于印发〈湖南省促进民办职业培训实施办法（修订）〉的通知》（湘人社发〔2014〕48 号）	民办职业培训机构审批	市人社局	申请人应委托有合法资质的机构提供验资，主管部门不得以任何形式要求申请人必须委托特定中介机构提供服务	
15	经营劳务派遣业务申请人验资	《劳务派遣行政许可实施办法》（人力资源社会保障部部长令 19 号）	劳务派遣行政许可	市人社局	申请人可按要求自行证明注册资本，也可委托有合法资质的机构证明，主管部门不得以任何形式要求申请人必须委托特定中介机构提供服务	
16	竣工验收地籍测绘	《中华人民共和国测绘法》 《湖南省土地开发整理条例》	供地、临时用地、集体建设用地许可	市国土资源局	申请人应委托有合法资质的机构编制，主管部门不得以任何形式要求申请人必须委托特定中介机构提供服务	
17	地质灾害危险性评估报告编制	《地质灾害防治条例》（国务院令第 394 号）	供地、临时用地、集体建设用地许可	市国土资源局	申请人应委托有合法资质的机构编制评估报告，主管部门不得以任何形式要求申请人必须委托特定中介机构提供服务	

续表 20-2

序号	中介服务事项名称	设置中介服务事项的依据	对应行政审批及其他行政职权项目名称	主管部门	处理建议	备注
18	编制土地复垦方案	《土地复垦条例》（国务院令第 592 号）	供地、临时用地、集体建设用地许可	市国土资源局	申请人可按要求自行编制，也可委托有合法资质的机构编制，主管部门不得以任何形式要求申请人必须委托特定中介机构提供服务；保留主管部门现有的方案技术评估、评审	
		《湖南省临时用地管理办法》（湖南省人民政府令第 140 号）				
19	矿产资源开发利用方案编制	《中华人民共和国矿产资源法》	采矿权许可	市国土资源局	申请人可按要求自行编制方案，也可委托有合法资质的机构编制，主管部门不得以任何形式要求申请人必须委托特定中介机构提供服务；保留主管部门现有的方案技术评估、评审	
		《矿产资源开采登记管理办法》（2014 年 7 月 9 日国务院修订）				
		《国土资源部关于矿产资源勘查登记开采登记有关规定的通知》（国土资发〔1998〕7 号）				
20	矿山地质环境保护与恢复治理方案；地质灾害危险性评估报告编制	《矿山地质环境保护规定》（国土资源部令第 44 号）	采矿权许可	市国土资源局	申请人可按要求自行编制方案，也可委托有合法资质的机构编制，主管部门不得以任何形式要求申请人必须委托特定中介机构提供服务；保留主管部门现有的方案技术评估、评审	
		《土地复垦条例》（国务院令第 592 号）				
		《国土资源部办公厅关于做好矿山地质环境保护与治理恢复方案编制审查及有关工作的通知》（国土资厅发〔2009〕61 号）				
		《国土资源部关于组织土地复垦方案编报和审查有关问题的通知》（国土资发〔2007〕81 号）				
		矿山地质环境综合防治方案编制				
21	矿产资源储量报告编制	《中华人民共和国矿产资源法》	采矿权许可	市国土资源局	申请人可按要求自行编制方案，也可委托有合法资质的机构编制，主管部门不得以任何形式要求申请人必须委托特定中介机构提供服务；保留主管部门现有的报告技术评估、评审	
		《矿产资源开采登记管理办法》（2014 年 7 月 9 日国务院修订）				
		《国土资源部关于印发〈矿山储量动态管理要求〉的通知》（国土资发〔2008〕163 号）				
		《矿产资源监督管理暂行办法》（1987 年 4 月 29 日国务院发布）				
		《矿产资源登记统计管理办法》（国土资源部令第 23 号）				

续表 20-3

序号	中介服务事项名称	设置中介服务事项的依据	对应行政审批及其他行政职权项目名称	主管部门	处理建议	备注
22	土地价格评估	国土资源部《招标拍卖挂牌出让国有土地使用权规范》(试行)和《协议出让国有土地使用权规范》(试行)(国土资发〔2006〕114号)、湖南省国土资源厅办公室《关于进一步规范国有建设用地使用权出让地价评估管理的通知》	供地、临时用地、集体建设用地许可	市国土资源局	由主管部门采取公开方式从《株洲市土地一级市场评估中介机构备选库名单中选取中介机构进行评估	
23	矿业权评估或询价评估	《湖南省矿业权评估管理办法》(湘国土资发〔2010〕25号)	采矿权许可	市国土资源局	由主管部门委托有合法资质的机构进行评估	
24	矿山地质环境综合防治方案编制	《湖南省地质环境保护条例》 《关于调整〈矿山地质环境保护综合防治方案〉编审有关事项的通知》(湘国土资办发〔2016〕42号)	采矿权许可	市国土资源局	申请人可按要求自行编制矿山地质环境综合防治方案，也可委托有合法资质的机构编制。主管部门不得以任何形式要求申请人必须委托特定中介机构提供服务	
25	矿业权转让鉴证和公示	《国土资源部关于建立健全矿业权有形市场的通知》(国土资发〔2010〕145号) 《湖南省国土资源厅关于清理规范矿业权审批和中介服务相关事项的通知》(湘国土资发〔2016〕22号)	采矿权许可	市国土资源局	不再要求矿业权人委托矿业权交易机构进行鉴证和公示，改由主管部门在门户网站和矿业权配号系统中发布矿业权转让公示信息	
26	采矿许可证遗失声明	《国土资源部关于进一步完善采矿权登记管理有关问题的通知》(国土资发〔2011〕14号)	采矿权许可	市国土资源局	对采矿许可证遗失或损毁申请补发的，不再要求申请人委托媒体刊登遗失声明	
27	建设工程使用主要建筑材料、建筑构配件和设备的检测	《建设工程质量管理条例》(国务院令第279号)	建筑工程施工许可证核发	市住建局	申请人应委托有合法资质的机构进行检测，主管部门不得以任何形式要求申请人必须委托特定中介机构提供服务	
28	编制建设工程规划设计方案	《中华人民共和国城乡规划法》 《湖南省实施〈中华人民共和国城乡规划法〉办法》	城市、镇规划区内建设工程规划许可	市住建局	申请人应委托有合法资质的机构编制，主管部门不得以任何形式要求申请人必须委托特定中介机构提供服务	
29	数字线划图测绘	《湖南省实施〈中华人民共和国城乡规划法〉办法》 《湖南省建设项目选址规划管理办法》	以划拨方式提供国有土地使用权的建设项目选址意见书核发	市住建局	申请人应委托有合法资质的机构编制，主管部门不得以任何形式要求申请人必须委托特定中介机构提供服务	

续表 20-4

序号	中介服务事项名称	设置中介服务事项的依据	对应行政审批及其他行政职权项目名称	主管部门	处理建议	备注
30	规划技术审查	《国务院关于加强城乡规划监督管理的通知》（国发〔2002〕13 号） 《湖南省实施〈中华人民共和国城乡规划法〉办法》 《湖南省城市规划审查技术规则》	城市、镇规划区内建设工程规划许可	市住建局	由主管部门委托有合法资质的机构进行规划技术论证	
31	建筑物定点放线、规划核实测量	《湖南省实施〈中华人民共和国城乡规划法〉办法》 《城市测量规范》（CJJ/T8 - 2011）	城市、镇规划区内建设工程规划许可	市住建局	申请人应委托有合法资质的测量机构进行定点放线，主管部门不得以任何形式要求申请人必须委托特定中介机构提供服务	
32	竣工验收房产测绘	《商品房销售管理办法》（建设部令第 88 号） 《房产测绘管理办法》（建设部、国家测绘局令第 83 号）	建设工程竣工验收备案	市房产局	申请人应委托经房产行政主管部门备案且具有合法资质的机构进行房产测绘，主管部门不得以任何形式要求申请人必须委托特定中介机构提供服务	
33	保障公路、公路附属设施质量和安全的技术评价报告编制	《公路安全保护条例》（国务院令第 593 号）	在县道上涉及公路安全施工许可	市公路局	申请人可按要求自行编制技术评价报告，也可委托有合法资质的机构编制，主管部门不得以任何形式要求申请人必须委托特定中介机构提供服务；保留主管部门现有的技术评价报告技术评估、评审	
34	编制水利基建项目初步设计报告书	《国务院关于加强公益性水利工程建设管理若干意见》（国发〔2000〕20 号） 《水利工程建设程序管理暂行规定》（水利部水建〔1998〕16 号）	水利工程初步设计文件审批	市水利局	申请人应委托有合法资质的机构编制，主管部门不得以任何形式要求申请人必须委托特定中介机构提供服务；保留主管部门现有的报告书技术评估、评审	
35	建设项目水资源论证	《取水许可和水资源费征收管理条例》（国务院令第 460 号） 《取水许可管理办法》（水利部令第 34 号） 《建设项目水资源论证管理办法》（水利部、国家发展计划委员会令第 15 号）	权限内取水许可审批	市水利局	申请人可按要求自行编制报告书，也可委托有合法资质的机构编制，主管部门不得以任何形式要求申请人必须委托特定中介机构提供服务；保留主管部门现有的报告书技术评估、评审	

续表 20-5

序号	中介服务事项名称	设置中介服务事项的依据	对应行政审批及其他行政职权项目名称	主管部门	处理建议	备注
36	生产建设项目水土保持方案编制	《中华人民共和国水土保持法》	权限内开发建设项目水土保持方案审批	市水利局	申请人可按要求自行编制水土保持方案，也可委托有合法资质的机构编制，主管部门不得以任何形式要求申请人必须委托特定中介机构提供服务；保留主管部门现有的水土保持方案技术评估、评审	根据株政办函〔2015〕68 号文件精神，在全省水土保持规划未出台之前，暂停城区一般建筑工程水土保持方案编制及审批（新增建设用地的项目一次性开工动土面积超过 50 亩的除外）
37	生产建设项目水土保持监测	《中华人民共和国水土保持法》	权限内开发建设项目水土保持方案审批	市水利局	申请人可按要求自行编制报告，也可委托有合法资质的机构编制，主管部门不得以任何形式要求申请人必须委托特定中介机构提供服务；主管部门完善标准，按要求开展现场核查	
38	生产建设项目水土保持设施验收技术评估	《中华人民共和国水土保持法》 《开发建设项目水土保持设施验收管理办法》（水利部令第 16 号）	权限内开发建设项目水土保持方案审批	市水利局	由主管部门委托有合法资质的机构进行技术评估	
39	河道管理范围内建设项目防洪评价	《中华人民共和国防洪法》 《中华人民共和国河道管理条例》（国务院令第 3 号） 《湖南省实施〈中华人民共和国河道管理条例〉办法》（湖南省人民政府令第 43 号） 《河道管理范围内建设项目管理的有关规定》（水政〔1992〕7 号）	权限内防洪影响评价审批（权限内河道管理范围建设项目涉河管理事项审批）	市水利局	申请人可按要求自行编制评价报告，也可委托有合法资质的机构编制，主管部门不得以任何形式要求申请人必须委托特定中介机构提供服务；保留主管部门现有的评价报告技术评估、评审	

续表 20-6

序号	中介服务事项名称	设置中介服务事项的依据	对应行政审批及其他行政职权项目名称	主管部门	处理建议	备注
40	水利工程是否符合流域治理、开发、保护要求或防洪要求专题论证	《水利工程建设规划同意书制度管理办法》（水利部令第 31 号）	权限内防洪影响评价审批（水工程防洪规划审批）	市水利局	申请人可按要求自行编制报告，也可委托有合法资质的机构编制，主管部门不得以任何形式要求申请人必须委托特定中介机构提供服务；保留主管部门现有的专题论证报告技术评估、评审	
41	建设项目环境影响评价报告书（表）编制	《中华人民共和国环境影响评价法》《建设项目环境保护管理条例》（国务院令第 682 号）	权限内建设项目环境影响报告书（表）审批	市环保局	申请人应委托有合法资质的机构编制环境影响评价报告书（表），主管部门不得以任何形式要求申请人必须委托特定中介机构提供服务	根据株政办函〔2015〕68 号文件精神，将环评文件审批（工业建设项目除外）和文物调查勘探调整至用地审批阶段之前，按用地区域范围出具相关报告，其费用计入土地出入成本。
42	建设项目竣工环保验收监测、调查报告（表）编制	《建设项目环境保护管理条例》（国务院令第 682 号） 《建设项目竣工环境保护验收暂行办法》（国环规评〔2017〕4 号）	权限内建设项目环境影响报告书（表）审批及环境保护设施验收	市环保局	企业自主与经省环保厅认可、具有核发资质的机构进行监测、调查，主管部门不得以任何形式要求申请人必须委托特定中介机构提供服务	
43	非煤矿矿山建设项目安全设施设计编制（非煤矿山企业安全设施设计审查）	《中华人民共和国安全生产法》 《建设项目安全设施“三同时”监督管理暂行办法》（安监总局令第 36 号）	权限内非煤矿矿山建设项目和用于生产、储存危险物品的建设项目的安全设施设计审查	市安监局	申请人应委托有合法资质的机构编制安全设施设计，主管部门不得以任何形式要求申请人必须委托特定中介机构提供服务	
44	生产、储存危险化学品建设项目安全预评价报告编制	《中华人民共和国安全生产法》 《危险化学品安全管理条例》（国务院令第 591 号） 《危险化学品建设项目安全监督管理办法》（安监总局令第 45 号）	权限内新建、改建、扩建生产、储存危险化学品的建设项目的安全设施设计审查	市安监局	申请人应委托有合法资质的机构进行安全评价，主管部门不得以任何形式要求申请人必须委托特定中介机构提供服务	

续表 20-7

序号	中介服务事项名称	设置中介服务事项的依据	对应行政审批及其他行政职权项目名称	主管部门	处理建议	备注
45	生产、储存危险化学品建设项目安全设施设计	《中华人民共和国安全生产法》 《危险化学品建设项目安全监督管理办法》（安监总局令第 45 号） 《危险化学品生产企业安全生产许可证实施办法》（安监总局令第 41 号）	权限内新建、改建、扩建生产、储存危险化学品的建设项目的安全设施设计审查	市安监局	申请人应委托有合法资质的机构编制安全设施设计，主管部门不得以任何形式要求申请人必须委托特定中介机构提供服务	
46	危险化学品生产企业安全评价报告编制	《中华人民共和国安全生产法》 《危险化学品安全管理条例》（国务院令第 591 号） 《危险化学品生产企业安全生产许可证实施办法》（安监总局令第 41 号）	危险化学品经营与安全使用许可证核发	市安监局	申请人应委托有合法资质的机构进行安全评价，主管部门不得以任何形式要求申请人必须委托特定中介机构提供服务	
47	生产、储存烟花爆竹建设项目的安全设施设计	《中华人民共和国安全生产法》 《烟花爆竹生产企业安全生产许可证实施办法》（安监总局令第 54 号）	烟花爆竹经营（批发）许可证核发	市安监局	申请人应委托有合法资质的机构编制安全设施设计，主管部门不得以任何形式要求申请人必须委托特定中介机构提供服务	
48	烟花爆竹经营企业安全评价报告编制	《中华人民共和国安全生产法》 《安全生产许可证条例》（国务院令第 397 号） 《烟花爆竹安全管理条例》（国务院令第 455 号）	烟花爆竹经营（批发）许可证核发	市安监局	申请人应委托有合法资质的机构编制安全评价报告，主管部门不得以任何形式要求申请人必须委托特定中介机构提供服务	
49	生产经营单位使用的危险物品的容器、运输工具，以及矿山井下特种设备检验检测	《中华人民共和国安全生产法》	危险化学品经营与安全使用许可证核发	市安监局	申请人应委托有合法资质的机构进行检验检测，主管部门不得以任何形式要求申请人必须委托特定中介机构提供服务	

续表 20-8

序号	中介服务事项名称	设置中介服务事项的依据	对应行政审批及其他行政职权项目名称	主管部门	处理建议	备注
50	人防工程建设监理	《湖南省实施〈中华人民共和国人民防空法〉办法》 《人民防空工程建设监理管理规定》（国人防〔2011〕118 号）	1. 省管建筑工程项目人防工程建筑面积在 1500 平方米（不含）以上的结合民用建筑修建防空地下室设计审查、竣工验收认可 2. 人防工程和人防警报设施迁移、改造、报废审批 3. 人防工程修建、利用审批	市人防办	申请人应委托有合法资质的机构进行监理，主管部门不得以任何形式要求申请人必须委托特定中介机构提供服务	
51	人防工程设计	《湖南省实施〈中华人民共和国人民防空法〉办法》 《人民防空工程设计管理规定》（国人防〔2009〕280 号）	1. 省管建筑工程项目人防工程建筑面积在 1500 平方米（不含）以上的结合民用建筑修建防空地下室设计审查、竣工验收认可 2. 人防工程和人防警报设施迁移、改造、报废审批 3. 人防工程修建、利用审批	市人防办	申请人可按要求自行设计，也可委托有合法资质的机构设计，主管部门不得以任何形式要求申请人必须委托特定中介机构提供服务；保留主管部门现有的设计技术评估、评审	
52	防护防化设备质量检测	《湖南省实施〈中华人民共和国人民防空法〉办法》《人民防空专用设备生产安装管理暂行办法》（国人防〔2014〕438 号）	1. 省管建筑工程项目人防工程建筑面积在 1500 平方米（不含）以上的结合民用建筑修建防空地下室设计审查、竣工验收认可 2. 人防工程和人防警报设施迁移、改造、报废审批 3. 人防工程修建、利用审批	市人防办	由建设单位委托人防设备产品质量检测（验）机构对其生产的产品质量进行检测	

续表 20-9

序号	中介服务事项名称	设置中介服务事项的依据	对应行政审批及其他行政职权项目名称	主管部门	处理建议	备注
53	人防工程施工图设计文件审查	《湖南省实施〈中华人民共和国人民防空法〉办法》《人民防空工程施工图设计文件审查管理办法》（国人防〔2009〕282 号）	1. 省管建筑工程项目人防工程建筑面积在 1500 平方米（不含）以上的结合民用建筑修建防空地下室设计审查、竣工验收认可 2. 人防工程和人防警报设施迁移、改造、报废审批 3. 人防工程修建、利用审批	市人防办	由主管部门委托有合法资质的机构进行审查	
54	人防工程造价评估	《湖南省实施〈中华人民共和国人民防空法〉办法》《湖南省物价局湖南省财政厅关于核定人防系统行政事业性收费的通知》（湘价费〔2014〕60 号）	1. 省管建筑工程项目人防工程建筑面积在 1500 平方米（不含）以上的结合民用建筑修建防空地下室设计审查、竣工验收认可 2. 人防工程和人防警报设施迁移、改造、报废审批 3. 人防工程修建、利用审批	市人防办	由建设单位委托有资质的造价评估机构进行造价评估	
55	出具食品检验报告	《中华人民共和国食品安全法》 《食品生产许可管理办法》（国家食药总局 2015 年第 16 号令）	食品生产许可	市食药工商质监局	申请人可按要求自行检验，也可以委托有合法资质的食品检验机构检验，主管部门不得以任何形式要求申请人必须委托特定中介机构提供服务	
56	建设项目使用林地可行性报告编制	《建设项目使用林地可行性报告编制规范》（LY/T2492–2015）	征用、占用林地审核	市林业局	申请人可按要求自行编制可行性报告，也可委托有合法资质的机构编制，主管部门不得以任何形式要求申请人必须委托特定中介机构提供服务。	
57	编制公共场所卫生检测或评价报告	《公共场所卫生管理条例实施细则》	公共场所和饮用水供水单位卫生许可	市卫计局	申请人应委托有合法资质的机构编制公共场所卫生检测或评价报告，主管部门不得以任何形式要求申请人必须委托特定中介机构提供服务。	
58	编制职业病危害控制效果放射防护评价报告	《放射诊疗管理规定》（卫生部令第 46 号）	权限内医疗机构设置许可和执业许可（放射诊疗技术和医用辐射机构许可）	市卫计局	申请人应委托有合法资质的机构编制评价报告，主管部门不得以任何形式要求申请人必须委托特定中介机构提供服务	

续表 20–10

序号	中介服务事项名称	设置中介服务事项的依据	对应行政审批及其他行政职权项目名称	主管部门	处理建议	备注
59	出具生产环境和生产用水检测报告	《消毒产品生产企业卫生许可规定》	消毒产品生产企业卫生许可	市卫计局	申请人应委托有合法资质的机构进行检测，主管部门不得以任何形式要求申请人必须委托特定的中介机构提供服务	
60	出具验资证明（资产评估报告）	《医疗机构管理条例实施细则》（原卫生部令第 35 号）	权限内医疗机构设置许可和执业许可	市卫计局	申请人应按要求提供验资证明（资产评估报告），主管部门不得以任何形式要求申请人必须委托特定中介机构提供服务	
61	从业人员健康检查证明	《湖南省公共场所卫生许可证发放管理办法》 《生活饮用水卫生监督管理办法》	公共场所和饮用水供水单位卫生许可	市卫计局	申请人应按要求提供健康检查证明，主管部门不得以任何形式要求申请人必须委托特定的中介机构提供服务	
62	消毒产品生产企业生产人员健康证明	《消毒管理办法》（国家卫计委第 8 号令）	消毒产品生产企业卫生许可	市卫计局	对消毒产品生产企业需要依法延续取得的卫生许可证有效期的，不再要求申请人提供生产人员健康证明，改为卫生计生部门制定标准，企业严格按标准执行，加强直接从事消毒产品操作人员的健康管理	
63	消毒产品生产企业卫生许可证遗失声明	《消毒管理办法》（国家卫计委第 8 号令）)	消毒产品生产企业卫生许可	市卫计局	对消毒产品生产企业卫生许可证遗失申请补发的，不再要求申请人提供遗失声明	
64	设立民办普通学校（高级中学和中等职业学校）、民办非学历教育学校资产审计	《中华人民共和国民办教育促进法》	权限内民办教育培训机构审批（核准）	市教育局	不再要求申请人提供资产审计报告	
65	编制地震安全性评价报告	《中华人民共和国防震减灾法》 《地震安全性评价管理条例》（中华人民共和国国务院令第 323 号）	重大建设工程抗震设防要求审批	市经科信局	按照株政办函〔2015〕68 号文件精神，建设投资项目不再要求申请人提供地震安全性评价报告，属于《需开展地震安全性评价确定抗震设防要求的建设工程目录》（中震防发〔2015〕59 号）所列工程，由审批部门委托有关机构进行地震安全性评价	

醴陵市人民政府关于印发《醴陵市城乡居民基本医疗保险实施办法》的通知

醴政发〔2018〕20 号

各镇人民政府、街道办事处，长庆示范区管委会，市直有关单位，驻醴有关单位：

现将《醴陵市城乡居民基本医疗保险实施办法》印发给你们，请认真贯彻执行。

醴陵市人民政府
2018 年 12 月 29 日

醴陵市城乡居民基本医疗保险实施办法

总　则

第一条　为建立全市统一的城乡居民基本医疗保险（简称城乡居民医保）制度，根据《湖南省人民政府关于印发〈湖南省城乡居民基本医疗保险实施办法〉的通知》（湘政发〔2016〕29 号）和《株洲市人民政府关于印发〈株洲市城乡居民基本医疗保险实施办法〉的通知》（株政发〔2017〕13 号）文件精神，结合我市实际，制定本实施办法。

第二条　建立城乡居民医保制度遵循以下基本原则：

（一）坚持全覆盖、保基本、多层次、可持续；

（二）坚持筹资水平、保障标准与经济社会发展水平相适应；

（三）坚持互助共济，城乡居民个人缴费和政府补助相结合；

（四）坚持权利和义务相统一，城乡居民公平享有基本医疗保险待遇；

（五）坚持以收定支、收支平衡、略有结余。

第三条　本市行政区域内的城乡居民参加城乡居民医保适用本办法。

第二章　组织机构与职责

第四条　市人社局是城乡居民医保工作的主管部门，承担本市行政区域内城乡居民医保制度的建立、完善和管理职能，具体负责城乡居民医保的发展规划、实施办法和相关政策的制定、基金运行管理和监督、队伍建设和培训、定点医疗机构服务行为规范和监管等工作。

第五条　城乡居民医保管理服务中心为医疗保险经办机构，负责全市城乡居民医保基金预算、统筹管理、基金结算、经办监督指导和同级定点医疗机构的协议管理、政策执行及培训；各镇人民政府（街道办事处、长庆示范区管委会）负责辖区内城乡居民医保参保登记、人员异动、信息修改、基金征缴等工作。

第六条　市编办根据城乡居民医保管理和经办工作的需要，对医保机构、职能和人员编制进行合理调整。

第七条　市教育局协助组织做好在校学生参加城乡居民医保和政策宣传工作，督促学校做好学生参保工作，并加强对在校学生的健康教育和管理。

第八条　市民政局负责城乡低保户、特困供养对象和重点优抚对象参加城乡居民医保的身份确认和资助参保工作，并做好民政资助对象的医疗救助工作。

第九条　市残联负责残疾等级为 1 ~ 2 级残疾人证信息的核定工作，并协助做好其参保工作。

第十条　市财政局负责城乡居民医保基金财政补助的预算安排和及时、足额拨付工作，城乡居民医保基金财政专户核算并审定基金预决算，城乡居民医保机构工作经费预算和安排工作。

第十一条　市卫计局负责做好规范定点医疗机构的医疗服务行为，加强镇级卫生院和社区卫生服务中心建设工作。

第十二条　发改、公安、审计等有关部门，按照各自职责做好城乡居民医保的相关工作。

第十三条　各镇人民政府（街道办事处、长庆示范区管委会）负责组织本行政区域内城乡居民的医保参保和基金筹集工作，督促村（居）委会具体负责辖区内城乡居民医保的参保登记、缴费续保、政策宣传等工作。有条件的地方可以采取政府购买服务的方式，建立城乡居民医保村级协管员制度。

第三章　参保范围

第十四条　城乡居民医保制度覆盖除职工基本医疗保险应参保人员以外的其他所有城乡居民，具体包括农村居民、城镇非从业居民、在校学生，以及国家、省和株洲市规定的其他人员。

第十五条　按照属地管理原则，城乡居民原则上在户籍所在地参加城乡居民医保。农村居民应以家庭为单位参加城乡居民医保；城镇居民没有参加职工医保的，在社区参加城乡居民医保；大中专院校的在校学生以学校为单位，在学校所在地整体参加城乡居民医保。

第十六条　在本市取得居住证的常住人口，未在原籍参加基本医疗保险的，可在居住地参加城乡居民医保。

第十七条　按规定做好基本医疗保险关系转移接续工作。在本省范围内不得同时参加城乡居民医保和职工基本医疗保险，避免跨统筹地区重复参保，重复享受医保待遇。

第四章　基金筹集

第十八条　城乡居民医保坚持多渠道筹资，实行个人缴费与政府补助相结合的筹资方式，鼓励有条件的镇（街道、长庆示范区）、集体、单位或其他社会经济组织给予扶持或资助。

第十九条　根据国家有关政策和我市经济发展水平、城乡居民收入状况、医疗消费需求、城乡居民医保基金运行等情况，我市城乡居民医保筹资标准依据省人社厅确定的全省城乡居民医保筹资标准完善筹资动态调整机制，合理划分政府与个人的筹资责任。

第二十条　城乡居民按年度一次性缴纳基本医疗保险费后，享受相应的基本医保待遇。每年10月1日至12月31日为下一年度的参保缴费期（以下简称“正常参保期”）。由学校统一办理参保的在校学生，其中的首次参保人员，从当年9月1日起开始享受基本医疗保险待遇。已经参加城乡居民医保但未在正常参保期续保缴费的，从下一年度1月1日起停止享受基本医疗保险待遇。

第二十一条　积极探索委托银行代扣代缴、网上银行缴费等便捷的缴费续保方式。

第二十二条　城乡居民未在正常参保期办理参保缴费手续的，原则上不予补办，下列情形除外：

（一）新生儿在出生28天内（含28天）取得本市户籍并按当年度城乡居民医保个人缴费标准一次性缴纳基本医疗保险费，可自出生之日起享受基本医疗保险待遇；新生儿在出生后超过28天且在6个月内取得本市户籍并符合城乡居民医保参保范围的，按当年度城乡居民医保缴费标准（包括个人缴费部分和财政补贴部分，下同）一次性足额缴纳基本医疗保险费，参保缴费后的下个月享受基本医疗保险待遇。

（二）因户籍变动、劳动关系终止导致职工医保断保等客观原因未能在正常参保期办理参保缴费手续的，可以在办理户籍变动或劳动关系终止手续后60天内参加城乡居民医保。6月30日前按当年度城乡居民医保缴费标准一次性足额缴纳基本医疗保险费，从缴费的下个月起享受基本医疗保险待遇。7月1日起停止当年度城乡居民参保人员个人缴费补缴工作。

第二十三条　对特困供养人员、低保对象、优抚对象参加城乡居民医保的个人缴费部分，通过医疗救助等渠道给予补贴；对残疾等级为1～2级的生活困难残疾人员参加城乡居民医保的个人缴费部分，由市残联给予补贴；对建档立卡贫困人口中的非低保对象参加城乡居民医保的个人缴费部分，通过财政扶贫专项资金补助等渠道给予补贴。以上具体补贴标准由市人民政府另行确定。

第二十四条　城乡居民医保政府补助资金纳入本级财政年度预算安排，应当按规定及时、足额拨付到位。补助资金除国家、省、株洲市财政补贴的部分外，其余部分按政策由本级财政承担。

第二十五条　市财政根据城乡居民医保管理服务中心核定的实际参保人数，为镇（街道办事处、长庆示范区）和其他经办单位安排代办工作劳务费，代办工作劳务费纳入财政预算。

第五章　基金管理

第二十六条　城乡居民医保基金由以下四部分组成：

（一）城乡居民个人缴纳的基本医疗保险费；

（二）政府财政补助资金；

（三）基金利息收入；

（四）其他渠道筹集资金。

第二十七条　城乡居民医保执行国家统一的基金财务制度、会计制度和基金预决算管理制度。城乡居民医保基金纳入财政专户，实行“收支两条线”管理，独立核算、专款专用，任何单位和个人不得挤占挪用。城乡居民医保基金的银行计息按相关政策享受优惠利率。

第二十八条　城乡居民医保由市级统筹调节、经办机构经办管理。为提高基金整体抗风险能力，建立风险调剂金制度，风险调剂金的具体管理办法由市人社局会同市财政局另行制定。根据本市的经济发展状况、医疗服务水平、费用控制指标等因素，科学制定基金管理办法，明确各级各部门责任，发挥医保管理和经办机构的积极性和主动性。

第二十九条 合理控制城乡居民医保基金当年结余率和累计结余率。建立健全基金运行风险预警机制，防范基金风险，提高基金使用效率。

第六章 基本医疗保险待遇

第三十条 城乡居民医保基金为参保居民支付下列费用：

（一）政策范围内的住院医疗费用；

（二）政策范围内的门诊（含特殊病种门诊和普通门诊）医疗费用；

（三）购买城乡居民大病保险和意外伤害保险；

（四）生育医疗费用（含产前检查费）补助；

（五）符合国家、省和株洲市规定的其他情形。

第三十一条 城乡居民医保基金设置住院起付标准，具体标准如下：

（一）本市行政区域内的定点医疗机构的起付标准为：一级医院（镇级卫生院、社区卫生服务中心）200 元，二级医院 900 元，三级医院 1100 元。

（二）株洲市级定点医疗机构起付标准为 1400 元。

（三）本市行政区域外的医疗机构（株洲市级定点医疗机构除外）起付标准为 1500 元。

（四）城乡居民住院医疗费用超出相应级别医疗机构住院起付标准后方可纳入基本医疗保险支付。

（五）一个结算年度内多次住院的，累计起付标准以省级定点医疗机构最高起付标准为限额。

（六）对市民政局备案的特困供养人员在本市行政区域内的定点医疗机构住院不设置住院起付标准。

第三十二条 参保居民在医疗机构发生的政策范围内普通疾病住院医疗费用，剔除起付标准后的部分由城乡居民医保基金按如下比例支付：

（一）本市行政区域内的定点医疗机构：一级医院（镇级卫生院、社区卫生服务中心）90%，二级医院 70%，三级医院 60%。

（二）株洲市级定点医疗机构 60%。

（三）本市行政区域外的医疗机构（株洲市级定点医疗机构除外）40%。（须开具就医地医保经办机构的定点证明，下同）。

第三十三条 参保居民在医疗机构发生的政策范围内意外伤害住院医疗费用，剔除起付标准后的部分由城乡居民医保基金按如下比例支付：

（一）无责任方意外伤害：

1. 本市行政区域内的定点医疗机构：一级医院（镇级卫生院、社区卫生服务中心）65%；二级医院（县级）55%；三级医院（湘东医院、中医院）45%。

2. 省级医院、株洲市级定点医疗机构 45%。

3. 本市行政区域外的医疗机构 35%。

（二）对经调查后仍无法判定有无责任的意外伤害：

1. 本市行政区域内的医疗机构 30%。

2. 本市行政区域外的医疗机构 20%。

（三）疾病诱发的意外伤害和意外伤害合并其他疾病的，以疾病治疗为主的，按普通疾病住院医疗费用支付政策执行；以外伤治疗为主的按意外伤害医疗费用支付政策执行。

（四）经县级以上人民政府或上级相关部门认定的见义勇为或执行救灾救援等公益任务而负伤住院，按普通疾病住院医疗费用支付政策执行。

第三十四条 建档立卡贫困人员发生上述住院医疗费用的，其医疗费用支付比例根据不同情况相应提高 10%。特困供养人员在本市行政区域内的定点医疗机构住院的医疗费用支付比例为 90%；在本市行政区域外的医疗机构住院的医疗费用支付比例根据不同情况相应提高 10%。

第三十五条 参保居民在省内省级定点医疗机构住院，起付标准和具体支付比例按照省人社厅确定的支付标准执行。

第三十六条 因突发疾病急诊抢救转为住院治疗的，3 天以内急诊抢救医疗费用与住院医疗费用合并计算；急诊抢救死亡的，对政策范围内的医疗费用，视同住院医疗费用按规定报销。

第三十七条 城乡居民医保以每年 1 月 1 日至 12 月 31 日为一个结算年度。在一个结算年度内，城乡居民基本医疗保险普通疾病（不含城乡居民大病保险）累计最高支付限额为 15 万元；无责任方意外伤害（不含城乡居民大病保险）累计最高支付限额为 5 万元；无法判定有无责任的意外伤害（不含城乡居民大病保险）累计最高支付限额为 2 万元。对于跨年度住院的，以出院日期所在年度作为结算年度。

第三十八条 城乡居民住院医疗费用达到相应级别医疗机构住院起付标准实行保底支付，普通疾病住院保底支付标准为其住院总费用的 20%，意外伤害住院保底支付标准为其住院总费用的 10%。

第三十九条 城乡居民在本市行政区域外发生的住院医疗费用，应在出院后次年 3 月 31 日前到城乡居民医保管理服务中心办理报销结算，逾期城乡居民医保基金不予支付。

第四十条 完善城乡居民医保门诊医疗保障政策，兼顾普通门诊和门诊大病医疗需求，按照城乡居民医保基金当年筹资总额 15% 左右的比例，建立门诊医疗统筹基金。具体保障政策由市人社局会同市财政局根据省、株洲市的政策制定。

第四十一条 完善城乡居民大病保险制度，提高参保居民重大疾病保障水平。城乡居民大病保险筹资标准原则上控制在当年城乡居民医保基金筹资标准的5%左右，并根据上级人社部门政策进行适时调整。城乡居民大病保险相关制度按《株洲市人民政府办公室关于印发〈株洲市城乡居民大病保险实施方案〉的通知》(株政办发〔2015〕96号)文件精神执行。

第四十二条　城乡居民医保基金对参保居民符合计划生育政策规定和我市城乡居民医保就医管理规定在定点医疗机构发生的生育医疗费用给予一次性补助，平产补助标准为800元(含产前检查费300元)，剖宫产补助标准为1300元(含产前检查费300元)，在定点医疗机构实行即时结算。在非定点医疗机构发生的生育医疗费用给予一次性补助，平产补助标准为600元(含产前检查费300元)，剖宫产补助标准为1000元(含产前检查费300元)。孕产妇因高危重症救治发生的政策范围内住院医疗费用参照疾病住院相关标准支付。

第四十三条　城乡居民医保执行全省统一的基本医疗保险药品目录、诊疗项目、医疗服务设施范围及支付标准。具体目录按照省人社厅制定的政策执行。

第四十四条　建立意外伤害保险制度，引入商业保险机制，对因突发的、外来的、非本人意愿的无第三方责任的意外伤害产生的医疗费用进行补偿，具体实施办法由市人社局另行制定。

第四十五条　参保居民发生的下列医疗费不属于城乡居民医保基金支付范围：

(一)应当从工伤保险基金中支付的；

(二)应当由第三人负担的；

(三)应当由公共卫生负担的；

(四)在国外或者香港、澳门特别行政区以及台湾地区进行治疗的；

(五)自杀、自残的(精神病除外)；

(六)斗殴、酗酒及犯罪或者治安违法行为所致伤病的；

(七)国家、省、株洲市规定不予支付的其他情形。

第四十六条　强化城乡居民医保与城乡医疗救助政策衔接。对于经城乡居民基本医保、大病保险和其他补充医疗保险补偿后自负费用仍有困难且符合医疗救助条件的患者，由市民政局等单位按程序实施救助。

第七章　医疗服务管理

第四十七条　完善城乡居民医保定点医药机构协议管理办法，强化服务协议管理，建立健全考核评价机制和动态的准入退出机制。

第四十八条　城乡居民医保实行住院首诊、双向转诊、基层门诊的就医管理制度。按照“保障基本医疗待遇，方便群众就医”的原则，各镇人民政府(街道办事处、长庆示范区管委会)组织辖区内的城乡居民自主、就近选择统筹区内医疗机构进行治疗，积极推进分级诊疗制度，鼓励参保居民首诊在基层。因急诊、抢救及病情需要转诊的，逐级转诊。

第四十九条　参保居民在定点医药机构发生的医疗费用，应当由城乡居民医保基金支付的部分，由城乡居民医保管理服务中心与定点医药机构直接联网结算。

第五十条　全面推行以总额控制为基础的医保付费方式改革，实行以按人头付费为主，适当调节专科病种和基层医疗机构费用为辅的付费方式；积极推进按病种付费、按疾病诊断相关分组付费、按床日付费为补充的多元复合支付方式。建立健全医保经办机构与医疗机构及药品供应商的谈判协商机制和风险分担机制，推动形成合理的医保支付标准，引导定点医疗机构规范服务行为，控制医疗费用不合理增长。

第五十一条　城乡居民医保经办机构应当依法履行经办职责，建立健全城乡居民医保业务、财务、基金安全和风险管理、内部审计制度，严格履行城乡居民医保服务协议，加强对定点医疗机构履行服务协议情况的日常管理和检查。

第五十二条　支持承办城乡居民大病保险、意外伤害的商业保险机构，通过医疗巡查、医疗费用核查等形式，参与医疗服务行为和医疗费用监督。

第五十三条　执行全省统一的异地就医即时结算制度，逐步实现全国范围内异地就医即时结算。城乡居民医保经办机构和定点医疗机构要密切配合，切实做好跨市异地就医即时结算服务工作，并加强异地就医监管。

第八章　经办能力建设

第五十四条　加强城乡居民医保经办能力建设，加强镇级社会保障服务平台建设，落实办公场所，保障医疗服务监管交通工具，合理配备与城乡居民医保管理服务相适应的人员编制，安排必要工作经费，确保城乡居民医保经办服务工作的顺利开展。

第五十五条　城乡居民医保经办机构要完善管理运行机制，逐步实现精细化管理，规范优化经办服务流程，不断提高管理效率和服务水平。

第五十六条　市财政要加大对医保信息系统平台建设和长期运行维护的投入，全市统一使用湖南省大医保信息系统，按照标准统一、资源共享、数据集中、服务延伸的原则建立健全覆盖城乡的医疗保险信息网络，推动社会保障卡在城乡居民参保缴费、即时结算、查询等工作中的广泛应用。

第九章　监督管理

第五十七条　市人社局应当加强对城乡居民医保制度实施、经办机构职责履行情况的监督管理，加强对基金收支、管理工作的监督检查。

第五十八条　成立由政府相关部门、人大代表、政协委员、医疗机构、参保居民、专家学者等参加的城乡居民医保监督委员会，对基金的筹集、运行、使用和管理实施社会监督。

第五十九条　建立城乡居民医保三级定期公示制度。在城乡居民医保经办机构、定点医疗机构和村民（居民）委员会的醒目位置设公示栏，定期公示城乡居民医保主要政策、就诊（转诊）流程、医疗费用报销情况和监督举报电话等内容。

第六十条　切实加强城乡居民医保基金监督管理，对违反《中华人民共和国社会保险法》有关规定和基本医疗保险制度政策骗取、套取城乡居民医保基金的行为，依法依规严厉查处。

第十章　附则

第六十一条　因重大灾情及重大事故所发生的城乡居民医疗费用，由市财政另行安排资金解决。

第六十二条　城乡居民医保待遇标准随着社会经济发展和城乡居民医保基金运行状况适时调整。调整方案由市人社局根据上级部门要求研究制定。

第六十三条　本实施办法自 2019 年 1 月 1 日起施行，原城镇居民基本医疗保险制度和新型农村合作医疗制度执行至 2018 年 12 月 31 日止。

醴陵市人民政府办公室关于印发《醴陵市全面治理拖欠农民工工资问题实施办法》的通知

各镇人民政府、街道办事处，长庆示范区管委会，市直有关单位：

《醴陵市全面治理拖欠农民工工资问题实施办法》已经市人民政府同意，现印发给你们，请认真遵照执行。

醴陵市人民政府办公室

2018 年 1 月 8 日

醴陵市全面治理拖欠农民工工资问题实施办法

为认真贯彻《国务院办公厅关于全面治理拖欠农民工工资问题的意见》（国办发〔2016〕1 号）、《湖南省人民政府办公厅关于全面治理拖欠农民工工资问题的实施意见》（湘政办发〔2016〕66 号）和湖南省人力资源和社会保障厅、住房和城乡建设厅、交通运输厅、水利厅《关于印发〈湖南省建设领域农民工劳动报酬保证金管理试行办法〉的通知》（湘人社发〔2016〕24 号）文件精神，全面防范和治理拖欠农民工工资问题，促使我市基本实现农民工工资无拖欠，结合我市实际，制定本实施办法。

一、加强组织领导

（一）成立领导小组。市人民政府成立以市长任组长，市委常委、常务副市长任第一副组长，其他副市长任副组长，市人社局、市发改局、市监察局、市信访局、市人民法院、市财政局、市住建局、市交通运输局、市水利局、市公安局、市总工会、市经科信局、市国土资源局、市食药工商质监局、市城管局、市林业局、市教育局、市卫计局、市司法局、市综治办、市房产局、市国资中心、市公路局、市人民银行等单位为成员单位的全面防范和治理拖欠农民工工资问题领导小组，负责协调处理各行业领域拖欠农民工工资问题，领导小组办公室设在市人社局，由市人社局局长兼任办公室主任。定期召开领导小组会议，组织开展有关情况摸底排查，及早发现和协调解决重点案件及问题隐患。各镇人民政府（街道办事处、长庆示范区管委会）和各成员单位要成立相应的机构，具体负责处理本辖区本单位拖欠农民工工资问题，确保做到农民工工资无拖欠。

（二）严格目标责任考核。将治理拖欠农民工工资工作纳入绩效考核指标体系和社会治安综合治理目标管理考评内容，督促企业依法履行农民工工资支付主体责任。对各镇人民政府（街道办事处、长庆示范区管委会）和有关部门在保障农民工工资支付工作中存在领导不力、监管不力、配合不力、处置不力的，依法依规追究相关人员的责任。对政府工程项目因拖欠工程款引发拖欠农民工工资问题的，要追究项目负责人的责任。

二、落实保障工资支付责任

（一）明确农民工工资支付各方主体责任。全市各类企业应当依法向农民工本人按时足额支付工资。在工程建设领域，工程总承包企业对所承包工程项目的农民工工资支付负总责，分包企业对所招用农民工的工资支付负直接责任。不得以工程款未到位等为由克扣或拖欠农民工工资，不得将合同应收工程款等经营风险转嫁给农民工。不得将工资发放给不具备用工主体资格的组织和个人。建设单位或施工总承包企业未按合同约定及时划拨工程款，致使分包企业拖欠农民工工资的，由建设单位或施工总承包企业负垫付责任，即以未结清的工程款为限，先行垫付农民工工资。建设单位或施工总承包企业将工程违法发包、转包或违法分包致使拖欠农民工工资的，由建设单位或施工总承包企业依法承担清偿责任。

（二）落实属地管理责任。按照属地管理的原则，各镇人民政府（街道办事处、长庆示范区管委会）负责落实保障农民工工资支付属地管理职责，积极协调解决本行政区域内的农民工工资问题。

（三）落实部门监管责任。各有关部门要切实履行监管责任，做好保障农民工工资支付的各项工作。

市人社局负责本级保障农民工工资支付工作的组织协调和监督检查等工作，并加大劳动保障监察执法力度。

市监察局负责加强对有关部门贯彻落实农民工工资问题方面的法律、法规和政策情况的监督监察；配合有关部门加大对涉及农民工工资的违法违规案件的查处力度，联合有关单位对不履行职责的单位进行督查。

市信访局负责农民工反映拖欠工资问题的接待办理，协调督促相关有权处理的职能部门维护好农民工的合法权益等工作。

市住建局、市交通运输局、市水利局负责切实履行行业监管责任，规范工程建设市场秩序，督促企业落实劳务用工实名制管理等制度规定，负责督办解决因挂靠承包、违法分包、转包、拖欠工程款、结算纠纷、未交工资保证金等源头问题造成的欠薪案件，牵头落实实名制用工管理、农民工工资账户单独列支、银行定期代发农民工工资等制度，并协助市人社局做好农民工工资保证金收缴工作。

市发改局负责加强本级政府投资项目审批管理，严格审查资金来源和筹措方式，牵头做好社会信用体系建设等工作。

市经科信局负责加强工业与信息化项目的监督管理，督促有关企业加强用工管理，按期支付工程款，协调解决涉及监管企业的拖欠农民工工资问题。

市国资中心负责督办所属企业因违法发包、转包、分包等导致拖欠农民工工资案件等工作。

市国土资源局、市林业局、市农业局、市教育局、市卫计局等其他行业主管部门负责协调解决本行业内所属单位和建设项目发生的拖欠农民工工资问题。

市财政局负责加强对政府投资项目建设全过程的资金监管，按规定及时拨付财政资金，建立预防拖欠农民工工资的资金拨付和应急周转金的管理制度，配合做好农民工工资保证金的管理工作。

市食药工商质监局负责依法查处无照经营行为并通过企业信用信息公示系统（湖南）醴陵协同监管平台公示严重拖欠工资失信企业；为相关部门办理案件提供有关用人单位注册地址、法定代表人等信息资料。

市公安局负责做好涉嫌拒不支付劳动报酬犯罪案件立案侦办，参与处置因拖欠农民工工资引发的群体性事件，依法查处并严厉打击以讨要工资名义扰乱社会治安秩序的行为等工作。

市司法局负责把拖欠农民工工资问题列为法律援助的重点工作，及时提供法律服务。

市人民银行负责组织开户银行监控农民工工资专户，保证一人一卡，并监督农民工工资资金使用情况。

市总工会负责对企业执行劳动保障法律法规情况进行监督，发现拖欠工资问题及时报送有关部门依法处理，并做好困难职工的帮扶救助工作。

三、完善预防欠薪工作机制

（一）实行招用农民工实名制管理。各用工企业应依法与招用的农民工签订劳动合同，建立职工名册并办理劳动用工备案。在工程建设领域，施工总承包企业要在工程项目配备劳资专管员，推行简易劳动合同文本，坚持施工企业与农民工先签订劳动合同后进场施工，建立劳动计酬手册，记录农民工身份信息、劳动考勤、工资结算等事项，落实用工实名制管理制度。

（二）建立农民工工资专用账户管理制度。在工程建设领域，施工总承包企业应在项目所在地银行开设农民工工资（劳务费）专用账户，专项支付农民工工资。建设单位应将农民工工资（劳务费）单独拨付到专用账户，并委托开户银行负责对其进行监管，确保专款专用。

（三）推行银行代发农民工工资制度。各类企业要委托银行代发农民工工资。尤其在工程建设领域，要实行分包企业负责为招用的农民工申办实名制工资支付银行卡（持身份证原件开户并激活账户），按月将农民工本人签字确认的工资支付表交施工总承包企业，通过其设立的农民工工资（劳务费）专用账户直接将工资划入农民工个人工资账户。

（四）落实工资保证金制度。在建筑、市政、交通、公路、水利等工程建设领域，全面实行工资保证金制度。工资保证金缴存应纳入各主管部门对建设资金到位审查内容之一。工资保证金缴存不足的视为建设资金不到位。实行工资保证金差异化缴存办法，项目建设单位和施工总承包企业或分包企业要按照《醴陵市建设领域农民工劳动报酬保证金管理试行办法》缴纳农民工劳动报酬保证金。农民工劳动报酬保证金交存按建设工程项目合同价款（或总造价）的 2%，一个报建工程项目交存农民工劳动报酬保证金最高不超过 200 万元，最低不少于 10 万元，省、株洲市重点建设交通项目按 1.5% 合同金额交存。在其他行业、其他领域逐步推行工资保证金制度，特别是发生过拖欠工资的企业先行实施。

（五）建立拖欠农民工工资的源头治理机制。在工程建设领域，市住建局及其它建设主管部门要全面推行施工过程结算，督促建设单位按时结算、支付工程款，专户拨付农民工工资（劳务费）；要推行工程款支付担保制度，逐步建立建设项目抵押偿付制度，加快培育我市建筑产业工人队伍，积极引导劳务作业班组向专业企业发展。对长期拖欠工程款或拖欠工程款结算的建设单位，市住建局及其它建设主管部门不得批准其新项目开工建设。对政府投资工程，市发改局及其他政府工程审批部门要加强项目管理，对建设资金不落实的项目不予批准。

（六）建立基层预警监控制度。各镇人民政府（街道办事处、长庆示范区管委会）要加强对本辖区内企业的日常管理与服务，根据工商、税务、银行、水电供应、场地出租等反映出的企业经营状况指标变化情况，将经营异常的企业列为重点监控对象。发现存在不能按时支付农民工工资隐患的，要及时向企业发出预警，督促其采取措施加以解决，并向市政府及其主管部门报告情况。

（七）实行企业欠薪报告制度。企业确因生产经营困难需要延期支付农民工工资的，应当与企业工会或职工代表订立偿还协议，并主动向市人社局、主管部门和市总工会报告有关欠薪情况。市人社局、主管部门和市总工会要对其实施重点监控，并根据实际情况督促其尽快偿还。

四、强化处理欠薪工作机制

（一）畅通投诉举报途径。市人社局、各行业主管部门及市总工会都要设立信访接待场所，明示接待工作流程和工作职责，向社会公布维权电话，建立应急值班制度；要督促总承包企业在施工现场醒目位置设立维权信息告示牌，明示项目基本情况和投诉举报渠道等内容。

（二）加强劳动保障监察执法。市人社局要加强工资支付监察执法，通过日常检查、书面审查、专项检查，及时查处拖欠农民工工资案件。同时，要推进劳动保障监察举报投诉案件网络处理平台建设，保证一线执法人员数量，配备统一标识的专用执法车辆和执法记录仪等装备。市人社局要加强劳动保障监察执法能力建设，强化执法，树立良好的社会形象。

（三）提高劳动争议调解仲裁效率。要充分发挥劳动人事争议调解仲裁院的作用，对农民工因拖欠工资申请仲裁的争议案件优先受理、优先开庭、及时裁决、快速办结。对集体欠薪争议或涉及金额较大的欠薪争议案件要挂牌督办。加强裁审衔接与工作协调，提高欠薪争议案件终局裁决率。

（四）完善部门联动处置机制。各有关部门要按照职责分工，对本系统、本领域发生的拖欠农民工工资问题，通过提醒、函询、约谈、警示、处理（处罚）等方式督促企业履行农民工工资支付的主体责任。市人社局要进一步完善与市人民法院、市公安局及其它有关部门对欠薪案件受理、初查、分转、处置、督办、应急处理的联动处置机制，聚集工作合力，加快欠薪支付的联动处置。

（五）完善欠薪突发事件应急处置机制。进一步健全解决拖欠农民工工资问题应急预案，完善政府应急周转金制度等应急处置措施。对欠薪逃匿或欠薪群体性案件，要按规定启动应急预案。对一时难以解决的案件，要动用工资保证金、应急周转金或通过其他渠道筹措的资金予以解决，并依法追偿。

五、健全拖欠工资惩戒机制

（一）完善企业守法诚信管理和失信惩戒机制。要加快信用体系建设，推进相关信用体系互联互通，市人社局要制定企业劳动保障守法诚信评价办法，定期归集有关部门处理的拖欠工资案件信息，将劳动用工、工资支付情况纳入有关部门诚信信息管理平台或市政府公共信用信息服务平台，向社会公布重大违法失信企业“黑名单”，并由有关单位记入诚信记录，按职责依法依规予以限制。

（二）推进“两法衔接”工作。要进一步完善劳动保障监察部门与市人民法院、市公安局办理涉嫌拒不支付劳动报酬犯罪案件的信息共享、案情通报、案件移送等制度，推进行政执法和刑事司法两法衔接信息共享平台建设，对涉嫌拒不支付劳动报酬犯罪的，依法移送公安机关追究刑事责任，切实发挥刑法对拒不支付劳动报酬犯罪行为的威慑作用。对采取非法手段讨薪或以讨要工资为名讨要工程款构成违反治安管理行为的，市公安局要依法予以治安处罚；涉嫌犯罪的，要依法追究其刑事责任。

醴陵市人民政府办公室
关于公布醴陵市市本级群众和企业到政府办事
“最多跑一次”事项清单的通知

醴政办发〔2018〕11 号

各镇党委、人民政府，各街道党工委、办事处，长庆示范区党工委、管委会，市直各单位，驻醴各单位：

为加快推进政府职能转变和深化简政放权、放管结合、优化服务改革，全面贯彻落实《中共中央办公厅国务院办公厅〈关于深入推进审批服务便民化的指导意见〉的通知》（厅字〔2018〕22 号）、《株洲市人民政府办公室〈关于公布株洲市市本级群众和企业到政府办事“最多跑一次”事项清单（第一批）〉的通知》（株政办发〔2018〕11 号）、《株洲市人民政府办公室〈关于公布株洲市市本级群众和企业到政府办事“最多跑一次”事项清单（第二批）〉的通知》（株政办发〔2018〕14 号）文件精神，经市人民政府同意，在全面梳理群众和企业到政府办事有关事项及流程的基础上，公布市本级群众和企业到政府办事“最多跑一次”事项（601 项）。

各级各单位要高度重视，认真研究制定事项办事指南、统一标准、减少环节、优化流程、提升服务，确保“最多跑一次”改革落到实处。

附件：醴陵市市本级群众和企业到政府办事“最多跑一次”事项清单

醴陵市人民政府办公室
2018 年 9 月 22 日

附件

醴陵市市本级群众和企业到政府办事“最多跑一次”事项清单

表 20

序号	单位名称	事项名称	子项名称	事项类别	服务对象	“最多跑一次”类别
1	市教育局	权限内民办教育学校设立、变更与终止审批	民办学校筹设设立审批	行政许可	个人或法人	其他
2			民办学校设立审批	行政许可	个人或法人	其他
3			民办学校分立的审批	行政许可	个人或法人	其他
4			民办学校合并的审批	行政许可	个人或法人	其他
5			民办学校终止的审批	行政许可	个人或法人	其他
6			民办学校变更名称	行政许可	个人或法人	其他
7			民办学校变更层次	行政许可	个人或法人	其他
8			民办学校变更类别	行政许可	个人或法人	其他
9			民办学校变更举办者	行政许可	个人或法人	其他

续表 20-1

序号	单位名称	事项名称	子项名称	事项类别	服务对象	“最多跑一次”类别
10	市财政局	代理记账许可证核发	代理记账许可变更、注销、补发、年度报备	行政许可	个人、法人或其他组织	其他
11	市畜牧局	兽药经营许可证	兽药经营许可证核发	行政许可	个人、法人或其他组织	其他
12			兽药经营许可证换发	行政许可	个人、法人或其他组织	其他
13			兽药经营企业变更	行政许可	个人、法人或其他组织	其他
14		动物诊疗许可证	动物诊疗许可证核发	行政许可	个人或法人	其他
15			动物诊疗许可证换发	行政许可	个人或法人	其他
16			动物诊疗许可证补发	行政许可	个人或法人	即来即办事项
17		渔业捕捞许可证、渔业船舶登记发证、牌照核发		行政许可	个人、法人或其他组织	其他
18		动物防疫条件合格证	动物防疫条件合格证核发	行政许可	个人或法人	其他
19			动物防疫条件合格证变更	行政许可	个人或法人	其他
20			动物防疫条件合格证注销	行政许可	个人或法人	即来即办事项
21			动物防疫条件合格证补发	行政许可	个人或法人	即来即办事项
22		水产苗种生产许可证	水产苗种生产许可证核发	行政许可	个人或法人	其他
23			水产苗种生产许可证变更	行政许可	个人或法人	其他
24		动物疫情认定		行政确认	个人、法人或其他组织	其他
25		委托水产苗种产地检疫		其他行政权力	个人、法人或其他组织	其他
26		动物、动物产品产地检疫		其他行政权力	个人、法人或其他组织	其他
27		执业兽医师注册或备案		其他行政权力	个人	即来即办事项
28		养蜂证登记备案		其他行政权力	个人	即来即办事项
29	市林业局	木材运输证核发		行政许可	个人、法人或其他组织	
30		植物检疫证书核发		行政许可	个人、法人或其他组织	
31	市烟草局	烟草专卖零售许可证	变更	公共服务事项	个人、法人或其他组织	即来即办事项
32			补办	公共服务事项	个人、法人或其他组织	即来即办事项
33			停业	公共服务事项	个人、法人或其他组织	即来即办事项
34			歇业	公共服务事项	个人、法人或其他组织	即来即办事项
35			恢复营业	公共服务事项	个人、法人或其他组织	即来即办事项
36	市民宗局	宗教团体的成立、变更、注销审批	宗教团体的成立审批	行政许可	法人	其他
37			宗教团体的变更审批	行政许可	法人	其他
38			宗教团体的注销审批	行政许可	法人	其他

续表 20-2

序号	单位名称	事项名称	子项名称	事项类别	服务对象	"最多跑一次"类别
39	市民宗局	宗教团体和宗教活动场所举办宗教教职人员和教徒培训班备案		审核转报类	法人	其他
40		筹备设立宗教活动场所审批	筹备设立（新建、重建）宗教活动场所审批	行政许可	法人	其他
41			筹备设立（改建、扩建）宗教活动场所审批	行政许可	法人	其他
42		更改民族成份审批		审核转报类	个人	其他
43		享受高校招生民族优惠政策考生资格审核		公共服务	个人	即来即办事项
44	市司法局	基层法律服务工作者执业核准		行政许可	个人	其他
45		基层法律服务所变更、注销	基层法律服务所变更	其他行政权力	法人	其他
46			基层法律服务所注销	其他行政权力	法人	其他
47		律师事务所（分所）设立初审	律师事务所设立许可初审	审核转报	法人	其他
48			律师事务所分所设立许可初审	审核转报	法人	其他
49		律师事务所（分所）变更初审	律师事务所变更名称、负责人、章程、合伙协议初审	审核转报	法人	其他
50			律师事务所变更住所、合伙人初审	审核转报	法人	其他
51			律师事务所分所变更负责人、住所、名称初审	审核转报	法人	其他
52		律师事务所（分所）注销初审	律师事务所注销初审	审核转报	法人	其他
53			律师事务所分所注销初审	审核转报	法人	其他
54		律师执业初审	律师执业许可初审	审核转报	个人	其他
55			律师变更执业机构初审	审核转报	个人	其他
56		律师执业初审	律师执业证补发 / 换发初审	审核转报	个人	其他
57			律师执业证注销初审	审核转报	个人	其他
58		公证机构变更初审	公证机构变更名称、办公场所初审	审核转报	法人	其他
59			公证机构分立、合并或者变更执业区域初审	审核转报	法人	其他
60			公证机构变更负责人初审	审核转报	法人	其他

续表 20-3

序号	单位名称	事项名称	子项名称	事项类别	服务对象	“最多跑一次”类别
61	市司法局	公证员执业初审	公证员执业许可初审	审核转报	个人	其他
62			公证员变更执业机构初审	审核转报	个人	其他
63			公证员免职初审	审核转报	个人	其他
64			公证员执业证书补发/换发初审	审核转报	个人	其他
65		组织提供法律援助等公共法律服务	法律援助申请审查	公共服务	个人	其他
66		法律援助办案补贴发放		公共服务	个人	其他
67		国家统一法律职业资格考试报名		公共服务	个人	其他
68		“12348”法律咨询		公共服务	个人、法人或其他组织	其他
69		律师服务咨询		公共服务	个人、法人或其他组织	其他
70		公证服务咨询		公共服务	个人、法人或其他组织	其他
71		司法鉴定服务咨询		公共服务	个人、法人或其他组织	其他
72	市环保局	主要污染物排污权有偿使用和交易	现有企业排污权有偿使用	其他行政权力	法人或其他组织	即来即办事项
73			排污权证核发	审核转报	法人或其他组织	其他
74	市食药工商质监局	权限内企业核准登记（含企业集团核准登记和企业名称预先核准）	企业名称预先核准	行政许可	个人、法人或其他组织	即来即办事项
75			有限责任公司设立登记	行政许可	个人、法人或其他组织	即来即办事项
76			有限责任公司变更登记	行政许可	个人、法人或其他组织	即来即办事项
77			有限责任公司注销登记	行政许可	个人、法人或其他组织	即来即办事项
78			分公司设立登记	行政许可	个人、法人或其他组织	即来即办事项
79			分公司变更登记	行政许可	个人、法人或其他组织	即来即办事项
80			分公司注销登记	行政许可	个人、法人或其他组织	即来即办事项
81			非公司企业法人开业登记	行政许可	个人、法人或其他组织	即来即办事项
82			非公司企业法人变更登记	行政许可	个人、法人或其他组织	即来即办事项
83			非公司企业法人注销登记	行政许可	个人、法人或其他组织	即来即办事项
84			营业单位及法人分支机构开业登记	行政许可	个人、法人或其他组织	即来即办事项
85			营业单位及法人分支机构变更登记	行政许可	个人、法人或其他组织	即来即办事项
86			营业单位及法人分支机构注销登记	行政许可	个人、法人或其他组织	即来即办事项
87			企业集团组建登记	行政许可	个人、法人或其他组织	即来即办事项
88			企业集团变更登记	行政许可	个人、法人或其他组织	即来即办事项

续表 20–4

序号	单位名称	事项名称	子项名称	事项类别	服务对象	“最多跑一次”类别
89	市食药工商质监局	权限内企业核准登记（含企业集团核准登记和企业名称预先核准）	企业集团注销登记	行政许可	个人、法人或其他组织	即来即办事项
90			合伙企业设立	行政许可	个人、法人或其他组织	即来即办事项
91			合伙企业变更	行政许可	个人、法人或其他组织	即来即办事项
92			合伙企业注销	行政许可	个人、法人或其他组织	即来即办事项
93			合伙企业分支机构设立	行政许可	个人、法人或其他组织	即来即办事项
94			合伙企业分支机构变更	行政许可	个人、法人或其他组织	即来即办事项
95			合伙企业分支机构注销	行政许可	个人、法人或其他组织	即来即办事项
96			农民专业合作社设立	行政许可	个人、法人或其他组织	即来即办事项
97			农民专业合作社变更	行政许可	个人、法人或其他组织	即来即办事项
98			农民专业合作社注销	行政许可	个人、法人或其他组织	即来即办事项
99			个人独资企业设立	行政许可	个人	即来即办事项
100			个人独资企业变更	行政许可	个人	即来即办事项
101			个人独资企业注销	行政许可	个人	即来即办事项
102			个体工商户设立	行政许可	个人	即来即办事项
103			个体工商户变更	行政许可	个人	即来即办事项
104			个体工商户注销	行政许可	个人	即来即办事项
105		股权出质	股权出质登记（设立）	行政确认	个人、法人或其他组织	即来即办事项
106			股权出质登记（变更）	行政确认	个人、法人或其他组织	即来即办事项
107			股权出质登记（注销）	行政确认	个人、法人或其他组织	即来即办事项
108			股权出质登记（撤销）	行政确认	个人、法人或其他组织	即来即办事项
109		登记备案	企业集团修改章程备案	其他行政权力	法人或其他组织	即来即办事项
110			公司备案（设立分公司备案，公司董事、监事、经理备案）、公司章程修改备案	其他行政权力	法人或其他组织	即来即办事项
111			非公司企业法人因主管部门改变不涉及原主要登记事项变更的备案	其他行政权力	法人或其他组织	即来即办事项
112			企业注销清算组备案	其他行政权力	个人、法人或其他组织	即来即办事项
113		营业执照办理	营业执照副本增发	其他行政权力	个人、法人或其他组织	即来即办事项
114			营业执照补发	其他行政权力	个人、法人或其他组织	即来即办事项
115			营业执照换发	其他行政权力	个人、法人或其他组织	即来即办事项

续表 20-5

序号	单位名称	事项名称	子项名称	事项类别	服务对象	“最多跑一次”类别
116	市食药工商质监局	广告发布登记	广告发布登记	行政许可	个人、法人或其他组织	即来即办事项
117		食品经营许可证变更		行政许可	个人、法人或其他组织	网上审批或网上预审事项
118		食品经营许可证延续		行政许可	个人、法人或其他组织	网上审批或网上预审事项
119		食品经营许可证补发		行政许可	个人、法人或其他组织	网上审批或网上预审事项
120		食品经营许可证注销		行政许可	个人、法人或其他组织	网上审批或网上预审事项
121		食品加工小作坊	食品生产加工小作坊证变更	行政许可	个人、法人或其他组织	网上审批或网上预审事项
122		食品加工小作坊	食品生产加工小作坊证延续	行政许可	个人、法人或其他组织	网上审批或网上预审事项
123		食品加工小作坊	食品生产加工小作坊证补发	行政许可	个人、法人或其他组织	网上审批或网上预审事项
124		食品加工小作坊	食品加工小作坊证注销	行政许可	个人、法人或其他组织	网上审批或网上预审事项
125		第二类医疗器械备案	第二类医疗器械备案新发	其他行政权力	个人、法人或其他组织	即来即办事项
126		第二类医疗器械备案	第二类医疗器械备案变更	其他行政权力	个人、法人或其他组织	即来即办事项
127		第二类医疗器械备案	第二类医疗器械备案补发	其他行政权力	个人、法人或其他组织	即来即办事项
128		第二类医疗器械备案	第二类医疗器械备案注销	其他行政权力	个人、法人或其他组织	即来即办事项
129		第三类医疗器械许可	第三类医疗器械经营许可变更（不包括需现场核查）	行政许可	法人	预约上门事项或其他
130			第三类医疗器械经营许可注销	行政许可	法人	预约上门事项或其他
131			第三类医疗器械经营许可补发	行政许可	法人	预约上门事项或其他
132		小餐饮经营许可	小餐饮经营许可延续	行政许可	个人	网上审批或网上预审事项
133			小餐饮经营许可补发	行政许可	个人	网上审批或网上预审事项
134			小餐饮经营许可变更	行政许可	个人	网上审批或网上预审事项
135			小餐饮经营许可注销	行政许可	个人	网上审批或网上预审事项
136		企业书式档案查询		公共服务	个人、法人或其他组织	即来即办事项

续表 20-6

序号	单位名称	事项名称	子项名称	事项类别	服务对象	"最多跑一次"类别
137	市气象局	升放无人驾驶自由气球、系留气球活动审批		行政许可	个人、法人或其他组织	即来即办事项
138	市消防大队	建设工程消防设计审核		行政许可	个人、法人或其他组织	其他
139		建设工程消防竣工验收		行政许可	个人、法人或其他组织	其他
140		建设工程消防设计备案		其他行政权力	个人、法人或其他组织	其他
141		建设工程消防竣工验收备案		其他行政权力	个人、法人或其他组织	其他
142		公众聚集场所投入使用、营业前消防安全检查		行政许可	个人、法人或其他组织	其他
143		119 火灾和救援事故受理		公共服务	个人、法人或其他组织	其他
144	市商务局	不涉及国家规定实施准入特别管理措施的外商投资企业的设立和变更备案（除企业名称、投资者名称、法定地址变更备案外）	不涉及国家规定实施准入特别管理措施的外商投资企业的设立备案	其他行政权力	个人、法人或其他组织	网上审批事项
145		不涉及国家规定实施准入特别管理措施的外商投资企业的变更备案		其他行政权力	个人、法人或其他组织	网上审批事项
146		从事再生资源回收经营活动备案		其他行政权力	个人、法人或其他组织	即来即办事项
147		粮食价格信息咨询		公共服务	个人、法人或其他组织	即来即办事项
148		粮食安全应急咨询服务		公共服务	个人、法人或其他组织	即来即办事项
149	市发改局	重点建设项目咨询及信息发布		公共服务	个人、法人或其他组织	其他
150	市卫计局	医护人员执业注册及执业证书核发	医师执业注册	行政许可	个人	即来即办事项
151		医护人员执业注册及执业证书核发	护士执业注册	行政许可	个人	即来即办事项
152		再生育审批		行政许可	个人	即来即办事项
153		母婴保健技术服务机构及服务人员执业许可	母婴保健技术服务人员执业许可证	行政许可	个人	即来即办事项
154		卫生监督咨询服务		公共服务	法人或其他组织	即来即办事项
155		流动人口计划生育政策咨询、投诉服务		公共服务	个人、法人或其他组织	即来即办事项
156	市住建局	污水排入排水管网许可	污水排入排水管网许可证变更	行政许可	法人或其他组织	即来即办事项

续表 20-7

序号	单位名称	事项名称	子项名称	事项类别	服务对象	“最多跑一次”类别
157	市住建局	地下管线查阅利用		公共服务	个人、法人或其他组织	即来即办事项
158		城建档案查阅利用		公共服务	个人、法人或其他组织	即来即办事项
159		中标通知书备案		其他行政权力	法人或其他组织	即来即办事项
160		施工现场搅拌混凝土确认		其他行政权力	法人或其他组织	即来即办事项
161		燃气经营者停业、歇业审批		其他行政权力	法人或其他组织	即来即办事项
162	市自来水公司	用水业务办理	缴费	公共服务	个人、法人或其他组织	即来即办事项
163		用水业务办理	水费清单打印	公共服务	个人、法人或其他组织	即来即办事项
164		用水业务办理	增值税专用发票申请	公共服务	个人、法人或其他组织	即来即办事项
165		用水业务办理	发票领取	公共服务	个人、法人或其他组织	即来即办事项
166		用水业务办理	短信开通	公共服务	个人、法人或其他组织	即来即办事项
167		用水业务办理	银行代扣	公共服务	个人	即来即办事项
168		用水业务办理	客户信息变更	公共服务	个人、法人或其他组织	即来即办事项
169		用水业务办理	城市特困低保户户表工程款优惠	公共服务	个人	即来即办事项
170		用水业务办理	城市特困低保户水量优惠登记	公共服务	个人	即来即办事项
171		用水业务办理	水表更名、过户	公共服务	个人、法人或其他组织	即来即办事项
172		用水业务办理	银行托收	公共服务	个人、法人或其他组织	即来即办事项
173		用水业务办理	批量（单位）水表更名过户	公共服务	法人或其他组织	即来即办事项
174		用水业务办理	阶梯水量用水人口申报	公共服务	个人	即来即办事项
175		用水业务办理	用水性质变更	公共服务	个人、法人或其他组织	即来即办事项
176		用水业务办理	水表注销	公共服务	个人、法人或其他组织	即来即办事项
177		用水业务办理	水表检定	公共服务	个人、法人或其他组织	其他
178	市住房公积金中心	住房公积金管理	住房公积金提取审批	其他行政权力	个人	即来即办事项
179		住房公积金缴存登记		其他行政权力	法人或其他组织	即来即办事项
180		住房公积金比例、基数审核		其他行政权力	法人或其他组织	即来即办事项
181		住房公积金账户转移、变更封存、注销		其他行政权力	法人或其他组织	即来即办事项
182		住房公积金贷款审批		其他行政权力	个人	其他
183	市税务局	税务报告	实名信息采集	行政确认	个人、法人或其他组织	即来即办事项

续表 20–8

序号	单位名称	事项名称	子项名称	事项类别	服务对象	“最多跑一次”类别
184	市税务局	税务报告	扣缴税款登记	行政确认	个人、法人或其他组织	即来即办事项
185		税务报告	存款账户账号报告	其他行政权力	个人、法人或其他组织	即来即办事项
186		税务报告	财务会计制度及核算软件备案报告	其他行政权力	个人、法人或其他组织	即来即办事项
187		税务报告	跨区域涉税事项报告	其他行政权力	个人、法人或其他组织	即来即办事项
188		税务报告	跨区域涉税事项报验	其他行政权力	个人、法人或其他组织	即来即办事项
189		税务报告	跨区域涉税事项反馈	其他行政权力	个人、法人或其他组织	即来即办事项
190		税务报告	定期定额户停复业登记	行政确认	个人、法人或其他组织	即来即办事项
191		税务报告	增值税一般纳税人资格登记	行政确认	个人、法人或其他组织	即来即办事项
192		税务报告	选择按增值税小规模纳税人纳税	行政确认	个人、法人或其他组织	即来即办事项
193		税务报告	欠税人处置不动产或大额资产报告	行政确认	个人、法人或其他组织	即来即办事项
194		税务报告	纳税人合并分立情况报告	行政确认	个人、法人或其他组织	即来即办事项
195		税务报告	发包、出租情况报告	行政确认	个人、法人或其他组织	即来即办事项
196		税务报告	增值税一般纳税人选择简易计税方法计算缴纳增值税	行政确认	个人、法人或其他组织	即来即办事项
197		税务发票	印有本单位名称发票核定	行政确认	个人、法人或其他组织	即来即办事项
198		税务发票	发票票种核定	行政确认	个人、法人或其他组织	即来即办事项
199		税务发票	增值税专用发票（增值税税控系统）最高开票限额审批（10 万元以下）	行政确认	个人、法人或其他组织	即来即办事项
200		税务发票	增值税税控系统专用设备初始发行	行政确认	个人、法人或其他组织	即来即办事项
201		税务发票	增值税税控系统专用设备变更发行	行政确认	个人、法人或其他组织	即来即办事项
202		税务发票	增值税税控系统专用设备注销发行	行政确认	个人、法人或其他组织	即来即办事项
203		税务发票	发票领用	行政确认	个人、法人或其他组织	即来即办事项
204		税务发票	发票退回	行政确认	个人、法人或其他组织	即来即办事项
205		税务发票	代开增值税发票（不包含转让取得不动产和其他个人出租不动产）	行政确认	个人、法人或其他组织	即来即办事项

续表 20–9

序号	单位名称	事项名称	子项名称	事项类别	服务对象	“最多跑一次”类别
206	市税务局	税务发票	红字增值税专用发票开具申请	行政确认	个人、法人或其他组织	即来即办事项
207		税务发票	发票验旧	行政确认	个人、法人或其他组织	即来即办事项
208		税务发票	增值税发票存根联数据采集	行政确认	个人、法人或其他组织	即来即办事项
209		税务发票	发票认证	行政确认	个人、法人或其他组织	即来即办事项
210		税务发票	海关完税凭证数据采集	行政确认	个人、法人或其他组织	即来即办事项
211		税务发票	发票缴销	行政确认	个人、法人或其他组织	即来即办事项
212		税务发票	发票挂失、损毁报备	行政确认	个人、法人或其他组织	即来即办事项
213		税务发票	丢失被盗税控专用设备处理	行政确认	个人、法人或其他组织	即来即办事项
214		税务申报	增值税一般纳税人申报	行政确认	个人、法人或其他组织	即来即办事项
215		税务申报	增值税小规模纳税人（非定期定额户）申报	行政确认	个人、法人或其他组织	即来即办事项
216		税务申报	增值税预缴申报	行政确认	个人、法人或其他组织	即来即办事项
217		税务申报	航空运输企业年度清算申报	行政确认	个人、法人或其他组织	即来即办事项
218		税务申报	烟类应税消费品消费税申报	行政确认	个人、法人或其他组织	即来即办事项
219		税务申报	酒类应税消费品消费税申报	行政确认	个人、法人或其他组织	即来即办事项
220		税务申报	成品油消费税申报	行政确认	个人、法人或其他组织	即来即办事项
221		税务申报	小汽车消费税申报	行政确认	个人、法人或其他组织	即来即办事项
222		税务申报	电池消费税申报	行政确认	个人、法人或其他组织	即来即办事项
223		税务申报	涂料消费税申报	行政确认	个人、法人或其他组织	即来即办事项
224		税务申报	其他类消费税申报	行政确认	个人、法人或其他组织	即来即办事项
225		税务申报	车辆购置税申报	行政确认	个人、法人或其他组织	即来即办事项
226		税务申报	居民企业所得税月（季）度预缴纳税申报（适用查账征收）	行政确认	个人、法人或其他组织	即来即办事项
227		税务申报	居民企业所得税月（季）度预缴纳税申报（适用核定征收）	行政确认	个人、法人或其他组织	即来即办事项
228		税务申报	居民企业所得税年度纳税申报（适用查账征收）	行政确认	个人、法人或其他组织	即来即办事项

续表 20–10

序号	单位名称	事项名称	子项名称	事项类别	服务对象	“最多跑一次”类别
229	市税务局	税务申报	居民企业所得税年度纳税申报（适用核定征收）	行政确认	个人、法人或其他组织	即来即办事项
230		税务申报	居民企业清算企业所得税申报	行政确认	个人、法人或其他组织	即来即办事项
231		税务申报	非居民企业所得税季度纳税申报（适用据实申报）	行政确认	个人、法人或其他组织	即来即办事项
232		税务申报	非居民企业所得税季度纳税申报（适用核定征收）及不构成常设机构和国际运输免税申报	行政确认	个人、法人或其他组织	即来即办事项
233		税务申报	非居民企业所得税年度纳税申报（适用据实申报）	行政确认	个人、法人或其他组织	即来即办事项
234		税务申报	非居民企业所得税年度纳税申报（适用核定征收）及不构成常设机构和国际运输免税申报	行政确认	个人、法人或其他组织	即来即办事项
235		税务申报	废弃电器电子产品处理基金申报	行政确认	个人、法人或其他组织	即来即办事项
236		税务申报	文化事业建设费申报	行政确认	个人、法人或其他组织	即来即办事项
237		税务申报	定期定额个体工商户申报	行政确认	个人、法人或其他组织	即来即办事项
238		税务申报	定期定额个体工商户分月（季）汇总申报	行政确认	个人、法人或其他组织	即来即办事项
239		税务申报	委托代征申报	行政确认	个人、法人或其他组织	即来即办事项
240		税务申报	扣缴非居民企业所得税申报	行政确认	个人、法人或其他组织	即来即办事项
241		税务申报	代扣代缴文化事业建设费申报	行政确认	个人、法人或其他组织	即来即办事项
242		税务申报	代扣代缴证券交易印花税申报	行政确认	个人、法人或其他组织	即来即办事项
243		税务申报	代扣代缴、代收代缴报告	行政确认	个人、法人或其他组织	即来即办事项
244		税务申报	财务会计报告报送	行政确认	个人、法人或其他组织	即来即办事项
245		税务申报	出口退（免）税预申报	行政确认	个人、法人或其他组织	即来即办事项
246		税务申报	申报错误更正	行政确认	个人、法人或其他组织	即来即办事项
247		税务申报	关联申报	行政确认	个人、法人或其他组织	即来即办事项
248		税务申报	国别报告	行政确认	个人、法人或其他组织	即来即办事项

续表 20-11

序号	单位名称	事项名称	子项名称	事项类别	服务对象	"最多跑一次"类别
249	市税务局	税务申报	成本分摊协议报告	行政确认	个人、法人或其他组织	即来即办事项
250		税务备案	增值税优惠备案	其他行政权力	个人、法人或其他组织	即来即办事项
251		税务备案	消费税优惠备案	其他行政权力	个人、法人或其他组织	即来即办事项
252		税务备案	车辆购置税优惠备案	其他行政权力	个人、法人或其他组织	即来即办事项
253		税务备案	非居民企业享受税收协定待遇办理	其他行政权力	个人、法人或其他组织	即来即办事项
254		税务备案	企业所得税优惠备案	其他行政权力	个人、法人或其他组织	即来即办事项
255		税务备案	股权激励或以技术成果投资入股递延纳税报告	其他行政权力	个人、法人或其他组织	即来即办事项
256		税务备案	出口退（免）税备案	其他行政权力	个人、法人或其他组织	即来即办事项
257		税务备案	集团公司成员企业备案	其他行政权力	个人、法人或其他组织	即来即办事项
258		税务备案	融资租赁企业退税备案	其他行政权力	个人、法人或其他组织	即来即办事项
259		税务备案	边贸代理出口备案	其他行政权力	个人、法人或其他组织	即来即办事项
260		税务备案	出口企业放弃退（免）税权备案	其他行政权力	个人、法人或其他组织	即来即办事项
261		税务备案	出口企业申请出口退税业务提醒服务	其他行政权力	个人、法人或其他组织	即来即办事项
262		税务备案	非居民企业股权转让适用特殊性税务处理的备案	行政确认	个人、法人或其他组织	即来即办事项
263		税务备案	服务贸易等项目对外支付税务备案	行政确认	个人、法人或其他组织	即来即办事项
264		税务备案	跨境应税行为免征增值税备案	其他行政权力	个人、法人或其他组织	即来即办事项
265		税务证明	完税证明开具	其他行政权力	个人、法人或其他组织	即来即办事项
266		税务证明	《非居民企业汇总申报企业所得税证明》开具	其他行政权力	个人、法人或其他组织	即来即办事项
267		税务证明	丢失增值税专用发票已报税证明单开具	其他行政权力	个人、法人或其他组织	即来即办事项
268		税务证明	《车辆购置税完税证明》补办	其他行政权力	个人、法人或其他组织	即来即办事项
269		税务证明	《车辆购置税完税证明》更正	其他行政权力	个人、法人或其他组织	即来即办事项
270		税务报告	实名信息采集	行政确认	个人	即来即办事项
271		税务报告	自然人纳税人信息采集	行政确认	个人	即来即办事项
272		税务报告	扣缴税款登记	行政确认	个人、法人或其他组织	即来即办事项

续表 20–12

序号	单位名称	事项名称	子项名称	事项类别	服务对象	“最多跑一次”类别
273	市税务局	税务报告	存款账户账号报告	其他行政权力	个人、法人或其他组织	即来即办事项
274		税务报告	财务会计制度及核算软件备案报告	其他行政权力	个人、法人或其他组织	即来即办事项
275		税务报告	定期定额户停（复）业报告	行政确认	个人	即来即办事项
276		税务报告	欠税人处置不动产或大额资产报告	行政确认	个人、法人或其他组织	即来即办事项
277		税务报告	纳税人合并分立情况报告	行政确认	个人、法人或其他组织	即来即办事项
278		税务报告	发包、出租情况报告	行政确认	个人、法人或其他组织	即来即办事项
279		税务发票	代开增值税发票（转让取得的不动产和其他个人出租不动产）	行政确认	个人、法人或其他组织	即来即办事项
280		税务发票	红字增值税专用发票开具申请	行政确认	个人、法人或其他组织	即来即办事项
281		税务申报	居民企业所得税月（季）度预缴纳税申报（适用查账征收）	行政确认	法人或其他组织	即来即办事项
282		税务申报	居民企业所得税月（季）度预缴纳税申报（适用核定征收）	行政确认	法人或其他组织	即来即办事项
283		税务申报	居民企业所得税年度纳税申报（适用查账征收）	行政确认	法人或其他组织	即来即办事项
284		税务申报	居民企业所得税年度纳税申报（适用核定征收）	行政确认	法人或其他组织	即来即办事项
285		税务申报	居民企业清算企业所得税申报	行政确认	法人或其他组织	即来即办事项
286		税务申报	非居民企业所得税季度纳税申报（适用据实申报）	行政确认	法人或其他组织	即来即办事项
287		税务申报	非居民企业所得税季度纳税申报（适用核定征收）及不构成常设机构和国际运输免税申报	行政确认	法人或其他组织	即来即办事项
288		税务申报	非居民企业所得税年度纳税申报（适用据实申报）	行政确认	法人或其他组织	即来即办事项
289		税务申报	非居民企业所得税年度纳税申报（适用核定征收）及不构成常设机构和国际运输免税申报	行政确认	法人或其他组织	即来即办事项

续表 20-13

序号	单位名称	事项名称	子项名称	事项类别	服务对象	"最多跑一次"类别
290	市税务局	税务申报	自然人纳税人个人所得税自行纳税申报	行政确认	个人	即来即办事项
291		税务申报	生产、经营纳税人个人所得税自行纳税申报	行政确认	个人	即来即办事项
292		税务申报	房产税申报	行政确认	个人、法人或其他组织	即来即办事项
293		税务申报	城镇土地使用税申报	行政确认	个人、法人或其他组织	即来即办事项
294		税务申报	土地增值税纳税申报（从事房地产开发的纳税人预征适用）	行政确认	个人、法人或其他组织	即来即办事项
295		税务申报	耕地占用税申报	行政确认	个人、法人或其他组织	即来即办事项
296		税务申报	资源税申报	行政确认	个人、法人或其他组织	即来即办事项
297		税务申报	契税申报	行政确认	个人、法人或其他组织	即来即办事项
298		税务申报	印花税申报	行政确认	个人、法人或其他组织	即来即办事项
299		税务申报	车船税申报	行政确认	个人、法人或其他组织	即来即办事项
300		税务申报	烟叶税申报	行政确认	个人、法人或其他组织	即来即办事项
301		税务申报	环境保护税申报	行政确认	个人、法人或其他组织	即来即办事项
302		税务申报	城市维护建设税申报	行政确认	个人、法人或其他组织	即来即办事项
303		税务申报	教育费附加和地方教育附加申报	行政确认	个人、法人或其他组织	即来即办事项
304		税务申报	社会保险费缴费申报	行政确认	个人、法人或其他组织	即来即办事项
305		税务申报	残疾人就业保障金缴费申报	行政确认	个人、法人或其他组织	即来即办事项
306		税务申报	定期定额个体工商户申报	行政确认	个人	即来即办事项
307		税务申报	定期定额个体工商户分月（季）汇总申报	行政确认	个人	即来即办事项
308		税务申报	委托代征申报	行政确认	个人、法人或其他组织	即来即办事项
309		税务申报	扣缴车船税申报	行政确认	个人、法人或其他组织	即来即办事项
310		税务申报	扣缴非居民企业所得税申报	行政确认	法人或其他组织	即来即办事项
311		税务申报	扣缴个人所得税申报	行政确认	个人、法人或其他组织	即来即办事项
312		税务申报	代扣代缴证券交易印花税申报	行政确认	法人或其他组织	即来即办事项
313		税务申报	代扣代缴、代收代缴报告	行政确认	个人、法人或其他组织	即来即办事项
314		税务申报	财务会计报告报送	行政确认	个人、法人或其他组织	即来即办事项
315		税务申报	申报错误更正	行政确认	个人、法人或其他组织	即来即办事项

续表 20-14

序号	单位名称	事项名称	子项名称	事项类别	服务对象	“最多跑一次”类别
316	市税务局	税务申报	关联申报	行政确认	个人、法人或其他组织	即来即办事项
317		税务申报	国别报告	行政确认	个人、法人或其他组织	即来即办事项
318		税务申报	成本分摊协议副本报送	行政确认	个人、法人或其他组织	即来即办事项
319		税务备案	非居民企业享受税收协定待遇办理	其他行政权力	个人、法人或其他组织	即来即办事项
320		税务备案	企业所得税优惠备案	其他行政权力	法人或其他组织	即来即办事项
321		税务备案	个人所得税优惠备案	其他行政权力	个人、法人或其他组织	即来即办事项
322		税务备案	非居民个人享受税收协定待遇办理	其他行政权力	个人、法人或其他组织	即来即办事项
323		税务备案	房产税优惠备案	其他行政权力	个人、法人或其他组织	即来即办事项
324		税务备案	城镇土地使用税优惠备案	其他行政权力	个人、法人或其他组织	即来即办事项
325		税务备案	土地增值税优惠备案	其他行政权力	个人、法人或其他组织	即来即办事项
326		税务备案	耕地占用税优惠备案	其他行政权力	个人、法人或其他组织	即来即办事项
327		税务备案	资源税优惠备案	其他行政权力	个人、法人或其他组织	即来即办事项
328		税务备案	契税优惠备案	其他行政权力	个人、法人或其他组织	即来即办事项
329		税务备案	印花税优惠备案	其他行政权力	个人、法人或其他组织	即来即办事项
330		税务备案	车船税优惠备案	其他行政权力	个人、法人或其他组织	即来即办事项
331		税务备案	城市维护建设税优惠备案	其他行政权力	个人、法人或其他组织	即来即办事项
332		税务备案	教育费附加优惠备案	其他行政权力	个人、法人或其他组织	即来即办事项
333		税务备案	企业年金、职业年金计划报告	其他行政权力	个人、法人或其他组织	即来即办事项
334		税务备案	股权激励或以技术成果投资入股递延纳税报告	其他行政权力	个人、法人或其他组织	即来即办事项
335		税务备案	非居民企业股权转让适用特殊性税务处理的备案	行政确认	个人、法人或其他组织	即来即办事项
336		税务证明	完税证明开具	其他行政权力	个人、法人或其他组织	即来即办事项
337		税务证明	开具个人所得税完税证明	其他行政权力	个人、法人或其他组织	即来即办事项
338		税务证明	《非居民企业汇总申报企业所得税证明》开具	其他行政权力	个人、法人或其他组织	即来即办事项
339		税务证明	《资源税管理证明》开具	其他行政权力	个人、法人或其他组织	即来即办事项
340	市文物局	权限内文物保护单位的保护范围内进行其他建设工程或者爆破、钻探、挖掘等作业审批		行政许可	个人、法人或其他组织	其他

续表 20-15

序号	单位名称	事项名称	子项名称	事项类别	服务对象	“最多跑一次”类别
341	市文物局	权限内文物保护单位修缮或实施原址保护措施审批		行政许可	个人、法人或其他组织	其他
342		国有文物收藏单位之间因举办展览、科学研究，非国有文物收藏单位和其他单位举办展览，需借用国有馆藏文物审批		行政许可	法人或其他组织	其他
343		权限内文物保护单位和其他不可移动文物改变用途审批		行政许可	法人或其他组织	其他
344		权限内文物保护单位建设控制地带内的建设工程设计方案审核		行政许可	个人、法人或其他组织	其他
345	市民政局	结婚登记	登记	行政确认	个人	即来即办事项
346		结婚登记	补发	行政确认	个人	即来即办事项
347		离婚登记		行政确认	个人	即来即办事项
348		对向救助站求助的流浪乞讨人员进行救助		其他行政权力	个人	即来即办事项
349		老年人优待证发放		其他行政权力	个人	即来即办事项
350		区划、地名和界线档案查询服务		公共服务	个人、法人或其他组织	即来即办事项
351	市供电公司	改类——“一户多人口”认定		公共服务	个人、法人或其他组织	即来即办事项
352		供电故障报修		公共服务	个人、法人或其他组织	即来即办事项
353		增值税变更		公共服务	个人、法人或其他组织	即来即办事项
354		申请表校验		公共服务	个人、法人或其他组织	即来即办事项
355		服务密码查询		公共服务	个人、法人或其他组织	即来即办事项
356		电费缴费		公共服务	个人、法人或其他组织	即来即办事项
357		电量查询		公共服务	个人、法人或其他组织	即来即办事项
358		银行托收		公共服务	个人、法人或其他组织	即来即办事项
359		缴费账户关联		公共服务	个人、法人或其他组织	即来即办事项
360		用电地址信息变更		公共服务	个人、法人或其他组织	即来即办事项
361		业务费交费		公共服务	个人、法人或其他组织	即来即办事项
362		账单查询		公共服务	个人、法人或其他组织	即来即办事项
363		停电信息咨询		公共服务	个人、法人或其他组织	即来即办事项

续表 20-16

序号	单位名称	事项名称	子项名称	事项类别	服务对象	“最多跑一次”类别
364	市供电公司	电费发票换票		公共服务	个人、法人或其他组织	即来即办事项
365		居民合同续签		公共服务	个人、法人或其他组织	即来即办事项
366		电费发票打印		公共服务	个人、法人或其他组织	即来即办事项
367		电费清单打印		公共服务	个人、法人或其他组织	即来即办事项
368		欠费复电		公共服务	个人、法人或其他组织	即来即办事项
369		专变客户购电		公共服务	个人、法人或其他组织	即来即办事项
370	市水利局	取水许可	取水许可（水资源论证）（申请新发证）	行政许可	法人	其他
371			取水许可（水资源论证）（申请延续换证）	行政许可	法人	其他
372			取水许可（有效取水证）（申请变更或注销）	行政许可	法人	即来即办事项
373		入河排污口设置与审批	入河排污口设置与审批	行政许可	法人	其他
374		河道采砂	河道采砂（申请新发证）	行政许可	法人	其他
375			河道采砂（有效采砂证）（申请变更或注销）	行政许可	法人	即来即办事项
376		涉河项目	涉河项目	行政许可	法人	其他
377		生产建设项目水土保持方案审批	生产建设项目水土保持方案审批	行政许可	法人	其他
378	市统计局	统计资料提供与咨询		公共服务	个人、法人或其他组织	即来即办事项
379	市人社局	社会保险费征收	失业保险费征收	行政征收	个人、法人或其他组织	即来即办事项
380		社会保险费征收	企业职工基本养老保险费征收	行政征收	法人、其他组织	即来即办事项
381		社会保险费征收	灵活就业人员养老保险费征收	行政征收	个人	即来即办事项
382		社会保险费征收	生育保险费征收	行政征收	法人或其他组织	即来即办事项
383		社会保险费征收	城镇职工基本医疗保险费征收	行政征收	法人或其他组织	即来即办事项
384		社会保险费征收	工伤保险费征收	行政征收	法人或其他组织	即来即办事项
385		工伤保险费费率审定		行政确认	法人或其他组织	即来即办事项
386		社会保险费缴费基数核定	城镇职工基本医疗保险参保单位和个人应缴医疗保险费核定	行政确认	法人或其他组织	即来即办事项
387		社会保险费缴费基数核定	企业职工基本养老保险参保单位、个人缴费基数核定	行政确认	法人	即来即办事项

续表 20-17

序号	单位名称	事项名称	子项名称	事项类别	服务对象	“最多跑一次”类别
388	市人社局	社会保险登记	工伤保险单位缴费基数核定	行政确认	法人	即来即办事项
389		社会保险登记	失业保险参保单位、个人缴费基数核定	行政确认	法人	即来即办事项
390		社会保险登记	灵活就业人员基本医疗保险参保登记	行政确认	个人	即来即办事项
391		社会保险登记	失业保险参保登记	行政确认	法人或其他组织	即来即办事项
392		社会保险登记	工伤保险参保登记	行政确认	法人或其他组织	即来即办事项
393		社会保险登记	职工基本养老保险单位参保登记	行政确认	法人或其他组织	即来即办事项
394		社会保险登记	职工基本养老保险灵活就业人员参保登记	行政确认	个人	即来即办事项
395		集体合同及专项集体合同审查		其他行政权力	法人或其他组织	即来即办事项
396		民办职业培训机构招生广告和简章备案		其他行政权力	法人或其他组织	即来即办事项
397		创业担保贷款资料审核		其他行政权力	法人或其他组织	即来即办事项
398		社会保险关系转移接续	医保关系转移	其他行政权力	个人	即来即办事项
399		社会保险关系转移接续	基本职工养老保险省内转移（除长沙市本级及五区）	其他行政权力	个人或法人	即来即办事项
400		社会保险关系转移接续	职工基本养老保险跨省转移	其他行政权力	个人	即来即办事项
401		社会保险关系转移接续	失业保险待遇转出	其他行政权力	个人	即来即办事项
402		社会保险关系转移接续	失业保险待遇转入	其他行政权力	个人	即来即办事项
403		社会保险关系转移接续	失业保险关系转移接续	其他行政权力	个人	即来即办事项
404		流动党员组织关系转接		公共服务事项	个人	即来即办事项
405		职工基本养老保险个人信息修改		公共服务事项	个人、法人或其他组织	即来即办事项
406		职工基本养老保险个人账户查询		公共服务事项	个人	即来即办事项
407		医疗保险人员异动办理		公共服务事项	个人、法人或其他组织	即来即办事项
408		医保系统个人信息修改		公共服务事项	个人、法人或其他组织	即来即办事项
409		医保手册发放、遗失补发		公共服务事项	个人、法人或其他组织	即来即办事项
410		城乡居民基本医疗参保（新生儿出生后 28 天以内的参保和开通待遇）		公共服务事项	个人	即来即办事项

续表 20-18

序号	单位名称	事项名称	子项名称	事项类别	服务对象	“最多跑一次”类别
411	市人社局	医疗生育保险报销	城镇职工参保人未联网的异地就医医疗费用报销	公共服务事项	个人	即来即办事项
412		医疗生育保险报销	异地生育费用保险报销	公共服务事项	个人	即来即办事项
413		医疗生育保险报销	城乡居民参保人未联网的异地就医医疗费用报销	公共服务事项	个人	即来即办事项
414		人事档案查询		公共服务事项	个人	即来即办事项
415		职工基本养老保险退休人员人脸首次建模		公共服务事项	个人	即来即办事项
416		职工基本养老保险退休人员领取养老金资格认证（特殊人群）		公共服务事项	个人、法人或其他组织	即来即办事项
417		职工基本养老保险参保证明		公共服务事项	个人、法人或其他组织	即来即办事项
418		职工基本养老保险离退休待遇查询		公共服务事项	个人、法人或其他组织	即来即办事项
419		职工基本养老保险单位参保人员异动申报		公共服务事项	个人、法人或其他组织	即来即办事项
420		职工基本养老保险离退休人员养老金发放信息修改		公共服务事项	个人、法人或其他组织	即来即办事项
421		机关事业单位基本养老保险退休待遇查询		公共服务事项	个人	即来即办事项
422		职工基本养老保险单位参保信息修改		公共服务事项	个人、法人或其他组织	即来即办事项
423		职工基本养老保险离退休人员基本信息修改		公共服务事项	个人、法人或其他组织	即来即办事项
424		医疗保险相关业务服务	医疗保险异地就诊零星费用报账	公共服务事项	个人	即来即办事项
425		医疗保险相关业务服务	异地安置人员特殊病种门诊补助报账	公共服务事项	个人	即来即办事项
426		医疗保险相关业务服务	非定点医疗机构急诊抢救费用报账	公共服务事项	个人	即来即办事项
427		医疗保险相关业务服务	医疗保险异地转诊备案登记	公共服务事项	个人	即来即办事项
428		医疗保险相关业务服务	异地就医联网结算申请	公共服务事项	个人	即来即办事项
429		医疗保险相关业务服务	定点医疗机构费用申报与结算	公共服务事项	个人	即来即办事项
430		医疗保险相关业务服务	城乡居民医保异地就医直接结算	公共服务事项	个人	即来即办事项

续表 20-19

序号	单位名称	事项名称	子项名称	事项类别	服务对象	“最多跑一次”类别
431	市人社局	医疗保险相关业务服务	人员异动	公共服务事项	个人、法人或其他组织	即来即办事项
432		医疗保险相关业务服务	医疗保险关系转移接续	公共服务事项	个人、法人或其他组织	即来即办事项
433		医疗保险相关业务服务	参保缴费查询证明	公共服务事项	个人、法人或其他组织	即来即办事项
434		医疗保险相关业务服务	医疗保险异地安置申报	公共服务事项	个人	即来即办事项
435		医疗保险相关业务服务	医疗保险个人账户销户	公共服务事项	个人、法人或其他组织	即来即办事项
436		生育保险相关业务服务	生育保险异地就诊零星费用报账	公共服务事项	个人、法人或其他组织	即来即办事项
437		生育保险相关业务服务	生育保险生育津（补）贴申领	公共服务事项	个人、法人或其他组织	即来即办事项
438		省直统筹管理离休干部医疗保险业务服务	省直统筹管理离休干部死亡异动办理	公共服务事项	个人	即来即办事项
439		流动人员档案管理	流动人员人事档案转入	公共服务事项	个人或企业	是
440		流动人员档案管理	调出，出具与人事档案相关的证明	公共服务事项	个人或企业	是
441	市公安局交警大队	机动车驾驶证核发、审验	初次申请机动车驾驶证或者申请增加准驾车型	行政许可	个人、法人或其他组织	网上审批事项
442		机动车驾驶证核发、审验	互联网考试预约 D、E、F 机动车驾驶证科目一、科目三安全文明知识	行政许可	个人、法人或其他组织	网上审批事项
443		机动车驾驶证核发、审验	机动车驾驶人（A3 除外）恢复驾驶资格	行政许可	个人、法人或其他组织	即来即办事项
444		机动车驾驶证核发、审验	机动车驾驶人满分学习和异地满分学习	行政许可	个人、法人或其他组织	即来即办事项
445		机动车驾驶证核发、审验	取消 D、E、F 机动车驾驶证考试预约	行政许可	个人、法人或其他组织	即来即办事项
446		机动车驾驶证核发、审验	退办初次或增加 D、E、F 机动车驾驶证驾驶证申请业务	行政许可	个人、法人或其他组织	即来即办事项
447		机动车驾驶证核发、审验	核发放 D、E、F 机动车驾驶证	行政许可	个人、法人或其他组织	即来即办事项
448		机动车登记	机动车（9 座以上除外）注册登记	行政许可	个人或法人	即来即办事项
449		机动车登记	机动车所有权转移登记	行政许可	个人或法人	即来即办事项
450		机动车登记	机动车变更登记	行政许可	个人或法人	即来即办事项
451		机动车登记	机动车抵押登记	行政许可	个人或法人	即来即办事项
452		机动车登记	机动车解除抵押登记	行政许可	个人或法人	即来即办事项

续表 20–20

序号	单位名称	事项名称	子项名称	事项类别	服务对象	“最多跑一次”类别
453	市公安局交警大队	机动车登记	机动车注销登记	行政许可	个人或法人	即来即办事项
454		临时通行牌证核发		行政许可	个人或法人	即来即办事项
455		申请校车资格核发		行政许可	个人或法人	即来即办事项
456		套牌车受案处理		其他行政权力	个人、法人或其他组织	即来即办事项
457		取保候审保证金退还审核		其他行政权力	个人	即来即办事项
458		补换机动车号牌		其他行政权力	个人或法人	即来即办事项
459		补换行驶证		其他行政权力	个人或法人	即来即办事项
460		机动车登记证书办理	机动车登记证书补领、申领	其他行政权力	个人或法人	即来即办事项
461		机动车登记证书办理	机动车登记证书换领	其他行政权力	个人或法人	即来即办事项
462		六年内免检验合格证标志		其他行政权力	个人或法人	即来即办事项
463		D、E、F 机动车驾驶证办理	机动车驾驶证补证	其他行政权力	个人或法人	即来即办事项
464			机动车驾驶证换证	其他行政权力	个人或法人	即来即办事项
465			机动车驾驶证降级	其他行政权力	个人或法人	即来即办事项
466			机动车驾驶证注销	其他行政权力	个人或法人	即来即办事项
467		查阅机动车档案		公共服务	个人、法人或其他组织	即来即办事项
468	市残联	申请残疾人康复资助（0 ~ 7 岁自闭症儿童抢救性康复）	申请残疾人康复资助（0 ~ 7 岁自闭症儿童抢救性康复）	公共服务	个人	即来即办事项
469		申请残疾人康复资助（0–7 岁智力儿童抢救性康复）	申请残疾人康复资助（0 ~ 7 岁智力儿童抢救性康复）	公共服务	个人	即来即办事项
470		申请残疾人康复资助（0 ~ 7 岁脑瘫儿童抢救性康复）	申请残疾人康复资助（0 ~ 7 岁脑瘫儿童抢救性康复）	公共服务	个人	即来即办事项
471		申请残疾人康复资助（0 ~ 7 岁听力残疾儿童抢救性语言训练）	申请残疾人康复资助（0 ~ 7 岁听力残疾儿童抢救性语言训练）	公共服务	个人	即来即办事项
472		残疾人大学生及贫困残疾人家庭子女大学生资助	残疾人大学生及贫困残疾人家庭子女大学生资助	公共服务	个人	即来即办事项
473		残疾人就业培训申请	残疾人就业培训申请	公共服务	个人	即来即办事项
474		残疾人就业需求登记	残疾人就业需求登记	公共服务	个人	即来即办事项
475		残疾人证申请	残疾人证申请	公共服务	个人	即来即办事项
476		为贫困残疾人购买居家服务	为贫困残疾人购买居家服务	公共服务	个人	即来即办事项

续表 20–21

序号	单位名称	事项名称	子项名称	事项类别	服务对象	“最多跑一次”类别
477	醴陵海关	报关企业注册登记	注册登记	行政确认	法人或其他组织	其他
478			变更	行政确认	法人或其他组织	即来即办事项
479			延期	行政确认	法人或其他组织	即来即办事项
480			注销	行政确认	法人或其他组织	即来即办事项
481	市房产局	住房保障对象住房租赁补贴发放	申请审核	行政给付	个人	即来即办事项
482			变更账号	行政给付	个人	即来即办事项
483			退出发放	行政给付	个人	即来即办事项
484		住宅维修资金交存标准核定		其他行政权力	个人或法人	即来即办事项
485		经济适用住房上市核准		其他行政权力	个人	即来即办事项
486		前期物业管理招投标备案		公共服务	法人	即来即办事项
487		采用协议方式选聘物业服务企业的批准		公共服务	法人	网上审批事项
488		物业承接查验备案		公共服务	法人	即来即办事项
489	市安监局	危险化学品经营许可	经营许可证新发	行政许可	法人	预约上门事项
490			经营许可证变更	行政许可	法人	预约上门事项
491			经营许可证延期	行政许可	法人	预约上门事项
492		烟花爆竹经营（零售）许可证核发	烟花爆竹经营（零售）许可证新发	行政许可	个人或法人	预约上门事项
493			烟花爆竹经营（零售）许可证变更	行政许可	个人或法人	预约上门事项
494			烟花爆竹经营（零售）许可证延期	行政许可	个人或法人	预约上门事项
495		危化、矿山、烟花爆竹企业生产安全事故应急救援预案备案		其他行政权力	法人	即来即办事项
496		对危化、烟花爆竹企业重大危险源安全、应急、监控措施的备案		其他行政权力	法人	即来即办事项
497	市国土资源局	划拨土地使用权、地上建筑物和其他附着物抵押审批		行政许可	个人或法人	即来即办事项
498		国土资源相关业务咨询及信息查询		公共服务事项	个人或法人	即来即办事项
499		全市“12336”违法案件举报接收及转办		公共服务事项	个人或法人	即来即办事项

续表 20–22

序号	单位名称	事项名称	子项名称	事项类别	服务对象	“最多跑一次”类别
500	市农机局	拖拉机、联合收割机注册登记		行政许可	个人或法人	即来即办事项
501		拖拉机、联合收割机办理补、换领牌证和核发临时号牌		公共服务事项	个人或法人	即来即办事项
502		拖拉机、联合收割机转移登记		公共服务事项	个人或法人	即来即办事项
503		拖拉机、联合收割机注销登记		公共服务事项	个人或法人	即来即办事项
504		拖拉机、联合收割机抵押登记		公共服务事项	个人或法人	即来即办事项
505		拖拉机、联合收割机变更登记		公共服务事项	个人或法人	即来即办事项
506		农机驾驶证、操作证转入		公共服务事项	个人或法人	即来即办事项
507		农机驾驶证、操作证转出		公共服务事项	个人或法人	即来即办事项
508		农机驾驶证、操作证换证		公共服务事项	个人或法人	即来即办事项
509		农机驾驶证、操作证注销		公共服务事项	个人或法人	即来即办事项
510		农机驾驶证、操作证补证		公共服务事项	个人或法人	即来即办事项
511		农机跨区作业证		公共服务事项	个人或法人	即来即办事项
512	市文体广新局	个体演员、个体演出经纪人备案	个体演员、个体演出经纪人备案、变更、补证、注销	行政许可	个人	即来即办事项
513		内地营业性演出活动审批	内地营业性演出活动的举办、变更、增加演出地	行政许可	个人、法人或其他组织	即来即办事项
514		出版物零售单位审批	出版物零售单位的变更、注销、补证	行政许可	个人或法人	即来即办事项
515		演出场所经营单位备案、注销、补证		行政许可	个人、法人或其他组织	即来即办事项
516		文艺表演团体审批	文艺表演团体设立、变更、延续、注销、补证	行政许可	个人、法人或其他组织	即来即办事项
517		经营高危性体育项目（游泳、滑雪、潜水、攀岩）审批	经营高危险性体育项目的变更、换发、补证、注销	行政许可	个人或法人	即来即办事项
518		一次性内部资料出版物准印证核发		行政许可	法人或其他组织	即来即办事项

续表 20-23

序号	单位名称	事项名称	子项名称	事项类别	服务对象	“最多跑一次”类别
519	市文体广新局	申请从事娱乐场所经营活动审批	娱乐场所变更设施设备、投资人员，或者变更娱乐经营许可证载明的事项审批	行政许可	个人、法人或其他组织	即来即办事项
520	市文体广新局	申请从事包装装潢印刷品和其他印刷品印刷经营活动	包装装潢印刷企业和其他印刷品印刷企业的变更、兼营、兼并或者合并、分立审批	行政许可	个人、法人或其他组织	即来即办事项
521	市文体广新局	申请从事包装装潢印刷品和其他印刷品印刷经营活动	包装装潢印刷企业和其他印刷品印刷企业年度核验	其他行政权力	个人、法人或其他组织	即来即办事项
522	市文体广新局	互联网上网服务营业场所经营单位变更名称、住所、法定代表人或者主要负责人、注册资本、网络地址或者终止经营活动备案		行政许可	法人或其他组织	即来即办事项
523	市文体广新局	电影放映单位变更名称、法定代表人或者主要负责人，或者终止放映经营活动备案		行政许可	个人、法人或其他组织	即来即办事项
524	市文体广新局	电影放映许可证年检、年审		其他行政权力	个人、法人或其他组织	其他
525	市文体广新局	举办健身气功活动及设立站点审批		行政许可	个人、法人或其他组织	即来即办事项
526	市公安局	互联网上网服务营业场所信息网络安全审核		行政许可	法人或其他组织	其他
527	市公安局	中国公民办理出国、出境证件	往来港澳通行证团队游签注	行政许可	个人	网上预审事项
528	市公安局	中国公民办理出国、出境证件	往来港澳通行证探亲签注	行政许可	个人	其他
529	市公安局	中国公民办理出国、出境证件	往来港澳通行证逗留签注	行政许可	个人	其他
530	市公安局	中国公民办理出国、出境证件	往来港澳通行证商务签注	行政许可	个人	其他
531	市公安局	中国公民办理出国、出境证件	往来港澳通行证其他签注	行政许可	个人	其他
532	市公安局	中国公民办理出国、出境证件	大陆居民往来台湾通行证团队旅游签注	行政许可	个人	即来即办事项
533	市公安局	中国公民办理出国、出境证件	普通护照首次申领	行政许可	个人	其他
534	市公安局	中国公民办理出国、出境证件	普通护照换发	行政许可	个人	其他

续表 20–24

序号	单位名称	事项名称	子项名称	事项类别	服务对象	“最多跑一次”类别
535	市公安局	中国公民办理出国、出境证件	普通护照补发	行政许可	个人	其他
536		中国公民办理出国、出境证件	普通护照加注	行政许可	个人	其他
537		中国公民办理出国、出境证件	往来港澳通行证首次申请及签注	行政许可	个人	其他
538		中国公民办理出国、出境证件	往来港澳通行证换发	行政许可	个人	其他
539		中国公民办理出国、出境证件	往来港澳通行证补发	行政许可	个人	其他
540		中国公民办理出国、出境证件	大陆居民往来台湾通行证申请及签注	行政许可	个人	其他
541		中国公民办理出国、出境证件	大陆居民往来台湾通行证换发	行政许可	个人	其他
542		中国公民办理出国、出境证件	大陆居民往来台湾通行证补发	行政许可	个人	其他
543		中国公民办理出国、出境证件	大陆居民往来台湾通行证探亲签注	行政许可	个人	其他
544		中国公民办理出国、出境证件	大陆居民往来台湾通行证定居签注	行政许可	个人	其他
545		中国公民办理出国、出境证件	大陆居民往来台湾通行证应邀签注	行政许可	个人	其他
546		中国公民办理出国、出境证件	大陆居民往来台湾通行证商务签注	行政许可	个人	其他
547		中国公民办理出国、出境证件	大陆居民往来台湾通行证学习签注	行政许可	个人	其他
548		中国公民办理出国、出境证件	大陆居民往来台湾通行证其他签注	行政许可	个人	其他
549		办理居民身份证	省内本地居民身份证遗失补领	行政确认	个人	网上审批事项
550		办理居民身份证	省内本地居民身份证到期换领	行政确认	个人	网上审批事项
551		办理居民身份证	省内本地居民身份证损坏换领	行政确认	个人	网上审批事项
552		办理居民身份证	省内异地居民身份证遗失补领	行政确认	个人	网上审批事项
553		办理居民身份证	省内异地居民身份证到期换领	行政确认	个人	网上审批事项
554		办理居民身份证	省内异地居民身份证损坏换领	行政确认	个人	网上审批事项

续表 20-25

序号	单位名称	事项名称	子项名称	事项类别	服务对象	"最多跑一次"类别
555	市公安局	办理居民身份证	申领临时居民身份证	行政确认	个人	即来即办事项
556		办理居民身份证	省内居民身份证挂失申报	行政确认	个人	即来即办事项
557		办理居民户口	1 周岁内国内出生新生儿上户	行政确认	个人	即来即办事项
558		办理居民户口	1 周岁内国外出生新生儿上户	行政确认	个人	即来即办事项
559		办理居民户口	1 周岁内香港、澳门出生新生儿上户	行政确认	个人	即来即办事项
560		办理居民户口	1 周岁内台湾出生新生儿上户	行政确认	个人	即来即办事项
561		办理居民户口	死亡人员户口注销	行政确认	个人	即来即办事项
562		办理居民户口	父母投靠城镇成年人子女户口迁入	行政确认	个人	即来即办事项
563		办理居民户口	干部、职工调动、录用户口迁入	行政确认	个人	即来即办事项
564		办理居民户口	家属随军户口迁入	行政确认	个人	即来即办事项
565		办理居民户口	小城市、城镇户口迁入	行政确认	个人	即来即办事项
566		办理居民户口	专业技术资格人员户口迁入	行政确认	个人	即来即办事项
567		办理居民户口	获荣誉称号人员户口迁入	行政确认	个人	即来即办事项
568		办理居民户口	考取高校、职业院校户口迁入	行政确认	个人	即来即办事项
569		办理居民户口	高校、职业院校学生毕业、肄业、转学户口迁入	行政确认	个人	即来即办事项
570		办理居民户口	留学回国落户	行政确认	个人	即来即办事项
571		办理居民户口	购（租）房户口迁入	行政确认	个人	即来即办事项
572		办理居民户口	人才引进户口迁入	行政确认	个人	即来即办事项
573		办理居民户口	录（聘）用户口迁入	行政确认	个人	即来即办事项
574		办理居民户口	务工经商户口迁入	行政确认	个人	即来即办事项
575		办理居民户口	投资创业户口迁入	行政确认	个人	即来即办事项
576		办理居民户口	因投靠亲属、录(聘)用、务工经商、投资(创业)、购（租）房等原因将户口迁往外省	行政确认	个人	即来即办事项

续表 20–26

序号	单位名称	事项名称	子项名称	事项类别	服务对象	“最多跑一次”类别
577	市公安局	办理居民户口	因考取高校、职业院校或因高校、职业院校毕业、肄业、转学等原因将户口迁往外省	行政确认	个人	即来即办事项
578		办理居民户口	服兵役人员户口注销	行政确认	个人	即来即办事项
579		办理居民户口	赴港、澳、台定居人员户口注销	行政确认	个人	即来即办事项
580		办理居民户口	被人民法院依法宣告失踪人员户口注销	行政确认	个人	即来即办事项
581		办理居民户口	自动丧失中国国籍或经申请批准退出中国国籍人员户口注销	行政确认	个人	即来即办事项
582		办理居民户口	文化程度、婚姻状况、血型、身高等户口登记辅项信息变更更正	行政确认	个人	即来即办事项
583		办理居民户口	性别变更更正	行政确认	个人	即来即办事项
584		办理居民户口	被公民个人依法收养无户口人员户口补登	行政确认	个人	即来即办事项
585		办理居民户口	社会福利机构养育的弃婴（儿）户口补登	行政确认	个人	即来即办事项
586		办理居民户口	被人民法院依法宣告失踪或者宣告死亡后户口被注销人员户口恢复	行政确认	个人	即来即办事项
587		办理居民户口	户口迁移证件遗失或者超过有效期限造成的无户口人员户口恢复	行政确认	个人	即来即办事项
588		边境管理区通行证核发		行政许可	个人	其他
589	市交通运输局	道路旅客运输经营许可		行政许可	个人、法人或其他组织	其他
590		道路运输客运站经营许可		行政许可	个人、法人或其他组织	其他
591		道路货物运输经营许可		行政许可	个人、法人或其他组织	其他
592		道路货物运输站（场）经营许可		行政许可	个人、法人或其他组织	其他
593		机动车驾驶员培训经营许可		行政许可	个人、法人或其他组织	其他
594		机动车维修经营许可		行政许可	个人、法人或其他组织	其他
595		危险货物事故应急预案、重大生产安全事故旅客紧急疏散和救援预案以及预防自然灾害预案的备案		其他行政权力	个人、法人或其他组织	其他

续表 20-27

序号	单位名称	事项名称	子项名称	事项类别	服务对象	“最多跑一次”类别
596	市交通运输局	（客、货）营运车辆年度审验	营运（客）车辆年度审验	其他行政权力	个人、法人或其他组织	即来即办事项
597			营运（货）车辆年度审验	其他行政权力	个人、法人或其他组织	即来即办事项
598		道路运输企业新建或变更卫星定位监控平台备案		其他行政权力	个人、法人或其他组织	即来即办事项
599		道路货物运输和货运站经营者变更名称、地址等的备案		其他行政权力	个人、法人或其他组织	即来即办事项
600		不再用于经营的出租汽车运营标志（专用设备）的回收处置		其他行政权力	个人、法人或其他组织	其他
601	市经科信局	市中小企业证明认定		公共服务事项	个人、法人或其他组织	即来即办事项

2018年度中共醴陵市委、市委办公室重要文件目录表

表 21

文　号	文件标题
醴发〔2018〕1 号	关于实施乡村振兴战略的意见
醴发〔2018〕2 号	关于修改《中共醴陵市委巡察工作办法（试行）》的决定
醴发〔2018〕3 号	批转《中共醴陵市人大常委会党组关于市人大常委会 2018 年工作要点》的通知
醴发〔2018〕4 号	关于印发《醴陵市贯彻落实〈健康中国 2030 规划纲要〉加快推进健康醴陵建设的实施方案》的通知
醴发〔2018〕5 号	批转《中共政协醴陵市委员会党组关于政协醴陵市委员会 2018 年工作要点的报告》的通知
醴发〔2018〕6 号	关于进一步加快经开区创新发展升级的若干意见（试行）
醴发〔2018〕7 号	印发《关于加快产业突围的实施意见（修订）》的通知
醴发〔2018〕8 号	关于规范和加强政府性债务管理的意见
醴发〔2018〕9 号	关于印发《中共醴陵市委常委会 2018 年工作要点》的通知
醴发〔2018〕10 号	关于印发《醴陵市开展扶贫领域作风问题专项治理工作方案》的通知
醴发〔2018〕12 号	印发《关于深入推进城市管理和综合执法体制改革的实施方案》的通知
醴发〔2018〕16 号	关于进一步加强和改进人大工作的实施意见
醴发〔2018〕17 号	关于进一步加强和改进新形势下人大代表工作的意见
醴委〔2018〕5 号	关于印发《中国共产党醴陵市委员会工作规则（试行）》的通知
醴委〔2018〕6 号	关于印发《中共醴陵市委全会工作规则（试行）》的通知
醴委〔2018〕7 号	关于印发《中共醴陵市委常委会工作规则》的通知

续表 21-1

文　号	文件标题
醴委〔2018〕8 号	关于加强常委会自身建设的意见
醴办发〔2018〕1 号	关于印发《2018 年市级领导“五个一”活动方案》的通知
醴办发〔2018〕8 号	关于印发《醴陵市 2018 年“产业项目建设年”活动实施方案》的通知
醴办发〔2018〕9 号	关于印发《醴陵市大兴调查研究之风深入开展“抓重点、补短板、强弱项”大调研活动实施方案》的通知
醴办发〔2018〕10 号	关于印发《醴陵市 2018 年“安全保卫战”活动实施方案》和《醴陵市 2018 年度安全生产工作考核办法》的通知
醴办发〔2018〕11 号	关于印发《醴陵市市管非领导职务干部管理办法（试行）》的通知
醴办发〔2018〕15 号	关于印发《醴陵市“还我一湖清水”三年行动实施方案（2018—2020 年）》的通知
醴办发〔2018〕16 号	印发《关于在全市全面推行“最多跑一次”改革的实施方案》的通知
醴办发〔2018〕17 号	关于印发《醴陵市整体推进农村集体产权制度改革实施方案》的通知
醴办发〔2018〕22 号	关于印发《醴陵市科协系统深化改革实施方案》的通知
醴办发〔2018〕23 号	关于印发《醴陵市农村人居环境整治三年行动方案（2018—2020 年）》的通知
醴办发〔2018〕24 号	印发《醴陵市玻璃产业招商引资优惠政策（试行）》的通知
醴办发〔2018〕25 号	印发《关于大力发现培养选拔优秀年轻干部的实施意见》的通知
醴办发〔2018〕26 号	印发《关于进一步激励干部担当作为干事创业的实施意见》的通知
醴办〔2018〕4 号	关于印发《中共醴陵市委巡察组组长库、副组长库和工作人员库管理办法》的通知
醴办〔2018〕10 号	关于印发《醴陵市安全生产巡查工作制度》的通知
醴办〔2018〕27 号	印发《关于建立健全村务监督委员会的实施办法》的通知
醴办〔2018〕28 号	关于印发《醴陵市 2018 年“民生 100”工程实施方案》的通知
醴办〔2018〕30 号	关于印发《醴陵市殡葬领域突出问题专项整治行动方案》的通知
醴办〔2018〕35 号	关于印发《醴陵市安全生产网格化监管工作实施方案》的通知
醴办〔2018〕37 号	关于落实食品安全党政同责的通知
醴办〔2018〕43 号	关于印发《醴陵市促进社区居民自治与网格化服务管理有效衔接工作方案》的通知
醴办〔2018〕45 号	关于支持检察机关依法开展公益诉讼工作的通知
醴办〔2018〕46 号	印发《关于进一步推动重大决策落实的“五项制度”》的通知
醴办〔2018〕54 号	关于建立“一单五制”工作机制推动中央生态环保督察“回头看”问题整改的通知
醴办〔2018〕55 号	关于印发《醴陵市离任村干部生活补贴管理办法（试行）》的通知
醴办〔2018〕57 号	关于印发《醴陵市污染防治攻坚战三年行动方案（2018－2020 年）》的通知

2018 年度醴陵市人民政府、政府办公室重要文件目录表

表 22

文　号	文件标题
醴政发〔2018〕10 号 LLDR-2018-00001	关于进一步加强和规范村级财务管理工作的若干意见
醴政发〔2018〕11 号 LLDR-2018-00002	关于清理规范 65 项市政府部门行政审批中介服务事项的决定
醴政发〔2018〕12 号	关于公布《醴陵市第五批县级非物质文化遗产名录项目》的通知
醴政发〔2018〕13 号 LLDR-2018-00004	关于印发《醴陵市校车安全管理实施细则》的通知
醴政发〔2018〕14 号 LLDR-2018-00005	关于认真做好第四次全国经济普查工作的通知
醴政发〔2018〕15 号	关于依法关闭醴陵市明月煤业有限责任公司北冲煤矿的决定
醴政发〔2018〕17 号	关于公布辖区三级以上古树名木名录的通知
醴政发〔2018〕19 号	关于印发《醴陵市爱国卫生管理办法》的通知
醴政发〔2018〕20 号 LLDR-2018-00008	关于印发《醴陵市城乡居民基本医疗保险实施办法》的通知
醴政发〔2018〕21 号	关于印发《醴陵市古树名木保护管理办法》的通知
醴政告〔2018〕1 号 LLDR-2018-00003	关于开展渌江三刀石段、望仙桥水库、官庄水库集中式饮用水水源保护区环境综合整治的通告
醴政告〔2018〕2 号 LLDR-2018-00006	关于森林防火的通告
醴政告〔2018〕5 号 LLDR-2018-00007	关于严厉打击非法捕捞行为的通告
醴政告〔2018〕6 号	关于加强餐厨剩余物（泔水）管理的通告
醴政办发〔2018〕2 号 LLDR-2018-01001	关于印发《醴陵市全面治理拖欠农民工工资问题实施办法》的通知
醴政办发〔2018〕3 号 LLDR-2018-01002	关于印发《醴陵市突发性地质灾害应急预案》的通知
醴政办发〔2018〕4 号 LLDR-2018-01003	关于印发《醴陵市供气系统突发性事故应急预案》的通知
醴政办发〔2018〕5 号	印发《关于进一步加强新时期妇幼健康服务工作的实施办法》的通知
醴政办发〔2018〕6 号 LLDR-2018-01004	关于印发《醴陵市自然灾害应急预案》的通知
醴政办发〔2018〕8 号 LLDR-2018-01005	关于建立“一单四制”制度推动重大事故隐患治理的通知
醴政办发〔2018〕11 号 LLDR-2018-01006	关于公布醴陵市市本级群众和企业到政府办事“最多跑一次”事项清单的通知
醴政办发〔2018〕12 号	进一步落实《关于完善农村土地所有权承包权经营权分置办法的实施意见》的通知
醴政办发〔2018〕13 号 LLDR-2018-01007	关于印发《醴陵市自然村通水泥（沥青）路建设工作实施方案》的通知
醴政办发〔2018〕16 号	关于印发《醴陵市落后烟花爆竹生产工区退出工作实施方案》的通知
醴政办发〔2018〕18 号	关于印发《醴陵市政府性债务风险应急处置预案》的通知

（李玉伟　龙丽娟）

市党、政及各部门、单位负责人名录

一、中共醴陵市委及其工作部门负责人

中共醴陵市第十二届委员会

书　　记　胡湘之

副 书 记　董　巍（2018.12 任）　康月林（2018.12 止）　邹志超

常　　委　胡湘之　董　巍（2018.12 任）　康月林（2018.12 止）　邹志超　钟勇军（2018.9 任）　易文星　李云星　曾毅鹏　刘华章（2018.9 止）　刘海龙　廖胜云　石勇辉（2018.10 任）　王志强（2018.9 止）

市委办公室主任　王志强（2018.9 止）

委　　员（按姓氏笔画为序）　丁　瑜　丁际秋　王吉祥　王志强（2018.9 止）　邓少仁　石勇辉　叶志刚　田安平　刘华章（2018.9 止）　刘高飞　刘海龙　刘望鸣　江曙明　汤　文　李云星　杨冬发　何　柢　何忠明　余建明　邹志超　邹明麟　宋友红　张有余　陈　佳　易文星　胡炼红　胡湘之　钟　洁（女）　钟国建　钟勇军（2018.9 任）　贺小玲（女）　夏春良　徐德军　黄振伟　黄晓军　康月林（2018.12 止）　彭　新（女）　彭亿安　董　巍（2018.12 任）　曾　敏　曾毅鹏　温国战　赖　洪　廖胜云　黎　平　黎平华

候补委员　许君明　吴均成　凌　伟　郭　晖　盛　勇　谢世军

副县（处）级干部　李志龙

市委办公室

主　　任　王志强（2018.9 止）

副 主 任　何柳望（2018.2 任）　李琼盛　张　勇

市纪委派驻纪检组长　潘　良（女）

全面深化改革领导小组办公室专职副主任　张　印　李炳徽

市纪委

书　　记　易文星

副 书 记　彭　新（女）　彭秋生　罗　谷

常　　委　付　颖　姚　宁　彭晓明　王　振

办公室主任　阳水雄

组织部部长　李景兰（女）

宣传部部长　张　威（女，2018.9 任）

党风政风监督室纠风办主任　陈志奇

信访室主任　陈　晓（女）

案件监督管理室主任　黄　琪（女）

案件审理室主任　叶陶潜（2018.9 任）

第一纪检监察室主任　陈国勇

第二纪检监察室主任　罗坚勇

第三纪检监察室主任　史小明

第四纪检监察室主任　易钗钗（女，2018.9 任）

市纪委派出纪检组

派驻市委办纪检组长　潘　良（女）

派驻市政府办纪检组长　罗　明

派驻市发展和改革局纪检组长　张华珍（女）
派驻市民政局纪检组长　贺其佳
派驻市财政局纪检组长　瞿孝桂
派驻市教育局纪检组长　钱素芳（女）
派驻市住房和城乡规划建设局纪检组长　黄志凯
派驻市交通运输局纪检组长　易智勇
派驻市农业局纪检组长　张　韬
派驻市林业局纪检组长　曾　勇
派驻市卫生和计划生育局纪检组长　金　志

市委组织部

部　　长　钟勇军（2018.9 任）
　　　　　刘华章（2018.9 止）
副 部 长　李子平　黎　波
　　　　　杨　钟（女，2018.9 任）
　　　　　何文立（兼）　樊光群（兼）

市“两新”组织党工委

书　　记　李子平（2018.9 任）
　　　　　樊光群（2018.2 止）
副 书 记　段辉建　孙　勇（兼）
　　　　　周海军（兼，2018.2 任）
　　　　　丁武华（兼，2018.2 任）
　　　　　荣　伟（兼，2018.2 止）
　　　　　左孟良（兼，2018.2 止）

市党员教育中心

主　　任　杨　钟（女、2018.9 止）

市委党建办

主　　任　刘　军

市党代表联络办

主　　任　周海波

市委宣传部

部　　长　刘海龙（2018.10 任）
副 部 长　余波玲（女）　匡兴武
　　　　　郭　健（兼）

市社会主义精神文明委员会办公室

主　　任　郭　健

市网宣办

主　　任　刘　宇

市委统战部

部　　长　石勇辉（2018.10 任）
　　　　　刘海龙（2018.10 止）
副 部 长　聂　淼（女，2018.2 任）
　　　　　付益田（2018.2 止）
　　　　　刘道平　孙　勇（兼）

市委政法委

书　　记　廖胜云
副 书 记　张　文　彭卫东（2018.2 任）
　　　　　张龙新（2018.2 止）　漆振洪

市综治办

主　　任　漆振洪（兼）

市维稳办

主　　任　邹青山（2018.2 任）
副 主 任　李颖军

市委老干部局

支部书记、局长　何文立（2018.2 任）
　　　　　　　　王太忠（2018.2 止）
副 局 长　全小云（女）　黄永辉

市机构编制委员会办公室

党组成员、主任　谢辉荣
党 组 成 员　姚　瑾（女，2018.2 任）
　　　　　　刘　薇（女，2018.2 止）
　　　　　　周玉梅（女）
副 主 任　周玉梅（女）

市事业单位登记管理局

局　　长　姚　瑾（女，2018.2 任）
　　　　　刘　薇（女，2018.2 止）
副 局 长　邹曼莉（女）

市委党校

校长、支部书记　邹明麟
常务副校长　陈长贵
副 校 长　刘海波　王主民

二、醴陵市人大常委会、市人大专门委员会、常委会工作机构负责人

市人大常委会

党组书记、主任　贺小玲（女）
党组成员、副主任　廖宏力　李亿平（女）
　　　　　　　　李荣佳　翁菊清

副　主　任　唐青柏（兼）
党组成员、办公室主任　张国文

办公室

主　任　张国文
副　主　任　阳　纯（女，2018.2 任）
杨占文（2018.2 止）

任免联络工作委员会

主　任　陈治平（女）
副　主　任　张新琪

农业和农村经济工作委员会

主　任　熊习军
副　主　任　李家保

财政经济工作委员会（预算工作委员会）

主　任　黎平华
副　主　任　廖　军

教科文卫工作委员会

主　任　何春伟
副　主　任　王小兰（女，2018.2 任）
杨宗香（女，2018.2 止）

内务司法工作委员会（法制委员会）

主　任　朱思球
副　主　任　骆　伟（女）

城乡建设环境资源保护工作委员会

主　任　付益田（2018.2 任）
丁　辉（2018.2 止）
副　主　任　杨占文（女，2018.2 任）
王小兰（女，2018.2 止）

三、醴陵市人民政府及工作部门负责人

市人民政府

市　长　董　巍（2018.12 任）
康月林（2018.12 止）
副　市　长　曾毅鹏　何忠明
石勇辉（2018.10 止）
谭　艳（女）　钟国建　陈　佳
王吉祥　曾　敏（2018.10 任）
黄平伟（挂职）
政府办公室主任　曾　敏
调　研　员　廖达全
副　调　研　员　巫栽清　杨　帆（公安局政委）

市人民政府办公室

党组书记、主任　曾　敏
党　组　成　员　欧阳启明
聂　淼（女，2018.2 止）
杨　锐（2018.2 任）
吴　剑（2018.9 止）
谢建林（兼，2018.9 任）
米　佳（女）
副　主　任　欧阳启明
聂　淼（女，2018.2 止）
杨　锐（2018.2 任）
吴　剑（2018.9 止）
谢建林（兼，2018.9 任）
市纪委派驻纪检组长　罗　明

市民宗局

副　局　长　董秋平（女）

重点工程建设管理办公室

主　任　吴文辉

市征地工作协调管理办公室

党组书记、主任　吴文辉
党　组　成　员　邹丁睦（2018.12 止）
副　主　任　汤申根　邹丁睦（2018.12 止）

人民政府口岸办公室

主　任　温立峰

城市创建工作领导小组办公室（临时机构）

副　主　任　金宇辉

金融证券办公室

副　主　任　（空缺）

法制办公室（机构改革）

副　主　任　陈　华（2018.2 任）

市发展和改革局

党组书记、局长　吴均成
党组副书记、副局长　邹汉华
党　组　成　员　陈韶军　朱永春（女）
柳许辉　叶　敏　涂雪菁（女）
张华珍（女）
副　局　长　陈韶军　朱永春（女）
柳许辉　叶　敏　涂雪菁（女）
市纪委派驻纪检组长　张华珍（女）
价格监督局局长　姚爱民

“两型”社会建设综合配套改革领导小组办公室

主　　任　雷向军（女）
副 主 任　高　柳（女）
　　唐湘群（女，2018.2 止）

市监察局

局　　长　彭　新（女，2018.1 止）

市经济科技信息化局

局　　长　钟富强
党组书记　张　辉（2018.2 任）
　　徐德军（2018.2 止）
党组副书记、副局长　瞿石生
党组成员、副局长　王喜丰　谭志红（2018.2 任）
　　朱　虹　张明波（2018.2 止）
　　刘桂平　王传文
副 局 长　吴文辉（女）

市烟花鞭炮管理局

局　　长　胡兆霖
副 局 长　田佩峰　李国平（女）　席小斌

市教育局

党委书记、局长　谢世军（2018.2 任）
　　郭米红（女，2018.2 止）
党委副书记、副局长　张承谊　罗才高
党委委员　王清波　邓日云
副 局 长　王清波
市纪委派驻纪检组长　钱素芳（女）
市政府教育督导室主任督学　邓日云

市民政局

党组书记、局长　周海军（2018.2 任）
　　荣　伟（2018.2 止）
党组成员　刘仕永　凌树生（2018.2 止）
　　匡辉平　贺其佳
　　文　娟（女，2018.2 任）
副 局 长　刘仕永　凌树生（2018.2 止）
　　匡辉平
　　文　娟（女，2018.2 任）
市纪委派驻纪检组长　贺其佳

市慈善办

主　　任　邱再华（女）

市公安局

党组（委）书记、局长　何忠明
政　　委　杨　帆
党组（委）副书记　杨　帆
党委副书记　张　敏（2018.2 止）
党组成员　杨　杰　阎恕鹏
党委委员　杨　杰　王新桥　程　潇
　　阎恕鹏　文秋鹏
　　郭蛟龙（2018.2 任）
副 局 长　张　敏（2018.2 止）
　　杨　杰　王新桥　程　潇
　　郭蛟龙（2018.2 任）

刑事侦查大队

大 队 长　（空缺）　郭蛟龙（2018.02 止）

网络安全保卫大队

大 队 长　宋学文
教 导 员　邓先明

指挥中心

主　　任　（空缺）

国家安全保卫大队

大 队 长　蔡志宏

危险爆炸物品管理大队

大 队 长　姚战国

禁毒大队

大 队 长　（空缺）

治安管理大队

大 队 长　易志红

人口与出入境管理大队

大 队 长　文武全

来龙门派出所

所　　长　（空缺）

阳三石派出所

所　　长　贺新宇

仙岳山派出所

所　　长　张海宏

国瓷派出所

所　　长　蒋一青

李畋派出所

所　　长　王　勇

白兔潭派出所

所　　长　程寿生

浦口派出所

所　　长　邓　晖

王仙派出所

所　　长　邹达峰

东富派出所

所　　长　唐开孝

泗汾派出所

所　　长　邓星振

明月派出所

所　　长　何新武

茶山派出所

所　　长　刘晓山

均楚派出所

所　　长　何凯良

板杉派出所

所　　长　邓　攀

枫林派出所

所　　长　胡艳梅

市公安局交通警察大队

大队长、政委　（空缺）　刘建文（2018.2 止）
副大队长　黄显兵　彭昕炜

车辆管理所

所　　长　梁　剑

市司法局

党组书记、局长　谢新国
党组成员、副局长　郝维青

市财政局

党组书记、局长　夏春良
党组副书记　付　权
党组成员　瞿孝桂　谭铁涛
　　姚红波（2018.2 止）　唐建辉
副局长　付　权　谭铁涛
　　姚红波（2018.2 止）
市纪委派驻纪检组长　瞿孝桂
总会计师　陈逾峰

税费统征局

局　　长　罗　裕

市国库集中支付核算中心

主　　任　唐建辉

市非税收入征收管理局

局　　长　杨柳青

乡镇财政服务中心（机构更名）

主　　任　郭　理

市人力资源和社会保障局

党组书记、局长　樊光群（2018.2 任）
　　何文立（2018.2 止）
党组副书记、副局长　吴海江（2018.2 止）
党组成员、副局长　张朝文　徐达庆　林德建
　　陈振宇　刘薇（女，2018.2 任）

城乡居民医保服务中心

主　　任　李　建

工伤保险局

局　　长　何志新

社会劳动保险局

局　　长　黄林培

劳动就业管理局

局　　长　陈海燕（女，2018.2 任）
　　姚　瑾（女，2018.2 止）

劳动保障监察大队

大队长　匡　勇（2018.2 任）
　　文　娟（女，2018.2 止）

市人才服务（考试培训）中心

主　　任　付　斌

市国土资源局

党组书记、局长　温国战
党组成员　张　勇　吴建民
　　尹海坤（挂职，2018.2 任）
　　刘雪龙（挂职，2018.2 止）
　　邹建军　瞿海华　易建新
　　凌　斌（女）

副　局　长　张　勇　吴建民
尹海坤（挂职，2018.2 任）
刘雪龙（挂职，2018.2 止）
纪检组长　邹建军
执法监察大队大队长　瞿海华
工会主席　易建新
总工程师　凌　斌（女）

市住房和城乡规划建设局

党组书记、局长　丁际秋
党组副书记、副局长　谭志红（2018.2 止）
党组成员、副局长　张文君（女）　杨雪安
殷献忠　朱发平
党组成员、总工程师　（空缺）
党组成员、市纪委派驻纪检组长　黄志凯

市建设工程质量安全监督站

站　长　钟　颖

市灯饰管理所

所　长　付若林

市园林绿化管理局

局长、党支部书记　（空缺）
副　局　长　石金细（市委组织部部务会管理）
宋　鹏

市燃气办

主　任　黄　靖

市房产管理局

局　长　余建明
副　局　长　帅年祥　瞿名辉　吴远征
总经济师　吴晓红（女）
国有土地上房屋征收办公室主任　曾明强

市环境保护局

党组书记、局长　许君明
党组成员　彭邵陵　钟　鸣
周应和　苏利玲（女）
副　局　长　彭邵陵　钟　鸣　周应和
总工程师　苏利玲（女）

市环境保护监察大队

大　队　长　蔡湘礼

市交通运输局

党组书记、局长　张有余
党组副书记　张志军
党组成员　漆　付　马润年
付竹生（2018.2 任）
副　局　长　漆　付　张志军　马润年
市纪委派驻纪检组长　易智勇
总工程师　付竹生（2018.2 任）

市运管所

所　长　郭　峰

市公路局

党总支书记、局长　张玉华
副　局　长　邓鸣九　李自力　钟　昱
路政管理大队大队长　欧阳国启（2018.12 止）

市农业局

党组书记、局长　何　柢（女，2018.12 任）
谢世军（2018.12 止）
党组副书记、副局长　丁铁钢　唐哲明
党组成员　朱印飞　汪年春（2018.2 任）
晏小虎　张　韬
副　局　长　乔德良　刘月球（2018.2 止）
朱印飞　汪年春（2018.2 任）
郭陆军
总农艺师　晏小虎
市纪委派驻纪检组长　张　韬

市农业技术推广中心

主　任　邓立平

农产品质量监督检验中心

主　任　魏芸霞（女）

农村经济管理服务站

局　长　廖　莉（女）

农村能源办

主　任　易建平

县域经济工作领导小组办公室

主　任　陈　湛

市农业综合开发办

主　任　周绪球
副　主　任　丁作敏
文启华（市委组织部部务会管理）
谢玲芝（女、市委组织部部务会管理）

市畜牧兽医水产局

局　长　孙　平（2018.2 任）
周海军（2018.2 止）
副　局　长　邹培锋　金建军　易康飞

市农业机械管理局

局长　张龙新（2018.2 任）
　　　谢建林（2018.2 止）
副局长　旷劲松
　　　喻　兰（女、市委组织部部务会管理）
　　　向唯端（市委组织部部务会管理）
　　　赵金亮（市委组织部部务会管理）
　　　欧阳芳（女、市委组织部部务会管理）

市林业局

党组书记、局长　凌　伟
党组副书记、副局长　付兴乾
党组成员　邱红星　张　哲　曾　勇
　　　章　佳（女，2018.2 任）
副局长　邱红星
总工程师　章　佳（女，2018.2 任）
森林公安局局长　张　哲
市纪委派驻纪检组长　曾　勇
林业综合执法大队大队长　叶鹏凌
山林纠纷调处办公室主任　张钢林

市水利局

党组书记、局长　甘　毅
党组副书记　金　鑫
党组成员　唐益丰　刘铁华
副局长　金　鑫　唐益丰
总工程师　刘铁华
防汛抗旱办主任　易向阳
官庄灌区醴陵管理所所长　邱道棉
酒埠江灌区醴陵管理所所长　王宏耀
水土保持站站长　（空缺）

市文体广电新闻出版局

党组书记、局长　盛　勇
党组成员、副局长　付建安　姚武飞

市文物局

党支部书记、局长　张晓根
副局长　孙　奇（市委组织部部务会管理）
　　　程海波（市委组织部部务会管理）

市李铎艺术馆

馆长　李拥军

市卫生和计划生育局

党委书记、局长　邓少仁
党委副书记、副局长　曾文初　张静文
党委委员、副局长　钟向阳（2018.2 止）　刘淑平
　　　向　光（2018.2 任）
　　　林仁和（2018.2 止）
党委委员、市纪委派驻纪检组长　金　志

市卫生计生综合监督执法局

局长　杨晓希

市审计局

党组书记、局长　唐　飞
党组副书记、副局长　张咏梅（女）
党组成员、副局长　吴祖燕
党组成员、总审计师　张剑辉
市经济责任审计工作领导小组办公室专职副主任（任期经济责任审计科科长更名）　朱家福
重点建设项目审计中心主任　刘建国

市商务旅游和粮食局

党组书记、局长　张永辉
党组副书记、副局长　杨若邻
党组成员、副局长　吴洪波　娄　霞（女）
　　　徐　瑾（女）　廖志高　丁云峰
副局长　易擎龙（2018.2 止）

市安全生产监督管理局

党组书记、局长　杨　翔（2018.9 任）
　　　田安平（2018.9 止）
党组副书记、副局长　余志勇
党组成员、副局长　朱三田　李石明
党组成员、总工程师　陈　琪
党组成员、安全生产执法大队大队长　汤中亮

市统计局

党组书记　黎　俊
局长　刘育艳（女）
党组成员、副局长　胡　婧（女）　瞿秋圆（女）
总统计师　丁祥军
经济社会调查中心主任　刘　勇
乡镇（街道）经济发展考核工作办公室（GDP 核算办公室）主任　周　玲（女）

市食品药品工商质量监督管理局（机构更名）

党组书记、局长　丁武华（2018.2 任）
党组副书记、副局长　康人清　杨　宏
党组成员、副局长　陈　宏　王湘彪　易朝华
　　　刘　武　张正金　黄　博
　　　汪再忠
党组成员、总工程师　陈铁乔
市食品药品和质量技术检验检测检验所所长　汤其良

市人民防空办公室

党组书记、主任 潘应生
副主任 陈永红

市信访局

党组书记、局长 谢建林（2018.2 任）
彭卫东（2018.2 止）
党组成员、副局长 易书明 邹青山（2018.2 止）

市接待办

主任 （空缺）
党组副书记 （空缺）
党组成员 文箭 贺鹏
副主任 文箭 贺鹏

市广播电视台

党委书记、台长 丁瑜
副台长 曾玄风 陈明
编辑委员会副总编辑 张申明 孙恢宏
新闻中心主任 肖华林

市文化市场综合执法大队

大队长 何柳望（2018.2 止）
副大队长 李剑波

市档案史志局

党组书记、局长 吴远香（女）
党组成员、副局长 廖际标 陈灏

市城市管理和行政执法局

党组书记、局长 余汉平
党组成员、副局长 吴同寨 江南
城市管理行政执法大队大队长 丁立新
查处违法建设监察大队大队长 王志良

市环境卫生管理处

主任 钟飞跃
党支部书记 刘江洪（女）

市水库移民开发管理局

党组书记、局长 刘建文（2018.2 任）
何春辉（2018.2 止）
党组成员、副局长 （空缺）

市基础设施建设开发投资管理中心

主任 张坚
副主任 易悠悠（女） 钟华 程新

市国有资产投资经营中心

党组副书记、副主任（主持工作） （空缺）
党组成员、副主任 陈德政 刘凌云

市渌江投资控股集团有限公司

党委书记、董事长 黄小勇
总经理 姚红波（2018.2 任）
凌伟（2018.2 止）
党委副书记 姚红波（2018.2 任）
凌伟（2018.2 止）
党委委员、监事会主席 金铭
党委委员 文建纯 阳继先
陈嗣佳 龙毅旭
纪委书记 阳继先
副总经理 陈嗣佳 龙毅旭
工会主席 李运良

市市场服务中心

党组书记、主任 汤铁龙（2018.2 任）
何细珠（2018.2 止）
党组成员 高剑
副主任 蒋申慧（女） 高剑 柳华

市政务服务中心

党组书记、主任 袁亮（2018.2 任）
何平发（2018.2 止）
党组成员、副主任 黎华（女）
唐湘群（女、2018.2 任）
副主任 （空缺）

市供销合作社联合社

党组书记、主任 王宇（2018.2 任 机构更名）
党组副书记 曾凡好（2018.2 任 机构更名）
党组成员 陆小林（2018.1 止）
副主任 曾凡好
陆小林（2018.1 止）
乐琴（女、2018.2 任）

驻醴国有企业改革办公室

党工委书记、主任 陈建勤

市水务集团（自来水公司）

总经理 吴礼阳
党总支书记 何细珠（2018.2 任）
巫值良（2018.2 止）
副总经理 吴冬升 胡江文 温晓文（女）
工会主席 巫学文

潘矿离退休人员管理办公室

主　　任　何岳祥

四、政协醴陵市委员会及工作机构负责人

政协醴陵市委员会

党组书记、主席　江曙明
党组成员、副主席　程曙光　肖建辉
副　主　席　李忆湘（女）　钟富强（兼）
　　易召群（兼）
党组成员、办公室主任　黄志敏

办公室

党组成员、办公室主任　黄志敏
办公室副主任　吴　军

学习文史委员会

主　　任　陈彰伟
副　主　任　谭湘辉（女）

经济科学委员会

主　　任　柳才军
副　主　任　杨少武

联谊联络群团法制委员会

主　　任　王太忠（2018.2 任）
　　苏承蒲（2018.2 止）
副　主　任　黎建辉

提案工作委员会

主　　任　何平发（2018.2 任）
　　徐　辉（2018.2 止）
副　主　任　李　丹

五、湖南醴陵经济开发区负责人

党工委书记　黎　平
党工委副书记、管委会主任　谢圣才
党工委委员　陈丰华（2018.9 任）
　　林志祥　刘高飞　赖　洪
副　主　任　陈丰华（2018.9 任）
　　林志祥　赖　洪
纪工委书记　刘高飞

党政办公室

主　　任　邱素纯
副　主　任　叶冠勇

产业发展局

局　　长　黄小龙
副　局　长　何泽华

招商合作局

局　　长　（空缺）
副　局　长　尹杰斌

社会事务管理局

局　　长　蒋红专（2018.2 任）
副　局　长　颜艳军　陈蓉军

规划建设局

局　　长　朱湛军（2018.2 任）
　　汤建武（2018.2 止）
副　局　长　朱湛军（2018.2 止）
　　郭彩华（女、2018.2 止）

高新技术发展中心

主　　任　张　斌
副　主　任　易爱玲（女）　周伟祁

陶瓷研究中心

主　　任　江　娅
副　主　任　邹　萍（女）　赖艳霞（女）

财政金融所

所　　长　刘　勇

高新技术产业发展有限公司

董　事　长　易　勇
总　经　理　谢智勇
监事会主席　丁光勇（2018.2 任）
副总经理　邓勇航　李俊军　杨　进

六、醴陵市人民法院、人民检察院、城区管理委员会负责人

市人民法院

院长、党组书记　刘望鸣
党组副书记　兰文勇　易祖斌
副　院　长　兰文勇　汤金球　周高尚
党组成员　汤金球　王　昊　方建良
纪检组长　（空缺）
政工科长　方建良
执行局局长　（空缺）
工会主席　熊益民（工会主席不再纳入市委管理）

审判委员会专职委员　张华生　易祖斌

白兔潭法庭

庭　　　　长　（空缺）

板杉法庭

庭　　　　长　（空缺）

泗汾法庭

庭　　　　长　晏宇清

茶山法庭

庭　　　　长　邓　芳

市人民检察院

检察长、党组书记　黄晓军
党　组　副　书　记　罗月虹　陈志高
副　检　察　长　罗月虹　易召群
　　　　　　　　杨林英（女，兼）
党　组　成　员　杨林英（女）　彭跃云
　　　　　　　　李　立
纪　检　组　长　（空缺）
政　工　科　长　李　立
检察委员会专职委员　陈志高　彭跃云

市城区管理委员会

主　　　　任　丁际秋
副　　主　　任　唐　琼（女）

七、民主党派、群众团体负责人

中国国民党革命委员会醴陵市委员

主　　　　委　李忆湘（女）
副　　主　　委　付海燕（女）

市总工会

党组书记、主席　廖宏力（2018.2 任）
　　　　　　　　宋友红（2018.2 止）
党　组　成　员　何春辉（2018.2 任）
　　　　　　　　刘醴谦（女）　黄　钺
副　　主　　席　何春辉（2018.2 任）
　　　　　　　　刘海平（2018.9 止）
　　　　　　　　刘醴谦（女）　黄　钺
　　　　　　　　刘建成（2018.9　挂职）

中国共产主义青年团醴陵市委员会

党组书记、书记　钟　洁（女）
党组成员、副书记　廖　勇（女）

市妇女联合会

党组书记、主席　杨　璟（女）
党组成员、副主席　李　京（女）
　　　　　　　　刘　玲（女，2018.9 挂职）

市残疾人联合执行理事会

党组书记、理事长　朱卫兵
党组成员、副理事长　宋瑶玲（2018.9 任）
　　　　　　　　刘海平（2018.9　挂职）
　　　　　　　　刘　玲（女、2018.9 止）
　　　　　　　　刘建成（2018.9 止）

市工商业联合会（总商会）

主　席（会　长）　黄向阳
党　组　书　记　孙　勇
党　组　成　员　邱长青　邓少富　余　波
副　　主　　席　邱长青　余　波

市文学艺术界联合会

主　　　　席　唐青柏
党　组　书　记　刘天汉
党组成员、副主席　文志勇

市科学技术协会

党组书记、主席　欧阳未来
党组成员、副主席　刘宁波　卢启宇

八、学校负责人

湖南轻工高级技工学校

校　　　　长　殷建国
党　委　书　记　邹仁义
党　委　副　书　记　殷建国　唐金跃
副　　校　　长　唐忠民　严安兵　罗建明

市陶瓷烟花职业技术学校

校　　　　长　徐　峰
党总支副书记　（空缺）
副校长（主持工作）　（空缺）
副　　校　　长　肖红卫　李　文
　　　　　　　　陈　健（2018.2 任）
　　　　　　　　王茹辉（女，2018.2 任）
工　会　主　席　谢从文

市第一中学

校　　　　长　易　军
副　　校　　长　苏鹄鸿　张　锐　彭礼强
　　　　　　　　袁志中（2018.2 任）

市第二中学

校　　　　长　王建林
党总支副书记　何　俏(2018.2 止)
副　校　长　黎　明　叶正云(2018.2 止)
瞿孝林　黄水生(2018.2 任)
彭　林(2018.2 任)

市第四中学

党委书记、校长　曾祥平
副　校　长　周庆东(2018.2 止)　王　元
陈　鑫　王　辉
李和平(2018.2 任)

九、医院负责人

湖南师范大学附属湘东医院

院　　　　长　汤建国
党　委　书　记　王自明
党委副书记　刘可安　张见日
副　院　长　孙志宏　周春芳　董彩梅(女)
纪　检　书　记　刘可安
三甲办常务副主任　董彩梅(女)

市中(一)医院

党委书记、院长　邹家全
副　院　长　史　坚　谭海彦
邓　纲　肖宏韬

市妇幼保健计划生育服务中心

主　　　　任　周权林
副　主　任　李崇红(女)　李　丽(女)

市疾病预防控制中心

主　　　　任　周江选
党　支　部　书　记　刘志宏

十、示范区、街道、乡镇负责人

长庆示范区

党　工　委　书　记　汤　文
主　　　　任　凌　伟(2018.2 任)
汤铁龙(2018.2 止)
党工委副书记　凌　伟(2018.2 任)
汤铁龙(2018.2 止)　胡　斌
副　主　任　徐甘泉　张劲夫
党　工　委　委　员　徐　昂　陈云峰
纪　工　委　书　记　徐　昂
人民武装部部长　(空缺)

来龙门街道办事处

党　工　委　书　记　彭亿安
主　　　　任　姚　武
人大工作室主任　钟显亮(2018.9 任)
蒋红专(2018.2 止)
党工委委员兼政协联络工作主任委员　(空缺)
党工委委员兼政协联络工作负责人　钟显亮(2018.9 止)
党工委副书记　姚　武　杨　芷(女)
纪　工　委　书　记　文　理
副　主　任　熊　波　钱　明
党　工　委　委　员　钟显亮(2018.9 任)
蒋红专(2018.2 止)
文　理　刘立群(女)
汤其良　李启木
组　织　委　员　刘立群(女)
人民武装部部长　汤其良

阳三石街道办事处

党　工　委　书　记　胡炼红(2018.2 任)
孙　平(2018.2 止)
主　　　　任　陈振江
人大工作室主任　施祖泰(2018.9 任)
邹政大(2018.9 止)
党工委委员兼政协联络工作负责人　瞿海翔
政协联络工作主任委员
党工委副书记　陈振江　张友学
纪　工　委　书　记　贺志辉(女，2018.9 止)
副　主　任　陈金林　郭湘伟
党　工　委　委　员　施祖泰(2018.9 任)
邹政大(2018.9 止)
周美华(2018.9 止)
贺志辉(女，2018.9 止)
黄　蔚　易焕明(女)
组　织　委　员　易焕明(女)
人民武装部部长　黄　蔚

仙岳山街道办事处

党　工　委　书　记　周细平
主　　　　任　宋　恒
人大工作室主任　(空缺)
党工委委员兼政协联络工作负责人　王文开
党工委副书记　宋　恒　许志良
纪　工　委　书　记　龙汉元(2018.2 止)
副　主　任　王丽芳(女)　周亚鹏
党　工　委　委　员　龙汉元(2018.2 止)　张重权
张洁玉(女)　唐　峰
组　织　委　员　张洁玉(女)
人民武装部部长　唐　峰

国瓷街道办事处

党工委书记 赖 洪（兼）
主任 易志红（2018.2 任）
李友鹏（2018.2 止）
人大工作室主任 罗明波
党工委委员兼政协联络工作主任委员
党工委委员兼政协联络工作负责人 万卫华
党工委副书记 易志红（2018.2 任）
李友鹏（2018.2 止） 陈大兵
纪工委书记 朱启才
副主任 巫启军 刘 威
党工委委员 罗明波 朱启才 周江龙
王云芝（女） 王睿婷（女）
组织委员 王睿婷（女）
人民武装部部长 周江龙

李畋镇

党委书记 苏继峰（2018.9 任）
杨 翔（2018.9 止）
镇长 邓实奇
人大主席 文洪国
党委委员兼政协联络工作负责人 邓丽君
党委副书记 邓实奇 胡战坚
纪委书记 曾祥军
人大副主席 柳 朋（2018.9 任）
副镇长 陈桂发 柳 朋（2018.9 止）
陈友水
党委委员 文洪国 陈友水 曾祥军
许 君 蒲 聪
组织委员 蒲 聪
人民武装部部长 陈友水

白兔潭镇

党委书记 肖小武（2018.2 任）
胡炼红（2018.2 止）
镇长 邹政大（2018.9 任）
肖小武（2018.2 止）
人大主席 王帮铁
政协联络工作主任委员
党委委员兼政协联络工作负责人 周远志
党委副书记 邹政大（2018.9 任）
肖小武（2018.2 止） 李建伟
纪委书记 刘 海
人大副主席 陈利华（女，2018.9 任）
副镇长 陈利华（女，2018.9 止）
肖祥早 肖 维
党委委员 王帮铁 周远志 刘 海
陈 炎 肖 维 易开春
组织委员 陈 炎
人民武装部部长 肖 维

浦口镇

党委书记 王 平
镇长 邓元新（2018.9 止）
人大主席 刘铁强
政协联络工作主任委员
党委委员兼政协联络工作负责人 杨 成
党委副书记 邓元新（2018.9 止） 周华林
纪委书记 金小平（女）
人大副主席 胡望华（女、2018.9 任）
副镇长 胡望华（女、2018.9 止）
黄 徐 袁智恒
党委委员 刘铁强 杨 成 金小平（女）
吴拥军 袁智恒 黄 波
组织委员 黄 波
人民武装部部长 袁智恒

王仙镇

党委书记 郭中阁
镇长 文 庆
人大主席 谭芬芬（女）
党委委员兼政协联络工作负责人 吴德根
党委副书记 文 庆 钟 征
纪委书记 陈 潇
副镇长 黄先海 言 艾（女） 易辉平
党委委员 谭芬芬（女） 吴德根 陈 潇
易辉平 晏振方 刘志方
组织委员 晏振方
人民武装部部长 易辉平

沩山镇

党委书记 苏 凯
镇长 钟 敏
人大主席 李明林
政协联络工作主任委员
党委委员兼政协联络工作负责人 赖洪彰
党委副书记 钟 敏 黄 唯
纪委书记 陈庆军
人大副主席 钟 峰（2018.9 任）
副镇长 钟 峰（2018.9 止）
杨春来 方卫东
党委委员 李明林 赖洪彰 陈庆军
杨 雁 方卫东 刘传水
组织委员 杨 雁
人民武装部部长 方卫东

东富镇

党委书记 杨冬发
镇长 温水淋
人大主席 方国华

党委委员兼政协联络工作负责人 唐海涛
党委副书记 温水淋 李淼
纪委书记 赵西京
副镇长 赵益方 吴南屏(女)
党委委员 方国华 赵西京 阳自更
赵益方 巫瑾千
组织委员 巫瑾千
人民武装部部长 赵益方

孙家湾镇

党委书记 杨鹏
镇长 刘北斗(2018.2止)
人大主席 刘新建
党委委员兼政协联络工作负责人 陈海燕(女，2018.5止)
党委副书记 吴剑(2018.9任 主持政府工作)
刘北斗(2018.2止)
翁琼(女)
纪委书记 田响力
人大副主席 易康广(2018.9任)
副镇长 吴剑(2018.9任)
易康广(2018.9止)
钟禹 钟方
党委委员 刘新建 陈海燕(女,2018.5止)
田响力 谭怀民 杨智
钟方
组织委员 杨智
人民武装部部长 钟方

泗汾镇

党委书记 颜少龙
镇长 唐尚昆
人大主席 文放武
党委委员兼政协联络工作负责人 杨升良
党委副书记 唐尚昆 易惠超
纪委书记 余华杰(2018.9任)
人大副主席 谢玲(2018.9任)
副镇长 贺志刚 谢玲(2018.9止)
余喜华
党委委员 文放武 杨升良
余华杰(2018.9任)
贺海燕(女) 林波 贺志刚
组织委员 林波
人民武装部部长 贺志刚

沈潭镇

党委书记 陈朝科
镇长 骆仕良(2018.9止)
人大主席 王伏云
党委委员兼政协联络工作负责人 黄永刚
党委副书记 骆仕良(2018.9止) 谢煌
纪委书记 张家富
人大副主席 龙隆(2018.9任)
副镇长 谢煌(主持政府工作)
林威 王成龙
党委委员 王伏云 张家富
林威(2017.3任)
殷红如(女) 李顺
组织委员 殷红如(女)
人民武装部部长 林威

船湾镇

党委书记 彭庆纪
镇长 易桢华(女)
人大主席 宋勇
党委委员兼政协联络工作负责人 罗宏龙(2018.3 市信访局挂职)
党委副书记 易桢华(女) 刘雪平
纪委书记 谭运喜
人大副主席 漆锦江(2018.9任)
副镇长 漆志坚 林丹
文茜(2018.9任)
党委委员 宋勇 谭运喜
漆锦江(2018.9止) 李维
组织委员 李维
人民武装部部长 刘雪平

明月镇

党委书记 郭晖
镇长 张铝
人大主席 王军
党委委员兼政协联络工作负责人 欧阳建新
党委副书记 张铝 欧阳国启(2018.2任)
漆骋(2018.2止)
纪委书记 叶西
人大副主席 马宇星(2018.9任)
副镇长 唐聪(女、2018.2止)
王佑来 程正良
党委委员 王军 叶西 张玲樱
程正良 唐亚旭
组织委员 唐亚旭
人民武装部部长 程正良

嘉树镇

党委书记 刘北斗(2018.2任)
丁武华(2018.2止)
镇长 黄志强
人大主席 黄茂群
党委委员兼政协联络工作负责人 谭小林
党委副书记 黄志强 叶家富

纪委书记 郭钫
副镇长 兰礼平（女） 成婧（女）
党委委员 黄茂群 郭钫
巫立新 刘礼英（女）
组织委员 刘礼英（女）
人民武装部部长 叶家富

茶山镇

党委书记 骆仕良（2018.9 任）
张辉（2018.1 止）
镇长 彭湘陵（女）
人大主席 马牛
党委委员兼政协联络工作负责人 谢逢线
党委副书记 彭湘陵（女）
邹丁睦（2018.12 任）
宋瑶玲（2018.9 止）
纪委书记 李成
副镇长 陈钟 刘敏 赵红兵
党委委员 马牛 李成 吴敏（女）
陈钟 程明
组织委员 吴敏（女）
人民武装部部长 陈钟

均楚镇

党委书记 邓元新（2018.9 任）
苏继峰（2018.9 止）
镇长 卢炼钢
人大主席 邓卫群
党委委员兼政协联络工作负责人 何春泉
党委副书记 卢炼钢 徐达兵
纪委书记 王华
副镇长 李潜滋（女） 张吉祥 易文
党委委员 邓卫群 王华 易文
李治国 施展
组织委员 施展
人民武装部部长 易文

石亭镇

党委书记 陈林
镇长 胡修文
人大主席 万丽娟（女）
党委委员兼政协联络工作负责人 田春耕（2018.2 止）
党委副书记 胡修文 欧智文
纪委书记 王波涛
副镇长 楚鸿玮 易灿南（女） 钟刚
党委委员 万丽娟（女） 王波涛 黄日强
楚鸿玮 李兵
组织委员 黄日强
人民武装部部长 楚鸿玮

板杉镇

党委书记 刘淼（女）
镇长 刘敏
人大主席 （空缺）
党委委员兼政协联络工作负责人 叶建明
党委副书记 刘敏 丁力
纪委书记 易理政
人大副主席 钟定龙（2018.9 任）
副镇长 钟定龙（2018.9 止）
杨颖异 汪洋
党委委员 易理政 汪洋
彭朗朗（女） 陈波（女）
组织委员 彭朗朗（女）
人民武装部部长 汪洋

左权镇

党委书记 李友鹏（2018.2 任）
何柢（女、2018.2 止）
镇长 张卫根
人大主席 文万艳（2018.2 止）
党委委员兼政协联络工作负责人 姜丹（女）
党委副书记 张卫根 袁斌
纪委书记 曾亮
人大副主席 高明月（女、2018.9 任）
副镇长 高明月（女、2018.9 止）
潘育武 胡广
党委委员 文万艳（2018.2 止） 曾亮
易学均 胡广 周予雄
组织委员 周予雄
人民武装部部长 胡广

枫林镇

党委书记 高开军
镇长 李辉
人大主席 甘辉斌
党委委员兼政协联络工作负责人 施祖泰（2018.9 止）
党委副书记 李辉 苏赤民
纪委书记 刘海林
人大副主席 钟琼（女、2018.9 任）
副镇长 钟琼（女、2018.9 止）
阳敏 刘俊林
吴平一（2018.9 任）
党委委员 甘辉斌 刘海林 易虎龙
刘赞 刘俊林
组织委员 刘赞
人民武装部部长 刘俊林

官庄镇

党委书记 姚飞勇
镇长 王成根
人大主席 田芳宇
党委委员兼政协联络工作负责人
党委副书记 王成根 朱玉婷（女）
纪委书记 黄定峰
副镇长 吴艳 肖铁华 王冰（女）
党委委员 田芳宇 黄定峰 冯量 付伟文 肖铁华
组织委员 冯量
人民武装部部长 肖铁华

（曾龙）

索　引

说　明

一、本索引编有主题分析索引和地名索引（特载，大事记，市党、政及各部门、单位负责人名录除外），主题分析索引和地名索引按汉语拼音顺序排列，同音字按声调排序，同音同调字按下一字的音序排列。地名索引附见款目，附见款目放在主款目下行缩2字排印。

二、标引词后的数字表示内容所在页码，字母a、b、c分别表示左栏、中栏、右栏。

三、类目、专题稿标题和地名用黑体字标明。

数　字　首

A

K

L

M

N

T

W

X

Y

Z

区·街道·镇